HOMENS E COISAS
ESTRANGEIRAS
1899-1908

JOSÉ VERÍSSIMO

HOMENS E COISAS
ESTRANGEIRAS
1899-1908

Prefácio
João Alexandre Barbosa

Copyright © Topbooks, 2003
Edição original: 1º vol.: 1902; 2º vol.: 1905; 3º vol.: 1910
Copyright do prefácio: João Alexandre Barbosa

Editoração e fotolitos
Eduardo Santos

Revisão
Clara Diament

Revisão técnica e Índice onomástico
Christine Ajuz

Capa
Adriana Moreno

Todos os direitos reservados pela
TOPBOOKS EDITORA E DISTRIBUIDORA DE LIVROS LTDA.
Rua Visconde de Inhaúma, 58 / gr. 203 — Rio de Janeiro — RJ
CEP: 20091-000   Telefax: (21) 2233-8718 e 2283-1039
topbooks@topbooks.com.br

Impresso no Brasil

SUMÁRIO

José Veríssimo, leitor de estrangeiros
João Alexandre Barbosa 11

Primeira Série
(1899-1900)

O duque de Palmela 47
História contemporânea 55
Auguste Comte e Stuart Mill 63
Um americano e a literatura americana 71
A França intelectual 79
O melhor dos mundos... 85
O mundo romano e o cristianismo 93
Uma romancista portuguesa 101
A vida literária nos Estados Unidos 107
Chateaubriand e Napoleão 115
Émile Zola 125
Eugénie de Guérin 135
O país extraordinário 143
Um romance mexicano 153
Tolstoi 161
John Ruskin 179
Piotr Kropotkin 187
Victor Hugo filósofo 199
A doença da vontade 205
A literatura de Gabrielle d'Annunzio 203
O feminismo no romance 221

Eça de Queiroz 227
Um romance uruguaio 235
A regeneração da América Latina 245
Novo romance do celibato 259

Segunda Série
(1901-1902)

O fim do paganismo 269
Petrônio 279
Cromwell 289
A "Electra" espanhola 299
A literatura contra a guerra 307
Os últimos anos de Chateaubriand 315
Tolstoi e a sua doutrina 323
A cidade e o campo 335
Um romance da história 343
A gente de língua inglesa 357
Um retrato de Rosas 365
Quem incendiou Roma? 371
Novo romancista português — O sr. Malheiro Dias 379
Idéias de um poeta 387
Émile Zola 395
Alexandre Dumas 399
Um conto de Anatole France 405
Um moderno trovador português 411
Os escritores franceses a outra luz 423

Terceira Série
(1905-1908)

Miguel Cervantes e *D. Quixote* 437
Bocage 447
O maior dos romanos 457
Letras hispano-americanas 469
A nova Alemanha 479
Letras argentinas 491
Uma princesa portuguesa 503
A lenda napoleônica 511
Poema da vida 519

Alguns aspectos da moderna evolução alemã 533
Tolstoi contra Shakespeare 541
A literatura latina na história de Roma 549
O perigo americano 557
Raça e cultura — latinos e germanos 563
O teatro e a sociedade francesa contemporânea 573
A utilidade do mal 581
Letras venezuelanas 589
Um ideal de cultura – Sobre uma página de Nietzsche 595
Taine e a Revolução francesa 603
A retórica de Nietzsche 611
O padre Antonio Vieira 621

Apêndice

Sainte-Beuve 635
Ruskin esteta e reformador social 641
Nietzsche 653
Um crítico dinamarquês 659
Victor Hugo 665

Índice onomástico 673

JOSÉ VERÍSSIMO, LEITOR DE ESTRANGEIROS

João Alexandre Barbosa

I

Nascido em meados do século XIX, em 1857, para ser preciso — data do início, por assim dizer, oficial da modernidade na literatura do Ocidente com a publicação de *Les fleurs du mal*, de Baudelaire, e de *Madame Bovary*, de Flaubert — e vivendo os seus anos de formação em pleno apogeu do Segundo Reinado (ele tinha trinta e dois anos quando a República foi proclamada), José Veríssimo atinge a maturidade como crítico da literatura e da cultura brasileiras entre os primeiros anos da República e aqueles que correspondem à nossa *Belle Époque*, isto é, entre os 1900 e a deflagração da Grande Guerra em 1914.

Dois anos depois, em pleno conflito mundial, ele morre e é publicada a obra pela qual ficou mais conhecido: a *História da literatura brasileira*. Ou mesmo unilateralmente conhecido, pois todo o restante de sua obra, aquela que já vinha publicando desde a sua província do Pará entre os finais dos anos 70 e nos anos 80, e mesmo aquela que publica já no Rio de Janeiro a partir dos anos 90, ficou mais ou menos ofuscado pela *História* de 1916, e algumas obras só foram reeditadas muito recentemente, enquanto outras nem tanto, permanecendo em primeiras edições.

É, por um lado, o caso de *A educação nacional*, que teve a sua primeira edição publicada no Pará, em 1890, e uma segunda, no Rio de Janeiro, em 1906, e só em 1985 foi republicada pela Editora Mercado Aberto, do Rio Grande do Sul, e, por outro, o caso dos dois volumes de seus *Estudos brasileiros*, o primeiro publicado no Pará, em 1889, e o segundo no Rio, em 1894, e que até hoje não foram reeditados.

Ou, ainda, por um lado, o caso das seis séries dos *Estudos de literatura brasileira*, publicadas originalmente entre 1901 e 1907, e que somente entre 1976 e 1977 foram republicadas pela Editora Itatiaia, de Belo Horizonte, e pela Editora da Universidade de São Paulo, a que se acrescentou, em 1979, uma sétima série, deixada inédita pelo autor, e, por outro lado, o caso do volume *Que é literatura? e outros escritos*, de 1907, que permanece ainda em primeira edição.

Deve-se referir ainda todos aqueles pequenos estudos acerca da região amazônica (tais *A Amazônia: aspectos econômicos*, de 1892, *Pará e Amazonas — Questão de limites*, de 1899, ou *Interesses da Amazônia*, de 1915), que permaneceram mais ou menos esquecidos em suas primeiras e únicas edições.

Na verdade, os únicos trabalhos do autor sobre a região amazônica que têm sido republicados modernamente são o livro de narrativas *Cenas da vida amazônica*, cuja primeira edição é de 1886, e *A pesca na Amazônia* de 1895.[1]

O caso mais grave dessa atropelada trajetória editorial, no entanto, foi terem permanecido em primeiras edições os três volumes da obra *Homens e coisas estrangeiras*, de 1902, 1905 e 1910, respectivamente, e que somente agora, quase um século depois, encontra em José Mario Pereira, da Topbooks, um editor decidido a reparar tal indigência editorial.

E foi mais grave, sobretudo, por duas razões: em primeiro lugar, com referência à própria imagem do crítico que, do escritor apenas ocupado por assuntos de literatura e cultura brasileiras, tal como geralmente é visto, ali se revela como um leitor da literatura universal que, num trabalho sempre vinculado ao jornalismo imediato, buscava atualizar-se, e ao leitor brasileiro, com o que de mais contemporâneo se fazia e se debatia no terreno das idéias e das letras; em segundo lugar, os textos escritos por José Veríssimo terminam por ser uma importante contribuição para o próprio estudo da época brasileira em que se inscrevem, termômetros sensíveis de aspirações e circulações intelectuais.

---

[1] Um bom resumo dessa parte da obra de José Veríssimo é o ensaio "José Veríssimo: pensamento social e etnografia(1877-1915)", de José Maia Bezerra Neto, em *Dados. Revista de Ciências Sociais*. Rio de Janeiro, vol. 42, n. 3, 1999, pp. 539-563.

Desse modo, na articulação entre essas duas ordens de razões, as três séries de *Homens e coisas estrangeiras*, agora reunidas neste volume único, podem ser lidas, ao lado dos *Estudos de literatura brasileira*, como expressões do momento mais significativo da obra crítica de José Veríssimo.

Na verdade, os textos que constituem as duas obras foram não apenas escritos pela mesma época — entre 1895 e 1906, para os *Estudos*, e entre 1899 e 1908, para *Homens e coisas estrangeiras* — mas tiveram como veículos primários, com uma ou outra exceção (é o caso, por exemplo, para a primeira série dos *Estudos*, dos textos publicados na *Revista Brasileira*, que circulou entre 1895 e 1899,[2] fase em que o próprio crítico era o seu editor), os mesmos periódicos: os jornais *Jornal do Commercio* e *Correio da Manhã* e as revistas *Kosmos* e *Renascença*, todos do Rio de Janeiro.

Sendo assim, o que primeiro caracteriza ambas as obras é o fato de os ensaios que as constituem terem sido, sobretudo, matéria jornalística, resenhas de livros ou discussão de tópicos literários e culturais escritos para os periódicos mencionados. E dadas a freqüência e a posição de destaque com que eram publicados (no *Correio da Manhã* as matérias de José Veríssimo eram estampadas, quase sempre, na primeira página, ao lado do editorial assinado pelo criador e diretor do jornal, Edmundo Bittencourt), pode-se imaginar o peso que tais escritos representavam para a presença cultural do crítico e da crítica na imprensa da época.

De fato, a partir de 1891, quando, aos trinta e quatro anos, transfere-se do Pará para o Rio de Janeiro, logo José Veríssimo passou a escrever para o *Jornal do Brasil*, então dirigido por Rodolfo Dantas, iniciando uma atividade de crítica jornalística na capital do país que o acompanhará até às vésperas de sua morte através das colaborações para *O Imparcial* — *diário ilustrado do Rio de Janeiro*, em que publica até maio de 1915 (parte de seus escritos foi reunida, em 1936, no volume *Letras e literatos: estudinhos críticos acerca da nossa literatura do dia (1912-1914)*).

Quanto à sua colaboração para o *Jornal do Brasil*, ela foi incluída no livro que publicou em 1894, *Estudos brasileiros. Segunda série*

---

[2] Faço questão de acentuar a circulação da *Revista*, pois existe um vigésimo número, datado de 1900, inteiramente preparado para circulação, trazendo um precioso *Índice alfabético das matérias contidas nos vinte volumes da Revista Brasileira (janeiro de 1895 a dezembro de 1899)*, mas que não foi publicado, e que se achava na Academia Brasileira de Letras quando foi localizado por José Cavalcante de Souza, doutor em Literatura Brasileira pela USP, ao escrever a sua tese sobre a mencionada *Revista*, em 1982, sob a orientação do professor José Aderaldo Castello.

(1889-1893), tendo a primeira, reunindo textos de 1877 a 1885, sido publicada ainda no Pará, em 1889.

Graças a uma carta escrita pelo crítico nesse ano de 1889 e dirigida ao Instituto Histórico e Geográfico Brasileiro, com a finalidade de completar a sua matrícula como sócio correspondente da instituição, carta essa existente na Seção de Manuscritos do mesmo Instituto, é possível ter, com fidelidade, o quadro de suas atividades essenciais até àquela data.

Pelo documento manuscrito, endereçado a João Severiano da Fonseca, ficamos sabendo não apenas de sua matrícula, em 1874, na Escola Politécnica do Rio de Janeiro, onde também estudou os preparatórios, e de seu regresso, por doença, em 1876, à província natal, onde desenvolveu atividades como funcionário público e, posteriormente, como professor do magistério particular, criando e dirigindo o Colégio Americano, que existiu de 1884 a 1890, data em que passou a ser Diretor da Instrução Pública do Pará, e como jornalista, fundando e dirigindo a *Revista Amazônica* (de 1883 a 1884, de que foram publicados dez fascículos), mas somos informados ainda de sua participação, em 1880, no Congresso Literário Internacional reunido em Lisboa, ocasião em que viu Eça de Queiroz, acontecimento de que dá notícia num dos ensaios de *Homens e coisas estrangeiras*, quando da morte do escritor português, e no Congresso de Antropologia e Arqueologia Pré-histórica, que se reuniu em Paris em 1889 e onde apresentou um trabalho sobre *O homem de Marajó e a antiga civilização amazônica*.[3]

Se a essas informações forem acrescentadas as cinco obras de sua autoria que arrola em seu currículo — *Primeiras páginas* (1878), *Emílio Littré* (1881), *Carlos Gomes* (1882), *Cenas da vida amazônica* (1886) e *Estudos brasileiros* (1889) — se percebe que não era culturalmente jejuno o jovem crítico que, em 1891, mudava-se para o Rio de Janeiro e iniciava a sua atividade jornalística no *Jornal do Brasil*.

Mas é, de fato, em 1899, ou, para ser mais preciso, em 2 de janeiro daquele ano, com o artigo intitulado "O ano passado", que inicia a sua extensa colaboração para o *Jornal do Commercio*, que se estenderá até 13 de agosto de 1915, com o texto "O sr. Roosevelt e o perigo alemão nos Estados Unidos", e com a qual afirma definitivamente a sua presença como crítico na capital do país, sobretudo a partir de sua colaboração simultânea, iniciada a 2 de julho de

---

[3] Cf. *Ms.* cit., pp. 4-5.

1901, com o artigo "O pan-americanismo", no *Correio da Manhã*, e que se manterá por dois anos, até 26 de janeiro de 1903, quando publica o texto "França e Alemanha: sua influência espiritual".

O resultado de toda essa atividade, juntamente com alguns artigos publicados nas revistas *Kosmos, Renascença* e *Revista Brasileira*, foi, como já se disse, os dois conjuntos de livros editados entre 1901 e 1910: as seis (hoje sete) séries dos *Estudos de literatura brasileira* e as três séries de *Homens e coisas estrangeiras*, com os quais assumiu uma espécie de liderança crítica no Brasil de nossa *Belle Époque*.

Acerca do primeiro conjunto, já escrevi mais detidamente na introdução para a reedição das seis séries em 1976, já referida.[4]

Examinemos agora o segundo conjunto por ocasião de sua primeira reedição.

II

Dos vinte e cinco textos da primeira série da obra, publicada em 1902, vinte e quatro foram originalmente publicados pelo *Jornal do Commercio*, entre 13 de fevereiro de 1899 e 24 de dezembro de 1900, e um, "Um romance mexicano", foi incluído naquele vigésimo número da *Revista Brasileira*, de 1900, e que, como já foi dito, não circulou.[5]

Alguns textos sofreram, na passagem do jornal para a edição em livro, alterações de título, casos de "O duque de Palmela", "Auguste Comte e Stuart Mill", "O melhor dos mundos", "A doença da vontade num romance de Sienkiewicz" e "O feminismo no romance", que eram, no jornal, "Vida do duque de Palmela", "Correspondência de dois filósofos", "Um livro de horrores", "Um romance de Sienkiewicz" e "Um romance feminista", respectivamente.

Há um único caso em que diversos artigos foram fundidos num só texto: o ensaio "Tolstoi", que resultou dos artigos "Tolstoi", de 15 de janeiro de 1900, "O último romance de Tolstoi", de 22 de janeiro e "Ainda a *Ressurreição* de Tolstoi", de 12 de março do mesmo ano, e que correspondem às três partes do ensaio, tal como está publicado no volume.

---
[4] Cf. "A crítica em série", em Veríssimo, José, *Estudos de literatura brasileira*.1ª Série. Belo Horizonte/São Paulo: Editora Itatiaia/Edusp, 1976, pp. 9-33.
[5] Cf. "Um romance mexicano", em *Revista Brasileira*. Quinto ano. Tomo vigésimo. Rio de Janeiro: Sociedade Revista Brasileira, 1900, pp. 343-354.

É claro que aquilo que, em primeiro lugar, e de um modo geral, chama a atenção na leitura desses textos é o fato de que, não obstante serem escritos sob a pressão da comum urgência jornalística, eles possuem um ritmo meditativo e uma tranqüilidade de exposição nada comuns nessa espécie de escrito, sobretudo se comparados com o que ocorre em nossos dias de textos jornalísticos apenas informativos.

Nesse sentido, um dos traços marcantes dos diversos ensaios é que, sendo sempre motivados por obras específicas que deveriam, em princípio, ser resenhadas pelo crítico, eles quase nunca se esgotam no âmbito puro e simples da resenha, estabelecendo-se relações que de muito ultrapassam o objetivo mais imediato do artigo e de onde, quase sempre, resulta o interesse maior do texto.

É o caso, por exemplo, do primeiro ensaio do livro, aquele em que comenta o livro *Vida do duque de Palmela*, de Maria Amália Vaz de Carvalho, onde, a partir da biografia de d. Pedro de Souza e Holstein, depois conde, marquês e duque de Palmela, o seu texto se inicia pela lembrança de um outro estudo sobre o mesmo assunto, aquele em que o personagem biografado é percebido por Oliveira Martins nas páginas escritas pelo historiador português na análise do *Portugal contemporâneo*.

A partir daí, o ensaio de José Veríssimo assume duas vertentes que terminam por confluir: uma discussão do método utilizado pelo historiador português, em contraste com aquele adotado pela autora do livro em pauta, e, em resumo, a sua posição acerca do assunto tratado por ambos os autores.

Desse modo, desde o início de seu texto, o crítico busca caracterizar o modo de percepção de Oliveira Martins, terminando por apontar as limitações de seu método:

> *Oliveira Martins não é favorável a Palmela. Historiador à Carlyle e à Taine, a fantasia e a imaginação entram por muito no seu processo histórico, feito principalmente pela aplicação da psicologia à história. Essa aplicação encerra em si mesma um motivo de erro, é a necessidade para o historiador de tudo explicar no caráter, no temperamento, nos atos dos indivíduos históricos. Tarefa difícil entre todas é o conhecimento dos homens, e os psicólogos da história ou do romance são inconscientemente e de boa fé levados por essa mesma, freqüentemente quase insuperável dificuldade, a se facilitarem a sua tarefa simplificando a psicologia das suas personagens. A observação direta sendo impossível aos primeiros, como muitas vezes o é também aos segundos, são ambos obrigados a um trabalho de imaginação em que, por mais pene-*

trante e imparcial que seja a sua observação indireta, feita no estudo dos documentos e dos atos, entra por muito o elemento subjetivo.(...) Daí principalmente a enorme discrepância que há entre os historiadores no juízo que fazem das personagens históricas e dos seus atos. A psicologia aplicada à história tem porém a vantagem de explicar tudo e de torná-la mais interessante. Se a torna mais exata e verdadeira é duvidoso.[6]

Para o crítico, o método de psicologia da história adotado por Oliveira Martins, além de contrariar o sentido de objetividade no estudo da história defendido por ele, termina por se articular com o que chama de *critério étnico* do historiador português (*O abuso ou mau emprego do critério étnico é um dos defeitos capitais da obra de Oliveira Martins*, diz Veríssimo[7]), na medida em que aquele entendia a origem italiana do duque como empecilho fundamental para uma compreensão adequada da vida portuguesa.

Ora, para José Veríssimo, foi exatamente essa, por assim dizer, inadequação do personagem com relação a Portugal que possibilitou a ele ter se

empenhado na obra da modificação das suas instituições no sentido moderno, porque de fato, como o demonstra excelentemente o autor do Portugal contemporâneo, *o povo português todo era pelo antigo regime contra o novo, por d. Miguel contra d. Pedro, pelo absolutismo contra o constitucionalismo.*[8]

Sendo assim, é mesmo notável como José Veríssimo, a partir da crítica que faz à posição antagônica assumida por Oliveira Martins com relação ao personagem, consegue argumentar de modo historicamente válido e complexo, ao mesmo tempo em que, voltando ao livro sob resenha, o de Maria Amália Vaz de Carvalho, consegue ajuizá-lo favoravelmente: o constitucionalismo português havia sido obra de uma minoria — aquela dos Mousinho, Saldanha, Silva Carvalho e Passos que se opuseram a d. Miguel e defenderam d. Pedro — e como o duque de Palmela, sem a compreensão de Portugal, como o acusava Oliveira Martins, termina por se opor à maioria miguelista, teria razão a autora da biografia, *mostrando*, diz o crítico,

---

[6] Cf. Veríssimo, José, *Homens e coisas estrangeiras*. I (1899-1900). Rio de Janeiro/Paris: H. Garnier, Livreiro Editor, 1902.
[7] Idem.
[8] Idem.

como a transformação de Portugal era principalmente a conseqüência das idéias do tempo, e, poderia acrescentar, que a despeito da vontade do povo português, ela se havia de fazer, como com efeito se fez, mais dia menos dia.[9]

Vê-se assim como o interesse maior do ensaio parece ultrapassar o objetivo imediato da resenha: o lastro de informação histórica do crítico lhe permite, sem grande alarde todavia, problematizar o método de psicologia da história, aliada a um *critério étnico*, tal como ele era praticado por Oliveira Martins, ao mesmo tempo que, aproveitando de elementos constantes do livro resenhado, termina por traçar um quadro mais amplo das injunções políticas, internas e externas, que, em grande parte, haveriam de explicar a atuação do personagem.

Isso sem deixar de fixar, sobretudo para o leitor brasileiro, o interesse que também teve para o Brasil o duque de Palmela quando esteve no Rio, em 1820, como membro do ministério de d. João VI e uma espécie de seu conselheiro, muito próximo, portanto, de decisões que teriam repercussões importantes sobre o nosso movimento de independência.

Diz José Veríssimo:

> *Na crise que atravessava a Monarquia, agravada pela irresolução e imbecilidade — no lídimo sentido português — de d. João VI, indeciso entre Portugal e o Brasil, os conselhos de Palmela parecem ter sido sempre que a dinastia se não deixasse assoberbar pelos acontecimentos, antes tomasse a sua dianteira e direção.*
>
> *Palmela era um liberal, dinástico, conservador, aristocrata à inglesa. D. João não querendo deixar o Brasil, Palmela queria que fosse para Portugal d. Pedro.*[10]

É outro traço marcante dos diversos ensaios que constituem as três séries dessa obra: o modo pelo qual, embora tratando de *homens e coisas estrangeiras*, às vezes muito distanciados no tempo e lugar, o crítico sempre encontra uma maneira de trazer seus argumentos para espaços e tempos que repercutem aqueles de sua circunstância brasileira.

Os objetos, homens e coisas podem ser *estrangeiros*, mas a crítica deles é diferencialmente brasileira.

---

[9] Idem.
[10] Idem.

Mas aquilo que, de fato, impressiona o leitor de hoje é, sem dúvida, a abrangência de autores e temas tratados pelo crítico, o que, certamente, teria exigido um enorme acúmulo de leituras e de demorada reflexão sobre elas.

Assim, nessa primeira série, não é só Anatole France, cujos três últimos romances publicados são lidos no segundo texto desta primeira série, e lidos como matéria de uma larga reflexão sobre a sensibilidade social e histórica da época, que testemunha a atualização de leitura do crítico.

Logo em seguida, no terceiro ensaio, o leitor defronta-se com uma resenha da correspondência, até então inédita, e em sua tradução francesa, entre Stuart Mill e Auguste Comte, em que é tal a profusão de elementos extraídos pelo crítico como caracterizadores do pensamento de um e de outro, sem deixar de lado aspectos de ordem pessoal que dão sal e sabor ao texto, que o leitor brasileiro de então, numa época em que era fortíssima a presença da doutrina de Comte, ali encontrava matéria para um debate intelectual mais amplo sobre temas então de grande atualidade, como, por exemplo, as posições assumidas, quer pelo francês, quer pelo inglês, com respeito à questão da mulher na sociedade do século XIX e depois.

É claro que a presença da cultura européia, sobretudo a francesa, e nem sempre a de primeira ordem, é dominante nesses textos de José Veríssimo.

Se, por um lado, o leitor encontra o crítico tratando de autores hoje inteiramente esquecidos, como os franceses Octave Mirbeau, Eugénie de Guérin ou Marcel Prévost, ou os portugueses Cláudia de Campos ou João de Castro, ou mesmo o polonês Sienkiewicz, cujos romances eram lidos pelo crítico em suas versões para o inglês (caso do famoso e muito lido *Quo vadis?*) e para o italiano (caso do desconhecido *Oltre il mistero*, na tradução italiana lida pelo crítico), por outro, entretanto, ressalta a importância, sobretudo para o momento em que escrevia, de alguns temas, como o caso Dreyfus, assunto do livro de Bérenger resenhado por ele, ou o feminismo no romance do mencionado Marcel Prévost, ou ainda o que chama de *doença da vontade*, que não é senão o sentimento de alienação que se agudizou no fim do século, tal como ele o discute no segundo romance de Sienkiewicz mencionado.

Oito ensaios, no entanto, são dedicados a figuras marcantes da literatura e da cultura européia: sejam as relações que estabelece entre Chateaubriand e Napoleão, a síntese certeira que realiza de

Zola ao ler as suas últimas obras, as relações entre poesia e filosofia a partir de uma leitura de Victor Hugo, a desmontagem completa das poses farsescas de D'Annunzio e, sobretudo, e a meu ver o ponto mais alto desta primeira série de *Homens e coisas estrangeiras*, os três textos em que discute os valores sociais e morais, e não só da literatura, ao comentar obras de Tolstoi, Ruskin e Kropotkin.

Bastaria a leitura desses três ensaios para se ter uma retificação vigorosa daquela nomeada de crítico nefelibata de que foi vítima José Veríssimo, sobretudo a partir de uma leitura parcial daquela afirmação, que está feita de modo explícito na introdução que escreveu para a *História*, em que define a literatura como arte literária.

Na verdade, os três autores são exaltados por Veríssimo exatamente por assumirem uma perspectiva acerca da literatura, da arte e da vida em que os elementos de ordem estética são articulados e viabilizados por uma intensa preocupação moral e social. Ou, por outra, por um viés moral que encontra o seu fundamento e, por assim dizer, sua prática numa definição de compromisso social.

Desse modo, no texto sobre Tolstoi, sobretudo aquele posterior ao ensaio *Que é a arte?*, buscando localizar a obra do grande romancista no contexto geral da literatura russa, escreve o crítico:

> Dois elementos morais completavam a distinção da ficção russa em meio do romance ocidental, o trágico, ainda forte na sociedade bárbara que ela representava, e o místico, ainda tão vivo na alma eslava. E na obra dos escritores, como na sua alma e na do povo por eles descrito, esses sentimentos se casavam íntima e fundamente. Era essa obra tão viva e sincera que seu efeito não foi só moral ou intelectual, mas prático, e o romance russo, de Gogol para cá, teve uma poderosa influência na nova constituição espiritual e política do grande império eslavo. A falta de uma tradição literária e filosófica e as ardentes aspirações de melhorias sociais na Rússia explicam a sua facilidade de recepção e aceitação de todas as correntes espirituais que lhe pareçam satisfazer essas aspirações. Sabe-se como as teorias de Darwin, de Spencer, de Lassalle, de Marx e as modernas doutrinas filosóficas, econômicas e sociais agiram poderosamente na consciência russa contemporânea, e não só de uma maneira teórica e especulativa, mas praticamente, criando o proselitismo político e revolucionário.[11]

Da mesma maneira, no ensaio sobre Ruskin, publicado dez dias depois do falecimento do escritor inglês, o que mais o comove

---
[11] Idem.

é a atividade do escritor em propagar a sua utopia estética, fazendo de sua vida uma incessante tarefa de difusão do gosto pela arte e pela cultura artística, sobretudo visando às classes menos favorecidas da sociedade inglesa, quando cria, como refere José Veríssimo,

> em plena Inglaterra a colônia comunista Saint George's Guild, e ressuscita em várias partes do país as indústrias da escultura de madeira, da fiação e da tecelagem à mão, numa guerra contra a máquina que mata a arte, destrói a iniciativa do artífice e deixa sem trabalho o operário.[12]

Sendo assim, aquilo que mais o encanta em Ruskin é precisamente a ação social decorrente de toda uma concepção da arte e da sociedade que termina por se configurar numa utopia, e esse é o maior elogio que lhe faz o crítico nas últimas linhas de seu ensaio:

> A utopia ruskiniana não se realizará talvez nunca; mas uma utopia é, como disse Victor Hugo, um berço, isto é, um assento de vida. A que já saiu da obra de Ruskin é considerável e bela; porções do seu sonho, de Beleza e de Ventura, se hão de esvaecer e perder, outras, porém, hão de vingar, florescer e frutificar. Em todo caso, a contemplação da obra de Ruskin é um belo espetáculo, e o Mestre ensinou que a thing of beauty is a joy for ever.[13]

Mas é nos comentários que faz à obra de Kropotkin, as suas memórias de revolucionário, que o crítico lê em tradução inglesa, em dois volumes, publicados em Londres em 1899, traçando-lhe um belo e preciso retrato, que José Veríssimo revela, de modo cabal, o seu interesse precípuo por obras como a do revolucionário russo, que somente morrerá nos anos vinte do século XX, em que a paixão pela cultura e pela arte, passada pela ação anarquista, como é o caso, se traduz na tarefa modificadora das condições sociais opressoras da liberdade e, por conseqüência, da criação espiritual.

Desse modo, pode José Veríssimo terminar o seu texto subscrevendo aquilo que o crítico dinamarquês Georg Brandes, um de seus mestres incontestáveis de crítica, escreveu sobre Kropotkin ao afirmar que *a vida fez dele uma das pedras angulares do edifício do futuro.*[14]

---

[12] Idem.
[13] Idem.
[14] Idem.

O que a leitura desses três textos sobretudo revela, ainda mais quando comparados com a indigência crítica que se percebe na leitura que o crítico faz dos dois autores portugueses de ficção antes mencionados, é aquilo que me parece ser a grande questão que toda a sua obra propõe, isto é, a dificuldade em fazer passar para a análise das obras de criação literária a mesma largueza de ponto de vista que assume na leitura das obras de não-ficção, o que certamente decorre do entranhado conceito da arte como representação de sua herança naturalista.[15]

Mas não é só de assuntos vinculados à presença da cultura européia que são feitos os ensaios: em cinco textos, são abordados temas referentes à cultura e à literatura do continente americano, sendo que em dois são resenhadas e discutidas obras de ficção latino-americanas, isto é, o já referido "Um romance mexicano" e "Um romance uruguaio".

Os outros três tratam dos Estados Unidos e, como não poderia deixar de ser, de suas relações com os países latino-americanos: seja ao resenhar as idéias de um publicista norte-americano acerca das relações entre a literatura norte-americana e a própria nacionalidade, publicadas em revista, seja ao tratar do livro de Oliveira Lima sobre os Estados Unidos que, ao crítico, parece excessivamente apologético e mesmo equivocado, sobretudo ao tratar da questão racial naquele país, seja ao comentar dois livros de autores hispano-americanos, um deles o famosíssimo *Ariel*, do uruguaio Rodó, em que a ameaça da imposição de valores norte-americanos parece seguir à preponderância política e econômica, obrigando os autores a uma escrita de convocação da juventude para a defesa dos valores autóctones.

Aqui, mais uma vez, não era um estreante em tais assuntos, pois, no último capítulo de sua obra *A educação nacional*, intitulado "Brasil e Estados Unidos", cuja primeira edição, como já foi dito, é de 1890, já tratara dos Estados Unidos em comparação com o Brasil, tendo mesmo precedência em relação a algumas afirmações de Rodó ao, não obstante saber da grandeza do país norte-americano, considerar os perigos que representaria, para o Brasil e para toda a América Latina, uma imitação canhestra de suas conquistas, chegando àquela frase, que também está no *Ariel* uruguaio, isto é,

---

[15] Anteriormente, tratei mais detidamente desse aspecto em *A tradição do impasse. Linguagem da crítica & crítica da linguagem em José Veríssimo*. São Paulo: Editora Ática, 1974.

essa civilização sobretudo material, comercial, arrogante e reclamista, não a nego grande; admiro-a, mas não a estimo.[16]

No entanto, se impressiona a lógica dos argumentos para abordar as relações dos países latino-americanos com os Estados Unidos, sabendo sempre utilizar de um certeiro ceticismo quanto às intenções já imperialistas da política norte-americana — o que levou o crítico Astrogildo Pereira, escrevendo sobre ensaio acerca de obras do mesmo Oliveira Lima e de Arthur Orlando reunidos na terceira série de *Homens e coisas estrangeiras*, a falar em *José Veríssimo sem ilusão americana*[17] — também impressiona a pobreza de análise, certamente decorrente daquele impasse já referido, ao ler as duas obras de ficção, os romances mexicano e uruguaio, com que, nesta primeira série de *Homens e coisas estrangeiras,* completa a sua vertente latino-americana.[18]

III

Os nove primeiros ensaios da segunda série de *Homens e coisas estrangeiras,* de 1905, foram publicados no *Jornal do Commercio,* entre 6 de fevereiro e 29 de julho de 1901, e os dez últimos, a começar por "A gente de língua inglesa", saíram, pela primeira vez, no *Correio da Manhã,* entre 3 de março e 22 de dezembro de 1902.

Por outro lado, assim como ocorrera com os textos incluídos na primeira série, as únicas alterações registradas na passagem do jornal para o livro são de títulos: "Os escritores franceses vistos de fora" passou a ser "Os escritores franceses a outra luz" e "A vida complicada e a vida simples" recebeu o nome de "A cidade e o campo."

Creio que o traço identificador mais forte dessa segunda série está na presença dominante daqueles textos que tratam da história: seja a

---

[16] Cf. *A educação nacional.* Segunda edição. Rio de Janeiro: Livraria Francisco Alves, 1906, p. 177. A frase de Rodó aparece no seguinte trecho de *Ariel,* ao se referir aos Estados Unidos:
Su grandeza titánica se impone así, aun a los más prevenidos por las enormes desproporciones de su carácter o por las violencias recientes de su historia. Y por mi parte, ya veis que, aunque no les amo, les admiro, em Rodó, José Enrique, *Obras completas.* Editadas com introdução, prólogo e notas por Emir Rodríguez-Monegal. 2ª ed., Madri: Aguilar, 1967, p. 235.
[17] Cf. Pereira, Astrogildo, *Crítica impura: autores e problemas.* Rio de Janeiro: Civilização Brasileira, 1963, pp. 82-88.
[18] Sobre essa vertente do crítico, ver Barbosa, João Alexandre, *Duas vertentes de José Veríssimo,* em *Entre livros.* São Paulo: Ateliê Editorial, 1999.

história antiga, como em "O fim do paganismo", "Petrônio" e "Quem incendiou Roma?", seja a história moderna, como em "Cromwell", "A literatura contra a guerra" e "Um romance da história", ou mesmo a história latino-americana, como em "Um retrato de Rosas".

E o que chama a atenção nesses textos é, por um lado, a segurança da informação do crítico, dominando amplamente a bibliografia existente sobre cada tema tratado, e, por outro, aquele mecanismo, já referido, de trazer para a sua circunstância brasileira alguns dos elementos extraídos da experiência histórica com *homens e coisas estrangeiras*.

Estão, no primeiro caso, sobretudo os ensaios referentes à história antiga, seja ao tratar, no primeiro texto, das passagens entre o helenismo e o cristianismo, tais como foram percebidas pelo imperador Juliano, recriado em romance que é lido por José Veríssimo, por onde o crítico dá exemplo de vasto conhecimento da cultura clássica; seja no eruditíssimo trabalho acerca de Petrônio, no segundo texto, que chega a surpreender não apenas pela massa de informações históricas e biográficas ali reveladas, mas pelo sentido de discriminação crítica e filológica capaz de qualificar o crítico brasileiro como um legítimo historiador da cultura clássica.

Para isso, é só atentar para o cuidado com que discute os dois possíveis Petrônios: o autor do *Satiricon* e o da lenda, sabendo ler os testemunhos históricos de Tácito, Plutarco e Plínio, sem descurar da crítica francesa sua contemporânea, matéria principal de seu texto, tal como ela se revela em trabalhos de De Guerle, Renan, Duruy, Pierron e Boissier, sem mesmo deixar de mencionar o artigo sobre Petrônio da edição da *Enciclopédia Britânica* a que tinha acesso.

Acrescente-se, à margem, que tais temas de história antiga eram assuntos muito comumente abordados na imprensa da época, sobretudo como demonstrações mais ou menos provincianas de erudição escolar, e, sem dúvida, embora os dois textos mencionados do crítico ultrapassem em muito esse paradigma, o terceiro texto, "Quem incendiou Roma?", não consegue dele fugir, o que se revela até mesmo a partir de seu título.

Por isso mesmo, para o leitor de hoje, os temas abordados nos ensaios de história moderna têm um maior interesse e, embora sejam pensados e escritos em torno de biografias — casos de Cromwell e Rosas — ou como expressão de um pacifismo que a própria evolução histórica posterior encarregou-se de desatualizar, como no caso da leitura que faz de dois romances franceses que recriam a guerra franco-alemã de 1871, *Le calvaire*, de Octave

Mirbeau, e *Les tronçons du glaive*, de Paul e Victor Margueritte, o modo pelo qual o crítico seleciona aspectos das obras lidas para expressar relações com a sociedade brasileira em que existia reatualiza os seus temas e, por aí, incita o maior interesse. "Um romance da história" é um caso à parte e a ele voltaremos.

Assim, por exemplo, no caso do ensaio "Cromwell", o eixo da reflexão de José Veríssimo se constrói em sua clara oposição, por um lado, ao individualismo como explicação dos fatos históricos e, portanto, a defesa dos processos sociais, e, por outro, e em decorrência da primeira, ao autoritarismo como estratégia individual, muitas vezes camuflada, de salvação nacional. Daí a crítica que faz ao chamado protetorado de Cromwell, terminando por sugerir equivalências que ultrapassam a história inglesa. Diz José Veríssimo:

> *O protetorado não foi (...) um sistema, mas apenas um expediente transitório de supremacia individual. Com a morte de Cromwell mais uma vez se viu na história o que valem os chamados "governos fortes". O seu resultado, as mais das vezes, é a falência das nações que os sofrem. Na nossa América superabundam os salvadores da pátria, os consolidadores da República, os restauradores da ordem; mas quando se lhes dá balanço ao espólio, fica-se em dúvida se o devemos aceitar senão a benefício de inventário. Não houve talvez nunca governo mais forte que o de Cromwell. Mas como todos os governos de forma ditatorial ou cesarista, que dependem da capacidade e da vida de um homem, a sua força, o seu resultado imediato, a sua eficiência acabou com o poderoso sujeito que o exercia.*[19]

É essa oposição forte ao culto do herói e da personalidade que é, sem dúvida, uma constante dos ensaios de José Veríssimo sobre temas históricos e políticos, e que o leva a restrições constantes à admiração, generalizada em seu tempo, pela personalidade e pela política de Napoleão, agravando a sua sempre declarada antipatia pelo método histórico de um Carlyle, por exemplo, que, de certa forma, explica, por um lado, a sua irredutível tendência ao anarquismo e, por outro, a sua intransigente defesa do pacifismo e das utopias sociais de um Ruskin, de um Tolstoi ou de um Kropotkin. O que também concorre para as suas contraditórias aproximações a Nietzsche, como, mais adiante, se vai ver nos dois textos sobre o filósofo alemão que fazem parte da terceira série de *Homens e coisas estrangeiras*.

---

[19] Cf. Veríssimo, José, *Homens e coisas estrangeiras. Segunda série (1901-1902)*. Rio de Janeiro: H. Garnier, Livreiro Editor, 1905.

É de igual teor, mas agora aplicável à própria história política da América Latina, a leitura que faz de um dos números dos *Anales de la Biblioteca de Buenos Aires*, publicado pelo então diretor da Biblioteca, o escritor Paul Groussac, detendo-se em texto escrito por ele: uma *Notícia biográfica* acerca de Diego Alcorta, que foi deputado e professor de ideologia na Universidade de Buenos Aires nos anos 30 do século XIX, vivendo a agitada história argentina do governo Rivadavia e da ditadura de Rosas. Do escrito de Groussac, José Veríssimo privilegia o perfil do famoso caudilho e ditador, traçado por ele, e sua inserção no momento histórico e político argentino.

Na verdade, através da biografia do obscuro deputado e professor, o que pretende Paul Groussac é voltar-se contra aqueles que defendem uma história revisionista que, sobretudo alicerçada em bases deterministas, pretende uma reabilitação de Rosas, não obstante, como diz José Veríssimo, a sua condenação *pela tradição e pela história*.[20]

A veemência com que Groussac se volta contra a tendência revisionista, enumerando em detalhes os crimes cometidos pelo ditador e enfatizando o império da impunidade sustentado pelos caprichos da glorificação pessoal, é vivamente compartilhada pelo crítico brasileiro que, no final de seu texto, é levado a lembrar a própria experiência brasileira (leia-se: a do florianismo então recente):

> *Nós brasileiros,* diz José Veríssimo, *desgraçadamente podemos hoje compreender e apreciar o que há de profunda verdade nesse admirável retrato daquele que foi talvez o protótipo do tirano da América. Também já o tivemos; e o "salvador da pátria" não é mais para nós uma entidade estrangeira. E à sinistra galeria dos Francias, dos López, dos Rosas e de dezenas de outros, podemos juntar um nome que, como aqueles, acha também glorificadores.*[21]

Anteriormente foi dito que o ensaio "Um romance da história" seria um caso à parte. Qualifiquemos melhor a afirmação.

---

[20] O texto de José Veríssimo que inclui a frase mencionada é o seguinte:
Por influência e a exemplo de certos eruditos alemães, e também das doutrinas do culto dos chamados grandes homens, pregadas por Carlyle, Emerson, Nietzsche e menores, seus discípulos ou simples macaqueadores, e da sociolatria positivista, foi moda, que ainda não passou de todo, a revisão de alguns processos e juízos históricos, menos com o fim de apurar a verdade, fosse ela qual fosse, mas de exculpar e reabilitar memórias e nomes infamados pela tradição e pela história. Também os miseráveis tiranos da América, caudilhos sem capacidade nem coração, raça de bandidos políticos, tiveram os seus advogados. Idem.
[21] Idem.

Na verdade, esse texto de José Veríssimo, em que lê dois livros de Frantz Funck-Brentano, *L'affaire du collier* e *La mort de la reine (les suites de l'affaire du collier)*, é bastante instigador, e por dois motivos: em primeiro lugar, por acentuar a importância, para a história, de enredos em que são protagonistas personagens secundários da mesma história, e que terminam por envolver, em sua trama, personagens principais; e, em segundo lugar, e como decorrência, pelo apreço demonstrado pelo crítico por aquilo que um dia já se chamou de *petite histoire* e que hoje, na trilha de um Carlo Ginzburg, por exemplo, se chama de *micro-história*, sem deixar de lado, está claro, as subjacentes e complexas relações entre história e literatura que o caso vai propondo à reflexão do crítico e ao leitor de seu texto. E o caso é aquele, para usar as palavras de José Veríssimo,

> *que para o fim do século XVIII envolveu em um processo de gatunice e em uma infamante intriga amorosa o nome da rainha de França, a desventurada Maria Antonieta.*[22]

Lembrando-lhe a matéria de que são feitos os romances de Alexandre Dumas, que eram lidos *nos bons tempos em que o* Atlas Delamarche *ou o* Magnum Lexicon *serviam de anteparo e disfarce às leituras proibidas,*[23] José Veríssimo propõe, desde o início de seu texto, uma reflexão sobre aquelas relações entre história e literatura:

> *A história tem os seus romances, e às vezes mais curiosos e comoventes que os dos mais interessantes romancistas. O caso do colar que uns ricos joalheiros, por intermédio de uma intrigante de grande marca, julgaram ter vendido àquela rainha, e que um príncipe, o cardeal de Rohan, acreditando ingenuamente corresponder a um capricho real, pagou pela extraordinária soma de quase mil contos, é um desses e dos mais singulares e atraentes. Estou certo de que contado com todo o rigor de um fato histórico, de que cada circunstância é comprovada com documentos e autoridades, ele é mais interessante no livro do sr. Brentano que no romance do velho Dumas.*[24]

De fato, mesmo sem ter lido os livros resenhados pelo crítico, como é o meu caso, é possível, graças a seu modo de organização

---
[22] Idem.
[23] Idem.
[24] Idem.

dos acontecimentos narrados, sentir a importância do *fait divers*, como ele próprio o chama, para completar a leitura da história mais ampla da política e de seus agentes, sem desprezar a intensidade com que a imaginação literária preenche as lacunas deixadas pela pesquisa, ainda a mais acurada, dos testemunhos e documentos. Entre a ficção possível e a história cria-se, para o leitor, uma tal solidariedade que a verdade factual nessa presumida é intensificada pela verossimilhança que se vai identificando naquela.

Mas não se chega, por isso mesmo, à importância da micro-história sem o conhecimento da história, e o ensaio de José Veríssimo o confirma.

A sua familiaridade com a história francesa é de tal magnitude que os personagens envolvidos no caso do colar são dados ao leitor de seu ensaio em sua unidade, isto é, quer como personagens históricos, quer como figuras ficcionalizadas pela matéria romanesca que, sem dúvida, existe no caso. A protagonista, a rainha Maria Antonieta, é, desse modo, vivificada historicamente na medida mesmo em que a trama que a envolveu não só possui substrato factual, mas se revela ao leitor do texto do crítico como possível antecipadora da Revolução, ou, como está em frase de Mirabeau, transcrita pelo crítico, *o processo do colar foi o prelúdio da Revolução*.[25] Ou, em texto do próprio José Veríssimo:

> *O caso do colar não é uma simples anedota; é um fato, um* fait divers *da corte de Luís XVI, que, rodeado das circunstâncias mais romanescas, mostra, melhor que dissertações e documentos, os vícios e falhas da realeza nas vésperas da Revolução, e serve também para compreendermos a relativa facilidade com que cedeu ao impulso popular essa instituição, quatorze vezes secular.*[26]

Vê-se, assim, como, não obstante toda a sua formação positivista e de corte tradicional nos estudos históricos, em que, como aliás já foi dito, sobressai o apego à objetividade dos fatos e documentos, José Veríssimo, por esses anos, já flexibilizava, talvez mesmo por força de sua já longa experiência literária, a sua noção da história, da Grande História, pela inclusão da pequena, como elemento de complementação importante. Mas era uma inclusão, deve-se acentuar, que vinha acoplada a um extenso conhecimento daquela, sem o que, é de ver, a última haveria de se perder na anotação à margem da anedota ocasional, e de que ele dá provas nesse ensaio.

---

[25] Idem.
[26] Idem.

Daí a singularidade do texto e o que se queria dizer quando se falava de um caso à parte: uma espécie de exercício de metodologia prática da história.

Mas essa segunda série de *Homens e coisas estrangeiras* não se resume aos ensaios mais especificamente de ordem histórica.

Desse modo, cinco textos tratam de autores que já compareciam na primeira série, Chateaubriand, Tolstoi, Eça de Queiroz, Zola e Anatole France; quatro outros são incluídos pela primeira vez, Pérez Galdós, Maeterlinck, Alexandre Dumas e Max Nordau; um texto tem por tema questões gerais, caso de *A gente de língua inglesa*, e dois outros abordam escritores portugueses: um romancista, Malheiro Dias, e um poeta, Corrêa de Oliveira.

Na verdade, não há grande novidade nas aproximações do crítico àqueles autores já antes considerados na primeira série, com exceção de seu texto sobre Eça de Queiroz, embora aqui e ali existam observações que completam as relações do crítico com aqueles autores.

Assim, por exemplo, ao considerar a publicação do último volume da reedição, pela Garnier, das *Mémoires d'outre-tombe*, de Chateaubriand, organizada por Edmond Biré, José Veríssimo centra-se naquela imagem de pacificador de reis e príncipes que o grande rebelde romântico criara para si mesmo, assumindo posturas liberais que não chegavam a contrariar o seu mais íntimo conservadorismo, assim como, e isso é dito pelo crítico, o seu catolicismo de imaginação, e não de sentimento, mal se acomodava à ortodoxia da Igreja, tudo projetando aquela aura de grandiloqüência por onde era difícil sustentar o desejo e a imagem de simplicidade idílica de que o escritor se queria porta-voz. E os parágrafos finais do ensaio de José Veríssimo buscam acentuar tais contradições:

> (...) *não morreu de todo no seu túmulo do Grand-Bé, solitário e espetaculoso na sua rebuscada simplicidade, o grande escritor. Sem ser verdadeiramente um pensador, Chateaubriand soube revestir o seu pensamento de tal prestígio de forma que ele continua a comover-nos e a perturbar-nos. Poeta extraordinário, ele viu no passado e no futuro aspectos cuja realidade ainda hoje nos impressiona, e os descreveu numa língua a cujos encantos não sabemos de todo resistir. E, ao cabo, não obstante os seus defeitos — e quem já houve sem eles? — em Chateaubriand o homem é grande, apenas menor talvez que o escritor.*[27]

---
[27] Idem.

Da mesma forma, o ensaio sobre Tolstoi, lendo alguns textos do escritor russo que lhe serviam como veículos de doutrina e de proselitismo, na verdade um Tolstoi menor como escritor que buscava conciliar uma espécie de cristianismo primitivo (e do catolicismo oficial ele já havia, por essa época, sido excomungado) com as suas ações sociais que se aproximavam de um anarquismo que, de certa maneira, requentava traços seculares da tradição russa, nada acrescenta àquele, mais completo e menos hagiológico, incluído na primeira série, servindo apenas, talvez, para marcar a preferência do crítico por escritos, para não dizer literatura, de claros compromissos sociais.

Nesse sentido, é ainda mais explícito o ensaio sobre Zola, publicado apenas um mês depois da morte trágica (o crítico fala em *morte inopinada*) do escritor.

Sendo, como é, uma nota necrológica e, por isso, assumindo um tom de resumo e conclusão, o texto de José Veríssimo, sobretudo em seu final, não deixa de adotar uma posição de defesa das idéias do grande escritor, principalmente o viés social, ou mesmo socialista, como está no texto do crítico:

> *Se eu me empenhasse em definir o gênio de Zola, creio que me ateria à fórmula, um moderno, um positivista, no sentido geral dessa expressão, que, sem nenhuma crença no sobrenatural, nem nas potências consagradas deste mundo, não espera nada senão da ciência e do esforço humano, emancipado de todo o preconceito social ou religioso. Um personagem de* Roma *faz do* Manual do Bacharelado *uma espécie de Bíblia do futuro. Não faltaram críticos que metessem Zola à bulha pela idéia. Não era, entretanto, difícil ver nisso um símbolo, o fácil símbolo da Ciência, regeneradora da vida. Foi essa a crença viva, forte, impertérrita, ingênua, pode dizer-se, de Zola. A ela misturou-se uma sentida piedade humana, nascida talvez mais do contacto dos miseráveis que ele estudou, que só da influência socialista — na mais larga acepção dessa palavra — que nos últimos anos influiu nele. Não há dúvida de que nesse momento todos os grandes artistas e escritores, por todo o mundo, são socialistas. Todos eles voltam-se para os interesses sociais, representados pelos miseráveis e sofredores, pelo enorme proletariado, vítima dos regimes burgueses. Nunca a arte mostrou um caráter tão social como hoje, e a sua tendência, tudo o anuncia, é fazer-se cada vez mais social — ao menos onde ela vale alguma coisa, onde não é uma simples macaqueação desvaliosa, mas procede da própria alma nacional.*[28]

---

[28] Idem.

Quanto ao ensaio sobre Eça de Queiroz, autor sobre quem escrevera, na primeira série de *Homens e coisas estrangeiras*, um texto que ficava entre a necrologia e a rememoração de seu primeiro encontro com o escritor português — encontro cuja maior curiosidade é se ter dado no famoso sarau da Trindade, poucos anos depois recriado por Eça de Queiroz numa das mais célebres passagens d'*Os Maias* — é, na verdade, o único texto do crítico a tratar de obra específica de Eça de Queiroz, no caso *A cidade e as serras*, cuja primeira edição, póstuma, é de 1901.

Sem chegar a problematizar a relação das duas últimas obras do escritor — esta agora lida e a anterior, *A ilustre casa de Ramires* — com o conjunto de romances escritos por ele, o que, talvez, o poderia ter levado a uma percepção mais justa e larga da obra criticada, como levou, por exemplo, Antonio Candido em sua precisa e magistral síntese da obra queirosiana em ensaio de título muito semelhante ao de José Veríssimo,[29] o crítico soube fixar a dualidade que está no título de seu ensaio, "A cidade e o campo", ou, mais ainda, naquele com que foi publicado originalmente no jornal, "A vida complicada e a vida simples", como elemento capaz de melhor explicar as tensões existentes na obra de Eça de Queiroz, sobretudo aquelas que dele faziam um escritor cujo sentimento íntimo da nacionalidade (para adaptar uma famosa expressão machadiana) resistia às injunções de uma existência vivida longe do próprio país. É o que está no seguinte trecho do ensaio:

> *O que faz que a obra de Eça de Queiroz, ainda quando reflete a influência e até aspectos de obras exóticas, conserve a sua superioridade, e seja ainda assim original, mesmo de uma forte originalidade, é o espírito, o sentimento português que a anima. Eça de Queiroz, como com bem mau gosto lhe exprobaram, não era talvez um patriota, no sentido político, estreito e freqüentemente imoral da expressão; não era como Tomás Ribeiro, Pinheiro Chagas, Bulhão Pato e agora o sr. Fialho de Almeida, um profissional dessa virtude; mas nenhum escritor português teve mais que ele o íntimo, o profundo, o intenso sentimento do seu torrão natal, em nenhum refletiu com mais vigor e relevo a terra portuguesa nos seus variados aspectos e a alma portuguesa nas suas diversas feições. Este amoroso do exotismo, este fino e nervoso artista que sufocava talvez no acanhado e postiço meio nacional, que viveu e escreveu por terras alheias e de alta e refinada cultura, não perdeu jamais*

---
[29] Refiro-me ao texto do autor "Entre campo e cidade", em *Tese e antítese. Ensaios*. São Paulo: Companhia Editora Nacional, 1965, pp. 31-56.

esse doce sentimento, e a nostalgia, que é uma idiossincrasia nacional, obrando nele, pôs na sua obra dos últimos anos a nota melancólica, a saudade que se revela já nas páginas da Ilustre casa de Ramires *e é o próprio fundo deste livro,* A cidade e as serras.[30]

Precedida por considerações, ainda muito atuais, sobre a questão da novidade e a reatualização dos temas literários, a leitura de José Veríssimo, sobretudo se pensada no momento e circunstância em que foi feita, aponta, por certo, para uma futura reavaliação da obra de Eça de Queiroz, tal como ela foi empreendida quase meio século depois, por ocasião do centenário de nascimento do escritor, em especial no que diz respeito à recepção de sua obra sem os preconceitos patriotas de que foi vítima e com a necessária compreensão de seu substrato irônico e satírico.

Deixando-se de lado o texto sobre Anatole France, simples, embora curiosa, paráfrase que faz de um conto do autor francês, aquele em que narra episódio ocorrido com a figura histórica de Pôncio Pilatos depois da crucificação, quando não se recorda de um certo Jesus de Nazaré, os demais ensaios, em que aborda autores que compareçem pela primeira vez entre *homens e coisas estrangeiras* consideradas pelo crítico, oferecem interesse variado.

Assim, por exemplo, o ensaio sobre Galdós, que trata especificamente de um drama do escritor, *Electra,* ao mesmo tempo que dá notícia de *graves perturbações da ordem pública, motins e arruaças, vias de fato, ataques a clérigos e a estabelecimentos e instituições religiosas, tudo provocado pela representação — e depois pelas representações — de um drama de um escritor indígena,*[31] o que leva José Veríssimo a meditar sobre a poderosa influência de que são capazes as obras de imaginação se encontram um meio favorável para a sua intensificação, serve ao crítico de ocasião para, mais uma vez, enfatizar a sua oposição aos fanatismos de qualquer espécie, e sobretudo, como é o caso, daqueles de ordem religiosa.

Desse modo, é com palavras duras e mesmo desabridas que o crítico fustiga o catolicismo de extração hispânica:

> *O catolicismo é o velho e duro, e ao cabo odiado, tirano das populações espanholas. Mudaram ali os regimes, liberais, conservadores, reacionários, militares, teocráticos, monárquicos, republicanos, absolutistas, constitucionais,*

---

[30] Op. cit.
[31] Idem.

mas permaneceu intangível o clericalismo soez ou cruel, hipócrita ou desfaçado, galã e cortesão, ou lôbrego e sórdido, sabedor ou ignaro, dominando a escola, a choupana, o palácio, o campo e a cidade, sotopondo a sua autoridade, o seu prestígio, não só à da autoridade civil, mas à da mesma Igreja, servindo-a segundo um programa e um ideal seus, profundamente católico, mas estreitamente nacional, da nação dos Felipes e da Inquisição.[32]

E se os textos sobre Maeterlinck, singela resenha de idéias possíveis a serem extraídas da poesia do autor, mas não idéias na poesia, que só assim poderia ter interesse maior, e aquele sobre Alexandre Dumas têm apenas a comoção e a coragem de ser um tributo a escritor cuja popularidade era, no momento do crítico, vista sob suspeita pela crítica enfatuada, já o ensaio sobre Max Nordau, sobre o livro *Vus de dehors*, publicado em 1903, é relevante por deixar transparecer, sobretudo em suas páginas finais, o preconceito, por assim dizer, naturalista, próprio de sua formação intelectual, e de que nunca inteiramente conseguiu livrar-se o crítico, conforme já foi assinalado.

De fato, seguindo de perto, infelizmente de bem perto, o tresloucado e confuso autor do famoso *Degenerescência*, José Veríssimo reforça aquele mencionado preconceito ao subscrever as palavras do crítico franco-alemão, em trecho de grande incompreensão crítica e, o que talvez ainda seja pior, de completo desacerto histórico-literário, ao escrever:

> *Se há na história literária contemporânea um caso típico de* humbug, *de mistificação, consciente ou inconsciente, de uns e de esnobismo e paspalhice de outros, é de Stéphane Mallarmé. Aliás o caso é mais fácil de compreender e explicar pela crítica do que o homem que lhe deu motivo. Esse eu nunca o entendi, e rio comigo dos que pretendem tê-lo entendido. O sr. Nordau consagra-lhe páginas decisivas, certamente das melhores, mais bem-pensadas e mais justas de seu livro. É curioso que aqueles "cuja mocidade não os protege contra o amolecimento cerebral", como diz duramente na sua linguagem de clínico o sr. Nordau, depois do místico, popular e claro Verlaine, tenham escolhido para seu príncipe o nebuloso, o oco, o vago Mallarmé, e morto este — e morto para sempre, podem crer — entregassem o cetro ao sr. Leon Dierx, um puro parnasiano.*[33]

---

[32] Idem.
[33] Idem.

Apesar de tudo, no entanto, esse texto de José Veríssimo tem a utilidade de poder explicar, mais uma vez, aquela defasagem existente entre os seus ensaios críticos, mesmo aqueles reunidos nestas séries de *Homens e coisas estrangeiras*, e que melhor se revela quando o crítico pretende analisar obras de ficção em prosa ou de poesia de autores novos seus contemporâneos. É o que vai acontecer em seus *Estudos de literatura brasileira* ou mesmo na *História da literatura brasileira* ao tratar do movimento simbolista, ou aqui, nessa segunda série, quando não passa de comentários canhestros ao ler os dois autores portugueses já mencionados nos ensaios "Novo romancista português" e "Um moderno trovador português".

Já o último texto a considerar, "A gente de língua inglesa", insistindo, a partir de comentários a artigo publicado em revista norte-americana, sobre o indisfarçado desejo de expansão e de consolidação, para isso, de uma comunidade muito viva dos países de língua inglesa, o crítico sabe ver a significação de tal desejo agora não apenas para os países latino-americanos, mas para o mundo, na medida em que ele implica desenvolvimentos políticos de estratégias imperialistas e colonizadoras. Mas esse tema será, de certa forma, dominante naqueles textos sobre a América Latina que serão mais numerosos na terceira e última série de *Homens e coisa estrangeiras*.

IV

Nessa terceira série da obra, publicada em 1910, os dois textos iniciais, "Miguel de Cervantes e *D. Quixote*" e "Bocage", foram publicados, respectivamente, nas revistas *Renascença*, de junho de 1905, e *Kosmos*, de dezembro do mesmo ano, e todos os demais no *Jornal do Commercio*, entre fevereiro de 1907 e março de 1908. Aqui também, como ocorrera nas séries anteriores, as mudanças, na passagem do jornal ao livro, foram de títulos: os ensaios "Letras argentinas", "Formação da Alemanha atual", "Aspectos da moderna evolução alemã", "Literatura latina e história romana" e "Retórica de Nietzsche "- eram, respectivamente, "Livros argentinos", "Como se fez a Alemanha de hoje", "Alguns aspectos da moderna evolução alemã", "A literatura latina na história de Roma" e "As idéias literárias de Nietzsche".

O maior conjunto de ensaios é aquele representado por temas latino-americanos, traço que se acentuará em sua colaboração jornalística a partir de 1912, quando José Veríssimo passa a escrever regularmente em *O Imparcial*.

De fato, são quatro artigos: "Letras hispano-americanas", em que lê a antologia *La joven literatura hispano-americana*, organizada por Manoel Ugarte e publicada em 1906, "Letras argentinas", em que trata das obras *Stella* e *Mecha Iturbe*, de Cesar Duayen, *Alma nativa*, de Martiniano Leguizamon, e de um tomo dos *Anales de la Biblioteca*, editado por P. Groussac, "O perigo americano", acerca dos livros de Oliveira Lima, *Pan-americanismo*, e de Arthur Orlando, com o mesmo título, ambos de 1906, e "Letras venezuelanas", sobre um livro de ficção, *El hombre de hierro*, por Rufino Blanco Fombona, e um de história diplomática, *La segunda misión a España de Don Fermín Toro*, de Angel Cesar Rivas.

A não ser por constituírem demonstrações inequívocas da curiosidade que tinha José Veríssimo por homens e coisas latino-americanas, buscando uma informação e um trânsito cultural entre o Brasil e os países hispano-americanos até hoje raro, lendo uma ficção pouco conhecida por aqui e se atualizando acerca das pesquisas históricas — de que dá prova a leitura que faz dos *Anais* da Biblioteca de Buenos Aires — o forte dessas suas aproximações à América Latina é mesmo a reflexão, que o ocupava desde os anos finais do século XIX através do último capítulo de sua *A educação nacional*, como já se viu, sobre as relações tensas entre os países latino-americanos e os Estados Unidos. E o exemplo disso, nessa terceira série de *Homens e coisas estrangeiras*, é o ensaio "O perigo americano."

Na verdade, trata-se de um dos textos mais contundentes escritos por José Veríssimo acerca daquilo que está expresso na doutrina Monroe como *manifesto destino* dos Estados Unidos, isto é, a influência e mesmo a conquista e a colonização sobre o resto da América.

Comentando um livro, o de John Fiske, *American political ideas*, e um artigo de revista, *The territorial expansion of the United States*, escrito por John Bassett Moore, o crítico subscreve o que está dito pelo primeiro autor norte-americano quando afirma *que tempo virá em que se realize na terra um tal estado de coisas que seja possível (...) falar dos ESTADOS UNIDOS estendendo-se de pólo a pólo.*[34] Diz José Veríssimo:

---

[34] Idem.

Eu por mim piamente acredito que esses tempos não estão muito longe. Tudo na política americana os anuncia próximos. E quando vejo os Estados Unidos romperem com a tradição, muito recomendada pelos veneráveis pais da sua República, de se absterem de quaisquer procedimentos e intervenções exteriores, empenharem-se visível e disfarçadamente, qualquer que fosse o pretexto, em guerras de conquista, como foi a da Espanha, a quem tomaram as Filipinas, Porto Rico e quase se pode dizer Cuba, sem falar do que antes já haviam conquistado ao México, introduzirem sob e sub-repticiamente no seu regime político entidades novas, que eles mesmos não sabem como qualificar e incorporar, e meterem no seu organismo republicano e democrático o vírus funestíssimo das instituições militares, como qualquer Alemanha ou Rússia, da posse de uma grande esquadra e de um poderoso exército um ideal de governo, ultrapassando com tudo isso o que o citado professor Moore chama de "as barreiras do pensamento político americano" e, tomando uma atitude francamente imperialista, ao lado das monarquias retrógradas da Europa, quando tudo isso vejo e considero, acabo de convencer-me das profecias não só de John Fiske, de Benjamin Kidd e de quase todos os sociólogos norte-americanos, mas dos seus estadistas, os Blaines, os Roots, os Roosevelts, todos ali igualmente capacitados de que o "manifesto destino" da sua grandíssima nação é virtual ou efetivamente avassalar a América.[35]

Por isso, o crítico vê com pessimismo os ideais do pan-americanismo e não vislumbra qualquer saída para a inevitável vocação imperialista norte-americana em suas relações com as outras nações do continente e, num arroubo de previsão (de certa maneira equivocada ao se assentar numa estatística de John Fiske que não se confirmou, isto é, de que os Estados Unidos, até o fim do século XX, teriam uma população de seiscentos ou setecentos milhões de habitantes), afirma:

Qual não será, ajuizada pelo que já é, a força, a potência verdadeiramente assombrosa e incontestável desse colosso de 600 ou 700 milhões de braços lá por 1990 e tantos? Primeiro porão o resto do continente sob a preponderância da sua força moral de ainda por muitos anos a única real grande potência mundial da América, depois sob a sua imediata dependência econômica e finalmente sob a sua plena hegemonia política. Dessa se transformar, ao menos para alguns países, em suserania de fato e até de direito, não vai mais que um passo.[36]

---

[35] Idem.
[36] Idem.

Desse modo, prevendo assim *o futuro da América ou antes do resto da América ante a grandeza assombrosa e ilimitadamente crescente dos Estados Unidos*,[37] José Veríssimo lê os livros de Arthur Orlando e de Oliveira Lima como vãs tentativas, ou de atenuar o perigo americano, caso do primeiro, ou de a ele se opor, caso do segundo. E a esse a sua principal objeção é exatamente a de ser, como foi a do próprio Rio Branco, uma política de amizade equivocada. Pois, diz o crítico, se o perigo americano

> *pode ser contrastado somente o será por uma política que não faça da amizade americana uma questão nacional, como foi, por exemplo, exemplo infelicíssimo, a abolição.*[38]

E a sua conclusão não poderia ser outra:

> *O pan-americanismo, tal como o entendem e querem os Estados Unidos, invenção de Blaine, principal fautor do imperialismo americano e pai espiritual de Roosevelt, é, e todo o livro do sr. Oliveira Lima concorre para o demonstrar, a encarnação daquele ideal do "manifesto destino" de uns Estados Unidos estendendo-se de pólo a pólo.*[39]

Estava preparado o caminho para aquilo que será uma constante de seus textos sobre a América Latina, sobretudo aqueles que escreverá sobre temas culturais, literários e políticos no jornal *O Imparcial*, a partir de 1912, como já foi observado.[40]

Mas a variedade de temas e autores dessa terceira série é, como nas duas outras, muito grande, embora se possa organizar alguns conjuntos de textos que estão publicados sem qualquer preocupação nesse sentido.

É o caso, por exemplo, de três ensaios que, ou tratando de história antiga ou de raça e cultura, "O maior dos romanos" e "Literatura latina e história romana", por um lado, e "Raça e cultura — latinos e germanos", por outro, todos orbitando em torno da figura do historiador italiano Guglielmo Ferrero, cuja presença no

---

[37] Idem.
[38] Idem.
[39] Idem.
[40] Alguns desses textos estão reunidos em Veríssimo, José, *Cultura, literatura e política na América Latina*. Seleção e apresentação de João Alexandre Barbosa. São Paulo: Livraria Brasiliense, 1986.

Brasil daqueles dias, quando pronunciou conferências, foi um acontecimento cultural de grande impacto, provocando polêmicas e instigando reações, de que o último texto citado de José Veríssimo é um exemplo.

É também o caso de dois textos que tratam da história e da cultura na Alemanha, cuja presença no quadro político europeu se fazia mais e mais proeminente, até a atuação central que resultou na Grande Guerra de 1914-1918: "Formação da Alemanha atual" e "Aspectos da moderna evolução alemã."

Ou mesmo os textos em que aborda a literatura e a cultura de Portugal, como são o ensaio comemorativo dos cem anos da morte do poeta, em "Bocage", aquele em que escreve sobre o livro de Carolina Michaëlis de Vasconcelos, *A infanta d. Maria e suas damas*, aquele outro em que volta ao poeta Antonio Corrêa de Oliveira, já abordado em texto da segunda série, ao escrever sobre o seu livro *Tentações de São Frei Gil*, e o que comenta a nova edição de *Sermões*, de Antonio Vieira, primeiro volume das *Obras completas do padre Antonio Vieira*, organizadas pelo padre Gonçalo Alves e publicadas em 1907.

Ou ainda, e como não poderia deixar de ser, três ensaios que giram em torno de temas e obras da França, como ocorre com "A lenda napoleônica", em que discute a obra *Les origines de la légende napoléonienne*, de Philippe Gonnard, "Teatro e sociedade francesa contemporânea", precioso ensaio sobre dramaturgia numa bibliografia reconhecidamente escassa, e "Taine e a Revolução Francesa", cujo objeto de leitura é a obra *Taine historien de la Révolution Française*, de A. Aulard, publicada em 1907.

Finalmente, e a meu ver, juntamente com aquele sobre temas e autores hispano-americanos, o mais interessante dos conjuntos presentes nessa terceira série, os dois ensaios sobre Nietzsche: "Um ideal de cultura", com o subtítulo "Sobre uma página de Nietzsche", e "Retórica de Nietzsche", em que comenta quatro obras em torno do filósofo, *En lisant Nietzsche*, de Émile Faguet, *Pages choisies de Frédéric Nietzsche*, de Henri Albert, *Friedrich Nietzsche*, de Henri Lichtenberger, e *Friedrich Nietzsche*, de Eugène de Roberty.

Se a esses dois ensaios for acrescentado aquele que publicou no jornal *Correio da Manhã*, de 19 de janeiro de 1903, posteriormente recolhido no volume *Que é literatura? e outros escritos*, de 1907,[41] tem-se o conjunto completo de textos do crítico sobre o filósofo.

---

[41] Cf. "Nietzsche", em *Que é literatura? e outros escritos*. Rio de Janeiro: H. Garnier, Livreiro Editor, 1907, pp.153-163.

O primeiro ensaio tem por tema uma definição de cultura expressa por Nietzsche numa das páginas de suas *Considerações inatuais*, e que José Veríssimo lê na tradução francesa publicada pela Mercure de France, em 1907, e que ele traduz da seguinte maneira:

A cultura é antes de tudo a unidade do estilo artístico em todas as manifestações vitais de um povo[42], a que se segue o comentário do crítico brasileiro:

> *Já se tem dito, mas cumpre repetir: Nietzsche é principalmente, primariamente, e talvez somente, um artista, isto é, um homem em cujo cérebro todas as impressões do mundo exterior, ou todas as intuições da sua inteligência, todas as suas emoções ou sensações se apresentam e representam como emoções ou sensações estéticas. De uma estesia particular, pessoal, como é tudo nele, fora talvez da realidade objetiva, mas de uma singular força e beleza. Essa idéia — talvez imprecisa e indefinida para os mesmos que se presumem nietzschianos — a tirou ele da sua concepção, insensata perante a melhor exigência da civilização grega, das origens da tragédia helênica. Sabe-se como fantasiou uma vida, uma sociedade, uma cultura grega, com bem pouca realidade na história. Como quer que seja, dessa criação da sua imaginativa formou um conceito de cultura que quisera aplicar a todas as nossas manifestações vitais; seria ela como o resíduo sublimado, a expressão última e sobreexcelente de todos os nossos progressos na ordem espiritual e ainda na ordem social e moral.*[43]

Desse modo, embora freqüentemente reticente com relação aos conceitos de Nietzsche no que se refere à idéia do super-homem como explicação do processo histórico, aspecto pelo qual era superficial e unilateralmente conhecido pelo leitor médio brasileiro — contra o que o crítico sempre se declara —, e que levou, muitas páginas atrás, a se falar nas relações contraditórias de José Veríssimo com o filósofo alemão, ele encontra em sua definição de cultura um motivo para reverenciar a capacidade imaginativa de quem ele sempre definiu antes como poeta do que como filósofo sistemático.

Por esse ensaio, percebe-se como aquilo que o afastava de Nietzsche, e logo nas primeiras linhas ele chega a falar de *repugnância da leitura de Nietzsche*,[44] era, sobretudo, a aceitação superficial

---
[42] Op. cit.
[43] Idem.
[44] Idem.

daquilo que não parecia senão extravagância de sua filosofia ao desmontar os alicerces de um moralismo tradicional. E é, por certo, de grande sensibilidade crítica aquilo que escreve José Veríssimo sobre a cegueira de sua recepção por aqueles que, se presumindo nietzschianos, confundem os conceitos do filósofo no que se refere a valores morais. Diz ele:

> *Superficialmente vista, a filosofia de Nietzsche é a filosofia dos amorais e dos imorais. Não que o seu amoralismo, como já lhe chamaram, seja imoral. Ao contrário, resulta em uma transcendente e pura ética. Mas, em antes de lá chegar e antes de a compreenderem e poderem praticar, os literatos e estetas, já de natureza minguados do nosso comum senso moral, acham na sua soberba, e realmente profunda, teoria da transmutação dos valores, um acoraçoamento e uma justificativa às suas próprias tendências anti-sociais ou anti-humanas. E como essas são comuns nessa classe de gente, é justamente nela que mais penetrou, se bem mal compreendido e até deturpado, o pensamento nietzschiano.*[45]

Nesse sentido, sabendo buscar uma coerência por sob a aparente desorganização de uma grande sensibilidade, que era a do filósofo, José Veríssimo se desvencilha daqueles elementos naturalistas de sua formação e recupera aquilo que, em Nietzsche, é, como ele mesmo diz,

> *momentos lucidíssimos, em que a sua imaginação homérica, inquieta e desvairada, projeta clarões intermitentes, de intensidades diversas, mas freqüentemente vivíssimos e luminosos, nos problemas da cultura e da vida.*[46]

E é naquela *unidade do estilo artístico* da definição de cultura proposta por ele que o crítico encontra o caminho para apreender como síntese a visão do filósofo, cuja expressão *natural e ingênua* que resulta do sentido da ordem e harmonia aprendida com o trato da cultura grega, segundo José Veríssimo, faz da obra de Nietzsche um magnífico exemplo de superação daquilo que chega a chamar de *vesânico* em sua filosofia.

Sendo assim, na interpretação do crítico, para Nietzsche *a cultura não é saber e conhecimento, ciência ou erudição, mas o expoente e o*

---
[45] Idem.
[46] Idem.

resultado de tudo isso, quando esse resultado se produz do modo superior por ele chamado estilo.[47]

A partir daí, o ensaio de José Veríssimo volta-se para o caso brasileiro, numa verdadeira diatribe contra o hábito de falsear a cultura com adornos eruditos de superfície:

> *A expressão de nós mesmos, como povo e como indivíduos, quando temos alguma coisa a exprimir e sabemos exprimi-la, é em suma a cultura, e não conhecimentos acumulados sem discrição, a ciência ou a erudição apenas ingeridas e mal-assimiladas e que, como uma alimentação indigesta, de fato não nutre e avigora o organismo. Impando com essas vitualhas excessivas, despeja-as o estômago tal qual as recebeu. Mas não falta quem lhe tome o ímpeto e o arroto como sinal de saúde e força. Desses vômitos de erudição temos aqui, como outro dia notei, um asqueroso exemplo nas citações intemperantes e despropositadas, puro, indiscreto e vaidoso alarde de conhecimentos e leituras, que só aos simples ou parvos pode embair.*[48]

Já o segundo ensaio mencionado, e que é segundo na publicação em livro, pois apareceu no *Jornal do Commercio* um ano antes do anterior, isto é, em 1907, tem sobretudo o interesse em apontar aquilo que, para o crítico, seria não um estilo de cultura, como no texto precedente, mas o estilo do próprio Nietzsche. E esse estilo é, segundo o crítico, caracterizado por uma ordem clássica em que a clareza e a impessoalidade são traços essenciais, senão de realização, de desejo ou vontade. Sobre a primeira, diz ele:

> *Nietzsche é pela clareza. Ele adorou a clareza grega e a clareza francesa. A clareza era para ele a lealdade do filósofo, o que não é senão, em outros termos, o velho conceito francês: a clareza é a probidade do escritor. E a nenhum talvez admirou mais Nietzsche que a Voltaire, que é o mais claro de todos. Mas essa clareza não é para ele a vulgaridade de tudo dizer plenamente, chatamente, como se o leitor fora um néscio, de modo a impedir-lhe o gosto de colaborar com o autor, que é um dos encantos da leitura.*[49]

---

[47] Idem.
[48] Idem.
[49] Idem.

E sobre a segunda:

> *A impersonalidade do artista está em que ele não entre voluntariamente na sua obra, ou como ele diz "que o autor se deve calar quando a sua obra fala". É um pouco aquilo de Victor Hugo, que não é aliás um artista impessoal: "Ami, cache ta vie et répand ton esprit". Mas é pessoal justamente porque, não intervindo, a sua personalidade voluntária, sua personalidade sensível, sua personalidade de temperamento enche-lhe a obra. Tal teoria, sutil sem dúvida, mas porventura verdadeira, se resume afinal na parte do inconsciente na obra de arte. Eu por mim sempre pensei que, fora dos tempos modernos, a obra de arte, os grandes poemas antigos, a tragédia grega, e ainda o drama shakespeariano, como as eminentes artes plásticas da Renascença, foram por muito inconscientes ou nelas teve parte proeminente a personalidade de temperamento do artista, para falar como Nietzsche.*[50]

Além desses conjuntos de ensaios, aqui descritos para que se possa melhor compreender a organização da obra, essa terceira e última série de *Homens e coisas estrangeiras* completa-se com mais três textos: uma leitura do ensaio de Tolstoi sobre Shakespeare, que o crítico lê na segunda edição da tradução francesa editada por Calmann-Lévy em 1907, uma resenha do livro *I vantaggi della degenerazione*, por Gina Lombroso, e sobretudo o ensaio sobre Cervantes, "Miguel Cervantes e *D. Quixote*", com que abre o livro. E sobretudo porque é um texto que, sem ser resenha de obra ou de autor, revela, sem dúvida, a aturada reflexão do crítico sobre uma obra clássica, trazendo uma importante contribuição para a sua recepção crítica no Brasil.

E isso, creio, por duas razões: em primeiro lugar, por saber situar a obra de Cervantes como peça fundamental na criação de um novo gênero, o romance, nas articulações com as próprias mudanças sociais e históricas, e, em segundo lugar, por ultrapassar as puras e simples visões da obra cervantina como sátira, que seriam, segundo as melhores lições dos estudiosos da obra, uma primeira etapa de sua história crítica.

Na verdade, desde o início, o ensaio de José Veríssimo se propõe como uma leitura do *Dom Quixote* que o situe como parte substancial da transformação do gênero épico e como peça importante na consolidação do romance como gênero próprio da burguesia.

---
[50] Idem.

Assim, diz o crítico:

> *O homem antigo, isto é, a sociedade antiga, definiu-se na epopéia. A sua própria tragédia não é senão a epopéia dialogada, numa ação mais rápida e movimentada. O romance, não obstante tentado pelos gregos, iniciadores de tudo, mas criação moderna, é a nossa epopéia, a nossa forma de literariamente nos definirmos e à nossa sociedade.(...) Quando a vida tomou outra direção e não foi mais, ou não foi principalmente, a atividade guerreira, com as suas empresas ousadas e grandiosas, as suas façanhas maravilhosas, aventuras extraordinárias e feitos sobre-humanos, (...) quando os deuses e semideuses e os heróis cederam o lugar ao homem e a sociedade de hierárquica e aristocrática que era entrou a tornar-se igualitária e democrática, as classes e castas foram desaparecendo e o costume antes da lei começou a igualar a todos, a epopéia, acompanhando a evolução social, foi pouco a pouco evoluindo no romance, a história idealizada da vida burguesa e popular, que substitui a vida patrícia a antiga militar.*[51]

No que se refere à segunda razão assinalada, aquela de ultrapassar a leitura da obra de Cervantes como exemplo satírico que só poderia ser devidamente apreendido em função da experiência do leitor com as obras de cavalaria anteriores, dominantes no período em que José Veríssimo escreve o seu texto, a sua reflexão é de grande acerto crítico, sabendo apontar as razões mais íntimas da perenidade do grande livro:

> *E hoje,* diz ele, *que nenhum resto sequer sobrevive da cavalaria andante, que ninguém escreve ou lê romances de cavalaria, nem é, pois, influenciado por eles, e, portanto, a sátira de* Dom Quixote *fica sem objeto, ou tem apenas um alcance retrospectivo sem interesse, o que vive nesse livro de uma vida perene e imortal é a sua realização da vida e da natureza humana.*[52]

Aliás, um dos traços marcantes do ensaio de José Veríssimo é saber manter a tensão entre os elementos realistas e idealistas que, como se sabe, estruturam a obra de Cervantes, embora, é claro, movido pelos próprios preconceitos de época, a sua tendência seja a de acentuar os valores de idealização da obra, sem que, no entanto, isso o estorve de assumir uma perspectiva acertadamente crítica, como se pode ver no pequeno trecho a seguir:

---
[51] Idem.
[52] Idem.

> *E assim, diz, o mais realista talvez dos grandes poemas humanos é porventura aquele que melhor exprimiu a capacidade de ideal que no homem há, e com tão profunda e exata ciência da vida, tão claro sentimento da realidade, que o herói protagonista dessa vesânia, só pela vesânia escapa às miseráveis condições egoísticas da existência.*[53]

Acrescente-se, como observação derradeira, que o comentário a esse texto de José Veríssimo serve muito bem como conclusão para estas notas introdutórias e até mesmo por uma razão ocasional que, não obstante, teve a sua importância para a reedição destas séries de estudos do crítico.

Isso porque foi a partir de artigo em revista acerca deste ensaio de José Veríssimo, em grande parte utilizado aqui, no contexto mais amplo de uma discussão sobre a recepção crítica da obra de Cervantes no Brasil, que tive a oportunidade de chamar a atenção, nomeando explicitamente duas editoras, para a necessidade cultural de uma reedição das três séries de *Homens e coisas estrangeiras*.[54]

Que uma delas, a Topbooks, através de José Mario Pereira, tivesse atendido ao apelo é motivo para uma renovação de confiança em nossa indústria editorial.

---

[54] Cf. Barbosa, João Alexandre, *Homens e coisas estrangeiras*, em *CULT — Revista brasileira de literatura*, Ano II, n. 23, junho de 1999, pp. 18-20. O trecho completo do artigo mencionado é o seguinte:
Obra que, sem dúvida, mereceria a coragem editorial de uma republicação (penso, por exemplo, na mencionada Topbooks ou na Companhia das Letras, que vêm meritoriamente republicando textos básicos de nossa tradição) não apenas por curiosidade bibliográfica, mas porque revela um ângulo muito pouco conhecido não somente do crítico, como de todo o seu momento cultural, vale dizer, o fim do século XIX e inícios do XX no Brasil.

PRIMEIRA SÉRIE
(1899-1900)

PRIMERA SERIE
1897-1907

O DUQUE DE PALMELA

Vida do duque de Palmela
por Maria Amália Vaz de Carvalho,
vol. I, Lisboa, 1898.

Os que leram o quadro, admirável pela riqueza do colorido, que do *Portugal contemporâneo* traçou Oliveira Martins não esqueceram decerto a figura de Palmela, com o seu eterno charuto, com a sua frieza de aspecto, com a sua superioridade de educação e de cultura sobre os seus companheiros ou adversários na obra, por muitos respeitos considerável, da implantação do regime moderno em Portugal. Oliveira Martins não é favorável a Palmela. Historiador à Carlyle e à Taine, a fantasia e a imaginação entram por muito no seu processo histórico, feito principalmente pela aplicação da psicologia à história. Essa aplicação encerra em si mesma um motivo de erro, é a necessidade para o historiador de tudo explicar no caráter, no temperamento, nos atos dos indivíduos históricos. Tarefa difícil entre todas é o conhecimento dos homens, e os psicólogos da história ou do romance são inconscientemente e de boa fé levados por essa mesma, freqüentemente quase insuperável dificuldade, a se facilitarem a sua tarefa simplificando a psicologia das suas personagens. A observação direta sendo impossível aos primeiros, como muitas vezes o é também aos segundos, são ambos obrigados a um trabalho de imaginação em que, por mais penetrante e imparcial que seja a sua observação indireta, feita no estudo dos documentos e dos atos, entra por muito o elemento subjetivo. O homem (todos nós sabemos disso pela observação de nós mesmos, se temos o espírito crítico necessário para fazê-la) é um ser eminentemente complexo; os mais inteiriços não o são tão totalmente como aos psicólogos por via de regra se afigura, e se nós pudéssemos aplicar os raios roentgen à alma de cada homem recuaríamos talvez de horror descobrindo a mistura incongruente que ela é. Certo dessa mistura se pode quase sempre tirar uma média que constitui o caráter individual na sua generalidade; mas a própria observação e discriminação desse caráter são dificílimas e quase sempre contrariadas por elementos subjetivos do observador e do observado, que prejudicam a verdade da operação. Daí principalmente a enorme discrepância que há entre os historiadores no juízo que fazem das personagens históricas e dos seus atos. A psicologia aplicada à história tem porém a vantagem de explicar tudo e de torná-la mais interessante. Se a torna mais exata e verdadeira, é duvidoso.

O Palmela do livro de d. Maria Amália é muito diferente do Palmela de Oliveira Martins. Qual dos dois é o verdadeiro? Difícil é dizê-lo a quem apenas leu os dois livros com atenção, sem ter por si mesmo examinado, *sine ira ac studio*, as peças do processo. No que são concordes ambos os historiadores, não menos o detrator que o apologista, é em lhe reconhecer a superioridade intelectual, de cultura e de "civilidade" entre os homens que com ele se acharam empenhados na vida política portuguesa da primeira metade do século.

Oliveira Martins, que apesar da largueza do seu espírito tinha bem mal oculto o preconceito, tão português, contra o estrangeiro, faz do fato de ter Palmela nascido na Itália de família de ascendência estrangeira um dos elementos com que há de julgá-lo. Palmela para ele não compreendeu jamais Portugal porque não era um português de sangue estreme, e demais não tivera, por forma alguma, educação portuguesa. Como teoria, o critério é sedutor e, dentro de certos limites, pode ser verdadeiro. Até que ponto havemos de assentar nele a apreciação do caráter e dos atos de um homem é questionável. O abuso ou mau emprego do critério étnico é um dos defeitos capitais da obra de Oliveira Martins. De fato esse critério só tem decidido valor nas civilizações rudimentares. A cultura reduz de muito a sua importância nos períodos mais adiantados de civilização, da qual um dos aspectos é justamente acabar pela cultura com os preconceitos étnicos e patrióticos, unificando num mesmo sentimento a família humana. No Ocidente essa obra, apesar das reações em contrário, já está muito adiantada.

Se Palmela houvesse compreendido Portugal e o povo português, como o quisera Oliveira Martins, ele não se teria empenhado na obra da modificação das suas instituições no sentido moderno, porque de fato, como o demonstra excelentemente o autor do *Portugal contemporâneo,* o povo português todo era pelo antigo regime contra o novo, por d. Miguel contra d. Pedro, pelo absolutismo contra o constitucionalismo. Mas nessa obra, e contra o sentimento geral da nação, não se empenhou somente Palmela, o estrangeiro como lhe chama Oliveira Martins, senão o seu admirado Mousinho, Saldanha, Silva Carvalho, os Passos e mil outros, portugueses de lei. Todos não compreenderiam, portanto, a sua gente e o seu meio querendo impor-lhes um regime que lhes era antipático, para o qual não estavam preparados e que repeliam. A conclusão seria a condenação dessa obra a que, seja qual for a nossa opinião do moderno constitucionalismo, Portugal deve, como com razão reflete a senhora d. Maria Amália, "uma vida tranqüila, civilizada e sã".

Essa obra foi a de uma minoria contra a maioria do país. Mas quando obras tais não foram das minorias? Somente essas minorias, obedecendo ao determinismo histórico, nada mais fizeram que procurar realizar o pensamento geral da civilização contemporânea, e d. Maria Amália tem ainda razão mostrando como a transformação de Portugal era principalmente a conseqüência das idéias do tempo, e, poderia acrescentar, que, a despeito da vontade do povo português, ela se havia de fazer, como com efeito se fez, mais dia menos dia.

D. Pedro de Souza e Holstein, ao depois conde, marquês e duque de Palmela, era um civilizado e, no bom sentido da palavra, um aristocrata. Nascido em Turim em 1781, de pais portugueses, era sua avó paterna uma filha do duque reinante de Holstein, casada com o fidalgo português d. Manuel de Souza. Sua família sofrera as perseguições do marquês de Pombal. Há na história dela um curioso e tocante episódio referido no livro de Camilo sobre aquele marquês e recontado agora mais desenvolvidamente pela sra. d. Maria Amália. A probidade pessoal não era uma das qualidades eminentes do famoso ministro, por demais zeloso dos seus interesses e dos da sua casa. Assim procurou, com abuso do seu poderio, casar bem os filhos, e, não obstante haver perseguido a família Souza, exigiu, é o termo, uma das suas filhas, d. Isabel de Souza Coutinho, "herdeira de uma das mais opulentas casas de Portugal", para mulher de seu filho José, ao depois conde de Redinha.

A família não resistiu a essa ordem, acaso até lhe sorriu, aviltada como se achava a fidalguia portuguesa, a união com a família do ministro onipotente. A menina, porém — pois era uma menina, quinze anos apenas —, opôs ao marquês e ao pai e à avó, em cuja companhia vivia, a mais heróica resistência. Ela amava desde anos mais verdes, com essa precocidade de amor que é tão portuguesa, seu primo Alexandre. A sua resistência foi, porém, inútil, e o casamento celebrou-se. E só. Três anos e alguns meses mais tarde o próprio marquês seu sogro viu-se obrigado a patrocinar o divórcio, para não deixar o filho sem prole, que da mulher não houve como tê-la, tal a oposição que resistindo a todas as pressões da família, do confessionário, do sogro poderosíssimo, do ridículo marido, ela opôs a coabitar com este. Para vingar-se dela mandou-a Pombal recolher por ordem de el-rei em um convento cuja abadessa era irmã sua, e desse recolhimento fê-la passar para outro em Évora, de onde ela saiu daí a seis anos, quando, morto d. José, Portugal respirou desafogado da opressão pombalina, e ela pôde então casar com o seu amado Alexandre. Essa admirável mulher foi a mãe do duque de Palmela.

A educação de d. Pedro foi muito cuidada e feita a dos primeiros anos sob a direção da mãe. Sobretudo foi feita diferentemente da dos moços fidalgos portugueses do tempo, sem padres ou frades. Viajou cedo com o pai, empregado em comissões diplomáticas, viveu na sua adolescência nas rodas mais aristocráticas e civilizadas da Europa, e só veio a conhecer a sua pátria legal com quatorze anos. Com vinte achava-se ele de novo fora dela, na Itália, em um emprego diplomático, e aí travou relações íntimas com Mme. de Staël, cujo amoroso coração chorava ainda o abandono de Benjamin Constant.

Em Portugal suspeitava-se vagamente de que o duque de Palmela, então simples d. Pedro de Souza, fora amado por Mme. de Staël e que *Corinne*, onde d. Pedro figurava sob o nome de Oswald, recontava esses amores. O livro da sra. d. Maria Amália esclareceu esse ponto da vida da ilustre escritora, sem deixar mais plausibilidade à dúvida. D. Pedro de Souza foi, as ardentes cartas de Mme. de Staël publicadas agora pela primeira vez nesse livro o provam, uma das paixões dessa apaixonada que foi a autora de *Corinne*, e o lorde Oswald Nelvil do romance é indubitavelmente ele.[1]

Por Mme. de Staël relaciona-se d. Pedro com os homens mais ilustres da época, Alexander e Wilhelm von Humboldt, Gay Lussac, Barante, Schlegel, Sismondi, e vem a fazer parte da gloriosa roda de Copet, onde, depois que Napoleão, irado e invejoso, a prendeu, a Staël reinava pelo talento, pela graça, pelo espírito em

---

[1] Esta asserção é demasiado absoluta. Que Palmela foi amado ou querido por Mme. de Staël não há dúvida, mas não é certo que o Oswald Nelvil do romance seja ele; quando muito haverá nessa personagem alguma parte dele. Veja o livro de d. Cláudia de Campos, *Mme. de Staël e o duque de Palmela*.

uma corte na qual se reuniam os mais altos espíritos do tempo. Dela fez parte — e nela teve talvez a melhor parte — o futuro duque de Palmela.

Foi com essa educação e com esses hábitos de vida social e espiritual, fino amador de coisas de arte, que ele voltou ao bronco Portugal dos frades e desembargadores de d. João VI e de Carlota Joaquina, para assistir à invasão e à ocupação francesa, contra a qual se bateu depois em um dos corpos anglo-lusos. Dessa triste época há nos *Apontamentos biográficos* do duque de Palmela um animadíssimo quadro, revelador das fortes capacidades de observação e até de escritor que havia no jovem fidalgo. Marchando contra o inimigo, foi ele nomeado logo ajudante-general do pequeno corpo, no qual, informa-nos naqueles *Apontamentos,* as funções de quartel-mestre general foram confiadas "ao major do corpo acadêmico José Bonifácio de Andrada e Silva, bem conhecido desde aquele tempo pelo seu saber, e posteriormente pelo papel político que representou no Brasil".

Em 1809, já vencidos os franceses em Portugal, vai d. Pedro de Souza em missão à Espanha, onde se demora até 1812, vindo apenas a Lisboa uma vez para casar-se. À missão da Espanha segue-se a do Congresso de Viena, o laboratório em que Metternich, o tzar e outros preparavam a reação contra o regime moderno. Em Viena, à força de habilidade e auxiliado pelas boas relações que soubera conquistar na sua vida pelos diferentes países da Europa e mesmo na sua estada em Copet, ele consegue que Portugal seja tratado no mesmo pé de igualdade que as grandes potências e que assine também o ato final daquele célebre Congresso, que aliás de fato não existiu. Dali passa à embaixada de Londres. Quando a ocupava, recebeu a nomeação de ministro dos Negócios Estrangeiros e da Guerra. Esse lugar só o veio a exercer três anos depois, partindo para o Brasil, transformado em metrópole, em fins de 1820.

Já então estalara a revolução de 20, que tão fecunda devia ser na transformação da monarquia portuguesa, incluindo o nosso país. O Brasil estava de fato independente, desde o estabelecimento da monarquia aqui e das medidas posteriores, como a abertura dos seus portos, outorgada por d. João, que se tomou de amores pelo país. A metrópole era efetivamente aqui, e era o Rio de Janeiro, os "brasileiros", como em Portugal se dizia e repetem Oliveira Martins, a sra. d. Maria Amália e os demais historiadores portugueses, quem governava o reino. Daí principalmente, talvez, a animosidade que as cortes de 20, a despeito do seu liberalismo, tiveram contra o Brasil, que quiseram irracionalmente recolonizar.

Palmela adivinhara a revolução, e, a crermos no seu biógrafo, quisera aproveitar a energia nacional posta em movimento depois de tanto marasmo para iniciar uma nova era de legalidade e de atividade política. A sua idéia era que se convocassem as antigas cortes e que dessas viessem as reformas, com a dinastia à frente delas. A idéia era sem dúvida de um estadista. Não vingou então, principalmente pelo emperramento da dinastia e dos seus áulicos, para vingar já um pouco tarde, dez anos depois.

Em 23 de dezembro de 1820 chegou ele ao Rio. O que diz à mulher da nossa cidade em uma carta íntima não é de todo desagradável. Fala, naturalmente, do calor que é ainda hoje — e ai de nós! sê-lo-á por toda a eternidade — assunto obrigado dos nossos princípios de conversa na estação em que aqui chegou Palmela. Alojou-se fora da cidade, a meio caminho da quinta de el-rei, de São Cristóvão, numa boa chácara em um sítio nada feio, e cujo único inconveniente é estar afastada do mar e ter por conseguinte menos viração.

Há sítios lindíssimos muito perto da cidade e onde moram muitas pessoas da sociedade, e por exemplo o que chamam a baía de Botafogo é sem exageração comparável aos mais belos sítios da Itália ou da Suíça. Faltam gente branca, luxo, boas estradas, enfim, faltam muitas coisas que o tempo dará, mas não faltam, como em Lisboa e seus arredores, água e verdura, pois mesmo nessa estação, a pior, temos tudo aqui tão verde como na Inglaterra. Jantava às 3 horas, ia à ópera italiana, que não era "de todo péssima".

Na crise que atravessava a monarquia, agravada pela irresolução e imbecilidade — no lídimo sentido português — de d. João VI, indeciso entre Portugal e o Brasil, os conselhos de Palmela parecem ter sido sempre que a dinastia se não deixasse assoberbar pelos acontecimentos, antes tomasse a sua dianteira e direção.

Palmela era um liberal, dinástico, conservador, aristocrata à inglesa. D. João não querendo deixar o Brasil, Palmela queria que fosse para Portugal d. Pedro. As revoltas da Bahia e do Rio, em fevereiro de 1821, aderindo à revolução portuguesa, obrigaram o rei a demitir o ministério de que Palmela fazia parte. Há uma carta íntima dele ao seu cunhado conde de Linhares, de muito interesse para esse ponto da nossa história, que ainda então se confunde com a portuguesa. Ele e o conde dos Arcos apressavam a ida do príncipe d. Pedro, sobretudo depois dos acontecimentos da Bahia, mas Tomás Antônio, "o mais inepto e o mais lisonjeiro de todos os homens", mantinha o rei na sua inação. Palmela propôs não só a ida do príncipe, acompanhado do conde dos Arcos à Bahia, mas que levasse um manifesto do rei, que também se devia publicar no Rio, anunciando as bases fundamentais de uma constituição outorgada por ele aos seus povos "sobre os princípios os mais liberais e só com a condição de se dividir o corpo legislativo em duas câmaras". Para aplicar tais bases no Brasil ajuntar-se-iam no Rio "os procuradores das câmaras das principais cidades e vilas do reino (do Brasil) e para Portugal ia o príncipe tratar de desenvolver com as cortes as sobreditas bases e de as ordenar em um código constitucional". Palmela propôs mais ao rei outras medidas e reformas, de ordem política, administrativa e até doméstica, como o afastamento do Targini e outros serviçais, que se tinham "feito odiosos". D. João não adotou essas idéias "que tinham entre si um nexo necessário", e por conselho de Tomás Antônio resolveu-se "a publicar só e isoladamente o chamamento dos procuradores das câmaras do Brasil" do que "seguiu-se o exasperar o partido europeu, que pensou que uma tal medida tendia à separação dos dois reinos". O príncipe, por não se separar da mulher, "recusou-se a partir imediatamente", a fermentação cresceu, Palmela pediu a sua demissão, que lhe foi negada, e quando por ordem de el-rei, dada já tarde, a 25 de fevereiro à noite, devia ele redigir aquele manifesto prometedor da constituição, não era mais tempo de lançar mão desse remédio "porque a tropa instigada por três ou quatro botafogos apareceu formada no Rocio na madrugada seguinte e ditou a lei como quis". Com os acontecimentos ia "surgindo um partido brasileiro", que se julgava lesado pelas últimas medidas tomadas e que ameaçava uma reação. Entretanto dizia-se que el-rei voltaria para Portugal com seu filho "e nesse caso", escreve Palmela, "Deus sabe o que será deste país".

O pensamento de Palmela era primeiro que fosse o rei quem tomasse a frente à revolução e efetuasse ele próprio a evolução política da sua pátria; depois, que fazendo participar o Brasil do novo regime, se mantivesse a integridade da monarquia. Pelo conselho dado ao rei de se pôr ele à frente do movimento que Palmela compreendia irresistível, ficou ele malvisto dos liberais doutrinários, meio jacobinos, a quem a idéia de Palmela parecia uma sofisticação da própria idéia que os dirigia.

O livro da sra. d. Maria Amália termina com a relação do ministério de Palmela em 1823, e aí ainda se encontram espécies úteis para a nossa história no período da separação do nosso país de Portugal.

A impressão que deixa Palmela depois da leitura desse livro é melhor que a que dele nos deixara Oliveira Martins, e em muitos pontos confirma a que tínhamos através dos belos versos de Garrett:

"...era grande, um grande homem deveras,
Aquele duque — ali maior ainda,
Ali no seu lumiar...
. . . .

As suas cartas íntimas, e até as que recebe de sua mulher, revelam nele um coração bondoso e afetivo. Talvez um pouco cético, mas do ceticismo amável, mais exterior que profundo, do homem do mundo, um pouco obrigado pelos preconceitos como quer que seja ridículos da "sociedade", e desprezando no fundo, e com razão, a gente com quem vivia, o seu rei e os seus ministros e cortesãos, os seus sócios na obra da restauração do país sob o regime moderno, todos mais ou menos grosseiros comparados a essa flor de civilização que ele era.

HISTÓRIA CONTEMPORÂNEA

Foi assim que o sr. Anatole France denominou a série dos seus três últimos romances *L'orme du mail, Le mannequin d'osier* e o derradeiro, que acaba de chegar a estas plagas, *L'anneau d'améthyste*. Gosta o leitor do romance histórico? Sei que é um gênero que já teve a sua época, uma voga enorme, muitos adoradores e cultores entre os maiores nomes das literaturas deste século. Não o estimo todavia senão mediocremente e, sobretudo, não creio nessa espécie híbrida. Ora, me parece que sem essa crença ingênua o romance histórico perde a metade pelo menos da sua razão de ser, se alguma tem. No fim de contas o romance histórico, como o drama histórico, é um gênero falso, cujo valor, por maior que seja o talento do autor, acaba por cifrar-se no de uma vista panorâmica, quando imaginamos que o pintor no-la desenhou e coloriu conforme a realidade retrospectiva. É manifesta a incompatibilidade entre a história e a imaginação. Uma erudição profunda e minuciosa pode conseguir, e com um Walter Scott, com um Herculano, com um Ebers, e ainda com o Flaubert da *Salambô*, haverá acaso conseguido, reproduzir com relativa fidelidade quadros da vida material, rasgos de costumes, vestuários, lances e acessórios da existência, cenas imaginárias e até fatos históricos do passado já descritos pelos escritores coevos. Mas o que a nenhum é dado é animar o quadro que fez senão com a sua própria alma, com os mesmos sentimentos e paixões do seu tempo, que digo eu? do seu momento, na impossibilidade invencível em que estamos de penetrar a alma, os motivos de ação, em uma palavra a psicologia dos indivíduos mais distantes de nós talvez pelo sentir, pelo querer e pelo entender, por tudo enfim que faz a personalidade humana, do que pelo tempo.

Não comporta demais o romance, que é a epopéia da vida moderna e burguesa, a idealização que no poema, e até no drama, resgata de alguma forma a incoerência entre a realidade que é a história e a imaginação que é a novela. Por qualquer lado que o encaremos, portanto, o gênero é falso, mesmo quando o levanta até às máximas alturas da arte a genialidade de um Walter Scott. Mas então os seus livros são admiráveis poemas em prosa, idealizações de épocas idas a que a sua e a nossa própria imaginação emprestam um prestígio de lenda e poesia, que só no-los faz estimáveis e alguns deliciosos. Não é o serem históricos que nos apraz neles, mas o serem obras de consumada arte e de excelsa inspiração. É por isso talvez que nos aprazemos tanto nos menos históricos dos romances históricos do velho Dumas. Quem há aí que em anos mais verdes, e ainda depois, quando começam a embranquecer os cabelos ou branquejam de todo, não se deixou, e porventura se não deixa ainda, em um momento necessário de repouso intelectual, de folga à imaginação e ao espírito, prender e enlevar pela imaginação maravilhosa, pela veia endiabrada, pelo gênio assombroso de contador, pela facúndia homérica do autor dos *Três mosqueteiros*, da *San Felice* e de mil outros livros em que a história é por ele tratada com a sem-cerimônia e a desenvoltura de um hagiógrafo?

Os romances últimos do sr. Anatole France não são romances históricos no sentido comum dessa expressão; mas o autor não exorbitou cognominando-os de "história contemporânea". Eles são com efeito, senão a história contemporânea, um pedaço dela, e o mais interessante, que foi, é, e continua a ser, a da França. O romance moderno será um precioso subsídio com que os vindouros reconstituam a nossa sociedade, assim como o são o drama e a epopéia antigos nas restaurações que tentamos das velhas sociedades. Nenhum historiador, nenhum cronista, darão jamais um quadro tão exato, tão vivo, tão real da França da Restauração ou da França do segundo império como os de Balzac ou de Zola. Mas nesses romances a descrição, o estudo da sociedade são antes o acessório que o principal, que mesmo em Zola e nos da sua escola, é um drama, embora simplificado até o extremo, quiçá até o excesso, que serve de motivo ou pretexto à descrição dos homens e das coisas do tempo.

O sr. Anatole France levou mais longe a simplificação e, desmentindo a sentença atribuída a Salomão — que talvez não escreveu jamais nenhuma —, deu à nossa literatura contemporânea, que envereda em busca do novo até às raias do insano, alguma coisa de novo.

Nem eu preciso explicar, julgo, o que se entende por novo nesse caso. Certo não seria difícil descobrir em Balzac, em algumas tentativas de Flaubert, e ainda em páginas dialogadas de Renan, ou nas ficções de Taine, para não sair da literatura francesa, o germe longínquo e vago onde o sr. Anatole France hauriu e de onde desenvolveu a concepção da sua obra. Não é ela por isso menos nova, pois que tem no estilo, na composição, nas idéias, na forma, toda a originalidade de que somos capazes. Quem escapou de boa foi um eminente escritor nosso; o autor do *Brás Cubas* e do *Quincas Borba*, cujo pensamento sutil e delicado relembra a cada passo quando lemos a "história contemporânea" do sr. Anatole France. Imaginem que ele não tem saído com os seus livros alguns anos antes! Não obstante o encontro entre os dois escritores não ser senão de pensamento, da mesma ironia desabusada, do mesmo humor cético, da mesma desilusão de tudo "com que se o povo néscio engana", e de certas maneiras idênticas de sentir e dizer, resultantes da conformidade do mesmo temperamento literário, não faltaria talvez quem acusasse o sr. Machado de Assis de plagiário. Por bem dele, os seus livros — que aliás não são mais que o desenvolvimento do seu gênio literário desde as suas primeiras obras manifestado — precederam de muito os do escritor francês. E eu não duvido dizer que, do estrito ponto de vista de literatura e de arte, são porventura superiores aos desse. *Brás Cubas*, *Quincas Borba* são dois romances de um gênero peculiar, mas são dois romances, duas obras puramente artísticas e literárias. *L'orme du mail, Le mannequim d'osier, L'anneau d'améthyste* são quase panfletos, são pelo menos sátiras, disfarçadas com uma arte suprema sob a enganosa aparência de uma novela, menos que isso, de um conto, que não existe.

Redizer esse conto é extremamente difícil e não o tentarei, sentindo de antemão que a minha incapacidade trairia e prejudicaria a obra do sr. Anatole France. Nem há nela um só conto senão muitos, e o mesmo episódio doméstico do professor Bergeret, o mais romanesco do livro, não tem de fato, nem o autor lhe dá, maior importância que os outros. Os três livros da "história contemporânea" são feitos de episódios que não têm sequer, como exigia a retórica da epopéia antiga, um centro comum. Mas todos esses episódios servem, admiravelmente dispostos, combinados, tratados para dar à obra a unidade, e fazerem dela um todo completo e perfeito.

Nunca deu talvez o escritor francês, o mais legítimo herdeiro das graças de Renan, prova maior das suas excepcionais qualidades, e, sob uma forma leve e encantadora, da sua força. Nenhum assunto mais escabroso e não sei se também menos estético, a vida contemporânea sob o seu aspecto político principalmente, sem nenhum elemento romanesco, na sua banalidade e chateza. Havia nele muitos perigos, dos quais não era talvez o menor o ridículo para o qual seria facílimo deslizar pela declamação, pelo tom oratório, pela parcialidade, pela intervenção inoportuna ou impertinente do autor. Foi com uma arte extraordinária que o sr. Anatole France evitou esses percalços dos quais o seu gênio verdadeiramente ático, elegante e claro, o seu bom gosto e a sua consumada ciência de escritor o livraram, deixando ao leitor uma impressão de facilidade, *d'aisance,* que é assombrosa quando se considera a dificuldade do livro. É essa a desesperadora superioridade dos franceses, entre os quais é o sr. Anatole France hoje um dos primeiros.

Não podendo recontar o livro, eu quisera dar dele ao menos uma pálida idéia ao leitor. Dá-lhe o título o anel de bispo, anel de ametista, trás qual corre, intriga, desmancha-se em adulações, multiplica-se em enredos durante os três volumes, o padre Guitrel. É um padre mundano, esperto, ambicioso, com a ciência de se fazer amizades em todos os campos, fácil, e que para ser bispo adora as potestades mundanas, adula os poderosos, faz a sua corte assídua à judia, mulher do prefeito, por amor de cuja mania de *bibelots* e *bric-à-brac* despoja as velhas igrejas, e ao mesmo tempo freqüenta os realistas, os adesistas e os republicanos, mesmo radicais. Tipo exato, sem nada de caricatural, sem nada de já visto nos centenares de padres do romance francês. Graças ao concurso de mundanas, de *viveurs,* de políticos gamenhos, de mulheres fáceis, é, enfim, o padre Guitrel nomeado bispo; mas o anel que uma das suas devotas amigas tinha preparado para oferecer-lhe, ela o esquece no camarim em que recebia o amante, um Raul Marcier, que é o Esterhazy de romance. Quando a justiça dá uma busca nesse esconderijo de amores, arrecada também o anel destinado a "monseigneur Guitrel". Por onde andam anéis de bispos!

Com esse terceiro volume da "história contemporânea" estamos em plena questão Dreyfus. E a arte do sr. Anatole France reproduz em episódios e incidentes diversos a situação moral criada à França por essa questão em um quadro que será um dos mais acabados desse doloroso momento da vida francesa. Nesse delicioso livro, como nos que o precederam, são pequenos episódios, trechos de conversação, reparos de um ou outro personagem o principal encanto.

Estamos no castelo do duque de Brécé:

"— Repito, disse o duque, a agitação feita em torno dessa questão não é nem pode ser senão um manejo execrando dos inimigos da França.

— E da religião, acrescentou mansamente o padre Guitrel, e da religião. Não se pode ser um bom francês sem se ser um bom cristão. E vemos o escândalo principalmente levantado pelos livres pensadores, pelos maçons e pelos protestantes.

— E judeus, tornou o duque, judeus e alemães. E que inaudita audácia de pôr em dúvida a sentença de um conselho de guerra! Pois não é admissível que sete oficiais franceses se tenham enganado.

— Não, certamente, não é admissível, disse o padre.

— Em tese geral, disse o sr. Leroud [é um magistrado], não há coisa mais inverossímil que um erro judiciário. Direi mesmo que é impossível, tais as garantias que a lei oferece aos acusados. Digo-o também da justiça militar. Se o acusado perante os conselhos de guerra não encontra todas as garantias nas formas um tanto sumárias do processo, acha-as no caráter dos juízes. A meu ver, é já uma afronta ao exército a dúvida posta à legalidade de uma sentença pronunciada em conselho de guerra.

— Tem perfeitamente razão, disse o duque. Pode-se aliás admitir que sete oficiais franceses se tenham enganado. Pode-se admiti-lo, general?

— Dificilmente, respondeu o general. Eu, por mim, mui dificilmente o admitiria".

Em outro meio; no salão de uns adventícios de grande fortuna, judeus alemães Gutenberg, transformados em condes de Bonmont em França:

"— Ainda a questão, diz um dos presentes abrindo o jornal, ainda professores que protestam. Parece-me que quando sete oficiais...

— Certamente, disse o padre Guitrel, habituado também daquela casa, quando sete oficiais se pronunciaram, é temerário, direi mesmo inconveniente, opor uma dúvida à sua decisão".

Numa livraria da cidade provinciana o professor Bergeret, que tinha o espírito especulativo, exprimiu idéias que não correspondiam ao sentimento geral:

"— O julgamento a portas fechadas é uma prática detestável. Um interlocutor objetou-lhe a razão de Estado, ele replicou:

— Nós não temos Estado. Temos administrações. O que chamamos razão de Estado é a razão das secretarias."

Um jacobino declara que admite que se guilhotinem os generais, mas não que se discutam as decisões da justiça militar, o que aquele interlocutor apoiou:

"— Tem razão, porque se há uma justiça respeitável é essa.

Bergeret, porém, replica:

"— Se o exército é uma administração como a agricultura, as finanças ou a instrução pública, não se concebe que exista uma justiça militar quando não existe nem justiça agrícola, nem justiça financeira, nem justiça universitária. Toda a justiça particular é oposta aos princípios do direito moderno. Os tribunais militares parecerão aos nossos descendentes tão góticos e bárbaros quanto a nós nos parecem as justiças senhoriais e clericais.

— Mas se tocarem nos conselhos de guerra é o fim do exército, o fim do país, exclama o mesmo interlocutor". Não custou a Bergeret responder que quando os padres e senhores foram privados do direito de enforcar os vilões também se acreditou que era o fim de tudo. Mas o teimoso interloculor perguntou-lhe se ele, de boa fé, cria que sete oficiais franceses se puderam enganar.

— Quatorze! gritou o jacobino.
— Quatorze, repetiu o questionador.
— Creio, respondeu Bergeret.
— Quatorze oficiais franceses!, exclamou o interpelante.
— Ó, disse Bergeret, foram suíços, belgas, espanhóis, alemães ou holandeses, poder-se-iam enganar da mesma maneira.
— Não é possível, bradou o outro".

Bergeret, o professor, homem de reflexão e crítica, espírito fino e observador, abunda em teorias originais. A do "herói" no *Mannequin d'osier* é percuciente de espírito e finura. Eis o que ele pensa da mentira e da verdade, contra o seu colega Leterrier, que acreditava, com Ernest Renan, que há na verdade uma força que lhe garante o triunfo definitivo: — "Eu ao contrário penso, dizia ele ao colega, que a verdade está freqüentemente exposta a acabar, obscuramente, sob o desprezo e a injúria. Comparada à mentira, a verdade tem caracteres de inferioridade que a condenam a desaparecer. Em primeiro lugar é uma. Sendo múltipla a mentira, tem a verdade contra si o número. Não é o seu único defeito. É demais inerte. Não é suscetível de modificações: não se presta a combinações que lhe facultariam penetrar facilmente na inteligência ou nas paixões dos homens. Tem a mentira, ao invés, maravilhosos recursos. É dúctil, é plástica. E de mais a mais (não tenhamos medo de dizê-lo) é natural e moral. É natural como produto ordinário do mecanismo dos sentidos, fonte e reservatório das ilusões; é moral porque concorda com os hábitos dos homens que, vivendo em comum, fundaram a sua idéia do bem e do mal, suas leis divinas e humanas, sobre as interpretações mais antigas, mais santas, mais absurdas, mais augustas, mais bárbaras e mais falsas dos fenômenos naturais. A mentira é entre os homens a origem de toda a virtude e de toda a beleza. Por isso figuras aladas e imagens extranaturais aformoseiam seus jardins, seus paços e seus templos. Só ouvem de bom grado as mentiras dos poetas. Quem vos impele a refugar a mentira e a buscar a verdade? Tal empenho só o pode inspirar uma curiosidade de decadentes, uma culposa temeridade de intelectuais. É um atentado à natureza moral do homem e à ordem social.

"É uma ofensa às afeições como às virtudes dos povos. O progresso deste mal seria funesto se o pudessem apressar. Arruinaria tudo. Mas, de fato, vemos que é muito pequeno e muito lento, e que a verdade nos faz mossa sensível na mentira. As próprias verdades científicas são sem força para destruírem erros e preconceitos. Os povos vivem de mitologia. Das fábulas tiram todas as noções de que carecem para viverem".

Fora, porém, um nunca acabar trasladar para aqui as opiniões do sr. Bergeret, professor de literatura latina em uma faculdade de província, espírito de crítica e de reflexão. E não é um *poseur*, antes homem simples, natural, sincero, modesto, convencido de suas idéias, sem as querer impor aos outros e sofrendo obscuramente por amor delas.

Essa obra do sr. Anatole France, da qual, pesa-me a certeza, fui inábil para dar uma idéia, é uma riquíssima galeria de figuras do mundo contemporâneo francês, todas vivas, todas características, todas transpirando verdade.

Não é belo nem puro esse mundo, essa sociedade da terceira república, nele pintada com um singular vigor de desenho e de colorido; mas não nos apressemos, com pouca filosofia e reflexão, a concluir contra ela somente. O sr. Anatole France disse-nos um pedaço da história contemporânea do seu país, com um alto desprendimento de filósofo e a arte de um artista completo. Mas o que ele fez para a França, outros podiam fazer, se tivessem o seu talento, para cada um dos países do Ocidente. O mal do mundo é comum e geral e as misérias sobre que filosofava o bom Bergeret não são exclusivamente francesas...

AUGUSTE COMTE E STUART MILL

> *Lettres inédites de John Stuart Mill à Auguste Comte*, publiées avec les réponses de Comte, Paris, 1899.

A correspondência de Stuart Mill e Auguste Comte, recentemente publicada na íntegra, abona igualmente as altas qualidades de espírito, coração e caráter dos dois eminentes pensadores. Se se pode achar o segundo talvez um pouco menos simpático que o primeiro, mais inteiriço, mais pontificante, mais *tranchant*, mais egoísta, ou melhor, egotista, mais duro nas suas idéias e na sua expressão, fora ininteligência esquecer o diferente estado da alma dos dois. Um é um simples pensador, oportunista, transigindo, ao menos *pro formula*, com o seu meio, numa situação material invejável, sem preocupação, senão vagamente teórica, de reformar e emendar o mundo, quase um puro intelectual, emancipado como nenhum homem o foi jamais de quaisquer preconceitos ou sequer crenças teológicas, a quem o pai ensinou desde menino a não crer em Deus e em nada sobrenatural; outro se dá uma missão reformadora, é o criador não só de um método filosófico, mas de uma filosofia, de uma sociologia, de uma religião, de uma moral, profundamente convencido da verdade indiscutível da sua obra, e da sua missão pessoal. E, por sobre isso, infeliz na família, pobre, com preocupações domésticas e econômicas e a convicção que acabam por ter todos os apóstolos de uma lei nova, todos os reformadores, de que o perseguem invejosos do seu valor e temerosos da sua obra.

No fundo a amizade, certamente profunda e sincera, não obstante efêmera, entre os dois, proveio de um equívoco de ambos, principalmente de Auguste Comte. O pensador inglês não aderiu jamais senão à parte puramente filosófica, melhor diria ao método nessa parte contido, da obra de Comte. Esse método ele o admira com entusiasmo e aceita-o sem reservas. Para o resto ele conserva o direito, que Comte chamará mais tarde de anárquico, de ter idéias e opiniões próprias. Mill vai ao ponto de propor a Comte discutirem as suas opiniões recíprocas. Era desconhecer completamente a natureza desse filósofo. E o sr. Lévy-Bruhl, editor e prefaciador dessa correspondência completa entre eles, pondera judiciosamente: "Comte, porém, não tem 'opiniões' no sentido em que Mill toma esse vocábulo, senão um corpo de doutrina, um sistema. Este sistema o construiu ele expressamente para acabar com o fluxo e refluxo das 'opiniões', instáveis entre as quais flutuam os espíritos do nosso tempo, e que impedem as convicções firmes de se fixarem".

Comte consentiu, todavia, em discutir com Stuart Mill a opinião de ambos sobre a mulher; mas em toda essa discussão, que ocupa algumas cartas longas como artigos, sente-se claramente que é uma concessão que lhe pesa e a que não cede senão na esperança, na segurança, diria eu melhor, de acabar por convencer Mill do seu erro, de obrigá-lo a uma adesão completa. Movia-o ainda a importância extraordinária que ele dava à consideração de Mill por sua obra, da qual há exemplos abundantes na sua correspondência, alguns quase pueris, como a insistência com que ele se empenha para que na tradução francesa da *Lógica* do pensador inglês se não omitissem ou alterassem as palavras de elogio com que Mill se referia a ele e àquela obra.

Sabe-se quão diferente era respeito à mulher o pensar dos dois. Para Comte não pode ter a mulher outra função que a de mãe de família, sujeita ao marido. Somente pela sua influência afetiva doméstica lhe cabe agir indiretamente sobre a sociedade. Mill, basta dizer que é o autor de um livro favorável ao que se chama a emancipação da mulher.

Mill começa a discussão na sua carta de 13 de julho de 1843, a propósito de umas observações de Comte sobre as suas divergências em questões sociais, especialmente no que concerne à associação doméstica. Protestando nenhuma sentimentalidade vã, pensa Mill que a afeição de um ente de certa superioridade por outro de fato subordinado à sua autoridade tem sempre alguma coisa de imperfeito. É possível que nesse juízo entre por muito o seu caso pessoal, mas julga não poder enganar-se acreditando que, para decidir questões tais, tem a filosofia necessidade da experiência das mulheres, tanto quanto da dos homens, e essa experiência não a tem ainda. De muito pouco tempo começaram as mulheres a pensar, de menos tempo ainda entraram a dizer o que pensavam, e, o que mais é, a declarar a sua experiência da vida. A maior parte das que escrevem escreve para os homens ou pelo menos com receio da sua desaprovação, e não podemos fiar-nos no testemunho delas, como não podemos confiar no daquelas que se acham em estado de plena revolta. Parece-lhe que a influência sobre a vida íntima e moral de uma relação qualquer de dependência não se pode decidir unicamente pelas idéias e experiências das mulheres superiores.

Como veremos em toda essa interessante discussão, Comte estabelece sua teoria da mulher sobre o critério biológico e responde ligeiramente a Mill que, por imperfeita que a todos os respeitos seja ainda a biologia, lhe parece entretanto apta para poder estabelecer solidamente a hierarquia dos sexos, demonstrando anatômica e fisiologicamente ao mesmo tempo que em quase toda a série animal, na nossa espécie sobretudo, o sexo feminino é constituído em uma espécie de estado de infância radical que o torna essencialmente inferior ao tipo orgânico correspondente. Sob o aspecto diretamente sociológico, a vida moderna, caraterizada pela atividade industrial e o espírito positivo, não deve desenvolver menos, embora de modo diverso, essas diversidades fundamentais do que a vida militar e teológica das antigas populações, posto que a novidade dessa situação não tenha permitido ainda uma suficiente manifestação dessas diferenças finais, quando as primeiras pareciam apagar-se. A idéia de uma *rainha*, mesmo sem ser *papisa*, tornou-se hoje quase ridícula, tanto precisava do estado teológico; há apenas três séculos não era assim. Quanto à imperfeição necessária das simpatias fundadas sobre a desigualdade, convinha Comte com Stuart Mill, e sobre isso pensava que a plenitude das simpatias humanas não poderia existir senão entre dois homens eminentes cuja moralidade fosse bastante forte para impedir toda impulsão grave de rivalidade. Essa espécie de união lhe parecia muito superior ao que se poderia jamais obter entre os dois sexos. Esse, porém, não poderia ser o tipo normal das relações mais elementares e comuns, cujo laço mais enérgico é a hierarquia natural dos sexos e depois das idades.

Mill replica-lhe: que compreende o seu pensamento comparando a constituição orgânica do sexo feminino a um prolongado estado de infância. Não ignora o que muitos fisiologistas disseram a respeito, e sabe que não só pelos sistemas muscular e celular mas também pelo sistema nervoso, e muito provavelmente pela estrutura cerebral, estão as mulheres menos afastadas que os homens do caráter orgânico das crianças. Mas isso lhe não parece decisivo. Para que o fosse, fora preciso provar que a inferioridade das crianças em relação aos homens depende da diferença anatômica do seu cérebro, quando depende principalmente, senão totalmente, só da falta de exercício. Se pudéssemos conservar o nosso cérebro de criança, desenvolvendo-lhe entretanto as funções pela educação e pelo exercício bem-feito, certo não ficaríamos crianças, seríamos homens, podendo ser até homens superiores, embora apresentando diferenças notáveis do tipo humano ordinário. Não nega que o tipo moral feminino não ofereça em média divergências consideráveis do tipo masculino. Fisiologistas eminentes pretendem que o cérebro das mulheres é menos grande e menos forte por conseguinte, porém mais ativo que o dos homens. Deviam, pois, as mulheres ser menos aptas para o trabalho intelectual, contínuo e prolongado, embora mais capazes que eles de fazer melhor o que exige uma grande presteza de espírito. Ela seria assim mais bem dotada para a vida prática e para a poesia. Arriscaríamos exagerar o grau dessa diversidade real se não atendêssemos a diferença de educação e de posição social, porque sejam ou não as mulheres intelectualmente inferiores aos homens, nada na sua educação foi disposto para desenvolver-lhes a capacidade do esforço intelectual prolongado, ao contrário do que acontece com a dos homens. As ocupações diárias dos homens exigem ou permitem em geral um trabalho seguido do pensamento; para grande número de mulheres a contínua obsessão dos cuidados minuciosos da vida doméstica, que lhes distraem o espírito sem ocupá-lo, não consente nenhum trabalho que necessite de isolamento físico ou atenção seguida. Também os homens privados de estudos na infância não revelam grande aptidão para o trabalho intelectual, enquanto as necessidades da sua vida posterior não substituíram as falhas da sua educação primeira. Nas coisas comuns da vida, nas quais a inteligência das mulheres se exerce tanto ou mais que a dos homens, as mulheres, mesmo medíocres, mostram por via de regra mais capacidade que os homens medíocres. Um homem vulgar quase não tem inteligência senão na sua especialidade, e uma mulher tem-na para interesses mais gerais. Se a vida efetiva predomina nas mulheres sobre a intelectual, isso se não deve entender senão da vida simpática. O egoísmo puro é maior nos homens, e se a simpatia torna-se freqüentemente nas mulheres um egoísmo de muitas pessoas, o mesmo acontece com os homens, salvo naqueles que uma educação, raríssima ainda, desenvolveu eminentemente o ponto de vista do conjunto e o hábito de considerar os efeitos mais gerais de um qualquer procedimento. É isso justamente que mais falta à educação das mulheres, de modo que até se lhes conta como um defeito dar preferência ao interesse geral sobre o da sua família ou dos seus amigos. Não nega que as mulheres, como todos cuja excitabilidade nervosa excede à normal, não devam aproximar-se mais pelo caráter aos homens moços que aos mais idosos, nem que tenham mais dificuldade que os homens de primeira ordem de fazer abstração dos interesses presentes e individuais; mas esse defeito tem uma espontânea compensação na carência de outro particular aos filósofos, que freqüentemente abstraem não só dos interesses imediatos, mas de todo o interesse real. As mulheres, colocadas sempre no ponto de vista prático, raro são sonhadoras especulativas, e quase não esquecem que se trata de seres reais, da sua felicidade e dos seus sofrimentos. Não se trata de fazer governar a sociedade pelas mulheres, mas de saber se ela não seria melhor governada pelos homens e pelas mulheres do que somente por eles.

    Comte responde sustentando o seu ponto de vista biológico, e persistindo em assentar a sua teoria da condição e destino da mulher sobre a sua inferioridade orgânica. É longa a sua resposta; basta conhecer-lhe a parte essencial: "A sua inaptidão característica", diz ele das mulheres, "para a abstração e a contenção, a impossibilidade quase completa de afastarem as inspirações apaixonadas nas operações intelectuais, embora sejam, em geral, as suas paixões mais generosas, devem continuar a vedar-lhes indefinidamente toda a direção superior imediata dos negócios humanos, não somente em ciência ou em filosofia, como vós mesmo reconheceis, mas ainda na vida estética, e até na vida prática, tanto industrial como militar, em que o espírito de continuidade constitui a condição principal de um sucesso demorado". Ele crê as mulheres tão impróprias para dirigir uma grande empresa comercial ou manufatureira como uma operação militar; com mais forte razão as julga radicalmente incapazes de qualquer governo, mesmo doméstico, mas apenas de administração secundária. Em gênero algum, não lhes convém nem a direção, nem a execução; só são aptas para a consulta e a modificação, em que a sua posição passiva lhes permite utilizar vantajosamente a sua sagacidade e o seu espírito característico de atualidade. Também não lhes acha aptidões estéticas. Há dois ou três séculos que muitas mulheres encontraram-se nas mais favoráveis condições de revelá-las, sem terem jamais produzido nada de realmente superior em música, em pintura ou em poesia. As condições de sujeição da mulher lhe parecem dispostas a favorecerem o desenvolvimento próprio das qualidades femininas e facilitar-lhes um exercício judicioso da sua doce intervenção moderadora, como espontâneas auxiliares domésticas de toda a potência espiritual e modificadoras morais do reinado da força material. Se a igualassem socialmente aos homens ela perderia as suas qualidades próprias sem adquirir outras. A sua sujeição social será, por motivos de ordem biológica e sociológica, necessariamente indefinida, porque repousa diretamente sobre uma inferioridade natural que nada pode destruir, mais pronunciada no homem que nos outros animais superiores.

Essa discussão se dilatou ainda em muitas cartas por mais de um ano. Pôs-lhe ponto Auguste Comte em maio de 46. Da sua carta ressalta que ele a não aceitou e prolongou senão na esperança de reduzir Mill à sua opinião. Desde que a experiência lhe mostrou a impossibilidade de um acordo entre ambos, ele não insistiu nela. Mill, aliás, tinha feito muitas concessões à teoria de Comte; inútil é dizer que este não cedeu um ponto da sua.

Dessa contenda resulta avigorar-se a nossa convicção de que em todas as teorias dos filósofos há uma parte pessoal, que ela mesma deriva do meio, nacionalidade, educação, costumes sociais, a qual torna toda a filosofia, por mais geral e universal que se presuma, um conceito nacional. O que distingue as filosofias são principalmente as idiossincrasias nacionais, à luz das quais são os fenômenos considerados. Daí as filosofias nacionais características: alemã, escocesa, inglesa, italiana, francesa.

No fundo a teoria de Comte sobre a mulher é a sistematização da opinião francesa, como a de Mill da opinião inglesa. Lembremo-nos que discutiam entre 43 e 46, quando mais extremada do que hoje era a situação respectiva da mulher francesa da inglesa. Se para Comte a inferioridade da mulher era orgânica e, portanto, sem modificação possível, para Mill, que acabou cedendo nesse ponto da sua inferioridade biológica, era ela principalmente devida à educação dada à mulher e à falta de exercício das suas faculdades intelectuais. É impossível não reconhecer que a argumentação de Comte é mais forte e mais convincente, como não me parece razoável desconhecer o merecimento da objeção de Mill, principalmente quando, se a experiência do passado favorece Comte, não é lícito prever até onde a do futuro concorrerá contra a sua teoria. É certo que ele não se esqueceu de opor a essa razão de Mill, com a sua costumada energia de argumentação, que nada sociologicamente impediu a mulher de tomar a par do homem uma situação de igual, senão a sua mesma inferioridade orgânica. O exercício e a eduçação a modificarão um dia, como pretende Stuart Mill, até estabelecer a igualdade completa? Eu de mim confesso que o não creio, e que nesse ponto me inclino mais à opinião do filósofo francês. Mas longe de mim a pretensão de decidir entre os dois eminentes pensadores.

Essa correspondência, que mostra que profundas e admiráveis amizades se podem estabelecer entre homens de pensamento, que sejam também homens de sentimento, interrompeu-se em maio de 47, tendo começado em novembro de 41. Interrompeu-a bruscamente Comte, não respondendo à última carta de Mill daquela data. Já conhecíamos por várias biografias e notícias de Comte a razão do resfriamento das relações dos dois filósofos, depois da efusão fraternal de uma correspondência, não só filosófica, mas íntima, de seis anos.

Quem foi o moralista azedo que notou que os favores obrigam mais a quem os faz que a quem os recebe? A máxima cruel encontra uma comprovação no caso de Mill e Comte. Quando este se achou, pela sua demissão da Escola Politécnica, sem recursos, Mill obteve de dois ingleses (ao depois foram três) ricos e admiradores de Comte um subsídio anual de seis mil francos, até que cessassem as dificuldades em que se achava o filósofo. Esse subsídio foi religiosamente pago durante dois anos, cessando depois. Comte era uma natureza afetuosa, mas dominada pela convicção da sua doutrina e não perdoando jamais os que teórica ou praticamente a contrariavam. Ele escreveu que seríamos todos julgados pela posteridade conforme o nosso procedimento, respeito ao positivismo, comparando a sua filosofia ao catolicismo. Mas quantos perseguidores e inimigos do catolicismo foram sempre e são ainda hoje estimados e admirados? Basta o exemplo de Marco Aurélio.

Nessas disposições, que é preciso perdoar-lhe, mas que o tornam antipático, ele, proclamando o seu reconhecimento pessoal aos três ingleses e a Mill, que suscitara a sua generosidade, criticou acerbamente a suspensão do subsídio que lhe davam, a qual violava a sua teoria dos deveres dos ricos para com os pensadores. Mill respondeu-lhe que ele se enganava supondo aqueles três sujeitos adeptos completos do positivismo, e portanto obrigados a concorrer para a manutenção do fundador da doutrina. Eram apenas admiradores do filósofo, e de partes da sua filosofia; e concorrendo com aquele subsídio por dois anos não entendiam continuá-lo indefinidamente. A defesa que assim tomava Mill dos seus amigos não agradou, antes contrariou, a Comte, e o resultado foi desatarem-se as relações dos dois pensadores, deixando ele de responder a última carta de Mill. Mas talvez para isso contribuísse também a convicção, que se foi pouco a pouco fazendo no espírito de Comte, de que Mill não era, como ele de primeiro pensara, um discípulo inteiro, e que ele não chegaria a trazê-lo ao aprisco da sua doutrina. E, desapontado, a sua afeição, desbordante de efusão, a Mill transformou-se em malquerença e ódio. Porque o pontífice da humanidade era terrível para os que o desagradavam. O modo por que nessas cartas se manifesta contra Arago, Guizot e outros lembra as diatribes dos panfletistas mais desaforados. "Auguste Comte", escreveu algures Stuart Mill, "foi em geral injusto para com todos que haviam deixado de agradar-lhe". E o foi depois com Stuart Mill, a quem nas suas cartas e no seu mesmo *Curso* de filosofia começara por qualificar de eminente pensador.

Dessa correspondência, ouvidas ambas as partes, resulta a convicção de que no caso do subsídio não é a posição de Comte a mais simpática. Mas se nessa delicada questão de dinheiro não andou ele com o melindre, ou sequer o tato, desejável, deve-se atribuí-lo menos ao seu caráter, por muitos respeitos cavalheiroso e nobre, que à sua doutrina. Foi o malogro do "nobre ensaio de um digno patronato sistemático", conforme qualifica o subsídio em sua carta de maio de 46, que o irritou, como uma negação da sua teoria das relações entre os ricos e os pensadores ou entre estes e seus discípulos.

UM AMERICANO E A
LITERATURA AMERICANA

Pouquíssimo sabemos nós brasileiros das literaturas americanas, e não sei se eu não poderia, generalizando, afirmar que pouquíssimo sabemos nós americanos da literatura uns dos outros. Nessa nossa comum e recíproca ignorância, os Estados Unidos, não obstante a sua supremacia no continente, não têm quinhão consideravelmente menor que o México ou a Venezuela, por exemplo. Ignoramo-los intelectualmente quase tanto como ao Chile ou à Argentina. Creio não ser indiscreto contando que, quando a Academia Brasileira tratou de eleger os seus correspondentes estrangeiros, nenhum de nós presentes à sessão foi capaz de dizer mais de dois nomes de escritores vivos norte-americanos. Todos sabíamos mais ou menos da existência de uma literatura americana, ou, antes, anglo-americana, que certamente se haverá desenvolvido com o país; todos conhecíamos os nomes famosos dos seus historiadores, poetas, romancistas, pensadores da primeira metade do século e ainda alguns, raros, mais recentes. Ao passo, porém, que todos repetíamos aqueles nomes, Prescott, Ticknor, Bancroft, Fenimore Cooper, Longfellow, Bryant, Beecher Stowe, Bret Harte, Emerson, para o momento presente não nos acudiam outros que os de Mark Twain, e de algum mais.

Não deixa de ser curioso que conheçamos, de simples nomeada ou de leitura, não importa, uma dúzia de nomes da literatura americana de vinte anos para trás e ignoremos por completo até os nomes dos seus escritores nossos contemporâneos. Ou estes têm muito menos valor que aqueles e não lograram conquistar a fama européia, mediante a qual nossos pais e nós viemos a conhecê-los, ou o nosso apregoado americanismo tem se ido de fato arrefecendo, a ponto de nenhum interesse ligarmos à vida intelectual da grande nação americana. Há talvez ambas as causas na nossa ignorância. Mas uma razão basta para justificá-lo, não só em relação aos Estados Unidos mas a todas as demais nações americanas.

É que, sem embargo da identidade das origens históricas, de semelhança, ao menos para a América Latina, do regime colonial, e das afinidades de raça, de língua e de religião, da vida no mesmo continente, e de interesses políticos, aliás mais futuros que presentes, nada há de comum, ou melhor, nada estabelece entre as nações americanas uma corrente de simpatia, de interesse, de necessidades materiais ou espirituais que as levem ao desejo de se conhecerem reciprocamente, e, do ponto de vista intelectual pelo menos, nada lhes serviria conhecerem-se, que nenhum proveito ou lucro de tal conhecimento lhes viria. Sob este aspecto, mais prestadio nos é o conhecimento da última das nações do Ocidente europeu que o da primeira nação americana. Sem a conhecermos, temos a intuição justa de que a sua literatura não nos poderia ensinar nada e que ela não é, como a nossa, senão um pálido reflexo do pensamento europeu, como o são a ciência, a filosofia, o pensamento americanos. Em tudo nós somos ainda obreiros de segunda mão, copistas, imitadores. Não nos pode, pois, envergonhar a nossa ignorância, nem temos que dissimulá-la, quando espiritualmente não podemos deixar de sentir-nos mais europeus que americanos, mais franceses, italianos ou alemães que ianques, chilenos ou venezuelanos. Não só mais, porém muito mais.

Essas literaturas americanas, entretanto, podem começar a ter o seu interesse, nacional em princípio, continental e universal depois. Haverá nelas por força, apesar da subserviência do pensamento, da forma, da língua, que também não é própria e independente, os primeiros traços de nacionalidades que se desenham ou que pelo menos esboçam um ainda vago, indeciso, indistinto caráter. Por mofina que seja, uma literatura é uma definição espontânea da gente que a fez, um elemento indutivo, pois, da nacionalidade, e mais, um estímulo dela. Mas se a gente que nela se define e representa não merece de si mesma grande interesse, não vale certamente a pena indagar como se ela interpreta. E é o nosso caso das nações americanas, respeito não só à Europa, nossa criadora e educadora, mas ainda umas às outras.

Nem os Estados Unidos, com a sua a todos os respeitos incomparável superioridade na América e a sua posição de igualdade industrial e política com as grandes nações da Europa, escapam a essa situação secundária. Nada obstante a sua admirável organização do ensino primário, exemplo e inveja da mesma Europa, as suas numerosas universidades, academias, colégios e institutos de instrução de toda a ordem, a cópia assombrosa das suas sociedades de estudos, instituições científicas, estabelecimentos didáticos de todo o gênero, dotados alguns como não há outros no mundo, da produção maravilhosa e única da sua livraria em revistas, magazines, jornais científicos, literários e artísticos, do número sem igual das suas bibliotecas, do progresso sempre crescente dos estudos clássicos e desinteressados, da cultura da erudição e da cultura científica nesse país que a muitos se afigura apenas como um bronco e vasto armazém, não conseguiram eles fazer exceção notável ao legítimo desapreço em que, nesse particular, os temos nós mesmos americanos. É que nós sentimos bem que tudo isso não é ainda senão um reflexo da Europa, uma obra apressada da sua energia, da sua riqueza e da sua indústria, o produto artificial, incaracterístico — ou com característicos antipáticos — de uma vontade poderosa, admirável, mas ao qual faltam de fato as qualidades de bom gosto, de ordem, de ritmo, de profundeza, de verdade, que são a obra lenta e apurada das civilizações de onde viemos. Nas nossas próprias literaturas nacionais, com alguma rara exceção, que não invalida a regra, sentimos essas falhas. Os próprios ianques as verificam na sua.

Em um dos números deste ano da revista americana *The Forum*, um escritor, que talvez nenhum dos leitores conheça, do qual informa, entretanto, uma nota biográfica que "é um dos mais conhecidos e mais versáteis escritores e conferencistas de assuntos literários" dos Estados Unidos, co-diretor de um magazine e autor de meia dúzia de livros de crítica e literatura, o sr. Hamilton W. Mabie, estudando a literatura americana em relação com a nacionalidade, escreve:

"Nessas duas décadas a nossa literatura não fez impressão muito funda na imaginação do país, nem influenciou também profundamente o seu caráter, porque, na maior parte, carece de profundeza de sentimento e de uma íntima sinceridade. Parece ter recuado perante as fundas convicções, os fortes sentimentos, as grandes emoções. Mostrou-se admirável na forma, sã de aspecto e muitas vezes encantadora no estilo; mas faltou-lhe na máxima parte a força elementar. Não pintou as grandes paixões, nem revelou as forças produtoras, sempre em trabalho, no mais profundo da consciência popular. Uma parte considerável dessa literatura parece haver participado do receio convencional de mostrar sentimentalismo, o vexame convencional de dar mostras de grande emoção...

"Entre a grandeza e a seriedade da vida americana e a leveza, a graça, o toque furtivo de quantidade de escritos americanos há um abismo. O afastamento entre aquela vida e os mais deliciosos livros aqui escritos seria ridículo, se não fosse doloroso. Pareceria que nós fugimos do reconhecimento real de nós mesmos, e temeros o contato material com as tremendas materialidades da vida. A nossa literatura perdeu grandemente a nota da invenção, a audácia do espírito de aventura, a coragem das grandes crenças e paixões; e está em risco de tornar-se um desenfado da sociedade polida, em vez de ser uma expressão da experiência vital e uma força dominante na vida nacional. Ela vibrou algumas notas profundas, com grande clareza e sonoridade; mas deve continuar a vibrá-las; e sob a clareza de sua visão pôr a vitalidade e a pura força humana da rica e profunda experiência. O idealismo do caráter americano, desconhecido por muitos observadores estrangeiros, porque tomou formas de expressão mais práticas que artísticas, é a matéria-prima na feitura de livros comoventes; mas cumpre haja também fundo e talento.

"O que Emerson chamou 'finezas de constituição' é ainda muito evidente nas letras americanas. A literatura que apraz e pule é agradável e bem-vinda, mas não pode tomar o lugar da literatura que revela e estimula. Não quer isso naturalmente dizer que a literatura se faça didática, mas que ela não achará os mananciais que a alimentam nem na cultura nem no gosto, porém nas profundezas da experiência e nas fontes ocultas da emotividade. Grande parte da literatura das duas últimas décadas seria admirável como literatura subsidiária; é deficiente como literatura representativa. Teve graça, requinte e encanto; faltavam-lhe profundeza, força, conjunto, paixão".

Parece-me excelente e feliz essa distinção do sr. Mabie entre literatura subsidiária e literatura representativa, para as nossas incipientes literaturas americanas. Mas continua o escritor americano:

"Nós precisamos dessa literatura mais ligeira, porém carecemos ainda mais da substância e força da literatura da nossa emoção nacional ou de raça, a qual, por virtude das suas qualidades representativas, se torna uma verdadeira revelação da nossa vida".

Reconhece o escritor que o povo americano não adquiriu ainda a inteira consciência de si mesmo, que existem consciências seccionais, mas não há a consciência geral, nacional. "A nação como nação não alcançou ainda um conhecimento claro de si própria; não sabe o que há no seu coração, embora responda com apaixonada intensidade a cada apelo aos seus instintos e ideais". Desses instintos e ideais achou expressão poderosa pelo lado da ação; do lado da arte apenas lha deram parcial e muito deficiente. "Aproxima-se, contudo, rapidamente o tempo em que ao homem de letras se deparará a primeira oportunidade na madureza desta vasta população para a expressão; e a literatura encontrará uma voz para esta grande vida muda, ou falhará inteira e desastradamente à sua função e à sua obra".

Dizendo depois a função útil da literatura de dar à vida interior a sua expressão clara e predominante, faz o sr. Mabie essas considerações, que o leitor achará, talvez, em muitos pontos, aplicáveis ao Brasil:

"Carece o povo americano dessa adequada expressão da sua vida. Acha-se espalhado em um imenso território. Seus centros industriais e sociais são separados por grandes distâncias. É o corpo nacional tão vasto, que a sua segurança depende de uma vida espiritual superiormente organizada. Mais de uma vez enfrentou o perigo dos equívocos e dos antagonismos seccionais tornados possíveis pela extensão de território que ele ocupa. Em nenhum país compacto seria possível a espessa ignorância do caráter e dos recursos recíprocos que existia no Norte e no Sul antes da guerra civil. Em nenhum país compacto seria possível a falta de conhecimento de uns e de outros revelada nos últimos anos entre o Este e o Oeste. Em um pequeno país como a Inglaterra, o fluxo do pensamento e do sentimento da capital às mais remotas porções dele é tão rápido e constante, que os mais largamente separados distritos não estão jamais apartados em pensamento e sentimentos.

"Podem manifestar grandes diferenças de opiniões; não podem permanecer na ignorância do movimento geral da opinião, não podem desgarrar da corrente do sentimento nacional. Por muito tempo haverá neste país sério perigo de fenda entre seções que, em razão das distâncias que as separam, poderiam provavelmente flutuar à parte. Boston e Nova Orleans estão quase tão afastadas como Londres e S. Petersburgo: Nova York e S. Francisco estão mais separadas uma da outra que Paris e Damasco. A distância de Portland, no Maine, a Portland, no Oregon, é consideravelmente maior que a da Grécia à Noruega. A magistratura do continente é trazida constantemente à frente como uma das grandes vantagens da República na sua competência, ou, para falar a linguagem do futuro, na sua cooperação com o mundo. Dada a igualdade de outros elementos, as condições de superioridade territorial são também condições de superioridade moral; a vastidão, porém, do território nacional, como toda a grande faculdade, envolve graves perigos".

Mostra o escritor americano, com exemplos da história dos Estados Unidos, que não são imaginários esses perigos. Diz como os americanos cultos conhecem melhor "e mais simpaticamente" a Europa que o seu país, e como este, por sua vez, se ignora a si mesmo. E prossegue:

"Nessas condições, que são permanentes e serão computadas na história do futuro, necessita fortemente o país de grandes forças unificadoras; sua unidade espiritual deve tornar-se clara em sua consciência e a solidariedade da sua obra e influência no mundo devem ser acentuadas com ênfase. Duas coisas, segundo o sr. Brunetière, embaraçam uma civilização mais alta dos Estados Unidos: as grandes distâncias entre os centros de atividade social e industrial e o espírito de comercialismo. E essa sagaz generalização, de um dos mais inteligentes observadores que visitaram o país nos últimos anos, encontra confirmação no juízo dos melhores informados americanos. Os mais altos interesses nacionais são ameaçados pela falta de coordenação dos tipos e desígnios intelectuais e pela tendência de deixar o desenvolvimento da alma nacional à espera do desenvolvimento das suas terras, seus recursos minerais e seu comércio. A magnitude dos seus recursos materiais fez de uma vida espiritual intensa e superiormente organizada uma suprema necessidade na América. É questão aberta se nós seremos fabricantes de objetos ou criadores de idéias e de ideais. Se o caráter final da nossa civilização deva ser materialista, nós ocuparemos um grande lugar no mundo moderno, mas nada faremos pelo seu sucesso espiritual; encheremos páginas de estatísticas nas enciclopédias, mas pequeno espaço teremos na história da arte, da cultura, da religião. O radical idealismo da índole americana preservar-nos-á provavelmente da desgraçada sorte de sermos ricos sem sermos significativos ou interessantes; mas esse idealismo necessita de constante classificação e apoio. Precisa de expressão clara e dominadora.

"E essa expressão", conclui o escritor americano, "deve encontrá-la na literatura, porque a literatura é nas suas grandes formas não só uma revelação do caráter nacional, mas uma força para formá-la. A sua influência, conquanto não-computável em registros materiais, difunde-se na atmosfera que um povo respira".

Demonstrando esses últimos conceitos, termina o seu artigo o sr. Hamilton Mabie, para quem a literatura, como vimos dos trechos citados, é uma função da sociedade, a obra séria e grave que representa o espírito e impulsiona o caráter nacional. Ele conta com a literatura para acabar de constituir ao seu vasto país, ocupado por tão diversas gentes, a unidade moral que, parece-lhe, ainda lhe falta. Essa foi a tarefa das literaturas em todos os povos, e lhe está naturalmente reservada nos povos americanos. Mas como quer que seja, do seu mesmo artigo se depreende que nós, brasileiros — ou quaisquer outros americanos —, pouco teríamos a lucrar com o conhecimento da literatura do seu país, ainda factícia e, quem sabe?, talvez ainda menos original que a nossa.

A FRANÇA INTELECTUAL

Agitando profunda e largamente a França social e política, teve a questão Dreyfus sobre toda a vida moral do país uma repercussão acaso única na história dos mais célebres processos. Em má hora afastada do terreno jurídico, que era o seu, criou uma atmosfera especial de paixão onde toda a nação acabou por se engolfar. E à França intelectual coube porventura a parte principal no movimento da opinião de todo o país pró ou contra o militar julgado como traidor. A "questão", desde já famosa, é sobretudo obra sua, obra dos literatos, cientistas, poetas, jornalistas, romancistas que após Zola deixaram os seus calmos gabinetes de estudo, os seus laboratórios tranqüilos e laboriosos para virem à rua com as suas convicções suscitar, inflamar, mover ou combater as alheias.

Traz o título de *A França intelectual* um livro recente de um novo escritor francês, o sr. Henri Bérenger. Não é propriamente um livro, mas, como tão comum é hoje, um conjunto de artigos apenas ligados pelo pensamento e intuitos do escritor. Nesse livro, porém, sente-se, desde o título, a influência da "questão", influência que em mais de um lugar dele se manifesta e se acentua. O sr. Bérenger é evidentemente um moço, não haverá excedido muito os trinta anos. É um intelectual também, mas preocupado dos aspectos sociais da vida, como o seu livro anterior *A consciência nacional* já o mostrava. Literariamente é ou supõe-se um independente, isento de preconceitos de escolas, de influências de camarilhas, livre, eqüitativo e imparcial. Em literatura, como na vida, nada é mais difícil que a independência completa. Mas desejá-la sinceramente e procurar praticá-la, de boa fé, já é um grande mérito. E esse o tem o sr. Bérenger. As tendências do seu espírito o levam aos "novos", às tentativas que lhe parecem capazes de renovar o fundo e a forma da literatura e fazer entrar nela as emoções sociais, mas ele não tem pelos que ficaram atrás os desprezos de encomenda com que as jovens gerações alardeiam tratá-las. As excelentes páginas que consagrou a Zola — a Zola escritor somente — dizem bem qual é de fato a independência grande dos seus juízos e sentimentos. O sr. Bérenger é um francês segundo Michelet, por quem mostra uma grande e merecida admiração, um francês da França uma e única de Carlos, o Calvo até o sr. Loubet, de Joana d'Arc à Revolução, da *Imitação de Cristo* à *Declaração dos direitos*, de Notre-Dame ao Arco do Triunfo. E quer na história política, quer na história literária, ele compreende e aceita todas as suas obras e os seus autores, apenas com as reservas morais ou estéticas que a sua consciência ou a sua ciência lhe ditam. Confessa-se um patriota — o que é bem francês — mas refuga e combate o nacionalismo e os nacionalistas que, a reflexão é sua, quererão fazer voltar a França para além da Revolução. É principalmente, essencialmente um crítico, mas ataca a crítica e os críticos, especialmente o sr. Brunetière, por ele maltratado desapiedadamente em um artigo especial, tecido de boas observações e de injustas apreciações, e onde o dreifusismo do escritor empanou talvez o bom juízo do crítico.

O caso Brunetière, como lhe chama o nosso autor, isto é, a importância e proeminência que tomou o célebre crítico nos grupos mais consideráveis da mentalidade francesa contemporânea, na *Revista dos Dois Mundos*, na Academia, nos salões literários, nos elementos conservadores da sociedade, mesmo entre escritores e intelectuais de grande valor, explica-se facilmente. É que o sr. Brunetière, além do seu incontestável merecimento literário, do seu vasto saber no seu domínio especial, da sua potência e capacidade do trabalho, cujo resultado nunca é medíocre ou banal, de ser autor de numerosos artigos de crítica penetrante e reveladora, é, segundo a qualificação inglesa, um caráter, isto é, uma vontade, uma convicção enérgica, decidida, resoluta, corajosa, antipática talvez, mas admirável. Certo a questão Dreyfus desvairou por tal forma o juízo ao poderoso escritor que ele, cuja obra é toda preocupada dos aspectos sociais que agem sobre a literatura e sobre que ela reage, não trepidou em escrever a frase imbecil com que defendia a Émile Zola romancista intervir na questão Dreyfus e o condenava por isso. Aliás todo o seu famoso artigo *Après le procès* é, em todo o rigor do termo, um artigo tolo, no qual se não reconhece uma só das eminentes qualidades de polemista do sr. Brunetière. Mas quem não desvairou a questão em França? Que é da limpidez, da liberdade, da isenção, do renanismo de espírito de sr. Jules Lemaitre? Onde a piedade, a sentimentalidade, a compaixão pelos que sofrem de François Copée, o poeta dos *Contos parisienses*, o autor de um romance quase anarquista, *Le Coupable?* A um tal desvairamento não poderia resistir a natureza inteiriça do sr. Brunetière desde que, entrado na reação idealista — triste idealismo! — e conservadora dos últimos tempos, achou-se arrastado pela estreita lógica que é uma das características da sua inteligência, em plena reação. É da sua célebre visita ao papa que data a sua evolução conservadora e reacionária, e a sua estupefaciente declaração de um catolicismo sem fé. Provava isso que, fora da crítica e dos estudos literários, não havia no sr. Brunetière, como ele ingênua ou vaidosamente cuidaria, um pensador, e menos um filósofo. Essa reviravolta do sr. Brunetière pouco afetara, porém, a sua obra literária, senão em desenvolver a sua hostilidade ao individualismo, ele o mais individualista dos homens e dos críticos. Foi a questão Dreyfus que completou a evolução nesse sentido e acabou por atirá-lo na contenda a ele que escrevera a série de calinadas e prudhomismos — não me arreceio de assim dizer — do seu miserável artigo *Avant le procès*, e levou-o a condenar desabridamente a intervenção dos intelectuais na questão. Não poderia haver maior incoerência. Ele, parece, não a sentiu sequer, e fez parte de "ligas" como qualquer Déroulède ou Rochefort.

Que era ele, entretanto, senão um intelectual como os que maltratava por haverem abandonado o seu labor literário, as suas investigações, os seus estudos por amor de uma causa que lhes parecia justa? Um intelectual? Menos ou mais que um intelectual, um cerebral, cujo ponto de vista social e moral não o criou o "leite da ternura humana", senão puras intuições da inteligência. Porque quaisquer que sejam as suas preocupações últimas de um socialismo católico, vago, incompreensível, indeterminado, como de homem que quer conciliar o dogma, a disciplina da Igreja, a teologia de Bossuet, com o evolucionismo de Darwin e Spencer, o positivismo de Comte, o idealismo protestante de Balfour, o catolicismo americano dos Gibbons e Ireland, a impressão forte e distinta da sua obra é que ele é um cerebral, um puro intelectual, uma razão estranha e alheia ao sentimento.

Que é, porém, um intelectual? A coisa é mais fácil, como muitíssimas outras, de compreender que de definir. Não o tentarei, pois. Mas da palavra, nas suas diversas acepções e empregos, resultaria o sentido de um sujeito que, na vida, não tivesse outras preocupações que as da inteligência, e que todas as coisas submetesse ao critério dela. Entendido assim, o intelectualismo — perdoem-me a feia palavra — excluiria o sentimentalismo, e seria a mais antipática e acaso desprezível coisa do mundo. O que realmente engrandece e eleva o homem é o sentimento, a fonte de tudo quanto possa haver nele de grande e de bom. Nem há na história dos indivíduos e dos povos nada de realmente grande e útil à espécie que o não inspirasse o sentimento. Do coração, disse-o profundamente o moralista francês, derivam os altos pensamentos. Tristes daqueles que deixaram morrer a flor do sentimento ao calor ardente da sua razão. Esses poderão talvez melhor compreender a vida e o mundo, se é verdade que um e outro são apenas uma luta e uma arena em que a vitória pertence aos mais hábeis, aos mais fortes, aos mais desabusados. Mas, ai deles!, privaram-se das mais gratas, das mais generosas, das mais benfazejas emoções humanas.

A cultura exclusiva da inteligência, a sua constante aplicação ao exame, ao estudo, à análise das coisas somente sobre o seu aspecto racional, pode acabar, e é quase certo acaba, por dar-lhe uma absoluta preponderância nas nossas faculdades. É o simples cumprimento de uma lei fisiológica. Mas não só da predominância do exercício da inteligência procede o intelectual, senão também da imoral primazia dada ao ponto de vista intelectual sobre o ponto de vista moral. A criação da chamada aristocracia intelectual resultou dessa falsa apreciação das relações mentais e morais do homem com o mundo. E vai favorecendo a vaidade de uns e o esnobismo de outros, como a decadência mental e moral das altas classes sociais nas quais, nas nossas democracias, cumpre incluir os políticos, não obstante a sua origem plebéia.

Com efeito, se os políticos não são contemplados entre os denominados intelectuais — e por toda a parte são a porção menos culta do país —, é por um simples defeito de apreciação. Aplicando a sua inteligência a fins exclusivamente práticos e interesseiros, maior é neles a perversão do sentimento que nos intelectuais de gabinete. A esses pelo menos elevam-nos, e muito freqüentemente enlevam-na, a contemplação dos aspectos estéticos e desinteressados da vida, a idealização dela, como também a ambição de uma influência espiritual, incomparavelmente mais nobre que a de um prestígio baseado nos elementos materiais das competências políticas. Nem estas competências são nos dois casos as mesmas, antes diferem profundamente nos móveis, nos meios, nos resultados. E o incentivo de renome, de glória, de fama e até de imortalidade, que é a principal determinante de uma e que só excepcionalmente é a causa da outra, bastariam, com a impossibilidade de proventos materiais imediatos, e o afastamento dos inevitáveis contatos degradantes da política, para colocarem a competência puramente intelectual, quaisquer que sejam as suas deficiências, em uma atmosfera mais elevada e mais pura.

Não só políticos, por se desforçarem do menosprezo dos intelectuais, mas filósofos e moralistas acusaram-nos de egoísmo e de indiferença pelos interesses nacionais e sociais, de falta de "ardor cívico", como dizem aqui, na sua linguagem estereotípica, os positivistas. E intelectuais houve que se não doeram do reproche, antes fizeram dele um título de glória. São os estetas, os puros cerebrais, os sequazes dos pregadores do homem superior de Nietzsche e quejandos filósofos, se às suas divagações incoerentes, artificiais e equívocas não é demais chamar filosofias. À cola desses puseram-se alguns decadentes ou decadistas, místicos sem misticismo, religiosos sem fé, artistas cujo cérebro pôde imaginar uma arte sem contato com a vida e com o mundo. O sr. Brunetière não deixaria de atribuir o fato, e aliás o tem já feito com insistência, ao execrando individualismo, cujo fez e a quem trata como um inimigo pessoal.

Os intelectuais têm, entretanto, perfeita razão, penso eu, de se apartarem do campo onde a pretexto de patriotismo, e outras coisas práticas em ismo, se manipulam todas as transações, se preparam todas as capitulações de consciência, se aparelham e acomodam todos os interesses, que constituem o fundo da vida política moderna. Os que lho censuram confundem grosseiramente política, eleições, jornalismo, briga por empregos e posições, o parlamentarismo, com todas as suas mentiras, as ficções desmoralizadas do constitucionalismo, com os altos interesses humanos e sociais, quando nada há de comum entre uns e outros. Se há entre os intelectuais quem se alheia desses interesses e quem sendo homem fique estranho ao homem, a esse é preciso lastimá-lo.

Os intelectuais franceses, os mesmos que pareciam não ter outras preocupações que os seus livros, as suas imaginações, os seus estudos, os seus versos, acabam de demonstrar mais uma vez que o retraimento da ação deletéria da política não é incompatível com um nobre ardor humano, infinitamente mais estimável que o ardor cívico.

Não é este o aspecto do assunto que estuda no seu livro o sr. Bérenger. Mas o assunto reflete sobre todo o seu livro. Ele é, notei-o já, um patriota e um humano. Combatendo em nome da tradição humana francesa os nacionalistas, mantém ingênua e ardente a fé na França como diretora da humanidade, qual a tiveram os seus maiores filhos. Individualista, é entretanto pela literatura e pela arte social e humana, e do seu livro — cuja estimação não deve, entretanto, ser exagerada — sobressai a influência no seu espírito e no seu sentimento da nobre ação desses intelectuais que se puseram com toda a sua inteligência e todo o seu coração ao serviço de uma causa que tinha contra si o país inteiro, e que à opinião da pátria antepuseram galhardamente a sua convicção da justiça.

O MELHOR DOS MUNDOS...

Le Jardin des Supplices,
par Octave Mirbeau.

Com as suas infinitas belezas naturais e artificiais, com os seus múltiplos encantos, com as suas delícias, com quanto a arte e a indústria humanas puseram nele de belo, de aprazível, de deleitoso, com todas as suas voluptuosidades da inteligência e do sentimento, este mundo não é, no fim de contas, senão um formoso jardim de suplícios. Por toda a parte o homem, besta fera ainda mal amansada sob as falsas aparências de uma domesticação muitas vezes secular, por um requinte de maldade original ou adquirida, transforma cada canto do delicioso jardim em horto de tormentos, e das combinações mais esplêndidas, mais peregrinas, mais imprevistas de formas, de cores, de perfumes, faz ele, por um refinamento de crueldade, um cenário de aflições.

E a vida percorre este jardim, onde se casam todas as formosuras da natureza e da arte, num ansioso ardor de existência e de gozo, sôfrega de volúpias raras e embriagada de amor, tonta e estonteante, somente ocupada e preocupada de possuir, de desfrutar, de gozar.

Qualquer que seja o sítio, o recanto, a porção do magnífico prado, embalsamado das essências mais esquisitas e povoado das aves mais raras e mais canoras, lá achareis o homem sofrendo e fazendo sofrer, vítima e algoz. Podeis percorrê-lo em todos os sentidos e esquadrinhar-lhe todos os recantos, o mesmo espetáculo hediondo, infinitamente variado no seu feitio e encenação, se vos deparará. Nem as suas porções mais e melhormente cultivadas vos darão outro. Aquela mesma exuberância da vegetação, o raro, o singular, o inaudito da flora, o extraordinário das flores e das suas formas e perfumes é um produto dos suplícios. Essa terra feracíssima estrumaram-na a carne e o sangue e os ossos das vítimas, consoante as propriedades químicas de cada uma dessas partes.

Neste nosso mesmo século, tão vaidoso dos seus progressos e das suas luzes, tão filaucioso em se gabar, não cansaram os carrascos, nem escassearam as vítimas. No esplêndido horto onde somos alternativamente algozes e supliciados, a vida sorri horrível e execrável na sua imoralidade, na sua desfaçatez, na sua impudicícia. E todos sem exceção a acompanham, apenas com movimentos momentâneos e inconseqüentes de revolta, mas presos dela, escravos dos seus encantos e das suas graças, cativos dos seus feitiços, vencidos pelas suas promessas de gozos incomparáveis e únicos. E quando,como envenenada pelo espetáculo e pelas emoções malsãs, ela parece nos vai faltar, nós, miseráveis, divididos entre o horror que a sua hedionda volúpia nos causa e os encantos, e os desejos, e os apetites que a ela nos subjugam, ao mesmo passo que estimaríamos fosse o seu desfalecimento a morte, gritamos-lhe desde o fundo da nossa alma que viva, que viva, que viva...

É esta a significação do livro estranho e horrível do sr. Octave Mirbeau: *Le Jardin des Supplices*. Não sei até que ponto esse romance pertence à arte na sua acepção mais geral e mais comum. Sei que é escrito com rara mestria de linguagem e um prodigioso vigor de estilo descritivo, uma poderosa capacidade de representação. Sei que ele é o livro de um homem penetrado da dor humana, apaixonado da justiça e do bem, revoltado contra o mal que os satisfeitos, os indiferentes, os céticos ou os parvos dizem necessário e insanável. Sei que sob a sua forma pungente, mesmo atroz, há nele, com uma idéia profunda e um sentimento generoso, uma fraternal emoção humana, uma intenção sincera de bondade.

O sr. Octave Mirbeau é um dos mais distintos escritores da mais nova geração literária da França. Mas em arte, como em política, é principalmente um independente. Não obedece senão aos seus instintos estéticos, aos seus sentimentos, mais talvez que aos seus pensamentos, políticos e sociais. É um anarquista. Poeta, autor dramático e romancista, o sr. Octave Mirbeau, sem embargo das suas idéias, da sua independência literária, da irregularidade da sua obra, tem no seu país um lugar distinto entre os "novos" e a estima, o apreço, senão a admiração, do mundo literário. O seu novo romance é mais simbólico que simbolista, não se amarrando o poeta à retórica da escola. E essas "páginas de morte e de sangue", como ele mesmo lhes chama, dedica-as: "Aos padres, aos soldados, aos juízes, aos homens, que educam, dirigem, governam os homens". A dedicatória diz claramente a intenção do escritor, e a sua atitude em face de uma sociedade que se compraz ou fica indiferente ao espetáculo de horrorosos sofrimentos neste jardim delicioso e hediondo que é o mundo.

Todo ele repete em grande, multiplicado e variado, aquele hórrido jardim da China em que Miss Clara e seu amante, a vida e o homem, passeiam a sua volúpia uma, a sua miséria e covardia outro. Nem carecemos remontar às épocas bárbaras ou descer às gentes brutas e selvagens para assistirmos ao drama sombrio da maldade, dos preconceitos, do egoísmo, das más paixões humanas. Ele se representa ainda no nosso tempo e nas mais adiantadas e policiadas nações. Olhai: a Inglaterra paira por toda a parte como uma ave de presa, guarda ciosa tormentos de outras eras como a roda do *hard labour* a que atou não há muito um artista mórbido e insano, trucida os negros na África, onde Stanley e os seus companheiros experimentam neles o alcance e o efeito de suas carabinas aperfeiçoadas, e os guisam com uma curiosidade refinada de *gourmets* do sabor da carne humana; a católica Espanha faz morrer friamente de fome e de miséria em Cuba duzentas mil pessoas, prendendo-as sob pena de morte em cidades onde não há alimentos para vinte mil, renova nas Filipinas as torturas inquisitoriais, do mesmo passo que as emprega inéditas no seu próprio país com prisioneiros acusados de vários crimes; a França assassina barbaramente em Madagascar e no Amapá velhos, mulheres e crianças inermes e súplices, e a sua rival, a Alemanha, faz o mesmo na África e deixa assassinar impunemente pelos oficiais o burguês pacato que os não venera bastante; o Brasil suplicia em Santa Catarina, no Paraná e em Canudos, com bárbara crueldade, e os algozes execráveis são transformados em heróis; os Estados Unidos lincham, queimam, trucidam miseráveis negros ou forasteiros e continuam nas Filipinas a crueza espanhola; na Rússia donzelas morrem sob o *knut* e homens apodrecem nas prisões da Sibéria, a coroação de um novo tzar custa a vida a milhares de pessoas; na Itália fuzila-se o povo que a penúria amotina; a guilhotina, a forca, o fuzil, a faca do degolador, as prisões tétricas e lôbregas, o suplício, a morte sob todas as formas funciona por toda a parte. Os franceses, fazendo da Pátria um Moloch sangrento e execrável, sacrificam-lhe, em uma orgia delirante de ódios de religião e de raça, um judeu, descobrindo para ele suplícios raros. Os ianques fazem experiências de física com os condenados à morte. Os brasileiros amontoam os seus prisioneiros e queimam-nos, previamente embebidos de petróleo. Os turcos, com o assentimento da Europa, dilaceram armênios. Famílias inteiras suicidam-se para não morrerem de fome, e número delas, infinitamente maior, perece, à espera de uma pitança que não chega ou entre si se estrafegam, na disputa bravia do bocado nojento, como aqueles condenados da prisão chinesa que o romancista do *Jardin des Supplices* nos pinta com o realismo sombrio de um Goya. A humanidade em suma compraz-se no espetáculo do sofrimento e da morte; a nossa piedade de fato é de superfície, como a nossa civilização. Ao menor ensejo a nossa animalidade arrebenta a tênue casquinha que reveste em nós o ovo da animalidade de que viemos. Nem ciência, nem leis, nem artes, nem letras, nem religião conseguiram ainda matar em nós a besta, a fera que em nós dorme. Em todo homem há talvez um assassino.

Era esta tese que discutiam em roda da mesa de um célebre escritor francês, após um excelente jantar, alguns moralistas, poetas, filósofos, médicos e homens de letras. Um dos convivas, abundando naquelas idéias, sacou do bolso um manuscrito, que era a história da sua vida, com que as corroborava, e leu-o.

A primeira parte era a sua vida infame de vadio, de desclassificado caipora que não consegue, como o seu amigo e colega Eugène Mortain, fazer carreira na política, e vive de chantagem, do jogo, de mulheres e de quejandos recursos. Mortain, ministro, por se desembaraçar de um amigo comprometedor, com quem levara igual vida, dá-lhe uma comissão científica em Ceilão. Ele parte e a bordo apaixona-se por uma bela inglesa, rica e excêntrica, que o prefere entre outros adoradores. Em vez de ficar em Ceilão, a estudar em seus mares a geléia pelásgica, ele seguiu-a enamorado.

Miss Clara, a formosa e singular inglesa, era uma gozadora depravada e insaciável. No mundo não via, nem procurava outra coisa senão o prazer, as extremas excitações do amor que, por um excesso de perversão que no mundo real seria do domínio da patologia, aliava à idéia do sofrimento e da morte. São poucas no romance moderno as figuras tão originais como a de Miss Clara. Somente Miss Clara, nos explica o próprio autor, é a vida, que se repasta também de amor e de morte. Ei-los juntos, ela e o narrador. O amor que neste nascera o purificara, e, na sua idolatria dessa mulher, parece-lhe um sacrilégio continuar a enganá-la, fingindo de ilustre cientista. Confessa-se o canalha que foi, a imoralidade da sua missão, a sua completa ignorância das ciências naturais. Essa confissão franca, sincera, eloqüente era para ele uma dura prova; podia custar-lhe a afeição da mulher que era o primeiro verdadeiro amor da sua vida, mas a continuar a mentir e enganar a mulher amada preferia a sua repulsa agora ao seu desprezo mais tarde. Nem uma coisa, nem outra lhe veio. Ao contrário, ela o amou, e não por piedosa emoção de mulher, mas pela afinidade da corrupção. Amou nele o vício, a depravação, o cinismo. E foram viver juntos na esplêndida residência dela na China. Ali ficava, junto à tétrica prisão de um atroz regime de tormentos contínuos, um jardim, de desenho, de disposição, de modelo únicos. Ali o gênio chinês da jardinagem alcançara o seu máximo êxito. Desse horto, que o sr. Octave Mirbeau descreve com incomparável mestria, com uma força de desenho e de colorido verdadeiramente assombrosa, a darnos a sensação da realidade, a crueldade requintada dos chineses fazia o lugar dos suplícios. É de uma imaginação macabra a descrição desses suplícios com uma minúcia técnica horripilante. Dir-se-ia que o escritor se compraz nela. Mas o próprio horror que nelas põe não sei se lhes não diminui o efeito moral, senão o material. Aquela sucessão de tormentos acaba por cansar, enervar e embotar a nossa imaginação, e não sei se com ela também não o nosso sentimento. Se para o paciente, segundo fisiologistas, a dor tem um limite que não pode ser ultrapassado, a emoção por ela provocada no espectador deve ter igualmente um termo. Aliás o escritor o compreendeu, o seu herói, arrastado pelas súplicas e carícias amorosas de Miss Clara, acaba por saciar-se do horrendo espetáculo e à emoção do princípio sucede nele o cansaço, a fadiga física entorpecendo o aparelho psíquico do sentimento. E o leitor cansa com ele, e o que sente ao cabo dessas páginas cruéis é o horror físico, o desgosto nauseabundo de tais cenas de sofrimento e de dor.

Àquela prisão e a este jardim arrasta um dia Miss Clara o seu amante. Ela procura no sofrimento e na morte uma excitação de volúpia, um elemento de luxúria. A morte é para ela uma irmã do amor. Que gozo haverá neste mundo que não venha da morte? Todo esse passeio dos dois amantes, que forma a mesma essência e interesse do livro, é uma mistura, deveras admirável como simples processo literário, dessas duas idéias: a morte e o amor, o gozo e a dor, o sofrimento e a sensualidade, a angústia suprema e a suprema lascívia.

"— Então, pouco a pouco — diz o amante de Clara —, meu pensamento despega-se do jardim, dos circos de tortura, das agonias sob os sinos, das árvores testemunhas de dor, das flores sangrentas e devoradoras. Quisera rasgar o cenário desse matadouro, penetrar na luz pura, bater, enfim, às portas da vida... Ai de nós! as portas da vida se não abrem jamais senão para a morte, não se abrem nunca senão para os paços e os jardins da morte... E o universo me aparece um imenso, um inexorável jardim de suplícios... Sangue por toda a parte e onde mais vida há, por toda a parte, atormentadores horrorosos, que escavam as carnes, serram os ossos, revolvem a pele, com sinistras faces de alegria...

"Ah sim! o jardim dos suplícios?... As paixões, os apetites, os interesses, os ódios, a mentira; e as leis, e as instituições sociais, e a justiça, o amor, a glória, o heroísmo, as religiões, são as suas flores monstruosas e os hediondos instrumentos do eterno sofrimento humano. O que hoje vi e ouvi existe e clama e brame além deste jardim que para mim é apenas um símbolo, na terra inteira... Busco embalde uma parada no crime, um descanso na morte, e não se me deparam em parte alguma..." Tudo lhe parece fazer essa obra de morte: "São os juízes, os soldados, os padres que, em toda parte, nas igrejas, nos quartéis, nos templos de justiça se afervoram nesta obra de morte. É o homem-indivíduo, é o homem-multidão, é o animal, a planta, o elemento, a natureza inteira enfim que, impelida pelas forças cósmicas do amor, se atira ao assassínio, crendo assim achar fora da vida uma satisfação aos desejos furiosos de vida que os devoram e que esguicham dela, em jatos contínuos de suja escuma!"

Miss Clara se deixa por fim arrancar aos encantos mórbidos daquele jardim de aflições. Um barco a leva pelo rio que ali corre a uma casa de prazeres. Como lhe sucede sempre depois de um daqueles passeios, em que procura a excitação amorosa na contemplação dos horrores que acolá florescem como rebentos da maldade humana, tem uma crise histérica. Naquela casa nefanda, a que habituada era, levam-na para um leito, onde se prolonga o coma, cortado apenas, de tempos a tempos, pelo seu protesto de há pouco, quando, alcançada finalmente pelo horror de hediondo espetáculo, ela protestava jamais lá voltar:

— Nunca mais! Nunca mais!...

E o amante, à sua beira, a um tempo angustiado e enternecido, ao passo que, no mais profundo de si mesmo, desejava horrorizado e piedoso, com um misto de amor e ódio, que ela jamais pudesse despertar, gritava ansioso, apaixonado, chamando-a à vida:

— Clara!... Clara!... Clara!...

Tal é o livro que qualifiquei de estranho e horrível do sr. Octave Mirbeau. Qualquer que seja a minha admiração pelo forte talento com que foi pensado e concebido, pela forma por que foi executado, pela intenção generosa e humana que o inspirou, não me conformo em aceitá-lo como uma obra de arte, qual uma longa e ininterrupta evolução literária obrigou-nos a concebê-las. A arte, é o meu credo, deve ser social e humana, mas sem perder a sua qualidade de arte. E a emoção que a obra de arte deve produzir, intelectual ou sentimental, não se há de confundir com a sensação física, por assim dizer material, que nos fazem livros como o *Jardim dos Suplícios*. Esse romance, de tão excelentes qualidades de imaginação e de escrita, soa às vezes como uma fantasia macabra, sem realidade nem ideal. É uma mistura de naturalismo e simbolismo, da arte às vezes a mais pura e de concepções apenas artificiais. Mas, como obra intencional, o seu principal defeito é um defeito lógico, o autor prova demais, como se dizia nas escolas, e a sua maior falha, do ponto de vista estético, é que a emoção que consegue dar-nos é primeiro toda física e depois puramente intelectual.

O MUNDO ROMANO E O CRISTIANISMO

Quo vadis? A narrative of the time of Nero, by Henryk Sienkiewicz, tradução inglesa.

Dos recentes e exóticos romancistas é Henryk Sienkiewicz, escritor polaco, um dos mais em voga e gabados na Europa. Está sendo por toda a parte traduzido e lido com avidez e admiração. *Quo vadis?* é o primeiro livro que dele leio, e infelizmente não é talvez o mais próprio para apreciar devidamente um novelista, cuja reputação começa a emparelhar com a dos mais afamados escritores exóticos, escandinavos, russos e mesmo italianos, como D'Annunzio e Fogazzaro. Não é um romance do nosso tempo e da nossa vida, no qual, com conhecimento de causa, pudéssemos apreciar as capacidades de observação do autor, mas uma evocação do passado, uma narrativa do tempo de Nero, um romance histórico, em suma, senão pelo drama e protagonistas, pela sua ação geral, pelos personagens de segunda e terceira ordem, pelo meio físico e social em que se desenvolve a ação.

Tive já, perdoem-me lembrá-lo, ensejo de dizer o meu conceito do romance histórico.[1] Não é em absoluto condenatório do gênero, mas também lhe não é favorável. As duas palavras mesmo, romance e história, se não casam e acordam, e ou a narrativa é rigorosamente exata, e deixa de ser romance, no sentido que todos damos a essa palavra, ou, admitindo uma certa porção de fantasia, por mínima que seja, cessa de ser história. Como, porém, não é

---
[1] V. neste livro *História contemporânea*, pág. 55.

possível suprimir ou relegar das literaturas modernas o gênero híbrido chamado "romance histórico", que com Walter Scott, seus discípulos e seguidores teve uma grande voga na primeira metade do século e ainda no começo da segunda, e deixou obras memoráveis, devemos admiti-lo como o que chamarei um fato literário natural. E, como tal, cumpre-nos compreendê-lo e explicá-lo.

O romance não é senão a transformação da epopéia, passando pelas canções de gesta. Democratizando-se a sociedade, fazendo-se burguesa e popular, a representação de sua vida se fez, e se não podia deixar de fazer, também popular e burguesa. O romantismo completou essa evolução, dando também o interesse do drama não só aos grandes, às altas personagens, mas também ao povo, aos pequenos, aos miseráveis. Os poetas, porém, se não podiam contentar com cantar ou idealizar somente a vida contemporânea. Remontaram ao passado para cantá-lo e idealizá-lo, e ao romance da vida moderna juntaram o romance da vida passada, que procuravam penetrar com a sua intuição do passado, intuição, disse Herculano, às vezes mais dificultosa que a do futuro. Esse romance, porém, ainda era uma forma do poema, uma representação mais ideal que exata do passado, quaisquer que fossem os cuidados de exatidão do escritor. A sua fidelidade histórica era forçosamente externa, material, porque, se os seus personagens históricos e as suas ações públicas podiam ser estudados, apreciados e reproduzidos segundo deles se sabia pelos contemporâneos, o seu caráter, deduzido dos seus atos, a sua natureza, a sua psicologia, para falarmos a língua de hoje, escapavam aos mais perspicazes.

E isso não é só verdade dos indivíduos, mas de toda a vida passada. E o próprio Shakespeare, apesar da sua genialidade única, e da sua larga compreensão, adivinhação melhor fora dizer, de Roma, está cheio de clamorosas incongruências. Racine, esse deu a todas as suas personagens históricas as feições morais da corte de Luís XIV.

É preciso reconhecer que essa impotência dos poetas para reproduzirem o passado com a exatidão que pretendiam tinha uma causa estranha ao seu gênio: a errônea ou imperfeita concepção que até ainda a metade deste século se tinha do passado.

Data realmente de cerca da metade do século para cá o conhecimento exato, quanto é possível, não só dos fatos da história interior, ainda a mais remota, mas do caráter da vida e do indivíduo nas épocas idas. Tem-se chamado o século XIX o século da história. Certo ele não fez uma obra só, senão muitas, grandes e complexas. Uma das maiores, porém, será a sua obra histórica, que pode ser estendida e aperfeiçoada, mas cujos resultados capitais são porventura definitivos. E assim não é impossível que com os novos elementos por ele acumulados e vulgarizados tenhamos nós hoje adquirido também a faculdade de conhecer o passado no que ele possa ter de mais íntimo, de mais próprio, de mais estranho a nosso pensar e viver. Mas, respondam os psicologistas, será permitido à inteligência humana compreender além daquilo que ela diretamente observa, experimenta, compara, verifica? Ser-lhe-á lícito abstrair-se a ponto de não transportar a outras inteligências e consciências, de séculos afastados e diferentes, as suas próprias impressões e sensações? Com esta só restrição, quero admitir que de tudo o que a erudição moderna acumulou pode o poeta, ajudado das forças intuitivas do seu gênio, tirar uma representação do passado, tão perto da realidade quanto possível imaginar. E sobretudo pode, e este é ao cabo o seu fim, dar-nos a ilusão completa da verdade da sua representação.

O romance do escritor polaco que acabo de ler é parte, confesso-o, nessa minha conclusão. *Quo vadis?* não é propriamente o que se chamou um "romance histórico", ou antes, é um romance histórico com uma nova estética do gênero. O exemplar conhecido de que mais se aproxima é a *Salambô* de Flaubert, sendo-lhe por mais de uma feição superior. O que se dramatiza aqui não é uma ação histórica descrita e interpretada ao sabor do romancista, como no clássico romance histórico, mas um momento histórico, uma época e um grande fato da história da humanidade. O poeta é erudito, conhece a fundo o período histórico que nos representa, sabe-lhe por miúdo os aspectos individuais e gerais, mas aponta sobretudo a representar-nos, com o máximo de realidade, o estado da alma da sociedade romana e dos homens que a constituem, na época de Nero, a reproduzir com a máxima exação não só as exterioridades dos seus costumes, dos seus vestuários, das suas maneiras, do seu falar, mas o seu mesmo sentir, pensar e agir. O que ele quis foi, como um fotógrafo, em que houvesse também um artista, apanhar num dado momento, rápido e fugaz, um grande fato social, não somente com toda a exatidão material, mas com as feições morais que o caracterizam.

A sua alta e nobre ambição, única digna de um verdadeiro poeta, é menos fazer um quadro histórico, técnica e eruditamente perfeito, que realizar, sob a forma objetiva da sua arte, o principal momento do conflito solene entre o cristianismo nascente e o império romano, entre o mundo antigo e o mundo moderno. O seu romance é a idealização desse momento, do primeiro arranque dessa luta, do encontro inicial das idéias morais que os discípulos de "um certo Chrestos", como diz Tácito, propagavam entre a gentalha romana, com a civilização, a filosofia, a religião, a concepção social do mundo romano.

Vinícius, tribuno militar, moço belo e rico, apaixona-se perdidamente por Lígia, jovem formosíssima, que ele conheceu em casa de Aulo Pláutio, personagem consular. Lígia ou Calina era filha de um rei da Lígia, que a deu aos romanos como refém. Não respeitando o chefe bárbaro o tratado, ficou Lígia em poder do general romano, aquele Aulo, cuja mulher a acabou de criar e educar, nos princípios dos cristãos, pois a venerável matrona era uma daquelas, ainda muito raras na alta sociedade romana, já influenciadas pelo cristianismo. Ela e o marido tinham pela jovem uma afeição paternal. Vinícius confessa a um tio e amigo seu, o famoso Petrônio, o seu amor e desejo por Lígia.

O *arbiter elegantiœ*, certo de que os Aulos jamais entregariam ao seu jovem parente a sua filha adotiva, não querendo este casar com ela, lembrou um estratagema. Conseguiria de Nero, cujo favorito era nesse momento, que ele mandasse buscar para o seu palácio, a título de refém que era, a formosa Lígia e de lá a entregasse ao moço e ardente tribuno militar. Assim se fez, mas Lígia encontrou em palácio a proteção de Actéia, ex-amante de Nero, cristã também ou pelo menos simpática aos cristãos, que a alentou. Entre o séquito de escravos e servos que acompanharam Lígia da casa de Plauto iam alguns cristãos, entre eles uma espécie de gigante do norte, Ursus, seu compatriota e servidor de seu pai. Nero dá uma das suas célebres festas. No meio da orgia Vinícius embriagado quis violar Lígia no triclínio. E a sua resistência seria inútil se Ursus, que vigiava, não aparece subitamente e não a arrebata a Vinícius. Ela, porém, soubera por esse que por ordem de César ser-lhe-ia entregue na tarde próxima. Resolve evitar aquela desonra fugindo do palácio, e, não podendo voltar à casa dos seus pais adotivos, o que lhes acarretaria a cólera de Nero, resolveu com Actéia e Ursus que iria para os cristãos. Ursus obtém o concurso desses, e, quando ela era carregada na liteira de Vinícius para a sua casa, toma-a aos portadores e leva-a para o bairro miserável onde habitavam aqueles. Vinícius cai em desespero. Ele amava realmente Lígia, ou, como era o amor então, desejava-a ardentemente. Revoltam-se nele o seu desejo da formosa rapariga e o seu orgulho de patrício romano. É preciso descobrir Lígia e que ela lhe venha para a sua casa. São ao princípio vãs todas as pesquisas da polícia imperial e sua. Ansiava ele tanto mais por havê-la quando por Actéia soube que Lígia, embora fugindo-lhe, o amava. E não podia compreender que a donzela o amasse e lhe fugisse. Logra por fim, mediante um grego que se empregava também nessas pesquisas, descobrir que Lígia estava entre os cristãos e que provavelmente assistiria às prédicas do apóstolo Pedro, há pouco chegado a Roma. Com o grego e mais um gladiador, que devia efetuar o rapto de Lígia, vai no antigo cemitério onde se reuniam os cristãos para ouvirem o apóstolo. O ensino do apóstolo, as suas palavras ungidas de piedade e fé, tão novo tudo para um nobre romano, o impressionam. A sua mente estava cheia das acusações correntes contra os cristãos, que adoravam um ídolo com cabeça de burro, que faziam encantamentos com sangue de crianças por eles mortas, que envenenavam fontes, que praticavam toda a sorte de torpezas, como inimigos do gênero humano que eram. O contrário se lhe depara ali; aquele velho venerando ensina, com uma grande doçura de palavra e uma forte e penetrante convicção, o amor e o perdão, fala de um Deus de piedade e de ternura, prega a submissão, a resignação e a humildade. A inteligência do cavaleiro romano mal podia perceber o que ouvia — tudo tão estranho à sua educação, a quanto fazia a sua personalidade moral. Parecia-lhe, entretanto, que o apóstolo condenava o seu amor, e separava-o para sempre de Lígia que ele via ali, embevecida, extática, sorvendo as palavras do pregador.

Finda a prédica, ele e os seus assalariados acompanham de longe Lígia e os cristãos e penetram após ela, com o intento de arrebatá-la, na casa onde se escondia no seio de uma pobre família cristã. Quando o tentam, Ursus mata o gladiador e mataria também a Vinícius se Lígia lho não impedisse. Vinícius, porém, saíra ferido da luta. É recolhido e carinhosamente tratado por Lígia e pelos cristãos. Naquela atmosfera de uma vida para ele absolutamente tão nova e sequer suspeitada, no leito em que jazia reflete e pensa. Já tivera uma amostra da vida cristã na alta dignidade de Pompônia Grecina, a digna matrona esposa de Aulos, na graça casta de Lígia, no lhe fugir ela não obstante amá-lo, e na cena da prédica do cemitério abandonado. O seu espírito de romano luta ainda com os próprios preconceitos. Mas vê e observa. Na sua mesma casa teria mais conforto, jamais, porém, tanto carinho. É Lígia a sua dedicada enfermeira, os seus colóquios têm uma rara e esquisita doçura; ela acaba por confessar-lhe que o ama, mas que o não acompanhará ainda à sua casa, que só será sua mulher quando ele for cristão.

É uma das partes mais perfeitas do romance, o estudo delicado e fino da penetração em uma alma romana desabusada e cética das idéias cristãs tão profundamente não só diversas, mas opostas às suas. É por gradações quase insensíveis que o sr. Sienkiewicz nos mostra a metamorfose do augustil de Nero, o brilhante tribuno militar, no cristão capaz de todas as humildades. Não é sem luta que essa transformação se faz. Ela começa pela do seu amor que exaltando-se faz-se entretanto casto, puro, diferente inteiramente do amor que ele conhecia. Os seus idílios com Lígia durante a convalescença são de uma alta e suave poesia.

Não contarei todo o romance que é longo e cheio de peripécias. Por intrigas de Pompéia, mulher de César, a qual requestara debalde a Vinícius, Nero põe-se de novo a perseguir Lígia e Vinícius, a quem antes, num momento de bom humor, a pedido de Petrônio, consentira que casasse com a donzela, perdoada da sua fuga. Em busca de novas sensações de arte, o monstruoso cabotino manda queimar Roma e, acusando os cristãos de serem os incendiários, inventa contra eles as mais cruéis torturas e faz da perseguição desses infelizes uma série de espetáculos públicos. Lígia é presa, Vinícius tenta tudo para libertá-la e, por convite, que é uma ordem, de César, é obrigado a assistir àqueles hediondos divertimentos, esperando sempre, em angústias, ver num deles a sua bem-amada. No último dia ela aparece — e esse é um dos quadros mais horrivelmente belos de um livro onde abundam quadros desses — nua, atravessada e presa por ataduras na cabeça de um touro selvagem da Germânia. Ursus estava já na arena, ignorante do suplício que se lhe depararia. Os cristãos morriam todos em prece, sem resistência, o que lhes valia as vaias dos cem mil espectadores do anfiteatro, aos quais privavam da sensação da luta. Ursus, porém, se não contém à vista da sua querida ama, que o touro devia esmagar de encontro ao chão e às paredes e cujo corpo abriria com os cornos. Atira-se à fera. Há entre eles uma luta terrível, um momento em que homem e besta parecem ambos fincados no chão, o grupo não se move e o circo inteiro, de pé, ofegante, espera, mudo e tomado de comoção, o desfecho do combate. Ao cabo de minutos, que parecem séculos, o homem, conseguindo torcer a cabeça à fera, joga-a morta no chão. Os espectadores caíram em delírio: uma ovação tremenda, tonitruante, unânime encheu o circo, indo desde a plebe aos senadores, augustais, tribunos. Ursus tomara de Lígia nos seus robustos braços e mostrava-a ao povo pedindo-lhe o seu perdão. Vinícius saltara na arena e, cobrindo com a sua toga o corpo imaculado da sua amada, rasgara a veste e mostrava ao povo, implorando por ela também, as cicatrizes das suas feridas de guerra. Cem mil dedos se elevavam em todo o circo em sinal de perdão. Nero entretanto ainda hesitava: ele quisera não perder o espetáculo de ver romper e dilacerar pelos chifres de um touro furioso aquele corpo de virgem, belo como uma Vênus de Praxíteles. Pensou nos pretorianos, mas o próprio comandante desses tinha o dedo erguido, e foi-lhe forçoso ceder ao povo, que já começava a insultá-lo. E Lígia, Vinícius e Ursus deixam a arena no meio de uma verdadeira ovação.

O romancista polaco revela neste livro possuir as duas qualidades mais necessárias em uma obra dessas: o sentimento do passado, a capacidade de representá-lo nas suas feições materiais e morais e a de penetrar nas almas das personagens históricas e no-las pintar com a mesma exatidão, como se ele as houvesse criado, segundo moldes contemporâneos. Há nele um erudito forrado de um artista, e um psicólogo. Os seus quadros da vida romana, as festas de Nero, a casa de Petrônio com os seus refinamentos de existência, o incêndio de Roma, os espetáculos do anfiteatro, as cenas da vida cristã primitiva pareceram-me de uma exatidão impecável e são seguramente de uma grandeza que só encontra comparação em alguns de *Salambô*. Ainda os do romancista francês são talvez mais minuciosos e detalhados, o que lhes diminui acaso a impressão de conjunto. Mas Sienkiewicz excede, ao meu ver, o romancista francês no desenho, figuração e estudo das personagens. Lígia é uma criação mais finamente acabada que Salambô. São Pedro é tal qual o representa a tradição cristã. Nero e Petrônio são dois admiráveis retratos. Somente São Paulo não me pareceu o duro e seco apóstolo das gentes. Há mesmo uma ocasião em que as suas palavras não estão de acordo com a sua conhecida doutrina do casamento e virgindade — quando um cristão fanático condena o amor de Lígia por Vinícius.

Mas é sem dúvida Nero a figura mais viva desse livro. O autor, com um grande tato de artista, não lhe faz um retrato ao apresentá-lo, não o descreve numa vez só. Pinta-o repetidas vezes pelos seus atos e palavras, apresenta-o, em situações diversas, nos seus melhores como nos seus piores momentos, alegre, irado, bonachão, feroz, risonho, triste, audacioso e covarde, e o conjunto que dessas diversas feições resulta é admirável e parece assombroso de verdade. Já Renan, no mais perfeito talvez, como obra de arte, dos seus livros das *Origens do Cristianismo*, no *Anticristo*, traçará um retrato de Nero que ficou célebre na história literária pelo vigor da pintura e pelas polêmicas que levantou. Não sei se o sr. Sienkiewicz se inspirou de Renan. Como quer que seja, a sua interpretação do odioso César não difere sensivelmente da do glorioso escritor francês. Nero não amava talvez, como observa Renan, o mal pelo mal, era melhor que Domiciano ou Calígula. É um cabotino todo-poderoso, um intelectual sem alma, um artista excessivamente vaidoso, um comediante louco pela glória ruidosa das platéias e sinceramente convencido do seu papel. E com isso covarde, mesmo para o bem, incoerente, fantasioso como um homem a quem a vileza humana tornara tudo lícito. O poder dos Césares, só limitado pela morte, era quase impossível que não acabasse, como acabou, por desvairá-los.

Não há natureza humana que resista às tentações da onipotência, favorecida pela vilania e bajulação de todos. Eu imagino que um homem como Guilherme II da Alemanha, com suas pretensões artísticas e literárias, suas veleidades de onisciência, a sua tendência instintiva para o mando e o domínio, daria facilmente um Nero, se se lhe deparassem as condições do tempo e meio deste. A vaidade de artista e de literato, com a abjeção do povo romano, foram talvez os principais fatores da perversidade de Nero. Quando foragido, perseguido, ele vai morrer, sem ter aliás a coragem, vulgaríssima em Roma, de matar-se, acumula citações consoantes ao seu caso. Nunca um remorso, talvez sequer uma dúvida, atravessou a sua consciência. Aliás ele acharia sempre uma razão literária, uma citação, um bom dito, uma *boutade* de artista, com que desculpar-se ou explicar-se. Vestir a sua infâmia de frases é comum nessa espécie de gente, cuja vaidade acaba por confundir o bem e o mal. Demais Nero era um sujeito de mau gosto, educado por um homem de mau gosto, Sêneca, e vivendo numa época de mau gosto geral. Isso pôs perfeitamente em evidência Renan, e o romancista do *Quo vadis?* deixa-o claramente perceber. Ora o mau gosto, segundo o dito espirituoso, e porventura profundo, de um admirável escritor francês, leva ao crime.

Como quer que seja, Nero é abominável, e não é talvez bom estarmos a exculpá-lo com as nossas especiosas psicologias; podíamos talvez com isso animar os nerosinhos, mais ou menos *en herbe*, que por este mundo todo existem...

UMA ROMANCISTA PORTUGUESA

Ele, por Cláudia de Campos, Lisboa, Tavares Cardoso e Irmão, editores, 1899.

Cleontina Fratel, Cléo, como lhe chamavam as amigas e todos quantos de pequenina a haviam conhecido, vivera até fazer-se moça — moça no nosso sentido brasileiro — na vila alentejana de Sutil, a vida de uma rapariga rica, bem-educada, querida, animada e voluntariosa, qual a permite viver um acanhado meio provinciano. Tinha ela quinze anos quando uma irmã de sua mãe — Cléo era órfã de pai —, a condessa de Miranda, da alta vida de Lisboa, escreveu-lhe que fosse passar na capital algum tempo com a filha. "Não há meio para Cléo", assegurava ela, "se tornar uma mulher distinta e verdadeiramente prendada, continuando a viver nesse ermo. Uma menina do seu nascimento e da sua fortuna merece que se lhe dê uma educação condigna. Não sacrifiques, portanto, Luiza, a um imperdoável egoísmo, o futuro de tua filha". Relutava, entretanto, a mãe de Cléo, senhora simples e doméstica, em deixar a sua vila e velhas relações e amizades. "Sonhando com os horizontes novos que ante os seus passos se abriam, incitada pelo que havia de inesperado e misterioso na mudança que a tia propunha, Cléo insistiu com a mãe, derrubou sem dificuldade um a um os frágeis obstáculos que a pobre senhora acumulava para se opor àquela resolução, que a ia arrancar à sua casa, à sua gente, aos seus hábitos, a tudo quanto lhe era querido ". E a mãe acabou por passar-se com ela para Lisboa.

"Cléo disse um adeus alegre, um adeus sem pranto, um adeus ingrato" à sua terra natal, às suas velhas relações de família, às suas amigas de infância, e ao seu primeiro namorado. Porque Cléo amava, do primeiro amor, um belo rapaz, Frantz Lentz — há muito nome saxônio nessa novela provinciana portuguesa —, que a amava também. Tinham-se declarado um ao outro, trocado beijos, eram quase noivos. Nada obstante, partiu jubilosa sem olhar para trás. "A proposta da tia", explica a romancista, "acordara nela alguma coisa até ali dormente, alguma coisa apenas pressentida durante a leitura de certas páginas dos raros romances e dos jornais que lhe chegavam às mãos. Parecia-lhe só começar deveras a viver quando no trem que a levava ia vendo perder-se na fluidez dos longes o perfil da sua terra, diluir-se a melancólica paisagem cenário da sua infância". Lisboa foi para ela um deslumbramento; transformou-a. "A rapariga turbulenta e meiga, simples e ativa, que na província se entretinha dias inteiros com brinquedos infantis, sem exigências, sem requintes de luxo, despreocupada e alegre, contente da sua sorte — perguntava a si mesma a mãe de Cléo — seria a mesma de Lisboa, artificiosa, *coquette*, estudando *poses* no espelho, fria para com as amigas, só ocupada em *toilettes* e em futilidades mundanas, ambiciosa de grandeza, de agitação, de variedade?" Em breve, emulava Cléo às mais famosas mundanas da capital, e achava um marido, o marido que ela desejava, no visconde de Mello, "rico, bem-relacionado, distinto, muito conhecedor do mundo, de educação irrepreensível, vestindo bem, sabendo valsar, conversar, jogar..." Ela sentia-se feliz com o casamento. "Amava, ou julgava amar, o marido, sem sentimentalismos nem exageros... comprazia-se na liberdade que lhe outorgavam, sentia-se no seu elemento, podendo viajar, gozar e gastar à vontade". Tiveram um filho que morreu aos seis meses a quem ela não deu extremos amorosos e por quem não chorou muito, não lhe dando sucessor. "Pensou que a maternidade não se aliava bem com o seu temperamento". Morto o primeiro filho e certa de não ter outro, começou a "época mais brilhante para ela, a época da florescência luxuriante de todas as idéias, de todos os pensamentos, de todos os desejos, de todas as sensações, que jazem latentes num recanto do ser feminino". Jamais "se manchou", entretanto, "como tantas da sua roda, no adultério, que condenava por grosseiro, humilhante e despoetizador". Morreram-lhe a mãe e depois o marido; ambas as mortes "apenas à superfície" sentidas. "Imaginação amiga do sonho, idealizadora de sentimentos, Cléo amava o amor, mas não amava ninguém". Uma doença, a anemia, obrigou-a, muito a contragosto seu, e por ordem do médico, a deixar Lisboa e as vilas de elegância e vilegiatura e voltar à terra natal, há treze anos deixada e esquecida.

Assim como a simples idéia de ir para Lisboa fizera esquecer a Cléo sua terra, suas amigas e seu amado, e a vida de Lisboa inteiramente e de súbito a transformara, a volta à terra natal, o achar-se de novo entre a gente e as coisas dela a mudou repentinamente. Já na estrada alentejana entra ela a perceber que "as coisas não eram o que se lhe tinham afigurado, que aqueles sítios possuíam alguns encantos, por ela levianamente olvidados". Essas coisas fazem uma forte impressão "no seu espírito móbil — onde as idéias se sobrepunham, passavam, deslizavam umas sobre outras, deixando, as que iam desaparecendo, projetada a sombra sobre as que lhes sucediam". O meio onde se passaram os seus primeiros quinze anos, as velhas e boas relações de família, as amizades de infância, os familiares da sua casa, a mesma paisagem, que tudo a recebe carinhosamente, sinceramente alegre com a sua vinda, fazem nela o seu efeito. E ela acaba por achar que ama ainda afinal tudo aquilo e acha-se outra, a mesma provinciana simples de há treze anos, com a experiência e a inteligência das coisas a mais. Ao entrar na sua vila natal, a sua lembrança vai ao seu primeiro amor e ao seu primeiro amado, esse Frantz Lentz que ela, com a sua leviandade de menina, abandonou, e com a sua futilidade de mundana esqueceu. E quando pensava nele, e recordava uma cena dos tempos dos seus amores: "O que nós dissemos naquela tarde, o que lhe prometi e o que fiz... julgava amá-lo tanto, e depois... tudo mudou em mim, nem sei como!", ele passa-lhe a cavalo pelo carro que a trazia, cumprimentando-a friamente, com um meio-sorriso. Ambos ao depois notavam consigo que um e outro estavam pouco mudados.

A pequenez da terra e as relações comuns puseram Cléo e Frantz em comunicação, e em ambos renasceu com força o amor antigo, que se em Cléo chegara a desaparecer, em Frantz não morrera jamais de todo. É certo que ele também casara, mas sem amor, por conveniências de família, com uma rapariga nula e inculta, por forma alguma comparável a essa bela Cléo que lhe voltava agora no viço da mulher, sedutora, espirituosa, distinta. E, com tudo isso, amável, querida de todos, surpreendidos pelos seus modos estimáveis, carinhosos, meigos — quais na vila ninguém mais esperava encontrar na afamada mundana do grande mundo lisboeta.

Com exceção da mãe e da mulher de Frantz, as suas boas maneiras, a sua graça conquistaram a todos, desvanecendo-lhes as prevenções contra ela, cuja transformação de mundana fútil em uma Cléo amorosa, sentimental, sedenta de afeições sérias e sinceras aquela terra e aquela gente boa e amiga completaram. Nessa mudança era por muito o seu amor renascente e o objeto dele,

Frantz. Este ao princípio evita-a e resguarda-se; ela apenas tenta fazê-lo. Por fim, não lhes foi mais possível esquivarem-se mutuamente, e a paixão explode em ambos, se não violenta, forte, profunda, dominadora. E é ela agora, arrependida do passado, compreendendo que estragara a própria existência, abandonando esse primeiro e puro amor e esse homem tão amante e tão digno, que vai para *ele*, louca por *ele*, numa obsessão apaixonada do amor *dele*. Tudo se prepara para um desfecho fatal, trágico, a sua vergonha dela, a dissolução de um casal, a desgraça de uma família, o escândalo numa pequena sociedade provinciana, quando intervém, como um *Deus ex machina*, um médico, um desses médicos que na ficção contemporânea substituíram os padres, na que lhe precedeu. Com a sua autoridade de velho clínico e amigo, e a sua ciência do mundo e do coração, o dr. Macedo removeu a catástrofe impendente, obrigando Cléo a deixar precipitadamente a vila em demanda de outros ares.

Tal é, na sua ação principal, desacompanhada dos necessários episódios e circunstâncias, o novo romance de d. Cláudia de Campos, o primeiro que dela tive a satisfação de ler. O seu nome não me era, aliás, de todo desconhecido; sabia-o de referências, e de ter-lhe visto o retrato, se não me engano, em uma publicação francesa consagrada ao feminismo. Um outro retrato seu, em postura um tanto teatral, acompanha esse seu livro. Há nesse, além daquele drama que lhe constitui o enredo central, uma porção de coisas secundárias, que não sei se não valerão mais, como romance, como arte, como pintura de gentes e costumes, que o entrecho e as personagens principais da novela. A vida de uma vila portuguesa, os usos, a paisagem, tudo é nele pintado ou descrito naturalmente, sem artifício, sem deficiência nem excesso, sinceramente e com simpatia que não falsifica a verdade. Por esse aspecto, a romancista me parece de todo o ponto bem-dotada, e o seu romance muito apreciável. Não sei, porém, se não deva fazer alguma restrição quanto às suas capacidades de análise e de generalização. Expus com toda a boa fé o caso de Cléo, como o li no romance com toda a atenção e simpatia. Não sei o que julgará o leitor; eu de mim achei demasiado complicada e inseqüente a psicologia da heroína. Não desconheço que ser complexo e vário é o ente humano, quão mutável e incoerente é freqüentemente em seus sentimentos e ações. Na mulher, pela predominância e maior excitabilidade nela do sistema nervoso, e do sentimento sobre a razão, são talvez maiores essa complexidade e incongruência. Vária como a onda, chamou-lhe o excelso poeta que nos deu dela as mais belas representações. A física, porém, conhece a razão da variabilidade da vaga; cumpre à psicologia do romancista explicar-nos a das suas criaturas. Na arte, como na vida, tudo é possível, tudo se deve admitir, apenas, com a condição de no-lo fazer aceitar. Comigo não o conseguiu quanto era preciso a autora de *Ele*. A sra. d. Cláudia de Campos explica muito a sua personagem, explica-a talvez mesmo um pouquinho demais; seria supérflua a explicação se eu a sentisse viver. Se Cléo fosse uma grande histérica (e, então, confesso, deixava de interessar-me), eu compreenderia facilmente as suas sucessivas transformações da menina simples e amante dos quinze primeiros anos de província, da estouvada e leviana qual a faz a idéia somente de ir para Lisboa, da mundana fútil e indiferente depois de ali estar, e finalmente da doce, meiga, bondosa e apaixonada Cléo, de volta à terra natal. Não é o seu amor por Frantz que me surpreende, era natural que ele ressuscitasse, mas a mudança geral que se nela opera e, sobretudo, a natureza delicada desse amor apaixonado.

Não sei, mas parece-me que as mulheres se compreendem menos e se explicam pior que os homens. A psicologia das mulheres dos seus romances é menos exata, menos penetrante, menos aprofundada que a por aqueles feita. Será pela incapacidade orgânica que ainda as faz mentalmente inferiores ao homem, ou porque, malgrado seu talvez, as escritoras de romances não sejam inteiramente sinceras e repugnem instintivamente a confessarem-se? Como quer que seja, as suas análises da alma feminina, mesmo em uma George Sand, não têm o vigor e a justeza das de um Beyle, um Balzac, um Flaubert, mesmo de um Daudet ou de um Bourget.

D. Cláudia de Campos é o que se chama uma feminista, isto é, uma mulher preocupada com a situação da mulher na sociedade, reivindicadora dos seus direitos, uma revoltada contra o que um autor francês chamou recentemente *la loi de l'homme*. Não fora uma página, de duvidoso bom gosto, em que Cléo discute como uma *bas bleu* o seu caso com o dr. Macedo e cita-lhe textualmente a *Francillon* de Dumas Filho, isso sentir-se-ia mais que se perceberia do contexto do seu livro. E se nesse tom ficasse, lhe levantaria o mérito. Mas não sei se é uma feminista bem convencida; se o fosse, parece-me, o seu romance não acabaria como acaba, e Cléo não consentiria em deixar o Sutil sem levar consigo Frantz. É verdade que talvez esse romance não finde de fato nesse livro, e que outro venha completá-lo.

Ama a romancista as reflexões, no que se mostra uma nobre ambição da pensadora. Não me parece a realize, nem que haja ao seu talento, com o dom de observação, a penetração, a finura, a compreensão que juntam ao romancista um pensador. Não lhe descubro também o dom de expressão necessário para vazar numa bela frase, as mais das vezes curta, incisiva, exata, o conceito, e de fazê-lo realçar pela palavra que o veste. Frases como essas não são precisamente distintas, nem sequer pouco vulgares: "O amor — a paixão fecunda em emoções, até de ordem estética, pois que representa um papel predominante na própria origem da arte, e põe mesmo na alma obscura dos animais uma claridade vaga, esboço do sentimento do belo". — "Há homens versáteis por natureza, que mudam de afetos com a mesma rapidez com que o camaleão muda de cor". — "Ah! só poderíamos tornar bem compreensíveis os nossos sentimentos, se pudéssemos abrir o peito e mostrá-los". — ..."as criaturas não se medem... pela formosura, pela fortuna, pela elegância e pela inteligência; mas também e principalmente pelas qualidades morais que possuem e pela dedicadeza dos sentimentos que revelam".

Muitos mais trehos iguais poderia eu citar em abono do meu conceito. Esses bastam. A sua leitura e de outros antes transcritos mostrou ao leitor a feição literária da escritora sob o aspecto da língua. Pareceu-me frouxa, sem relevo, ou sequer elegância. Como em geral os portugueses, mantendo melhor que o comum dos escritores brasileiros a índole sintática da língua, não tem d. Cláudia de Campos senão a correção, a pureza de um bom escritor. Abusa de expressões francesas escusadas, e, destemida, não foge ao galicismo de palavras e frases. Esse pecado não é porventura mortal numa língua que não atingiu ainda a sua completa exatidão gramatical e léxica, e que, queiram ou não os puristas, tem de submeter-se à influência daquela pela qual vem a cultura aos povos que a falam. Os nossos galicismos de hoje serão purismos amanhã, como são hoje os dos nossos avós. Mas que isso não nos leve a abusar. As línguas sabem defender-se, e não incorporam de fato senão o que tem uma razão de ser. Só essa convicção devia bastar para acautelar o escritor amante e respeitador da sua arte e da matéria-prima dela, que é a língua.

Na romancista portuguesa, reparo menos aquele senão que a ausência de um estilo mais pessoal, mais seu, mais nervoso, que melhor indicasse uma personalidade. Para uma obra que traz para a literatura portuguesa os problemas sociais, de preferência familiares, se me é permitido dizer assim, um tal estilo era necessário, talvez mesmo uma condição de sucesso.

Não tiram, porém, essas restrições o merecimento ao romance de d. Cláudia de Campos. De parte a tese, que se resolve aliás de um modo burguês, e a contento do honesto leitor, é um livro interessante e que se lê com agrado.

A VIDA LITERÁRIA NOS ESTADOS UNIDOS

James Russell Lowell and his friends
by Edward Everett Hale, Boston, 1899

Os mais consideráveis (não sei se os maiores ou os melhores) poetas norte-americanos são talvez Bryant, Longfellow, Lowell. Naturalmente a opinião americana divide-se ainda entre esses e Holmes, Whittier, o mesmo Emerson, o ilustre pensador, o "Platão ianque", como o chamava Lowell, Aldrich, Edgard Poe, Walt Whitman, um catálogo de nomes que não nos dizem a nós brasileiros, a mim pelo menos, grande coisa. Com exceção de Bryant, de Lowell, de Walt Whitman, e sobretudo de Poe e de Longfellow, traduzido em nossa língua pelo sr. Franklin Dória (barão de Loreto) e Américo Lobo, os mais são-nos quase, senão de todo, desconhecidos. A Poe conhecemos através do francês de Baudelaire e da magnífica versão em verso do *Corvo*, pelo sr. Machado de Assis. Emerson é apenas considerado entre nós, pelos que o não ignoram, como um pensador.

Entre os sujeitos citados, James Russell Lowell é reputado pelos seus não só um notabilíssimo poeta — "o príncipe dos poetas americanos" chama-o o sr. Hale — mas o principal homem de letras americano, o *leader*, como a gente de língua inglesa gosta de dizer, da literatura americana contemporânea.

O sr. Edward E. Hale, que foi um dos seus amigos e conserva-se um dos seus admiradores, consagrou-lhe este ano um grosso e belo volume com retratos, fac-símiles e ilustrações, verdadeiro monumento erguido à glória de Lowell, e cujo conhecimento devo à obsequiosidade do fino literato a quem deveres oficiais de longos anos nos Estados Unidos não fizeram esquecer, antes aumentaram e desenvolveram, o gosto das boas letras. Já este livro *J. R. Lowell e seus amigos* é um rasgo da vida literária americana, sabendo-se que não é uma exceção, senão uma prática ordinária nos Estados Unidos a publicação de estudos críticos, memoriais, recordações e reminiscências sobre os seus homens ilustres na política, nas letras, nas ciências ou em qualquer outro digno campo de atividade. Tais livros, aos quais se juntam as memórias autobiográficas e as correspondências, formam já ali uma vasta literatura ao lado da literatura de criação.

Lowell foi além de poeta, ao que parece, eminente, ensaísta, professor, conferencista — que nos Estados Unidos é uma profissão —, crítico, publicista e "editor". Isto é, diretor de revistas literárias e por fim político, teórico e diplomata, tendo sido embaixador na Espanha e na Inglaterra. Na república americana, como se sabe, não existe a carreira diplomática. Os governos nomeiam para os cargos de diplomacia, principalmente para os de chefes de Legação, a quem lhes apraz, e isso não tem, parece, mostrado nenhum inconveniente. Não é raro, antes freqüente, que essas nomeações tenham recaído em literatos de reputação, como Lowell, Hay, o atual secretário de Estado, também poeta estimado, ex-embaixador em Londres, Motley, o historiador da república neerlandesa e da guerra dos trinta anos, Bancroft, o célebre historiador dos Estados Unidos, Edward Everett, helenista notável, professor de grego em Harvard, Washington Irving, o famoso romancista e historiador, James Taylor, copioso poeta, viajante, novelista e tradutor do *Fausto*, e muitos outros ministros plenipotenciários ou embaixadores em Londres, em Madri, em Viena, em Haia, em Berlim e em outras cortes.

Quaisquer que sejam as animosidades e desavenças havidas entre os Estados Unidos e a sua mãe pátria, o certo é que no fundo de todo bom americano, como da mesma alma ianque, há o respeito, a conservação, o orgulho da sua origem inglesa e das suas tradições, que eles entroncam decididamente nos ingleses. Já o notou um bom observador nosso, o sr. Oliveira Lima, como o notável escritor americano John Fiske vai buscar nas velhas tradições anglo-saxônicas e ainda germânicas as origens da vida social e moral da sua pátria. A principal preocupação do norte-americano é talvez a Inglaterra, os seus costumes, a sua política, a sua vida em suma, e ainda na vida literária norte-americana essa preocupação é evidente, no cuidado, no amor com que ali se estuda e cultiva a língua e a literatura inglesa. Shakespeare, Milton e porventura o mesmo Chaucer e Spencer, o velho poeta, são ali tão seriamente estudados e tão amorosamente lidos como na Inglaterra; nem o culto ianque do grande trágico e poeta é menor que o que lhe rendem os seus nacionais. O professor Edward Everett, que foi ministro americano na Inglaterra, dizia que "um americano considera a abadia de Westminster e Stratford-on-Avon (o berço de Shakespeare) com um entusiasmo que os ingleses metem à bulha como uma candidez provinciana". Afirma o sr. Hale que, conquanto decidido americano, foi com esses sentimentos de entusiasmo pela Inglaterra que James Lowell, já célebre, foi tomar conta do seu posto diplomático ali. E quando ele enceta a sua vida de conferencista, em 1839, as suas doze conferências são consagradas à literatura inglesa, sendo uma aos romances métricos, outra às baladas, outra a Chaucer, e as outras a Spencer, a Milton, a Butler, a Pope, a Wordsworth.

Lowell formara-se em Harvard, um grande colégio fundado, à imitação dos grandes colégios universitários ingleses, em 1636, em Cambridge, no Massachusetts. Destinava-se Lowell ao direito, mas estudou literatura. Aquele colégio, que em 1886 celebrou o seu 250º aniversário, parece ter tido uma grande e útil influência na vida literária americana. Entre esses colégios ingleses e americanos e os nossos colégios latinos nada há de comum senão o nome. Aqueles são realmente estabelecimentos de educação intelectual, moral e física, fatores eficientes na formação do caráter, na vocação dos seus escolares; estes, mistura perniciosa de convento e quartel, apenas distribuidores de instrução, mais aptos a destruir que a desenvolver os nobres estímulos, são tais que todos quantos tivemos a infelicidade de passar por eles cordialmente os detestamos. Em Harvard, além do direito, da medicina e da teologia, que formavam faculdades distintas, constituindo com o colégio a universidade, estudava-se principalmente, como base de toda a educação liberal, segundo o molde inglês, grego, latim e matemáticas, nas quais, conforme a mesma pedagogia, incluiriam a astronomia e a física. Ensinavam-se também as línguas modernas da Europa Ocidental, inclusive o português. Delas escolhiam livremente os alunos ao menos uma, que eram obrigados a estudar durante quatro séries ou períodos letivos. Além destes estudos havia os de retórica, lógica, filosofia moral, economia política, química e história natural, seguidos com mais ou menos aplicação pelos alunos ao sabor dos seus gostos e indicações. Não se estudava então especialmente a literatura inglesa, mas exigia-se muito no estudo da língua, e de escrevê-la principalmente. Era dividido o colégio em quatro classes, somando todas nuns duzentos e cinqüenta moços, de quatorze aos trinta e cinco anos; a maior parte, porém, entre dezesseis e vinte dois.

Dispunham eles de uma escolhida biblioteca de cinqüenta e cinco mil volumes, que podiam ler à vontade e retirar para leitura fora. No colégio havia três ou quatro sociedades literárias, cujo principal fim era fornecer leitura de romances aos seus associados. Confessa o biógrafo de Lowell que por sua parte teria lido seus oitenta romances por ano, durante o seu curso colegial, o que parece lhe não fez muito mal, pois é um respeitável pastor, um reverendo doutor e estimado escritor. Os alunos deviam assistir ao serviço religioso na capela de manhã e à tarde. Os métodos de estudo não eram àquele tempo os melhores, mas havia professores de grande valor, como Eduard Channing, o irmão do grande teólogo protestante, ao qual, no dizer do dr. Hale, devem Emerson, Holmes, Sumner, Clarke, Bellows, Lowell, Higginson a excelência do seu inglês.

Estava Lowell no segundo ano, quando Longfellow veio ensinar línguas modernas, substituindo George Ticknor, o famoso historiador da literatura espanhola. Era em 1836, tinha Longfellow então 29 anos, mas já era um nome conhecido, quase ilustre na literatura norte-americana. Ele despertou em Harvard o gosto da literatura alemã e teve uma grande influência na vocação literária de Lowell e das gerações de rapazes que durante 25 anos sucederam-se na sua classe. Lowell, seu discípulo e êmulo, foi quem lhe sucedeu na cadeira em 1855.

Em Harvard já se ensinava alguma língua estrangeira, como o francês, mas foi graças a uma doação de um dos seus antigos alunos, um tal Abiel Smith, que se estabeleceu ali desde 1815 o estudo regular das línguas modernas. O ensino propriamente gramatical, a instrução da língua, era dado por professores adjuntos; o professor era apenas um conferencista sobre assuntos mais importantes, épocas e tipos literários. Longfellow, por exemplo, fizera lições sobre Dante, como Lowell sobre a história da língua e da literatura inglesa.

É nos colégios como Harvard, com seus estudos livres, suas ricas bibliotecas, seus jornais e magazines, suas sociedades literárias, o estímulo de alguns eminentes mestres, eles próprios literatos, poetas, críticos, publicistas, diretores de revistas, cientistas, como foram Ticknor, Longfellow, Lowell, Peirce, Agassiz, Felton, que se faz a elaboração primeira da literatura americana, que as academias e as universidades hão de apenas desenvolver e aperfeiçoar. Por outro lado, a ativa — não lhe quero dar outro epíteto — vida literária americana, e a emulação existente entre os grandes estabelecimentos de ensino nos Estados Unidos o próprio estímulo do ganho em uma terra onde as letras são uma profissão rendosa, livram o professorado ali daquilo que o dr. Hale chama com razão "o grande perigo para um mestre ou professor de saber pouco do que se passa fora do seu próprio casulo" e de pensar "que a metade do mundo cabe no cercado que rodeia o território onde ele ouve a campa do seu colégio". O professorado fornece aos Estados Unidos crescidíssimo número dos seus escritores de toda a ordem; e será certamente raro achar ali um professor sem livro, como um homem político, um estadista, um sujeito da alta administração ou da diplomacia, que não seja mais ou menos, e com maior ou menor distinção, um escritor de revistas e magazines, senão também de livros.

As revistas e magazines são uma parte considerável da literatura americana, e seriam a parte característica se não fora a Inglaterra, onde essas publicações têm o desenvolvimento, a importância, a autoridade e a variedade, de todos sabido, e que os americanos, pelo número ao menos, estão quase a igualar, senão a exceder. Nos Estados Unidos, tais publicações, fundadas desde o primeiro quartel do século, entram a desenvolver-se com os da geração de Lowell, saída de Harvard ou de outros colégios e universidades.

Já ali redigira ele um magazine colegial, *Harvardiana* chamado. Quando, depois de graduado, elegeu a profissão de homem de letras, se não é muito chamar profissão uma carreira da qual se não vivia ainda nos Estados Unidos, foi para as revistas que voltou as suas ambições de neófito. Nos magazines do tempo, escrevia-se por amor da glória. "Seria considerado uma maravilha que a primeira *New England Magazine* e a *North American Review* pudessem pagar um dólar por página". O mesmo Longfellow não era ainda então pago. Quando Lowell quis publicar, em 1841, o seu primeiro volume de versos, *A Years Life*, perguntava a pessoa a quem se dirigia quanto poderia custar a impressão de 400 exemplares, ou somente de 300, se o seu correspondente não pensasse que tantos se pudessem vender, a um dólar o volume. Queria-o bem impresso, mas sobretudo queria-o impresso, porque, ele diz na mesma carta, por mais que estivesse certo de que havia escrito algumas coisas boas e se achasse satisfeito consigo mesmo, "é, todavia, uma grande satisfação para todos nós sermos conhecidos e compreendidos de outros".

Pela metade do século a vida literária dos Estados Unidos era principalmente vivida em Boston, chamada a Atenas americana. Dali irradiava para Cambridge, o célebre centro universitário onde ficava Harvard College; para Concórdia, onde habitavam ou viveram Emerson Channing, Alcott, Thoreau, Hawthorne; para Filadélfia e para o resto do país. Nova York procurava rivalizar com Boston.

Nessa pequena cidade, de quarenta mil habitantes, onde todos se conheciam e "onde em dez minutos se ia a toda a parte", viviam os homens de letras e poetas mais famosos do tempo e publicava-se a primeira das grandes revistas americanas, fundada em 1825, e ainda hoje existente, a *North American Review*, da qual Lowell seria mais tarde diretor, sucedendo, em 1864, a outros notáveis homens de letras, como o dr. Palfrey e os dois Everetts. Esses literatos e poetas viviam, entretanto, de outras coisas que não as letras. Aquela revista, apesar dos seus quinze anos, ainda não pagava. Emerson era o único pago, mas ele mesmo dizia ao dr. Hale em 49 que jamais recebera um dólar por qualquer das suas obras. Eles reuniam-se em uma livraria da cidade, e da sua reunião sairiam uma associação meio mercantil, meio literária e o aumento do instituto de educação livre, fundado anos antes por um parente de Lowell. Aquela se transformou em biblioteca pública, a cargo da cidade, e o instituto ainda existente, com a denominação de Instituto Lowell, é uma das grandes instituições literárias de Boston. Alguns dos homens eminentes já citados, Webster, Holmes, o grande médico e notável poeta Wentrop, fizeram ali conferências, com honorários, "coisa de que antes jamais se tinha ouvido falar". Holmes, convidado para as conferências do Liceu, tempos antes, conta humoristicamente que o foi, com modesto pagamento, "quinze dólares e as despesas, quarto e fogão em uma pensão e uma enxerga — não uma cama de penas — para dormir". Nasceram também ali ou por influência dali os estudos históricos que deviam produzir um Ticknor, um Prescott, um Sparks, um Palfrey, um Motley e outros.

Uma das feições da vida literária dos Estados Unidos é a sua descentralização, que só encontra semelhante na Alemanha. Ali tal vida se não concentra, como em todos os demais países, em uma grande cidade, por via de regra a capital. Boston, Filadélfia, Chicago, Nova York, Washington, Baltimore, têm cada uma os seus homens de letras, os seus editores, as suas revistas, a sua vida literária enfim. Na Alemanha, a formação do império tende a acabar, com protesto talvez inútil de alguns, como Haeckel, com o particularíssimo literário e científico que caracterizava a vida espiritual alemã. Berlim absorve e monopoliza cada vez mais essa vida. Nos próprios Estados Unidos a descentralização literária já foi talvez maior do que é hoje. Distribui-se ainda por alguns grandes centros, mas é evidente que Nova York, a verdadeira capital da república, a "cidade imperial", tende a ser a sua capital intelectual também. Não atuando para isso ali a vontade oficial, como na Alemanha, essa evolução se fará, porém, muito lentamente.

Dessa vida são outras feições o periodicismo literário, em revistas e magazines de toda ordem, caráter e gênero, e as conferências. O que salvou e deu vida e fortuna às revistas foi o anúncio. As primeiras, que não os tinham, não puderam viver ou viveram mal. Com eles e com o progresso da instrução e o sempre crescente gosto da leitura no povo, elas se tornaram, talvez mais que os jornais quase apenas de notícias e informações de fidelidade e critério duvidosos, uma força na vida social do país. As revistas americanas, à imitação das inglesas, se não parecem com as francesas, alemãs ou italianas. Ocupam-se mais de questões sociais e políticas que de literatura propriamente dita. Esta é reservada aos magazines, geralmente ilustrados, que publicam versos, contos, romances, histórias e outros artigos de literatura amena. Não é raro ver, entretanto, nas grandes revistas, como a *North American*, o *Forum*, a *Arena* e outras, estudos literários e críticos, memórias, correspondências, e até muito excepcionalmente, porém, algum poema de um poeta célebre. A colaboração das revistas norte-americanas é a mais variada, e feita por publicistas ou escritores profissionais. Escrevem nelas todos que, tendo alguma coisa que dizer ou informar, sabem dizê-la com clareza e correção. O "editor" e o público não exigem mais, somente o diretor conserta as redações menos perfeitas. Fazia-o Lowell quando diretor da *North American*. Os diretores dessas grandes revistas, diz-nos o sr. Hale, empenhavam-se mais em fazê-las dignas dos seus dez leitores ingleses que dos seus milhares de leitores americanos. É talvez esse estímulo e essa emulação inteligente um dos segredos do progresso americano. Nessas revistas colaboram, com toda a liberdade e isenção, escritores estrangeiros, alguns até de somenos valor, ingleses, alemães, franceses, espanhóis, de toda a parte em suma. E por vezes dizem aos americanos que os pagam e lêem verdades bem amargas. Em um artigo da *North American* de anos atrás, o sr. Max O'Rell, que é um assíduo colaborador dela, mostrava que, a julgar pelo número dos divórcios, a mulher americana é menos honesta que a francesa. Escritores estrangeiros, como o sr. Goldwin Smith e muitos outros, discutem nas revistas americanas as questões mais melindrosas da política da república. Essas revistas publicam dezenas e algumas centenas de milhares de exemplares, que acham saída e leitores, graças à extraordinária capacidade de leitura do anglo-saxão. Esse não tem, como de nós disse com espírito e verdade o sr. Rui Barbosa, a dispepsia literária. Consome milhões de volumes, sendo aliás o povo mais ativo e ocupado da terra. Em nenhum outro se publica mais, se paga melhor os escritores e estes ganham mais hoje. O livro aliás é caro, sendo as revistas em compensação baratíssimas.

São as conferências ou leituras, como as chamam lá, outro aspecto da vida literária americana. Feitas ao princípio como propaganda de instrução do povo, por amor da arte e da glória, são hoje um meio corrente de ganho, continuando entretanto a ser um modo de propagar idéias, noções e doutrinas. Não só as fazem por conta própria literatos e cientistas, como as grandes corporações literárias, as academias, os colégios, as universidades, as fazem fazer por nacionais ou por estrangeiros ilustres, especialmente contratados para esse fim. Há três ou quatro anos o sr. Brunetière fez uma série delas em Baltimore, a convite da Universidade de Hopkins.

Todos sabem como nos Estados Unidos ricos e generosos particulares contribuem para acoroçoar e desenvolver a vida espiritual do país. Um destes no meado do século deixara 250 mil dólares ao Instituto Lowell, fundado por um primo de James Lowell, para começo de um fundo destinado a difundir a instrução por meio de conferências. Esse fundo, hoje muito acrescentado, tem servido para pagar conferencistas de todo gênero, não só norte-americanos, mas estrangeiros. O "fecundo Lowell", como o chama um historiador da literatura americana, foi um dos mais apreciados.

Lowell morreu em 1891, cercado de glória e de admiração do seu povo. Ele foi, com Bryant, com Longfellow, com Emerson, com Holmes, um dos educadores literários dos Estados Unidos. As próprias finas maneiras do seu grupo contribuíram para afinar os costumes e a vida literária americana, fazer dos seus homens de letras *gentlemen*. Com os escritores da sua roda e do seu tempo, Lowell, que erguera em verso um protesto contra a iníqua guerra do México, foi um dos bons combatentes, nas revistas que não pagavam, da campanha abolicionista.

Não sei bem qual é o valor exato da literatura norte-americana; mas a vida literária nos Estados Unidos, a julgar pelo que nos conta o dr. Hale e pelo que do seu bom livro se deduz, mostra uma vitalidade intelectual e moral de que há talvez muito a esperar.

CHATEAUBRIAND E NAPOLEÃO

Mémoires d'outre-tombe, par Chateaubriand,
nouvelle édition par Edmond Biré,
Tome IV, Paris, Garnier Frères.

Nenhuma impertinência há em emparelhar esses dois grandes nomes. Se eu não desadorasse as comparações e os paralelos das antigas retóricas, diria que não há talvez neste século moribundo dois sujeitos cuja ação geral, de parte a diferença da sua função ou do seu objeto, mais se pareça. A obra de Napoleão, tomada em bruto, se me permitem o termo, não é preciso dizer qual foi: primeiro o restabelecimento da ordem e da autoridade em França, mediante a ditadura e pelo amor egoístico do domínio absoluto, depois a ressurreição anacrônica da idéia do império universal, qual o sonhou Alexandre e o realizou Carlos Magno, mediante o renascimento, já no século XIX, das vastas guerras de conquistas ou avassalamento das nações e povos submetidos, e, como conseqüência, a restauração irracional de um regime político, que a grande revolução, de que o mesmo autor dessa obra maravilhosa e frágil era filho espúrio e continuador inconseqüente, tinha para sempre acabado. Obra colossal como as dos bárbaros, e como as deles também inútil, segundo o foram a grande muralha da China ou as pirâmides do Egito, a de Napoleão terá sido mais, atendida a grandiosidade da sua fábrica e do seu aspecto, precária e frágil. Menos de um século bastou para lhe demonstrar a imbecilidade e o vazio. De fato, na sua obra o que era propriamente dele pereceu, algumas partes ainda antes dele.

A França, que ele alargara e estendera do Tibre ao Mar do Norte e ao Reno, e à qual avassalara metade da Europa, achou-se, quando se viu dele livre, menor do que se lhe entregara em um desvairamento de glória militar e em um grande anelo de ordem. O regime que ele fundara, imaginando um contubérnio vicioso da revolução de onde vinha com o antigo regime por ela extinto, mal viveu o tempo da sua vida.

A liberdade de que ele foi o mais forte adversário o derrubou. E assim ela e o espírito dos tempos, que ele jamais compreendeu, destruíram a sua obra de político retrógrado e de guerreiro ilustre, mas deslocado no seu século, como um *condottiero* do XVI, que, mostrou-o Taine, ele era. Justamente da sua obra de guerreiro, a menos contestável e a menos contestada da sua vida, nada ficou, senão o profundo ódio da Europa pela França conquistadora, assaltadora dos seus campos e das suas cidades, devastadora dos seus povos, ódio que teria um último eco e uma desforra tremenda em Sedan, a pouco mais de meio século de Waterloo. Sem reais capacidades de estadista, ele trabalhou no fim de contas ao invés dos seus propósitos. Foi ele que, malgrado seu, preparou contra a França, contra a sua dinastia e contra si mesmo a unidade da Itália e da Alemanha e a grandeza da Inglaterra. E ao cabo do século, cuja primeira parte foi enchida pelo seu nome, o espírito que inspira e dirige o mundo não é mais o da França, o latino, pervertido por ele, mas o anglo-saxônico e o germânico. As instituições políticas, os institutos jurídicos, as leis, os costumes, os usos do mundo, da indústria e do comércio, os sistemas do governo, tudo vem dessa Inglaterra que ele odiou ou do seu viçoso rebento, os Estados Unidos, e também dessa Alemanha que ele subjugou, ofendeu, maltratou, sem perceber que da unidade do seu ódio sairia a unidade dos seus sentimentos e dessa a unidade dos seus povos, em uma nação só, que se levantaria como a rival e a inimiga da França e do seu gênio.

Vencida, mais que vencida, humilhada na sua soberba e vaidade de nação invicta, a França depois de 71 julgou desforrar-se da sua derrota, ou pelo menos consolar-se dela, revivendo pela imaginação a epopéia guerreira de Napoleão, e procurou intencionalmente ressuscitar de sob o desbarato do segundo império a lenda napoleônica, para contrastar a vitória alemã. Recurso pueril, a que recorrem os povos, eternas crianças. E não sei se também não recurso irracional, numa nação que de um segundo despotismo napoleônico saía para uma democracia republicana, que buscava sua filiação e assentava a sua legitimidade na tradição de 89 e 92, e de 48, já neste século. Irracional ainda porque a epopéia napoleônica e o mesmo Napoleão não vingam nem podem consolar de Sedan, e de duas províncias, justamente aliás, reivindicadas pela Alemanha. Apenas explicam e justificam a desforra alemã. Com o que se publicou após a guerra de 70-71 sobre Napoleão e a sua época se faria uma copiosa biblioteca; mas no cabo essa massa enorme de papel não diminuirá de um ponto o conceito que a posteridade fará dele e dos seus feitos: um político de curta inteligência, um estadista sem descortino, "um déspota retrógrado", como admiravelmente o qualificou Auguste Comte; autor de uma obra imensa, enorme, colossal, quanto quiserem, mas falha, imbecil, efêmera.

Esse homem, a quem na Europa, durante quase um quarto de século, tudo se dobrou, os mais poderosos monarcas, os mais altivos fidalgos, os mais bravos guerreiros, povos e reis, achou dois adversários que jamais pôde angariar ou submeter. E por honra da inteligência, do pensamento, das letras, esses seus quase únicos antagonistas foram dois escritores, dois poetas, dois pensadores: Chateaubriand e Mme. de Staël.

A época napoleônica, apesar desses dois grandes nomes, que longe de lhe pertencerem são um protesto contra ela, é, senão de decadência, de profunda estagnação espiritual em França. Os poetas chamam-se Delille, Parny, Fontanes, Andrieux; os escritores dramáticos, Ducis, Lemercier, Pixerécourt, Picard, De Jony; os romancistas, Mme. de Genlis, Mme. Cottin, Pigault-Lebrun; os críticos, La Harpe, Geoffroy, Morellet, Dussault, De Feletz; os filósofos, Maine de Biran, Laromiguière, Azaës. De parte Chateaubriand, Staël, Benjamin Constant e Joubert, esses últimos muito abaixo dos dois primeiros, não aparece no catálogo da literatura francesa da era um grande nome ou uma grande obra. No seu dizer empolado e desagradável, nota Latino Coelho com razão que "refuge o estro onde a servidão impera". A época napoleônica corrobora o acerto do polígrafo português.

Com Napoleão, o seu inimigo, como o foi de fato de toda a grandeza e de toda a superioridade que se lhe não curvava, Chateaubriand teve também um renascimento da estima e do apreço do seu nome e da sua obra. Essa obra da restauração do seu crédito como grande escritor, seguramente um dos maiores da França e das literaturas modernas, começou para Chateaubriand, ainda antes da queda do segundo império, com a crítica dos Sainte-Beuves, dos Schérers, dos Taines. Mas foi com os escritores, romancistas principalmente, desertores do romantismo, os Flauberts, os Goncourts, os Zolas, os Daudets, e ainda os Renans e seus pares, que a reputação de Chateaubriand reviveu de todo da espécie de esquecimento que a velava, sem escondê-la, e que a sua ação se fez de novo poderosamente sentir nas letras francesas. E pode-se talvez dizer sem exagero que quando as vitórias de Waterloo e de Sedan davam a primazia política, na direção do mundo moderno, às gentes anglo-saxônicas e germânicas, Chateaubriand renovando a língua francesa e criando-lhe uma nova literatura, o romantismo, enriquecia o gênio francês de novos e opulentos materiais para aquilo que faz a sua indisputada superioridade, a sua força, a sua universalidade, e explica o seu domínio intelectual, a sua suprema e incomparável capacidade de expressão. Diminuída política e moralmente por Napoleão, seria na renovação espiritual de Chateaubriand que a França encontraria a consolação, quando dele, da sua influência direta ou indireta, saíssem o romantismo francês, os Hugos, os Lamartines, os Thierrys, os Michelets, os Renans, as George Sands, todos esses admiráveis escritores que fizeram da língua francesa o mais admirável instrumento de comunicação de pensamento que jamais existiu. Parado o impulso dado com o apogeu do romantismo, com o desenvolvimento da personalidade de cada um dos seus grandes escritores, e a sua conseqüente independência da força inicial, produzido o grande mas passageiro efeito moral do seu *Gênio do Cristianismo*, que foi um dos acontecimentos do século, Chateaubriand vivia apenas na memória dos literatos e dos eruditos, como passado de moda.

Os naturalistas, ou antes alguns naturalistas, como Flaubert, que o adorava, começam de novo a pô-lo em voga, e na sua religião da escrita artística, da frase, do estilo, colocam-no no mais alto do seu culto como o mestre, o inspirador, o deus supremo da forma. Principalmente sob esse aspecto foi que Chateaubriand, que já havia dominado literariamente a primeira metade do século, ressurgiu no último quartel dele. É, porém, preciso reconhecer que a restauração de Chateaubriand na estima e na admiração do público contemporâneo não o fez somente o amor das novas escolas literárias, à sua língua, ao seu estilo, mais que ao seu pensamento, senão também a reação espiritualista, e, em certo sentido, reacionária e retrógrada, dos derradeiros vinte anos, e da qual o neonapoleonismo é também um produto.

Na obra copiosa do grande escritor, as *Memórias d'além-túmulo* são a parte mais controvertida.

Uns fazem dela uma obra-prima, mesmo a sua obra-prima, outros a julgam um monumento de vaidade, onde apenas algumas páginas, não poucas aliás, são dignas do grande escritor. Ambos os juízos são talvez extremos, mas o primeiro está, penso eu, mais perto da verdade. A obra de Chateaubriand, afora o seu valor propriamente literário, vale, principalmente, por ser uma obra de iniciação, de impulso, de criação. São os seus romances *Atala*, *Natchez* e *René* os criadores, após Bernardin de Saint-Pierre e Rousseau, porém com mais vigor, virtuosidade e intensidade que eles, do sentimento da natureza no mundo moderno, e os precursores do romance psicológico contemporâneo. O *Gênio do Cristianismo*, não obstante nos pareça hoje falso, mesmo pueril, em muitos pontos, de uma filosofia secundária e de fraca erudição, foi talvez o livro mais considerável do século, na sua primeira metade ao menos.

Mas foi um livro de ocasião, de grande êxito e efeito no momento em que Napoleão desfazia pela concordata a obra da secularização completa do Estado, uma das principais da Revolução, e restaurava a religião e a Igreja para lhe servirem de *instrumentum regni*. Com trechos admiráveis, e que farão sempre as delícias dos amadores da boa literatura, essa obra perdeu com o seu efeito passado o melhor do seu mérito, e neste século de exegese cristã ela parecerá superficial à própria crítica ortodoxa. Aliás, a mesma Igreja pô-la, se não erro, no Índice. Os *Mártires*, que o autor considerava a mais perfeita das suas obras, são, por assim dizer, um prolongamento do *Gênio do Cristianismo*, a prática da teoria nesse livro famoso exposta, a demonstração de que o cristianismo aprofundou e melhorou os sentimentos humanos e da capacidade estética do maravilhoso cristão. Com razão nota Schérer que a prova do primeiro acerto era escusada, e o segundo não é verdadeiro; e o eminente crítico poderia acrescentar que ao gênio de Chateaubriand escapou o motivo da capacidade estética especial da mitologia grega — que ela não foi, como o maravilhoso cristão, quase uma criação consciente e sistemática da Igreja primitiva, uma adaptação de mitos e crenças judaicas e outras, mas o próprio desenvolvimento do pensamento helênico, a interpretação, cândida e profunda ao mesmo tempo, que da natureza e da vida deu o espírito grego. Essa mitologia era mais que um conjunto de crenças, uma linguagem, uma forma de pensamento e de expressão. E os *Mártires*, poema em prosa, produto de um compromisso do poeta consigo mesmo, são para nós hoje, sem embargo do encanto do seu estilo, uma obra postiça. O que se lhes não contestará, como a todas essas obras de Chateaubriand, e a quanto finalmente escreveu, é a sua influência enorme sobre os espíritos do seu tempo e daí, com eclipses, e sob outro aspecto, até aos do nosso. Mas a sua obra mais humana talvez, ou pelo menos a que conserva mais atualidade, são as suas *Memórias*.

Delas estão os srs. Garnier Frères, de Paris, fazendo uma nova edição, cujo quarto tomo acaba de sair, com uma introdução, notas e apêndices do sr. Edmond Biré. Essa edição será sem dúvida a melhor e mais perfeita do livro de Chateaubriand.

O sr. Edmond Biré é um sabidíssimo conhecedor da história literária e política da França, um erudito sem filosofia, nem talento, mas esquadrinhador infatigável, minucioso e exato de fatos, datas, episódios, nomes, casos, anedotas, em suma de todas as miudezas da história.

É principalmente conhecido pela sua vida de Victor Hugo em cinco volumes, uma obra de pesquisa implacável e má, de ódio e, o que é pior, de pouca intuição crítica. Quanto se mostrou intolerante, mesmo inexorável com Hugo, foi o sr. Biré, que é o que politicamente em França se chama um reacionário, benévolo e condescendente com Chateaubriand, que não tinha nem menos vaidade, nem menos versatilidade, nem menos impostura, nem menos paixões pessoais que o poeta das *Contemplações,* o qual teria, porventura, mais sinceridade e mais profundo amor humano que o dos *Mártires.* Sem embargo, a colaboração do sr. Biré com o texto de Chateaubriand dá-lhe um sabor de novo, que será apreciado devidamente pelos leitores do admirável livro, sem dúvida, senão o melhor ou o mais perfeito, o mais interessante de quantos escreveu o ilustre fidalgo escritor.

É nesse volume que Chateaubriand, contando o fim do império napoleônico, o fim do mesmo Napoleão, e a segunda restauração, nos dá, como em síntese, o seu juízo do grande homem, por ele julgado já em detalhe nos tomos precedentes. Sabe-se que Chateabriand, depois de ter servido entre os emigrados contra a república, aderiu ao consulado e aceitou de Bonaparte um posto diplomático em Roma e outro, superior, na Suíça. Quando foi do assassinato jurídico do duque de Enghien, ele enviou com estrondo ao primeiro cônsul a sua demissão e foi-lhe desde então sempre hostil. Não indagarei se essa hostilidade vem somente do terror à tirania, como o escritor procura fazer crer, ou se não se lhe mistura também algum despeito de não se ver ao depois requestado por Napoleão, cujas palavras e atos a seu respeito Chateaubriand sente evidentemente prazer e vaidade em registrar. Prevendo talvez essa acusação, relembra desvanecido mais de uma vez que foi ele quem rompeu com o onipotente déspota, por um nobre sentimento de revolta contra o seu crime.

Depois de haver referido os cem dias em Gand, na corte exilada de Luís XVIII, reconta-os Chateaubriand em Paris, e mostra com agudeza como a legitimidade destruiu de fato o encanto que sustentava o poder napoleônico. "Os poucos instantes que durou a legalidade bastaram para impossibilitar o restabelecimento do arbitrário. O despotismo açaima as massas, e em um certo limite liberta os indivíduos; a anarquia solta as massas e escraviza as independências individuais. Por isso, o despotismo, quando sucede à anarquia, assemelha-se à liberdade; ficando o que verdadeiramente é quando a substitui: libertador após a Constituição ditatorial, Bonaparte era opressor após a Carta. Sentiu-o tanto que se julgou obrigado a ir mais longe que Luís XVIII e de volver às fontes da soberania nacional. Ele, que calcara o povo como senhor, achou-se reduzido a se fazer tribuno do povo, a cortejar os favores do populacho, a parodiar a infância revolucionária, a balbuciar uma velha língua de liberdade que lhe trejeitava os lábios, e da qual cada uma das sílabas enchia de cólera a sua espada". Chateaubriand tem razão de dizer que nos cem dias não se reconhece mais o gênio de Napoleão, e o mais informado historiador de Waterloo, o sr. Henry Haussaie, prova no seu recente livro *1815* que ele não era mais ali o homem de Austerlitz ou de Wagram.

Tinha evidentemente chegado para ele o declínio, e, voltando da ilha de Elba, achou a situação tão mudada que, sem ter a audácia antiga de desfazê-la, pretendeu contra o seu gênio adaptar-se-lhe, e, contra a razão, fazê-la servir aos seus interesses e desígnios. "O seu gênio era o do triunfo e da ordem, não o da derrota e da liberdade: ora, ele nada podia pela vitória que o traíra, nem pela ordem, que existia sem ele". Chateaubriand mostra a inconseqüência, a contradição, a incoerência dos atos de Napoleão querendo reaver a França, que lhe escapava, restabelecendo a guarda nacional, "cujo nome só lhe dava outrora vertigens", cedendo parte do seu poder, aceitando o *ato adicional* às constituições do império, e medidas tais que "anunciavam a agonia do despotismo". Essa raça de aventureiros meio guerreiros, meio políticos, meio bandidos, que são os Bonapartes, estava fadada a acabar pelas catástrofes: Waterloo, Sedan e não sei que obscuro sítio da Zululândia.

Waterloo tem alguma coisa do *factum* trágico antigo, mas o que completa e lhe acaba a semelhança são as conseqüências da derrota para Napoleão, a traição dos seus generais, a alguns dos quais fizera príncipes e reis, o abandono dos seus amigos, o desprezo dos seus servidores, o vácuo das afeições, respeitos, homenagens, obediências, fugitivas, abrindo-se em torno dele, alargando-se, estendendo-se até lhe fazerem um horizonte de indiferença tão vasto com o horizonte físico que o cercaria em Santa Helena.

Ali o pôs a Inglaterra, eu diria como um vulgar malfeitor de direito comum, se ela tomando dessa vez todas as precauções para que ele não pudesse voltar a assolar o seu próprio país e a Europa não o elevasse acima dessa categoria.

Entre os eminentes serviços que a humanidade deve à Inglaterra, não sei se esse não será um dos mais relevantes: ter feito a guerra mais implacável a Napoleão e havê-lo por fim impedido de continuar as suas malfeitorias no continente.

Intimamente o ódio de Chateaubriand a Bonaparte, conforme como bom legitimista prefere chamar-lhe, mistura-se de admiração, e o francês, acusando-o de todos os males de sua pátria, não pode esquecer a glória militar de que os recobriu.

"Bonaparte", julga-o Chateaubriand, "era um poeta em ação, um gênio imenso na guerra, um espírito infatigável, hábil e sensato na admiração, um legislador laborioso e prudente. Daí o seu poder sobre a imaginação dos povos e a sua autoridade sobre o juízo dos homens positivos. Como político, porém, será sempre um homem defeituoso aos olhos dos homens de Estado. Essa observação, que a maior parte dos seus panegiristas deixa escapar, tornar-se-á, estou convencido, a opinião definitiva sobre ele, e explicará o contraste das suas ações prodigiosas e dos seus resultados miseráveis." Na sua generalidade, esse juízo é justo, e o que os mais conceituados julgadores fazem hoje do homem do século, como a Napoleão se chamou. A fama desse homem mau e funesto não é, creio-o firmemente, dessas que crescem com o tempo, ao contrário. Fora a França vitoriosa contra a Alemanha, não se fizera a reação napoleônica em França e Napoleão continuaria a dormir sossegado e meio esquecido no seu túmulo marmóreo sob a cúpula resplandescente dos Inválidos. A sua obra caduca antes de tempo, já caduca ao nascer, parece-nos hoje mais velha que a de Frederico II ou a de Luís XIV, que essas ao menos eram consoantes ao seu tempo e os seus efeitos ficaram. Uma das glórias de Chateaubriand é tê-lo sentido e compreendido, como é também ter afrontado o déspota e podido escrever essas altivas palavras: "Jamais talento algum, superioridade alguma não me levará o consentir no poder que pode com uma palavra privar-me da minha independência, do meu lar, dos meus amigos; se não digo da minha fortuna e da minha honra, é porque a fortuna não me parece valer a pena de a defendermos; quanto à honra, essa escapa à tirania: é a alma dos mártires; os liames a envolvem mas a não prendem; ela vara a abóbada dos cárceres e leva consigo o homem".

São de ler todas essas páginas, em que muitas vezes a intuição do poeta, servida pela alma do liberal, e aliada à inteligência do político, traça com a mão poderosa conceitos, alguns porventura definitivos, sobre o seu grande inimigo, e nas vésperas dos Thiers, dos Hugos, dos Bérangers e menores lhe prepararem a lenda, reivindicava contra ele os direitos primaciais e superiores a tudo da liberdade, da dignidade, da humanidade em suma.

    A obra de Napoleão passou definitivamente, ou vive apenas parte dela, a mais odiosa, como uma ilusão francesa, consoladora nos dias de derrota e tristeza; passará também a de Chateaubriand? Não me atrevo a dizer sim ou não, mas qualquer que seja a sorte que os fados reservem aos seus livros, a sua ação, essa se conservará eterna, como a de um Pascal, de um Bossuet ou de um Molière, nessa admirável língua e literatura francesas — pelas quais a França conserva a supremacia que Napoleão arriscou no campo de mil batalhas e nas combinações irracionais e desastrosas da sua política ininteligente e desumana.

ÉMILE ZOLA

Fécondité, par Émile Zola,
Paris, E. Fasquele, 1899.

Quando o grande escritor, com primorosa coragem, coragem moral muito mais difícil e rara que a bravura guerreira, interveio na questão Dreyfus, não faltou quem lhe malsinasse o ato, taxando-o pelo menos de impertinente. E na terra cuja literatura se distingue mais que nenhuma outra pelo seu caráter social e humano, na terra de Voltaire e de Victor Hugo, se estranhou que um simples literato, um mero romancista, um puro homem de letras deixasse o remanso do seu gabinete de trabalho, a cômoda tranqüilidade do seu lar, o gozo egoísta da sua glória e da sua fortuna para vir à praça protestar, em nome dos seus sentimentos de justiça e humanidade, contra o que se lhe afigurava uma iniqüidade nacional. Nem sequer, no seu ódio bruto, lhe levaram em conta que ele arriscava tudo o que, em uma campanha de todos os dias, com os preconceitos estéticos, com o oficialismo literário e acadêmico, com o meio hostil, com a imprensa adversa, com a opinião malévola, invejosa ou simplesmente indiferente dos seus confrades, ganhara em trinta anos de luta: a fortuna, a glória, a popularidade, e, como os fatos mostraram depois, a própria vida. E a respeito disseram-se palavras sandias, escreveram-se, "no povo mais espirituoso do mundo", parvoíces que Bouvard e Pécuchet teriam recolhido com devoção e gáudio.
Que desvairadas pela paixão patriótica e religiosa as multidões tivessem insultado a Zola pelo seu bizarro procedimento não estranhará nenhum filósofo. É eterno o ingênuo matuto que traz lenha

à fogueira de Jan Hus. Mas do ponto de vista simplesmente literário se não desculpa ou explica tal postura em homens de inteligência e espírito. O estudo da vasta obra de Zola convence que era quase tão natural que ele escrevesse essa maravilhosa página do *J'accuse*, como que escrevesse um dos seus artigos de polêmica literária e social, por ninguém jamais achados dissonantes do seu ofício de romancista. Era mesmo tão natural e próprio como se ele escrevesse um romance, como são todos os seus romances, preocupados de questões sociais e de interesses humanos. Porque, se a dominante estética de Zola, como primeiro mostrou o sr. Jules Lemaître, é o gênio épico, a sua característica geral como escritor é ser um escritor social, um grande poeta para quem a sua arte é apenas um meio de descobrir e revelar o que na sociedade e na vida lhe parece necessário mostrar em toda a sua hediondez ou em toda a sua beleza, mas com a máxima potência de idealização e de representação, para a melhoria do mundo. Não sendo um puro esteta, um simples fazedor da arte pela arte, um diletante literário, mas um homem e não somente um literato, Zola desde os seus primórdios revelou uma tendência moral e social que a sua obra não faria senão desenvolver. Essa obra, ao princípio no fundo e ao depois evidentemente, é doutrinal, e quando depois do *Assommoir* e de *Germinal* o sr. Brunetière reprochava ao naturalismo francês, que opunha ao inglês, a sua pouca simpatia humana, parecia esquecer ou desconhecer Zola. Certo, Zola, ainda então sob a influência de Flaubert, procurava praticar, contra o seu próprio gênio, as teorias da arte pela arte, que o soberbo romancista devia ele próprio desmentir na prática. Se Zola é cronologicamente um dos primeiros naturalistas, é certamente o último romântico. Ele entrou na literatura de fato abeberado do leite romântico, cujo ressaibo lhe ficaria por toda a vida, e ao qual voltou nos derradeiros volumes dos *Rougon-Macquart*, na série das *Três cidades* e nesse seu último livro *Fécondité*, que abre a dos *Quatro Evangelhos*. E do romantismo quem mais influiu nele foi sem dúvida esse outro forte e outro épico como ele, Victor Hugo. Não obstante todos os ataques de Zola contra Hugo, na sua obra crítica, é verdade que o autor do *Assommoir* deriva, pela tendência geral da sua inspiração, do autor dos *Miseráveis*.

E são ambos na prosa os dois poetas, os dois criadores mais fortes e mais parecidos, apesar da grande diversidade de estilos da França contemporânea.

O gênero épico é o gênero social, sociológico diria um contista, por excelência. Não se aplica, nem cabe, senão a grandes fatos sociais, históricos ou lendários, mas tendo ainda nesse caso uma significação sociológica. A existência do gênio épico em um escritor o levará forçosamente ao aspecto social dos seus assuntos, e a só verificação da feição épica no gênio de Zola bastava para indicar que à sua inspiração de poeta se misturava em forte dose a preocupação dos aspectos sociais. Se ao princípio a reação contra o romantismo, as influências da falaciosa teoria da "arte pela arte", posta em voga por Théophile Gautier e perfilhada por Flaubert, a ação do seu grupo literário, especialmente dos puros artistas, ou que tais se julgavam, como Flaubert e os Goucourts, puderam desviar ou sopear esse pendor do gênio de Zola, não só não o conseguiram completamente, mas esse se foi gradualmente libertando desses influxos até à evolução completa do seu gênio, alcançada, se não erro, com as *Três cidades* e com este admirável livro *Fecundidade*. Poucos escritores haverão tido como Zola a singular fortuna de levar a cabo com tanta seqüência, regularidade e método uma obra tão considerável como a sua. Duas coisas andam sempre no seu espírito: o poder do trabalho e a fé da ciência. A esse aspecto ele é bem homem do século, em que estas duas crenças, sobrevivendo às outras, tornaram-se quase uma nova superstição. Contra esta superstição a respeito do trabalho escreveu Tolstoi razões excelentes em curtas páginas dirigidas justamente a Zola. O ilustre romancista, porém, não parece havê-las escutado, pois este seu livro *Fécondité* é uma nova repetição, eloqüente e sedutora, desse hino que, desde longe, ele vem entoando, paulatinamente precisando as palavras e elevando a voz. Com essas duas fortes convicções ele fez a sua obra extraordinária, por um trabalho assíduo e regular, como o de um artesão laborioso, sustentado por uma fé cândida de ignorante nos resultados e nas promessas de ciência. E ingenuamente, na pureza da sua crença, dessa crença que os sabedores como Berthelot e Claude Bernard e os literatos como Renan e Taine tinham missionado à sua pátria, ele pretendeu que a sua obra de poeta fosse também uma obra de ciência, cujos métodos imaginou poder transportar dos laboratórios dos cientistas para o seu gabinete de romancista.

  Não o motejemos por isso. O seu erro bastou o seu gênio para diminuí-lo e desfazê-lo. À realização da obra sonhada valia-lhe muito mais o próprio engenho que esses métodos descabidos e impertinentes na criação artística. Mas o seu equívoco levou-o a uma concepção mais larga da importância e da utilidade da sua arte, deu-lhe a ele mesmo a fé na sua obra e a esta animou-a de um largo sopro de verdade. Não a banal verdade fotográfica, que parecia a procurada pela estética da escola de que foi talvez o mais eminente corifeu, mas a realidade viva, muitas vezes crua e mesmo baixa e ignóbil, mas transfigurada pela sua poderosa visão — outro ponto de contato com Hugo — e pela sua opulenta imaginação épica. E o seu romance naturalista fazia-se, malgrado seu, mas consoante ao seu gênio, uma espécie de epopéia, que será para a segunda metade do século o que a obra de Balzac foi para a primeira. Ao mesmo tempo um fundo sentimento da grande dor humana, das angústias da terra, dos sonhos de um futuro melhor penetravam a sua obra de um largo sentimento de amor e de esperança. Se na *Faute de l'abbé Mouret*, em *Eugène Rougont*, em *Nana*, no *Bonheur de vivre* e outros era lícito não enxergar senão grandes quadros de uma intensa vida e um intenso colorido a Rubens, vastos e animados afrescos, sem outra intenção que a de pintar com verdade e força, os livros que os seguiram, a começar pelo *Assommoir*, entravam a revelar outra preocupação que a da simples representação da verdade, qual em tese a concebia a escola. Nem há escola que valha contra o talento pessoal e verdadeiro, e é próprio dele, e a sua marca, quebrar os liames que a elas o prendem. Talvez, e apenas faço uma hipótese, à intuição social que mal se esconde nas primeiras obras de Zola, e que derivava da feição épica do seu talento, a amizade de Alphonse Daudet contribuísse para juntar a simpatia humana.

No *Assommoir* todo o horror da vida da plebe e da população parisiense, da existência miserável do operário, do artesão, do empregadinho, era contado ainda com a frieza crua e indiferente, sem participação do autor, como o queria Flaubert; mas sentia-se o esforço do poeta para conter-se e percebia-se-lhe a incapacidade de fazê-lo. Da própria terrível realidade daquele sombrio quadro ressaltava, em meio das máximas opulências da civilização, a profunda desgraça física e moral de toda uma população vivendo aviltada pela miséria, pelo crime, pelo vício, pela perversão de todos os sentimentos, uma vida separada e diversa ao lado da outra, cujo egoísmo, favorecido pela organização social, a explorava e repulsava. Mais corajoso, com mais inteligência mesmo, que Eugène Sue, Victor Hugo, George Sand ou outro qualquer pintor romântico do ínfimo povo francês, não procurou idealizar-lhe qualidades que através da sua miséria o fizessem amável. Mostrou com maior soma de razão que a miséria, de que o cristianismo fizera um estado de felicidade, com mira no céu, só produz miseráveis, material e moralmente. Que é ela a fonte da degradação do homem e da mulher, a fecunda mãe do crime, do vício, da maldade. Que não pode produzir senão monstros como os que formigam no *Assommoir*, que é o mal supremo e devastador, a que nem os melhores resistem por muito tempo. A hediondez daquela gente no cabo resulta-lhes simpática, porque eles são não algozes mas vítimas, as vítimas de uma sociedade que cria e desenvolve a miséria. No *Germinal,* talvez o livro capital da sua obra, pelo menos a obra-prima dos *Rougon-Macquart,* começa a acentuar-se essa tendência social. O quadro é de um realismo empolgante e pungentíssimo, mas a simpatia do poeta como que o recobre da atmosfera da esperança de uma germinação fecunda de bens.

E, sinal de que o poeta é o vidente, ele viu tão claro na vida desgraçada dos centros de mineração do carvão de pedra, que meses depois de aparecer *Germinal,* no de Anzin, se não me falta a memória, reproduziam-se fielmente as cenas de revolta do livro, com tal paridade que se diria tinham precedido o romance e o escritor as copiara. E nenhum daqueles mineiros o teria lido. Toda a sua obra evolve desde então nessa direção social e humana, sempre animada por um grande amor da verdade, que se faz logicamente no poeta o amor da justiça também. Do seu naturalismo o que fica nele é esse amor, que determinará a sua ação heróica na questão Dreyfus. Conseqüente e lógica era portanto a sua intervenção no caso famoso, e os seus móveis resumem-se na frase célebre: "A verdade caminha, nada a deterá", que ficará como a coroação moral da sua obra literária.

Essa obra foi muitas vezes, e em tons diversos, acusada de pessimista, de imoral, de obscena mesmo, de monótona e falta de variedade. Pessimista foi sem dúvida, e é a sua glória, por ter visto quão péssima é esta vida e este mundo, qual a nossa sociedade os fez. Somente o seu pessimismo não é o pessimismo da desesperação dos diletantes da filosofia alemã, dos transplantadores para a Europa das doutrinas niilistas do nirvanismo búdico. É o pessimismo daqueles que desejam e procuram melhor, o pessimismo fecundo que é a mais forte causa do progresso. O otimismo, sobre ser bobo, para repetir uma palavra que não é minha, é egoísta. Achar tudo bom é desobrigar-nos de qualquer esforço em prol de melhor. A evolução de Zola para uma arte banhada de piedade humana foi acompanhada de um desenvolvimento correspondente da sua fé no esforço, no trabalho, na ciência — que ele próprio confunde nesse seu livro *Fécondité* com o otimismo. Chamar-lhe assim é baralhar as noções, porque de fato ele continua a achar péssimo o mundo e a vida atual, confiando apenas firmemente que a vontade e o esforço humano a hão de melhorar. Também Nietzsche se considerava um otimista por amor da sua profunda crença que a vida poderia ser recriada segundo a vontade humana.

Chamar de imoral a obra de Zola é esquecer o valor dos termos e das coisas. Em primeiro lugar a arte não é nem moral, nem imoral; é a arte, a representação, a definição, a idealização da vida na sua maior amplidão e complexidade. Tudo o que, qualquer que seja o seu valor técnico, não coube nessa definição, penso eu, não é arte. E como o que interessa à vida, ao homem, à sociedade é moral, a arte é sempre e de essência moral, refletindo os costumes e ao mesmo passo influenciando-os, elevando a natureza humana pelas emoções de beleza com que exalta a nossa sensibilidade. A moralidade na arte entendida nesse sentido, que se me afigura o verdadeiro, está no fim e não nos meios, na emoção final que logra provocar em nós, no resultado da sua influência sobre os nossos sentimentos. Na execução da obra de arte, porém, há uma parte quase externa que varia conforme o artista e a sociedade a que ele pertence, e que é um produto, o qual atua sobre ele e o verga à sua influência. Não é descabido o apodo de obscenidade e indecência posto à obra de Zola. Partes dela o merecem com efeito, e infelizmente é talvez a essas que deve ele a maior porção dos seus leitores. Para confirmá-lo basta ver que dos seus livros os de maiores edições são os que mais incorrem naquela taxa: a *Terre* 123 mil, o *Assommoir* 139 mil e por fim *Nana*, 182 mil. O *Rêve*, é certo, alcança 105 mil, e a *Débâcle*, o máximo, 196 mil, mas o primeiro algarismo traduz a curiosidade das mulheres, a quem se proibia a leitura dos outros livros de Zola, o segundo a curiosidade patriótica de ver como ele recontava a guerra franco-alemã.

Não havia razão para Zola, forçando a nota do naturalismo como um desafio de artista à afetada pudicícia burguesa, macular a sua obra de feições obscenas, absolutamente dispensáveis mesmo sob o aspecto da pura arte, alheia a qualquer preocupação de moral. Foi um grave erro de estética, de bom gosto, e direi mesmo do ofício. O uso desse processo de realçar a verdade e de dá-la inteira não lho permitia nem indicava a sociedade a que pertence. Certo, acham-se no nosso Gil Vicente, em Shakespeare, em Molière, para não falar em Rabelais, expressões tão ou mais cruas que as de Zola, mas o tempo e a sociedade as consentiam e as usariam na sua conversação ordinária. Esse pecado é, entretanto, em Zola resgatado pelo mérito geral da obra, grande, apesar desses senões. Se lhos tirassem, o que seria fácil, pois de fato não se integram plenamente com a parte superior dela, esta nada padeceria na sua grandeza e valor, que ficariam intactos. Tirem à obra da maioria dos seus discípulos mais chegados aquela porção, que restará dela? O contraste exprime bem a diferença entre uma obra cujas altas qualidades sobrepujam os defeitos mais graves e o trabalho de fancaria da imitação servil. Aliás só no Brasil, e talvez na América espanhola, se continua a fazer naturalismo zolista, uma coisa morta como escola literária já vai perto de vinte anos.

A monotonia de que se acusou Zola como escritor procede menos da sua maneira fixa e invariável de compor, do rigor com que obedece à sua própria retórica, da imutabilidade dos seus processos de escrita, que da sua prolixidade. Claro e simples, sem complicação nenhuma de pensamento ou de estilo, falta-lhe, entretanto, sobriedade. Isso, aliado à rígida simetria da sua composição, à falta de graça que é sensível, à invariável construção da sua frase, em longos períodos amplos e cheios, dando à sua língua uma robustez de arquitetura severa e grandiosa, causa com efeito a impressão da monotonia. Também o oceano, o Amazonas, a floresta virgem são monótonos, como o é o pampa infinito. Monótono é o Homero da *Ilíada* com as suas infindas enumerações, Camões com as suas longas narrações da história portuguesa; de monótonos podem ser também acoimados Dante, Hugo, Taine, Herculano, grande parte dos fortes escritores que, não reunindo à força a graça, a finura, a elegância mundana, vazaram o seu estilo em uma forma determinada, invariável e definitiva. Como escritor o qualificativo que a Zola cabe é o de forte. Ele é um latino à maneira de Tácito, de Sêneca, do mesmo Cícero moralista e orador e não um grego, e, no meio da leve, da graciosa, da elegante, da espirituosa literatura francesa do seu tempo e do século, ele se destaca por qualidades diferentes como Balzac, como Hugo, como o mesmo Flaubert.

Mas se a sua retórica, os seus processos de composição e de estilo não variam, a sua estética não tem a imutabilidade que lhe atribuem. A evolução do seu pensamento é evidente como acima disse, desde a metade da série dos romances dos *Rougon-Macquart*; acentua-se na das *Trois Villes* e se completará sem dúvida na que ora enceta com *Fécondité*.

Essa evolução tem aspectos diversos; dois principais, que explicam as modificações secundárias da sua estética e da sua filosofia. Passa do seu primeiro pessimismo desesperado, misturado de indiferença e propositalmente despido de simpatia, a um pessimismo esperançoso, que ele toma por otimismo, não já simplesmente curioso da vida, embora indiferente aos seus efeitos e condições, senão cheio de simpatia humana, animado de um largo e generoso sentimento altruísta, sonhando sonhos deliciosos de uma humanidade rica de todas as venturas, "o alargamento sem fim, um povo único e irmanado dos tempos realizados, quando a terra inteira for uma só cidade de verdade e justiça". O outro é a sucessiva diminuição do obsceno na sua obra.

Não abandonou de todo e de chofre o realismo cru da estética naturalista por ele doutrinada, mas nos seus últimos livros é notável como essa nota se apaga e desfalece, e tem muito menor intensidade que nos primeiros. Em *Lourdes, Roma* ou *Paris*, é menos perceptível já, e sempre mais velada que de princípio; em *Fécondité*, onde o mesmo assunto a reclamava, não tem mais a crueza das cenas do *Assommoir,* do *Pot-Bouille* ou da *Terre,* e uma reprovação do artista a infama. Também não escolherá mais exclusivamente ou com predileção, como lho censuravam, as suas personagens, os seus tipos, nos piores e mais ignóbeis representantes da espécie. Os bons entram a tomar na sua galeria os melhores lugares.

É uma evolução completa, pois, mas não é uma negação, nem da sua estética, nem de seu passado. A sua retórica ficou a mesma. *Fécondité* completa até esse momento essa evolução, que acaba, senão no romantismo propriamente, no idealismo romântico e no romanesco. O assunto é o conhecido fato do despovoamento relativo da França pela diminuição da natalidade. Propositalmente os franceses não fazem filhos. O vício começou pelas altas classes de Paris, estendeu-se às das províncias, e delas à burguesia, ao povo, ao camponês, a todos, ameaçando o futuro da França, de população quase estacionária em face da Alemanha, da Inglaterra, da Itália, cujas populações crescem em proporções muito mais consideráveis que a dela. Esse fato, denunciado e discutido desde vinte anos ali, não se poderia pensar desse de si mais que uma memória de demografia ou de economia política; nas mãos de Zola deu um romance de grande interesse e de superior emoção. E tirando dele uma obra de arte de tanta intensidade de vida, mostra Zola um poder de imaginação e criação verdadeiramente maravilhoso. *Fécondité*, porém, não é a representação de um fato real ou de fatos reais, "um canto da natureza visto por um temperamento" de artista criador.

Sobeja nele ainda a realidade, mas no seu todo esse romance é por completo uma pura obra de imaginação e de criação romanesca. Um largo vôo para o ideal, para o sonho, como já o havia em *Roma,* e em *Paris* especialmente, porém talvez mais solto, arranca verdadeiramente o poeta à realidade e à terra. E com o seu escabroso e difícil assunto, o livro é, em suma, pela sua inspiração e pelos seus intuitos, um livro casto. Não da castidade menineira que lhe permitisse a leitura às raparigas solteiras, mas de um sentimento mais alto e consciente. Nunca o amor, como o fundamento mesmo da conservação e da propagação da espécie, como o criador fecundo e abençoado, foi porventura cantado em estrofes mais eloqüentes, senão mais belas, que a de algumas páginas desse livro, em que o poeta idealista que dormia no fundo do romancista naturalista se desembaraça e desprende finalmente em um alto vôo de imaginação fecunda e de risonhas e vastas esperanças.

EUGÉNIE DE GUÉRIN

Eugénie de Guérin, Journal et Fragments,
publiés par G. Trébutien, Paris, 1899.

  Maurice de Guérin, um gênio que a fraqueza física, a doença e a melancolia de ambas derivada fizeram gorar, viveu triste, débil e enfermo, apenas 29 anos, de 1810 a 1839. A sua obra fragmentária consta de um diário da sua vida, de cartas e de poemas, em verso uns, em prosa outros. As suas poesias, julga-as Schérer de pouco valor, "pastiches inconscientes". Não assim, segundo o mesmo crítico, os seus poemas em prosa, nos quais Maurice não tem nem modelo, nem rival. Desses poemas os mais célebres e estimados são o *Centauro* e a *Bacante*, nos quais, ao dizer de Schérer, revela Maurice o mesmo sentimento da antiguidade que André Chénier, porém com maior profundeza, com alguma coisa de mais místico e de mais embevecido. A meio século de distância ele precede Leconte de Lisle e os simbolistas. "Para emoções desconhecidas, achou uma língua nova. Dirá que os deuses ciosos enterraram algures os testemunhos da descendência das coisas. Pintará a oculta morada onde reinam os rios — com o ouvido farto da abundância dos borbulhões e o olhar fito no destino das suas ondas. Lendo essas páginas, sente-se a majestade da natureza primitiva, contempla-se uma ordem de existência mais segura e mais simples. Tudo se reveste aí de grandeza e gravidade". Resumindo a sua impressão do mal-aventurado poeta, escreve finalmente o crítico: "Em suma, Maurice de Guérin nos deu algumas belas páginas, mas deixou-nos sobretudo um exemplo. Há duas maneiras de consolarmo-nos da vida: uma é a sabedoria, que, aceitando o direito soberano do que existe, priva o mal dos seus estímulos; a outra é a arte, que, transformando a emoção interior, reduzindo-a à medida e à harmonia, dela tirando o elemento ideal e poético, obriga a alma a sair do círculo de suas sensações e a viver uma vida mais larga e mais sã. Nesse caminho acabava de entrar Maurice, quando uma morte prematura o arrebatou à nossa literatura".

Sainte-Beuve não o julga diversamente. Acha os seus versos naturais, fáceis, abundantes, porém mal-acabados. Como artista, prefere-o em prosa.

A vida não foi, entretanto, de todo madrasta para o malogrado poeta. Se nem o seu talento, nem a sua imaginação, nem o seu amor acharam a completa expansão e a inteira correspondência que são o desespero, o anelo e a consolação suprema para as almas de escolha, como era a sua, teve entretanto, para compensar-lhe a melancolia da existência, um grande, íntimo e profundo afeto de irmã, ardente como o de uma amante, discreto como o de uma noiva, terno, solícito e apreensivo como o de uma mãe. Felizes os que foram amados como ele o foi por sua irmã Eugénie de Guérin! Um amor desses basta ao cabo para nos indenizar de todas as agruras da vida.

Para um homem de pensamento e coração, o amor de uma irmã, qual o de Eugénie por Maurice, é porventura de maior preço que qualquer outro. Tem sobre o da esposa ou amante a primazia da castidade na intimidade, e sobre o da mãe a do abandono na familiaridade. Alguma coisa, o respeito, o próprio receio de afligir o coração sempre pronto a assustar-se de uma mãe, criará do filho para ela uma impossibilidade de confiança completa, de camaradagem íntima, de confidência absoluta. A mesma superioridade de hierarquia doméstica, que ele sente nela, será um obstáculo a uma inteira comunicação entre eles, sobretudo em matérias de imaginação e sentimento. Por motivos contrários, essa mesma impossibilidade nasce da intimidade conjugal ou amorosa. O pensamento, a emoção intelectual ou sentimental têm também o seu pudor, mais desconfiado e recatado talvez que o pudor físico. E aquele se arreceia à lembrança das violações deste. Uma irmã, quando ela reúne, como Henriette Renan ou Eugénie de Guérin, as excelências do coração às da inteligência, é o melhor amigo, o mais seguro confidente, o mais fácil camarada, o mais desinteressado conselho, para um daqueles homens. O egoísmo masculino acha também na afeição dócil e humilde de uma irmã, na sua adoração sem proteção, como a da mãe, e sem exigências, como a da esposa ou da amante, uma satisfação. Se essa irmã, como as duas admiráveis mulheres citadas, se conserva solteira, ele encontra nela o supra-sumo do amor, uma mistura ideal do carinho, da ternura, do desvelo maternal e dos afetos femininos, que, se não tendo podido empregar normalmente, voltam-se e resumem-se todos num grande amor fraternal, exclusivo, único, ardente, solícito e de uma infinita doçura e pureza. Tal foi o de Eugénie de Guérin por seu irmão Maurice.

Eles eram filhos de uma antiga família fidalga, do centro da França. Pobres, o seu velho castelo senhorial, meio arruinado, era antes uma herdade que um solar. A vida ali era frugal, simples, mais que modesta. Animavam a família um profundo sentimento religioso, um grande amor recíproco dos seus membros e altos sentimentos de honestidade.

Eugénie era mais velha que Maurice cinco anos. Justamente quando este tinha sete morreu-lhes a mãe, incumbindo no seu leito de morte Eugénie, que apenas tinha doze, de velar pelo seu irmãozinho. A natureza afetiva de Eugénie achou nesse emprego de mãezinha um grande contentamento e um exercício que mais devia fortificar e desenvolver os seus instintos afetuosos. "Houve assim alguma coisa de maternal", diz o editor do *Diário e fragmentos* de Eugénie de Guérin, "na ternura de Mlle. de Guérin por seu irmão. Com que fidelidade cumpriu ela durante vinte anos a sua promessa! Segue com o pensamento Maurice por toda a parte, vela sobre os progressos do seu espírito, sobre todos os perigos da ausência, para a sua saúde e para suas crenças; interroga-o, admoesta-o brandamente, consola-o e anima-o. Quando ele deixa de ser um estudante, e faz-se homem, redobram as suas esperanças e cuidados, aproxima-se de Maurice, liga-o a si mais estreitamente, como se sentisse que, fraco e rodeado de novos perigos, precisa ele mais que nunca de não extraviar a sua confiança e as suas afeições. Então as cartas que trocam já não bastam. Mesmo passando noites inteiras a escrever-lhe, não lhe diz tudo; nesse dia, como em todos os dias, seu coração transborda; quanto sente, quanto pensa, quanto passa em torno dela di-lo ao caderno, que acompanhará as cartas desde que esteja cheio, e porá sob os olhos do exilado, para defendê-lo contra a tristeza e o esquecimento, os dois perigos do exílio, a mais ingênua e acabada imagem daquela vida de família que lhe falta a ele e à qual ele falta também. Esse diário torna-se pouco e pouco a sua grande preocupação, o segredo e a alegria dos seus dias; ameniza o amargor da separação; pondo nele toda a sua alma, chegou ela a não viver mais sem seu irmão, a viver unicamente para ele; para ela não há outro futuro que o dele; o objeto dos seus votos é senti-lo feliz, é de se fazer ela própria sua parte na felicidade e na glória de Maurice, pois nada há que ela não espere dele e de que, a seus olhos, não seja ele digno".

Em busca de instrução e uma futura carreira deixa Maurice aos onze anos o lar paterno, primeiro por Toulouse, depois por Paris. Foi em La Chenaie, na Bretanha, durante algum tempo um dos discípulos do célebre Lamennais. Várias vezes voltou ao Cayla, que assim se chamava o castelo dos Guérins, sendo a última para morrer nos braços da irmã muito amante e muito amada — mal tendo começado a realizar os sonhos ambiciosos de glória com que ambos, ela talvez mais do que ele, sonharam.

Por um tocante sentimento, ela continuou o seu diário, ainda escrito para ele, "para Maurice no céu", e cheio dele como se vivo fora. No seu pensamento, esse diário endereçado agora a um íntimo e verdadeiro amigo de Maurice apontava a inspirar a confiança, o apreço, a admiração pelo irmão morto, a ser um testemunho do seu valor e um incentivo a que o reconhecessem, para que amigos fiéis salvassem do esquecimento os escritos de seu irmão, para perpetuar o nome do poeta prematuramente morto.

O *Diário* completo, afora as partes que não se encontraram, abrange os anos de novembro de 1834 a outubro de 1841. Maurice falecera em 1839. Acabo de lê-lo na quadragésima quinta edição, e a sua leitura deixa-me sob a sensação deliciosa e rara do encontro com uma verdadeira alma de eleição.

Eugénie de Guérin parece ter recebido uma boa educação elementar lá no fundo da sua província. Era uma inteligência viva, pronta, séria, ajudada por uma grande sensibilidade, e uma intuição, quase adivinhação feminina, das coisas. O que realça o seu talento, torna encantador o seu comércio e adorável a sua pessoa é que poetisa, ledora infatigável, mais sabedora que o comum das mulheres naquele tempo em França, ela não tem nada de literata, de *bas bleu*. Permanece mulher, modesta, boa, doméstica, irmã, filha, amiga amantíssima, devota sem crendice nem biocos hipócritas, dona de casa diligente e cuidadosa, ocupando-se com satisfação, com delícia, nos mais ínfimos encargos caseiros, a criação dos pintos, a lavagem de roupa, a cozinha. Escreve no seu diário, na data de 5 de janeiro de 35: "Meu caro amigo, passei dois dias sem nada dizer-te. Isso me sucedera freqüentemente, por uma coisa ou por outra; mas se a palavra emudece, o pensamento trabalha sempre, roda girante, e bem rápida hoje. Pergunto-me de onde provém todo esse movimento, que me espanta, às vezes mesmo me contrista, porque eu amo tanto o repouso, não a inação, mas a calma de uma alma feliz! S. Stilita, o santo de hoje, é admirável na sua coluna. Julgo-o feliz por se haver feito assim uma alta morada, e por não tocar a terra mesmo com os pés. São maravilhosas, deliciosas de ler, essas vidas dos santos, cheias de ensino para as nossas crenças. Ouço cantar uma franga, preciso ir procurar aonde fez o ninho". E em 9 de maio de 37: "Um dia passado a pôr a roupa no corador, não deixa muito que dizer. É entretanto bem bonito estender a roupa branca no capim ou vê-la flutuar nas cordas. É a gente, se quiserem, a Nausícaa de Homero ou uma das primeiras da Bíblia, que lavavam as túnicas dos seus irmãos. Temos uma lavanderia, que não viste, na Maulinasse, bastante grande e abundante de água, que embeleze aquela depressão e atrai os passarinhos gostosos de cantar ao fresco".

O *Diário* de Eugénie de Guérin foi escrito exclusivamente para o irmão. Mesmo seu velho pai, que ela amava com um grande e carinhoso amor, os seus outros irmãos e os seus mais íntimos não o conheceram. Ela o esconde ciosamente, e declara nele: *isto não é para o público, é íntimo, é da alma, é para um*. E, a propósito do resguardo em que o tinha, conta que disfarça essa ocupação com os pretextos de uma carta a escrever, uma nota a tomar, mas quase sempre com o caderno das suas poesias que o pai lhe pediu, e no qual, à imitação de Penélope com a sua teia, copiava três ou quatro versos por dia. Quando o pai entrava em seu quarto e lhe perguntava o que fazia, ela respondia que o caderno. "Não é mentira", diz ela com os seus escrúpulos ingênuos de devota, "apenas faço dois cadernos e um me prende mais que o outro".

Lê muito, sobretudo livros de piedade e edificação e os grandes autores cristãos, Santo Agostinho, Fénelon, Bossuet, *A Imitação*, mas lê também Platão, Leibniz, Lamartine, Sainte-Beuve, Molière, V. Hugo, Shakespeare, W. Scott e até Rousseau. Tem mais de uma observação fina sobre cada um deles que ela compreende ou adivinha. A sua forte e ao mesmo tempo ingênua fé não lhe obscurece o espírito claro, nem a sua alma cândida de provinciana. As suas tristezas vêm da sua saudade e da sua imaginação. Com o véu de melancolia com que ambas ensombram, sem a escurecerem, a sua alma, a sua fé é alegre, como sem isso ela mesma seria. Tem maneiras verdadeiramente raras e encantadoras de interpretar, sem sair do dogma, as coisas da sua religião.

Falando de confessar-se a um padre venerável, seu confessor, amigo da família, escreve essas belas palavras: "Quando estou a seus pés, não vejo nele senão Jesus ouvindo a Madalena, e perdoando-a muito porque ela muito amou. A confissão é uma expansão do arrependimento no amor". E a propósito de uma medalha da Virgem enviada por uma amiga como preservativa da cólera, e que ela, sem lhe crer na eficácia, põe entretanto no pescoço: "Não é artigo de fé, mas não faz mal crer nela. Creio pois na santa medalha, como a imagem sagrada de uma mãe, cuja vista pode fazer-nos tanto bem". E sobre uma procissão contra a saraiva, "restos da fé antiga": "A credulidade abunda onde desapareceu a fé".

Para as almas femininas verdadeiramente religiosas, não da religião da moda, da elegância, da mundanidade, que parece uma condição da alta vida, um distintivo de aristocracia, o diário de Eugénie de Guérin será uma fonte de edificação piedosa e mais inteligente que o comum dos nossos livros religiosos. Para os espíritos sem fé, mas capazes ainda de compreender esse grande sentimento humano, apreciar e sentir as emoções que a piedade religiosa põe na alma de uma mulher sentimental e intelectualmente superior, ainda é um livro muito estimável e cheio de encantos. É porém um livro delicioso para os que amam o pensamento, a forma suprema do talento, manifestando numa fórmula simples, rápida, despretensiosa, o seu juízo, o seu critério das coisas.

E será justamente o pensamento de Eugénie de Guérin, pensamento feito de inteligência e sentimento, fino, delicado, penetrante, que impressionará a esses e mostrará o real valor dessa mulher, em quem se realiza o dito admirável do moralista de que vêm do coração os grandes pensamentos. É a explicação da excelência dos seus, que lhe partem do coração.

E, reparai, são bem femininos, mas femininos como os de uma mulher de grande e bom coração, que não deixa jamais de ser mulher:

"Uma mulher bonita adora-se".

"Perdemos tudo quanto fazemos pela criatura, quando lhe não misturamos a caridade".

"Nada mais variável que o céu e a nossa alma".

"A vida e a morte são irmãs, nascem juntas como duas gêmeas".

"Há dias de desfalecimento em que a alma se retira de todas as suas afeições e recolhe-se em si mesma como que fatigada".

"O amor é a alma que não morre, que cresce e sobe como a chama".

"Quando voltamo-nos para o passado, apagamos".

"Grandes e pequenas afeições, tudo deixa-nos e morre por sua vez. Nosso coração é como uma árvore cercada de folhas mortas."

"Entre as mulheres a amizade se faz depressa: um agrado, um dito, um nada, bastam para uma ligação; também são de ordinário nós de fita, o que faz dizer que as mulheres não se amam. Não sei; pode-se amar um dia, dois dias, mais ou menos, porém perfeitamente; afeições efêmeras que sempre receei para mim e para as minhas amigas. Nada tão triste como uma coisa morta no coração, como fazer do coração um ataúde".

"O belo não é o que se procura, mas o que se acha".

Destacados assim das reflexões que rematam, das considerações que resumem ou completam, esses pensamentos, que podiam ser multiplicados, perdem talvez alguma coisa, senão da sua beleza, da sua intensidade e do seu a propósito. O *Diário* de Eugénie de Guérin é todo ele de um espírito em que o pensamento é quase tão vivo como o sentimento, é todo ele de reflexões em que com a agudeza, uma esquisita sensibilidade e uma emoção sincera sempre e freqüentemente transbordante, não faltam sequer o espírito e o bom humor.

Ela assiste a um enterro: "O que mais me impressionou", escreve, "foi ouvir o caixão caindo na cova; ruído surdo e lúgubre, o derradeiro barulho do homem". Contando a visita de três curas da vizinhança: "um sem espírito, outro que o mostra, e outro que o esconde. Disseram-nos muitas coisas da Igreja, que interessam apenas para falar e responder, mas em geral as variações agradam na conversação, o entretenimento de mil coisas diversas, que faz a conversa coisa rara. Cada um não sabe falar senão de sua especialidade, como os auvernheses da sua terra. O espírito fica também em casa, como o coração". Ao contrário de Henriette Renan, que parece ter tanto contribuído — da maneira mais delicada possível — para que o irmão não se fizesse padre, Eugénie — talvez por um inconsciente egoísmo do seu amor — quisera que Maurice o fosse. Que prazer lhe seria confessar-se a ele, passar com ele, como ela diz com a sua natural excelência de expressão, "da confiança do coração à da alma!" "A mãe de S. Francisco de Sales se confessava a seu filho; irmãs confessaram-se a seus irmãos. É belo ver a natureza perder-se assim na graça". Para as festas da visita do bispo, o cura pede-lhe divisas para as bandeirolas e emblemas: "...não pude dizer não", confessa ela. "Não gosto de recusar. Aborrecia-me isso um pouco; não gosto das divisas, que todas são tolas. Fi-las em patuá para salvar a honra do francês. De resto, é a língua dos camponeses".

Não dão essas linhas, apesar das citações, senão um reflexo amortecido do livro encantador que é o *Diário* de Eugénie de Guérin, um livro que se deve ler aos poucos, devagar, saboreando o esquisito perfume que por ele se desprende de uma alma de mulher, grande pela inteligência e pelo coração, na sua natural simplicidade de provinciana, e poderia bem dizer de matuta.

"Eu vivi", diz ela no último caderno do seu *Diário*, "felizmente longe do mundo, na ignorância de quase tudo o que leva ao mal ou o desenvolve em nós. Na idade em que são as impressões tão vivas, apenas as tive de piedade. Vivi como num mosteiro; deve pois a minha vida ser incompleta sob o aspecto mundano. O que a esse respeito sei me vem quase por instinto, por inspiração, como a poesia, e bastou-me para aparecer em toda a parte convenientemente. Um certo tato adverte-me, dá-me o senso das coisas e ares de hábito, onde me acho as mais das vezes estranha, como nas rodas sociais. Falo, porém, pouco. Tenho mais o espírito de compreender que o de exprimir. Para isso a prática é necessária. Quando converso, sinto-lhe a falta, falha-me o a propósito... Aos cumprimentos fico indiferente, menos já ao gracejo, sem dúvida porque ele estimula o espírito".

O PAÍS EXTRAORDINÁRIO

Nos Estados Unidos, impressões políticas e sociais,
por Oliveira Lima, da Academia Brasileira,
Leipzig, F. A. Brockhaus, 1899.

A impressão que as minhas leituras me deixaram dos Estados Unidos, e que o livro do sr. Oliveira Lima confirmou, é de alguma coisa extraordinária, jamais vista, única, original, nova. Extraordinária e maravilhosa, diz tudo. Eu imagino que a contemplação desse país singular por gente como nós, sem o seu vigor, a sua energia, o seu espírito de empresa e de luta, a sua atividade febril e a sua desmarcada ambição, deve causar um deslumbramento, que há de por força tirar-nos a calma para julgá-lo com isenção. Ou nos subjuga e domina, e então tudo admiramos sem restrições e talvez sem reflexão, ou nos ofende os hábitos e ofusca o ânimo e dá-nos, pois, a vontade de negar e deprimir. Uma opinião média será difícil de ter, ao menos aos primeiros contatos com essa nação singular. Mas ainda o melhor meio de acertar, de compreender esse povo extraordinário, é talvez pôr-se no diapasão dele, é ter por ele o entusiasmo e a admiração que ele a si mesmo ingenuamente e de boa fé se consagra. A simpatia é também uma condição de compreensão e inteligência. Como os homens extraordinários, também os países extraordinários precisam talvez de indulgências extraordinárias no modo por que os havemos de julgar.

Se assim é, o sr. Oliveira Lima colocou-se no ponto de vista conveniente para ver e apreciar os Estados Unidos. Ele, é evidente, sofreu-lhes também o deslumbramento, mas passado este ficou-lhe viva e forte a admiração, mesmo o entusiasmo. Mas o sr. Oliveira Lima é um observador, e um observador inteligente e de boa fé, incapaz de esconder que no sol há manchas. Apenas não lhe parecerão tão grandes e sensíveis, como a outros se afiguram. E ganho pelo otimismo ianque, essas mesmas lhe parecem fáceis de ser desfeitas e apagadas. Mas do seu excelente livro resulta afinal o sentimento de que é verdadeira e exata a sua impressão dos Estados Unidos. Essa impressão, porém, não é apenas visual e de relance; o sr. Oliveira Lima não só viu e observou, mas estudou o seu assunto e o tornou mais interessante para nós brasileiros, mais prático, mais útil pela comparação ou aproximação entre as nossas coisas e as americanas. É com efeito um dos caracteres do seu livro, ser, como gostam e praticam os anglo-saxões em assuntos tais, um livro prático, um livro de idéias, de observações, de sensações, mas tudo apoiado sobre fatos — o melhor manual existente em português para conhecermos os Estados Unidos. O sr. Oliveira Lima é, aliás, um dos nomes preclaros das letras brasileiras contemporâneas; um dos seus obreiros mais laboriosos, mais sérios e mais capazes. Nesses cinco últimos anos deu-nos eles três livros de real merecimento, *Pernambuco — Seu desenvolvimento histórico, Aspectos da literatura colonial brasileira* e esse sobre os Estados Unidos, além de estudos e ensaios diversos publicados na *Revista Brasileira,* ou em avulso. Colaborou com um *Manual dos Estados Unidos do Brasil,* em via de publicação, para as secretarias das repúblicas americanas de Washington, tem pronto o *Elogio de Varnhagen,* seu patrono na Academia Brasileira, e prepara uma história do nosso romantismo e um estudo sobre d. João VI no Brasil.[1]

O maravilhoso progresso, que já não é só, como ainda a muitos se afigura, material, mas também mental dos Estados Unidos, é devido a causas diversas, das quais três, porém, são porventura as principais: a raça nova, forte, enérgica e numerosa; a condição social dos primeiros imigrantes da Nova Inglaterra e os mesmos motivos que os fizeram emigrar; a imigração posterior, o aproveitamento completo do país pelo seu povoamento. Se as duas primeiras causas explicam o vigor moral com que se fez a grande nação, a virtude que serviu de base à sua construção, e que ainda hoje serve de anteparo à corrupção que a ameaça, bastaria talvez a terceira, como até publicistas americanos o reconhecem, para explicar o seu prodigioso desenvolvimento material, o que, mais que outros

---

[1] O sr. Oliveira Lima publicou depois (1901) *O reconhecimento do Império.*

aspectos da sua vida, assombra nela o mundo. "A grandeza dos Estados Unidos", diz o sr. Oliveira Lima, "tem sido, como é corrente, constituída pela considerável imigração européia, além do gênio ativo e inventivo da própria raça colonizadora". É com efeito de primeira intuição que o progresso de regiões vastas e novas como são as americanas depende quase exclusivamente da sua exploração, ou explotação, como dizem os nossos engenheiros, e que esta não se pode fazer sem gente, e que o povoamento desses extensíssimos territórios é, pois, uma condição *sine qua non* do seu desenvolvimento. Isso não escaparia ao sr. de La Palice ou ao nosso cônego Felipe; não parecem todavia percebê-lo os nossos políticos, imbuídos, talvez malgrado seu, dos velhos preconceitos portugueses contra o estrangeiro, desenvolvidos aqui nas lutas contra franceses, ingleses, espanhóis e holandeses, e piorados pelo ódio do gentio ao forasteiro. Sabe-se que esse ódio, ainda não há cinqüenta anos, alcançava nas nossas províncias o próprio nacional de outras, e o bairrismo é um fenômeno vivo no Brasil. Os Estados Unidos, ao contrário, fizeram todos os esforços e sacrifícios para ter o imigrante, e ao depois para assimilá-lo e transformá-lo em americano, primeiro pela sua forte e sólida organização da instrução popular, depois pelo tratamento igual que lhe deram, fazendo-o intervir quase logo desembarcado na sua vida política. Ainda hoje, conta o sr. Oliveira Lima, no prodigioso movimento de reclamo eleitoral que ali se faz preparatoriamente à escolha do presidente, publicam-se brochuras, panfletos e anúncios em todas as línguas para angariar também os eleitores que ainda não sabem inglês. "A imigração", assevera o escritor, "há sido o nervo do progresso americano, não só pelo que diz respeito ao aumento da população e à possibilidade para esta de conservar-se afastada de misturas degradantes (refere-se o autor ao contato com os negros e outras raças inferiores), como pelo que toca à disseminação civilizadora e à adoção entusiástica pelos forasteiros da nova pátria".

No meio dessa população, que no princípio do século mal alcançava quatro milhões de habitantes e que atinge hoje cerca de 75 milhões, uns oito milhões há que, apesar da Constituição emendada e das leis, jamais se puderam fundir na massa da população branca, jamais ela os quis assimilar ou incorporar, e que, a despeito das suas universidades, das suas escolas de toda a ordem, das suas bibliotecas, do progresso intelectual e moral que possam haver feito, continuam ainda acampados no meio do povo americano, que os odeia, despreza e repele. São os negros e seus descendentes, até à quarta, quinta ou décima geração, qualquer que seja em suma a dose, mesmo infinitesimal, de sangue africano que tenham. Nós, brasileiros, quase não logramos compreender esse sentimento. A verdade, porém, é que ele é ali intenso e, o que mais é, crescente, e, por assim dizer, tão palpável que nem um só observador das coisas norte-americanas deixa de sentir-se impressionado por ele e pelos seus efeitos e de ocupar-se da questão por ele criada ali, a questão do negro. Desse problema trata em um capítulo especial o sr. Oliveira Lima, e é curioso que brasileiro, certamente sem os preconceitos de raça que aqui, quando existam, são superficiais e insignificantes, o observador entrou tanto no ponto de vista americano, sofreu tanto a influência do meio, que se não escandaliza por forma alguma, antes aceita como naturais e normais os termos em que os ianques puseram a questão.

Não lhe parecem repugnar mesmo os linchamentos atrozes com que os brancos do Sul castigam não só os crimes ou simples delitos dos negros, mas até a sua teimosia de, confiados nas leis, aceitarem cargos públicos ou pretenderem, contra a vontade dos brancos, exercer qualquer função pública. É assim que escreve calmamente em um apêndice do seu livro: "Os dois elementos não podem existir aqui com atribuições e destinos iguais: um há de manter o outro em dependência e o vencedor tem de inquestionavelmente ser o elemento branco, dispondo de mais inteligência, mais experiência, mais decisão e mais recursos. Nesse dia desaparecerão por desnecessárias as atrocidades dos linchamentos, produzidos pela incerteza no futuro e, em última análise, pelo temor do sacrifício dos interesses da civilização de origem européia". Não noto o estado de espírito do sr. Oliveira Lima nessa questão para censurá-lo, senão para mostrar até que grau se compenetrou ele dos Estados Unidos, e, ao mesmo passo, qual é a fortaleza e intensidade do sentimento americano na questão do negro, para captar a opinião dos estrangeiros menos dispostos, por educação e hábitos nacionais absolutamente contrários, a participar dele. Pouco antes de ler o livro do sr. Oliveira Lima, tinha eu lido na revista inglesa *Nineteenth Century* um artigo sobre essa questão, *The American negro and his place*, que me parece, na sua concisão, a melhor, a mais clara, a mais exata e a mais concludente exposição do problema negro nos Estados Unidos de quanto sobre o assunto conheço, sem excluir o livro já clássico de Bryce. E o seu autor, uma mulher, Miss Elizabeth L. Banks, que estuda o caso com a indiferença, a calma, a imparcialidade de um naturalista estudando um mineral, conclui que não há lugar nos Estados Unidos para o negro e para a gente de cor, mesmo que esta já seja perfeitamente branca e que lhe disfarcem a raça cabelos louros e olhos azuis. Um romance, *Madame Delphine*, de um dos mais reputados novelistas americanos, George W. Gable, já me havia antes dado essa impressão, que o artigo tão documentado e evidente de Miss Banks transformou em convicção.

Outra não é, sem embargo da diferença da exposição, a conclusão do sr. Oliveira Lima. Eu disse que os Estados Unidos o empolgaram, e citei por prova o seu juízo, absolutamente verdadeiro no ponto de vista americano, nesta questão do negro. E, repito, se não fora assim, ele não houvera, talvez, compreendido o país extraordinário que observou com tanta sagacidade e sem rebuscadas psicologias. Mas por outro lado isso tirou-lhe, raras vezes, é certo, a liberdade espiritual no ajuizar dos próprios fatos americanos e de alguns nossos. Assim, parece lastimar que em respeito ao negro não houvéssemos procedido como os americanos: "A indulgência das nossas opiniões e o desmazelo dos nossos costumes", escreve ele, "impedem-nos de hostilizar o negro em qualquer terreno, mesmo no da mistura das raças. Não seria no Brasil que poderia decretar-se e executar-se uma lei como a que prevalece em vários estados do sul da América do Norte, proibindo os casamentos entre pessoas de diferente cor". Em que pese os que compreendem demais os americanos, deve o Brasil rejubilar-se disso. Melhor do que eu sabe o atilado historiador de Pernambuco que não era possível mesmo que no Brasil a questão do negro não fosse logo resolvida, em antes de surgir, pelas mesmas condições da nossa evolução histórica e social. Estou convencido, como o sr. Oliveira Lima, de que a civilização ocidental só pode ser obra da raça branca, e que nenhuma grande civilização se poderá levantar com povos mestiços. Quero mesmo crer que a civilização dos Estados Unidos deve o seu rápido e seguro desenvolvimento à sua pureza étnica; mas pergunto a mim mesmo se para obtê-la com o avanço de um século valia a pena sacrificar milhões de entes humanos, e reproduzir já ao findar do século XIX, em meio do cenário da mais moderna, da mais alta civilização, com uma bíblia na mão ou no bolso, e o nome de Deus nos lábios, os rasgos mais cruéis de que os civilizados, esses mesmos americanos, acusam horrorizados os daomeanos e outros bárbaros africanos, e de que há pouco culpavam em Cuba os espanhóis de Weyler. Um americano, certo, não compreenderá essas palavras, porque o seu sentimentalismo prático, mercantil, como é de fato o fundo do seu caráter, ele apenas o aplica ao sabor dos seus interesses. Não há receio, como supõe, dessa vez com menos inteligência o sr. Oliveira Lima, de que surja o problema negro no Brasil. Antes de surgir, foi aqui resolvido pelo amor.

O cruzamento tirou ao elemento negro toda a importância numérica, diluindo-o na população branca. O mulato aqui, desde a segunda geração, quer ser branco, e o branco mesmo, ainda sem deixar-se iludir, e salvo exceções insignificantes, recebe-o, estima-o, liga-se com ele. A mistura das raças tendendo, como asseguram os etnólogos e pode à primeira vista ser reconhecido exato, a fazer prevalecer a raça superior, acabará forçosamente, em período mais ou menos curto, por extinguir aqui a raça negra. Já isso vai evidentemente acontecendo, e quando a imigração, que penso é o problema capital do Brasil, vier numerosa, apressará, com misturas novas, que aqui se farão sempre, a seleção. Enquanto nos Estados Unidos oito milhões de negros parecem aos seus nacionais brancos um perigo e uma ameaça, contra o qual só se lhes antolham meios violentos de defesa, aqui ninguém cura deles, que desapareçam simplesmente pelo crescimento da população branca, não pura em sua maioria, é verdade, mas cuja mescla vai também ganhando do lado branco e aproximando-se cada vez mais, segundo a regra da antropologia, do tipo superior. Sem nenhum preconceito patriótico, penso (é verdade que tenho razões pessoais para isso) que, mais demorada que a americana, a nossa evolução é, sob esse aspecto, mais justa e mais humana, se posso dizer assim. Mesmo nos duros tempos coloniais, não dividimos jamais a humanidade em duas partes.

Outro aspecto interessante da evolução americana nos últimos vinte anos é o desenvolvimento do catolicismo nos Estados Unidos. Vota-lhe o sr. Oliveira Lima um capítulo. Os Estados Unidos são a terra das religiões; 145 seitas existem ali e se disputam reciprocamente a clientela das consciências. Delas é hoje a católica a mais numerosa, com perto de nove milhões de adeptos, mais de 10 mil sacerdotes e cerca de 15 mil igrejas. O catolicismo ali afeiçoou-se segundo as condições do país, não sei se não poderia dizer até que se modificou conforme o meio. Aliás as religiões, produtos sociais, se fazem à imagem das sociedades onde nascem ou que as adotam. O mesmo catolicismo é o mais flagrante exemplo disso. O que ele deve ao mundo greco-romano é mais talvez do que lhe veio da Judéia. Grande diferença separa o catolicismo alemão do ibérico, ou o inglês do italiano ou do francês. Mas na Europa, por virtude da menor diferença no aspecto geral das nações feitas por uma civilização sem profundas divergências, essa discrepância é em todo caso menor do que entre o catolicismo americano e qualquer outro do mundo católico. Ao sr. Oliveira Lima parece, "sem sombra de dúvida", que o catolicismo americano "é o catolicismo do futuro".

E dá a razão: "Os Estados Unidos são o ponto onde a doutrina romana, dezenove vezes secular e essencialmente progressiva na sua imutabilidade, apresenta-se menos eivada de reacionarismo, mais liberal e mais evangélica, em uma palavra, *mais cristã*".

Pode ser tenha razão o escritor, mas a mim não se me afigura justa a sua concepção do catolicismo liberal e progressista. Escreve ainda o sr. O. Lima: "O verdadeiro catolicismo deve igualmente progredir nas democracias, porque é a religião dos humildes e dos pobres..." Também me não parece exato. O verdadeiro catolicismo não é outro que o que a Igreja de Roma, isto é, o papa, define, e esse não é liberal, nem progressista, e de parte as encíclicas, a que alude em outro trecho o sr. Oliveira Lima, do pontífice atual, aliás anódinas, sobre a questão social, não é também a religião dos humildes e dos pobres, ou não o é mais que qualquer outra. Para ele passaram de muito os tempos de S. Francisco de Assis ou de S. Francisco de Paula. O catolicismo liberal é apenas uma recordação, malvista, da Igreja, que não cessa de condená-lo, e dos ortodoxos. A tentativa dos Lamennais, dos Lacordaires, dos Montalemberts e outros grandes, mas, ao parecer da Igreja, transviados espíritos, falhou completamente, nem a Igreja, e essa é ainda a sua força, admite outros intérpretes do seu sentimento senão ela, que deu deles o melhor compêndio no *Syllabus* de Pio IX. E apesar do gênio florentino, do espírito diplomático, da feição política de Leão XIII, o que governa a Igreja católica hoje, o seu roteiro, é a famosa encíclica de 8 de dezembro de 1864. O catolicismo teria horror àquele *mais cristã* do sr. Oliveira Lima; basta-lhe a ele ser católico, e todas as tendências do catolicismo americano, que, não sem motivo, tanto admira o escritor, cheiram-lhe a heresia. O catolicismo europeu, o catolicismo latino sobretudo, que é de fato o verdadeiro catolicismo, o que se integra no temperamento, na mesma índole da raça impropriamente chamada latina e faz, por assim dizer, corpo com ela, lhe é manifestamente adverso, não o compreende sequer. Quando os americanos, ou padres franceses inspirados por eles, pretenderam levar para a futura exposição de Paris, como mais um *clou* oferecido à admiracão dos basbaques, uma repetição do famoso Congresso das Religiões que em Chicago concorreu com outras maravilhas da invenção ianque, foram gerais os protestos do catolicismo francês, e a idéia extravagante gorou em germe.

Na mesma corrente de opinião contrária ao catolicismo americano publicou esse ano um padre do clero francês, o cônego Delassus, um livro a que deu o título muito significativo de *L'américanisme et la conjuration antichrétienne*. A respeito desse livro escreve um colaborador da célebre revista católica de crítica, *Polybiblion*: "Sujeitos famulentos de reclamo, e pouquíssimo instruídos em teologia para compreenderem o verdadeiro alcance de suas idéias, esforçaram-se por amesquinhar as santas exigências da religião católica às vulgares ambições de um naturalismo e de um liberalismo filosófico mal disfarçados. Era tanto maior o perigo que incrédulos e ímpios, sempre à coca do que pode enfraquecer a Igreja, gostosos desses avanços feitos com grande barulho do seu lado, favoneavam o imprudente movimento por mil reclamos da imprensa cotidiana, dos entusiasmos factícios de algumas revistas mundanas, e das seduções dos seus fáceis elogios. De lados diversos partiu o grito de alarma; primeiro daqueles que verificaram o mal *de visu* e se haviam abeirado dos protagonistas do erro novo, ao depois por outros teólogos que não podiam conceber os progressos das doutrinas anticristãs mostrando-se em plena luz, desavergonhadamente, sem provocar reprovação suficiente. Após uma longa e paternal paciência, impressionou-se finalmente o Santo Padre, e, por uma carta magistral, na qual a sua firme vontade se vela sob termos da maior caridade, condenou as temerárias doutrinas".

Eis o que é bem católico, e bem significativo contra o catolicismo ianque. O mais é o americanismo com o seu forte individualismo, absolutamente contrário ao espírito do catolicismo; o seu amor da liberdade, a sua tolerância, antipáticos também a esse espírito. E o liberalismo católico, como dizia o cardeal Nina a Pierre Froment no *Roma* de Zola, é literatura, pura literatura.

Os americanos, é uma observação verdadeira feita pelo sr. Oliveira Lima, não temem as experiências, e fazem-nas sempre de boa fé, conscienciosa e confiadamente. Os chefes da Igreja católica americana, em uma obra que tem a sua grandeza, feita com entusiasmo e sinceridade, acreditam ingenuamente na pureza absoluta das próprias intenções. Tomado do seu otimismo, o sr. Oliveira Lima crê como eles, e prognostica ao catolicismo americano larga vitória sobre as múltiplas seitas do país. Eu, me parece que o contrário seria a verdade e que o catolicismo americano prepara um novo cisma, desde que um papa mais católico que político, um Pio IX, por exemplo, se assente na cadeira de S. Pedro e queira pôr entraves ao seu individualismo e às suas inovações.

É lendo o interessantíssimo capítulo do sr. Oliveira Lima que se sente a profunda diferença entre esse catolicismo e o latino, o verdadeiro, penso eu, e se lobrigam os germes das dissensões futuras e inevitáveis.

Não são menos interessantes as partes do livro sobre o povo americano, sobre a influência da mulher, sobre a sociedade, sobre a literatura, sobre a política interna e externa e colonial e sobre outros aspectos da vida americana. Todos eles nos revelam um mundo novo, não parecido por forma alguma com o nosso, nem com os que nos são mais familiares; todos eles nos mostram uma sociedade profundamente diversa da nossa, dotada de uma seiva de vida material e moral, como nem sequer podemos imaginar.

O escritor viu bem a aparente contradição do caráter americano, prático e idealista, mercantil e místico, ganancioso e liberal, cúpido e generoso.

Há às vezes nele, já o observei, excesso de otimismo e de benevolência. Assim quando atenua, pois não a esconde, a profunda e larga corrupção da política e da administração americana, ou quando admite que essas colossais fortunas que se ali fazem, e que estão criando um novo feudalismo *sui generis* nessa república moderníssima, possam não ser somente o produto de trapaças e de uma rapina organizada em grande. Nem podem ser outra coisa; tais riquezas não as acumula jamais o trabalho honesto, mesmo servido por uma indefesa atividade, quaisquer que sejam as facilidades do meio. Como as dos barões medievais, essa opulência é, necessariamente, filha do roubo e da violência. "E eu pergunto aos economistas políticos, aos moralistas, se já calcularam o número de indivíduos que é forçoso condenar à miséria, ao trabalho desproporcionado, à desmoralização, à infâmia, à ignorância crapulosa, à desgraça invencível, à penúria absoluta para produzir um rico!" A pergunta quem a faz não é nenhum socialista ou anarquista, mas um grande poeta amoroso e lírico, que também foi deputado, senador, ministro, bom monarquista e moderado liberal, o divino Garrett. Que diria ele se pudesse adivinhar, no seu mofino Portugal, as futuras riquezas dos nababos americanos, apenas sonhadas nas *Mil e uma noites*?

País decididamente extraordinário, maravilhoso, monstruoso mesmo, os Estados Unidos são também o país dos mais estupendos contrastes de opulência e miséria, de virtude e desonestidade, de alta e espalhada cultura e de simplicidade popular, do mais áspero trabalho e do gozo mais intenso, do mercantilismo desalmado e egoísta e das maiores e mais raras manifestações de altruísmo e solidariedade humana e social; certamente o campo da mais bela, e até agora, a mais bem-sucedida experiência que a humanidade tem feito nos últimos séculos.

UM ROMANCE MEXICANO

Metamorfosis, por Federico Gamboa,
México, 1899.

  Cometi, uma vez — e, ai de mim! não foi certamente a única, nem será a última —, um erro grave, dizendo fosse talvez a nossa literatura a mais antiga do continente. O asserto, apesar da dubitativa, e das restrições de que o acompanhei, é de toda maneira errôneo, e aproveito alvoroçado o ensejo que me dá um livro americano de confessá-lo e retificá-lo.
  Precedendo-nos em colonização e em cultura, precedeu-nos também a América espanhola em literatura. Ao passo que a nossa data apenas dos primeiros anos do século XVII, a sua vem dos primeiros da segunda metade do XVI, no México, e do começo do último quartel dele no Chile. Ali entrou a funcionar a universidade em 1553, e poucos anos antes uma imprensa, a primeira da América, donde saía em 1539 o primeiro livro neste continente impresso, não sendo menos de 116, segundo os mais seguros bibliógrafos, os publicados no México naquele século, notando-se entre eles uma edição de Ovídio, *Tristes* e *Pônticas*, de 1577. Além de eruditos, lentes da universidade, poetas e prosadores espanhóis passaram-se ao México e aí influíram poderosamente na cultura e no gosto da poesia e das letras. É curioso que, em um certame poético realizado na cidade do México em 1585, na presença de sete bispos reunidos para um concílio provincial, concorressem 300 poetas. Não há talvez a admirar, senão a diferença dos tempos, que nós hoje não forneceríamos porventura menos se ainda estivessem em moda os outeiros poéticos. Vejam-se as poliantéias indígenas. Contou o

México no século XVI como poetas Francisco de Terrazas, Saavedra Guzmán, Garcilaso de la Vega, Ruiz de León, Gonzalez de Eslava, e outros muitos nomes que apenas significam a existência da poesia, da cultura literária e de poetas no México logo no primeiro século da conquista espanhola.

No Chile as primeiras manifestações literárias foram também do século XVI, imprimindo-se ali a primeira edição da *Araucania* de Ercilla em 1578. O mesmo aconteceu no Peru. Em todos esses países a imprensa entrou primeiro que no Brasil, onde é deste século. No que se chamou o vice-reinado do Rio da Prata, o Paraguai, a Argentina e o Uruguai, a cultura atrasou-se à nossa e as primeiras manifestações literárias na Argentina, ou melhor em Buenos Aires, são do século passado, como nos Estados Unidos.

Foi o México, no mundo latino-americano, o principal foco de cultura e produção literária nos séculos de regime colonial. Qual o valor dessa cultura e dessa produção, só o poderia julgar por informações dos críticos e historiadores dela. Qual o valor atual de ambas, lisamente o confesso, não sei. Comparativamente à brasileira, a literatura hispano-americana — podemos designá-la no singular — pelo pouco que dela sei não penso seja superior à nossa. Também lhe não insinuo a inferioridade. O homem talvez mais competente em assuntos literários hispano-americanos, o sr. Menéndez y Pelayo, um erudito de nome universal, faz duas observações que dariam à poesia brasileira na certa distinção sobre a poesia hispano-americana em geral. Uma, que "ela é quiçá a mais americana de toda a América, sem deixar por isso de ser essencialmente portuguesa", e outra é que, conservando a poesia espanhola transplantada para a América a sua castidade nativa, a brasileira é, entretanto, desenfreadamente erótica. Em outra parte o eminente crítico espanhol nota como os hispano-americanos se conservaram fiéis à tradição clássica e à castelhana, a que os movia uma cultura clássica mais forte que a que jamais tivemos, e que por sua vez explica que a nossa pudesse, mais que a dos outros povos latinos da América, tomar uma feição mais americana e um maior ardor sentimental e amoroso.

Não sei, declarei acima, qual a situação espiritual e literária do México neste momento. E esse livro *Metamorfosis* não basta para dizê-la. Pode, quando muito, vagamente indicá-la, se não é arriscado induzir de um único livro o estado literário de um país. Esse romance é visivelmente um reflexo do romance e do pensamento francês. O seu autor, um discípulo das penúltimas correntes literárias da ficção francesa, principalmente de Flaubert e Zola. Mas um discípulo de talento e, quase estou em dizer, com originalidade própria. Não me enganei notando atrás[1] que o romance naturalista, desaparecido já de toda parte, somente ainda está em voga aqui e nos países hispano-americanos. *Metamorfosis* confirma esse asserto. É ainda um romance naturalista à maneira daqueles dois mestres do gênero, mas penetrado de um sopro lírico que, pessoal embora, não revê menos a influência da última forma do autor das *Trois villes*. Nenhuma página do livro também, salvo a final, tem a ousadia das cruezas que se reprocharam sempre à escola. Mas pela composição, pela "poética", pela concepção, esse romance mexicano pertence-lhe inteiramente. Chamo-lhe mexicano porque se passa no México e mexicano é o autor. O qualificativo não corresponde, porém, ao que se aqui chamava "romance brasileiro", do qual os seus próprios autores excluem quanto não fosse o romance da vida sertaneja ou mestiça do nosso interior. O romance do sr. Gamboa, de parte cenas episódicas na fazenda do protagonista, não tem nada de especial e caracteristicamente mexicano. Passa-se na capital do país, grande cidade de vida européia, como Madri ou Barcelona, entre três ou quatro pessoas da alta vida e duas ou três de um colégio de religiosas francesas freqüentado pelas filhas da aristocracia, um padre jesuíta e raras e apagadas figuras acessórias. Transferida a ação a qualquer outra parte, isso lhe não alteraria a feição, nem a deslocaria. Teria tanta verdade em Lisboa, aqui ou em Bruxelas, quanta tem no México, porque o romance não é etnográfico e descritivo, senão, como o comporta o naturalismo, psicológico, mais psicológico que outra coisa, e, se não fossem presumidas e também falazes essas classificações, psicofisiológico, pois na psicologia do autor se mistura, como na dos seus mestres Flaubert e Zola, muita fisiologia.

D. Rafael Bello, filho de um rico fazendeiro de nobre família, bem-dotado de inteligência, beleza e força, faz a sua educação na Europa. Voltando à pátria, é por algum tempo o mimoso da boa sociedade mexicana, até que se casa com uma jovem que o amava de toda a sua alma ingênua e meiga, e pela qual ele não tinha outra afeição que o desejo. O casamento foi para ambos infeliz; para ela, que não foi amada como merecia ser e como amava; para ele, que não se deixava tocar por esse amor, não o apreciava e, arrastado pelo seu temperamento de gozador, corria aos amores fáceis e venais. A natureza, a fisiologia de d. Rafael Bello, é de um sensual, incapaz verdadeiramente de amor, mas sequioso das aparências dele e saciando-se com pouco. Um dom-joão modernizado, e,

---

[1] V. neste livro *Émile Zola*, pág. 125.

como o da imortal criação espanhola, um homem de jogo e de orgia. Sua desamada mulher deixa-lhe uma filhinha, e morre ao tê-la. Muitas vezes mordem-no os remorsos na sua vida marital, perseguem-no as saudades da boa e meiga criatura que ele não soube querer e estimar, é um pai carinhoso e terno, mas remorsos, saudades, amor paterno, nada tem na sua cabeça de homem de prazer, de delicioso, como diria o nosso Manuel Bernardes, força bastante para desviá-lo da vida de estróina rico, a que se afizera e a que o votava o seu temperamento. A filha de d. Rafael é uma das pensionistas do colégio do Espírito Santo, dirigido por senhoras religiosas francesas dessa invocação. Chamam-na Nona, é uma graciosa e gentil figura de *keepsake*, fina e lindamente descrita pelo romancista. Uma das religiosas, moça e belíssima, a irmã Noeline, toma-se de uma grande afeição por Nona, que lhe corresponde com o afeto exclusivo de certos amores de criança. A menina cai doente de uma moléstia grave, um crupe. Tratada em uma enfermaria especial do colégio, tem a irmã Noeline por dedicada enfermeira. À cabeceira da filha doente a encontra Rafael, e a filha o apresenta nesses termos: "Irmã Noeline, irmã Noeline, este é o meu papai, o meu papaizinho; não é verdade que é muito bonito?", acrescentou acariciando-lhe a barba. Deteve-se a monja sem saber o que dizer, ruborizada até os cílios; volveu o rosto para Nona e seu olhar, o casto olhar dos seus olhos encantadores, encontrou com o de Rafael, um instante, só um segundo, que bastou para enrubescê-la ainda mais e fazê-la sair apressadamente.

Contando a um amigo — um certo Chinto, tipo desprezível, mas agradável pelo espírito e pelas originalidades de parasita e boêmio — a visita à filha doente, Rafael Bello surpreende-se a falar longamente da bela religiosa: "De pronto" — peço permissão para transcrever em espanhol — "preciso, neto, le devolvió la retina el principal asunto del quadro, el grupo que formaban sor Noeline y la Nona, com sus rostros tan cerca, que los alborotados rizos de la chiquilla manchaban aqui y alli la blanquisima toca de la religiosa, vió sus mejillas color de concha nácar, su cuerpo todo en una incómoda postura, en una inclinación de madre de verdad.

"Al pronto, no la vi bien, pero después si, cuando acomodó a mi hija, cuando dejó los medicamentos; y te juro, Chinto, que me entraran ganas de arrodillármele; parece una virgen de las que hay en los museos italianos, una *madonna*. Mira, su cara es ovalada, grandes los ojos, negros; la boca... Y retrató à la monja con una minuciosidad que a él mismo le asombró; donde había guardado los exactos pormenores, si hubiera podido asegurar no haber visto à sor Noeline sinó muy por encima, à la lijera? Sin malicia alguna acabó el retrato. Quizá la miró inadvertidamente con mayor atencion y por eso le salia tan parecido, tan idéntico al original; y sus facciones desfilaran à marabilla, todas sin faltar una; la monja estaba ahi: por inaudito prodigio, saliale del cerebro y por los labios le resbalava, cosa más rara!

"— Pues hijo, si es tal como la pintas, vale tu monjita un Perú antes de la guerra del Pacífico que fué cuando valió mucho.

"Lejos de festejar Rafael el inocente chiste de Jacínto, púsose fuera de si; dió un manazo en la mesa, largó dos ó tres insolencias, derribó su silla al levantar-se:

"— Hazme favor de no ser indecente y respeta lo que es respetado hasta por los salvajes, pues vamos à incomodar-nos".

O trecho é característico da maneira do autor e delicado e fino.

Rafael volta a visitar a filha e ao entrar na enfermaria vê de relance a irmã Noeline e a superiora ao pé dela; ambas o deixam só com a menina. Cinco minutos depois sai ele deixando-a mais aflita, encontra a religiosa em um corredor "y sin la menor idea carnal — por Dios que nó, antes al contrario! — deslumbrado por su beleza de *madonna*, como à una aparición celeste dispensadora de milagros, la detuvo, la tomó de las manos sin que ella pudiera evitarlo, pero muy humildemente, la imploró:

"— Madre, por favor, no deje usted à mi hija!"

Ainda em uma crise suprema da moléstia, quando a menina é salva pela injeção de um soro específico, acham-se Rafael e a irmã Noeline juntos, chegados um ao outro, apoiando Nona para o curativo. E no espírito, talvez mais que no coração do rico fazendeiro, vai pouco a pouco, e cada vez mais, penetrando a impressão dessa mulher divina pela beleza e pela virtude. Referindo a cena ao seu comensal Chinto, demora-se ainda Rafael no pensamento da religiosa e ao cabo diz dela e da superiora: "Que mujeres, Chinto, respiran la virtud! Yo creo que por eso se imponen, sobretodo a nosotros los perdidos que tan raramente la encontramos legítima..."

Mas a obsessão da religiosa cada vez mais se apoderava do seu espírito. Vieram as férias, Rafael leva a filha em convalescença para a fazenda; a menina, na sua ingênua inconsciência, mistura a tudo o nome da irmã Noeline: "Si vieras qué buena es y como me quiere? En el Colegio hay una niña grande que dice que parecemos novios, tú dirás?... Y no creas, nunca nos hemos dado um beso, porque no es permitido; pero lo que es las manos si se las cojo y se las aprieto con todas mis fuerzas, asi, mira... Y le apretaba à Rafael las suyas, que se contraian cual si la monja, en carne y hueso, estuviera ahi, prolongando el demoniaco y sabrosissimo contacto..."

Uma luta tremenda se estabelecia na alma católica de Rafael, entre a sua paixão, que ele ainda negava, e as suas crenças, adormecidas, mas vivas no seu coração de libertino. Procura vencer na fazenda pelo trabalho, pelo exercício, pelo cansaço, a obsessão da religiosa, que o não larga um só momento, que o avassala e domina, e sem o conseguir volta ao México.

Uma crise igual sobreveio à irmã Noeline. Ela tivera na sua vida, em França, de onde era, um puro romance de amor, um idílio com um primo. Sobrevindo a miséria, desfez-se o noivado e foi obrigada a entrar em um convento, onde fez os votos que a ligavam hoje. Não houve nela a vocação, verdadeira e espontânea; não era, entretanto, menos perfeita na sua virtude e na abnegação com que deixara o mundo; o seu primeiro amor era apenas uma vaga lembrança no seu coração, todo cheio de Deus. Entrou, todavia, por esse tempo, a chorar nervosa, indisposta, atormentada por sofrimentos incógnitos. Nem ela nem o seu confessor, o austero e sisudo padre Paulino — não sei por que o autor lhe chama às vezes frei, quando os jesuítas, salvo erro, não têm frades —, descobrem que mal é o seu. Essas inexplicáveis lágrimas aumentam com as melancolias outonais. E voltam-lhe as lembranças do passado, do seu lar desmantelado pela miséria e pela morte, do seu primeiro afeto por elas também despedaçado. "Oh! nada reprobado ni nada contra natural; el idilio que todas las mujeres desde niñas persiguen y alguna vez realizan a tuertas ó à derechas: el que si resulta favorecido se le llama noviazgo y en matrimonio acaba, pero si es contrariado bautizásele de pasión y pára en adulterio, al que unicamente atajan los próprios hijos, los votos religiosos ó la muerte".

Para fugir à tentação, pensa Rafael em não pôr de novo a filha no colégio; consulta-a, porém, e ela, por amor da irmã Noeline, quer voltar para ali. Ei-las de novo juntas, a mestra e a discípula, a palestrar, a rir, a brincar. Vem à questão qual se lembrara mais de outra e Nona: "... figúrese usted que aunque yo no la hubiera recordado, mi papá me hablaba de usted sin parar". A sensação que as ingênuas palavras da menina fizeram na religiosa foi estranha e dolorosa. "Como se uma força inteligente e maravilhosa lhe fizesse soletrar os seus pensamentos mostrando-lhe a chave do seu enigma, do enigma que nem ela, nem o seu confessor logravam esclarecer, a irmã Noeline viu claro no seu íntimo e espantou-se do que via: nela morava um homem e esse homem era Rafael". E desde então aumentam os tormentos da pobre irmã, a medonha luta de sua consciência apavorada de religiosa e da paixão que incendeia os seus vinte e quatro anos. E o seu confessor horrorizado ao ouvir-lhe contar entre soluços, obrigada por ele, as suas noites e os seus sonhos, declara-lhe, com a sinceridade brutal da sua revolta de asceta intemerato, que o seu mal é amor, que ela ama um homem, cujo contato, mesmo em sonho, a poluiu e danou, e recusa-lhe a absolvição. Uma febre cerebral segue-se, e na convalescença levam-na, por determinação do médico, ao parque do colégio, sob as árvores, para uma cura de ar.

Pela filha sabe Rafael desses fatos, da moléstia de Noeline, de que ela iria passar o dia no parque, à sombra das árvores, e a filha, indiscreta como uma criança, conta-lhe mais que há ali uma passagem para a rua, por onde as grandes, aquelas que já têm noivos, comunicam-se a furto com os seus namorados violando a regra que lhes proíbe ir àquela dependência do estabelecimento. Desvairado, mas lutando sempre nele a sua crença religiosa, sobretudo o seu medo do inferno e das suas penas horríveis e eternas, e a sua paixão, que no fundo não é senão o desejo no seu paroxismo, Rafael resolve raptar a religiosa, que lhe parece, pelo que lhe conta a filha, de a ter ela repelido quando dele falava, que o ama também. Ajudado por Chinto, penetra no jardim; a irmã Noeline, só nesse momento, surpresa e aterrada lhe desfalece nos braços, e ele carrega com ela para um carro ali junto posto adrede.

Na casa de Chinto, onde ele a oculta e onde ela ao fim de dois dias troca os seus trajes religiosos por hábitos leigos, se precipita o desenlace desse drama de amor. E esse final é, a meu ver, a parte menos bem acabada do romance. Há evidentemente nela precipitação, forçada talvez pelo desenvolvimento que o livro tomara, com o estudo e a narração de minúcias, que com vantagem para ele poderiam ter sido cortadas. E esse é o seu principal defeito, ter talvez umas duzentas páginas de mais, que por assim dizer abafam o drama simples e trágico que nas suas setecentas e vinte e sete se reconta, sem ter o autor a desculpa de Zola, em cujos copiosos romances movem-se dezenas, senão centenas de personagens, e a ação multiplica-se e subdivide-se em dúzias de episódios.

E aquela precipitação enfraqueceu a psicologia do autor. Parece-nos que a irmã Noeline se acomoda com demasiada facilidade à nova e estranha situação em que de súbito se acha, que a sua própria consciência de religiosa se não revolta bastante e que ela cede ao amor quase sem luta e, o que é pior, com uma resolução de histérica ou de mundana. Se a metamorfose da religiosa na mulher ao princípio se faz com um desenvolvimento natural, que revela no romancista capacidade para as análises profundas e delicadas, ao cabo se apressa de modo que nos não parece natural. Há beleza na cena decisiva e final, em que a mulher surge do casulo da religiosa, em que o amor triunfa dos votos, da fé, das preocupações devotas e morais, e a natureza vence a convenção social. Mas a cena, ainda assim, me parece forçada e falsa. Há demasiada fisiologia nela, e pouca psicologia. Os preconceitos de certa estética, que levou para a arte as noções e tendências científicas do nosso tempo, e que com Zola, por exemplo, e mesmo com Flaubert, não viu na paixão senão uma exigência invencível da carne, e do determinismo das nossas ações fez um puro fatalismo, tais preconceitos induziram os artistas dessa escola a não considerarem as reações sociais, que modificam com grande força e profundamente as determinações orgânicas a que porventura obedecemos. A educação, os hábitos de castidade, a fé, a sua condição de religiosa, o simples pudor de virgem, tudo enfim que fazia a pessoa moral da irmã Noeline podia não ser obstáculo a que em um momento de paixão desvairada, de excitação dos sentidos, de quase inconsciência, ela se deixasse vencer pelo amor, mas que o fizesse na forma descrita no romance, me parece contrário à experiência e falso. Está claro que salvo o caso patológico, e se o houvera de considerar, o drama perderia para mim todo o interesse.

De parte esse senão, e o demasiado desenvolvimento do livro, a obra do sr. Federico Gamboa revela-nos no México um escritor de verdadeiro merecimento. E, certamente, não será o único.

TOLSTOI

Résurrection, par le Comte Léon Tolstoi,
traduit du russe par Teodor de Wyzewa,
Paris, 1900.

I

    Depois do vigoroso livro *Que é a arte?*, no qual definia a sua estética, *Ressurreição* é a primeira obra de arte do conde Leon Tolstoi. Sabe o leitor que esse nome aristocrático e ilustre é o de um dos grandes escritores do nosso tempo. E não só um grande escritor pela potência da invenção, pela abundância da imaginação, pela força do pensamento, pela excelência do estilo e originalidade da concepção, mas também, o que mais vale, um grande espírito e um grande coração. Em um século em que a nossa impaciência de contemporâneos malsinou de banal, a figura do conde Tolstoi se destaca com um forte e saliente relevo. Em um tempo em que, graças às tentações do confortável, chegado aos seus extremos limites, e às facilidades da moral relaxada pela vitória da democracia e pela bancarrota da fé, senão também pela aparente imoralidade de certas doutrinas de materialismo científico, raros são os que, como Tolstoi, põem os seus atos de acordo com as suas palavras, as suas ações de conformidade com os seus sentimentos e têm a assombrosa coragem de tudo sacrificar à coerência de sua vida. Só por isso é o grande escritor russo verdadeiramente um homem extraordinário e venerável. Se um justo bastava para que o crudelíssimo Javé perdoasse às cidades malditas, bastaria porventura um homem como Tolstoi para mostrar que energias morais, da espécie mais rara e mais difícil, encerra ainda a humanidade. Quando, por falta, senão de uma crença, de aspirações, de ideais, de uma comum religião humana, o caráter dominante da arte moderna é o diletantismo, e ela não é, mesmo para os melhores e nos melhores, senão um divertimento de gozadores, um prazer de desocupados, uma delícia de refinados, Tolstoi faz dela "um órgão moral da vida humana", "uma grande coisa", "um órgão vital da humanidade, que transporta ao domínio do sentimento as concepções da razão", e dá-lhe por fim superior hoje "realizar a união fraternal dos homens".

No domínio propriamente intelectual, me não lembra neste momento se houve no nosso século mais que três homens, Auguste Comte, Ruskin e Tolstoi, cuja vida guardasse uma inteira conformidade com as suas idéias e cujas ações correspondessem plenamente aos seus ensinos. E nem o eminente pensador francês, nem o grande esteta inglês, nenhum fez tamanho sacrifício como Tolstoi, ou como ele levou tão completamente ao cabo as conseqüências práticas das suas doutrinas filosóficas e sociais. De grão-senhor russo fez-se *mujique*, de grande proprietário territorial fez-se proletário, de fino fidalgo e cortesão fez-se povo, de artista delicado fez-se grosseiro artesão, e rompendo com as concepções do seu meio, com os costumes da sociedade, com os preconceitos da sua casta, com as idéias, os princípios, a prática da sua educação, pôs-se, por assim dizer, fora do seu povo, da sua nação e das suas leis e hábitos, como um banido — um bandido —, um *out-law* de nova espécie, que saísse da sociedade, do Estado, da Igreja oficial, para se consagrar, com a abnegação de um santo e a coragem de um herói, ao bem do homem e da humanidade, e dar às suas palavras a sanção dos seus atos.

Para tais exemplos de um tão sublime, peregrino e difícil procedimento, a nossa crítica fácil de satisfeitos, de covardes, de incapazes, de egoístas ou de impotentes, achou em uma pseudociência a fórmula sadia da anormalidade, da degenerescência, do caso patológico. Esse método pateta aplicado ao julgamento da evolução humana teria reduzido a humanidade sã a uma multidão de imbecis e excluído dela aqueles que lhe são a honra e a glória, a quem ela deve o melhor dos seus progressos na ordem moral, na ordem espiritual, na ordem material, os grandes criadores em religião, em ciência, em arte, em literatura, em filosofia, os eminentes promotores de idéias, de concepções, de movimentos sociais, que todos, mais ou menos, cabem em uma daquelas categorias, postas ultimamente em moda, ao alcance de todas as ignorâncias, pela presumida ciência dos Lombrosos, dos Nordaus, dos Tardes e que tais. Esses pretensos sábios começam esquecendo-se de dizer-nos qual é o tipo normal do homem, o termo da comparação, o ponto de referência, a unidade que nos servirá de estalão. Dom Quixote ou Sancho Pança? Qual destes é o verdadeiro *homo normalis* dos nossos Lineus? Se é Sancho Pança, precisamos então reconhecer que quanto faz o nosso orgulho de homens, e a glória da humanidade, não é nosso, pois tudo é obra de Dom Quixote e não de Sancho Pança. E assim a evolução humana acabaria por ser o feito justamente de uma diminuta porção de indivíduos que não pertenceriam à humanidade, excluídos dela pela sua anormalidade orgânica e funcional. Também não inculco seja Dom Quixote o tipo normal do homem; simplesmente creio que tanto ele como Sancho são homens verdadeiros, humanos, reais; somente admiro e estimo mais Dom Quixote, e, apesar de todos os contrários desmentidos da vida, também creio que é ele afinal quem tem razão. Com ele estão o melhor da humanidade, a capacidade do devotamento e do sacrifício, por amor de um ideal superior.

Foi esse amor que transformou o fidalgo escritor, grão-senhor filho de generais e homens de Estado ilustres, o conde Tolstoi, no anarquista evangélico que com a pena, com a palavra e com o exemplo combate há alguns anos já, no meio da Rússia autocrática, a organização atual da sociedade, a miséria, a exploração dos fracos pelos fortes, a guerra, o serviço militar, a justiça humana, o Estado, o mal enfim em todas as suas faces. Ao contrário de outros correligionários do mesmo ideal, Tolstoi não é um ateu ou um livre pensador em matéria religiosa, mas um cristão convencido, ou antes um homem do Evangelho, qual o interpreta com a sua poderosa imaginação de poeta e de místico.

Tolstoi foi primeiro o poderoso romancista da *Guerra e Paz*, de *Ana Karenina* e de outras narrativas, que o colocaram entre os grandes escritores do nosso tempo, e que reveladas à França, com todo o romance russo, pelo sr. De Vogüé, no decênio de 80, tiveram tão grande repercussão e influência no mundo literário ocidental. Mero romancista, sem ainda nenhuma intenção sociológica ou religiosa, Tolstoi, entretanto, como todos os escritores seus compatriotas, Gogol, Turgueniev, Dostoievski, não era um puro esteta ou literato, sem outra preocupação que a de fazer literatura bem-feita, dando da vida, com estilo e arte, uma representação exata, real, perfeita como os Flauberts, os Goncourts, os Zolas, e, no geral, os naturalistas franceses e seus imitadores. O naturalismo russo, como o naturalismo inglês com uma George Eliot, menos impassível e indiferente que o francês, ao contrário deste penetrado de simpatia, de piedade humana, distinguia-se da literatura corrente na Europa Ocidental por uma compreensão mais verdadeira e mais íntima da vida, uma análise mais profunda dos caracteres e sentimentos e uma originalidade maior de concepção e de composição. Dois elementos morais completavam a distinção da ficção russa em meio do romance ocidental: o trágico, ainda forte na sociedade bárbara que ela representava, e o místico, ainda tão vivo na alma eslava. E na obra dos escritores, como na sua alma e na do povo por eles descrito, esses sentimentos se casavam íntima e fundamente. Era essa obra tão viva e sincera que seu efeito não foi só moral ou intelectual, mas prático, e o romance russo, de Gogol para cá, teve uma poderosa influência na nova constituição espiritual e política do grande império eslavo. A falta de uma tradição literária e filosófica e as ardentes aspirações de melhorias sociais na Rússia explicam a sua facilidade de recepção e aceitação de todas as correntes espirituais que lhe pareçam satisfazer essas aspirações. Sabe-se como as teorias de Darwin, de Spencer, de Lassalle, de Marx e as modernas doutrinas filosóficas, econômicas e sociais agiram poderosamente na consciência russa contemporânea, e não só de uma maneira teórica e especulativa, mas praticamente, criando o proselitismo político e revolucionário. Os romancistas russos mostram-nos a toda luz esse fenômeno, e o principal personagem de *Ressurreição* é um discípulo de Spencer e de Henry George, o sociólogo americano que ensinou não deve ser a terra objeto de propriedade. Em contato direto e imediato com um povo carregado de sofrimentos e cheio de aspirações de melhoria, os romancistas russos, todos revolucionários, pela descorrelação que sentiam entre si e o seu meio, todos pelo menos "progressistas", acharam-se em comunhão simpática com o povo e a sua inteligência. Abrindo-se ao influxo dessa simpatia, eles puderam dar dele, da sua alma, dos seus desejos, dos seus sentimentos a verdadeira, e por vezes trágica, representação que deram. Daí o caráter eminentemente sociológico do romance russo, que devia talvez achar em *Ressurreição* a sua mais alta e completa expressão.

Há pouco mais de vinte anos operou-se no espírito de Tolstoi a evolução que fazia do já grande romancista o apóstolo de uma nova doutrina religiosa e social. E essa operação não parece insólita, antes pelo contrário, em quem como ele na *Guerra e Paz* penetrara com tão sutil e aguda análise a miséria das máximas dignidades oficiais humanas, mostrara a enganosa artificialidade dos heróis, tirara à guerra a sua grandeza para a mostrar qual é na sua hediondez mesquinha e na sua repugnante verdade, e reduzira finalmente a lenda guerreira das grandes batalhas dirigidas por um gênio militar a uma multidão de pequenos reencontros que apenas o acaso e as circunstâncias governam.

Refere Tolstoi, no prefácio da sua tradução dos *Evangelhos*, que, aos cinqüenta anos, achando a sua vida uma coisa sem sentido e má, foi acometido de desespero que o levou até à idéia do suicídio. Esse pensamento de que a vida deve ter um sentido, um tento, uma significação, um objetivo, determinou a evolução religiosa — dando a esta palavra a sua mais larga e mais alta significação — de Tolstoi.

Foi nos Evangelhos que ele achou explicado esse sentido da vida que permite aos homens viverem com verdade. Mas nos Evangelhos depurados da doutrina hebraica e da doutrina da Igreja, que ambas lhe pareceram não só alheias mas contrárias a eles.

Pouco lhe importava, na sua indagação do problema da vida, saber se Jesus Cristo era Deus ou não, de quem procedia o Espírito Santo, quem escrevera os Evangelhos, ou mesmo se essa ou aquela parábola vem ou não de Cristo. Só lhe parecia importante a luz que há dezoito séculos alumia os homens, que o alumiou a ele também e o alumia ainda. Também o não preocupava saber que nome desse a essa luz. E cada vez, com mais ardor e sinceridade, prosseguia no exame dos Evangelhos, que traduziu do grego e estudou em face de toda a exegese ortodoxa ou independente, mas que interpretou conforme lhe pareceu a verdade. Depois desse trabalho de consciência e erudição, chegou Tolstoi à impossibilidade de considerar o cristianismo como uma pura revelação, ou como uma simples manifestação histórica, e foi levado a tê-lo como a "única doutrina que dá um sentido à vida, a doutrina metafísica e moral mais forte, a mais pura e a mais completa a que se tenha jamais elevado a humanidade, doutrina em que se apóiam inconscientemente todas as altas manifestações da humanidade nos diversos domínios da política, da ciência, da poesia e da filosofia". Alongar-nos-íamos, sem grande necessidade, em expor o que um teólogo alemão chamaria a cristologia de Tolstoi. Basta saber que para ele "o Evangelho é a revelação desta verdade, que a fonte primordial da vida não é um Deus exterior às coisas, como o imaginam os homens, mas simplesmente a compreensão mesma da vida. Por isso o Evangelho substitui o que os homens chamam Deus pela compreensão da vida. Sem essa compreensão não há vida. O homem não vive senão quando tem a compreensão da vida. Só possuem a vida verdadeira os que não vivem pela carne mas pelo espírito. Foi essa vida que Jesus Cristo veio ensinar aos homens, dando-lhes o exemplo de uma vida do espírito na carne". "A sabedoria da vida consiste em considerar a nossa vida como procedente do espírito infinito, e em libertar-nos das preocupações corporais". É a abnegação ao serviço dos nossos semelhantes que faz a razão e a grandeza da vida. "Teve um dia Jesus", refere Tolstoi, "ocasião de pedir um copo de água a uma mulher de outra religião. A mulher, porém, hesitava em atendê-lo, por motivo da diferença de religiões. Então disse-lhe Jesus: 'Se tu conseguisses perceber que quem te pede água é um vivente no qual vive o espírito infinito, tu te apressarias em fazer uma boa ação e em unir-te assim com o espírito infinito, que te daria uma água junto à qual não se tem mais sede. Não é em um lugar determinado que devemos orar a Deus, devemos adorá-lo por meio de atos nos quais se encarne o espírito de Deus'."

Com essa e outras anedotas evangélicas, explica Tolstoi a sua doutrina, o que ele chama o sentido da verdadeira vida, toda consagrada ao bem da humanidade, liberta de todas as opressões do Estado e da Igreja, o homem livre e igual no bem, o mal extinto pela extinção de todas as instituições sociais que o originam e de todas as concorrências da vida que o multiplicam.

A doutrina de Tolstoi pode ser definida como um anarquismo evangélico, penetrado de um largo misticismo humanitário e de um ascetismo generoso e altruísta. Ao contrário do ascetismo clássico, budista ou cristão, egoísta e estreito, derivado do horror dos homens, o ascetismo de Tolstoi inspira-se justamente no amor do homem e tem nele a sua fonte.

Em livros sucessivos — *Está em vós a salvação*, o *Espírito cristão e o patriotismo*, os *Evangelhos*, *Aproximam-se os tempos*, e no mesmo *Que é a arte?* — expôs Tolstoi a sua doutrina toda de amor da humanidade e do bem. Contra os abusos que o cercam na sociedade em que vive levantou muitas vezes a sua voz a favor dos fracos, dos perseguidos, dos miseráveis. O próprio tzar ouviu-o pessoalmente taxar de insincero o seu reescrito famoso convidando as potências ao desarmamento e à paz. Mas a sua obra de apostolado não matou nele as qualidades eminentes de artista, antes as aumentou e engrandeceu, dando à sua inspiração, como aos grandes poetas da humanidade, um alto e generoso ideal.

É o que mostra esse seu novo livro *Ressurreição*.

II

Este romance tem uma pequena história, interessante por ilustrar ao mesmo tempo o caráter do apóstolo e os hábitos do escritor, em Tolstoi. Contou-a no *Temps* o sr. Teodor de Wyzewa, mais ou menos da forma seguinte:

Há alguns anos compusera Tolstoi um romancezinho ou extensa novela, a que chamara *Ressurreição*. Era a aventura de um sujeito rico e de importância, que, deparando no banco dos réus, no júri, com uma mulher por ele outrora seduzida e abandonada, considerara que era ele o verdadeiro autor da depravação daquela mulher, e, para expiar o seu crime, casava-se com ela e a seguia à Sibéria, para onde a deportaram. A sua novela tinha, como a *Sonata a Kreutzer*, o mesmo fim de mostrar o que há de imoral e de anticristão na maneira comum de compreender o amor. Entregue Tolstoi a preocupações sociais e à aplicação prática da sua doutrina moral, foi a novela abandonada, na sua forma primitiva, na gaveta. Entre as questões que, no seu zelo de apóstolo, tomou ele a peito, nenhuma lhe interessou mais que a dos *dukhobors*. São os *dukhobors* uma seita cristã da Rússia, dissidente da religião ortodoxa e oficial do império, rústicos que viviam há longos anos conforme as suas crenças evangélicas tradicionais e que, proibindo a sua fé a morte de homem, recusam-se terminantemente ao serviço militar e a conformarem-se com outras leis do Estado contrárias às suas crenças. Tolstoi tomou calorosamente o partido deles, e fez-se seu oficioso advogado, não só em escritos, que a favor da sua causa publicou na Rússia e na Europa, mas ainda perante as magistraturas locais. Por fim abriu Tolstoi uma subscrição internacional, que permitisse à seita perseguida deixar a Rússia e ir fundar alhures colônias onde pudesse viver segundo a sua fé. Teve a subscrição o melhor êxito, e milhares de *dukhobors* transportaram-se para a ilha de Chipre e para o Canadá, onde tentam a interessante experiência sociológica de uma república fundada no Evangelho. Mas, por grande que fosse o produto dela, não bastou para cobrir as despesas dessa emigração em massa. Veio então a Tolstoi, que desde algum tempo não tira para si proveito das suas obras literárias, a idéia de aproveitar aquele pequeno romance em bem dos *dukhobors*, e para isso entendeu-se com o seu mais íntimo amigo, o sr. Tchertkof, que, da Inglaterra, se encarregara da direção prática dessa obra de humanidade. Tolstoi oferecia o seu romance, e bem assim outras produções inéditas do mesmo gênero, tal e qual se achavam; embora não tivesse ele a seus olhos nenhum valor, por não estar conforme com o seu ideal da arte nova e verdadeira, e não ser, mesmo sob o aspecto literário, tão perfeito quanto o quisera, não se sentindo ele, entretanto, com a coragem de refazê-lo, nem de corrigi-lo. Apressou-se o seu amigo em aceitar-lhe o oferecimento, e por seu intermédio foi o direito da primeira publicação da novela vendido a quatro ou cinco jornais da Europa e da América, que se obrigaram a publicá-la simultaneamente. Os tradutores também se comprometeram a abrir mão em favor dos *dukhobors* da totalidade dos benefícios da primeira publicação, "felizes", acrescenta o sr. de Wyzewa, que era um deles, "de poderem testemunhar assim a sua veneração pela pessoa e pela obra do conde Tolstoi". E em março de 1898 apareceram ao mesmo tempo na Rússia, na Inglaterra, na Alemanha, na França e nos Estados Unidos os primeiros capítulos da *Ressurreição*. Mas não se é debalde um verdadeiro escritor nem à toa se tem uma alma de artista. Tolstoi não pôde enviar ao seu amigo e agente a sua novela sem a ler. Começou por corrigir um ou outro trecho, particularidades, miudezas; mas, quando os tradutores lhe enviaram as provas impressas, outras correções mais importantes pareceram-lhe indispensáveis, e aqueles primeiros capítulos foram completamente refeitos.

"O conde Tolstoi é", informa o sr. Wyzewa, "o mais terrível dos revisores; nem Balzac, nem Villiers de l'Isle-Adam, não eram tão infatigáveis em riscar, linha a linha, as páginas dos seus escritos que lhes davam a reler; e afirmaram-me que, desde Gutenberg, jamais tipógrafos executaram a mais difícil tarefa que os que compuseram as primeiras edições de *Guerra e Paz* e de *Ana Karenina*. Linha por linha, palavra por palavra, põe o conde Tolstoi a cada nova leitura tudo em discussão, o pensamento e a forma. Cerra os seus argumentos, reforça as suas imagens, dá ao estilo um meneio mais preciso e mais vigoroso. Sobretudo, porém, sente-se que o guia nessas correções uma verdadeira paixão de clareza e de simplicidade. As pinturas mais elegantes, as comparações mais engenhosas, mil rasgos que só um grande artista poderia imaginar, surpreende-nos ao princípio que ele os corte ou os substitua por outros, aparentemente mais insignificantes; e só depois, relendo o texto corrigido, apercebemo-nos o que essas supressões de detalhes acrescentaram ao conjunto, não só em alcance moral, mas em beleza artística". Corrigindo e recorrigindo o texto da sua novela, Tolstoi acabou por fazer dela um "grande romance, de vida e de paixão", que *é Ressurreição*.

O romance é esse:

O príncipe Nekhludov encontra no banco dos réus em uma sessão do júri, em que servia como jurado, uma mulher por ele amada, seduzida e abandonada uns oito anos antes, e da qual jamais soubera ou indagara. Ela comparecia ao tribunal, com outro nome, o de Maslova, acusada de haver, de cumplicidade com outros, envenenado um dos seus amantes de ocasião, para o roubar. Nekhludov não cria nos seus olhos vendo surgir-lhe ali, de repente, inesperadamente, sob o nome de guerra de Maslova a sua amada Katucha de outrora. "É impossível", dizia-se ele, mas já não duvidava, estava certo de que era ela, a pupila-criada de quarto Katucha, que amara outrora, amara verdadeiramente; que mais tarde, em um momento de loucura, seduzira, e depois abandonara, e em quem, desde então, evitara pensar, porque a sua lembrança lhe era acerba, humilhava-o muito, mostrando-lhe que ele, tão orgulhoso da sua retidão, se portara covardemente, vilmente, com essa mulher.

Correu o processo, e Tolstoi nos dá do júri na Rússia um quadro de uma exatidão vigorosa e sugestiva, que bem pudera ser a representação exata dessa instituição, quase ridícula fora do seu meio de origem, em todos os países que a adotaram. Maslova negou o crime, quer o de envenenamento, quer o de furto, com um acento de sinceridade que tocou e convenceu da sua inocência a Nekhludov. Ela, é certo, confessou, lançara um pó, que lhe deram os seus co-réus, no conhaque do sujeito, mas pô-lo supondo, como aqueles lhe afirmavam, tratar-se apenas de um narcótico, cujo efeito a deixaria livre do importuno amante. Quanto ao dinheiro, protestava não ter tomado nenhum, e nenhum se lhe achou. Mal defendida por um advogado *ex-officio*, foi condenada pelo júri a quatro anos de trabalhos, na Sibéria. Essa condenação, porém, era devida a uma dessas patetices que esses tribunais por toda parte são pródigos em cometer, de boa ou má fé. Em conselho reconheciam os jurados que, deitando o tal pó na bebida da vítima, não tinha Maslova a intenção de dar-lhe a morte, senão de fazê-lo dormir, mas nas respostas dadas aos magistrados esqueceram de mencionar essa circunstância e a pobre mulher foi condenada como homicida.

Nekhludov, que, com dolorosa angústia, assistira a todos os debates do tribunal e da sala do conselho, quase sem poder refletir, nem pronunciar palavra, com um receio covarde de que descobrissem as suas relações antigas com a acusada, meio ensandecido por aquele encontro e por tudo quanto ele em sua alma despertava, compreendeu vagamente o erro do júri, mas não se atreveu a protestar em tempo.

Todos no tribunal, juízes, jurados, perceberam o desgraçado equívoco, mas por desídia, por fraqueza, ou porque se fazia tarde — um dos magistrados tinha mesmo um prazo dado amoroso para as seis horas e já eram cinco — ninguém procurou desfazê-lo, quando ainda um remédio tinha lugar. Maslova protestou com veemência a sua inocência, e o seu grito comoveu profundamente a Nekhludov, em cujo espírito, desde que descobrira Katucha na acusada que ia julgar, se travara uma terrível batalha entre os seus preconceitos e o dever. O seu primeiro movimento foi, acabada a sessão, entregar a um advogado a causa de Maslova para fazer anular o julgamento. Recolhido com os demais jurados à sala das deliberações, repassaram na mente do príncipe as cenas da sua vida, nas quais tivera Katucha um papel, que ele recordava com remorso e vergonha. Viu-a pela primeira vez quando, feito o seu terceiro ano da universidade, viera passar com umas tias velhas e ricas as suas férias e preparar, no remanso do campo, a sua tese de formatura. "Achava-se então na disposição entusiasta de um modo que, pela primeira vez, reconhece, com os seus próprios olhos, toda a beleza e importância da vida; que, mesmo apercebendo-se da gravidade da tarefa imposta ao homem nesta vida, concebe a possibilidade de trabalhar imediatamente na sua realização, e que se volta a essa realização não só com a esperança, mas com a certeza de alcançá-la no mais alto grau de perfeição, qual a imagina. Lera, pouco antes, os escritos sociológicos de Spencer e de Henry George, e a impressão que recebera era tanto mais forte quanto as questões que neles via tratadas tocavam-lhe diretamente, por ser sua mãe proprietária de um considerável domínio". Herdeiro de uma grande propriedade territorial, descobria assim o que havia de cruel e injusto no regime dessa propriedade particular. "E como, por natureza, era daqueles para quem o sacrifício feito em nome de uma necessidade moral constitui um verdadeiro gozo, decidira logo renunciar por sua parte ao direito de propriedade territorial e dar aos camponeses tudo o que então possuía, isto é, o pequeno domínio herdado de seu pai". Assim fez, e a sua tese de formatura teve por assunto a *Propriedade territorial*.

Por aqui se vê que o príncipe Nekhludov pertencia aos que se chamam na Rússia os "liberais", e mesmo aos chamados "revolucionários", que se não recrutam somente no povo ou na burguesia, senão também nas mais altas classes da sociedade, e até junto do trono autocrático do imperador. É sabido como a alta nobreza russa tem fornecido adeptos convictos e dedicados aos partidos extremados e revolucionários do império, os niilistas, anarquistas e socialistas.

Em casa de suas tias encontrou Nekhludov, meio pupila tratada com amizade, meio criada tratada com estima, uma bela e meiga rapariga, Katucha, por elas recolhida e educada, e a quem, naturalmente, com a candura dos seus 19 anos inocentes — o que dificilmente admitirá um brasileiro —, pôs-se a amar com um primeiro amor. Ela, quase não precisava dizê-lo, também o amou, sendo o amor de ambos puro e ingênuo, como o de duas crianças que eram. Não se confessaram sequer a sua mútua afeição.

Três anos depois, já oficial da guarda, em caminho para a guerra com a Turquia, indo reunir-se ao seu regimento, Nekhludov, de passagem pelo domínio de suas tias, viu de novo Katucha. Não era mais o ingênuo e entusiasta mancebo de outrora, que cria em si mesmo e se fazia uma alta idéia da vida. Ele vivia como os outros, meio de ter o aplauso de todos. Revendo Katucha, despertou o seu amor por ela, mas então já não aquele amor puro e ingênuo; misturava-se-lhe o desejo. "Em Nekhludov, como em todo homem, havia dois homens. O homem moral, disposto a não procurar o seu bem senão no bem dos outros; e o homem animal, buscando apenas o seu bem individual e pronto a sacrificar a si o bem do mundo inteiro. E no estado de loucura egoísta em que se achava nesse momento da sua vida, o homem animal prevalecia nele de modo a sufocar completamente o outro". E o venceu, sacrificando Nekhludov a Katucha, amorosa e indefesa, ao egoísmo do seu gozo, julgando-se quite com ela mediante uma cédula de cem rublos que ao partir lhe deixou. Sinto realmente não poder dar aqui o trecho admirável da missa do galo, que precedeu esse desenlace, nem toda a deliciosa narrativa desses dias de Nekhludov na vivenda de suas tias. E o príncipe parte apenas com um insignificante remorso, antes duvida se poderia contar aquilo como um bem ou como um mal que lhe sucedera, e respondendo ao leve remordimento da sua consciência: "Ora, é sempre assim, todos fazem o mesmo". É esse um dos elementos da filosofia de Tolstoi, que nesta vida nos desculpamos dos nossos erros com a alegação de que todos fazem o mesmo, como se a virtude não estivesse justamente em proceder diversamente de todos. Todo o mundo procedia como ele, repetia-se Nekhludov ausentando-se. E mais tarde, quando uma poderosa reação moral o determinar a reparar essa falta, toda a gente lhe repetirá ainda, taxando-o de original, de extravagante, senão de doido, que todo o mundo faz mesmo, e nem por isso o céu vem abaixo. Transporte-se para todas as outras relações humanas, no domínio da política, do comércio, da vida pública ou da vida doméstica, esse critério e se verá que de fato é ele que governa toda a nossa relaxada moral contemporânea.

Despedida de casa das tias de Nekhludov, por não poder ocultar o sinal da sua falta, como pudicamente se diz, Katucha começa a sua desgraçada odisséia de prostituição e miséria, que vem dar no banco dos réus e dali nas prisões da Sibéria, como assassina e ladra. Recordando tudo isso, uma revolução se opera na consciência de Nekhludov, e ele resolve consagrar-se exclusivamente a reparar a sua falta e a remir do inferno em que o seu egoísmo lançou aquela miserável criatura.

É essa a parte mais difícil, direi, do romance de Tolstoi, e ele, com a sua grande convicção de apóstolo, e a sua forte intuição de artista, não procurou tergiversar com ela, nem atenuá-la. Antes a tomou de frente corajosamente, sem buscar facilitá-la por qualquer recurso romanesco, que seria uma tentação irresistível para um artista menos consumado. Assentadas na sua consciência a convicção do que ele chama o seu crime e a resolução de o reparar, Nekhludov decide-se a casar com Maslova e, caso não obtenha a sua absolvição em novo processo e o seu perdão, a acompanhá-la à Sibéria e a sacrificar-se inteiramente por ela. Nesse passo sentimos evidentemente uma grande repugnância em aceitar a verossimilhança — na ficção mais relevante que a verdade — do caso imaginado por Tolstoi. Nós leitores comuns não temos almas de heróis, nem de santos, e a nossa consciência, relaxada por todas as facilidades da vida mundana e por todas as condescendências das religiões em que presumimos viver, se acharia, no caso de Nekhludov, perfeitamente quite com a nossa vítima, com a nossa vaga fé e consigo mesma, interessando-nos para que aquela obtivesse outra sentença ou perdão e, se o não conseguíssemos, dando-lhe algum dinheiro que na prisão e no desterro lhe pudesse proporcionar algum bem-estar. Poderíamos mesmo chegar, se não receássemos comprometer-nos, a servir-nos da nossa posição social, das nossas boas relações para mitigar à condenada a dureza da sua sorte, com recomendações à benevolência dos funcionários das prisões. Tolstoi parte de um pressuposto para nós falso, ou quase incompreensível: a fortaleza de uma convicção moral, digamos a palavra, a fé, determinando triunfantemente as nossas ações. Quase não logramos compreendê-lo, porque, de fato, não temos convicções dessas. Sobretudo não temos convicções absolutamente desinteressadas, e, o que mais é, capazes de nos moverem a sacrifícios que a nossa sociedade ridicularizaria e taxaria de loucura. Olhai em torno de vós, todas essas convicções, as mais expressas e as mais ruidosas, são, no cabo, uma colocação de capital. Assim parece, não há dúvida, que na construção da obra de Tolstoi há um erro fundamental, e que está no seu ponto inicial, o *pretexto* do romance. À primeira vista o motivo da ação ou da transformação do herói seduz e encanta, pouco depois tem-se a sensação de que ele não é tão forte, tão íntimo e profundo quanto ao autor parece, e acaba-se por ter a convicção de que não passa de um pretexto para o romance, ou melhor, para a propaganda da religião do autor, pois a transformação é tão brusca, tão teatral, tão açodada, que, afigura-se-nos, para ela qualquer causa bastaria. Compreendendo talvez a fraqueza do motivo para o comum dos leitores, Tolstoi justifica-se pelo despertar de Deus, na consciência onde ele já existia e adormecera. Em arte é um recurso fácil o apelo ao milagre religioso, e o caso imaginado por Tolstoi ou, antes, o motivo, a determinante da ação heróica do príncipe Nekhludov, seria o que o catolicismo chama a graça.

Tal é a crítica, cuja justeza não contesto totalmente, que se pode fazer à concepção de Tolstoi, podendo-se acrescentar que nesse ponto o apóstolo tomou o passo ao poeta. Para a grande maioria de leitores o caso de Nekhludov parecerá inverossímil, como inverossímil nos parece tudo o que exorbita do curso ordinário da vida.

É essa impossibilidade de crermos nas ações heróicas e maravilhosas que, com outros motivos, tornou impossível a epopéia, que delas vivia. Chamem-lhes, com os católicos, graça, ou dêem-lhes outros nomes, aos móveis que decidem em um dado momento de certas ações, que a nós nos parecem sobre-humanas, é incontestável que tais ações, embora excepcionalmente, existem. Que a arte tem o direito de aproveitá-las, não me parece questionável, somente com a restrição de ficar inteiramente dentro do seu domínio. Pode-se com razão argüir a Tolstoi que às vezes, não muitas, nem muito intensamente, o seu zelo de propagandista arrastou-o para fora dele. Mas no caso especial da Rússia, o caso do príncipe Nekhludov não tem talvez nenhuma inverossimilhança; e os casos do mesmo Tolstoi, de Kropotkin, que também é príncipe, e de numerosos fidalgos da melhor nobreza russa, que tudo sacrificaram por amor das suas convicções morais, religiosas e sociais, provam que na alma trágica e mística dos russos há energias morais quase desconhecidas no nosso mundo ocidental. Custar-nos-ia a admitir que um nobre, mesmo um burguês qualquer, alemão, francês ou inglês, procedesse como o príncipe Nekhludov no romance de Tolstoi. Seria outra falha ou senão do livro, que a verdade que nele há não é bastante geral, mas ainda aqui convém distinguir. A verdade do caso de Nekhludov e de Maslova é talvez peculiar à Rússia, mas a verdade, real e ideal, de todo o romance, a vida e a paixão que o animam, é geral e humana. Um forte, um belo, um raro livro em suma, dos que, não obstante mergulharem no abismo sem fundo das misérias da vida, levantam a alma, tal me pareceu esse.

III

A terceira e última parte de *Ressurreição* saiu muito depois das duas primeiras. Não sei se errarei julgando que essa parte era acaso escusada, e que esse doloroso poema de sofrimento e de misericórdia estava porventura completo nas duas partes publicadas. O fim, a conclusão, não só da história nele referida, mas da idéia inspiradora do livro, achava-se implícito no primeiro volume; o leitor a sentia ou adivinhava. E sob essa forma sintética, lucrava talvez o romance em força e emoção. Desenvolvendo-a em mais um volume, embora seja esse desenvolvimento, sob o aspecto material, obra do editor, o romancista sacrificou o poeta, o artista, ao propagandista, ao doutrinário.

O que vale é que há em Tolstoi uma tal opulência de verdade e de real e sincera emoção que ele pode gastá-las em desenvolvimentos dispensáveis sem desperdiçá-las; e, com isso, uma arte perfeita e simples, o que chamarei uma arte honesta, sem atavios nem fingimentos, superior e ingênua, forte sem rebusca, distinta e rara, sem maneira, com que ele dá às suas cenas e tipos um intenso relevo, uma palpitação de vida de que se não me depara exemplo em nenhum outro romancista contemporâneo. Nesse prodigioso poeta, o fundíssimo idealismo de uma alma essencialmente mística não obliterou o sentimento e a percepção do real. Ao contrário, antes os aumentou, como se aos seus olhos de iluminado e vidente tomasse o real contornos mais distintos, relevos mais altos, feições mais estremes. Como a de todos os grandes criadores na literatura e na arte, a obra de Tolstoi, sem embargo do intenso idealismo do poeta, é profundamente realista, porque, ou por isso, profundamente verdadeira e humana.

Como o primeiro, esse segundo volume está cheio de quadros superabundantes de verdade e emoção no seu desenho sóbrio e correto, no seu colorido moderado e exato. E aos nossos olhos comovidos desfilam tipos, cenas, episódios que nos deixam não só a impressão mas a sensação nítida, e em geral penosa, da vida russa. Citarei alguns tirados a essa via dolorosa dos deportados, a caminho da Sibéria.

Grito de homem, choro de criança, vociferações de um superior ouvem-se no pátio da prisão onde parara a leva de condenados, em uma das suas jornadas. E vê-se o seguinte: "O oficial, um sujeito gordo, de compridos bigodes louros, enxugava o punho direito vermelho de sangue com a mão esquerda, e, de catadura furiosa, vociferava sem cessar injúrias a um preso que, de pé em frente dele, resguardava com uma mão o rosto machucado e ensangüentado, ao passo que com a outra apertava de encontro a si uma pequenita embrulhada em um xale, a qual, com todas as suas forças, chorava aos berros. O preso tinha a metade da cabeça raspada; era um homem comprido e magro; trazia uma veste muito curta e uma calça que lhe ficava acima dos tornozelos.

— Hei de ensiná-lo a discutir, dizia o oficial, misturando de injúrias cada uma das suas palavras.

— Vamos, põe a criança no chão, e apressa-te em tornar a pôr os anjinhos.

"Fora a esse forçado concedido ter mãos soltas, para poder carregar sua filhinha, cuja mãe morrera de tifo em uma das paradas. Mas naquele dia o novo oficial, que estava de mau humor, exigira que lhe repusessem as algemas. O forçado protestara; agastado, o oficial lhe dera um soco nos olhos.

"Do outro lado do oficial estava um enorme forçado de barbas pretas, que, com um anjinho em uma das mãos, olhava aborrecido ora o oficial, ora o seu infeliz companheiro. O oficial, entretanto, continuando embora a vozear injúrias, repetia aos guardas a ordem de levar a criança e de pôr as algemas no pai. Na multidão, o murmúrio crescia.

— Desde Tomsk que lhe deixaram as mãos soltas, dizia uma voz rouquenha nas últimas fileiras. Não é um cachorrinho, é uma criança.

— A pequena vai morrer, dizia uma outra voz. Não é da lei.

— O quê? o quê? bradou o oficial, voltando-se como se o mordera um bicho. Eu te ensinarei a falar de lei. Quem falou? Foste tu? Foste tu?

— Todos falaram porque... disse um preso em pé na primeira carreira.

— O quê? Então foste tu?

"E o oficial se pôs a bater para a frente, dando pancadas ao acaso.

— Ah! vocês revoltam-se? Pois vou mostrar-lhes como a gente se revolta. Mato-os como a cães, e os chefes me agradecerão por lhes haver feito as contas. Vamos, levem a criança.

"A multidão calou-se. Um dos guardas pegou na criança, que berrava sem descontinuar; um outro pôs os anjinhos no preso que, humildemente, estendia as mãos.

— Dêem esta criança às mulheres para cuidarem dela, disse o oficial ao guarda, embaraçadíssimo com a incômoda carga. A pequerrucha, com o rosto vermelho sob as suas lágrimas, debatia-se furiosamente, procurando desfazer-se do xale que a enrolava. Neste momento Maria Pauloona atravessou a multidão e aproximou-se do oficial.

— Senhor, se me consente, eu levarei a criança.
— Quem és tu?
— Sou da seção dos condenados políticos.

"O lindo rosto de Maria Pauloona, com seus olhos azuis e cabelos negros, influenciou evidentemente o oficial, que notara já pouco antes a moça. Olhou-a, abaixando depois os olhos perturbado.

— Isso me é indiferente. Leve-a, se quiser. Nada lhes custa lastimarem esses miseráveis. Se eles fogem, não são vocês que respondem por eles.

— Como quer o senhor que alguém fuja com uma criança nos braços?

— Não tenho a discutir com você. Tome a criança, se quiser, e a caminho.

— Dou a criança? perguntou o guarda.
— Sim e depressa.

— Vem, disse Maria Pauloona à criança, procurando tomá-la das mãos do guarda.

"A pequena, porém, não queria ir senão com o pai. Continuava a debater-se e a berrar.

— Espera, Maria Pauloona. Eu, ela me conhece, e talvez consinta que a carregue, disse Maslova, tirando do seu saco um pãozinho branco.

"A criança, efetivamente, conhecia Maslova. Logo que a avistou, cessou de gritar e deixou-se pegar".

Agora o retrato de um revolucionário russo, Simonson:

"Os homens vivem e agem em parte segundo as suas próprias idéias, em parte segundo as idéias de outrem. E uma das principais diferenças entre eles consiste na medida diferente em que se inspiram das próprias ou das alheias idéias. Limitam-se uns, as mais das vezes, a se não servirem dos próprios pensamentos senão por desfastio; empregam a sua razão como se faz girar as rodas de uma máquina, após haver tirado as correias que as ligam uma à outra; e nas circunstâncias importantes da vida, e mesmo nas miudezas de seus atos mais comuns, reportam-se ao pensamento de outrem que chamam 'o uso', a 'tradição', as 'conveniências', a 'lei'. Outros, ao contrário, em menor número, consideram o seu próprio pensamento como o guia principal da sua conduta e esforçam-se, quanto podem, por não proceder senão conforme os ditames da sua razão. A essa segunda espécie de homens pertencia Simonson. Ele se não aconselhava nunca senão da sua mesma razão; e o que decidia dever fazer, fazia-o.

"Quando estava ainda no colégio, lhe afirmara sua razão que a fortuna de seu pai, magistrado rico, era ilicitamente adquirida; e imediatamente declarou ao pai que essa fortuna devia ser restituída ao povo. Mas como aquele, em vez de atendê-lo, o repreendera, abandonara a casa paterna, renunciando gozar de quaisquer vantagens da sua posição.

"Inspirando-se sempre na sua razão, decidira depois que todo o mal da Rússia tinha por causa única a ignorância do povo; e, conseguintemente, mal saído da universidade, fizera-se nomear mestre-escola em uma aldeia e se pusera a explicar não só nos seus alunos mas a todos os campônios o que julgava deviam saber.

"Foi preso e julgado.

"No momento de comparecer perante o tribunal, decidira que os juízes nenhum direito tinham de julgá-lo, e lhes dissera imediatamente. E como eles, sem lhe aceitar a tese, continuavam a querer julgá-lo, tomou o alvitre de lhes não responder; e de fato não disse mais uma palavra até o fim do processo. Reconhecido culpado, foi condenado à deportação em uma cidadezinha do governo de Archangelsk.

"Ali se criou uma doutrina religiosa, que desde então regulava a sua conduta. Consistia ela em admitir que tudo no universo tem vida, que a morte não existe, que todos os objetos que nos parecem inanimados são apenas partes de um grande conjunto orgânico, e que, por conseqüência, o dever do homem era conservar a vida desse grande organismo em todas as suas partes.

"Disso concluía que era criminoso atentar contra a vida sob qualquer forma que fosse; não admitia, pois, nem a guerra, nem as prisões, nem a matança dos animais.

"Tinha também uma teoria sua sobre o casamento e as relações sexuais. Considerava tais relações como inferiores, e dizia que a preocupação de fazer filhos (o amor, para ele, reduzia-se a isso) dava em resultado desviar-nos de um objeto mais útil e digno dos nossos cuidados, que era o socorrer os entes já vivos, e tornar assim mais perfeita a vida do universo. Segundo ele, evitando as relações sexuais, os homens superiores tornavam-se como esses glóbulos de sangue cujo destino é vir em socorro das partes fracas do organismo. E depois que inventara essa teoria, conformara a ela os seus atos, após ter procedido diversamente na mocidade.

"Mas não só se não reportava senão à sua própria razão para decidir todas as questões teóricas, mas na prática também somente consigo se aconselhava. Tinha sobre todas as minúcias da vida prática teorias próprias, que seguia tenazmente; tinha-as sobre o número de horas que se devia consagrar ao trabalho e sobre o número de horas que se devia consagrar ao repouso, e sobre o modo por que nos devemos alimentar, ou vestir, alumiar e aquecer.

"Com tudo isso, era Simonson de natureza extremamente tímido. Não procurava jamais pôr-se em evidência, dar-se valor, impor aos outros as suas opiniões. Mas, quando decidira que devia fazer uma coisa, ninguém no mundo poderia impedi-lo de a fazer".

Da infinita variedade de revolucionários russos de ambos os sexos e de todos os matizes traça Tolstoi, com singular vigor de desenho e grande penetração psicológica, retratos desses ou simples silhuetas, rápidos escorços, meras indicações de feições, cheios de verdade, de vida e de movimento todos. E se ao tratá-los não oculta a sua simpatia, simpatia que lhe dá a possibilidade de compreendê-los e explicá-los, jamais esconde os seus defeitos e incoerências ou falsifica a verdade para no-los fazer aceitar, ou armar a seu favor a nossa simpatia. Somente, segundo a sua doutrina, é a sociedade, com a sua complicada e defeituosa organização, que perverte essas naturezas e cria no seu próprio seio o mal e o crime, que aumenta a pretexto de os corrigir ou suprimir.

JOHN RUSKIN

Ruskin et la religion de la beauté,
par Robert de la Sizeranne, Paris, 1899.

Na idade de 80 anos, finou-se na Inglaterra, sua pátria, a 20 de janeiro de 1900, o crítico de arte John Ruskin.

Aplicada a John Ruskin, essa qualificação não diz nada, porque amesquinha sobremaneira o seu papel, quase estou em dizer a sua missão, na evolução estética e, pode-se acrescentar sem exagero, social, da sua terra e da Europa toda no século findo. Crítico de arte ele o foi, certo, preeminentemente, como jamais se fora antes dele e como será difícil ser depois dele. Porque Ruskin, e é essa a sua grandeza real e a sua significação, não foi um simples esteta apenas preocupado de beleza e de arte, um mero crítico, somente atento às suas teorias, ou à técnica, à prática da arte ou dos artistas cuja obra estudava, um literato, um teórico, um pedagogo de gabinete, um diletante, senão um homem, e um homem de ação, forrado ao mesmo tempo de um esteta, de um filósofo e de um sociólogo. Ele trouxe para a crítica da arte, com raras qualidades de saber, de compreensão e de inteligência, um profundo amor do belo na natureza e na vida, e as preocupações humanas, que deviam animar a sua estética, fazendo dela uma força de vida e criação, em vez de ser, como as outras, um conjunto inerte de teorias. Tendo quanto tinham os seus predecessores na crítica de arte "a psicologia de Stendhal, o humor de Töpffer, a técnica de Fromentin, a dialética de Winckelmann, o colorido de Th. Gautier, a pedagogia de Reynolds, a generalização de Taine, o repertório de Ch. Blanc", Ruskin teve mais que todos esses, teve como ninguém, teve de um modo único, íntimo, profundo, consubstancial, o amor, primeiro da natureza, depois da arte e da vida. Ninguém, talvez, amou jamais como ele a natureza, com um amor tão intenso, tão forte, tão ardente. Ninguém a adorou com tanta devoção, a admirou com tanta veneração, a descreveu, a cantou, a desenhou, com tanto enlevo e desvelo. Toda a sua teoria estética, toda a sua filosofia, da arte e da vida, toda a sua emoção, pode-se dizer, vêm dessa fonte: o seu amor da natureza, que foi a sua mestra, a sua guia, o seu conselho.

Os seus biógrafos fazem provir de seu pai, que, não obstante grosso mercador de vinhos, era um amador esclarecido e apaixonado da natureza, esse seu amor por ela, e uma anedota da sua infância nos conta Ruskin menino, levado ao campo, gritando à sua mãe, à vista de uma bela paisagem, que os olhos se lhe arrancavam da cabeça. A sua meninice veio ao depois a passar-se na campanha, e aí o sentimento inato da natureza que nele havia se fez amor e paixão, que não o devia deixar mais, e que seria o inspirador do seu pensamento e da sua vida. "No jardim", confessou ele mais tarde, "quando o tempo era bom, passava o meu tempo a estudar as plantas. Não tinha o menor gosto para cultivá-las ou tratá-las, como não tinha para cuidar das árvores ou dos pássaros, ou do céu ou do mar. Passava o meu tempo a contemplá-las. Não levado por uma curiosidade doentia, mas por uma admiração assombrada, eu despedaçava cada flor até conhecer tudo o que me fosse possível perceber com meus olhos de menino". A vida de família — de tão poderosa influência na vida das crianças — era calma, fácil e sossegada. O pai fazia todos os anos excursões comerciais, no país e no estrangeiro. Iam em carro-posta, a maneira mais pitoresca de viajar e sobretudo a melhor para ver a paisagem e apreciar a viagem. Dela viria a Ruskin o seu ódio aos caminhos de ferro, esses ferozes desorganizadores da natureza e violadores brutais da sua beleza. Chegados a uma cidade ou vila, acabadas as visitas comerciais de obrigação, o pai de Ruskin levava-o a ver as ruínas, os castelos, as catedrais por ali existentes, ou então liam versos e desenhavam. Com cinco anos percorreu Ruskin assim a região dos lagos na Escócia, aos seis a França, onde em Paris viu as festas da coroação de Carlos X, visitou o campo da batalha de Waterloo, tomando notas, fazendo esboços, descrevendo colégios e capelas, a música em Oxford, o túmulo de Shakespeare, fábricas, vistas, paisagens. Essas educações precoces não são raras na Inglaterra, exemplo Stuart Mill, que aos seis anos lia Homero. Menos raras são as educações ao ar livre, o aprendizado direto da natureza e das coisas, como foi principalmente o de Ruskin, que aos dez anos, entusiasmado pela natureza, escreve esses versos: "Tudo o que a arte possa fazer nada é diante de ti. A mão do homem ergueu montanhas de pigmeus e túmulos de gigantes. A mão da natureza elevou o cume da montanha, jamais, porém, construiu túmulos". Nesse balbuciar da meninice se encontra já o pensamento que, na arte e na vida, há de ser o fundamento da existência de Ruskin. Nessa mesma idade ele aprende, quase com a natureza só, a geologia, fazendo coleções de minerais, observando-os, estudando-os, comparando-os. Mais tarde tirará desses seus estudos, continuados na contemplação das montanhas, das geleiras e de outros aspectos da terra, e ao depois completados e aperfeiçoados, elementos preciosos para as suas apreciações dos pintores da natureza, especialmente para a sua reabilitação do grande paisagista inglês Turner, o mestre que, segundo ele, a interpretou, ou melhor a representou, com mais ciência e consciência, com mais genialidade e perfeição. Com seus pais, viajou ainda pela França, pela Suíça, pela Itália, desenhando, estudando, contemplando as grandes cenas da natureza e as obras-primas da arte, aprendendo as línguas clássicas mais que as modernas, estranho, nos países percorridos, a outra vida que não fosse a da natureza e da arte, e escrevendo os seus primeiros ensaios, dos quinze aos vinte anos, num magazine científico inglês, sobre a cor da água do Reno, sobre as estratificações do Monte Branco, sobre a convergência das perpendiculares, sobre meteorologia. De volta à Inglaterra dessas viagens anuais, então estudava com mestres e livros, não só o desenho, mas o que era preciso para fazer dele um *scholar*.

Apenas com vinte e quatro anos, publica em 1843 o primeiro volume dos seus *Modern Painters*, cujo último volume, o sexto, não apareceu senão em 1860. Essa obra é um ato; marca uma data, não só no desenvolvimento da arte inglesa contemporânea, mas no sentimento estético do mundo civilizado onde existem preocupações de arte. Com ela encetou Ruskin a sua carreira, poder-se-ia dizer o seu pontificado, em todo caso o seu sacerdócio, inteiramente devotado ao culto da beleza. Quarenta livros mais, quase todos consagrados às belas-artes, à pintura, à escultura, à arquitetura, compendiaram, com a estética, a propaganda de Ruskin pela natureza, pela arte, pelo belo na vida. Os mais competentes e mais simpáticos estudiosos da obra de Ruskin não escondem que nesse vasto acervo de idéias estéticas, científicas, filosóficas e sociais, nessa massa considerável de impressões, de observações, de sugestões, de críticas, de apreciações há disparates notáveis, incoerências, quiçá incongruências, flagrantes. Desse aparente caos, porém, surge, surgiu já para a Inglaterra e para toda a arte moderna, a luz de uma grande doutrina estética, que criou a arte inglesa contemporânea e atuou profunda e largamente sobre toda a arte do nosso tempo e da nossa civilização.

Mas a grandeza verdadeira de Ruskin não está em ser um esteta; no sentido que de ordinário damos a essa palavra ninguém o é menos do que ele. "A arte", diz ele, "não é um divertimento, uma simples distração, a ministra de sensibilidades mórbidas, uma acalentadora do sono da alma". O verdadeiro artista, segundo ele, não faz a arte pela arte, senão pela natureza e pela beleza. Somente para ele na natureza e na beleza está a vida, com o que ela tem de grandeza, e com o que ela merece de bom. Restituindo ao mundo a beleza, na natureza, no corpo humano, nas almas, sonhou Ruskin restituir-lhe a felicidade. Ele, no seu exagero de esteta, protesta contra a nossa concepção econômica e industrial da vida, e, com veemente convicção, ataca o nosso progresso material, os caminhos de ferro que destroem a natureza, as máquinas que amesquinham o homem e são os fatores da fealdade na indústria moderna, os nossos edifícios sem caráter, nem significação. Os economistas, com os seus sofismas, as suas ilusões, os seus embustes, passam um mau quarto de hora com ele. "Não há riqueza senão a vida — a vida compreendendo toda a sua potência de amor, de alegria e de admiração. Enganam-se os homens se, como crianças, supõem que coisas indiferentes, como excrescências de conchas ou pedaços de pedra azul ou vermelha, têm valor, e se, para descobri-las, gastam somas consideráveis de um trabalho que melhor fora empregado na extensão e embelezamento da vida; ou, se, no mesmo estado infantil, cuidam que coisas preciosas e benéficas, como o ar, a luz e o asseio, não têm valor; ou, se, finalmente, afigura-se-lhes que as condições da sua mesma existência, necessárias para possuir e empregar cada coisa, como a paz, a confiança, o amor, devem ser trocadas por ouro, ferro ou excrescências de conchas. Dever-se-ia, com efeito, ensinar que os verdadeiros viveiros da riqueza são vermelhos e não de ouro, não estão nos rochedos, mas na carne, e que a despesa e o consumo final de toda a riqueza estão na produção do maior número possível de criaturas humanas de vida poderosa, de aguda vista e de coração alegre; que, entre as manufaturas nacionais, a das almas de boa qualidade pode tornar-se elevadamente lucrativa. Em suma, longe de admitir que o acúmulo de dinheiro em um país é a única riqueza, a real ciência da economia política, ou melhor economia humana, devia ensinar às nações a fazerem votos e a trabalharem pelas coisas que conduzem à vida, e desprezarem e arrasarem as coisas que levam à destruição". A riqueza, qual a entendem os financeiros e economistas, é inimiga não só das belezas pitorescas da natureza, mas também da felicidade social, e portanto ilegítima. A base justa da riqueza é que um homem que trabalha deve ser pago segundo o inteiro valor de seu trabalho, com a liberdade de guardar o que lhe sobre das suas despesas. Se trabalhando ele próprio e guardando conseguiu ajuntar dinheiro, tem a essa fortuna um direito absoluto, porque o trabalhador pode guardar o que justamente adquiriu. "Somente não é assim que se formam as grandes riquezas. Ninguém se torna jamais muito rico unicamente com o seu próprio trabalho e economia. Há sempre um tributo do trabalho dos outros. E intervém então uma base injusta da riqueza: o poder que exercem sobre os que ganham dinheiro aqueles que já o possuem e que o empregam unicamente para ter mais". Ruskin nesse ponto, porém, não é radical como Tolstoi; repetindo por sua conta a condenação socialista da "exploração do trabalho pelo capital", ele transige, entretanto, com o patronato e com o salário, pretendendo apenas, como Comte, que a moral corrija os abusos do capitalismo. Ao cabo, porém, a sua doutrina social é inimiga do capital e não está longe da fórmula positivista, anarquista e socialista, de que o capital tem uma origem social e deve ter um destino social. A riqueza é um mal, pensa ele, um país chamado rico não é um país feliz, nem tampouco belo. O culto de Mammon é tão impossível de conciliar com a justiça social como com a beleza.

Ruskin é dos poucos que transformam as suas idéias em atos, as suas palavras em ação; um caráter em toda a significação da expressão inglesa. Esteta, poeta, crítico, sociólogo, é sempre o homem de uma inteira sinceridade e de uma completa franqueza. Na arte, no que especialmente concerne ao desenho, uma revista especial inglesa reconhece que Ruskin nunca ensinou o que ele mesmo não houvesse praticado; é possível generalizar o conceito a toda a vida e ensino daquele de quem dizia Carlyle "que nenhum outro homem na Inglaterra possuía a mesma cólera divina contra a falsidade".

Para espalhar o gosto das artes nas massas, esse esteta, rico de cinco milhões de libras, decide-se a ensinar ele próprio desenho durante quatro anos num curso noturno de adultos, funda museus e escolas destinadas aos operários, dota generosamente universidades para que instituam e mantenham o ensino artístico, e ele mesmo, durante treze anos, sem remuneração, professa em Oxford a sua estética e dirige ou anima e incita do grande centro universitário o movimento artístico que, com os Hunts, os Rossettis, os Millais, os Stephens, os Hughes, os Browns, os Masons, os Burne-Jones, os W. Morris, devia fazer da Inglaterra um dos focos da arte contemporânea, e transformar na vida inglesa, e por ela na européia, a arquitetura, a mobília, o ornamento das casas, os utensílios domésticos, a decoração, pondo em tudo uma preocupação de arte. Quando, apesar da sua oposição, os biologistas da universidade introduziram nela a prática bárbara da vivissecção, Ruskin demitiu-se do seu professorado. Mas da prática do ensino, da propaganda oral e escrita do belo, da arte, ele passa ao domínio da vida. Cria em plena Inglaterra a colônia comunista Saint George's Guild, e ressuscita em várias partes do país as indústrias da escultura de madeira, da fiação e da tecelagem a mão, numa guerra contra a máquina que mata a arte, destrói a iniciativa do artífice e deixa sem trabalho o operário. À sua ação não só renasceram indústrias de arte mortas, mas criaram-se outras. Os seus livros, de que ele é o próprio editor, e cujo produto serve à sua obra de propaganda, são objetos de arte pela composição, pela impressão, pela encadernação. Doou aos museus, às escolas, aos institutos de ensino artístico quadros originais dos grandes mestres, modelos, cópias, desenhos, muitíssimos da sua própria mão. Levou a toda parte o fogo vivo da sua fé; criticou, animou, combateu, lutou, ensinou, multiplicou-se em conferências, em livros, em brochuras, em obras, e criou no seu país uma geração ilustre de gravadores, desenhistas, ornamentadores, escultores em madeira, além dos pintores, escultores, arquitetos, encadernadores, tecelões, artistas, enfim, de todo gênero. O pré-rafaelismo e o neopré-rafaelismo triunfaram graças principalmente a ele. E, pelas suas idéias gerais sobre a pintura e as artes plásticas e o desenho, ele influiu ainda nas modernas correntes poéticas. O simbolismo, no que ele tem de bom e são, procede também da estética ruskiniana.

Ruskin sonhou um mundo de bondade, de paz, de amor e de beleza. Combateu a guerra, o capitalismo, o industrialismo, a máquina, o utilitarismo, tudo enfim que, ao seu parecer, afeiava a natureza e a vida. Foi em arte um realista embriagado de ideal, e na vida um homem do seu pensamento e da sua obra, sabendo juntar sincera e corajosamente a ação à palavra. Pôs ao serviço das suas idéias a melhor língua da prosa inglesa, segundo o juízo autorizado do sr. Frederic Harrison, uma língua cuja ciência da melodia e da cadência "não tem rival em toda a literatura inglesa". Foi, enfim, um grande artista, um grande escritor, um grande homem.

A utopia ruskiniana não se realizará talvez nunca; mas uma utopia é, como disse Victor Hugo, um berço, isto é, um assento de vida. A que já saiu da obra de Ruskin é considerável e bela, porções do seu sonho, de beleza e de ventura, se hão de esvaecer e perder, outras, porém, hão de vingar, florescer e frutificar. Em todo caso, a contemplação da obra de Ruskin é um belo espetáculo, e o mestre ensinou que *a thing of beauty is a joy for ever*.

PIETR KROPOTKIN

Memoirs of a revolutionist,
by P. Kropotkin, Londres, 1899, 2 vols.

O príncipe Kropotkin, ou Pietr Kropotkin, como ele desde a juventude preferiu assinar-se, tem duas celebridades: a de cientista, no seu ramo, um dos mais consideráveis da Europa, e a de revolucionário. Foi esta, certamente, que fez famoso o seu nome, mas o que completa e distingue a sua feição de revoltoso, o que faz dele um ente à parte entre os diretores dos chamados partidos revolucionários, é, além da circunstância do seu alto nascimento, a conjunção íntima na sua personalidade do homem da ciência e do homem da humanidade. Amou-as a ambas com uma devoção ingênua e profunda, e como lhe pareceu sempre que a ciência, como a literatura, como a arte, como todos os resultados da inteligência e da indústria humanas, não podia ter outro fim que servir a humanidade, se alguma daquelas suas devoções sacrificou à outra foi a da ciência.

Nasceu Kropotkin no velho bairro aristocrático de Moscou, a cidade santa tradicional da Rússia, em 1842, e aí passou os quinze primeiros anos da sua vida. Vinha de uma velha família da mais alta fidalguia russa. Seu pai, militar como todo nobre russo, pertencia de corpo e alma à antiga Rússia, do tempo de Nicolau I. Imbuído de todos os, já então anacrônicos, preconceitos de casta, era brutal, tirânico na família, despótico com os seus subalternos. Sua mãe, ao contrário, doce e meiga criatura sofredora, "era indubitavelmente", afirma o filho comovido após tantos anos passados depois da morte dela, "uma mulher notável para o tempo em que viveu". Perdeu-a quando apenas tinha três anos e meio de idade, mas conservou dela uma piedosa reminiscência. "Muitos anos após a sua morte", refere nessas suas *Memórias*, "descobri em um canto de um aposento da nossa casa de campo um maço de papéis, cobertos com a sua firme, mas linda letra: diários em que ela prazenteira descreveu cenas da Alemanha e falava das suas tristezas e dos seus anelos de felicidade; livros que enchera de versos russos proibidos pela censura, entre eles as formosas baladas históricas de Ryleev, o poeta que Nicolau fez enforcar em 1826; outros livros com músicas, dramas franceses, versos de Lamartine e poemas de Byron por ela copiados e muitas aquarelas". A primeira educação de Kropotkin foi confiada a duas aias, uma russa, outra alemã. Para lhe começar a instrução, vieram depois um preceptor francês e um estudante russo. A instrução lhe era dada do modo mais irracional e brutal pelo francês, destroço do grande exército da invasão napoleônica. A vida no palácio Kropotkin era um misto de grandeza e miséria, como em muitíssimas daquelas casas fidalgas, onde o fausto naqueles tempos se mantinha à custa das mesmas necessidades da vida corrente. A sua família de oito pessoas ocupava no serviço doméstico cinqüenta servos em Moscou e quase a metade mais no campo. Ali tinham quatro cocheiros, seis cozinheiros e doze copeiros. Cada pessoa à mesa tinha um escudeiro atrás de si. Era pelo número de "almas", isto é, de servos que possuíam os nobres que se lhes media a fortuna. Mas como de fato as rendas não correspondiam a essas "almas", a vida da nobreza era, em geral, faustosa na aparência e miserável na realidade. Dessa vida, que lembra por alguns aspectos a do Harpagon de Molière — com a diferença de que ali era a pobreza real e aqui a avareza que determinava as misérias e ridicularias —, faz Kropotkin um quadro magnífico de realidade e delicioso de bom humor. Concluídos os seus primeiros estudos, passou ele ao Corpo dos Pajens, instituição fidalgo-militar da qual saiu oficial. Sendo o primeiro do seu ano, foi por isso escolhido para o serviço pessoal do imperador Alexandre II, a quem tinha a obrigação de acompanhar e seguir, como se lhe fora a sombra. Kropotkin, conforme o grande número de moços da nobreza russa àquele tempo acontecia, estava já imbuído das idéias liberais, que acabavam de obter um triunfo com a emancipação dos servos. No mesmo Corpo dos Pajens alguns dos professores, estrangeiros ou russos, eram liberais, e um deles emprestava a Kropotkin obras de livre pensamento. Seu irmão Alexandre — e é um dos encantos desse livro essa grande e terna amizade desses dois irmãos —, alguns anos mais velho do que ele, espírito liberal, do matiz dos que queriam dar à Rússia uma constituição, escrevia-lhe longas cartas em letra intencionalmente miúda para poupar papel, expondo-lhe e discutindo com ele questões sociais e políticas, e fornecia-lhe também livros. Todavia no começo do seu serviço junto à pessoa do imperador ele sentia por Alexandre II, "o libertador dos servos", uma grande admiração: se alguém houvesse então atentado contra a sua vida, ele para defendê-lo ter-lhe-ia sacrificado a sua. Uma vez, saiu Alexandre II apressurado do palácio para assistir à parada das tropas, que se fazia nos seus vastos pátios cobertos. Ali cessavam as obrigações, todo áulicas, de Kropotkin. Ele viu, porém, que no meio da multidão, os ajudantes-de-campo se haviam perdido do imperador, que caminhava apressadamente, quase só. Protestou a si mesmo que o não abandonaria, e a custo o seguiu, receoso pela vida do tzar, e sentindo que em vez da sua boa espada de Toledo tivesse trazido o seu sabre do uniforme, pronto como estava a investir contra qualquer perigo. O soberano caminhava sempre apressado, excitado. Chegaram assim ao último pátio, tendo passado além do derradeiro batalhão. Viu então o imperador que estava só, apenas seguido pelo seu pajem. "Você aqui? disse-lhe benévolo. Valente rapaz!"

Mas, vivendo na intimidade da corte, sentiu o jovem pajem que nada havia a esperar dela para o bem do país e que Alexandre II continuaria a tradição despótica dos tzares. Saindo oficial, à conclusão dos seus estudos, Kropotkin, que desadorava a carreira militar, como a vida de corte, e começava a achar-se mal naquele regime, a que por sua casta e educação pertencia, surpreendeu e desgostou aos seus colegas, a seu pai, aos seus superiores e mestres e ao próprio imperador, escolhendo, como era seu direito, um batalhão da extrema Sibéria para nele servir. O que com essa resolução procurava era evitar a vida inútil das guarnições européias e da corte, e poder utilizar a sua boa vontade e as capacidades que sentia em si em estudos científicos naquela região nova do Amur, onde os russos então operavam, e, ao mesmo tempo, fazendo parte da administração, concorrer para lhe corrigir os defeitos e melhorar a sorte dos condenados. A sua vida na Sibéria foi a de um trabalhador científico e de um funcionário inteligente, ativo, laborioso e devotado ao bem público. A parte em que a descreve tem um vivo interesse humano e dramático; vem dela uma sensação de mocidade forte e boa, de vida e de esperanças. Dera uma direção nova aos trabalhos técnicos e às obras de que fora encarregado, conseguira aliviar no seu distrito a sorte dos condenados e da população indígena, fizera, viajando disfarçado em mercador, excursões na China setentrional, das quais resultaram importantes descobertas geográficas, estudara a estrutura geológica das cadeias de montanhas da Ásia central e da Sibéria. Mas o seu espírito e o seu coração se não compadeciam com a vida militar e oficial, e de volta a São Petersburgo deu a sua demissão do serviço do exército.

Entrou então na universidade, "sentando-me nos bancos", diz ele, "entre mancebos, quase rapazes, muito mais moços que eu". No entanto, tinha apenas 25 anos, quatro dos quais passados na Sibéria. A universidade aumentou o seu duplo ardor pela ciência e pela humanidade, desenvolvendo as suas capacidades de estudo e as suas opiniões liberais. Saiu dela socialista, mas já grandemente radical, porém, como já disse, o que distingue essa singular e extraordinária figura de sábio e revolucionário é a conjugação perfeita que nele se dá do ardor e da capacidade científica com o fervor e a atividade do reformador social.

Estava ele em 1871 em missão científica na Finlândia a estudar-lhe a estrutura geológica. Trabalhava muito, percorreu o país todo e dali passou à Suécia, coligindo um copioso material de observações sobre a glaciação da região. Mas durante essas excursões e trabalhos, achava tempo de pensar nas questões sociais, que desde moço o preocupavam. Ele via na ciência, mesmo na árida geologia, a ministra possível do bem social. Possuía os materiais, e teve a vontade de escrever uma exaustiva geografia física da Rússia. A sua intenção era dar uma completa descrição geográfica do país, baseando-a sobre as linhas principais da estrutura da superfície, que começara a desenredar para a Rússia européia, completando as suas descobertas anteriores sobre a orografia siberiana e, em tal descrição, esboçar as diferentes formas da vida econômica que devem prevalecer nas diversas regiões. "Tome-se, por exemplo", diz ele, "as vastas planícies da Rússia Meridional, tantas vezes sujeitas às secas e falhas de colheitas. Estas secas e falhas não devem ser tratadas como calamidades acidentais e são uma feição tão natural daquela região como a sua posição em um declive meridional, a sua fertilidade e o mais; e toda a vida econômica das planícies do Sul devia ser organizada prevendo-se o inevitável reaparecimento das secas". E eis como as preocupações sociais se entranhavam, por assim dizer, nas suas cogitações científicas. Reflete como freqüentemente são os homens, arrastados por laços políticos, sociais ou familiares, impedidos de pensar na direção que toma a sua própria vida.

Isso lhe aconteceu a ele, mas, ali na Finlândia, quando percorria na carreta indígena de duas rodas, a *karria*, algum trecho sem interesse para o geólogo, ou quando caminhava, de martelo ao ombro, fazendo uma obra geológica sem dúvida interessante, trabalhava-lhe a mente forte e incessante uma idéia. Via a soma enorme de trabalho que os finlandeses despendiam em limpar a terra e em quebrar a dura marga pedregosa que a recobre, e disse consigo: "Eu escreverei a geografia física desta parte da Rússia, e direi ao camponês os melhores meios de cultivar este solo..." Mas considerando o atraso, a ignorância do campônio finlandês, a sua incapacidade de avaliar o emprego das máquinas, a sua impossibilidade de empregá-las quando o avaliasse, pela sua profunda miséria, a sua mesma inaptidão para compreender os ensinamentos que lhe trouxessem os livros, que não saberiam ler, nem entender, concluía que só vivendo com ele, e ajudando-o a tornar-se o livre proprietário ou trabalhador daquela terra, poderia ser-lhe de fato útil. Mas dali seu pensamento ia às suas próprias terras, e a toda a Rússia. E a sua vida inteira, toda de abnegação e sacrifício de si mesmo, será dirigida e governada por esse profundo amor da humanidade, amor que vai mesmo aos que, ao seu parecer, aumentavam, com a sua maldade ou egoísmo, a cópia natural de dores e sofrimentos que a acabrunham.

As memórias de Kropotkin são um admirável quadro da Rússia nos últimos cinqüenta anos, quadro que o leitor sente verdadeiro, na placidez da narração, na simpatia geral que o anima, na lhaneza da expressão, no intenso sentimento de sinceridade que de todo ele rescende. Os livros dos grandes romancistas e poetas russos, dos Turguenievs, dos Puchkins, dos Gogols, dos Dostoievskis, dos Tolstois, fizeram-nos familiares com a vida russa e revelaram-nos essa singular alma eslava, tão profundamente diferente das almas ocidentais que conhecíamos. Confirmando a noção que tivéramos pelos poetas e romancistas, o de Kropotkin como que nos dá, pela descrição desornada e cândida da vida real, uma representação mais gráfica, senão mais exata, daquele mundo e daquela vida. E ao cabo é uma verdadeira obra de arte, não só pelo mérito literário de um escritor que começou pela poesia e pela literatura, mas pela grande e sincera e íntima emoção que há nela e que ela nos comunica. Mas é sobretudo a confissão sincera e honesta, "a história, como lhe chama Brandes, de uma crise interior que corresponde ao que antigamente se chamava uma conversão". A conversão de um filho de família principesca, um fidalgo de velha e alta linhagem, pajem do imperador, homem de corte, com o direito e quase a certeza de um grande futuro e uma alta posição no Estado e na ciência, onde tão auspiciosamente estreara, no democrata, no socialista, no niilista, no anarquista enfim. E essa conversão não provém do ódio, da inveja, do desespero, da miséria ou de sofrimentos pessoais, senão do amor, de uma ilimitada simpatia humana, que vai dos miseráveis mais desgraçados aos seus mesmos algozes mais poderosos. Este amamentou-se realmente com o puro leite da bondade humana. A essas suas memórias pôs o eminente escritor dinamarquês, Georg Brandes, o crítico verdadeiramente universal, um prefácio cuja emoção diz bem o valor do homem. "Raro terá havido", diz ele, "revolucionários tão humanos e tão brandos". A brandura, a meiguice, a suavidade de palavras e atos são, como já víramos nos romances russos, um distintivo dessas almas ardentes de convicção em um ideal social e humano. O caso de Kropotkin, ou o de Tolstoi, não é extraordinário e extravagante na Rússia. Muitos outros cita Kropotkin, de homens ricos, da alta nobreza, cheios de futuro ou já de presente, que tudo sacrificaram a esse ideal sem embargo das prisões, das fortalezas, da Sibéria, da confiscação, do exílio e, não raro, da forca. Entre esses, o de uma mulher, moça, bela, da mais alta aristocracia russa, Sofia Perovskaya, filha de um antigo governador militar de São Petersburgo, que, às escondidas do pai, e com o assentimento da mãe, que a adorava, seguira o curso de uma escola superior e, com o auxílio de três outras moças, filhas de um rico industrial, fundara um círculo de educação recíproca, que se tornou depois o círculo revolucionário, ao qual pertencia Kropotkin. Era em uma casa por ela alugada, sob o disfarce de mulher de um operário, que se reuniam os do círculo. "Ninguém", diz Kropotkin, "reconheceria agora, sob o aspecto da mulher de um trabalhador, com seus vestidos de algodão e botinas de homem, a cabeça coberta com um grosso lenço, e carregando nos ombros dois baldes de água do Neva, a moça que alguns anos antes brilhava em um dos salões mais em voga da capital". Essa mulher em toda a parte, menos na Rússia, extraordinária morreu no cadafalso, com a coragem que todas as revolucionárias russas aliás mostravam em todas as circunstâncias.

 Do fundo espírito de humanidade que animava esses terroristas, dá-nos Kropotkin um esquisito exemplo no fato que reconta, da morte por uma bomba niilista de Alexandre II. O imperador, abandonado pelo seu séquito, jazia sobre a neve. Tudo desaparecera. Alguns cadetes de volta de uma parada levantaram-no e puseram-no em um trenó, cobrindo-lhe o corpo com a capa de um deles. E foi um dos terroristas, Emelianov, ainda com uma bomba embrulhada em papel debaixo do braço, quem, com risco de ser preso no lugar e enforcado, correu com os cadetes em socorro do ferido. "A natureza humana", pondera Kropotkin, "cheia desses contrastes".

 O niilismo foi, no período agudo da sua existência e ação, um fato do qual muitas explicações se deram e do qual inúmeras descrições se fizeram. Da exação e fidelidade de umas e de outras é lícito duvidar; se a umas inspirava o proselitismo, a maioria delas ditavam-nas os preconceitos conservadores, burgueses, reacionários. Na notícia que dele dá Kropotkin sente-se a sinceridade e a boa fé do homem de ciência, acostumado a encarar os fatos, sejam da natureza, sejam da sociedade, sem idéias preconcebidas, e sem outro espírito que o de descobrir a verdade. A sua simpatia pelo niilismo não lhe empana, parece-me, a nitidez da visão. Eis como ele nos descreve esse fenômeno social russo, que deve o nome a Turgueniev, no seu livro *Pais e Filhos:*

"O movimento é freqüentemente mal compreendido na Europa Ocidental. Na imprensa, por exemplo, confunde-se niilismo com terrorismo. A agitação revolucionária que rebentou na Rússia no fim do reinado de Alexandre II, e determinou a morte trágica do tzar, é sempre descrita como niilismo, o que, entretanto, é um erro. Confundir niilismo com terrorismo é tão errado como confundir um movimento filosófico como o estoicismo ou o positivismo com um movimento político como, por exemplo, o republicanismo. A existência do terrorismo foi determinada por certas condições especiais da luta política em um dado momento histórico. Viveu e morreu. Pode reviver e morrer outra vez. O niilismo, porém, imprimiu o seu selo em toda a vida das classes cultas da Rússia, e este selo elas o guardarão por muitos anos ainda. É o niilismo — despojado de alguns dos seus mais duros aspectos — inevitáveis em um jovem movimento daquela espécie — que dá agora à vida de grande parte das classes cultas da Rússia um certo caráter peculiar que nós russos sentimos não encontrar na vida da Europa Ocidental. É mais o niilismo, em suas várias manifestações, que dá a muitos dos nossos escritores a notável sinceridade, o hábito de 'pensar alto' que espanta os leitores europeus do Ocidente.

"Primeiro que tudo, declararam os niilistas guerra ao que se pode chamar 'as mentiras convencionais da humanidade civilizada'. A sinceridade absoluta era a sua distintiva feição, e em nome dessa sinceridade eles renunciavam, e reclamavam dos outros renunciassem às superstições, preconceitos, hábitos e costumes que a sua própria razão não justificasse. Recusavam a curvar-se perante outra autoridade que não a da razão, e na análise de qualquer instituição ou praxe social revelavam-se contra toda a sorte de mais ou menos disfarçado sofisma.

"Romperam, naturalmente, com as superstições de seus pais, e nas suas concepções filosóficas eram ou positivistas, ou agnósticos, ou evolucionistas e spenceristas ou materialistas científicos; e, embora nunca atacassem a crença religiosa simples e sincera, que é uma necessidade psicológica do sentimento, combatiam duramente a hipocrisia que faz revestir a máscara de uma religião, que continuamente se despreza como um lastro inútil.

"A vida da gente civilizada abunda em pequenas mentiras convencionais. Pessoas que mutuamente não se gostam, encontrando-se na rua, mostram-se de rosto radiante num feliz sorriso; os niilistas permaneciam impassíveis, sorrindo apenas àqueles que realmente tinham prazer em encontrar. Todas essas formas de polidez exterior, que são meras hipocrisias, lhes eram igualmente repugnantes, e eles revestiam uma certa rudeza externa como um protesto contra a amabilidade polida de seus pais. Esses os viam falar calorosamente como sentimentalistas idealistas, e ao mesmo tempo procederem como verdadeiros bárbaros com suas mulheres, seus filhos e seus servos; e revoltavam-se contra aquela espécie de sentimentalismo que, no fim de contas, se acomodava tão bem a tudo, menos às condições ideais da vida russa. Envolviam a arte na mesma negação geral. A palestra comum sobre beleza, ideal, arte pela arte, estética e o resto, tão gostosamente praticada — quando cada objeto de arte é comprado com dinheiro arrancado a camponeses estafados e a trabalhadores não-pagos, e o chamado "culto da beleza" não é senão uma máscara para cobrir a mais vulgar dissolução — enchia-os de desgosto; e à crítica da arte, que um dos maiores artistas do século, Tolstoi, acaba de poderosamente formular [o A. refere-se ao livro do grande escritor russo *Que é arte?*], o niilista referia-se com essa varredoura asserção: "Um par de botas é mais importante que todas as vossas madonas e toda a vossa refinada conversa sobre Shakespeare".

Era esse sentimento e esse propósito de verdade e de sinceridade em tudo que faziam o fundo do niilismo. Não admitiam casamento sem amor, nem familiaridade sem amizade. A moça niilista, tratada por seus pais como uma boneca ou compelida a casar por conveniência, abandonava a casa paterna, as suas comodidades e luxo, fazia-se operária e ia a uma escola, a fim de obter a sua independência pessoal. A esposa que não achava no casamento a felicidade preferia a miséria à mentira de uma vida conjugal de falsidades. Assim todas as suas relações eram animadas do mesmo sentimento de sinceridade que propositalmente exageravam até a grosseria. Mesmo com as mulheres era esse o seu comportamento, dizendo-lhes em face as suas opiniões sobre as suas conversas frívolas ou as suas modas ridículas. Mas, entretanto, devotavam-se a elas, sacrificavam-se por elas, quando lhes pareciam que o mereceriam. "O jovem", afirma Kropotkin, "que não se moveria para servir a uma dama uma xícara de chá passaria à moça que viesse estudar a Moscou ou a São Petersburgo a única lição que tivesse e da qual lograsse o pão cotidiano, dizendo-lhe simplesmente: 'A um homem é mais fácil achar trabalho do que a uma mulher. Não há intenção de cavalheirismo no meu oferecimento, é simplesmente questão de igualdade'. No processo de Karakozov e seus amigos se verificou que estes moços, possuidores de fortunas consideráveis, viviam três ou quatro no mesmo quarto, sem despenderem nunca mais de dez rublos (uma libra) cada um com todas as suas necessidades e dando ao mesmo tempo quanto tinham para associações cooperativas, oficinas cooperativas (onde eles próprios trabalhavam) e coisas semelhantes. Não tardou que a máxima e a melhor parte da mocidade russa fizesse o mesmo, e a sua divisa era "ser povo para o povo". Durante os anos de 1860 a 1865 uma luta se estabeleceu em cada família entre pais e filhos, que, pensando com o poeta nacional Nekrassov que "é amargo o pão amassado por escravos", deixavam a casa paterna, o serviço militar, o escritório, a loja e concorriam em multidão às cidades universitárias. Raparigas criadas nas mais aristocráticas famílias corriam sem vintém para São Petersburgo, Moscou e Kiev, sequiosas de aprenderem uma profissão que as libertasse do jugo doméstico. Esse saber não o queriam para si só, senão para espalhá-lo pelo povo. Em todas as cidades da Rússia, como em cada bairro de São Petersburgo, formavam-se pequenos grupos para aperfeiçoamento e educação recíproca; as obras dos filósofos, os escritos dos economistas, as indagações da nova escola histórica russa eram cuidadosamente lidos nessas reuniões, e às leituras seguiam-se discussões intermináveis. Procuravam nesses estudos e discussões como serem úteis às massas, chegando por fim à conclusão de que o único meio era estabelecerem-se entre o povo e viverem a sua vida. Jovens foram para aldeias como médicos ou ajudantes de médicos, mestres, escrivães, mesmo como trabalhadores agrícolas, ferreiros, cortadores de mato, procurando viver em estreito contato com os rústicos. Moças faziam seus exames, de parteiras ou enfermeiras, e iam aos centos para as aldeias, devotando-se inteiramente à porção mais pobre da população. Iam sem nenhuma idéia de revolução ou de reconstrução social, mas só de instruir as massas, erguê-las da sua ignorância e miséria e aprender ao mesmo tempo delas qual era o *seu* ideal popular de uma melhor vida social. Mas com esses princípios a revolta dessas almas puras, ardentes até o misticismo, convencidas até o fanatismo, devotadas até o sacrifício, não tardaria em explodir diante do despotismo governamental.

Kropotkin multiplicava-se no ensino popular oculto, na propagação das suas idéias. De um brilhante sarau de corte saía ele para disfarçar-se em popular e ir a algum clube ou imprensa secreta trabalhar pela causa. E ao mesmo tempo que conspirava, isto é, que ensinava ao povo e propagava entre ele as doutrinas socialistas, que por esse tempo só nisso consistia a conspiração, ocupava-se da redação do relatório dos seus trabalhos geológicos que devia ler em uma sessão especial da sociedade de geografia. Foram animadas as discussões nessa reunião. "Reconheceu-se que todas as velhas teorias relativas ao período diluviano na Rússia eram inteiramente infundadas, e que um novo ponto de partida devia ser tomado na investigação de todo o assunto". O chefe dos geólogos russos dissera: "Com cobertura de gelo ou sem ela devemos, senhores, reconhecer que tudo que até agora se disse sobre a ação do gelo flutuante não encontra base alguma nessa exploração". "E", continua Kropotkin, "eu fui proposto naquela sessão para presidente da seção de geografia física, quando de mim próprio inquiria se eu não iria passar aquela mesma noite na cadeia da Terceira Seção".

Esta Terceira Seção era a repartição da chancelaria do imperador, instituição policial onipotente, que desde o reinado de Nicolau I até hoje tem governado absolutamente a Rússia, e que espia e vigia tudo ali, inclusive o próprio imperador. O quadro que da sua espionagem faz o nosso autor não é inferior na sua verdade à descrição pavorosa da do Conselho dos Dez em Veneza, feita por Victor Hugo, no seu *Angelo:* "Em cada província da Rússia, em cada cidade populosa, mesmo em cada estação de caminho de ferro, há gendarmes que relatam tudo aos seus generais e coronéis, que por seu turno se correspondem com os chefes dos gendarmes; e, por fim, vendo todos os dias o imperador, referem-lhe o que julgam necessário comunicar-lhe. Todos os funcionários do império estão sob a espionagem do gendarme; é dever dos generais e coronéis ter de olho a vida pública e privada de todo súdito do tzar, mesmo dos governadores das províncias, dos ministros e dos grão-duques. O próprio imperador está sob a sua estreita vigilância, e como são bem-informados da crônica interior de palácio, e conhecem cada passo que dá o imperador fora dele, o chefe dos gendarmes torna-se, por assim dizer, o confidente dos mais íntimos negócios dos governantes da Rússia".

Kropotkin, de há muito espionado pela gente da Terceira Seção, foi, com efeito, preso nessa mesma noite e recolhido à fortaleza de S. Pedro e S. Paulo, "onde Pedro I torturou seu filho Alexis e matou-o com suas próprias mãos, onde a princesa Tarakanova foi posta em uma célula, em que, enchendo-se de água durante uma inundação, os ratos, por salvarem-se, subiam-lhe pelo corpo acima; onde o terrível Minielo (ministro da Polícia) torturou os seus inimigos, e Catarina enterrou vivos aqueles que a argüiam de haver assassinado seu marido"; uma prisão cujos anais são de assassínio e de tortura, onde os decembristas, os primeiros que desfraldaram na Rússia a bandeira republicana e da abolição da servidão, foram martirizados, onde estiveram prisioneiros os poetas Ryleev e Shevchenko, o grande romancista Dostoievski, o sociólogo Bakunin, os publicistas Chernishevski e Pissarev e mil outros, quase todos os apóstolos da liberdade e do regime moderno na Rússia. Transferido, por motivo de moléstia, para outra prisão, Kropotkin, auxiliado pelos seus amigos e correligionários, escapou-se dela. A narrativa da sua escápula é uma página comovente de Dumas pai. De São Petersburgo foi ter à Inglaterra, a terra hospedeira de todos os perseguidos da tirania:

Pátria da lei, senhora da justiça,
Couto da foragida liberdade,

como dela cantou Garrett.

Viveu, sob um nome suposto, de escrever em jornais e revistas artigos e notas científicas. Um dia o editor da revista *The Nature* deu-lhe para noticiar a própria obra de Kropotkin, que durante a sua prisão fora publicada em São Petersburgo. Ele levou o livro muito embaraçado sobre o que fazer, não podendo dizer nem bem nem mal do livro porque era seu. Voltou com ele no dia seguinte e revelando-se ao editor declarou isso mesmo. Respondeu-lhe este que ele não tinha que dizer mal ou bem; dissesse apenas o que continha o livro — e ficaram desde então e até hoje amigos. O príncipe revolucionário tornou-se assíduo colaborador científico e filosófico dos principais jornais ingleses, o *Times*, a *Nineteenth Review*, a *Nature*, e da *Encyclopedia Britannica*. Quando mais tarde foi preso e condenado em França, os mais eminentes escritores e cientistas da Inglaterra endereçaram ao governo francês uma petição solicitando a sua liberdade. Entre os signatários estavam Herbert Spencer, Swinburne, todos os colaboradores daquela *Encyclopedia*, quer dizer, todos os mais notáveis intelectuais da Inglaterra. Victor Hugo acrescentou ao seu nome palavras calorosas, como só ele as sabia escrever. A Academia de Ciências de Paris pôs à sua disposição, para trabalhar na prisão, a sua livraria. Já a França então armava à proteção da Rússia, por amor de quem prendeu a Kropotkin e deixou-o cumprir a pena de três anos. A prisão francesa, menos apertada que a russa, permitiu-lhe ocupar-se não só dos seus trabalhos científicos, o que também naquela, com licença especial do tzar, fez, mas ter classes onde, não precisa dizer que gratuitamente, ensinava aos camaradas de prisão geometria, cosmografia, física, ajudando-os também no estudo das línguas. Kropotkin, como em geral todo russo instruído, conhece diversas. Ao mesmo tempo sua mulher, pois casara-se, fazia perante a universidade de Paris o seu doutorado em ciências. Ernest Renan tinha graciosamente posto à disposição dela a sua livraria particular.

Cumprida a sentença, voltou para Londres, onde, com 58 anos, vigoroso e alegre, continua os seus estudos científicos e a sua propaganda revolucionária. Um revolucionário, como já vimos, cheio de amor, de doçura e de misericórdia. Quaisquer que sejam as nossas idéias e sentimentos nas questões sociais, não é possível não estimar um homem como Kropotkin, admirado pelos seus mesmos inimigos pela firmeza sem fanatismo das suas convicções, pela pureza de um santo da sua vida, pela sinceridade absoluta dos seus atos e palavras e pela doçura das suas maneiras. Comparando-o a Tolstoi, como "os dois grandes russos que sós neste momento pensam por amor do povo russo, e cujos pensamentos pertencem à humanidade", diz Georg Brandes que os enche a ambos o amor da humanidade, que são um só na severa condenação da indiferença, da negligência, da crueza e brutalidade das classes superiores, como na atração que ambos sentem pela vida dos miseráveis; vêem ambos no mundo mais covardia que maldade; ambos são idealistas e têm ambos temperamento de reformadores; e ambos são ainda naturezas amantes da paz, sendo Kropotkin, porém, dos dois, o mais pacífico. Foi talvez para os revolucionários como este que o Cristo pregou na montanha: Bem-aventurados os pacíficos...

Como quer que seja, difícil é se nos depare uma tão bela e simpática figura moral como a deste doce anarquista, do qual o mesmo eminente crítico não duvidou dizer que a "vida fez dele uma das pedras angulares do edifício do futuro".

VICTOR HUGO FILÓSOFO

Victor Hugo le poète, Victor Hugo le philosophe,
par Charles Renouvier, 2 vol., Paris, 1900.

A crítica facciosa e desinteligente dos Birés, os desdéns impotentes de parcerias poéticas, cujo só mérito, aliás, provinha da revolução métrica e rítmica efetuada pelo vate da *Lenda dos séculos* na poesia francesa, e ainda o menospreço dos que se não achavam nas condições de compreender tamanho poeta, não lograram diminuir a reputação de Victor Hugo. "A sua glória", como afirma com razão o sr. Renouvier, "não deixou de aumentar desde o dia das exéquias triunfais onde parecia ter tocado ao seu apogeu". Se a vitória momentânea do parnasianismo e o ruído oco do simbolismo puderam um momento, e apenas aos ignorantes, esconder o foco resplandecente de poesia cujo reflexo eram e donde tiravam toda a virtude que neles pudesse haver, foi passageiro e parcialíssimo o eclipse. O vate soberano ressurgiu logo dominando com a sua grandeza desmedida e o seu brilho incomparável, como o sol no nosso mundo estelar, todos os astros, pequenos e grandes, da poesia contemporânea, não só francesa mas universal. Para Victor Hugo levantou-se presto "esse segundo sol da glória, que se não deita mais nunca". Logo após a sua morte, Edmond Schérer, o austero e avisado crítico, escrevia dele que "não fora só um gênio, senão um fenômeno", e Ernest Renan que ele lhe "parecia criado por um decreto especial e nominal do eterno". Outro eminente crítico, o sr. Brunetière, cujas tendências espirituais seriam antes antipáticas que favoráveis ao gênio de Hugo, não hesitara em chamar-lhe ao depois "o mais prodigioso lírico de todos os tempos" e sucessivamente os srs. E.

Dupuy, Hennequin, Guyau, Faguet, Mabilleau analisaram-lhe o gênio e a obra, reconhecendo todos a sua absoluta superioridade como poeta. O vulgar dos críticos, entretanto, e os mesmos poetas que o imitavam e que das suas abundantes riquezas viviam, como em geral o comum dos leitores, lhe não descobriam sob a opulência da imaginação e do verbo, na riqueza incomparável das metáforas, nem sequer na sua constante preocupação dos problemas eternos da morte, da imortalidade, do castigo, da liberdade, de Deus, nem um pensamento filosófico. Ao contrário, como que ofuscados pela maravilhosa virtuosidade do poeta, pela assombrosa mestria do artista e, sobretudo, pela sua eloqüência, não souberam discernir nele o pensador, o "sonhador" poderoso, senão o filósofo. Renan e Schérer primeiro, e outros ao depois, o pressentiram, e agora o sr. Charles Renouvier, um dos mais ilustres mestres da moderna filosofia francesa, o chefe respeitado do neokantismo em França, o descobriram de todo no volume que acaba de consagrar a Victor Hugo filósofo. Terminando o seu livro de Victor Hugo poeta, certamente um dos mais notáveis da crítica francesa de hoje, o sr. Renouvier escreve do poeta: "Sua grandeza, a despeito do que pensemos do que ele acreditou, imaginou ou cantou, é, como a dos Dantes, dos Miltons e de alguns antigos, independente das idéias que o inspiraram. Podemos desde já contemplar-lhe a estátua ideal, ereta na memória dos homens do futuro, ao lado das estátuas daqueles gênios, e muito acima das dos outros poetas da nossa língua, porque ele agitou idéias mais profundas, deu uma admirável forma a mais altos sentimentos e criou uma língua poética nova".

Para descobrir o filósofo, que outros apenas entreviram, em Victor Hugo era preciso primeiro descortinar no lírico extraordinário, como fez o sr. Renouvier, a qualidade fundamental do gênio do poeta, e não ficar, como ficaram os melhores dos seus críticos, na admiração assombrada da sua fenomenal virtuosidade. Admira, entretanto, que aqueles que lhe compreenderam e estimaram em grau eminente o lirismo não sentissem que a intensidade desse lirismo, a sua profundeza, não era possível sem que no poeta houvesse um pensador. Aliás, somente a contemplação dos seus assuntos o mostrava. Não pode com efeito pertencer à resumida família dos grandes poetas, daqueles que sós mereceriam acaso esse nome, os Ésquilos, os Dantes, os Miltons, os Goethes, os Shakespeares, os Camões, quem não junte à imaginação poética as capacidades gerais que fazem os filósofos. O que faz em suma o poeta, como o escritor, é o pensamento íntimo e superior da sua obra, a sua concepção do mundo e da vida, a sua interpretação ou teoria do universo. Sem isso, não passará aquele de um versificador, e este de um escrevinhador.

Estudando o pensador em Victor Hugo, não pretende o sr. Renouvier no-lo dar como um filósofo à maneira dos autores de sistemas filosóficos, nem as suas doutrinas, ou melhor, as suas crenças e os seus sonhos, como uma concepção sistemática da vida e do mundo. Não é essa espécie de filosofia que ele busca descobrir no poeta, e de antemão sabia que não a encontraria. Ao epíteto de filósofo, prefere em toda a sua obra dar-lhe o de *songeur*, que nós traduzindo por *sonhador* ficaríamos fora, ou aquém, do pensamento do crítico, como vertendo por *pensador* iríamos além. Afora a sua persistente e sincera preocupação dos mais altos problemas humanos, das questões de causa e finalidade, que só por si indica o filósofo, Victor Hugo tem um pensamento, uma crença, uma convicção, quase uma doutrina, constante, através de todas as suas variações, do homem e da vida. "Ele, é incontestável, *sentiu* fortemente", diz o sr. Renouvier, "os problemas superiores da vida e do destino; fortemente, e melhor, ou mais realmente, que certos filósofos que se prezam de os ter *compreendido* e resolvido". Aos que lhe reprocham as variações, incoerências e contradições, observa repetidas vezes o crítico que não há filósofo isento das mesmas pechas, a que não escapa, podemos acrescentar, nenhum sistema filosófico, por mais rigoroso que seja.

Dualista, maniqueu, mitógrafo, panteísta, messiânico, otimista e pessimista, cheio de fé humanitária e de crença no progresso, Victor Hugo filósofo não chega jamais, senão nos pontos superiores da sua fé teísta, humanitária, progressista, da imortalidade da alma e da reintegração total da humanidade no seio da bem-aventurança eterna, a unificar e uniformar o seu pensamento. Sem educação filosófica, mesmo sem uma cultura sólida, Victor Hugo, à força de gênio e de imaginação, chega espontaneamente às grandes doutrinas filosóficas iniciais, ao pensamento pitagórico do número dominando o mundo, à tese de Platão da desgraça do mau, ao dualismo gnóstico e maniqueu. A sua força criadora, ou descobridora, em poesia como em filosofia é o seu "potente gênio das personificações e das metamorfoses" que outrora produziu as religiões e mitologias e que lhe permitiu recriar alguma coisa semelhante no século XIX. Mas nem lhe falta o "talento de análise, de espantar em tão grande imaginativo". Nos *Miseráveis* ao qual Tolstoi dava, no seu livro sobre a arte, um dos primeiros lugares no romance moderno e que o sr. Renouvier considera "muito acima de todos os outros romances franceses ou ingleses" deste século, além dos pensamentos mais belos, mais profundos, mais verdadeiros, "encontra-se uma formosa reunião de qualidades opostas de observação e de análise, de generalização, de idealização dos caracteres; ao mesmo tempo bem vivos e elevados à altura de tipos".

Não me é possível compendiar, mesmo perfunctoriamente, a análise aguda e sagaz que do pensamento filosófico do poeta faz, percorrendo a sua obra em prosa e em verso, o filósofo francês. As suas conclusões, porém, são estas:

Que no espírito de Victor Hugo, em matéria de modos gerais de determinação do juízo filosófico, falta apenas o método sintético dos primeiros princípios e das deduções; "é cético, é místico, e deixa-se levar ao desenvolvimento de teses conhecidas de um panteísmo, ora aproximado pelo emprego dos grandes termos abstratos, ora afastado por uma poderosa inspiração ou naturalista ou moral das teses ortodoxas do infinito e do absoluto. Ignora os seus empréstimos e crê sempre pensar por si mesmo, porque recebe sempre uma impressão muito pessoal e presentíssima. A impressão leva à dúvida, ou mesmo à negação. Uma outra vem da alma e luta contra a primeira. Depois o pensamento místico afirma o acordo das coisas que parecem excluir-se. O sentimento dominante nasce do reconhecimento de um dualismo do bem e do mal na natureza; é um horror das realidades más, um terror à idéia de mistérios e das sombrias possibilidades da vida universal, uma esperança no futuro triunfo do bem. Todas as imagens que o assunto pode sugerir bóiam na alma do poeta, e, uma após outra, parando, oferecem os quadros donde surgem em nós as impressões diversas e os sentimentos contrários. E nesse ponto se deve achar a filosofia quando é ao mesmo tempo poesia".

As oscilações do pensamento do poeta não impediam entretanto a doutrina de fixar-se em pontos essenciais, embora os críticos não quisessem ver nela senão temas de exercícios poéticos sobre assuntos mal-escolhidos. Eram contrárias ao gosto do século as suas opiniões pessimistas da lei natural, as suas imagens de um negro realismo, a sua insistência sobre os aspectos sombrios ou criminosos da vida humana. O dualismo, que dominava a obra, conduzia a duas idéias formalmente opostas às tendências filosóficas da quase totalidade dos pensadores racionais do tempo; uma à queda antiga da criatura: homem, animalidade e mundo; outra à reintegração final dos seres após a expiação. Embora não tenha Victor Hugo precisado didaticamente as suas soluções, nenhum leitor sério dos seus poemas duvidará que ele, contra o que sabia ser o espírito do seu século, cujos progressos tantas vezes se gabara de ter sempre seguido, quis crer naqueles princípios. Ele afirmou enfim sua crença na imortalidade da pessoa e na existência do eu em Deus em termos bastante categóricos para não serem prejudicados por suas grandes amplificações panteístas, nem pelas declarações do absoluto divino de outros lugares.

"Um rasgo inteiramente extraordinário do seu gênio excedeu e espantou, desta feita e de parte as opiniões, o gosto dos seus contemporâneos, e se não poderia dizer que o espanto fosse para eles uma admiração sem mescla. É, no entanto, esse rasgo que melhor caracteriza em Victor Hugo a forma poética da linguagem, sempre tomada às relações vivas e pessoais, afastada das relações abstratas e dos atributos das coisas mortas. O método das personificações, profundamente inerente à palavra, instrumento primordial e necessário à constituição de uma gramática, despojou-se do *realismo*, que foi na origem uma crença dele inseparável e que fazia corpo com a mitologia e com a poesia primitiva. O hábito se estabeleceu pouco a pouco no homem antigo de, numa porção de casos, não entender por nome e pronome, sinais essenciais da *pessoa*, senão os sinais de uma *coisa*. Voltar ao método de personificação e levá-lo tão longe de modo a podê-lo tornar inteligível por metáforas, dando aos substantivos de ordem material atributos de vida, e aos adjetivos significações ou valores substantivos, segundo o processo dos antigos mitólogos, foi o que fez Victor Hugo por um instinto maravilhoso, que se lhe aumentou com a idade, e que concordava com a aplicação do seu pensamento a concepções do gênero daquelas que ocupavam a imaginação dos antigos mitógrafos e dos primeiros filósofos. Esse dom sagrou-o *poeta* em um sentido há muito tempo perdido de vista, e ao mesmo tempo investiu-o do caráter eminente de filósofo, impondo-lhe, porém, o emprego de um método simbolista e realista contrário ao espírito secamente analista do seu século".

A justeza dessas considerações, longamente demonstradas no decurso do livro, sente-se bem relendo o poeta, nas suas páginas mais características, que são também as mais belas. Então vê-se, segundo a observação arguta do sr. Renouvier, que o mesmo gosto de Hugo "da antítese e o seu constante emprego, infatigável e fecundo, tão característico, é o produto de um sentimento dualista que governa o pensamento. Não seria o processo sistemático de escrita poética que poderia ter sugerido ao poeta tantas imagens maravilhosas e surpreendentes tiradas da oposição das coisas".

Ele, porém, não é só filósofo, embora o seja principalmente assim, à maneira dos magos, dos profetas, dos criadores de mitos ou dos primeiros que tiveram sobre o mundo e a vida uma concepção, um conceito, e que ainda a explicaram poeticamente, mediante personificações, metáforas e processos mitológicos. Todos os altos e perpétuos problemas do universo moral o ocuparam e preocuparam. "Ele reivindicou e justificou o título de poeta na sua compreensão antiga e na sua grandeza; por isso é seu gênio agora menosprezado por uma escola impotente, mesmo na técnica da arte, que tem desprezo pelo pensamento e indiferença pelo bem e o mal. Ele teve a constante preocupação da existência da dor, que se conserva o móvel da religião séria, e a questão essencial da filosofia, no tempo em que, para esses ou aqueles, a religião se tornou uma rotina, um esporte, uma política de padres, e a filosofia uma matéria controversa de puras construções intelectuais; e teve o sentimento, já agora tão raro, do pensador primitivo, o deslumbramento ante o espetáculo da natureza. Daí as idéias gnósticas, brotadas do seu íntimo, a revolta do coração contra um mundo de dores, e as sombrias personificações graças às quais a filosofia e a poesia incorporam-se na cabeça desse mago, que se enganou de momento para aparecer".

    A teoria do sr. Renouvier sobre o grande poeta dá-nos talvez a explicação, do simples ponto de vista da crítica literária, de dois fatos talvez ainda obscuros: que tendo Victor Hugo tido tantos imitadores e discípulos, nenhum se lhe aproximou sequer, nenhum logrou, senão mal, e apenas na sua parte por assim dizer material, reproduzir a sua obra; e porque essa obra, vasta e profunda, amada e admirada, ficou a muitos respeitos incompreendida, e continua para muitos incompreensível.

A DOENÇA DA VONTADE

Oltre il mistero, romanzo di
Henryk Sienkiewicz, Milano, 1900.

Quo vadis?, a maravilhosa ressurreição da Roma de Nero, o penetrante estudo da infiltração do cristianismo no mundo romano, tornou de repente célebre o nome de Henrik Sienkiewicz. Aqui mesmo já não é ele desconhecido. Na sua terra, a Polônia, é célebre e ilustre desde 20 anos, antes que as traduções dos seus livros em todas as línguas cultas o fizessem um dos escritores universais do nosso tempo.

A desventurada Polônia não se acomodou ainda com mais de um século de servidão e de domínio estrangeiro. Violentamente desmembrada e repartida pela Rússia, Prússia e Áustria, governada despoticamente pelos seus senhores, tratada cruelmente sempre que a sua constante veleidade de independência procura traduzir-se em fatos, administrada mais ou menos tiranicamente pelos seus procônsules estrangeiros, vendo postergados os seus direitos, violadas as suas liberdades elementares, humilhados os seus filhos mais ilustres, achincalhados os seus sentimentos mais caros, proibida a sua língua, perseguidos os seus patriotas, menosprezadas as suas tradições, os seus costumes, tudo o que forma a sua vida moral, a Polônia, que outrora se estendeu como nação livre e soberana, desde o Óder ao Dniéper e do Báltico ao Mar Negro, conserva inabalável e forte a sua vontade de ser, mesmo no seu cativeiro, e, contra todos os processos brandos ou ásperos de desnacionalização que contra ela empregam os seus dominadores, senão uma nação, uma nacionalidade distinta. E como, segundo um conceito exato, é a vontade coletiva que, mais que a raça, a língua, a religião, os costumes, a história, faz as nações, só esse sentimento, profundo e vivo na Polônia, faz dela, embora apenas virtualmente, uma nação. E com a perene vontade de o tornar a ser de fato, ela, contra todos os vexames com que a afligem, não cansada, mas tornada impotente pela força dos seus senhores, ajudados do egoísmo europeu, não faz mais revoluções, mas de fato luta sempre por conservar intacta a sua nacionalidade, pela cultura de sua inteligência nacional, pelo culto vivo, tanto interno como externo, da sua língua, das suas tradições, da sua história. Contra este culto têm sido vãs todas as medidas de germanização ou de russificação a que a sujeitam, por vezes duramente, os seus dominadores. A sua vontade não cede, e afirma-se, ao contrário, constante e segura. O órgão principal dessa vontade é talvez a literatura, e na literatura polaca contemporânea nenhum escritor porventura a exprime melhor que Henryk Sienkiewicz. Mas não é só a literatura, no seu sentido definido, que cultiva na alma polaca o sentimento fixo da nacionalidade, o representa e o define, dando-lhe ao mesmo tempo, em uma língua que cada dia aperfeiçoa e eleva, com dotá-la de obras-primas, e afeiçoá-la a par das mais cultas da Europa, o verbo necessário e condigno à sua expressão.

A arte e a ciência lhe são ministras nesse ofício, criando com ela uma cultura, um pensamento, uma inteligência polaca. A produção espiritual desse povo reduzido a súdito austríaco, prussiano ou russo, dessa nação, mera província da Áustria, da Rússia ou da Prússia, é na arte, na ciência, nas letras incomparavelmente superior, não direi à nossa, mas à de nações independentes e soberanas da Europa. E essa produção, alimentando espiritualmente os dezoito a vinte milhões de polacos sujeitos àquelas nações, mantém neles e propaga e proclama o sentimento persistente da nacionalidade polaca. Para comprovar que não há na vida de um povo elemento mais vital que a literatura, compreendendo nela todas as manifestações escritas da sua inteligência, já tínhamos o hebreu, vivendo da bíblia; o grego, existindo pela sua incomparável tradição literária e artística; o português, conservando o seu renome, graças a um livro, *Os Lusíadas*; o francês, decaído da sua supremacia política, mas guardando pela preexcelência da sua literatura a sua hegemonia espiritual; o italiano, dominado por todos os conquistadores desde os bárbaros, mas dominando-os pela cultura latina ou do Renascimento, impondo por ela a admiração e a estima a todos, ganhando a simpatia e a veneração dos povos, servindo-se dela como instrumento da sua liberdade e independência; o espanhol, mantendo pela sua gloriosa tradição literária e artística um grande nome político ou comercialmente acabado e contrabalançando com ela, em um conflito recente, o prestígio de uma das mais poderosas, e certamente a mais extraordinária das nações do mundo contemporâneo. Não menos alto exemplo é o polaco, que do seu próprio infortúnio tira força e estímulo para criar-se uma literatura que seja a expressão viva dele próprio, dos seus sentimentos, das suas aspirações, da sua vontade, e a prova de que ele existe: *cogito, ergo sum*.

Para os seus compatriotas, Sienkiewicz é, quiçá, o representante mais eminente desse espírito da literatura polaca, como é, talvez, no domínio propriamente literário, o mais ilustre dos polacos vivos. Ele mesmo tem porventura consciência de ser uma voz da Polônia. Quando, há pouco, os promotores de uma petição de paz dirigida à Grã-Bretanha lhe solicitaram a assinatura, ele, negando-a em nome da Polônia mais oprimida que os bôeres não o serão jamais pela Inglaterra, mostrava-lhes eloqüentemente que essa obra de fraternidade e de paz, que pretendiam ir fazer tão longe, a estava reclamando ali perto um povo civilizado e de alta tradição européia, cuja terra se lhe tira comprando-a à força com o produto de um imposto especialmente a esse fim destinado e pago por esse mesmo povo que se espolia, cujos filhinhos são castigados nas escolas se lhes escapa uma palavra na língua materna e cujas liberdades cada dia se restringem.

A arte, porém, não pode ser sectária, não pode ser patriótica, não pode ser facciosa, não pode ser particularista ou mesmo nacionalista, sem desmerecer. Legítima embora como expressão de uma sociedade ou de uma nacionalidade, para que não se apouque, precisa ser também geral e largamente humana. Sienkiewicz seria um escritor secundário, ou somente de valia para o seu povo, se apenas fosse um patriota de sintaxe e ortografia que, com o intuito de exaltar o ânimo da sua nação, de consolá-la das suas misérias presentes, recordando as grandezas passadas, de adjurá-la a conservar a esperança no futuro, pusesse por escrito as coisas do país que a isso lhe parecessem aptas. Ele é, porém, mais que um patriota; é um escritor na mais nobre significação do vocábulo, um artista largamente humano. Por isso mesmo a parte da sua obra mais particularmente polaca, os seus romances históricos do passado da sua pátria têm a mesma generalidade e emoção humana que os de Walter Scott, de Manzoni ou de Tolstoi. O seu tradutor e crítico italiano, o sr. Domingos Ciámpoli, estimado escritor também, diz dele excelentemente: "Estudado singularmente e no complexo da sua vasta obra, acumulada sem pressa e sem pausa, Henryk Sienkiewicz é uma alta, nobre e verdadeira índole de escritor artista; a sua mesma aristocracia intelectual, porém, dá-lhe aquela sensibilidade pesarosa pela vulgaridade da vida, que parece sorriso e é dor. Trabalhador metódico e reflexivo, acha-se ele entre o espírito científico-histórico e a consciência moderna, como juiz e parte, e deve em arte ficar impessoal: donde o seu pessimismo que, analisando, interpreta as fibras mais escusas do coração, sem achar remédio. A fé no triunfo do bem não lhe tira da alma os desassossegos, os temores, a certeza do mal." *Quo vadis?*, com ser talvez o mais perfeito romance histórico dos últimos trinta anos, não sei se não um dos raros que nos podem reconciliar com esse gênero meio híbrido, é um dos livros mais belos da moderna literatura de imaginação; de uma psicologia mais segura, de uma representação mais exata, de uma interpretação mais inteligente dos tempos, dos homens e das coisas que a maioria dos livros semelhantes que se lhe podem comparar; um êmulo da *Salambô* de Flaubert.

Ele tem, em um grau não inferior talvez a Michelet, o dom da adivinhação do passado, que o nosso Herculano achava com razão às vezes mais difícil que a do futuro. Esse dom, porém, o possui igualmente para a interpretação do presente, e seu livro *Rez Dogmatu* — "Sem dogma" em polaco, ou *Oltre il mistero*, segundo essa versão italiana — é um dos mais fiéis e pungentes retratos de um canto da vida contemporânea, do homem e da mulher que a vivem em certas condições, criadas por civilizações refinadas, que a literatura de hoje tenha feito. Que quiseram dizer o autor e o seu tradutor, denominando um o seu livro *Sem dogma*, outro a sua tradução *Além do mistério*, senão *Fora da crença?* Quereria qualquer deles significar a idéia vulgar e falsa de que, fora da fé religiosa e dos dogmas civis criados pela sociedade, o homem é sem governo, sem disciplina, sem virtude e sem força? Não, porque de fato nem o livro, nem o autor têm nada de doutrinal, e esse romance não é de modo nenhum moral no sentido comum dessa qualificação. Nele, segundo a interpretação do seu tradutor, apenas quis "espelhar a consciência moderna sob um duplo aspecto, na "doença da vontade", e no chamado "*malheur d'être femme*", deixando quase de lado as crenças religiosas e civis, sobrepujando qualquer dogmatismo, preocupando-se mais da vida que dos caracteres.

O livro finge-se escrito pela personagem principal do romance, que se nos reconta em um diário a si e às aventuras e desventuras. O resumo desse singular sujeito é admiravelmente feito pelo sr. Ciámpoli no prefácio biográfico que pôs à sua tradução. Limito-me a trasladá-lo, abreviando-o ligeiramente. Chama-se Leon Ploszowski; é nobre, rico, belo, tem uma esmerada educação escolar e mundana, vive uma alta vida de arte, de prazeres requintados, de gozos estéticos, com seu pai, velho fidalgo polaco, inteligente amador de arqueologia e de arte, em Roma. Sobre ele pesa como que uma fatalidade que o faz parecer uma espécie de fantasma sobre neve ornada de rosas, caçador astuto, que recolhe sempre com o saco vazio, lutador que jamais se vence a si mesmo. Nascido, educado e vivendo como fidalgo até aos trinta e cinco anos, tendo faculdades extraordinárias, não consegue senão destruir as suas e as alheias respeitáveis ilusões. Não concebe a vida sem arte, mas não poderia consagrar à arte toda a vida. Vê horizontes vastíssimos abrirem-se aos desejos das suas aspirações infinitas, mas, reconhecendo que o querer é uma ciência, sente em si congênitas a esterilidade, a improdutibilidade da sua estirpe e igualmente profunda a sua incapacidade de ação, primeiro motivo do drama de que é vítima. É uma alma só, que gosta de contemplar o seu pensamento, considerando-se a si mesmo como o derradeiro fim da vida. Procura a verdade, mas esta achada não a sabe gozar pela impotência de vencer os obstáculos que ele mesmo se cria. O mundo é, pois, para ele representação, não vontade. Faz das alegrias tristezas e vice-versa; só conclui para discutir as conclusões, e cansa-se em contradizer-se, à toa. Cético não fica no ceticismo, atravessa-o, ultrapassa-o, sem saber nem querer libertar-se da necessidade de crer, da fé herdada, à qual desnatura sem destruir; a sua consciência é como o seu coração, procura um além, mesmo em todas as manifestações da beleza, para a qual tem nervos finíssimos, e inteligência sensibilíssima. No seu caminho encontra (depois das primeiras armas da juventude) três mulheres: Laura, a beleza plástica, Clara, a beleza artística, Angela, a beleza ética, a Beatriz dantesca; goza uma, admira outra e ama a terceira, mas não sabe conquistar deveras nenhuma. A sua análise destrói a fascinação da tríplice beleza. É como um artista impotente para a criação. Não odeia a ciência, ela, porém, não o aquieta; a sua síntese é "ignoro" e a sua divisa "não me acordem".

Reconhecendo que o futuro será dos laboriosos, dos voluntariosos, acaso dos violentos, esmorece, entretanto, mais na agonia de toda a sua classe que na sua própria, procurando um afeto, um refúgio onde feche os olhos longe da vulgaridade da espécie "homem". Nele, porém, não é isto o predomínio do trabalho íntimo, nem a sinceridade do sentimento, nem o abandono dos instintos: é uma sorte de moral casuística, de química mental, de matemática passional, de mecânica amorosa, que intriga, decompõe, combina, edifica, rui, deixando no espectador um sentimento de angústia e tremor não isento de surpresas cômicas.

Está excelentemente feito esse retrato de Leon Plozowski, segundo se descreve ele mesmo no seu diário. Não amo, ao contrário desestimo, os indivíduos dessa espécie, e a literatura que os representa. Em vez do que eles mesmos pensam de si, da sua singularidade, da sua excepcionalidade, de que fazem uma excelência, não os acho interessantes, senão por um lado, que não é precisamente aquele pelo qual se apreciam, ou os apreciam os literatos que os criam e põem em cena. O único interesse que podem ter para mim é o de serem, quando o são, produtos das mesmas condições sociais, sintomas de um certo estado da sociedade a que pertencem no tempo e no espaço. Para merecerem, senão estima, atenção, é preciso ainda que sejam um produto genuíno e sincero, sem superafetação, sem fraude, sem sombra de imitação. A imitação de fundo puramente literário e livresco, o esnobismo, o cabotinismo têm por tal forma falsificado e contrafeito essa feição humana que precisamos acautelar-nos contra as fraudulências dela. O pessimismo, o ceticismo, a acedia da vida, o "niilismo" moral, o misticismo de mistura incongruente com a descrença, um individualismo egoísta, o culto de si mesmo estão de novo em moda, como com o romantismo de 1830, nas almas ociosas e em certa literatura, cujo brilho e ilusória profundeza mal escondem já o que têm de caduco e efêmero.

Com toda a nossa caridade, nada nos é mais incômodo e desagradável do que as lamúrias de um doente imaginário ou real que nos enumera longa e minuciosamente os seus ataques, as suas dores, os seus padecimentos. Sinceramente não acho menos enfadonho o doente da vontade, da alma, do sentimento, o anêmico sentimental, o enfermo de estética ou de ideal, que em vez de se tomar o pulso, ou olhar a língua ao espelho, como o outro, se analisa em outra ocupação mórbida de si mesmo, para recontar-se ao depois. Demais, para tirar a tais sujeitos e aos livros de que são heróis quase todo o interesse basta-nos lembrar que esses indivíduos bem pouco pertencem à humanidade. Se não são meros casos patológicos, como certas personagens de Ibsen e dos seus sequazes, e, portanto, mais do domínio da clínica que da arte, pertencem a porções muito restritas da humanidade, e de moto próprio estão muito fora dela para nos poderem interessar: são aristocratas ricos, ou homens da alta vida enervados pela vadiação e pelo gozo, ou intelectuais vaidosos, perdidos pela adoração de si mesmos, gorados uns, outros inutilizados na literatura extravagante, ou na degradante boêmia.

O livro de Sienkiewicz não é daqueles em que eu pensava, escrevendo estas palavras. O seu herói tem toda a sinceridade possível; é, senão simpático, humano, interessante e digno de piedade, muito mais humano e interessante sem dúvida que o de D'Annunzio nas *Virgine delle rocce*, por exemplo, e todo esse romance doloroso está cheio de humanidade e de vida objetiva. A análise é fina, inteligente, às vezes profunda sem as sutilezas que me fazem alguns psicólogos contemporâneos insuportáveis. Ploszowski é um homem, um doente da vontade, mas mesmo na sua doença, na sua irresolução, um homem, e ao redor dele vivem outras criaturas bem humanas. Há mais que psicologia nesse livro, há vida, vida individual e vida social. Há nele pedaços de rara beleza de pensamento e de forma, quadros de costumes, trechos de existência, rasgos de inteligência de peregrino valor. O repetidíssimo tema do amor, que o enche todo, renova-se nele pela concepção e pela forma, e a paixão tem nesse livro, quer em Ploszowski, quer em Angela, acentos de uma realidade pungente, verdadeiramente humana na mesma vulgaridade do desejo sensual em que repousa, nos cálculos egoísticos e miseráveis que a própria paixão não evita. Somente esta de Ploszowski não é comum, mesmo entre aquelas de que está cheio o romance, porque o coração dele busca alguma coisa além do segredo da vida e do amor, e, morta a mulher amada que ele não soube fazer sua, vai procurá-la além nas regiões obscuras da morte. "Crês", pergunta-lhe ainda na última página do seu diário, "que me não atemorize morrer? Oh, não; tenho medo da morte. Ignoro o que é o além: não vejo senão treva sem fundo e tremo com calafrios em frente de tal abismo. Não sei se é o nada, ou qualquer forma de existência fora dos limites de espaço e de tempo, ou em suma um sopro interplanetário que, levando as nossas almas de estrela em estrela, as inicie para novos destinos. Não sei se acharei aí o eterno desespero ou o repouso eterno, absoluto, infinito como a onipotência e a onibondade divinas.

"Mas se tu morreste entre as dúvidas cruéis que me torturam, como poderei sobreviver-te?

"Assim, pois, quanto mais medo tenho, e quanto mais pavorosa é a dúvida que me afoga, tanto menos te posso deixar sozinha aí, minha Angela!

"Ou nos abismaremos no nada, ou seguiremos juntos na mesma via eterna... E aqui, onde tanto havemos sofrido, reine ao menos o silêncio sobre os nossos túmulos".

A LITERATURA DE
GABRIELLE D'ANNUNZIO

Il Fuoco, di Gabrielle d'Annunzio,
Milano, 1900.

São desencontradas e incoerentes as impressões que a leitura desse livro me deixou. Custa-me ainda a coordená-las. Não sei se poderei dizer, com precisão e segurança, a sensação final que dela me ficou. Sinto, porém, mais do que compreendo talvez, que, em definitivo, esse sentimento é de ordem puramente estética, estreitamente literária, mesquinhamente intelectual. Um gozo de literato, não de homem, em que o espírito, no que ele tem de melhor e de mais nobre, quase não tem parte, se alguma tem. Sinto que o que mais admiro nele, senão o que sobretudo nele me impressiona e comove, é a forma e a emoção apaixonada que ela reveste. A forma, porém, percebo que é, na sua maravilhosa plasticidade, com todos os seus encantos musicais, na sua voluptuosidade harmoniosa, no seu colorido dos mestres venezianos, a maneira rebuscada, desnatural, intemperante de todos os artistas de decadência, em que a demasia dos ornatos, o exagero dos epítetos, a procura dos efeitos verbais, a coloração violenta, o abuso das comparações, das imagens e das metáforas, a novidade, mais que a verdade dos conceitos, substituem a correção, a pureza, a sobriedade, a discrição, a simplicidade, sem exclusão da força e da graça, da eloqüência e da poesia, dos mestres da literatura e da arte. Lede e comparai a alegoria de Veneza e do outono, discurso de Stelio Éffrena, no antigo palácio dos doges, nesse livro, e a *Oração na Acrópole* de Renan — dois trechos mais ou menos do mesmo gênero, e que se podem confrontar — e sentireis a diferença entre as duas artes, das quais uma será sempre, creio-o eu, a grande arte e outra o artifício das épocas ou dos indivíduos em quem a imaginação sobrepuja a razão.

A emoção de D'Annunzio é toda e puramente sensual. Ele está na vida como numa alcova de gozo perene, mas que lhe não basta. É um insaciável. Não há no mundo, na natureza, na mulher, no amor, na arte voluptuosidades que o satisfaçam. A vida, na sua complexidade, também somente sob o aspecto da voluptuosidade lhe aparece. Stelio Éffrena, o seu herói, que é ele próprio e sem disfarce retratado, é um sensual mesmo nas suas relações fraternais. Fala de sua irmã querida, gabando-lhe as formas, as suas lindas mãos e os seus belos olhos, como um amante falaria da amante. Dando-se sempre por um latino, regenerador da força espiritual da raça, seu arauto estético, preocupa-o incessantemente a Grécia. É evidente que se sente grego. Creio que se interprete mal. A sensualidade, dominante do seu temperamento literário, o amor do gozo ilimitado, completo e complexo, é menos grego que romano e italiano. Romano da decadência, de que Petrônio seria um exemplar, e de que, sob o aspecto do sensualismo literário, os Catulos, os Tíbulos e os Propércios, e ainda os Ovídios e os Horácios, seriam os precursores; e italiano da Renascença, como os Médicis, como um Leão X, o papa artista, incréu e dissoluto, como Enea Silvio, ao depois papa Pio II, autor de um romance erótico, mesmo pornográfico, como Angelo Policiano, o poeta predileto dos Médicis, Lourenço, o Magnífico, o poeta pagão como Lucrécio e já voltairiano três séculos antes de Voltaire, como Leonardo da Vinci, como o Perugino. Como todos eles, sem exceção dos papas e dos cardeais, D'Annunzio é um pagão sensual, e a sua arte, pagã e sensual.

Dessa arte, por não sei que aberração de espírito, pretende ele fazer o ponto de partida de uma renovação latina, e houve um escritor, francês, o sr. De Vogüé, para lhe admitir e preconizar a imodesta pretensão. O que a desculpa em D'Annunzio é que não há nele um homem de raciocínio, senão um puro esteta, e que o conjunto das suas idéias é uma mistura incongruente de Nietzsche, de Ruskin, do Sâr Péladan, de Maeterlinck, que por vezes, como já lhe provaram, copia mui desembaraçadamente. *O fogo* é um livro nietzschiano, com idéias de Ruskin e de Wagner. Este aparece no livro, e é causa de uma grande inconseqüência do autor. Aparece primeiro, em nome, numa palestra de artistas. Um dos estetas do séquito de Stelio Éffrena pronuncia com louvores o nome do mestre alemão. Stelio intervém, acudindo à pergunta do outro se não admira a obra de Wagner: "A obra de Richard Wagner funda-se no espírito germânico, é de essência puramente setentrional. A sua reforma tem alguma analogia com a tentada por Lutero. O seu drama não é mais que a flor suprema do gênio de uma raça; não é senão o compêndio extraordinariamente eficaz das aspirações que fatigaram as almas dos sinfonistas e dos poetas nacionais, de Bach a Beethoven, de Wieland a Goethe. Se imaginarmos a sua obra às margens do Mediterrâneo, entre os nossos claros olivais, os nossos esbeltos loureiros, sob a glória do céu latino, a veremos empalidecer e morrer. Pois que, segundo ele mesmo disse, ao artista é dado ver brilhar com a perfeição futura um mundo ainda informe e gozá-lo profeticamente pelo desejo e pela esperança, eu anuncio o advento de uma arte nova ou renovada que, pela simplicidade forte e sincera das suas linhas, pela sua graça vigorosa, pelo ardor de seu espírito, pela só potência das suas harmonias, continue e coroe o imenso edifício ideal da nossa raça de eleição. Glorio-me de ser um latino, e reconheço um bárbaro em todo homem de sangue diverso". E continua pondo acima de Wagner o maestro italiano Claudio Monteverdi, e muito acima dos seus dramas, quanto à inspiração grega, as lucubrações dos artistas eruditos da Renascença. Depois dessa profissão de fé, que reduz Wagner a um grande artista germânico, isto é, que o apouca a um gênio puramente nacional, encontra-o Éffrena, e cheio de veneração, de adoração e humildade, presta-lhe serviços, como um bonzo os prestaria ao seu buda. Wagner tivera um delíquio na rua. Éffrena e amigos, que ali estavam com ele na contemplação reverente do grande homem, se lhe oferecem à esposa angustiada para levarem-no à casa. E diz D'Annunzio: "Eles suportavam nos seus braços o peso do herói, carregavam o corpo desfalecido daquele que difundira no mundo o poder da sua alma oceânica, a carne perecível do revelador que transformara em canto infinito para a religião dos homens as essências do universo. Com um calafrio inefável de espanto e de prazer, como o homem que vê um rio precipitar-se de um despenhadeiro, um vulcão abrir-se, um incêndio devorar uma floresta, como um homem em face de uma força natural que se manifeste de improviso, e irresistível, Stelio Éffrena sentiu em sua mão, que agüentava o busto, passada sob a axila... palpitar o coração sagrado".

Reparai, no primeiro trecho trasladado, aquele anúncio "do advento de uma arte nova ou renovada". Não há enganar-nos, aquela arte é D'Annunzio, sob o nome de Stelio Éffrena, quem a vai criar. Este seu livro, *O fogo*, não é senão o programa dessa criação, a elaboração da obra no espírito do artista, o esboço e a exposição da sua estética. Somente essa obra, e toda a sua obra, fulgurante, luxuriosa, magnífica, como os paços de um príncipe da Renascença, não tem todos os sinais da arte nova anunciada, e, sobretudo, não os tem, ou apenas os tem nos seus aspectos exteriores. Falta-lhe a vida, a vida na sua totalidade e complicação, falta-lhe humanidade. A maior parte dela, os seus livros mais característicos, são criações fora da vida e nuas de piedade. Puro esteta, mas não à maneira de Ruskin, que era sobretudo um homem, D'Annunzio, como os fidalgos-artistas do Renascimento, é um gozador de arte, de beleza, dos aspectos simplesmente estéticos da vida. "Seguir o impulso do meu coração, obedecer ao meu instinto, executar em mim a voz da natureza; eis a minha suprema e única lei", repete o seu Éffrena com Siegfried. A dor humana, a não ser a só dor do amor, ou a sua própria, não existe para ele; no seu esforço, na sua preocupação dominadora e personalíssima de "criar com alegria", tudo submete ao seu egoísmo feroz. É de ver neste romance como tudo deve concorrer em volta dele, as coisas e os homens, as paisagens e os monumentos, como servos humildes e prestadios, à gestação, à elaboração, ao sucesso da sua obra. Essa mesma mulher que ama, a atriz Foscarina, ama-a apenas como um instrumento, "alguma coisa que lhe excitava o desejo". E diz-lho num ardor de paixão, ao mesmo tempo impudente e ingênuo: "Tu és a minha voluptuosidade, o meu excitante. Há em ti uma força estimuladora, da qual tu mesma não tens consciência. O mais simples dos teus atos basta para revelar-me uma verdade que eu ignorava... Era necessário que eu fosse livre e feliz na verdade do teu amor inteiro para criar a bela obra, tanto esperada por ti. Preciso da tua fé, preciso de gozar e criar. A tua presença somente basta para dar ao meu espírito uma incalculável fecundidade. Há pouco, quando me abraçavas, senti de súbito passar no silêncio uma torrente de música, um rio de melodia..." Declarações semelhantes, cruéis ao amor de uma mulher de gênio e de paixão que ele nos pinta numa espécie de *leitmotiv*, "como envenenada de arte, cumulada de saber voluptuoso, com o sabor da madureza e da corrupção na boca eloqüente, com a aridez da febre vã nas mãos que espremeram o suco dos frutos enganosos, com os vestígios de cem máscaras no rosto que simulara o furor das paixões mortais", repetem-se a cada passo. E este egoísmo implacável próprio aos gozadores, confessa-se cinicamente em frases como esta: "eu não sei falar senão de mim". Enfim, o livro é o triunfo do eu e a obra de D'Annunzio o evangelho insolente do egotismo, e por isso imoral. Já lho disseram na sua pátria, na geral reprovação que esse romance mereceu.

    Se a literatura e a arte são apenas um divertimento do espírito, um gozo de amadores, concedo que uma e outra nada tenham a ver com a moral. Se, porém, são, o que me parece incontestável, um órgão da sociedade humana, manifestações naturais da sua vida, do seu sentir, do seu pensar, do seu querer, é tão impossível separar da arte e da literatura a moral como separá-la da mesma vida que exprimem e definem. Não fora isso, que valor teria a literatura? O mesmo que, do ponto de vista da arte, têm as obras dos curiosos cheios de paciência e habilidade manual. O que eu chamo moral na arte é a sua correspondência com a vida social, já que a arte é eminentemente social. O que faz que a obra de arte seja moral ou imoral é o interesse humano, a simpatia, as emoções sociais que ela contém ou desperta, e ainda o grau de verdade ob ou subjetiva que nela há. Neste sentido um livro para meninas de primeira comunhão pode ser imoral, e um livro de amor pode ser moral. E é neste sentido que, não só *Il fuoco*, mas em geral a obra de D'Annunzio é imoral. Nela não se realiza "o conúbio da arte com a vida", de que ele fala, a menos que não limitássemos a vida aos sós aspectos que nela interessam os estetas da sua casta. Muito mais vida e arte, no grande e verdadeiro sentido dessa palavra, há em todo o romance moderno dos mestres do gênero, franceses, ingleses, alemães, russos e italianos, que na obra de D'Annunzio. Demais, casar a arte à vida não pode constituir um programa de renovação literária; é apenas e foi sempre, em todos os tempos e lugares, o fim da literatura e da arte. Somente variaram, e continuarão a variar, os modos de realizá-lo. São essas diferentes maneiras de conceber e praticar tal união, conforme o espírito da época e o gênio da raça, que fazem os diversos períodos e escolas literárias e artísticas.

Um dos mais reputados escritores italianos, amigo e admirador de D'Annunzio, o sr. Enrico Panzacchi, dirigiu-lhe pela *Nuova Antologia* uma carta aberta, em que, pode-se dizer, pelo que sabemos da impressão produzida por este livro na Itália, compendiou o sentimento italiano sobre ele. Tem um grande valor literário, e, sobretudo, de sintoma de uma reação contra a literatura imoral e sensual de que é D'Annunzio o mais eminente mestre, essa carta, de que lastimo não poder transcrever senão poucos trechos:

"Quer tu me creias quer não, asseguro-te que o teu Stelio Éffrena", diz Panzacchi, "tem em si alguma coisa que não é só imoral, mas odioso e inestético: a sua horrorosa gabolice, que não deixa tréguas ao leitor, excedendo tudo que nos mostram de mais extravagante na espécie os tipos mais famosos da nossa velha comédia. Todos eles apagam-se diante de Stelio... Um sopro de enfatuação mórbida, surgindo do seu cérebro, atravessa toda a ação, transfigura os lugares, deforma as personagens acessórias, põe em toda a parte uma exageração e uma falta do equilíbrio insensatas. A cada página não enxergamos senão a sombra monstruosa desse Stelio, julgando ter nas mãos 'as forças primordiais das coisas'. Enche-o todo o seu sonho de dominação universal; e tu próprio, que nos falas por sua boca, pareces como ele cheio do mesmo sonho. Em face dos grandes quadros da natureza e das maravilhas da arte, em presença da mulher que ama e que se sacrifica ao contato próximo da dor e da morte, teu 'senso dionisíaco' parece não saber recolher e exaltar senão o que se refere à 'cultura' de ti mesmo e do teu prazer... E, entre nós, se queres que recomecemos a tomar-te a sério, deixa em paz a nossa raça latina, que agora te ofereces para reconfortar e rejuvenescer. Deixa em paz a nossa velha raça, ó poeta do prazer!... Crê, não é com drogas da farmácia de Zaratustra que poderá a civilização latina recobrar a saúde e a mocidade".

O rasgo final descobre aquela incongruência, de que falei atrás, do pensamento estético de D'Annunzio. Ele, o presumido apóstolo da regeneração latina, o filaucioso que declara bárbaro tudo o que não é latino, e que do velho fundo latino e grego quereria tirar os elementos da sua reforma, não é senão um discípulo mal-aproveitado dos "bárbaros", R. Wagner e Nietzsche.

Aliás é uma idéia pueril, e de um simples literato vaidoso que não avalia a limitada potência das suas faculdades, essa da regeneração de uma raça como a latina, se ela precisa de regeneração, mediante romances e dramas. E a decadência dessa raça — se ela está em decadência — acharia justamente uma prova, ou ao menos um sintoma, nessa literatura imoral no fundo e sensual na forma, nessa literatura desumana.

Tal literatura, que é a de D'Annunzio e da qual é ele certamente o escritor mais notável, inspira-se de uma estética, sobre mentirosa, anti-social, pretendendo ser a literatura do "pró-homem", segundo a concepção extravagante e insana de Nietzsche. É uma arte de "entes de razão", como se dizia na velha filosofia, sem vida real, criaturas fictícias a que nem o gênio de um d'Annunzio consegue dar mais vida que a dos bonifrates de uma fantasmagoria. Não são criaturas, e nem conseguem ser tipos. Alguns são belos, esplêndidos mesmo, como as virgens dos Rochedos, de uma poesia magnífica como a dos contos de fadas, mas têm apenas a vida brilhante e passageira das personagens de mágica. Criar uma arte só de aspectos exteriores, gerada pela "só potência das suas harmonias", mesmo quando se possui essa faculdade no grau em que a tem D'Annunzio, é uma dessas tentativas que frisam a insanidade espiritual, e saem do mundo real, onde somente a arte é possível.

Mas contra essa literatura malsã começa em toda a Europa a reação. Não sei se não será o prestígio da melodiosa língua italiana, não sei se não será a mesma mestria do escritor que a domina e governa a seu talante, do poeta que só ele, como o seu Stelio, "sabe dizer o indizível", e sob cuja pena o verbo se faz plástico como um mármore que fosse mole, ou ainda se não será o fulgor da imaginação acesa do "animador", do "revelador", como os sócios de Éffrena o chamavam, que nos comovem na leitura de um livro como *O fogo*. Mas, em mim ao menos, essa sensação é toda externa, dos sentidos apenas, mal interessando a inteligência, e repugnante ao sentimento. Foi inteiramente outra, e diversa, e funda e sã, a que me deixou, por exemplo, a *Ressurreição* de Tolstoi. E nesta ingênua e sincera impressão está, como o posso dizer, o meu pensar do novo romance de D'Annunzio e da sua arte, poderosa e fascinante, sem dúvida, mas também artificiosa e desumana e, portanto, caduca.

O FEMINISMO NO ROMANCE

Les vierges fortes: Frédérique,
par Marcel Prévost, Paris, 1900.

Não podia ser longa, nem forte, a existência de uma arte que, sem verdadeiro ideal social e humano, não assentava também na realidade e não apontava senão ao contentamento de caprichos estéticos individuais ou à realizacão de uma beleza puramente subjetiva. Que a reação de que ela — chamem-lhe simbolismo, decadentismo, estetismo, ou como quiserem — foi órgão era legítima, se não duvida mais; que se excedeu nela, como de regra acontece a todas as reações, é incontestável; que deixou resultados apreciáveis e bons, já é fácil e perfeitamente verificável. Deixou digo porque a nova escola ou movimento literário, conhecido por aquelas vagas e defeituosas denominações, começa, mal chegado ao seu apogeu, a pertencer às coisas findas. O que em França, por exemplo, que é a nossa instituidora literária, havia de melhor entre os escritores, poetas, artistas da nova escola, se emancipou já dos cenáculos e vive, como a borboleta saída da larva, de todo o meio ambiente e por si próprio. Voam livres e livremente escolhem, em flores várias, o néctar que as há de alimentar. O seu exemplo, sintoma do desbarato da escola, mais uma vez confirma a inanidade das pretensões das seitas literárias a um cânon único e definitivo, oposto ao critério geral da arte, assente primeiro na mesma natureza humana, depois na evolução da própria arte, por seguramente perto de seis mil anos.

A efêmera duração, e de fato mesquinha influência, dessa tendência ou, se quiserem, escola estética, a sua mesma imprecisão e indefinição, e mais, a sua limitação, a esfera acanhada do seu desenvolvimento, são mostras suficientes do que nela havia de errado e caduco. É cedo ainda, reconheço, para se lhe fazer o inventário, do qual aqui, por exemplo, direi de passagem, se não apuraria nada. Nenhum dos movimentos literários europeus que no Brasil tiveram repercussão foi nunca tão estéril e vazio como esse. Dele podemos já, e com segurança, afirmar, não ficou e não ficará uma obra. Mesmo o que havia de mais notável e característico na nossa literatura, o nosso lirismo, ele de fato o diminuiu e amesquinhou. A razão é que foi aqui um ato de pura imitação deliberada, sem a compreensão das causas e motivos que o suscitaram lá fora, e imitação, quase estou em dizer macaqueação, canhestra e indiscreta, somente da forma, das modalidades exteriores, do que no estrangeiro, sobretudo em Portugal e em França, se estava fazendo, sob aquelas várias alcunhas. Acolá deve-se-lhe a reintegração da idéia na poesia donde a tinha quase banido o parnasianismo esgotado. Ainda aqui é quase o único efeito útil que se lhe poderia, com alguma boa vontade e muito esforço, descobrir, mas não tanto nos poetas que se dizem seus alunos, mas nos independentes e até adversários da escola, como os srs. Raimundo Corrêa e Alberto de Oliveira, na sua maneira última. Na pintura alguns artistas privilegiados, quer na Inglaterra, quer na Alemanha, quer em França, contra a mesma natureza e destino da sua arte, substituíram o sentimento, a expressão das emoções, por idéias. Mas não só esses artistas precederam a sistematização da estética da escola, que os quis à força incorporar, mas a sua obra, no que há nela de são e durável, é apenas o produto do seu peregrino talento pessoal, se algumas vezes em correlação com aquela estética, muitas mais em contradição com ela.

É sabido que as tendências filosóficas e sociais mais diversas, e até mais opostas, desde o misticismo católico até o anarquismo político, se misturaram nela, enfraquecendo-a. A situação mental da sociedade contemporânea, tão multiplicada, senão também profundamente diversificada, não permite aliás o domínio, ou sequer a existência de uma escola, ou teoria exclusiva e dominadora em arte. O sempre crescente progresso do individualismo também a não consente, e a pouca duração e a limitada influência da novíssima estética, sendo provas disso, não têm certamente outros motivos.

Duas causas a esgotaram cedo: a falta de verdade, se não também de sinceridade, e, com o abuso do individualismo, a falta de humanidade. Se é certo que uma das suas várias correntes era social e humana, essa, sobre não ser a mais considerável, não estava precisamente nos seus princípios. Derivava diretamente do naturalismo e inspirava-se menos de teorias estéticas, quaisquer que fossem, que das doutrinas sociológicas dos partidos ou escolas revolucionárias. Ora, em que pese o artificial movimento espiritualista ou idealista dos últimos quinze anos, do qual foi o simbolismo ao mesmo tempo um fator e um produto, não diminuiu o nosso gosto da verdade, nem a nossa sede de justiça e de humanidade. O enorme e merecido sucesso do romance russo — que nada tem de comum com a doutrina simbolista, que é profundamente realista e humano, verdadeiro e luminoso, positivo e claro — não tem outra causa que haver satisfeito aqueles sentimentos. Enquanto os problemas sociais e as questões morais se tornavam cada vez mais presentes e instantes, os estetas da escola, agarrando-se às suas ocas teorias e às suas fórmulas vãs, recolhiam-se à torre de marfim, onde cultivavam, numa inutilidade devota, a chinesice vazia da arte pela arte, a flor descolorida e sem perfume de sua métrica extravagante, a sua língua superornada e gongórica dos escritores de decadência e, sobretudo, o seu eu, apalpando-se, como os insuportáveis Goncourts do *Diário*, as pulsações das suas artérias, analisando a gênese e o desenvolvimento dos seus próprios sentimentos, narcisando-se no espelho do seu mórbido egoísmo, fazendo enfim de si o centro do universo e das suas fantasias de impotentes — qualquer que fosse o seu talento profissional de escritores e poetas — o critério superior e definitivo da arte. Tem a seu respeito inteiro cabimento a justa observação de um eminente filósofo: "a arte, tão apropriada a desenvolver os instintos simpáticos, pode diretamente suscitar o mais abjeto egoísmo, provocando uma inteira indiferença social, nos que puseram a sua principal ventura em apreciar os sons ou as formas". Em tais artistas se podia notar o que o mesmo pensador chama "a deplorável aptidão de exprimir o que se não sente, nem crê". Não será talvez esse o caso de um Huysmans, por exemplo?

Contra as tendências, não só malsãs mas erradas, desses artistas e da sua arte, acanhada na sua inspiração, estreita no seu alcance, e até falaciosa na sua expressão, entra a fazer-se pronunciadamente a reação. Notamo-lo há já um ano, nestes mesmos estudos, e, com grande satisfação, vemos confirmada nos fatos literários e pela crítica européia o nosso reparo. Mesmo dentre os jovens escritores pertencentes às novas escolas ou tendências literárias saem os reatores. O que o simbolismo — para reunir nessa vaga denominação tais tendências — renovou — e sempre, não há negar, alguma coisa renovou — na plástica, na poesia, na arte da linguagem escrita, o que aumentou de finura e delicadeza na análise psicológica, na agudeza da nossa sensibilidade, começa a servir a misteres mais altos, não duvido dizer mais úteis, pois são mais sociais e humanos, que a só cultura estética individual e a exclusivamente formal cultura de arte. Ao puro diletantismo literário sucede, ou melhor, segue, uma literatura mais viva e mais interessada na vida, mais humana, mais social.

    E é da mesma França que vem a reação, e dela devia vir, pois a sua literatura é eminentemente social. Nem ali se interrompeu efetivamente a longa e gloriosa tradição da sociabilidade das suas letras; apenas uma tendência errônea pareceu dominar algum tempo e alguns espíritos. A tradição da literatura francesa segue pois de novo com os novos romancistas, poetas e dramaturgos preocupados como os seus antepassados da vida e do homem. A mesma rara sociabilidade francesa, os seus hábitos, gerais em todas as classes da população, de benevolência, de facilidade de acolhimento e de relações, o seu espírito de condescendência e de contentamento, imprimem às suas observações, aos seus pensamentos e sentimentos certa superficialidade (*glissez, n'appuiez pas* é um preceito francês), que os faz recobrir de elegância, de finura e de graça os mesmos aspectos trágicos da vida disfarçando-os ou amortecendo-os, mas nem por isso a literatura francesa, que tão bem exprime aquelas feições do caráter nacional, deixa de ser por excelência uma literatura grandemente social e representativa. Somente pode-se, talvez sem injustiça, argüi-la de ser mais social, isto é, nacional que humana, e especialmente representativa da mesma França. Esse defeito, se defeito é, basta porém para corrigi-lo ou atenuá-lo, considerar que a França é, eminentemente, pela sua larga influência social e mental sobre toda a humanidade, um centro humano. Num país como ela, cuja literatura teve por qualidade predominante a sociabilidade, não poderá jamais vingar o puro diletantismo literário; não lho consentem as preocupações sociais de toda a ordem que lhe tomam o espírito e que ali se refletem sempre na sociedade, não só política, mas mundana. Pode ser essa reflexão atenuada, e de fato em regra o é, pelos seus mesmos hábitos de civilidade e polícia, mas nunca deixa de operar-se e de influenciar a literatura que é, acolá mais que em outra parte, porção integrante da sociedade. A superioridade incontestável da literatura francesa está justamente na profunda habilidade com que ela, sem sair da natureza da arte, soube aliar a inspiração social com a composição literária, soube ser humana, social, mesmo política, sem deixar de ser literatura, sem sacrificar a arte à prédica, sem cair no sectarismo, sem se amesquinhar no partidarismo, no espírito de facção ou no proselitismo.

Em outras literaturas, como a inglesa, a alemã, a russa, a ficção em prosa, o drama e o romance terão visto mais fundo os problemas sociais, os haverão encarado com olhar mais atento e seguro e representado com mais austeridade e eficácia, mas nem sempre conseguiram escapar àqueles defeitos, e a sua arte a viciou freqüentemente o mesmo ardor das convicções dos seus escritores. A suprema arte, pois, ao menos segundo a concepção que nos vem dos gregos e latinos, fica sendo a francesa. Não possuindo uma originalidade forte e saliente, antes compendiando todas as correntes sentimentais do mundo, polindo-as, educando-as, disciplinando-as, as letras francesas, pelas suas virtudes intrínsecas de clareza e de raciocínio, são o resumo mais acabado e perfeito da vida espiritual e humana. A reação que nelas se faz neste momento contra o diletantismo literário vem ao mesmo tempo do seu próprio fundo social e da influência de literaturas exóticas e impregnadas de humanidade que, como em todos os tempos aconteceu, sobre ela agem.

A crítica francesa, aliás, já notou essa reação, recebendo-a com aplausos, e os últimos produtos da novelística e do teatro francês são documentos dela. Eis aqui, como exemplo, de fora parte o valor da obra, o sr. Marcel Prévost, o autor das *Lettres de femmes* e das *Demi-vierges*, o psicólogo e o pintor dos costumes e vícios femininos, com um romance em que é exposta e discutida a questão do feminismo. O feminismo é um produto genuinamente anglo-germânico e, posteriormente, eslavo. Em França, onde aliás a mulher, ao menos a mulher de salão, teve sempre tão grande influência na sociedade, nos costumes, nas letras e na mesma política, o feminismo é um produto de importação. Não discutirei se esta foi ou não legítima, determinada ou não pelas necessidades sociais. Baste-nos o fato de saber que o feminismo entrou em França e forma já ali uma feição considerável da questão social. Não só resistiu à *blague* francesa, mas conquistou o apoio de intelectuais de toda espécie, romancistas, poetas, dramaturgos, publicistas, filósofos, cientistas. E em França, *ce que femme veut Dieu le veut...*

O feminismo, isto é, a reivindicação pelo sexo desdenhosamente chamado fraco e amavelmente chamado belo de direitos iguais aos do homem, a sua insurreição contra o que um escritor francês chamou *la loi de l'homme*, a sua reclamação de um lugar no mundo perfeitamente igual ao do homem é apenas um capítulo da questão social, ou, se preferem, das questões sociais que não só ocupam e preocupam mas dominam o nosso tempo. Repousa em dois pressupostos cuja exatidão não discutirei: a violência, a tirania do homem para com a mulher e a igualdade orgânica dos dois sexos.

Desta deriva a conclusão de que só pela força de costumes, leis, instituições criadas pelo homem em seu benefício e contra a sua companheira, é esta violentamente mantida na sujeição — as feministas dizem mesmo escravidão — em que jaz. E contra ela revoltam-se. Para competir com o seu tirano, estudam, fazem-se sábias, literatas, jornalistas, artesãs, artistas, mecânicas, médicas, advogadas, reclamam os mesmos cargos e profissões que os homens, emulam com eles nas academias e nos comícios, rivalizam-nos na vida prática e ativa do comércio e da indústria, querem concorrer com eles para todas as funções que eles até agora monopolizavam. Mas se nessa luta nova e áspera para um sexo cuja tradição e educação, senão cujo organismo, parecia incapacitar para ela, um grande número delas conseguia insexualizar-se, perdendo a graça, a delicadeza, o encanto, que o fizeram até aqui precioso ao sexo inimigo, muitíssimo maior era o número das que, cedendo à força inexorável de atração que compele um sexo para o outro, esquecendo o seu programa e as suas reivindicações, se deixavam prender dos "doces laços do amor" e reentregavam os adoráveis pulsos ao duro grilhão masculino. Deserção e escândalo, contra que era preciso prover. E então surgiu no campo feminista uma nova idéia, a da criação artificial da virgem forte, da nova Eva, da mulher insexual, vencedora, pela vontade, dos instintos da espécie, dominando o homem pela repulsa de unir-se a ele, igualando-o pelo seu esforço mental, pela sua completa independência dele. É este o assunto do sr. Marcel Prévost nas suas *Virgens fortes*. Não analisarei nem o livro, nem a tese. Sobre ambos haveria bastante que dizer; eu apenas quis chamar a atenção para a renovação da arte social francesa, de que esse livro e os últimos dos Rosny, de Bourget, de Édouard Rod, do poeta Gregh e de outros são testemunho.

Não seria ocasião de notar como, no movimento geral da arte humana e social, a nossa permanece sem caráter nem significação? Os criadores e primeiros cultores da nossa literatura fizeram-na ao menos nacional, representativa dos nossos aspectos exteriores, da nossa paisagem, dos nossos costumes, mesmo da nossa vida, sob a sua feição pitoresca e indígena. Que sabem fazer os escritores que, abandonando a corrente nacionalista, a ficção descritiva e a poesia sentimental, se dizem inspirados por outros e novos ideais? Impossível é dizê-lo, tanto é incaracterística e insignificativa a nossa escassa literatura de hoje.

EÇA DE QUEIROZ

A primeira vez que o vi foi em Lisboa, há justamente vinte anos, no salão do teatro da Trindade, onde se realizava um sarau literário em proveito da família do escritor Santos Nazareth, que, voltando do secretariado da Índia portuguesa, falecera em viagem, deixando os seus em extrema pobreza. Apareceu-me ao lado de Ramalho Ortigão, como no frontispício das *Farpas*, alto, esguio, menos magro do que ficaria depois, apuradamente vestido à inglesa, o seu monóculo fixo entre o nariz de águia e o olho bem aberto, penetrante, impondo à minha juvenil admiração matuta, de provinciano brasileiro recém-chegado. Reconheci-o, e ao seu *fidus Achates*, através das caricaturas de Bordalo do *Antonio Maria* e do *Álbum das glórias*. Seu nome figurava no programa do sarau, sem indicação da parte que faria nele. Ele e Ramalho estavam de pé, junto à parede lateral do salão, à direita do estrado destinado aos atores daquela festa de beneficência literária. Um com as suas grandes lunetas, outro com o seu amplo monóculo inspecionavam a sala. Notei que a entrada de Eça despertara a atenção geral, e as mulheres, que eram numerosas, e da alta roda lisboeta, o examinavam com uma curiosidade especial. Decididamente o autor do *Primo Basílio* excitava-lhes aquele sentimento, bem feminino. Ao meu lado uma senhora, abaixando de sobre ele o binóculo, disse à outra, naquela voz doce e cantada das lisboetas: — Sabes? o Eça também fala. — E a outra, consultando o programa, com leve comoção na voz, como que receosa da tese que ele haveria escolhido: — Que irá ele dizer?... Mas Eça de Queiroz não falou; seu nome no programa era uma mentira piedosa dos organizadores da festa; um chamariz para ganhar aos órfãos de Santos Nazareth mais algumas libras. Falaram ou recitaram versos outros, entre os quais me lembram Pinheiro Chagas, Antonio Candido, Fernando Caldeira; Gonçalves Crespo arrebatou verdadeiramente a assembléia dizendo, como nunca antes nem depois ouvi recitar, a *Resposta do Inquisidor* e a *Morte de Dom Quixote*. Eça de Queiroz observava apenas e guardava na sua retina a imagem daquele sarau, que, reproduzido pelo seu *humour*, e enfeitado da sua ironia, havia de ser uma das páginas mais deliciosas dos *Maias*.

Vi-o depois muitas vezes, em Lisboa mesmo, e, nove anos mais tarde, em Paris; já então mais magro, mais ossudo, como que mais cansado, conservando, porém, a despeito de uma ligeira curvatura, o aprumo da sua fronte inteligente e a fixidez penetrante do seu olhar, que às vezes algum pensamento íntimo amortecia. Amando-o, não quis jamais conhecê-lo pessoalmente, por essa espécie de pudor indefinível que nos afasta de pessoas admiradas e queridas em silêncio. Não posso, pois, dar dele senão as minhas impressões de seu leitor, e essas mesmas sinto que não têm a precisão, que só uma leitura recente e repetida poderia ter.

Depois do período do renascimento, que teve por principais fautores Herculano, Garrett e Castilho, aqueles dois dignos verdadeiramente do comando, este apenas um rapsoda de segunda ordem, mas um subchefe cuja influência foi, em Portugal e aqui, enorme e incontestável, voltou a literatura portuguesa à insipidez do princípio do século. Dela saiu pelos anos de 60, com a reação do movimento chamado coimbrão. Este movimento, ao mesmo tempo negativo e positivo, crítico e criador, qualquer que seja o valor real dos seus principais autores, e mesmo das suas obras, foi de fecundos efeitos para a literatura portuguesa contemporânea. Dele procedeu o maior romancista português de todos os tempos: Eça de Queiroz. Não lhe sei minuciosidades biográficas, mas creio não errar dizendo que entrou na literatura com o *Mistério da Estrada de Cintra* e com as *Farpas*, feitas ambas de parceria com Ortigão. O que distingue o *Mistério*, na parte que sabidamente lhe pertence, nem precisava que no-lo descobrisse a vasta inteligência crítica de Moniz Barreto, era o "dom de efusão lírica" desse poeta que fizera de um romance folhetim, de uma novela romanesca, originada de uma brincadeira de rapazes, um doloroso e vivo poema de amor.

É como um romântico que Eça de Queiroz começa, mas o poeta sentimental que havia nele — e que nunca de todo desapareceu dele —, o imaginoso evocador de formas e de emoções se transformaria, na função crítica de colaborador das *Farpas*, no analista fino, no observador perspicaz, no realista vigoroso do *Crime do padre Amaro* e do *Primo Basílio*. Esses dois romances são evidentemente o produto direto, quase podíamos dizer o reflexo, do movimento naturalista francês de Zola e de Flaubert, deste sobretudo, que será o verdadeiro mestre, o iniciador de Eça no romance naturalista e lhe ocupará sempre o espírito. Somente a intensidade do sentimento poético é talvez maior no romancista português que no francês. Ambos eram dois românticos retardatários, ambos procuram intencionalmente libertar-se do romantismo, mas, como o passado pesa sempre sobre nós e não podemos livrar-nos totalmente dele, ambos conservaram, como de si mesmo reconhecia Flaubert, notável, sensível, o traço da herança romântica. Em Eça de Queiroz, porém, apesar da sua ironia, apesar da preconcebida frieza que ele quisera dar à sua análise, da imparcialidade que pretendia impor à sua observação, esse traço é mais fundo, mais aparente, como o provam os mesmos livros citados, a *Relíquia* e sobretudo os *Maias*. Podem-se dar do fato duas explicações, uma etnográfica, outra psicológica, de modo algum entre si opostas. Flaubert é um francês do Norte, um normando, pouco sentimental, apesar do que havia de afetuosidade profunda na sua alma: Eça de Queiroz é um puro meridional, um português, sentimental, amoroso, vagamente idealista e imaginoso como os de sua gente; as partes de poesia em Flaubert são as do criador poderoso, e só nesse sentido o podemos chamar de poeta; Eça, ao contrário, é verdadeiramente um poeta, um lírico, repito, um sentimental, um apaixonado, embora sem vontade de o ser, um legítimo filho da terra dos poetas amorosos dos Cancioneiros, dos cavaleiros namorados, dos líricos sentidos e chorosos, de Bernardim Ribeiro, do Garrett das *Folhas caídas* e do Camões dos sonetos e de Inês de Castro, dos solaus, das xácaras, do fado dolente e amorosamente piegas. Pode ser que essas explicações, que são apenas duas formas de uma mesma idéia, não sejam verdadeiras. Ninguém mais que eu desconfia de tais generalizações. Mas, como quer que seja, a aproximação desses dois nomes e da obra literária de cada um deles produz em mim essa impressão. O naturalismo de Eça de Queiroz, e é uma das suas superioridades, não tem a insensibilidade rebuscada, a falta de simpatia humana, que se nota no naturalismo de Flaubert, e no de Zola àquele tempo. O sentimento, a piedade ainda se escondem, para seguir os preceitos da escola e o exemplo dos mestres, mas não tanto que os não lobriguemos através da comoção das páginas como as do infanticídio do *Crime do padre Amaro*, das desilusões, da doença e da morte de Luiza, no *Primo Basílio*. O que há de forte e intenso em Eça de Queiroz vem justamente dessa simpatia. Não havia nele talvez uma grande potência de invenção, senão de criação, verdadeiramente original. Um estudo acurado e minucioso da sua obra, comparada com outras das literaturas suas contemporâneas, mostraria nela reminiscências, verdadeiros paralelismos, imitações se quiserem, influências de outros livros, de outros autores. Mas não receio exagerar dizendo que, sob esse aspecto, Eça de Queiroz era da família dos Shakespeares e dos Molières. A sua cópia, se cópia se pode chamar, era quase sempre superior, e jamais inferior ao modelo apenas consultado, nunca reproduzido. Sinto neste ponto que preciso explicar-me. Seria estultícia negar ao magnífico criador de Juliana, do conselheiro Acácio, do Sebastião, do cônego Dias, e de outros tipos que vivem na nossa memória como indivíduos da vida real, o dom da criação. Toda a sua obra desmentiria quem o fizesse. O que digo é que, na generalidade dessa obra, quer no seu contexto, quer na sua trama, quer nas suas personagens, descobrimos mais de uma parecença, às vezes frisante, com outras obras.

Quero significar que nele, como em tantos grandes artistas, iguais ou superiores a ele (e já citei Molière e Shakespeare), a faculdade da criação sobreleva a da pura invenção. Isso me parece sobretudo verdade na sua fase de naturalismo estreme. O *Primo Basílio* é um romance paralelo à *Mme. Bovary* de Flaubert, mas profundamente diferente da obra-prima do escritor francês e, talvez, de maior intensidade moral. Não duvido em escrever moral, no sentido de social, segundo o conceito nestes ensaios mais de uma vez expendido. Para mim a literatura, e a arte, só tem valor como um órgão social, como expressão e definição da sociedade; fora disso os seus produtos são apenas obras de curiosidade e paciência, mais ou menos bonitas, mais ou menos bem trabalhadas, como japonices e chinesices preciosas, mas sem lugar na grande arte.

Quem pode lá imaginar sinceramente que um verdadeiro poeta, um artista, faça uma obra de inspiração e de amor somente para fotografar um aspecto social, uma simples vista do mundo e da vida, despido de toda a comoção, estranho a toda a reflexão, inteiramente impassível e indiferente a outro sentimento que a impressão material do fato reproduzido? Não há um fim moral, certo, no *Primo Basílio*; um artista criador não é um pregador, nem um moralista profissional. Mas no seu ódio senil contra o naturalismo, Camilo não errou de todo chamando-lhe "o romance mais doutrinal que já saiu dos prelos portugueses". E o reparo de Camilo pode-se conciliar com a análise que do romance de seu amigo fez o sr. Ramalho Ortigão nas *Farpas*. Reprodução admirável da vida portuguesa em um dos seus aspectos, o *Primo Basílio* é também a representação viva, exata até à crueldade, do que é o adultério na burguesia, o adultério posto a nu, em toda a sua indecência e pelintrice, despido da vistosa traparia romanesca com que o desfiguraram durante anos o romance e o teatro românticos. A intenção social, e moral portanto, é evidente, mesmo que se pudesse admitir que o autor lhe é pessoalmente alheio. Em Flaubert, apesar das suas denegações, e do seu repúdio irracional, por esnobismo de artista, da sua obra-prima, não é outra senão a intenção, a significação de *Mme. Bovary*. A mim, porém, me parece mais forte a do *Primo Basílio*, mais trágico o drama, mais simpáticas as suas vítimas. Fazendo de Charles Bovary um bobo ridículo, Flaubert seguiu mais estreitamente a sua estética nessa obra, mas falhou ao mesmo efeito estético dela. Eça de Queiroz aumentou a emoção da sua, dando a Luiza um marido nulo, é certo, mas não ridículo.

Nas duas há verdade absoluta, mas na do português há talvez, com menos beleza de execução, com menor ciência da expressão literária, mais intensidade, se se mede a intensidade na obra de arte pela maior comoção que ela de si expande. Apesar dos senões que os preconceitos da escola deixaram nesse livro e no *Crime do padre Amaro*, são eles talvez os mais perfeitos, os mais belos, e seguramente os mais característicos, os mais expressivos da obra de Eça de Queiroz e do seu lugar e influência na literatura da língua portuguesa. Porque não só em Portugal eminente foi o seu lugar e larga a sua influência, senão também no Brasil, que principalmente dele aprendeu o naturalismo, sem entretanto haver produzido nenhum naturalista que se lhe equipare. Faltava aos seguidores do naturalismo aqui o que em Eça sobejava, a personalidade para transformar em seu aquilo que acaso lhe não pertencia de próprio e a grande capacidade de transposição para os tons mais originais e mais variados dos temas que lhes ofereciam a literatura e a vida. E, com isso, a aliança rara da análise penetrante e pessimista, a ironia risonha e cética, com o lirismo e a tendência romanesca da sua índole pessoal e literária. Ele tinha ao demais — o possuiu talvez como ninguém depois de Garrett — o dom da língua, mesmo quando ainda não a sabia perfeitamente, nem a empregava com a mestria com que acabou por manejá-la. A vida portuguesa contemporânea sob o aspecto em que a viu Eça não deixará de si representações mais perfeitas, quadros mais verdadeiros e mais vivos, e o romance realista, em todas as literaturas, não terá muitas obras superiores a essas.

A fantasia romanesca, o lirismo congênito de Eça de Queiroz, porém, se não podia encarcerar para todo o sempre na fórmula naturalista. O realismo fazia evidentemente parte integrante do seu temperamento literário, casando-se harmoniosamente àquelas outras feições da sua índole artística; o naturalismo, segundo os seus mestres franceses, era a parte adventícia dele. Com o *Mandarim*, com a *Relíquia* e, sobretudo, com os *Maias*, ele o vai abandonando, e a fusão entre o analista, o observador e o lírico, o romântico, que nele há, se completa, e o desvencilha do cânon propriamente naturalista. O drama e os personagens burgueses da *Relíquia*, por exemplo, são do mais acabado realismo, do que ele fez de melhor nessas pinturas exatas e vivas da sociedade portuguesa, da qual nos deixou tantos quadros superiores na sua obra. Mas esse drama, e essas personagens os envolveu em uma ficção da mais alta e da mais bela fantasia, soltando à toda a rédea a sua imaginação romanesca e lírica, e dando à língua portuguesa, no sonho de Teodorico, um dos seus mais belos e mais perfeitos trechos de prosa. Aos que malsinam a insuficiência da nossa língua, basta esse trecho para desmenti-los. Os *Maias* completam a sua deserção do naturalismo à moda do *Crime do padre Amaro* e do *Primo Basílio*. Com eles Eça de Queiroz reintegra o romanesco na arte naturalista, que o havia sistematicamente excluído e refugado. Um aspecto da vida portuguesa fornece-lhe o assunto de um novo quadro em que se sente pulsar a realidade, mas que uma luz de romance penetra de um ambiente romanesco, não menos verdadeiro que a realidade da vida que nele se vive. Não sei se esse livro, com todos os senões que uma estética apurada lhe poderia notar, não será da obra de Eça de Queiroz o mais representativo da sua personalidade de artista, de poeta ao mesmo tempo sentimental e irônico, nervoso e frio, homem de sensações e homem de análise, pintor exato de realidades e fantasista de alta imaginação. Mas raro é que um escritor se contenha em uma só obra, porque nós não somos somente complexos e diversos no espaço, senão também no tempo. Mudamos, variamos pelo menos, com os dias que passam, trazendo ou levando, alterando, em suma, as circunstâncias da nossa vida.

    O romanesco, o lirismo de Eça de Queiroz o levaram insensivelmente à nova estética nascida da reação idealista dos trinta últimos anos. Ele ficará, aliás, alheio às escolas que se disputam a representação dessa nova e larga e vária corrente artística. Não é dos que se matriculam e estampilham em escolas. No mesmo naturalismo, conserva a sua independência, o seu temperamento, a sua personalidade. Mas a sua já indicada índole literária, ou artística, se preferem, devia simpatizar com o que porventura haja de verdadeiro ou pelo menos de belo no movimento simbolista. O símbolo é o eterno elemento da poesia, talvez a sua mesma essência, e este realista é também um poeta de alta fantasia. O lado místico, sentimental, idealista e idealizador das novas formas literárias devia seduzir a sua fantasia, satisfazer o seu gosto de aliar o real ao imaginário, de recobrir a vida do véu diáfano da sua imaginação criadora. Daí o *Defunto*, a *Perfeição* e outros contos que ficarão como as suas obras mais acabadas de artista, ou antes de artífice consumado na arte dos lavores sutis e delicados, mas que sabe pôr inspiração e sentido nas mesmas obras secundárias de sua recriação espiritual, como os que fizeram as figurinhas de Tânagra ou os cinzeladores a Benvenuto Cellini ou os ceramistas das ninharias valiosas de Sèvres ou Saxe. Não que ele fosse de nenhum modo um simbolista. Era bastante grande para não suportar uma etiqueta. Mas o seu espírito largo, como o de um cético, impressionável como o dos poetas, compreensivo como o de um analista, apanhava de cada corrente literária o que nela havia de constante ao seu gênio — que bastava para manter, na variedade da sua inspiração e da sua forma, a unidade da sua obra.

Por mal da literatura portuguesa e da nossa — é perante escritores do seu valor que compreendemos a solidariedade que a mesma língua estabelece entre literaturas diferentes —, essa obra a veio interromper a "colossal iniqüidade da morte", quando porventura novas inspirações pudessem mostrar outras feições do seu talento. Ele, sabe-se pelos seus íntimos, sonhava ou imaginava romances de santos, aproveitar para a sua arte as lendas hagiográficas de que estão cheias as poéticas tradições da sua pátria, reunir em livro os seus contos e novelas, sujeitando-os primeiro a uma escolha rigorosa e a uma revisão severa, dar a última forma a *Fradique Mendes*, e publicar, completamente refeito em um livro novo, a *Ilustre casa de Ramires*.

Destes projetos, nem todos inutilizou a morte — mas desmanchou talvez os mais prometedores deles, parando o movimento do cérebro onde eles se elaboravam e tomariam forma.

A sua obra publicada, porém, parece já bastante para justificar no futuro a estima e admiração dos seus contemporâneos. Prova que havia nela, apesar das reminiscências de que falei, uma grande e funda originalidade é que, apesar de numerosos imitadores, não pôde ser jamais imitada. Houve dela nas duas línguas apenas arremedos desajeitados.

O que foi Garrett para a língua portuguesa na primeira metade do século, foi Eça de Queiroz na segunda. Os seus últimos escritos, e as edições definitivas dos seus primeiros livros, são o mais excelente exemplo de correção, unida à elegância, à beleza verdadeiramente artística, de uma língua que, conservando a sua pureza, a sua índole, mostra-se plástica bastante para exprimir nas suas mais delicadas e sutis gradações toda a gama das idéias e sensações modernas.

UM ROMANCE URUGUAIO

La raza de Cain, por Carlos Reyles,
Montevidéu, 1900.

"Uruguaio" quer aqui dizer apenas que o autor do romance é do Uruguai e a sua ação ali se passa. Não tem, como o "brasileiro" do nosso romance, a intenção de significar uma representação da vida nacional. Tanto quanto posso julgar, ou melhor, imaginar dessa vida, no que terá de característico e significativo, nada, ou quase nada, há dela no livro do sr. Carlos Reyles. Noticiando acima[1] um romance, *Metamorfosis*, do escritor mexicano F. Gamboa, notei quão secundária era nele a feição indígena, o pitoresco local dos homens e das coisas. Se era secundário, porém, lhe não faltava totalmente, como no romance do sr. Reyles. Uma das melhores partes do livro do sr. Gamboa é seguramente a descrição da vida de fazenda no México, da ferra dos novilhos e outros quadros e cenas da vida rural. O mais, embora superiormente feito, lembra sempre alguma coisa já vista nas literaturas européias. Será este inconsciente confronto, esta forçada e natural comparação, o empecilho dos escritores americanos a uma criação mais universal. O homem não é só filho do seu meio, é também seu prisioneiro, além de ser o que ele e o antepassado o fazem. O poeta, o romancista, que, como criador, também é poeta, mesmo o filósofo, o historiador, e até o crítico, se há neles mais alguma coisa que um erudito, também um poeta e um artista, todos terão algo da própria alma da sua terra e da sua gente. Mesmo os que superficialmente vistos pareçam mais avessos

---

[1] V. neste livro *Um romance mexicano*, pág. 153.

e mais emancipados dela, lhe pertencem sempre em maior ou menor grau. Eça de Queiroz é, com modalidades contrárias, tão português como Garrett ou Herculano, e o livro menos português que já se procurou escrever, *Fradique Mendes*, tem infinitos traços que só um português fora capaz de lhe dar. O nosso escritor mais estranho ao pensamento nacional, e ainda português e latino, foi Tobias Barreto, quase exclusivamente alimentado do pensamento germânico e vivendo sistematicamente dele. Como temperamento, nenhum é mais brasileiro, mais "povo" brasileiro. É, pois, um erro, se não também uma ridicularia, o procurar evadirmo-nos às fatalidades da estirpe e do meio. Só talvez o conseguisse quem lhes fugisse ainda na juventude, não só pelo espírito, mas no espaço. E ainda assim se lhes descobririam traços da origem repelida. Sem fazermos do nacionalismo, principalmente do nacionalismo entendido de uma maneira estreita e superficial, como também já o entendeu o escritor destas linhas, o critério único de uma literatura indígena, e, particularizando, verdadeiramente americana, podemos considerar que toda a literatura, sendo a expressão mais geral e mais segura do sentimento de um povo, tem forçosamente, não obstante a universalização dos sentimentos e das concepções humanas, uma forte parte de cada um dos lineamentos, cujo conjunto e travação constituem a feição particular de cada povo.

Uma literatura que a não revelasse seria só por isso um amontoado de obras inexpressivas e, portanto, sem interesse: uma literatura morta.

Obras como aquele romance mexicano e, sobretudo, como este romance uruguaio, e certamente haverá na América espanhola outros semelhantes, que desconheço, revelam que nesses países já há escritores que procuram sair da fase do que chamarei o indigenismo, porque as suas literaturas se começaram a afirmar. Nesses nossos literariamente mesquinhos países latino-americanos, se não erro generalizando o que se passa no Brasil, não podemos compreender que numa literatura, mesmo una e homogênea, possam existir correntes e modalidades diversas, como existem na francesa, na inglesa, na italiana ou em outras. Espíritos estreitos, queremos tudo catalogar, e pôr em escolas, que declaramos logo antagônicas e incompossíveis. Erro crassíssimo ao meu ver de agora. De parte os aspectos exteriores e a intenção, José de Alencar não é mais brasileiro que o sr. Machado de Assis, nem Gonçalves Dias mais que o sr. Raimundo Corrêa. É nobre e, mais ainda, legítima a tentativa dos romancistas americanos de saírem do domínio do indígena, do local, para o humano e geral. Para que, porém, se não restrinja a um pronunciamento literário miserável, como o são de regra os seus pronunciamentos políticos, precisam não ser exclusivistas, condenando a natural representação da vida e dos costumes locais, nem perder o sentimento nacional, que só lhes pode dar originalidade e distinção. Ora, como disse, a nossa tendência é para não admitir compatíveis dentro da mesma literatura essas e outras concepções do romance, esquecendo que só o talento é talvez a justa medida da obra literária. Concebamos os nossos temas gerais com o nosso sentimento, as nossas idiossincrasias, a nossa emoção, em suma naturalmente, ingenuamente, segundo o nosso temperamento pessoal, que é já produto da índole nacional, e ficaremos ao mesmo tempo nacionais e humanos, particulares e universais. É o caso típico dos escandinavos, Ibsen e Björnson, por exemplo; dos russos, os Turguenievs, os Gogols, os Dostoievskis, os Tolstois; do polaco Sienkiewicz; do inglês Kipling ou dos italianos D'Annunzio ou Fogazzaro. Quando esses escritores e as suas obras entraram a ser conhecidas e estimadas em França, o sr. Jules Lemaître, já com aquele sentimento de estreito patriotismo que dentro em breve faria dele um dos próceres do nacionalismo, procurou mostrar que todas as suas idéias sociais e humanitárias estavam em Rousseau, em George Sand, em Hugo, em Dumas Filho e outros escritores franceses. Como fato, nada mais certo; somente estavam de outra maneira concebidas e expostas, sentidas e compreendidas de modo diverso, e o crítico não via, ou esquecia, que era justamente o que o temperamento, a índole, o caráter nacional de cada um, o mesmo gênio da raça ou do povo, pusera de seu em idéias, concepções e sensações que lhe pareciam antigas na literatura da sua pátria, que as renovavam, dando-lhes um cunho de novidade, de originalidade, que as tornavam preferidas do mesmo público francês. Apesar dos seus temas, e mesmo das suas teses, mais gerais, esses romances são profundamente da pátria dos seus autores, escandinavos, russos, italianos ou ingleses. Receio se não possa reconhecer o mesmo no do sr. Carlos Reyles.

O sr. Carlos Reyles é, se não me engano, o que se chama "um novo". Aqui um novo quer dizer um indisciplinado, contra toda a tradição literária e estética, um verdadeiro extravagante, no vero sentido da palavra, um revoltado cuja rebelião começa contra a gramática e a língua, e que timbra em se não fazer entender. Neste sentido não é um "novo" o sr. Reyles, pois, não obstante escrever em uma língua estrangeira, o entendemos facilmente. A mesma factura e composição do seu romance não tem nada de excepcional e raro. Distingue-o ser, ou pelo menos procurar ser, uma obra de idéias, de sensações finas e esquisitas, alheia a toda preocupação de nacionalismo ou sequer de cor local, humana, geral, e, finalmente, didática. Porque não sei se já foi notado que uma das feições das modernas correntes estéticas na ficção, no teatro ou no romance, é ser moral. Não só toda peça e romance moderno trazem um ensinamento, mas são, na maioria dos casos, escritos com um fim didático. Já tive eu mesmo ocasião de fazer notar que o simbolismo na mão dos seus seguidores medíocres ameaçava cair na pura poesia didática, de maçadora recordação. Há nele realmente uma parte de didaticismo. Todo Maeterlinck é no fundo didático, como toda moderna obra de teatro, todo um moderno romance encerra, mais ou menos claramente expressa, uma moralidade, em vista da qual foi escrita. Recorde-se a *Belkis* de Eugênio de Castro, e eu não teria senão o embaraço da escolha das obras a citar. Não sei o que esses artistas pensam da falaciosa teoria da arte pela arte; que eles a não praticam é evidente. E não era quase possível que a praticassem. Que ela é impossível, por absurda, é coisa cem vezes demonstrada, e comprovada pelo mesmo exemplo dos seus próprios pregadores, mas não podia, caso viável, coadunar-se com as aspirações sociais de todos os modernos, que são socialistas, anarquistas, religiosos, humanitários, nacionalistas, como, por exemplo, um Barrès. D'Annunzio, que pode parecer um puro esteta, dá-se convencido pelo obreiro de um renascimento latino, e à última hora nos surgiu como um socialista militante. Será necessário lembrar que Wagner, assim como Nietzsche, era um pensador social, e que Ruskin, o apóstolo da religião da beleza, era mais que um pensador, um agitador social, um homem de ação, um fundador de escolas, de cursos, um mestre de operários, um conferencista, um criador de instituições artístico-industriais?

A arte do escritor uruguaio, segundo a corrente geral da arte contemporânea, não pretende ser a arte inútil que os Gautiers e os Flauberts preconizaram, sem aliás a poderem praticar, senão amesquinhando a sua própria. Essa é a dedicatória do seu romance: "Respeitosa e humildemente dedico à mocidade do meu país este livro doloroso, mas acaso saudável". Essa oferta vale uma profissão de fé: o livro, no seu pensamento, é uma lição. Não é o primeiro do autor. Dele conheço desde 1898 uma novela, *El estraño*, cujo protagonista entra novamente como uma das personagens principais na *Raça de Caim*. Já então publicara mais duas novelas, *Beba* e *Primitivo*, que desconheço, e anuncia em preparação mais três. Essas informações são necessárias, tratando-se de uma literatura que nos é tão profundamente desconhecida como a uruguaia. *El estraño* e *El pri-*

mitivo saíram em folhetos sob o título geral de *Academias* e o subtítulo de *Ensaios de modernismo*. Aquele traz a data de Arcachon e foi publicado em Madri. Como em geral os escritores americanos, o autor é, pois, um homem viajado, que conhece, pelo menos, a Europa, e viveu a sua civilização. Também o é o sr. Gamboa, o romancista mexicano. O *Estraño* é precedido de uma introdução "ao leitor", na qual faz o sr. Reyles a sua profissão de fé literária. Diz-nos ele que se propõe, sob o título de *Academias*, a escrever "uma série de novelas curtas, como tentames ou ensaios de arte, de uma arte que não seja indiferente aos estremecimentos e inquietações da sensibilidade *fim de século*, refinada e complexíssima, que transmita o eco das ânsias e dores inumeráveis que experimentam as almas atormentadas de nossa época, e esteja pronta a escutar até os mais débeis latidos do coração moderno, tão gasto e enfermo". Nem os conceitos, nem as palavras são inéditos. Supor que só na nossa época há almas atormentadas, e que há um coração moderno diferente do antigo, é pura ilusão. A alma e o coração humanos gritam atormentados em Jó, nos profetas hebreus, nos trágicos gregos e nos seus imitadores latinos, nos místicos cristãos, no Dante e em toda a literatura moderna, desde Shakespeare até nós. Todas as sensações e todas as dores estão sentidas e ditas, e os que ingenuamente cuidam que ainda restam emoções novas que descobrir e descrever apenas revelam desconhecer o que já foi dito antes deles. Somente se pode vê-las a outra luz, compreendê-las de outra maneira, interpretá-las segundo a nossa nova consciência, exprimi-las sob novas formas. É isto que ao cabo constitui a renovação literária; mas para fazer isto basta a obra, dispensam-se as explicações. O defeito e a fraqueza da literatura do dia são as teorias e as explicações. À arte deve bastar a obra. Explicando-a, comentando-a ele próprio, parece que o mesmo artista não teve confiança na capacidade de expressão que lhe deu. No seu prefácio passa o sr. Reyles em breve resenha o que se faz em toda a Europa "para multiplicar as sensações de fundo e de forma e enriquecer com belezas novas a obra artística, para encontrar a fórmula preciosa da arte do porvir".

A mim me assombra essa irracionalidade de procura intencional de uma "arte do porvir". A arte é uma função social, não uma criação individual, a arte será o que a sociedade a fizer, por isso que a sociedade começa por afeiçoar o artista. O que for a sociedade do porvir isso será a arte, que evolve com ela e que lhe há de ser relativa e correlativa. Quem imagina no Uruguai a arte de Paris, de Roma ou de Berlim? Seria conceber uma palmeira no Spitzberg. O senhor Reyles parece ser dos que julgam incompatíveis modalidades diversas de conceber e de realizar a arte em um mesmo momento histórico. Toda a história literária, que só nos pode dar sobre a questão noções positivas, desmente esse conceito.

Em cada período da vida da humanidade a arte tem uma feição comum e correspondente à feição da sociedade, da qual é a expressão; mas nessa unidade, que variedade infinita! E não fora assim, não só não exprimiria com verdade a sociedade, que é ao mesmo tempo uma e variada, simples e complexa, como seria insuportável de monotonia. Acha o senhor Reyles admirável o *regionalismo* de Pereda e grande o *urbanismo* de Galdós; parece-lhe, porém, que "em arte há sempre um mais adiante, ou quando menos *outra coisa*, que as gerações novas devem produzir, se não são estéreis, como as plantas suas flores típicas". Bem pensado e bem dito, se isso não significa a condenação de *outras coisas* que com igual razão e beleza outros artistas, outros modos de conceber ou ver a vida, e o mundo também, produzem. Passados cem anos, e feita pelo tempo e pelas gerações a escolha das obras que ficam, quem mais se lembra dessas pueris e tolas questiúnculas de escolas, de idéias, de estéticas? "Por outro lado", continua o senhor Reyles o seu 'prefácio de *Cromwell*', "o público dos nossos dias é mui outro que o público de antanho; os filhos espirituais de Schopenhauer, Wagner, Stendhal e Renan, os espíritos delicados e complexos, aumentam na Espanha e na América; chegou, pois, a hora de pensar neles, porque seu sentimento está no ar que se respira: são nossos *semelhantes*". E declara que para os seus semelhantes escreve, e roga não o leiam os que pedem às obras de imaginação mera distração, um agradável passatempo. Não se propõe entreter, pretende "fazer sentir e fazer pensar mediante o livro o que na vida se não pode sentir sem grandes dores, o que se não possa pensar senão vivendo, sofrendo e queimando as pestanas sobre os áridos textos dos psicólogos; e isso é muito longo, muito duro..." Temos aqui o artista transformado em pedagogo; o que ele nos vai dar nos seus romances trá-lo dos áridos textos dos psicólogos, sobre os quais queimou as pestanas. O romance entra a fazer parte da literatura didática: é aos absurdos que levam as teorias estéticas construídas fora da realidade dos fatos literários e artísticos.

O novo livro do senhor Reyles, um grosso romance de 440 páginas, uma jóia tipográfica, *La raza de Cain*, passa-se numa povoação, vila, ou cidadezinha, "un pueblo" perto de Montevidéu, e acaba nessa cidade. Não me pareceu que nada haja nele da vida uruguaia, da paisagem, do caráter, das feições locais e nacionais, nem aquele ambiente necessário à vida dos personagens, numa narrativa ou num quadro. O que há é pouquíssimo, e insuficiente para destacar de uma maneira especial as cenas e os atores. Vê-se bem que o autor não teve outro propósito senão pintar dois estados d'alma, e que o próprio drama não tem para ele mais importância que a resultante do modo como concorre para definir e explicar aquelas duas personagens: Julio Gusmán e Cassio. Julio é retratado no *El estraño*, do qual é o herói, como um sujeito bonito, bem-feito, que tinha viajado, lido muito e vivido às pressas. Graças a isso tinha a sensibilidade muito afinada e o gosto delicado e exigente. Uma ação infame poderia não revoltá-lo mas os equívocos, as tolices, as vulgaridades produziam-lhe verdadeira dor física. Tinha inteligência aristocrática. Como o natural dos outros é serem simples e sãos, o seu era ser complicado e estudado. Amava o singular, o difícil, o que, exigindo certa "intelectualidade" para ser compreendido e apreciado, "não está ao alcance de todos". O leitor, que conhece o romance moderno de Balzac para cá, terá cumprimentado um sujeito muito seu conhecido, com pena talvez de que o romancista uruguaio lhe não haja antes apresentado um gaúcho em pleno exercício das suas façanhas. Teria, ao menos, o encanto do menos visto, do quase novo, se não do inédito. O romance *A raça de Caim* é um estudo dessa enfermidade que chamam do século, mas de que Hamlet já sofria, a doença da vontade. Não é o senhor Reyles o primeiro, nem talvez o centésimo, clínico que a estuda, o que, de boa mente o reconheço, lhe não tira o direito e o mérito de fazê-lo novamente. A arte é uma eterna repetição; verdadeiramente novo nela só há a expressão. São dois, como vimos, os doentes da vontade no romance do senhor Reyles, mas em cada um a doença tem aspectos e sintomas diversos. Eu não creio muito nesta doença da vontade como peculiar ao nosso tempo, nem a aceito por tão geral como nos dizem. É talvez uma das nossas muitas opiniões preconcebidas. Os médicos têm a mania profissional de exagerar os males que são a sua razão de ser. Os poetas que fazem medicina literária porventura os excedem nesse mau vezo profissional. Em que século, pergunto a mim mesmo, há mais demonstração da vontade coletiva da humanidade, ou da vontade pessoal do homem? Acabou-se a descoberta do mundo até alguns quilômetros dos pólos. Devassaram-se e conheceram-se as maiores profundezas dos oceanos. Penetraram-se e percorreram-se os mais recônditos sertões, os mais ínvios distritos dos continentes exóticos. Furaram-se montanhas de léguas, rasgaram-se istmos, cavaram-se canais, cortaram-se de estradas de toda a ordem os continentes. Inventaram-se os vapores, os caminhos de ferro, o telégrafo com fio e sem fio. Fizeram-se descobertas assombrosas em física, em astronomia, em química, em biologia. Melhoraram-se as condições sociais e políticas do homem e aumentou-se a própria média da sua vida. Nunca a produção intelectual, em todos os gêneros, foi mais copiosa e, pelo que respeita à ciência, à história, à crítica, à erudição, mais considerável. Tudo isso são fatos, inegáveis, que não admitem sofismas. Ora, parece que para conseguir tudo isso a coisa mais indispensável de todas é a vontade. Que me importa a mim que uma dúzia, uma centena ou um milhar de pelintras a não tenham, a pretexto de intelectualidade, de estética, de uma compreensão superior das coisas, de Nietzsche ou de outro doido semelhante? Estou quase em dizer, como o niilista de Kropotkin, que um par de sapatos é mais útil ao homem que uma teoria estética. E se um Julio Gusmán me chamar "filisteu", eu limito-me a chamar-lhe vadio.

São de fato dois vadios os heróis da *Raça de Caim*, dois sujeitos mal besuntados, como todos nós latino-americanos, de arte e de literatura, imaginando a vida estética de uma alta capital européia em um "pueblo" do Uruguai. Um casou-se com uma moça rica, para viver sem trabalhar, outro faz tudo para casar-se com outra, prima dela, e um belo dote também.

Gusmán e Cassio "padeciam os tormentos das naturezas ao mesmo tempo sensíveis e egoístas: em ambos cumpria-se a terrível sentença que o Senhor lançou sobre Caim: não simpatizavam com as outras criaturas, perseguiam-nos o descontentamento e a incerteza, e consideravam-se refugados de toda a parte". Viam a vida através da literatura e da arte, e com uma concepção errada e malsã da literatura e da arte. Cassio sustentava que o mundo é dos imbecis e duvidava de toda a virtude. Gusmán, sem discordar dele naquela conclusão pessimista, admirava a virtude, o caráter, e o que o desesperava era a incapacidade de imitar o que admirava, a impossibilidade de toda a ação. "Crê então você", perguntava ao outro, "que eu me orgulhe de mim mesmo porque a minha inteligência rebaixa o nível das mais vulgares? Como se engana! No fundo desprezo-me, e de bom grado me trocaria por qualquer que tivesse caráter varonil, vontade máscula, ausência de dúvidas. Há muito tempo suspeito que o intelectual é estéril, e o que demos em chamar *intelectuais* são gente que bem pouco vale..., indivíduos de mesquinha natureza, egoístas ferozes, perversos, mulheris, entes de pura vaidade e criaturas incapazes de nenhum esforço generoso e viril..."

"O que importa é o caráter...", apontava-lhe como exemplo d. Pedro Crooker, seu sogro, com "o seu poder verdadeiramente prodigioso de perdoar e de sofrer sorrindo todas as misérias da vida, sua potência de amor" que lhe pareciam "coisas admiráveis e superiores a toda a inteligência".

O fundo de bondade, de bondade fraca e inativa que havia no ceticismo, no pessimismo, na paralisia da vontade de Gusmán, contrastando com a maldade, a inveja, a revolta de Cassio, explica-se pela diferença das condições: aquele nascera e se criara na opulência, casara rico, não sofrera nem necessidades, nem humilhações; este, ao contrário, as experimentara todas, devorava-o a ambição, desvairava-o a vaidade, uma "vaidade pueril e feminina", declarava-se à mulher amada e ambicionada "um deserdado da fortuna, cuja alma era como a dos poderosos da terra". A virtude, o caráter, a bondade que Gusmán admirava em Crooker, a ele lhe pareciam pouco admiráveis, incapazes de resistir a análise inteligente, e pergunta: "é virtude ou cegueira não ter dúvidas? é bondade ou mangalaça e indiferença o perdoar, o desculpar? são impulsos generosos ou satisfações de necessidades ocultas e egoístas que o obrigam a ser ativo e laborioso? Finalmente, existe virtude onde não há luta e esforço?" É um ente miserável pela viciação profunda que a descorrelação entre as suas ambições e as suas possibilidades pôs na sua alma, pela indignidade mesma da sua vida, dos seus instintos, mas, como no Satã bíblico, há neste ambicioso gorado, neste cobiçoso sem vontade, neste forte sem coragem, certa grandeza sinistra e triste. A confissão da sua desgraça a Laura, que o infeliz acabara por amar de amor mas que, sobretudo, desejava pelo dote, pela consideração que lhe traria a descoberta de que o seu rival odiado, o seu inimigo e perseguidor desde a infância, o rico, o bizarro, o gentil Artur Crooker, filho do velho estancieiro, era o amante de sua irmã, as cenas dele com esta, os seus colóquios com Gusmán, *raté* como ele, como ele da raça de Caim, que não ama os homens nem é deles amado, mas de outro gênero, são páginas de alto vigor de pensamento e emoção. E outras há não menos belas num romance que revela no Uruguai um talento literário dos mais robustos que conheço na América. O desfecho é, talvez, para o meu gosto, um pouco melodramático. Cassio envenena Laura na noite dos seus esponsais com Artur, e Gusmán, que contratara morrer com a sua antiga amante, mata-a, mas não tem a coragem de matar-se e é preso, junto ao cadáver dela, e recolhido à mesma prisão em que já se acha o seu parceiro de teorias desalentadas. A situação de Gusmán, sinceramente resolvido a matar-se sobre o cadáver da bela mulher que tanto o amara e a quem somente ele amara na vida, e sem a vontade necessária para disparar-se o revólver, paralisado pela sua eterna irresolução, é trágica e bela, e até certo ponto escusa esse desfecho. Acho-o, entretanto, demasiado "moral", no sentido escolástico. Não que eu reprove à literatura de hoje a tendência social e moral que assinalei acima. Só ela a pode, na concorrência com as literaturas passadas, diferençar e distinguir, por uma intenção social superior, com a qual se consubstancie com o seu tempo e com o pensamento geral que o anima. O escolho está em que a obra de arte não deslize do que deve sobretudo ser, uma obra de arte. A *Raça de Caim* do sr. Carlos Reyles o é, e seguramente das mais distintas das jovens literaturas hispano-americanas. Nesta apreciação deixei perceber certas restrições que teria de fazer: a falta de ambiente e a nenhuma novidade do assunto. Mas ao romancista não faltou talento para disfarçar estes dois senões. O contraste dos dois caracteres de Gusmán e de Cassio é uma feliz invenção. Aquele era demais um artista gorado pelo "afã" da perfeição; "queria fazer tão perfeitamente que não fazia de modo algum". O senhor Reyles terá o mesmo afã, mas não essa ambição irracional, que é um anestésico da vontade... e a desculpa dos *ratés*.

A REGENERAÇÃO DA AMÉRICA LATINA

I

Nota-se na América Latina, ou antes na América espanhola, um movimento de opinião favorável a um mais consciente e expressivo sentimento de raça e de nacionalidade, a uma afirmação sistemática do *eu* étnico e pátrio. Não sei se não abuso da expressão referindo-me a "um movimento de opinião" na América Latina. Em verdade, absolutamente não creio na existência de uma "opinião pública" nessa fração da América. Afora os caudilhos político-militares, os ditadores, os tiranos e tiranetes, todos mais ou menos "salvadores da pátria" — que é o produto mais copioso e mais genuinamente americano que temos — uma insignificante minoria intelectual, e sem nenhuma importância ou influência prática ou moral, em cada um dos países latino-americanos, e, se quiserem, o funcionalismo público, vasto, miserável, espécie de casta neutra, amorfa e sem vontade, enfeudada aos partidos ou aos caudilhos, que há mais nesses países que se possa chamar povo, capaz de ter uma opinião e de publicá-la? De parte o estrangeiro, apenas preocupado em que haja a ordem material indispensável à sua exploração industrial, quaisquer que sejam os meios por que essa ordem se obtenha, e seguros da proteção dos seus governos, e as três classes citadas (as classes armadas entram na dos funcionários), o que fica é aquilo que a oligarquia chilena chama com menosprezo *rotos*. Os *rotos* formam verdadeiramente o imenso fundo das populações latino-americanas, em toda a parte na maioria analfabetas, miseráveis, apesar da tão apregoada riqueza dos nossos países, ainda de fato fetichistas, e, que o digam os índios e mestiços dos afluentes do Alto Amazonas, e os do Peru, da Bolívia, senão também os do Equador, da Colômbia e da Venezuela, de fato escravas, ou a igual de escravas tratadas, exploradas sistemática e desumanamente pelos régulos de aldeia, pelos potentados de lugarejos, pelos chefetes políticos, pelos chatins e mercadores nacionais e estrangeiros, de que o regatão amazônico poderia ser o tipo, vivendo fora da lei e da justiça, que não forem as do mandão ou autoridade local. Quem pode de boa fé crer que nessa gente, que forma a enorme porcentagem da população dos países latino-americanos, possa haver uma "opinião"? Apenas aos politicantes, que a exploram, se permitiria fingir tal crença. Quando, pois, me refiro a uma corrente ou movimento de opinião existente na América espanhola respeito a questões de nacionalidade e de raça, e apontando a uma expansão mais progressiva, mais forte, mais nobre, de uma civilização consciente latino-americana, não é senão uma só classe, se assim posso dizer, das populações de estirpe ibérica, a dos intelectuais, que tenho em mente.

Dois livros, um argentino, de um publicista e economista, o sr. A. Rodriguez del Busto, se não me engano professor da Universidade de Córdoba, outro uruguaio, de um artista e crítico, o sr. José Henrique Rodó, professor de literatura na de Montevidéu, e, diz o seu prefaciador, o crítico espanhol Leopoldo Alas *(Clarín)*, "um dos jovens críticos mais notáveis da América Latina", trouxeram-me a confirmação do que outras leituras e informações me haviam a respeito ensinado. Aquele mesmo romance, *A raça de Caim*, do sr. Carlos Reyles, de que me ocupo atrás, obedeceu também a esse sentimento.

O sr. Rodriguez del Busto deu ao seu livro o título geral de *Peligros americanos* e fez nele a crítica da obra *Ciência política* de Juan N. Burgess, que ele qualifica de "notável e reputada" e nos diz, para confusão e vergonha minha, que a desconheço, "adotada como texto em várias nações e divulgada no Novo e no Velho Mundo", informando-nos mais que Burgess "representa hoje o acume das teorias de ciência política" contrárias às suas. O sr. Rodriguez del Busto é um sociólogo. O seu livro *Perigos americanos* é também um livro de polêmica, mas não daquela polêmica nossa, que se parece com a polêmica como uma briga de birbantes com um duelo de cavalheiros, e menos daquela outra, mãe desta, de que Camilo Castello Branco nos deixou o mais exemplar modelo. Não, a polêmica do sr. Rodriguez del Busto, quer debatendo com um publicista chileno, dr. Paulino Affonso, as recíprocas opiniões, quer combatendo os conceitos de Burgess, mantém-se sempre, apesar do calor que lhe dá uma convicção segura, e da energia dessa língua de guerreiros, que é a espanhola, num elevado plano de boas maneiras e de boa educação.

Na dedicatória do seu livro ao Congresso Científico Latino-americano, que se efetuou em 1898 na República Argentina, declara que seu "abundante amor à raça" é o seu sentimento predominante. Em outros pontos do seu texto repete ele essa confissão. O sr. Busto é o que a bela frase bíblica chama um "homem de boa vontade". É confessadamente um pacífico; as divergências, os conflitos, as malquerenças entre as nações ibero-americanas, como ele prefere chamar, em vez de latino-americanas, o afligem, e vê nos maus sentimentos que as separam, e nos fatos que estabelecem entre elas concorrências hostis, um perigo. O seu livro é um livro generoso.

Outro perigo que ele enxerga para as nações da sua raça na América, e portanto para a mesma raça, são os Estados Unidos. Não parece duvidar de modo algum que a grande nação anglo-saxônica do Norte tenha não só o desejo, a ambição, mas ainda o plano de assenhorear-se dos países ibero-americanos. Não o acompanha com tanta convicção nesses receios seu contraditor e correspondente chileno. Ele, porém, não pode ter a mesma confiança, não pode crer que quem violentamente arrancou ao México o Novo México, a Califórnia e outras regiões indubitavelmente mexicanas tenha algum escrúpulo em arrebatar-lhe o resto. Por isso, para ele o México, com o seu forte exército organizado por Porfirio Díaz, é o verdadeiro baluarte da raça e das nações ibéricas da América. A esse perigo só lhe aparece um remédio, é a confederação, a aliança de todas essas nações, é a fraternidade hispano-americana. O dr. Paulino Affonso, que me parece ser talvez um coração mais seco e um espírito menos entusiasta, porém um entendimento mais claro, mais positivo, mais cético, mais prático, não acompanha o seu amigo e contraditor, senão muito de longe. É dos chilenos que quiseram a paz e um bom acordo entre as nações hispano-americanas. Mas nessa fraternidade delas, em que tanto se fala, que é o tema corriqueiro e falso dos encontros festivos entre elas, ele não crê, o que verdadeiramente exaspera o sr. del Busto. "La America Latina, mi querido amigo, la América Latina...", escreve-lhe o dr. Affonso, com o característico e impertinente sentimento de superioridade chilena, "cuantas másas inconcientes, cuantos extravios morales! cuantas intenciones predatorias!..." Penso absolutamente com esse doutor; as palavras que escrevi ao princípio o mostram. Creio que presentemente nada há a esperar de nações que se chamam México, Peru, Bolívia, Guatemala e suas coirmãs da América Central, Paraguai, no fundo menos espanholas ou ibéricas que mestiças; nada, nem mesmo aquela união do escol intelectual que existe em cada uma delas, imaginada pelo sr. Joaquim Nabuco no seu livro

Balmaceda. Nessas, e ainda em outras, quantas massas ignorantes! como diz o publicista chileno; nas outras, nas melhores, nas mais adiantadas, como o Chile e a Argentina, quantos desvios morais, quantas intenções predatórias! conforme ele também diz. E é justamente na sua pátria que talvez se encontrem mais fortes e vivazes essas intenções, que ardem por se traduzirem em fato. Perdoam-me uma manifestação personalíssima? Tenho a fraternidade latino-americana, sinto-a intimamente; nunca, desde rapaz, participei do preconceito da minha gente, herdado do português e desenvolvido pelas nossas lutas no Rio da Prata, contra os povos espanhóis da América. Amo-os a todos e me revoltam as manifestações hostis a qualquer deles; mas não consigo ajeitar-me à idéia de que eles possam sair tão cedo da miséria econômica, social e moral em que, salvo uma ou outra raríssima exceção, vivem. A minha inteligência, quanto pode alcançar no tempo, se recusa, malgrado meu, a vê-las diferentes do que são, ainda num futuro não perto. E se são verdadeiras as chamadas leis biológicas de seleção natural, e fatais como as da astronomia ou da física — do que me permito aliás duvidar —, esses povos não terão futuro próprio. Outros lho farão.

Vê o sr. Rodriguez del Busto no Brasil um estorvo à realização dos seus generosos ideais e um cúmplice provável dos Estados Unidos na sua obra criminosa contra a raça ibérica na América. Referindo-se à possibilidade de os Estados Unidos conquistarem toda a América, escreve: "Uma só condição se exige para que se dê o fato; essa condição é que o México seja subjugado e dominado, as mais nações deste continente não estão em condições de opor resistências a uma invasão de tal natureza, e o Brasil serviria de agente e de depósito de provisões ao inimigo comum, que mais tarde o absorveria também". Mais adiante insiste: "As armas dos Estados Unidos, uma vez vencido o baluarte mexicano, não encontrariam resistências dignas de menção para chegarem às fronteiras argentinas e chilenas; mas, dado ainda o caso de que, como V. supõe, as nações intermédias lhes obstruíssem o caminho, nenhuma dificuldade lhes impediria a passagem de suas esquadras até às costas do Chile ou da Argentina. Não se esqueça V. que o Brasil seria um aliado seguro dos Estados Unidos, bem que ao mundo intelectual brasileiro não escape que o Brasil por sua vez será vítima do colosso do Norte". Ressalva o escritor o caso de as visitas dos dois presidentes, da Argentina e do Brasil, produzirem uma aliança defensiva. À primeira vista parece isso pura fantasia, e os receios do publicista argentino um medo pânico. Certo ele exagera o perigo americano, levando-o até a possibilidade da conquista material e do domínio territorial para toda a América hispano-americana. Tal hipótese não nos parece admissível. A empresa é superior às forças e possibilidades de qualquer nação, mesmo da dos arrojados ianques. Os casos dos bôeres, das Filipinas e ainda dos chineses são argumento poderoso contra a praticabilidade de ações semelhantes àquela que o sr. del Busto crê nas intenções norte-americanas.

 E pela capacidade de resistência, as populações ibero-americanas não valem menos, se não valem mais, que os bôeres ou os filipinos. Aliás a resistência até o desespero é própria dos povos no seu estado de civilização. Nenhuma nação verdadeiramente civilizada será capaz da resistência dos povos citados ou dos paraguaios, de 65 a 70. A França de 70 já não soube oferecer à Alemanha a resistência de 1792. Além da defesa da sua gente, afeita a todas as durezas da guerra pelo uso constante dela, seja interna, seja externa, a América do Sul, desde a América Central, ofereceria ao invasor a do seu solo, a do seu clima, a da sua terra em suma, com as suas matas impenetráveis, as suas montanhas insuperáveis, os seus rios invadeáveis. Demais, nesse extremo, a América Latina recorreria à Europa. Há ali mais de uma potência que suspira por tal emergência. Que os Estados Unidos pensem em assenhorear-se de mais algumas porções da América, do resto das Antilhas, das irrequietas e desgraçadas repúblicas da América Central, de alguma colônia européia do continente, de algum posto de carvão e porto militar na costa do Atlântico ou na do Pacífico da América do Sul, é fácil de compreender. Potência comercial e potência naval de primeira ordem, tais pontos lhe são não só necessários mas indispensáveis à segurança do seu comércio, ao abastecimento das suas esquadras e à supremacia absoluta que pretendem ter no Mediterrâneo antilhano. Que queiram mais exercer praticamente uma hegemonia política e uma real superintendência em toda a América, não o escondem sequer, e enganar-se-ia muito quem julgasse o livro do sr. Kidd, *The control of the tropics*, como a manifestação singular de uma opinião pessoal e isolada. Depois de assentar a existência de um sentimento geral entre as potências européias reconhecendo a imensa importância futura das regiões tropicais para as raças enérgicas, como um dos mais notáveis sinais dos tempos ao cabo do século XIX, afirma o sociólogo norte-americano: "O mesmo sentimento se descobre nos Estados Unidos, onde a necessidade do predomínio futuro da influência dos povos de língua inglesa sobre os continentes americanos é já reconhecida por uma sorte de instinto nacional, que é de esperar tome, com o andar dos tempos, uma expressão mais definida". É de ler o que lá se pensa de nós americanos dos trópicos, que o autor além dos seus conceitos cita o de outros publicistas seus compatriotas. Do Brasil, particularmente, diz ele que nós apresentamos "um triste espetáculo" e que somos "um dos melhores exemplos" entre os Estados americanos tropicais da situação deplorável em que os descreve. A existência em um continente de nações fracas, de escassa população e cultura, na grande maioria das suas pequenas populações apenas semicivilizadas, e ainda muitas delas entre si ciumentas e hostis, de uma só nação robusta, povoadíssima de cerca de metade da população de todas as outras reunidas, por uma gente forte, enérgica, empreendedora, ávida, é só por si um perigo, que sandice fora negar, uma ameaça que para combater se deve começar por verificar. É o que estão fazendo as nações ibéricas ou espanholas da América, talvez com algum exagero de apreciação e de expressão, o que é defeito da raça, mas ao cabo com um sentimento justo das coisas. Mais um exemplo são desse fato o livro, um pouco difuso, do sr. Rodriguez del Busto, e a brilhante fantasia do sr. Rodó, *Ariel*.

II

O opúsculo do escritor uruguaio, sr. Enrique Rodó, em vez do seu título enigmático de fantasia artística, poderia levar o que dei a esse artigo. Com efeito, aquele é o tema do longo discurso com que o "velho e venerado mestre, a quem soíam chamar Próspero, aludindo ao sábio mágico da tempestade shakespeariana", se despediu dos seus discípulos após um ano de bom trabalho comum. Mestres como aquele e alunos como os seus, capazes, uns, de discursarem largamente com tal calor e entusiasmo, com tanto coração e inteligência, tanto discernimento e agudeza, outros de o ouvirem atentos e simpáticos por tão largo espaço, creio não os haverá na América. Também sala como aquela em que alunos e mestres se reuniam durante ano letivo e na assembléia final do curso, dominada por um bronze primoroso figurando Ariel, aquele espírito aéreo e multiforme da tragédia shakespeariana, não se encontrarão talvez no nosso continente ou alhures. Não querelemos, porém, do autor pelo que ele não quis fazer. O seu livro é um discurso filosófico à maneira do século XVIII, antes mesmo, à maneira dos gregos e dos seus imitadores latinos e por último à maneira dos diálogos e outras semelhantes peças de Renan, que entre os muitos mestres intelectuais do autor ocupa porventura o primeiro e mais distinto lugar, na sua mente e no seu coração. Não procuremos nele outra realidade que a subjetiva, que lhe deu o autor, ao dispor o seu cenário, ou a objetiva que está, forte e viva, na sua concepção da sociedade a que pertence e dos remédios para os males que, ao seu parecer, a atormentam e ameaçam. A idéia inspiradora do velho professor Próspero, que lhe soprara o grato Ariel, como outrora Javé com um sopro também animara um boneco de barro, para fazer dele, por um capricho de criador, o rei da criação, é que esse continente é ocupado na sua máxima parte por uma nobre raça, que definha e míngua e degenera falta de educação, de estímulos, da consciência de si mesma, de energia de viver, de lutar, deixando-se vencer, intimidada por outra diferente, antipática, hostil, que domina arrogante, robusta, esforçada todas essas terras que espanhóis descobriram, conquistaram e povoaram.

O panfleto do jovem escritor uruguaio é mais um sintoma do despertar do sentimento latino, ou antes do sentimento espanhol na porção ibérica da América. Por ocasião da guerra hispano-cubana e da intervenção norte-americana nessa pugna, quem escreve essas linhas, com a sua ojeriza pela civilização espanhola, feita de conquistas sanguinolentas, de inquisição, de fanatismo, e com o seu sincero amor de ver livre o pequeno povo que há vinte e cinco anos estava lutando pela sua independência uma luta atroz e desigual, cometeu o grave erro de supor que, recordando o que elas mesmas sofreram do duríssimo domínio espanhol, e o que lhes custou libertarem-se dele, as nações hispano-americanas veriam, ao menos com indiferença, senão com satisfação, os Estados Unidos tomarem a parte daquela heróica população, como elas hispano-americana. Engano completo; desde que os Estados Unidos entraram na luta, as simpatias dos hispano-americanos, como previra acertadamente Castelar, voltaram-se todas para a antiga metrópole. Na América só dois povos talvez não estiveram contra os Estados Unidos nessa ocasião: nós e os mexicanos. As razões que punham os outros povos contra os norte-americanos bastariam para explicar a nossa dissidência. Os mexicanos são, pelo seu próprio governo onipotente, mas estreitamente afeto ao norte-americano, econômica e politicamente uma dependência de fato dos Estados Unidos. Não quero dizer que mesmo sob Porfirio Díaz, presidente perpétuo do México, se não possa essa república inimizar com a sua poderosa amiga de hoje. Mas não será nunca por amor de qualquer outro povo americano da sua raça e civilização. Durante a guerra, o México e o Brasil mostraram, aquele mais ainda que nós, e a sua só situação explica a diferença, uma neutralidade simpática pelos Estados Unidos. Também em nenhum outro país da América Latina existe como aqui o que um vigoroso publicista nosso chamou tão apropriadamente "a ilusão americana". Já imaginamos levantar uma estátua a Monroe! Essa ilusão trabalham por desfazê-la os intelectuais ibero-americanos. Digo intelectuais, incluindo alguns homens políticos e de Estado, porque há neles desde os simples jornalistas e publicistas até os poetas, passando pelos críticos, literatos e historiadores. A guerra hispano-americana despertou no escol das sociedades ibero-americanas um velho ódio de raça, a malquerença instintiva de filhos de antigos e figadais inimigos, que sentem ressuscitarem as causas julgadas mortas das brigas avoengas. Simultaneamente, com esse sentimento revivia nos hispano-americanos o sentimento da raça. Desde logo um movimento da opinião ibero-americana surgiu e cresceu nesse sentido, e os hispanos-americanos não deixaram desde então escapar ocasião de a manifestarem; recepções de ministros, de homens notáveis, de navios das marinhas de guerra das diversas nações de língua castelhana, tudo lhes foi bom motivo de manifestações de espanholismo, manifestações que um proclamado antagonismo da sua raça com a norte-americana inspirava. Dessas manifestações a última e mais considerável é o congresso ibero-americano que acaba de se realizar em Madri, e que, sob a sua pública feição econômica, mal escondia o que nele havia de um *revival,* como dizem esses mesmos americanos, contra os quais intimamente se fazia, do sentimento da raça, que se sente ameaçada pela incomparável força da sua rival. O congresso ibero-americano de Madri foi verdadeiramente uma assentada geral, ou antes as cortes solenes da raça que andava dispersa e indiferente, senão hostil, aos seus diversos membros; uma reunião de família sob a presidência do velho pai, homem quase esquecido, hoje venerado como um patriarca. Segundo nota um correspondente do *Spectator,* há dez anos atrás as repúblicas espanholas não eram completamente desfavoráveis à idéia do pan-americanismo de Blaine; agora esses povos recuam do seu americanismo, e insistem em mostrar que são primeiro espanhóis e depois americanos, "que, assim como o sangue é mais espesso que a água, o sentimento é mais forte que a geografia, e que, tendo sobrevivido à inimizade da era revolucionária, reclamam agora a sua parte do prestígio da família e marchar tanto quanto possa ser sob a hegemonia da Espanha". Que os norte-americanos não desconhecem essas disposições dos povos hispano-americanos, nem a importância das deliberações tomadas no congresso ibero-americano de Madri, mostra o alvitre da imprensa nova-iorquina aconselhando o governo a combater por via diplomática aquelas deliberações, prejudiciais aos interesses dos Estados Unidos.

O que esses não poderão talvez, apesar de toda a sua força, é estancar essa corrente que contra o seu predomínio se levanta nas nações ibero-americanas, na voz de alguns dos seus políticos e na de seus publicistas, escritores e poetas. Na massa popular que constitui essas nações não há a capacidade de uma opinião apta para compreender a questão; existe, porém, o instinto étnico, o "inconsciente nacional", como o chamou o sr. Nabuco, para sentir aquele perigo vago, indefinido, mas não menos real para eles.

Os poetas são os intérpretes desses sentimentos íntimos, dessas vagas percepções populares — que o povo não sabe exprimir, e apenas sente. São o vate, o profeta, o trugimão, o língua que vai ao mais fundo e recôndito da sua mente rudimentar buscar a pedra bruta da sua imaginação incerta e obscura e fá-la rebrilhar vívida à luz da sua inspiração. Todos os que em prosa ou verso lhe interpretam assim o sentimento confuso, e que lhe devolvem capaz de ser dele compreendido, são poetas. Assim, o sr. Rodriguez del Busto, grave sociólogo, o é pela adivinhação dos sentimentos latentes no íntimo da sua raça, pelo seu amor cavalheiresco por ela, e pelo entusiasmo, pelo generoso ardor que, do nobre sangue de Dom Quixote, põe em defender a sua bela amada. Mais o é ainda o sr. Rodó, pelas mesmas razões, e mais pela melodia do seu canto, cheio em profusão de notas, de acordes, de rimas, de ritmos de vários mas que a sua arte delicada soube transformar em seus, para cantar a regeneração da raça, para dizer a sua superioridade ideal e pôr em relevo os senões, os defeitos, as máculas que afeiam a raça rival, ameaçadora e poderosa.

Foi na sua coleção *La vida nueva,* da qual já saíram dois folhetos, contendo o primeiro *El que vendrá* e *La novela nueva* e o segundo um estudo ou uma digressão sobre Rubén Darío, que apareceu esta terceira ou quarta obra do sr. Rodó. Ariel representa para o poeta uruguaio, no simbolismo da obra de Shakespeare, a parte nobre e alada do espírito. "Ariel é o império da razão e do sentimento, sobre os baixos estímulos da irracionalidade, é o entusiasmo generoso, o alto e desinteressado móvel de ação, a espiritualidade da cultura, a vivacidade e a graça da inteligência — o termo ideal a que ascende a seleção humana..." Foi sob as asas meio abertas do gênio aéreo que o velho mestre falou aos seus discípulos, amigos e atentos.

Disse-lhes nobres e comovidas palavras de alento e de energia. Falou-lhes nos deveres superiores da vida, não como um mestre-escola a simples cidadãos, mas a homens. Não aludiu sequer a votarem, a exercerem os seus direitos, reclamarem ou disputarem, senão só em que a solidariedade humana impunha deveres. Não lhes pediu respeito da Constituição e das leis, somente lhes ensinou "que a honra de cada geração deve ela conquistá-la, pela perseverante atividade do seu pensamento, pelo esforço próprio, pela sua fé determinada na manifestacão do ideal e seu lugar na evolução das idéias". Não repisou essa coisa imoral que aí se chama um curso de "educação cívica", a nova religião do Estado, mais dura que a antiga, e sem nenhuma das suas altas belezas, inquisição civil, com que se viola brutalmente as jovens consciências indefesas; não lhes ensinou que o ideal da vida política é a monarquia absoluta, como se ensina na Rússia, ou apenas moderada, como se ensina na Alemanha, ou a república democrática, federativa, como se ensina no Brasil; limitou-se a dizer-lhes que a sua juventude é uma função de cuja aplicação eram os obreiros e um tesouro por cujo desbarato eram os responsáveis. Não lhes fez a apologia do imposto, mas disse-lhes justas palavras para a educação da energia e da vontade. Não lhes impingiu heróis de rua, de motim, de revolução, de batalha, e menos os recomendou à sua admiração; mas, modesto, desconfiado de si, raro era que não apoiasse os seus conceitos nas palavras dos grandes diretores dos povos, homens de ciência, homens de pensamento, homens de imaginação, homens de poesia, cujo nome, naquele recinto, ante a imagem risonha de Ariel, devia levantar um murmúrio de veneração.

"Sereis uns homens de ciências; outros, homens de arte; outros, homens de ação. Acima, porém, dos afetos que tenham de vincular-vos individualmente a distintas aplicações e distintos modos de vida, deve velar, no íntimo de vossa alma, a consciência da unidade fundamental da nossa natureza, que exige que cada indivíduo humano seja, antes de tudo e sobretudo, um exemplar não-mutilado da humanidade, no qual nenhuma nobre faculdade do espírito fique obliterada e nenhum alto interesse de todos perca a sua virtude comunicativa.

"Quando um falsíssimo e vulgar conceito da educação, que a imagina subordinada exclusivamente ao fim utilitário, se empenha em mutilar, mediante esse utilitarismo e uma especialização prematura, a integridade natural dos espíritos, e procura prescrever do ensino todo o elemento desinteressado e ideal, não repara bastante no perigo de preparar ao futuro espíritos estreitos, que, incapazes de considerar senão o único aspecto da realidade com que estão imediatamente em contato, viverão separados por desertos gelados

dos espíritos, que, dentro da mesma sociedade, aderirão a outras manifestações da vida".

Esse mestre ao mesmo tempo ensina a energia, a ação e o ócio nobre, "como a expressão da vida superior à atividade econômica"; doutrina a caridade e a misericórdia, a virtude e a arte — que "a virtude é também um gênero de arte, a arte divina, que sorri maternalmente às Graças".

Um pouco precioso, é certo, leciona que "a perfeição da moralidade humana consistiria em infiltrar o espírito da caridade nos moldes da elegância grega". É também mestre do bom gosto, e, próprias e alheias, que boas coisas diz o simpático professor! Faz-nos crer, sem custo, na verdade de um acordo superior entre o bom gosto e o senso moral. O que faltou talvez principalmente aos maus, aos tiranos, como Nero e Rosas, foi o bom gosto. É a essa falha no primeiro que o Petrônio do *Quo vadis?* atribui a sua malvadez. O conceito superior dessa verdade formulou-o Mérimée, ou quem quer que foi, no seu apotegma: *Le mauvais goût mène au crime*.

Depois de falar àqueles moços como a homens, que hão de ser sobretudo homens para o serviço da humanidade, fala-lhes o velho mestre na vida nacional, a cuja concepção, "fundada no livre e harmonioso desenvolvimento da nossa natureza, e incluindo, portanto, entre seus fins essenciais o que se satisfaz com a contemplação sentida do belo, se opõe — como norma da conduta humana — a concepção *utilitária*, pela qual a nossa atividade inteira se orienta em relação à imediata finalidade do interesse".

O velho pedagogo é, porém, um idealista imperfeito. Essa inculpação de utilitarismo feita ao nosso tempo, em nome do ideal, funda-se ao seu ver em parte no desconhecimento dos esforços titânicos para subordinar as forças da natureza à vontade humana e por estender o bem-estar material, "são um trabalho necessário que preparará, com o laborioso enriquecimento da terra esgotada, a florescência de idealismos futuros". O otimismo romanesco nele perdeu a dose de ceticismo e ironia com que o Grande Encantador, mitigando-o, tornava-o talvez mais sedutor. Esse trabalho titânico não é, como parece ao velho Próspero, dos últimos cem anos. A humanidade de fato nunca esteve parada. Tem milhares de anos esse labor indefeso e incessante. Sobre os campos que ela lavrou e plantou ergueram-se, vicejaram, produziram mesmo bastos idealismos, mas essa felicidade social por que ele anseia, e em que Próspero crê, talvez não lhe chegue jamais. Um mestre pode dizer aquilo aos seus discípulos; deve dizer-lhes para deixar na sua mente juvenil e no seu coração adolescente germes de esperança, de generosidade e de ideal. Dar-lhes, porém, esperanças demasiado seguras, ideais acaso inatingíveis, uma generosidade ingenuamente confiante, não será preparar-lhes desilusões amargas e dolorosos desenganos? O mestre, felizmente, ensinou-lhes também a energia e a vontade, mas eu temo sempre que, se os seus discípulos não são de todo espíritos vãos, almas fúteis, corações *senza odio e senza amore*, a vida nacional e a vida humana não se lhes apresentem, fora da aula em que sorri Ariel alegre e esperançoso, sob aspectos bem mais tristes e bem mais duros.

Esse velho mestre nascido em uma república é um democrata, e responde vitoriosamente, e responde com sentimento e comoção aos ataques que tem sofrido a democracia, de filósofos, de pensadores ou de simples literatos. Mas para ter razão na sua resposta ele, por um pio sofisma, não toma a democracia como ela é, e como a malsinaram Comte, Schérer, Renan, Taine e mil outros, seus filhos e seus inimigos, em França e alhures, mas como ao seu sentir devia ser. Ensina que "toda a igualdade de condições é na ordem das sociedades, como toda a homogeneidade na ordem da natureza, um equilíbrio instável. Logo que a democracia tem realizado a sua obra de negação com alhear as superioridades injustas, a igualdade conquistada não pode por si mesma indicar um ponto de partida. Fica a afirmação. E o afirmativo da democracia e sua glória consistiram em suscitar, por estímulos eficazes, a revelação e o domínio das *verdadeiras* superioridades humanas". Mas então, ainda seria a democracia, a democracia invejosa, ciosa, o reino da mediocridade que, nesta América, sobretudo, é a única que conhecemos, única que pode, com a organização social atual, viver e viçar?

Justamente nesta América, proclamou Próspero a seus discípulos, este conceito, que é necessário precisar, relativamente a ela, adquire um duplo império. Nações formadas pela influência imigratória, que não só devemos querer mas acolher, e que só podem fazer de nós povos numerosos e fortes, precisam evitar os perigos "da degeneração democrática que afoga sob a cega força do número toda a noção de qualidade". Na América *governar* é *povoar*, como disse um publicista americano, mas é mais do que isso: "governar é povoar, assimilando em primeiro lugar; depois educando e selecionando".

Na América do Norte domina a grande nação anglo-saxônica, ameaçadora para a integridade, mais talvez moral do que política, dos demais países da América, dela para o Sul latinos. Nestes mesmos existem a respeito daquela uma inveja, uma mania de imitação, uma admiração imponderada. Quiseram muitos, mesmo com sacrifício do que lhes constitui a distinção como povo, ser como ela.

"Ouvir-se-á talvez dizer que não há, na organização dos nossos povos, um sinal próprio e definido, por cuja permanência, por cuja integridade, devamos pugnar. Falta, talvez, em nosso caráter coletivo o contorno seguro da personalidade", reconhece o mestre, mas acrescenta logo: "Na ausência, porém, dessa índole perfeitamente diferenciada e autonômica, temos — os americanos latinos — uma herança de raça, uma grande tradição étnica que manter, um vínculo sagrado que nos une a imortais páginas da história, confiando à nossa honra sua continuação no futuro. O cosmopolitismo, que temos que acatar como uma irresistível necessidade da nossa formação, não exclui nem esse sentimento de fidelidade ao passado, nem a força diretriz e plástica com que deve o gênio da raça impor-se na refundição dos elementos que constituirão o americano definitivo do futuro". Está, porventura, neste trecho todo o pensamento inspirador desta última lição do venerado mestre aos seus amados discípulos. A crítica arguta, fina, e mesmo simpática e admirativa que ele faz aos Estados Unidos é a contraprova de tudo o que ele dirá da raça espanhola ou latina. Não há em todo este opúsculo — obra de arte ao serviço de um nobre ideal social, positivo e prático, não descendo jamais da serena e luminosa atmosfera da arte — uma só frase, uma só palavra que nos diga expressamente o intuito com que a escreveu o autor. Mas ele todo o diz. Apesar das palavras de fé e de esperança, de amor e de alegria que Ariel inspira ao nobre espírito do mestre provecto e bom, sente-se-lhe no discurso, leve, vaga, quase imperceptivelmente, que se é grande a sua fé no futuro, o presente lhe parece lôbrego e incerto. Ao cabo, tomado da mesma emoção que comunica, ele revela enfim o motivo da sua arenga: "Pensai ao menos na vossa América: a honra da vossa futura história depende de que tenhais constantemente ante os olhos a alta visão desta América regenerada..."

E quando aqueles moços se arrancam dali, vibrando ainda sob a mágica e cordial palavra do seu velho mestre, murmura um deles olhando a noite e a multidão transeunte: "Enquanto passa a multidão, eu observo que, embora ela não olhe para o céu, o céu olha para ela. Sobre a sua massa indiferente e escura, como terra sulcada pelo arado, desce de cima alguma coisa. A vibração das estrelas se parece com o gesto de mãos de semeador".

NOVO ROMANCE DO CELIBATO

Morte de homem, por d. João de Castro,
Lisboa, 1900.

Não é de hoje que a literatura é pregadora e doutrinária. Desde a sua origem o foi. Somente, como variou de forma — o fundo conserva-se inalteravelmente o mesmo desde Homero até o sr. d. João de Castro — variou também no modo de ser considerada na sua universalidade, numas épocas o foi mais do que em outras, como com certas escolas o foi mais intencionalmente que com outras. Como ao espírito humano não faltam aberrações de toda a ordem, uma houve que pretendeu não o ser absolutamente e fazer literatura pela literatura, ou, como diziam, a arte pela arte. Mas não há intenção humana capaz de prevalecer contra a natureza das coisas. E a natureza da arte, na sua origem, nos seus fundamentos, na sua legitimidade, na sua razão de ser, na sua função social, não comporta semelhante irracional concepção. Morreram já, ou não tardarão a morrer, para a perpétua vida literária os que se matricularam nessa má escola, e que conseguiram realizar-lhe, mesmo imperfeitamente, os ensinamentos. O maior deles, Flaubert, esse viverá, justamente porque o que há de eminente na sua obra é a negação clamorosa dos seus princípios.

Das questões sociais, que são o mesmo *substractum*, o motivo e assunto da literatura, uma das mais interessantes, por mais humana, é a do celibato. A antiguidade, se não erro, a desconheceu, desconhecendo a coisa. Na cidade antiga, o celibato era interdito pela religião e pela lei. Mesmo o das vestais era temporário. Introduzindo-o na sua disciplina no século XI a Igreja católica criou a questão nos povos católicos, que eram todos os ocidentais. Talvez seja pura verdade reconhecer que nos tempos de seu estabelecimento obrigatório para o clero católico, e nos séculos que se lhe seguiram, não teve a questão importância real e verdadeiro interesse social. Papas, cardeais, bispos e padres pouco de fato respeitavam esta determinação eclesiástica. Não se exagera dizendo que a mancebia do clero, superior e inferior, era geral nas épocas que nós com bem pouco fundamento chamamos de religiosas. Então o conflito tremendo entre a paixão humana e o dever religioso tinha a fácil solução do concubinato geralmente praticado, admitido, tolerado, se não se ia esconder e perder em algum convento de regra mais severa, pois que na maioria deles visava e florescia um desmancho de costumes, de que são os papas reformadores, seus legados, e bispos empenhados em manter a pureza da disciplina do clero, que nos dão a notícia e confirmação mais autêntica. Não há maior erro, penso eu, que julgar mais puras que as nossas essas épocas chamadas de fé. Nunca no seio da Igreja católica houve mais vícios e torpezas do que nelas. Nestes nossos tempos de nenhuma fé sincera e funda, de nenhuma fé que de fato governe a vida, mas apenas de *esnobismo* religioso, são impossíveis os papas, os altos dignitários da Igreja, arcebispos, bispos como os houve numerosos naqueles "tempos de religião". A corrupção que neles vinha desde o sólio pontifício e do Sacro Colégio até o humilde presbitério da aldeia, dos paços episcopais aos conventos e mosteiros, já se não percebe hoje senão como casos individuais isolados, que raríssimo se deparam acima do clero inferior, cuja mesma humildade a esconde. Não sei de prova maior da nenhuma influência da fé, da crença religiosa, sobre a moral, nem de melhor testemunho de que, longe de ser a religião que melhora os costumes, é o progresso dos costumes leigos, a cultura moral da sociedade leiga, que influi para moralizar as religiões e seus ministros.

  Eis-me aqui a falar como o Miguel Pontes do romance do sr. d. João de Castro, em vez de falar do livro. É que o livro levanta, ou melhor, trata novamente a questão do celibato dos padres, e, correlativamente, põe em cena tipos e costumes clericais, nessa Braga, cidade de padres e, ao que parece, de imoralidade, da qual nos deixou Camilo Castello Branco tão vívidos quadros. Preferindo a cidade primaz das Espanhas para palco do seu drama, diz o escritor que lhe justifica a escolha o mesmo assunto do livro. Avenha-se Braga, a velha cidade arquiepiscopal e devota, com os romancistas seus compatriotas.

A história, a crônica e o romance portugueses não são agradáveis ao clero indígena. Por um santo, quantos diabos! Ainda nos tempos ditos de fé viva, da fundação da monarquia, que súcia de bispos e frades e cônegos e padres brigões, arruaceiros, chefes de facções renegados, devassos, simoníacos! Quem no-lo mostra é um escritor sério até ao lúgubre, severo como um asceta, um espírito profundamente religioso, veraz e austero, como um estóico, e demais sabedor como ninguém da história portuguesa: Alexandre Herculano. E os seus confrades e êmulos em história e em ficção — salvo naturalmente os hagiológicos e hagiográficos, e os cronistas religiosos — não destoam das suas sábias notícias. Nesse baluarte da fé católica que foi e parece ainda é Portugal, Braga é o bastião.

Aí se passa o drama imaginado pelo sr. d. João de Castro, e que é, mui resumidamente, o seguinte: — Vagou em Braga o lugar de chantre, que a clerezia bracarense encarniçadamente disputa, pondo em jogo toda a sua influência pessoal com a gente mais grada da terra e a sua influência política própria. Em Portugal o clero, curas, abades, párocos são o melhor elemento dos pleitos políticos, os melhores cabos de eleição, chefes de partidos, e, se não fosse falar irreverentemente, diria, à brasileira, os melhores espoletas eleitorais do país. São meus informantes nesta matéria os romancistas, que são também os historiógrafos ao meu ver mais dignos de crédito. Entre os padres que se empenhavam pelo lugar de chantre havia-os diversos do partido do governo, que arriscava, preferindo uns aos outros, descontentar alguns prestimosos auxiliares eleitorais. O ministro, que devia de fazer a nomeação, evitou o perigo, nomeando um padre, seu primo, que vivia em Lisboa, na alta roda, e fazendo constar em Braga que cedera a recomendações do Paço.

Este padre não era um padre como qualquer outro. Além de fidalgo, formado em Coimbra, e de outros predicados intelectuais e morais, tinha na sua vida um romance doloroso. Casara cedo, aos vinte anos, por puro amor, com uma jovem e formosa prima. Ao cabo de dois ou três anos de casados, anos de uma lua-de-mel que prometia ser eterna, morreu-lhe a esposa querida, deixando-lhe dois filhos, um menino e uma menina. Uma dor profunda se apoderou dele, e levou-o a cumprir agora um voto vagamente feito à mãe, monomaníaca religiosa, de ser padre. E ordenou-se, consagrando-se, porém, mais ao culto da morta amada sempre presente à sua saudade, e à criação dos filhos em quem ela revivia, que às obrigações do sacerdócio. Vivia com eles e com a sogra, e durante vinte anos, apesar da vida social e mesmo mundana que por amor dos filhos teve de levar, a saudade da mulher morta não diminuiu no seu coração, sempre amargurado. Nenhuma outra mulher fê-lo jamais bater a um sentimento novo. Com relutância acedeu ao pedido do primo ministro de ir como chantre para Braga. Foram precisas considerações de sua saúde, enfraquecida por golpe tão demoradamente sofrido, da saúde da filha, que lucraria como ele com o ar do campo, de interesses de uma herança que um parente lhe havia deixado em Braga, para o moverem a aceitar o cargo.

Em Braga é recebido e carinhosamente agasalhado por um primo, barão da Abelheira, ex-deputado às cortes, chefe político, tagarela, pai de três gentis filhas, das quais uma, a mais velha, formosíssima, caráter e temperamento excepcionais, dispõe-se, com grande desgosto dos pais, do barão principalmente, de quem é a predileta, a entrar para uma ordem religiosa.

A princípio esquiva-se o novo chantre, mais talvez do que conviria, à freqüência da casa daqueles parentes, que aliás tinham reuniões noturnas cotidianas. Por fim, a instâncias do barão, lá foi jantar um dia, e quase não faltou mais aos serões diários, ao volta-rete, ao chá, às sessões musicais. Ele era um excelente violinista, e Constança exímia pianista. Tocaram alguns duos de Schumann e de outros poetas da música. Mas desde a primeira visita Constança impressionara singularmente o primo chantre. Ele também lhe causara uma impressão singular, como jamais sentira diante de homem algum. Ele ia ali, à moda geral dos padres portugueses, à secular; e na sua fisionomia ainda moça, fidalga, inteligente, velada por uma tristeza de paixão, mas benévola e simpática, e nas suas maneiras de homem discreto e civilizado, havia com que tocar um espírito como o de Constança, severo, sério, grave, mas em que as paixões só podiam ser ardentes. Não que se amassem logo, nem mesmo que ela nunca chegasse a amá-lo. Nele, apesar da impressão primeira, o amor penetrou pouco a pouco, fazendo-se por isso mais forte. De repente se sentiu preso dele e se lhe apresentou terrível à consciência essa certeza atrozmente deliciosa: que ele amava, ele padre, aquela jovem, sua prima, filha de parentes que o recebiam com tanto carinho e tão cega confiança. Começa então no seu coração a luta tremenda que o há de levar à morte.

Constança acaba por descobrir que o padre a ama. A sua consciência se horroriza, mas — há alguma coisa nela que é excitada por aquela descoberta. Ela não o ama, mas ele não lhe pode ser um estranho, somente talvez por amá-la por aquela maneira. Ela esquiva-se-lhe, ele a busca, com os olhos fitos sempre nela, mas disfarçando quanto pode a paixão que manifestamente o devora. Ela, que já acaso cedera daquela veleidade de ser freira, volta de novo a esse pensamento, agora decidida, resoluta, apesar das lágrimas e das súplicas do pai. É o único meio que se lhe oferece de fugir ao amor daquele homem, que diabolicamente a persegue com a sua paixão violenta e muda. Seu pai, o barão, esgotados os recursos próprios, recorre ao chantre, pedindo-lhe intervenha com a filha, "sobre a qual tinha muita influência", para a demover daquele passo. A colisão em que se vê o padre é difícil; assombra-o a só idéia de semelhante entrevista. Procura todas as razões com que se esquive, mas o pai insiste de tal modo que ele acaba por ceder, vencido. Foi para ele uma tortura essa conferência; Constança, torturada também, a suportou, entretanto, de cara alegre, opondo à paixão do padre, que ela sentia prestes a estalar, uma calma fingida, mas risonha e brincalhona. Sua decisão estava tomada; partiria para a França, nesses dias. "Lourenço — é o nome do chantre — desde esse dia sentiu que todos os argumentos da sua razão fraquejavam em frente das rebeliões do seu amor. Aquele caráter de Constança, com todas as delicadezas e todas as fragilidades do seu sexo, encantava-o quase tanto como a sua luminosa beleza de mármore edênico. Tudo nela lhe parecia superior, de uma desigualdade feliz e impressionadora. E, sentindo-se vagamente adivinhado, a sua paixão flamejava, como se as palavras com que ela condenara o amor humano fossem apenas um estímulo para o seu coração impetuoso. Amava-a, queria-a — e a sua imaginação desnorteada sorria à possibilidade de viver com ela numa intimidade misteriosa alimentada por entrevistas como a daquele dia — mas nas quais um amor mútuo, sentido e não-confessado, agitasse os seus peitos, estreitasse as suas mãos, aproximasse os seus lábios em deliciosos beijos de irmãos... De irmãos, sim! O dele era tão grande — pensava — que se espiritualizava em uma amizade profunda e casta absolutamente insexual!... Repugnava-lhe a idéia de a possuir brutalmente numa súbita fúria de apetites sensuais, queria apenas beijá-la, abraçá-la, ouvir as consolações da sua boca de anjo, sentir as carícias das suas mãos de santa..." Até aqui nada há de particular no drama começado desta paixão de um padre, nem mesmo a novidade, a formosura ou excelência da sua expressão. O leitor não me permitiria que lhe insinuasse a "luminosa beleza de mármore edênico", "uma originalidade feliz" e aquela idéia de "amor de irmãos" — que já acudiu a todos os sedutores do romantismo — como rasgos inéditos de gênio ou de estilo. O que principalmente realçará este novo romance do celibato clerical é a situação singular em que o romancista põe o seu herói, é o ambiente familiar em que o faz viver com a sua paixão. Mais, é a seriedade com que encara a questão, sem o sentimentalismo romântico de Camilo, e sem o cepticismo irônico de Eça de Queiroz, antes, menos o espírito religioso, com a circunspecção de Herculano. Esse padre apaixonado tem um filho, que chega de Coimbra formado, e que entra, como era naturalíssimo, a amar Constança, sendo dela imediatamente amado. É este imediato amor de Constança, pelo jovem e gentil bacharel filho do padre, que ela sabia a amava ardentemente, e cuja paixão a impressionava, quando tinha já pronto o seu enxoval de religiosa, o lance talvez menos feliz neste romance. O autor não nos soube preparar para ele. O chantre tenta segunda vez dissuadir Constança de ir para freira, e sem mais resultado que da primeira. O filho surpreendeu-os ainda no fim do colóquio e, quando ela fica só, pergunta-lhe o que lhe dizia o pai.

"— Que ela não fosse para freira..., incumbência do papá.
— E... que lhe respondeu?
— Nada!
— Como?! pois persiste.
— Decerto.
Ele calou-se um instante, enervado. (Esse adjetivo é um cacoete no autor.)
— E se eu lhe pedisse também? — balbuciou. Christóvão viu o corpo de ela (notem este *de ela*) estremecer e uma onda de sangue colorir-lhe a face...
— O primo? — e a voz de Constança era trêmula. — Mas que interesse pode ter o primo...
— O maior interesse, creia...
— Por quê? por quê?
Ele hesitou um segundo. Depois, com a voz quente do seu entusiasmo juvenil, murmurou simplesmente:
— Porque a adoro".

Afirma-nos em seguida o autor que "nessa tarde Constança revivesceu" e que "havia muito que amava Christóvão". A mim ao menos a leitura atenta do seu livro não me deu essa impressão e mesmo não havia muito que Constança o vira pela primeira vez.

Daí começa para o apaixonado chantre uma existência de angustiosas torturas. Ele surpreende o amor dos dois; o filho pede-lhe o seu consentimento ao casamento, que ele é obrigado a dar; as precedências das bodas, os esponsais, o noivado, a vida comum das duas famílias cuja ligação se vai estreitar, sobretudo o ter ele próprio de oficiar no ato do casamento, são os outros tantos suplícios cruciantes para o seu coração, cada vez mais apaixonado. Tem um doido ciúme do filho e um ardente desejo da nora. O sofrimento abate-lhe o físico e deprime-lhe o moral. Com grande escândalo da devota Braga, passa dias sem dizer missa. Toda a família se assusta, e Constança sente a sua perseguição: amedronta-a a idéia de uma violência, de que começa a julgá-lo capaz. Uma noite, o marido ausente, sente que ele veio tentar a sua porta. E uma manhã, quando deviam madrugar para irem a algumas léguas da cidade esperar o marido de volta de Lisboa: tendo ela readormecido, acordou quase nos braços dele, desvairado. Aos seus gritos acudiu a avó, que o levou como um alucinado, fora de si, idiota, para o quarto. Encerrou-se ali por dentro, mudo e tétrico. E quando o filho, que chegara antes da hora esperada, batia-lhe alegre à porta: — Ó pai! Ó pai! ouviu-se dentro um tiro de revólver. Era o padre que se matara. Dias antes, nas reuniões da casa do barão de Abelheira, discutira-se o caso de um sujeito, excelente católico, piedoso devoto, praticante certo de todos os mandamentos da Santa Madre Igreja, mas que para sustentar vícios ocultos desfalcara a caixa de um banco, do qual era tesoureiro. Entre os alvitres de como deve proceder um homem em caso tal, disse Christóvão, com escândalo daquele beateiro: "Todo homem honesto, que cede a uma paixão vergonhosa de qualquer natureza, e comete crimes sob a influência de ela (sic), deve eliminar-se, ou oferecer-se ao castigo sem reservas. É esta a minha opinião, e juro que a aconselharia ao meu melhor amigo..." O padre Lourenço tomou para si aquelas palavras, crendo que o filho sabia já do seu sacrílego amor e, por elas, lhe indicava um desfecho a dar à sua triste situação. E essa idéia, obsidiando o seu espírito desvairado pela paixão, determinou-o a matar-se.

Tal é, num breve epítome da sua ação principal, este novo romance do celibato religioso. Creio que é o primeiro grande romance (480 páginas) do autor, no qual há evidentemente um romancista de merecimento. O estilo do sr. d. João de Castro é que não me parece de todo isento de defeitos, nem com qualidades subidas. A sua língua está cheia de francesias escusadas. Aliás o sr. Cândido de Figueiredo, nas suas publicações sobre a língua portuguesa, nos tem edificado sobre como se escreve mal em Portugal, ou pelo menos como ali se abusa da fraseologia peregrina mais desnecessária. Num parágrafo de vinte linhas (pág. 216) conto em *Morte de homem,* escritas sem grifo, *abat-jour, shake-hands* (o sr. Castro não conhece o português "aperto de mão", usa exclusivamente da expressão inglesa), *toilette, fauteuil,* como se fossem palavras lidimamente portuguesas. E não é no diálogo, senão na sua narração. As palavras francesas grifadas, mas perfeitamente dispensáveis, que as temos todas, superabundam; de uma sobretudo abusa, *maintien,* que, se não me engano muito, não tem contemporaneamente entre os franceses o emprego que lhe dá o escritor português. Como Eça de Queiroz "perpetrou" o horroroso *goche* — de que depois se arrependeu, assim o sr. d. João de Castro inventou *reveria*, e pretende naturalizá-la portuguesa. Oh, pode estar certo de que não pegará. Aliás, só os grandes sabedores da língua, os mestres na arte de escrevê-la, um Castilho, um Herculano, um Garrett, um Camilo, podem-se afoitar a tais naturalizações, com esperança de lhes aceitarem. Mas o que mais desagradável torna por vezes a língua do sr. d. João de Castro é a supressão das contrações da preposição *de* com as determinativas. A invenção, creio, não lhe pertence. Já a vi no sr. Alberto de Oliveira, o poeta português, e não sei em que outro "novo" de lá. Aqui o sr. Alphonsus de Guimaraens, com a sua índole imitativa, arremedou-os. Assim o sr. d. João de Castro escreve *de ele, de este, de isso, de aquele*, produzindo frases que são verdadeiros horrores, como: "recordava a mão de ela". "Pois sim, mas aquelas idéias de ele?" e que tais. Semelhante reforma da língua é irracional, pois o fato contrário e geral, a contração das vogais naqueles casos, é um fato fonético, obedecendo à lei fisiológica do menor esforço. Contra ela não podem prevalecer modas literárias. E é ainda mais absurda em Portugal, onde a índole prosódica é justamente a contrária, de fazer a contração sempre que haja concorrência de duas vogais. Com mais propriedade escreveu Eça de Queiroz nos seus dois derradeiros livros, de acordo com a pronúncia do país, multiplicando superabundantemente as contrações. Aliás será difícil a portugueses lerem, sem contraí-los, os *de isso, de ele, de este* e *de ela*, do sr. Castro.

O novo romancista português está, me parece, sacrificando as exterioridades de escrita com que certos escritores pretendem originalizar-se e distinguir-se; abuso de maiúsculas, excentricidades ortográficas e até tipográficas, revoltas desarrazoadas contra a gramática e o dicionário, e quejandas. Ora, nada disso pode concorrer para dar valor a uma obra de arte. Para isso só se conhece até hoje um e único meio, é pôr-lhe talento. E em nenhum desses artifícios há meio de descobrir talento. Admira é como um escritor que o tem incontestável, segundo me pareceu o sr. d. João de Castro, ainda recorra a semelhantes artimanhas, recurso dos medíocres.

SEGUNDA SÉRIE
(1901-1902)

O FIM DO PAGANISMO

*La mort des dieux. Le roman de
Julien l'Apostat*, par Dimitri Merejkovski.
Paris, 1901.

Com Marco Aurélio acabou o mundo antigo. O sábio e bom imperador tentou ainda, com deslustre para o seu renome e nenhum êxito, restaurar a velha religião romana, de fato esgotada ainda em antes que os cultos orientais, entre eles o judaísmo e o cristianismo nascente, começassem a invadir o império. Uma das primeiras perseguições que sofreram os cristãos, a ordenou, ou consentiu ele. Este admirador de Platão, este estóico, este são buscador do divino, era, por mal seu, um sincero devoto do Estado romano, com a sua lei e a sua religião, que se confundiam. O defeito da cidade antiga era que a sua sorte andava estreitamente ligada à sorte dos seus deuses — e é precária a sorte dos deuses. Roma, com tudo o que esse nome significa, não podia ser restaurada se o não fosse a religião romana, e como esta não o podia ser, o império caiu. O que admira é que Marco Aurélio não compreendesse, ou sequer sentisse, a exaustação da religião nacional e, sobretudo, que platonista, estóico, não percebesse as afinidades grandes que entre as doutrinas cristãs e as suas próprias havia. A sua atitude hostil ao cristianismo só a poderíamos atribuir à sua completa ignorância dele, se não soubéssemos quão poderoso era o preconceito de um patrício romano da sua qualidade contra aqueles cultos orientais. Judeus e cristãos, que os romanos confundiam, eram principalmente odiados, considerados a infâmia do gênero humano, menos por suas crenças do que pela sua vida à parte, sua relutância a participar da existência romana, seu desprezo pela idolatria dos deuses e sobretudo de César. As religiões antigas não conheceram a intolerância religiosa, que é filha do cristianismo; o que os Césares perseguiam nos cristãos não era a sua crença, mas a sua atitude para com o Estado, com o qual se confundia a religião nacional. Consentissem os cristãos em respeitar os usos tradicionais que eram parte intrínseca da constituição do Estado, da *res publica*, e podiam, como os crentes de outras seitas jamais perseguidos, conservar e praticar a sua. Só as religiões que têm uma teologia são, quando dominantes, perseguidoras; ora, o paganismo não a possuía, e no segundo século já quase ninguém, até Marco Aurélio, tinha nele e na sua fabulação alguma fé viva. Os grandes filósofos gregos desde Sócrates, ou ainda antes dele, embora praticando as exterioridades cultuais, não criam nos deuses. Não vemos nós hoje as missas, as procissões, as peregrinações, todas as cerimônias católicas concorridíssimas de pessoas que de fato não são católicas? A risada demolidora que, no mesmo século de Marco Aurélio, soltou Luciano contra os deuses é apenas a expressão deste estado dos espíritos no mundo helênico — e, espiritualmente, Roma pertence a esse mundo — respeito à velha religião nacional. Por convicção filosófica e por dever profissional, conservação das instituições pátrias, timbre e orgulho do romano, Marco Aurélio entendeu que a decadência da religião dos seus antepassados acarretaria a decadência do império; e, não obstante sentir talvez que essa decadência já era grande, quase completa, tentou remediá-la perseguindo, ou melhor, fazendo perseguir, ele também, com a ininteligência e maldade dos seus antecessores — ele o sábio, o virtuoso, o bom — os cristãos, cuja atitude sobranceira, insolente e provocadora era aliás própria para desafiar a cólera do príncipe. É que para o romano a religião fazia parte do patriotismo. Para ser completamente bom, faltou a Marco Aurélio, como observa Renan, ser cético. Os convencidos são intolerantes, e a intolerância é maligna. Abortada a tentativa irracional, mas sincera, de Marco Aurélio, Roma, a sua incomparável potência, a majestosa paz romana, a unidade do império, o mundo antigo enfim, morre com ele. Somente, leva cem anos a agonizar.

Quando já havia meio século que o cristianismo era a religião oficial do império — mas de um império que, a despeito do nome, não era mais o império romano, surge um César que procura refazer a obra gorada de Marco Aurélio. É Juliano — Flávio Cláudio Juliano, sobrinho de Constantino, o Grande, e o último rebento da ilustre família Flávia. Sabe-se a triste sorte de sua família: seu pai e parentes, assassinados por ordem ou instigações dos filhos de Constantino, com o fim de se desembaraçarem da sua concorrência ao trono; e de toda a família apenas preservados ele e seu irmão Gallus, por não inspirar receio a infância de ambos. Os anos da sua meninice passou-os em diversas localidades do império, em Constantinopla, na Jônia, na Bitínia, sob a guarda e direção do eunuco Mardônio e de Eusébio, bispo de Nicomédia, Eusébio, o Grande, o defensor de Ário quando da célebre heresia deste. O afastado e solitário burgo de Macellum, em Capadócia, na Ásia Menor, foi a sua residência da juventude.

É ali que ele está, com seu irmão Gallus, quando principia o romance da sua vida, qual no-lo conta o escritor russo sr. Merejkovski. Este nome não dirá, talvez, grande coisa ao leitor, como não disse a mim; não o conhecia sequer de referência. O seu livro, conhecido através de uma tradução que não sei avaliar, e de uma tradução francesa, da qual se deve sempre desconfiar, não nos pode por si só informar suficientemente do seu mérito de escritor. A qualidade que me pareceu mais saliente nele foi a facilidade, uma certa graça céptica no contar, e, quanto posso julgar, a rigorosa fidelidade histórica da sua narrativa no que concerne à vida e aos feitos de César, que pretendeu restaurar uma religião cujos deuses se morriam. As menores anedotas de Juliano, conservadas pela história ou pela tradição, são aproveitadas, e, não raras vezes, com bastante felicidade, pelo Sr. Merejkovski na sua narrativa. Indicando a palavra narrativa uma seqüência, um desenvolvimento natural e encadeado, não é talvez a mais própria, falando-se deste livro do romancista russo. A história, ou romance de Juliano, o Apóstata, como lhe chama, não se desenrola nele em uma narração seguida, senão em quadros cuja série e conjunto contam essa história. Como certos pintores fizeram com episódios da história chamada sagrada, e Rubens com a vida de Maria de Médicis, assim fez o Sr. Merejkovski com a de Juliano. Cada um dos seus capítulos é, por assim dizer, um quadro destacado da existência do imperador e da vida romana; o seu conjunto, porém, dá ao livro a mesma unidade que teria uma narração seguida. E esse modo de recontar por quadros tem o seu encanto, e não sei se, ao menos para nos dar a impressão nítida da fisionomia da época, não levará vantagem a uma narrativa continuada. Não há também nesse romance uma ação romanesca no sentido comum, uma aventura de amor, que assim não se pode chamar o episódio secundário da grega Arsínoe com Juliano. Mas quem precisasse de uma ação dramática, de uma anedota amorosa, de um enredo mais ou menos complicado para denominar romance a uma obra de imaginação, teria de excluir do gênero a máxima parte da ficção contemporânea. Neste temos um quadro de uma lição de doutrina cristã feita com todos os preconceitos de um padrão contra a cultura helênica a um mancebo nobre; um quadro de um culto pagão praticado às escondidas num obscuro santuário perdido nos bosques; um quadro da destruição de um templo e seu ídolo pagão pela gentalha cristã desvairada, e assim outros quadros, muitos, o ensino de um sofista, uma iniciação nos mistérios de cultos estranhos, o assassinato de um príncipe cuja concorrência teme o imperador, jogos lacônios praticados às ocultas por uma virgem adoradora dos deuses, um ajuntamento de poetas e literatos da decadência helênica, uma disputa de teólogos cristãos, a aclamação de um César pela soldadesca, uma cena de encantamento e de adivinhação, e outros muitos.

Educado no cristianismo ariano, que então era talvez o credo mais em favor na corte, Juliano pendia, entretanto, ou por uma inclinação natural, ou por uma disposição nascida da cultura grega, a que se dera com amor nos anos em que viveu obscuro e desprezado, para o helenismo. O nosso autor pinta-o saindo da lição de catecismo, que lhe dá o monge Eutrópio, criatura e espião do imperador Constâncio, para ir ler às escondidas Platão, que ele, por escapar às vistas do monge, trazia envolvido na capa das epístolas do apóstolo Paulo. Da igreja ariana, aonde o levava o seu diretor espiritual, e onde, como *anagnoste*, ou leitor sagrado, lia em voz alta as santas escrituras, passava ele, na ausência do monge, ou iludindo a sua vigilância, ao templo de Afrodite, próximo da igreja cristã. Mais tarde, quando mais livre, vai expressamente a Éfeso para ver o célebre teurgo e sofista Jâmblico, o divino Jâmblico, como o chamavam, de cuja sabedoria por toda a parte ouvira falar com admiração, e tem com ele longas palestras. Ainda na adolescência achou-se Juliano combalido entre as crenças cristãs e as crenças pagãs, ou melhor, entre o cristianismo nascente e o helenismo espirante. Seduzia-lhe fortemente o espírito a cultura grega; profundamente o impressionavam os ensinamentos dos seus filósofos antigos, dos seus poetas, e os dos seus sofistas contemporâneos, dos seus retóricos, dos seus gramáticos. Esses, como Jâmblico, segundo o representa o sr. Merejkovski no seu romance, resumindo a doutrina superior a que chegara a filosofia greco-romana, e respondendo às suas dúvidas ansiosas sobre o mistério da vida e do universo — por que viver? por que esta eterna troca da vida e da morte? por que o sofrimento? por que o mal? por que o corpo? por que a dúvida? por que a tristeza do impossível? — lhe ensinavam que aí estava o mistério. Que se ele existe não há mal, não há corpo, não há universo. Ou ele, ou o universo. O corpo, o mal, o universo são uma miragem, uma burla da vida. Todos repousamos outrora juntos no seio de Deus, na luz invisível. Mais de uma vez olhamos do alto a matéria sombria e morta, e cada um viu nela a sua própria imagem, como em um espelho. E a alma disse consigo: "Eu posso, eu quero ser livre! Eu sou semelhante a Ele! Por que não ousaria eu deixá-LO, deixar e abranger tudo em mim mesmo? Qual no regato Narciso, a alma se deliciava com a sua própria imagem refletida em seu corpo. E então caiu, quis cair até ao fim, separar-se de Deus para sempre, e não pôde. Os pés do mortal tocam a terra, sua fronte excede os céus.

"Na eterna escada dos nascimentos e da morte, as almas e os seres sobem e descem, ora para Ele, ora d'Ele, procurando abandonar o Pai, sem o conseguirem. Cada alma quer, em vão, ser Deus; deplora o seio do Pai, não tem repouso na terra e somente aspira voltar para o Único. Nós devemos voltar a Ele, e então todos serão Deus e Deus estará em todos". E da natureza: "Ela é muda. Ela dorme e procura em seus sonhos lembrar-se de Deus, mas a matéria a esmaga. Apenas vagamente o vê. Tudo no universo, as estrelas e o mar e a terra e os animais e as plantas e as pessoas são sonhos da natureza que pensa em Deus. O que ela assim contempla, nasce e morre. Ela cria por contemplação, como em sonho, facilmente, sem esforços, sem obstáculos. Eis por que são as suas obras tão belas e tão livres, sem um fim, e tão divinas. Fora da contemplação, nada existe no mundo. Quanto mais ela é profunda, tanto mais silenciosa é. A vontade, a ação, a luta não são mais que contemplações enfraquecidas e falsificadas de Deus. A natureza, na sua grandiosa indolência, cria formas como o geômetra, para o qual nada existe senão o que ele vê. Essas formas, ela as rejeita do seio materno, uma após outra.

"A sua contemplação muda, porém, não é senão a imagem da exatidão. Cibele adormecida, não abre nunca a natureza as suas pálpebras e não acha jamais as palavras que só o homem achou. A alma humana é a natureza que abriu os olhos, desperta enfim e pronta para ver a Deus, não mais na sua semi-sonolência, mas, realmente, face a face..." E de Deus: "Que significa o pensamento diante d'Ele? Ele não tem nome. Ele é tal que nós sabemos dizer o que Ele deve ser mas nos é impossível dizer o que Ele é. Podes tu, porém, padecer, amar, maldizer, sem cantar os seus louvores? O que tudo criou é Ele próprio, sem nada de semelhante às suas criações. Quando dizes: *Ele não existe*, tu O louvas tanto como se dissesses *Ele existe*. Nada se pode afirmar a respeito d'Ele, porque Ele está acima da existência, da realidade, da vida. Eis por que te disse que Ele é a negação do universo e do teu pensamento. Renuncia a tudo o que existe, e lá embaixo, no abismo dos abismos, no mais fundo da obscuridade igual à luz, tu O acharás. Dá-lhe os amigos, a família, a pátria, o céu e a terra, e a ti mesmo e a tua razão. Então não verás mais a luz, tu mesmo serás a luz. Não dirás: Ele e eu, porque sentirás que Ele e tu sois *um*, e tua alma rir-se-á de teu corpo, como de uma miragem. Será o silêncio, e tu não acharás mais palavras. E se nesse instante o mundo desabar, tu serás feliz porque pouco te importará o mundo, pois que estarás com Ele! Não desejará a tua alma, porque Ele não tem desejos; não viverá, porque Ele está acima da vida; não pensará, porque Ele sobreexcede ao pensamento. O pensamento é a procura da luz e Ele não, porque Ele é a mesma Luz. Ele penetra toda a alma e a encerra em si. E então, imparcial e solitária, ela repousa mais alto que a razão, mais alto que a beneficência, mais alto que o reino das idéias, mais alto que a beleza, no infinito, no seio de Deus, Pai das Luzes. A alma torna-se Deus ou, para dizer melhor, recorda-se que na noite dos séculos ela foi, é e será Deus... Tal é a vida dos olímpicos; tal é a vida dos homens sábios e heróicos: a renúncia ao universo, o desprezo das paixões terrestres, a fuga da alma para Deus, que ela vê rosto a rosto".

A estas e outras doutrinas, que todas se distinguem por um alto espiritualismo, pela concepção de um Deus único, por uma alevantada moral, havia chegado a filosofia greco-romana no momento em que o cristianismo penetra o mundo romano e entra em luta com a cultura helênica.

A essas doutrinas nada trouxe o cristianismo, antes recebeu delas, e o seu triunfo, para os que não admitem as intervenções sobrenaturais nas coisas humanas, o milagre na história, ele o deve principalmente ao ter-se-lhe deparado um mundo cuja filosofia por tantas e consideráveis partes se conformava com a sua, e ao ter abaixado essa filosofia e aquela moral dos Cíceros, dos Lucrécios, dos Sênecas; dos estóicos, dos neoplatônicos — amálgama talvez ainda confuso, mas onde idéias superiores de moral se destacavam nítidas — até aos miseráveis, aos escravos, aos sofredores. Confessa Santo Agostinho que andava todo entregue às futilidades da retórica e à desordem da vida mundana, quando leu o *Hortentius*, de Cícero, e tal foi a impressão dessa leitura que diz ele: "Ergui-me então, Senhor, para voltar a ti". "Estas palavras", reflete o sr. Gaston Boissier, citando o fato, "aplicam-se a outros muitos que não ele. Pode-se dizer, afirma o seguro sabedor francês, que no primeiro século o mundo inteiro "levantara-se" ao impulso do espírito religioso e da filosofia; estava em pé, em movimento, e, "sem conhecer o Cristo, pusera-se por si mesmo no caminho do cristianismo".

Juliano era um desses espíritos que a filosofia e o sentimento religioso levantaram em todo o mundo romano. Somente o seu era combalido — como o teriam sido tantos outros — entre o helenismo e o cristianismo, e até entre o puro helenismo e os cultos exóticos que o tinham invadido, a pura filosofia religiosa dos grandes pagãos, expurgada de toda a superstição politeísta e de toda a prática de oráculos, adivinhações, sacrifícios e o culto nacional. Isto prova nele um espírito religioso, pois só esses espíritos se preocupam de coisas de religião. A sua mesma apostasia o mostra: somente os religiosos mudam de religião. Os céticos e indiferentes perdem a que lhes deram e ficam por isso. Aliás, Juliano é um caráter disputado entre os historiadores que dele se ocuparam, desde os seus contemporâneos até aos dos nossos dias. Os mesmos cristãos, quer os do seu tempo, quer os posteriores e ainda os modernos, não são acordes no julgá-lo. Relendo esses juízos contrários, somos, entretanto, impressionados pelo fato de ser Juliano para todos, simpáticos, indiferentes ou hostis, atraente. O romancista russo nos dá dele a versão média, corrente. Contra os refazedores da história, eu estou que essa versão é, ao cabo, senão a verdadeira, a mais perto da verdade. Seguindo miudamente os passos da vida de Juliano, quais os narram a história e a tradição, não deu o sr. Merejkovski ensanchas à imaginação na interpretação desse singular tipo histórico; apresentou-o qual o conhecemos na versão comum. O dr. Strauss, o revolucionário religioso da *História crítica de Jesus* e da *Antiga e a nova fé*, em um estudo famoso, que é também uma sátira filosófica contra Frederico Guilherme IV, rei da Prússia, chamou a Juliano romântico. *Um romântico no trono dos Césares* é o título do seu escrito. Com restrição, ou explicação do segundo membro da frase, o epíteto lhe convém, se houvermos de aceitar a acepção em que toma o valoroso teólogo a palavra *romântico*. Para ele, um romântico é um restaurador do passado, cuja imaginação e sentimento sobrelevam ao pensamento que quer *crer* e tem a consciência desta vontade de alma mística porque, diz ele, "o romantismo é essencialmente místico".

A época de Juliano, o quarto século da era cristã, é uma das mais singulares e curiosas da história: os deuses estão moribundos, o paganismo agoniza, o cristianismo, triunfante oficialmente, se divide e subdivide em opiniões; "heresias", diversas, que, tivesse o helenismo mais alento, podiam ter lhe custado a vida. Os "se" não têm talvez lugar na história; mas a insofrida curiosidade humana não pode acaso furtar-se a perguntar: se Juliano houvesse vencido os persas, qual seria a sorte da nova doutrina? Que ela desaparecesse, não cremos, que havia todas as razões históricas e humanas para a sua vitória final, mas que sofresse um eclipse, e, sobretudo, que não fosse exatamente a mesma a marcha da sua evolução, acreditamos. Se o nariz de Cleópatra...; veja-se o resto em Pascal. Um alto, embora mal-avisado, sentimento de patriotismo ditou a Marco Aurélio a sua reação contra o cristianismo nascente, em prol da velha religião romana. Não foi, talvez, o mesmo sentimento que inspirou Juliano, senão um ideal de literato, uma aspiração de romântico admirador da cultura grega e amador da civilização helênica, que, pela sua beleza, pelo seu esplendor, pela sua inteligência lhe pareciam infinitamente superiores ao que trazia o cristianismo em que o educaram. Se os deuses verdadeiramente morriam, nos seus templos a meio derrocados ou transformados em igrejas cristãs, nos seus sacerdotes foragidos, nos seus altares escondidos, no seu culto abandonado ou apenas a medo praticado, também depois da heresia de Ario os cristãos se não entendiam — o que punha uma grande confusão nesse espírito sequioso de verdade religiosa, que era, no íntimo, Juliano. Ao seu tempo contavam-se por mais de cem essas heresias cristãs, opiniões diversas e contrárias no seio da igreja em formação, sobre os pontos mais essenciais da fé. O sr. Merejkovski pinta o quadro de um concílio reunido em Roma no seu próprio palácio por Juliano, ou ainda desejoso de conseguir a unidade da doutrina cristã, ou por se dar o regalo de ver divididos e sem se entenderem os seus inimigos. Compareçem a essa assembléia padres, bispos, religiosos de todo o mundo romano-cristão. Mas o concílio, em face do imperador que os escarnece, triunfando da sua desunião, degenera em desordem material. Havia nele de tudo, valentinianos, montanhistas, donatistas, circuncelianos, cainitas, basilidianos, arianos, ofitas, calabasianos, fabionistas, carpocratas, barbelonitas, rogacianos, e outros que trocavam injúrias recíprocas e acabaram por vir às mãos. O quadro é verdadeiro e significativo, mas apenas mostra que a autoridade que se constituía no seio da Igreja cristã não alcançara ainda toda a sua força, o que vai acontecer logo que vierem os imperadores cristãos, sucessores de Juliano. Será essa aliança do Império com a Igreja, requestada por esta desde os seus primeiros apologistas, que salvará, sancionando com o braço secular as decisões dos concílios e dos papas, o cristianismo de soçobrar nesse mar revolto de heresias. O paganismo, porém, estava esgotado. Ninguém já nele e nos seus deuses cria. As legiões, que faziam e desfaziam imperadores, eram cristãs. Mostrou-se Juliano verdadeiramente um romântico quando o pretendeu ressuscitar com os sacrifícios propiciatórios, e com as suas práticas de adivinhações e encantamentos, ao mesmo passo que afetava as virtudes estóicas do desinteresse, do desprezo das pompas, da simplicidade da vida e da tolerância. Nesse romance russo ele nos aparece como que tentando transportar para o paganismo alguma coisa da doutrina e da moral cristã. Sentimos do livro que é um apóstata que leva para o seu novo culto um resto de respeito e de crenças do antigo. A idéia do milagre, no seu sentido cristão, o domina; ele quer ainda, no desespero da sua causa perdida, um milagre dos deuses, que por todos os meios procurava tornar propícios. Esses deuses, porém, já não faziam milagres, porque já ninguém nestes cria, e o milagre é a crença que o faz. Teria Juliano percebido ou sentido que os deuses mortos, o paganismo, o helenismo, estavam findos? Uma tradição cristã, aproveitada pelo romancista russo, contava desde a morte de Juliano que, malferido na batalha desesperada que bravamente travou com os persas, exclamara ao expirar: — Venceste, Galileu!

    O seu grito, real ou inventado, é o epitáfio do paganismo. Mas, ainda morto, entre os labéus dos insolentes vencedores, ele projeta sobre o mundo a sua pura luz de beleza e de razão, que é talvez o dote mais rico e mais fecundo jamais legado à humanidade.

PETRÔNIO

Œuvres complètes de Pétrone..., traduction française par M. Héguin de Guerle — *Os Anais de Cornélio Tácito*, traduzidos por José Liberato Freire de Carvalho — *Encyclopedia Britannica*, artigo *Petronius*, *L'Ante-Christ*, par Ernest Renan — *Histoire des Romains*, par V. Duruy, tom. IV e V — *Histoire de la littérature romaine*, par Alexis Pierron — *L'opposition sous les Césars*, par Gaston Boissier.

O *Quo vadis?*, o romance hoje de todos lido, de Henryk Sienkiewicz, popularizou esse nome e o duvidoso personagem que o usou, no vivo retrato do grande escritor polaco. Nome e pessoa, fora dos cultores das letras latinas e da história minuciosa da Roma dos Césares, andavam esquecidíssimos, e, para muitos, seriam quase, senão inteiramente, desconhecidos, quando Sienkiewicz traçou dele aquela figura cujos traços reúnem à finura de Van Dyck a energia realista de Velásquez. O poderoso romancista estava evidentemente no seu direito de, aproveitando o pouco que de certo sabemos sobre Petrônio, dar largas à sua imaginação para desenvolver e completar esse pouco. É certo que, entre os escassos documentos que a antiguidade nos legou a seu respeito, avulta a água-forte de Tácito, cujos traços firmes e seguros, embora curtos e poucos, bastam para revelar a um poeta imaginoso e criador, a um raro adivinhador do passado, como parece é Sienkiewicz, todo um homem. O seu Petrônio é, na verdade, sem estorvo da informação histórica, e de a ter seguido de perto e estritamente, uma criação, e é uma das mais belas, isto é, mais verdadeiras, e mais vivas, que no romance histórico conheço. Não quero diminuir-lhe a glória de havê-la feito quando acabo de reconhecer a superioridade com que a realizou; mas não será acaso impertinente notar que o que de mais característico há no Petrônio de Sienkiewicz já se encontra no retrato que dele traça Renan no seu *Ante-Christ*. Deste livro, parece-me, se inspirou bastante o autor do *Quo vadis?*, o que talvez lhe merecesse o descomunal e aliás desnecessário reclamo que lhe acaba de fazer a Igreja católica, pondo-o no seu *Index librorum prohibitorum*. Para Renan, é Petrônio o *"honnête homme"*, expressão intraduzível, "daquele reinado de imoralidade transcendente" que foi o de Nero. É como tal que ele nos aparece no *Quo vadis?*, com os desenvolvimentos que um longo romance comporta e que não cabiam nas duas páginas de Renan.

Se a minha apreciação fosse exata — não obstante me poderem retorquir que nas poucas linhas de Tácito havia donde tirar toda uma biografia moral —, nem por isso seria menor o mérito da criação do autor polaco. Não só um romancista não é um erudito — mesmo quando o seja — e pode aproveitar dos eruditos o que lhe convenha, animando-o com o seu gênio criador, mas há no seu Petrônio rasgos de índole, traços de caráter, feições, atos, maneiras que o fazem bem seu. Nem todos serão historicamente exatos, mas todos são engenhosos e todos nos limites dos direitos da sua imaginação. Um dos mais engenhosos, mas, talvez, menos verdadeiros, é fazer Petrônio avesso às crueldades sanguinárias do seu tempo por amor à estética; o que é, penso eu, uma idéia bem moderna. A adulação romana aos seus Césares, de que Tácito nos dá indignado tantos exemplos, é no Petrônio de Sienkiewicz uma arte requintada, que mesmo no seu magno cultor literário marca, como um sinal inolvidável, os desprezíveis costumes de cortesania da época. Petrônio, adulador de César — que despreza — conserva na bajulação a sua superioridade de homem de espírito, que escarnece e desfruta o todo-poderoso adulado com a sua ironia cética, fina e mordaz, distinguindo-se ainda por isso, como repara Tácito, dos outros cortesãos.

O retrato que dele traça, com mão de mestre, o severo Tácito e que serviu de único modelo aos nossos contemporâneos é, segundo a vernácula tradução de Freire de Carvalho, este: "Passava todo o dia a dormir e gastava as noites nas suas obrigações e nos prazeres; e assim como os outros homens adquirem reputação pela sua muita atividade e talentos, ele a ganhou pela sua muita indolência. Mas não foi dissipador nem crapuloso, antes constantemente passou por um amável e delicado voluptuoso. Fazia e dizia quanto queria; e assim mesmo, por um certo ar que tinha de singeleza, de simplicidade e de indiferença, todos gostavam muito dele. Contudo, quando foi procônsul da Bitínia, e depois cônsul, mostrou bem que possuía toda a energia e capacidade para os negócios. Voltando-se depois para os vícios, ou procurando somente imitá-los, foi admitido entre os poucos que faziam a corte de Nero. Considerado então como o mestre do bom gosto, nada parecia bem ou elegante ou delicado que não tivesse a sua aprovação. Daqui lhe veio a aversão de Tigelino, que o entrou a olhar como rival, e de uma superioridade conhecida na ciência de gozar". Tácito conta ainda que o valido de Nero, para perder a Petrônio, cuja influência temia viesse a ser maior que a sua, o fez denunciar a Nero como conspirador por um dos escravos de Petrônio, para este fim corrompido, tirando logo ao elegante consular os meios de defesa e mandando prender-lhe quase toda a família.

"Casualmente, continua Tácito, o César tinha partido naqueles dias para a Campânia, e Petrônio, que havia já chegado até Cumas, teve ordem para não passar adiante. À vista disso, não quis prolongar mais nem o temor nem a esperança; mas nem por isso quis aceleradamente morrer. Mandou abrir as veias que, ora tapava, ora fazia correr; e conversando com os amigos, não em coisas sérias como a imortalidade da alma, ou as opiniões dos filósofos, os esteve pelo contrário ouvindo repetir muitas canções agradáveis e versos delicados. Recompensou alguns escravos e fez castigar outros. Deu ainda alguns passeios na rua, e dormiu, a fim de que a sua morte mais parecesse natural que violenta. No seu testamento não houve a mais pequena adulação feita a Nero, ou a Tigelino, ou a qualquer outro valido como a maior parte dos condenados fazia: muito pelo contrário, escreveu a história de todas as obscenidades do príncipe, ainda as mais infames, e de uma torpeza extraordinária, com os nomes de todos os mancebos e mulheres que tiveram parte nelas. Fechando-a depois com o seu selo, a remeteu a Nero, quebrando logo o sinete, para que ninguém se pudesse servir dele em prejuízo de alguns inocentes".

Este Petrônio é, porém, o escritor do começo da decadência latina, o autor do romance *Satiricon*, um dos mais célebres que nos legou a antiguidade? Tácito, como vimos, cala-se; o romancista contemporâneo, porém, o dá como tal, e fá-lo ele próprio oferecer ao seu amigo Vinícius um exemplar do seu livro. O leitor lembra-se do trecho: quando, logo em princípio do romance, saem os dois em liteira e vão à casa de Aulo, passando pelo Fórum: "Diante da livraria de Avirano, a liteira parou. Ele (Petrônio) desceu, comprou um elegante manuscrito e o deu a Vinícius.

"— É um presente que te faço.

"— Obrigado, respondeu Vinícius olhando o título. O *Satiricon*? É novo? De quem?

"— Meu. Mas não quero seguir as pisadas do Rufino, cuja história te vou contar, nem as de Fabrícius Veiento; por isso ninguém sabe do livro, e tu, não digas nada a ninguém.

"— Tu me dizias que não fazias versos, observou Vinícius, e eu vejo aqui muitos alternando com a prosa.

"— Quando leres, presta atenção ao banquete de Trimalcião. Quanto aos versos, enojam-me desde que Nero está escrevendo uma epopéia. Vitélio serve-se, para aliviar-se, de uma palheta de marfim que introduz na garganta; outros empregam penas de flamengo molhadas em azeite ou um decocto de serpol; quanto a mim, leio as poesias de Nero, e o resultado é instantâneo. Posso depois louvá-las, senão com uma consciência pura, pelo menos com um estômago bem limpo".

Estes últimos rasgos são bem do autor do *Satiricon*. Mas este Petrônio, árbitro do gosto, personagem consular, ex-procônsul com fama de bom administrador da Bitínia, é o autor desse romance, obsceno até à imundície?

Para a história, parece já o deixamos perceber, não é talvez Petrônio uma figura tão inteira como se nos antolha no romance de Sienkiewicz. Dos escritores do século em que viveu, o primeiro da era cristã, apenas três, Tácito, Plutarco e Plínio, dão dele notícia. Salvo a de Tácito, essa mesmo lacônica, como vimos, são elas vagas e imprecisas. Plínio apenas acrescenta circunstância de antes de morrer ter ele quebrado um vaso mirrino de grande valor, para que não caísse nas mãos ávidas de Nero. Os leitores do *Quo vadis?* recordar-se-ão de que o autor aproveitou esta anedota. No fim do mesmo século, refere-se a Petrônio, como poeta, um gramático e poeta obscuro, Terenciano Mauro ou Mouro, que, parece, viveu sob Domiciano, e que legou à posteridade o verso infinitamente citado, e freqüentemente atribuído a outros, *Habent sua fata libelli*.

Somente três ou quatro séculos depois se ouve falar de Petrônio. Vários escritores do século V, entre outros S. Jerônimo, tratam dele. E Macróbio, filósofo e gramático dessa época, diz que "Petrônio, mediante aventuras fictícias, escreveu histórias de amor e pequenos contos". Reflete um crítico que essas palavras verificam bastantemente a existência do *Satiricon*.

As dúvidas sobre a personalidade de Petrônio, ou pelo menos sobre a identidade de Petrônio, de Bitínia sob Cláudio e favorito de Nero, o Petrônio de Tácito, e Petrônio o autor do *Satiricon*, começam pelo nome. O de Tácito chama-se Caio Petrônio Turpiliano; o de Plínio, Tito Petrônio Árbitro (para lhe traduzir o apelido latino, *Arbiter*). O mais longo episódio do *Satiricon*, a ceia famosa de Trimalcião, só foi descoberto em 1663, e o manuscrito respectivo, que trazia a data precisa de 20 de novembro de 1423, tinha o título *Petronii Arbitri fragmenta ex libro quinto decimo sexto*. A obra era, pois, num códice que a crítica tem por uma cópia autêntica, atribuída a Tito Petrônio. Por outro lado, o fato de haver Macróbio, no século V, segundo ficou citado, atribuído ao Petrônio consular a autoria daquele romance pornográfico, que até à segunda metade do século XV só mui fragmentariamente se conhecia, poderia acaso parecer razão bastante para justificar a unidade dos dois Petrônios, que outras razões, longas e talvez importunas de trazer para aqui, fazem alguns críticos admitirem como certa ou quase certa. Não a aceita, entre outros, De Guerle, o autor das *Recherches sceptiques sur le Satyricon et son auteur*, que servem de introdução às *Obras* de Petrônio na edição Garnier, nomeada na bibliografia deste estudo. Ele fica duvidoso entre os dois Petrônios. A *Encyclopedia Britannica* a admite. Pierron confunde Tito Petrônio e Caio Petrônio num só personagem a quem dá a autoria do *Satiricon*. A mesma confusão me parece fazer Duruy, que pelo menos nenhuma distinção estabelece dos dois Petrônios, a quem a história literária atribui aquele romance. O sr. Gaston Boissier, que lhe consagra um capítulo inteiro do seu excelente livro *L'opposition sous les Césars*, pende a crer que o autor do *Satiricon* é aquele mesmo Petrônio "grão-senhor, homem de espírito, que depois de uma vida de dissipação soube morrer com tanta calma e até indiferença". — "Nada obriga a acreditá-lo", responde ele à sua própria interrogação, mas tudo leva a supô-lo. O escrito de que fala Tácito que ele enviou a Nero para mostrar-lhe que conhecia o segredo das suas devassidões parece provar que tinha algum hábito das composições deste gênero. As qualidades que lhe atribui o historiador, sobretudo a facilidade, o abandono, o tom de simplicidade, que revestiam "a sua palavra de uma nova graça", são as que mais se notam no *Satiricon*. Pode-se, pois, dizer que a obra e o homem se quadram e que é natural pensar, com o maior número dos críticos, que foi realmente o favorito de Nero que o compôs. Renan acha essa opinião "pelo menos, muito provável".[1]

---

[1] Depois de publicado este ensaio, apareceu a 2ª edição do livro de *Pétrone* de L. F. Thomas, professor da universidade em França, e antigo estudante deste duvidoso personagem e da obra que se lhe atribui. Sobre a identidade de Petrônio nada adianta ele, que se recusa a crer, sem formalmente o negar, entretanto, que o Petrônio de Tácito seja o autor de *Satiricon*.

Ao mesmo autor do *Satiricon*, quem quer que ele seja, atribuem-se mais as obras (romances?) *Eustion* e *Albutia*, apenas conhecidas pela menção de um gramático antigo, e poesias avulsas. O *Satiricon*, no seu tempo — se ele é, como parece provável, do primeiro século —, parece não ter feito, conforme hoje se diz, nenhum sucesso. Não o cita ou sequer alude a ele algum dos contemporâneos. Já notamos que só no quarto ou quinto século o mencionam os autores. Desde o século XV, porém, teve uma imensa voga, ao menos entre os eruditos. "A nenhum escritor, Aristóteles excetuado", diz De Guerle, talvez com exagero, "se depararam tantos comentadores." Na Europa dos séculos XVII e XVIII, principalmente em França, ainda teve ele não só muitos críticos, mas crescido número do admiradores, alguns apaixonados como Saint-Évremond, o grande Condé, e o mesmo ingênuo e pio Racine. Um tradutor do *Satiricon* desse tempo escreve que era então de bom-tom, "particularmente entre a gente fina, gostar de Petrônio e conhecer-lhe os bons trechos", e declara que só o traduziu para satisfazer às instâncias das senhoras, que queriam conhecer um autor que tanto lhes elogiavam. Os elogios e o apreço que esse livro singular mereceu a excelentes espíritos daquele tempo nos parecerão porventura hoje exagerados. Mas ainda agora escritores de bom gosto, como o sr. Gaston Boissier, Renan e Duruy, acham muito nele que louvar, não só pelo seu mérito literário, mas pelo seu valor documentário. Os entendidos dizem que o seu latim é talvez o mais puro da época, e interessante pela linguagem popular e comum em que faz falar os seus personagens, todos de baixa esfera. Mas, que é afinal o *Satiricon*? É um romance, conforme o qualificam todos os críticos; "uma epopéia de birbantes", lhe chama Duruy, escrita em prosa misturada de verso. Freqüentemente, com efeito, estrofes, e às vezes um poema inteiro, como acontece com o da *Guerra civil*, interrompem a narrativa. Dele não nos chegou senão a terça ou quarta parte, fazendo 141 capítulos ou seções, de sorte que lhe não conhecemos nem o princípio, nem o fim. Os seus episódios mais extensos e mais notáveis e conhecidos são a ceia de Trimalcião e a historieta da viúva de Éfeso, da qual La Fontaine, o genial plagiário, se apropriou para um de seus *Contos*. Para dar uma idéia do que é o *Satiricon*, o compararam ao *Gil Blas*, a Rabelais, aos *Contos* de La Fontaine e a alguns de Voltaire. De fato, lembra tudo isso, mas a mim me parece que o seu melhor termo de comparação seriam os romances picarescos espanhóis, de que aliás o *Gil Blas* não é senão o mais eminente exemplar. Mas nenhuma novela picaresca, talvez, se lhe iguala na obscenidade e devassidão. O hediondo vício que contaminou Roma, e de cujo contágio foram pelos seus contemporâneos suspeitados, como nota Duruy, César, Brutus e Cícero, do qual se gabava Horácio e ao qual Virgílio cantou, e comum no tempo de Nero, é o motivo favorito da maioria das aventuras desse romance. O que nos resta dele não constitui propriamente uma ação seguida, mas uma série de aventuras ridículas, alegres, engraçadas, infames, obscenas, sórdidas, criminosas. Impossível noticiá-las senão muito *per summa capita*... ou em latim. O moderno romance pornográfico nada produziu de tão obsceno, mesmo porque, em que pese aos louvaminheiros do passado, os nossos vícios são menores que os antigos e se escondem mais, o que já é um sinal de progresso moral. O que há de curioso no *Satiricon* é que, de mistura com a narrativa dos casos mais escabrosos e até mais repugnantes que é possível imaginar, há não só os rasgos de costumes, as manifestações de idéias e sentimentos de grande valor para a psicologia histórica do povo romano, reflexões morais e filosóficas das mais interessantes por si mesmas e pelo tom que lhes dá o autor. É lendo-as que se é levado a crer que as escreveu o *"arbiter elegantiæ"*. Em uma das estrofes do seu romance escreve o autor: *Quid ne spectatis, contricta fronte, Catones, Damnatisque novæ simplicitalis opus,* que o tradutor francês verteu, um pouco livremente, assim: "Frios Catões, descarregai vossa fronte magistral; o prazer no meu livro alia-se à razão". E assim é, mas de uma maneira que por vezes surpreende e assombra o leitor. Depois da mais abjeta aventura, impossível de indicar, mesmo ao de leve, um dos atores dela reflete: "Todos os nossos passos os deve guiar a prudência. Sócrates, o mais sábio dos mortais, no juízo dos deuses e dos homens, glorificava-se freqüentemente de não haver jamais lançado a vista a uma taberna, nem ter nunca freqüentado as multidões; tanto é verdade que nada é mais útil do que consultar em tudo a sabedoria! Isso é incontestável, mas o que não é menos é que ninguém corre mais ao infortúnio do que o que especula com a fazenda alheia. (Alusão ao costume romano, tão verberado pelos moralistas do tempo, da capitação de heranças pelos meios mais torpes.) Quais seriam, com efeito, os meios de existência dos vagabundos e gatunos (quem fala não é senão um vagabundo e gatuno), se eles não lançassem, à guisa de anzóis à turba que querem enganar, bolsas e sacos de moeda sonante? Os animais deixam-se engodar pela isca da comida, os homens pela da esperança; para isso, porém, precisam de achar algo que mordam". Quase no cabo do seu banquete, que é uma orgia, Trimalcião proclama: "Amigos, os escravos são homens como nós; beberam o mesmo leite, posto que a Fortuna os tenha tratado como madrasta", o que é, na essência, uma sentença de Sêneca, o filósofo. O que nos resta do livro, abre por uma sátira contra os declamadores, a má educação do tempo, os retores. E quem a faz é Eucolpo — o mesmo que narra as aventuras do livro —, um birbante da pior espécie. "O que faz dos nossos escolares uns tolos chapados é que tudo quanto vêem e ouvem nas escolas não lhes oferece nenhuma imagem da sociedade. Cansam-lhes os ouvidos constantemente com piratas escondidos nas praias preparando cadeias para os seus cativos; tiranos cujas cruéis sentenças condenam os filhos a degolarem seus próprios pais; oráculos votando à morte três jovens virgens, e algumas vezes mais, pela salvação de cidades despovoadas pela peste. É um dilúvio de períodos açucarados, agradavelmente arredondados; atos e palavras, tudo polvilhado de dormideira e de sésamo". Quantas vezes se não tem desde então até hoje repetido a mesma crítica? Não a merecem ainda as nossas escolas que, a pretexto de ensinarem o heroísmo, o patriotismo, a energia, lecionam o assassinato, a desumanidade, a despiedade humana, a violência, a ambição, a cupidez e a vanglória? E sobre a retórica do tempo: "Reduzindo o discurso a uma harmonia pueril, a um vão jogo de palavras, vós [os retores] fizestes dele um corpo sem alma, um esqueleto. Não era ainda a mocidade exercitada em tais declamações quando o gênio de Sócrates e Eurípedes criou para a cena uma língua nova. Um pedante, atolado na poeira das aulas, não afogava ainda o talento no seu embrião quando a musa de Píndaro e dos seus nove rivais ousou entoar cantos dignos de Homero. E, sem citar os poetas, não sei que Platão e Demóstenes tenham praticado esta espécie de exercícios. Como uma virgem pudica, a verdadeira eloqüência não conhece arrebiques... Citem-me um só verso onde haja bom gosto: todos esses móvitos literários assemelham-se aos insetos que nascem e morrem no mesmo dia. A pintura tem a mesma sorte, depois que a presumida Egito abreviou os processos e regras desta arte sublime". Em outro passo, é o velho poeta Eumolpo, boêmio, vagabundo e devasso, quem, mal saído de uma aventura que começa pitoresca e acaba trágica, se põe a refletir: "Quantos, meus jovens amigos [eram Eucolpo e Giton, seu mimoso], se não deixaram desvairar pela poesia! Mal arranjam um verso, e metem alguns sentimentos ternos em um vão amontoado de palavras, já se julgam no cimo do Hélicon. Assim muitas vezes um advogado que o foro não quis procura, o insensato, um asilo no templo das Musas, como em um porto mais tranqüilo e mais seguro. Figura-se-lhe que é mais fácil fazer um poema que escrever umas razões, salpicadas de sentençazinhas cintilantes! Mas um alto espírito não se envaidece assim: sabe que o não pode conceber nem dar à luz se não foi primeiramente fecundado por longos estudos. Cumpre sobretudo fugir à linguagem ordinária e vil e não empregar as palavras da plebe; é o

> Longe de mim, vulgo profano

de Horácio. Cumpre demais que os pensamentos salientes não apareçam fora do corpo do discurso, mas que engastados nele brilhem como partes do mesmo tecido". E o poeta continua a sua crítica, que acaba num trecho mordaz, apontando evidentemente à condenação da *Farsália* de Lucano, à qual ele opõe o seu próprio poema da *Guerra civil*, com que por algumas páginas (são duzentos e noventa e cinco versos) interrompe a narrativa. O poema não é sem mérito, mas, como o *Oriente* de José Agostinho, respeito aos *Lusíadas*, está longe do de Lucano, que quisera suplantar.

    A obra de Petrônio, com o nome sob que a conhecemos, é uma sátira, no sentido grego da sátira, como a criou Menipo, o cínico, e de que o mais ilustre exemplo moderno é talvez a *sátira menipéia* dos franceses. Como há nela — a reflexão é do sr. Boissier — todos os tons e estilos, isto explica justamente o seu título, pois que a palavra *sátira* primitivamente entre os romanos significava *mistura*. Eruditos alemães, segundo o mesmo autor, dão à obra o título simples de *sátira*. Os comentadores descobriram nela intenções malévolas contra este e aquele, e procuraram interpretá-la cada um a seu modo. Mas parece inútil tentativa procurar a chave deste romance picaresco. Muitos viram nele um ataque formal a Nero na figura de Trimalcião. Ninguém o admite mais. Esse abjeto personagem é para uns, como De Guerle, o Tigelino de Nero; e para outros, como o sr. Gaston Boissier, Palas, o Liberto, favorito de Cláudio. A esta opinião acosta-se a *Encyclopedia Britannica*. Como quer que seja, a geralmente aceita é que o romance é uma imagem exagerada ou piorada, segundo o costume dos satíricos, da época de Nero ou das mais próximas, se pode ser piorada a feição geral de tais tempos.

    Se o elegante Petrônio, o delicioso consumado, o rei da moda, o juiz do bom gosto, o cônsul romano, o enérgico e honesto administrador e voluptuoso e refinado gozador, foi ou não o seu autor, é opiniativo, em face da erudição pura; mas o sentimento quase geral lhe atribui a obra, porque, como observa argutamente o sr. Boissier, ela ajusta-se ao homem e o homem a ela.

CROMWELL

Oliver Cromwell, by the right honorable
John Morley, London, 1900.

O autor deste livro é uma das mais nobres e mais simpáticas figuras da Inglaterra de hoje. *Scholar* emérito, ensaísta fecundo e engenhoso, publicista sabedor e arguto, expositor bem-informado e censor judicioso do pensamento filosófico e literário do seu país e do estrangeiro, e crítico eminente de Voltaire, de Rousseau, de Diderot e os Enciclopedistas, de Burke, de Maquiavel, de Walpole e de suas doutrinas e atos, é o sr. John Morley um dos mais considerados escritores ingleses contemporâneos. Mas, além de escritor ilustre, é proeminente homem político, um dos chefes, e talvez o mais respeitado e estimado pelas suas qualidades de inteligência e caráter, do partido liberal. Discípulo amado e fiel do grande Gladstone, cuja vida, por encargo da família, escreveu, ele continua a sustentar-lhe as doutrinas de liberalismo radical. É *home ruler* convencido e inimigo declarado da política imperialista, que, à cola das empresas do sr. Chamberlain, arrasta toda a nação desvairada por essa espécie de jacobinismo que na gente de língua inglesa se chama jingoísmo. É há muitos anos membro da Câmara dos Comuns e foi duas vezes ministro ou secretário da Irlanda. Pensador e homem de estudo, é também um batalhador, um propagandista, pelo livro, pela tribuna, pelo jornal. Dirigiu em tempos a *Fortnightly Review* e redigiu como chefe a *Pall Mall Gazette*. É, porém, um batalhador calmo, sem arroubos nem ardentias, forte e seguro da sua causa. É dele esta frase, que dá a medida do seu caráter de homem de ação: *Truth is quiet* — a verdade é tranqüila.

Desperta naturalmente a curiosidade saber como um homem qual o sr. Morley julga um homem como Cromwell.

Este é um dos grandes personagens históricos que mais confundem e desconcertam o meu juízo. Não sei se o compreendo bem, e, sem poder deixar de admirá-lo, ele me é antipático. Quando admiro, gosto de me dar todo, e não me posso habituar a admirar, senão com imensas restrições, os homens do tipo de Cromwell. A respeito de heróis, dos heróis militares particularmente, como foi talvez sobretudo Cromwell, o meu juízo, confesso, é o de Mr. Bergeret. Decididamente, não está em mim comungar na religião de Carlyle. O culto dos heróis acha-me não somente céptico, mas herético. É uma questão de temperamento, mais talvez que de razão. Cromwell não se me afigura aliás um tipo fácil de conhecer e perceber, ou que possamos apreciar sem dúvidas nem limitações. Na própria Inglaterra ele divide ainda, não só a opinião, mas principalmente o sentimento, até dos mais desassombrados julgadores. E, entretanto, não deixam os ingleses de se ocupar dele. Raro escritor inglês terá deixado de dar sobre ele o seu juízo, afinal favorável. Simultaneamente com o livro do sr. Morley apareciam sobre Cromwell mais dois, um de igual tomo e título, do sr. Theodore Roosevelt, outro, apenas menor, do sr. Charles Firth, um especialista no assunto, sobre Cromwell e o governo dos puritanos na Inglaterra. A posição de Cromwell na sua pátria não é ainda definida. Na Inglaterra, ciosa até ao exagero das suas glórias, que muitas vezes encarece de propósito, ele não é ainda uma glória francamente nacional. Apesar de Carlyle, de Macaulay, de Gardiner, de Frederick Harrison e de outros muitos historiadores e críticos ingleses, Cromwell não adquiriu até agora na sociedade inglesa a popularidade de um herói de todos conhecido e prezado, como Wellington, por exemplo, ou Nelson. O ferrenho "lealismo" que se desenvolveu durante o longo reinado da rainha Vitória não terá talvez pouco contribuído para dar-lhe a falsa posição de uma glória que se reconhece, que se aprecia, mas que não se confessa. A Inglaterra é o torrão mais fértil que existe em estátuas de homens de Estado e políticos, até de alguns absolutamente medíocres. Só Cromwell não tem nenhuma; há três anos apenas lhe foi posto o simples busto nas casas do Parlamento, por dádiva de um particular aos Comuns. No seu estreito lealismo, não esquecem os ingleses da "época vitoriana" que aquele a quem os seus historiadores, sem discrepância, atribuem a formação do Reino Unido da Grã-Bretanha e Irlanda, a fundação do seu império colonial e do seu poder naval, "o maior rei da Inglaterra", como lhe chamou um deles, foi um regicida. E por isso, mais talvez que por outra qualquer causa, ele ficou na sua nação, e ficará enquanto durar aquele sentimento, como um herói do qual não é de bom gosto fazer alarde. Os latinos esquecem e perdoam mais facilmente; Luís XVIII fez seu ministro a Fouché, que como convencional votou a morte de seu irmão e predecessor Luís XVI.

O livro do sr. John Morley não é uma obra de erudição, mas de exposição e de crítica. A sua originalidade e o seu valor estão inteiramente nas apreciações próprias e nas generalizações do autor. As notícias da vida e feitos de Cromwell tira-as do que de melhor há apurado pelos seus mais acreditados historiadores. Somente fatos e idéias, atos de Cromwell e conceitos dos seus biógrafos e julgadores, critica-os e interpreta-os independentemente, conforme as suas próprias vistas. Não é possível, nem eu o tentaria, resumir aqui as 500 páginas deste in-oitavo. Só o geral e as conclusões poderei dizer, ainda assim imperfeitamente.

Ao contrário da velha e acreditada noção, Cromwell não foi um bruto cervejeiro que, como sói acontecer nas épocas revolucionárias, viesse à tona, como as sujidades de um líquido revolvido. Era um *gentleman* pelo nascimento e posição social, senão pela fina cortesia de suas maneiras, que parece munca primaram por extrema civilidade. Entre os seus avoengos havia baronetes e cavaleiros. Freqüentou mestres e passou pela universidade. Sabia seu bocado de história romana e grega, de matemática e direito. Não era, porém, por maneira alguma, um *scholar*. O que nele havia de intelectual derivava muito mais do seu próprio espírito, e do estudo dos homens e das coisas que dos livros. "Não tinha nenhum dos gostos que nos atraem em muitos daqueles que combatiam ao seu lado ou contra ele. Não soprou jamais nele o espírito da Renascença". Toda a sua literatura cifrava-se num livro único, a Bíblia. Nada mais temível que esses homens de um só livro, quando esse livro é a Bíblia, o Evangelho ou o Corão. Sem ser abastado, não era verdadeiramente pobre. A sua propriedade familiar a vendeu por 5 ou 6 mil libras, ao valor da atual moeda inglesa, e, tendo arrendado uma extensa propriedade, ali vivia de criação de gado e agricultura.

A feição culminante do gênio de Cromwell é a religiosidade. É um crente fervoroso e rigoroso, com esse tom de devoção protestante — não ouso dizer beataria, porque ninguém foi mais sincero — mais desagradável que a católica, porque é mais convencida, e sobretudo mais disputadora. É essa talvez uma das causas da minha medíocre simpatia por Cromwell; a outra é o seu autoritarismo bruto e a sua crueldade de fanático, da qual ainda hoje sangra a desditosa Irlanda.

Por mais que nos julguemos desabusados de preconceitos de religião e de raça, não é à toa que uma e outra, e a educação que nos dão, nos imprimem o seu estigma. O relaxamento latino e católico, em que através dos tempos fomos criados, nos faz antipático o duro puritanismo cromwelliano. Diante de tipos tais é que eu compreendo o mestre encantador. "À festa do universo faltaria alguma coisa se apenas fanáticos iconoclastas e rústicos virtuosos povoassem o mundo". De todos os governos o pior será sempre o que uma idéia religiosa dirige. Nunca houve Estado mais mal governado que o do Vigário de Cristo. O mesmo sr. Morley, de outra contextura religiosa e racional, achou dificuldade na apreciação de um homem qual Cromwell. "Não é fácil", confessa, "a nós que nos desvanecemos de viver numa época de razão, entrar no espírito de um místico do décimo sétimo século". O sr. John Morley é esta coisa não muito vulgar na Inglaterra, um livre pensador, ou pelo menos um racionalista, e, nesta condição, "só por virtude do senso histórico podem aqueles que mais distantes estão da crença e fé dos livros e símbolos que alumiavam o íntimo da alma de Cromwell habilitar-se a fazer justiça ao seu franco e vasto gênio, seu forte coração, sua sinceridade de ânimo".

Para compreendermos esta figura histórica, este homem, que mais que nenhum o foi, não basta, porém, o senso histórico; precisamos de conhecer o meio que o produziu, em que se afeiçoou o seu caráter e no qual influiu. Os seus primeiros e segundos mestres foram ministros protestantes, teólogos, profundamente imbuídos das doutrinas puritanas e rigorosos cumpridores das suas práticas. Essa primeira impressão religiosa não só ficou indelével na sua alma toda a vida, mas alimentou-se e desenvolveu-se sob a influência de um momento histórico em que a questão religiosa prevalecia a todas as outras. A luta que pela sua fé travou mais contribuiu para exaltá-la. Profundamente religioso — eu preferiria dizer profundamente bíblico —, era Cromwell também um ardente republicano. Dos homens que tomam parte ativa nos negócios públicos, a uns, a imensa maioria, os levam um mesquinho interesse pessoal, o desejo de se arranjarem uma carreira, o gosto e a vaidade das posições evidentes que dá a política, o amor do lucro material que dela podem colher, a necessidade de se criar num partido uma espécie de associação protetora, e até o simples espírito de curiosidade, de luta, de experimentar o que possa haver na política de dramático e comovente; outros, uma insignificante minoria, o gosto dos negócios públicos, como uma digna profissão, o amor verdadeiro da coisa pública, a dedicação ao bem comum, na convicção ingênua de que o seu concurso lhe pode ser útil e, até, lhe é necessário. Cromwell pertencia a estes últimos. Em 1629 foi eleito ao Parlamento. Na legislatura de que fez parte, foi votada a célebre *Petição de direito*, "a lei famosa que enumera e confirma as antigas disposições contra empréstimos e impostos não-votados; que proíbe a prisão ou detenção sem as formalidades legais; que defende o aboletamento de marinheiros e soldados nas casas dos particulares contra a sua vontade, e repulsa os decretos tirânicos denominados leis marciais". Ali viu, "na sua nobre e árdua tarefa, a primeira geração dos campeões dos direitos civis e das liberdades parlamentares da Inglaterra". Ouviu os primeiros jurisconsultos e oradores políticos do tempo, e foi testemunha da luta que se travava "contra as tirânicas inovações em matéria civil e a violenta reação em matéria espiritual". Assistiu ao *speaker* ser obrigado a permanecer na sua cadeira, para afirmar o jus da Câmara de regular o seu próprio adiamento, e presenciou as noções de desafio ao rei. A revolução, de que ele ia ser o chefe mais eminente, começava já no Parlamento, do qual era ainda obscuro membro. Nele só falou uma vez, sobre haver um bispo reacionário autorizado um padre a pregar em uma igreja um baixo papismo e ter proibido o seu velho mestre, o dr. Beard, de replicar-lhe. Aquele Parlamento começava uma obra, democrática e parlamentar, que, apesar de ser sob estes dois aspectos antipática a Cromwell, ele devia levar a cabo. Tanto é certo que são os acontecimentos que fazem os homens e não os homens que fazem os acontecimentos. Quando a revolução que se ia realizar se iniciou no Parlamento pela luta entre as liberdades parlamentares e as prerrogativas reais, Cromwell não tinha ainda influência alguma, e o seu espírito, o seu temperamento autoritário era certamente hostil à inspiração geral desse conflito. O que porventura mais lhe interessaria nela era a liberdade religiosa, que Pym, o austero e atilado chefe dos parlamentares, proclamava a primacial das liberdades inglesas. "O lugar de Cromwell na história", conceitua o sr. Morley, "é devido à largueza com que ele sustentou este dominante sentimento da época, e reuniu na sua pessoa as duplas condições, políticas e morais, do adiantamento nacional".

    A questão religiosa na Inglaterra tinha nesse momento um duplo aspecto, o progresso do catolicismo favorecido ou consentido pelo rei sob a influência de sua mulher, Henriqueta Maria, princesa francesa e católica, e as dissensões e disputas intestinas, questões doutrinárias ou litúrgicas, contendas sobre a autoridade eclesiástica, que sempre, e ainda hoje, e até num mesmo credo, dividiram as igrejas protestantes. Como toda igreja oficial, o calvinismo anglicano se tinha corrompido e relaxado. Havia-se também dividido em dois ramos que o sr. Morley, à imitação dos atuais partidos, chama direita e esquerda. Era este o dos reformadores, dos que exigiam a pureza da fé e a austeridade dos costumes, os chamados puritanos. Cromwell era, com toda a fortaleza de sua alma, um deles. Uma dupla questão política e religiosa abalava a nação inglesa. "Neste longo, vasto e complicado processo — uma baralhada evolução de doutrina, disciplina, costumes, ritual, polícia da igreja, tudo estreitamente ligado a vicissitudes correspondentes nos negócios do governo civil, não é fácil escolher", declara o sr. John Morley, "um fio condutor do labirinto. Não é fácil desembaraçar a dupla trama da Igreja e do Estado, nem assentar numa simples fórmula aquela vasta e duplicada impulsão, religiosa e política, sob a qual a era de Cromwell e Cromwell o homem dessa era marcharam para os seus próprios ideais de vida pura e de alevantado civismo". Nesse período dois princípios, "embora por nenhum direto a perspicaz conselho de Cromwell", haviam adquirido terreno no solo inglês: o princípio de tolerância e o princípio das igrejas livres ou voluntárias. Conquanto ambos parecessem a mesma essência da Reforma, pois que o livre exame e a liberdade de consciência eram as duas colunas do protestantismo na sua teoria fundamental, andavam fora de prática, "e até Cromwell e os seus independentes evitaram a completa aceitação de suas próprias doutrinas".

É que para o homem de religião, se não é um simples diletante, como tantos vemos agora, fé e tolerância são coisas incompatíveis, e liberdade de consciência, uma heresia. Para ele a verdade é uma só, e, quando ele acredita que quem está fora dela é um réprobo, a sua própria piedade manda-lhe combatê-lo. Para tal homem a liberdade, que na adversidade ninguém reclama com mais ardor que ele, deve ser, desde que ele está com a verdade, um monopólio seu. Nos outros frisa logo a impiedade e a blasfêmia. Sob este aspecto católicos e protestantes se valem, antes serão estes mais intolerantes. Quando na época cromwelliana se tratava de liberdade religiosa, entendia-se apenas essa liberdade para os protestantes de qualquer seita. Os católicos, desses se não cuidava, e, como devotados ao papismo, inimigos do Estado e da nação inglesa, Cromwell os perseguirá atrozmente.

Mas a revolução fez-se, o rei foi deposto, processado e decapitado, a República, *commonwealth*, uma República *sui generis* como é quase tudo na Inglaterra, foi proclamada, e Cromwell, que se pusera ao lado do Parlamento na sua luta contra o rei, e que, combatendo sucessivamente as forças reais, os irlandeses e os escoceses, se revelara um grande general, volta-se contra o mesmo Parlamento, ameaça-o, e por fim, apoiado no forte exército que formara, aguerrira, disciplinara e afeiçoara à sua própria imagem, dissolve-o, faz-se proclamar Lorde Protetor e entra a governar ditatorialmente, e até despoticamente, a República de Inglaterra, Escócia e Irlanda com uma soma de poder, uma energia, uma autoridade, uma capacidade como nem antes nem depois não foi talvez a Inglaterra jamais governada. De pouca dura foi — estou quase a escrever: felizmente — o áspero e forte governo de Cromwell. Tais governos devem ser curtos, é a única maneira de se não tornarem de todo insuportáveis. Foi apenas de cinco anos o de Cromwell; mas neste acanhado período ele completou como estadista a sua obra de soldado da unificação do país, acabou com o poder naval da Holanda, substituindo-lhe o da sua pátria, deu um extraordinário desenvolvimento à marinha militar e mercante, iniciou o império colonial, estendeu o comércio, obteve a estima, ou pelo menos o respeito das potências continentais, fundou a hegemonia da Inglaterra e estabeleceu a supremacia dos puritanos sobre os presbiterianos ou episcopais. Bem analisado, não é difícil crer que tudo isto não estivesse na própria revolução e que Cromwell, como todos os grandes governantes de povos, não haja feito senão realizar conscientemente as determinações latentes no movimento que arrastou a ela a Inglaterra monárquica e lealista. Tudo isto, o bem e o mal, ele o fez na persuasão profunda e sincera de ser apenas um instrumento, um executor da vontade divina. Em 1655, quando havia dois anos era o Protetor da República, exclamava ele: "Que são todas as nossas histórias, que são todas as nossas tradições de acontecimentos dos primeiros tempos, senão manifestações do próprio Deus, que tinha abalado, derrubado e destruído tudo o que ele mesmo não estabelecera?" Quase ao mesmo tempo, este grande inimigo do catolicismo e aquele último dos seus grandes doutores, Bossuet, tinham a mesma convicção de Deus na história. Somente, nota o sr. Morley, o que no padre francês era apenas o tema de um teólogo, era em Cromwell o sopro vivo da ação, da lida, da esperança, da submissão. O drama dos tempos, como diz o escritor inglês, não era para ele uma peça de teatro, mas um inspirado e previsto desenvolvimento, "sob olhos vigilantes e indagadores". O povo da Inglaterra, como os hebreus a si próprios, lhe parecia "o povo abençoado por Deus". A sua ação a atribui, como um chefe pietista do antigo Israel, puramente a Deus, ao Senhor, como ele diz à maneira bíblica. Chamar-lhe um iluminado não é demais; somente este iluminado tem no mais alto grau as qualidades da sua raça, o instinto prático e realista das coisas, e o sentimento utilitário delas. Mas seria Deus quem lhe inspirou os horrores da Irlanda? Esses horrores, dignos de um Cortez ou de um duque de Alba, não os atenua o sr. Morley, embora os explique à luz dos costumes do tempo e dos sentimentos sectários de Cromwell. O sr. Morley, que é um partidário da autonomia irlandesa, diz muito bem: "Um puritano armado de um arcabuz e do Velho Testamento, tentando reconstruir os fundamentos de uma comunidade essencialmente católica, devia forçosamente falhar grosseiramente, e sobre esta grosseira falta, nenhum conceito da grandeza de Cromwell pode cegar os homens de raciocínio". Ao que no sectário havia de homem de Estado não escapou, entretanto, uma fugaz intuição do que era o mesmo fundamento dessa questão da Irlanda. "Este pobre povo", escrevia Cromwell com a inconsciente hipocrisia de certas almas religiosas, "foi acostumado a tanta injustiça, tirania e opressão dos seus senhores territoriais *(landlords)*, dos poderosos, e daqueles que deveriam lhe ter feito bem, como jamais o foi povo algum da cristandade. Se a justiça fosse livre e imparcialmente administrada aqui, a precedente rudeza e corrupção a fariam parecer muito mais estimável e bela, e arrastariam mais corações após si". Foi esse o único vislumbre de Cromvell — pondera o sr. Morley — no principal segredo da perpétua questão irlandesa; mas não deu em nada, e nenhum outro governante inglês por muitas gerações após o teve sequer igual.

O conceito final do sr. Morley sobre Cromwell é que é fazer-lhe mais e menos que justiça pô-lo na mesma linha de ditadores europeus: Carlos V, Luís XIV ou Napoleão. Mais perto da verdade lhe parece Guizot considerando-o, como Guilherme III e Washington, o chefe e representante de uma dessas crises supremas que fixaram os destinos das nações. A parte exata de Cromwell em uma tão alta missão lhe deu o seu gênio militar, o poder das legiões que criou ou levou de vitória em vitória. Foi nos campos de batalha que ele imprimiu a sua marca profunda nos destinos da Inglaterra. Foi o chefe de um partido que tinha a sua própria íntima convicção de que nem a liberdade civil, nem a política podiam ser adquiridas senão pela espada, e o homem da espada nele mostrou-se capacíssimo. Na última metade do século XIX as guerras foram antes pela unidade da raça que pela liberdade. Cromwell lutou por ambas. Pelas armas ele esmagou ao mesmo tempo as pretensões da coroa e da mitra, forçando depois os três reinos a amoldarem-se num Estado único. Nos momentos decisivos em que a vitória civil dependia da fortuna nos campos de batalha, ele pôs a sua espada invicta na concha da balança. Isso é no fim de contas o que define em poucas palavras o lugar de Cromwell na história da Inglaterra. "Porque não foi um homem, nem mesmo um homem como Cromwell, mas as mesmas forças espirituais subjacentes que fizeram a Revolução". Conceituando assim, o sr. Morley declara-se, com sobeja razão, contra o erro vulgar dos nossos dias de atribuir a homens eminentes, governantes e governados, os grandes sucessos da história. "O influxo do passado, o impulso espontâneo da massa da nação ou raça, a pressão dos receios e esperanças gerais, as novas noções aprendidas nos movimentos variados e progressivos do 'grande espírito do humano saber', tudo tem mais influência no progresso do mundo do que determinadas idéias, mesmo dos mais decididos e atilados indivíduos, seus chefes".

Com aquele serviço prestou mais Cromwell ao seu país o de conservar uma forma provisória de paz, e livrá-lo da anarquia em que tanto a ordem como a liberdade teriam soçobrado. Abandonou princípios, criou-se mesmo dificuldades, cometeu erros. Foi malsucedido na tarefa de estabelecer uma ordem mais segura, depois que a sua própria superintendência desaparecesse. Não obrou de modo a obstar a reação que se lhe seguiu. O protetorado não foi, pois, um sistema, mas apenas um expediente transitório de supremacia individual. Com a morte de Cromwell, mais uma vez se viu na história o que valem os chamados "governos fortes". O seu resultado, as mais das vezes, é a falência das nações que os sofrem. Na nossa América superabundam os salvadores da pátria, os consolidadores da República, os restauradores da ordem; mas quando se lhes dá balanço ao espólio, fica-se em dúvida se o devemos aceitar senão a benefício de inventário. Não houve talvez nunca governo mais forte que o de Cromwell. Mas, como todos os governos de forma ditatorial ou cesarista, que dependem da capacidade e da vida de um homem a sua força, o seu resultado imediato, a sua eficiência, acabou com o poderoso sujeito que o exerce. Da situação material e moral da Inglaterra após Cromwell faz o sr. Morley um quadro desolador. Dela proveio a facilidade da restauração. É que a revolução de Cromwell era, ao cabo, estreita nos seus intuitos e moldes. Acha o sr. Morley custoso resistir ao conceito de que ela foi antes o fim da Idade Média que o princípio dos tempos modernos para a Inglaterra. Cromwell era com efeito estranho ao que é a mesma inspiração da política moderna, o seu suporte, a idéia do progresso, a democracia, a opinião pública. Havia nele principalmente o instinto do governo, muito diferente do gosto pelas idéias abstratas de política ou da paixão da liberdade. Tinha também em alto grau o instinto da ordem, "dom tanto de tiranos como de heróis, tão comum a alguns dos piores corações da história humana como a alguns dos melhores". O que o faz digno da admiração dos homens é que ele deu à sua política uma base moral e considerou elementos morais como a piedade, a fé, a esperança, entre as determinações da sabedoria prática.

Mas, ao cabo, Cromwell trabalhou a pospelo da sua vontade ou da sua inspiração íntima; o que venceu finalmente na Inglaterra não foi o puritanismo austero e limpo, mas o anglicanismo oficial e suntuoso, e Cromwell, hostil ao parlamentarismo e à democracia, foi, sem pensar nem querer, um dos fatores da democracia e do parlamentarismo inglês, como eles viçam no nosso tempo. Pobres grandes homens!

A "ELECTRA" ESPANHOLA

Electra, drama em cinco atos,
por B. Pérez Galdós, Madri, 1901.

No princípio de fevereiro de 1901, os telegramas de Espanha noticiavam graves perturbações da ordem pública, motins e arruaças, vias de fato, ataques a clérigos e a estabelecimentos e instituições religiosas, tudo provocado pela representação — e depois pelas representações — de um drama de um escritor indígena.

A peça tinha o nome clássico de *Electra,* celebrizado por Sófocles e Eurípedes, e o seu autor era Pérez Galdós, nome dos mais justamente célebres da literatura espanhola contemporânea, contador delicioso e original, romancista, historiador no gênero de Mérimée, sem o cepticismo e a finura deste, dramaturgo e comedista estimado, e ainda publicista.

O primeiro sucesso, todo social, se posso dizer assim, do drama de Galdós, continuou por toda a Espanha, apesar da polícia e das condenações eclesiásticas contra ele fulminadas; da Espanha européia passou à Hispano-América, com o mesmo êxito, levantando em quase toda a parte as opiniões, os protestos e as manifestações pró ou contra as opiniões e sentimentos que inspiraram. O Chile, católico e reacionário — e este agrupamento é, ao cabo, um pleonasmo —, somente, o ouviu adverso, e o Brasil, conforme a sua índole, indiferente. Os jornais aqui fizeram dele folhetim, e em menos de três meses da sua publicação, extraordinário fato para nós, havia uma tradução brasileira dele. Creio que o mundo latino há muito tempo não vê, se excetuarmos o *Cirano de Bergerac* de Rostand, sucesso igual. Esta comédia aliás não foi ainda, se não me engano, representada na América do Sul, e o seu êxito foi todo literário. Qualquer que seja o mérito literário do drama do sr. Galdós — e não é somenos, ou medíocre, como parece-me já li ou ouvi —, não há dúvida de que o seu enorme e raro sucesso o deve ele à comoção que provocou em almas fundamentalmente católicas, longa e profundamente afeiçoadas pelo catolicismo, no país em que este foi mais poderoso e, por assim dizer, mais típico, contra a doutrina e o costume católico da enclaustração por amor da fé, da pureza e do melhor serviço de Deus. Para julgar este drama, não me deixo seduzir pelo seu sucesso popular, nem tomo a vasta e forte comoção por ele produzida como critério do seu valor literário. Entre as grandes causas da inferioridade do teatro está a de prestar-se ele, mais que qualquer outro gênero literário, a essas surpresas ao sentimento popular, demasiado acessível a elas, e facilmente pronto, e mesmo disposto a comover-se à audição das obras mais medíocres. São até, por via de regra, as mais literárias, as mais delicadas, as mais finas, que encontram as platéias indiferentes ou antipáticas. Um livro, mesmo de teatro, achará sempre um público, restrito ou amplo, capaz de o apreciar segundo o seu mérito real; uma platéia inteligente é coisa rara na terra. A platéia, salvo casos pouco vulgares e especiais, é o vulgo odiado de Horácio, aqueles milhares de tolos de que segundo o espirituoso francês se compõe esse público, e o teatro é feito mirando este público e para ele.

    Só este destino põe uma certa inferioridade nesse gênero literário, cuja estética, mesmo nos seus mais eminentes cultores, um Shakespeare ou um Molière, é viciada pela sua aplicação especial. Aliás para os engenhos como esses não há verdadeiramente gênero inferior; eles elevam a todos em que se ensaiam, e dos inteiramente inferiores o seu mesmo gênio os afasta.

    O drama do sr. Pérez Galdós é, entretanto, uma obra literária, simples, sóbria, distinta, e sem aquelas partes enfáticas e declamatórias com que por via de regra se obtém no teatro os sucessos como o que ele teve. Lendo-o na paz do nosso gabinete, fora da atmosfera especial em que foi representado e que conflagrou, quase se não compreende que levantasse tão grande motim. *Electra* não é, como, por exemplo, os *Lazaristas* do sr. Antonio Ennes, o que se chama "uma peça de combate", em que se clame e brade, com desmarcados palavrões, e descompassados gestos, contra os padres e seus feitos, em que uns e outros sejam propositadamente, de acordo com as necessidades da perspectiva teatral e os fins do dramaturgo, exagerados e piorados. Pode dizer-se que ainda os personagens que na peça representam o clericalismo, salvo talvez Pantoja, são simpáticos, ou pelo menos não são antipáticos. Nem são hipócritas, senão crentes honestos e convencidos, e esta me parece a maior prova da inteligência e do bom gosto do autor. Pantoja, que é uma criação original e superiormente desenhada, não é um Tartufo, mas um fanático sincero e por vezes grande.

    Os srs. Juste, d. Urbano, sujeito de pouca vontade e resolução, e d. Evarista, sua mulher, que o domina, ambos de fortes sentimentos católicos, e riquíssimos, recolhem em sua casa, depois que acabou a sua educação colegial, a uma parenta a quem em família, por motivos que o drama indica, chamavam Electra. Era filha de uma prima-irmã de d. Evarista, chamada Eleutéria, que, depois de uma vida desregrada de pecadora, acabou santamente, num claustro. Antes disso, porém, dera não poucos e grandes escândalos à família, que com ela rompeu toda a relação. Quem era o pai de Electra não se sabia ao certo. Aos dezoito anos, quando a encontramos vivendo com os Justes e se passa o drama, é ela a mais encantadora, a mais gentil, a mais alegre, a mais viva, a mais travessa rapariga que se possa ver. E boa e meiga e terna, de conquistar a todos. Um outro parente dos Justes, Máximo, viúvo de 35 anos, todo votado a sérios estudos de ciência experimental, habitava junto ao palacete em que Electra recebia paternal hospitalidade. Na sua inocência de moça ingênua e brincalhona, Electra se permitia com o primo liberdades de irmã, e, com inconsciência dos dois, um idílio se vai fazendo entre eles, do qual resultarão o amor e o casamento. Um amigo íntimo dos Justes, d. Salvador Pantoja, não um devoto, um beato, como dizemos à má parte, mas um crente fervoroso, uma dessas almas sombrias de inquisidor, de que a Espanha católica sempre abundou, entende que aquela mocidade, aquela graça, aquela beleza, não devem ser para o mundo, mas para Deus. Esta convicção insinua-a e transmite-a a d. Evarista, sobre quem exerce uma grande influência, senhora também de funda crença e toda devotada às obras religiosas e clericais. A razão que dá Pantoja da sua atitude e procedimento para com Electra é que, tendo sido também um grande pecador, e um grande pecador com a mãe de Electra, não acha para as suas faltas recíprocas melhor resgate que obter para Deus aquela flor de mocidade e de gentileza. Os modos alegres e trêfegos da moça o irritam e exasperam. Vê neles o prenúncio de que ela está fatalmente condenada a reproduzir a vida da mãe, de cuja memória, depois da regeneração dela e dele, fez uma espécie de culto. Combate com todas as veras o amor nascente que vê inconscientemente surgir entre Máximo, o mais digno dos homens, e Electra. Máximo ao demais não é religioso, não pratica, é suspeito à sua ortodoxia e hábitos de devoção. Evarista não é a aliada que ele supunha, tem desfalecimentos, sentimentalidades, fraquezas; mas ele é um forte, de inteligência poderosa e lúcida e vontade enérgica. Ele só lutará contra os sentimentos de Electra e as resoluções de Máximo, e numa cena realmente bela descobre a Electra quem foi sua mãe e insinua, mais que declara, que ela era filha do mesmo pai que Máximo. Esta cena é precedida de uma de Pantoja com d. Evarista, na qual esta se declara incapaz de impor a sua autoridade para que Electra entre para um convento. Desde o princípio, naquele zelo de Pantoja pela salvação de Electra, sentíamos que alguma outra razão que a religião o inspirava, como que um sombrio amor senil de uma alma devota e dura. Neste colóquio, ele, que apenas se revelará como um dos antigos amantes da mãe da moça, se descobre como seu pai, mas um pai arrependido do seu crime, temendo ainda do seu pecado e buscando no holocausto da filha ao seu Deus feroz e vingador a expiação da sua culpa:

"Amo Electra com amor tão intenso como não o sabem dizê-lo todas as sutilezas da palavra humana. Desde que a viram meus olhos, bradou dentro em mim a voz do sangue, dizendo-me que essa criatura me pertence... Quero e devo tê-la sob o meu domínio santamente, paternalmente... Que ela me ame como amam os anjos... Que seja a minha imagem pelo comportamento, meu espelho pelas idéias. Que se reconheça obrigada a padecer pelos que lhe deram a vida, e, purificando-se nela, ajude-nos, aos que fomos maus, a obter perdão".

D. Evarista diz-lhe que sabe quanto fez e o que faz por Eleutéria morta em santa vida no convento, de que ele por suas doações e favores foi o verdadeiro fundador, suas visitas diárias ao cenóbio e ao seu cemitério humilde, onde repousam os restos da amante convertida, suas devoções a implorar o descanso dela e dele:

"Oh! sim, responde-lhe ele, ali repousarão também meus pobres ossos". E com veemência grande: "Quero mais: que assim como o meu espírito se não afasta daquela casa, nela também resida, pelo tempo que for mister, o espírito de Electra... Não a forçarei à vida claustral; mas se, experimentando-a, tomasse gosto a tão formosa vida e nela quisesse ficar, eu acreditaria que Deus me tinha concedido os mais inefáveis favores. Ali as cinzas da pecadora redimida, ali minha filha, ali eu, pedindo a Deus que aos três nos dê a paz eterna. E quando venha a morte, os três descansando na mesma terra, todos os meus amores comigo, e os três em Deus... Oh! que tão formoso fim, que grandeza e que alegria!"

Para realizar essa aspiração da sua alma ardente de devoto, faltando-lhe o auxílio de Evarista, ele recorre àquela mentira — a mentira piedosa que, parece, os casuístas permitem e escusam. A cena, a 8ª do 4º ato, é realmente bela, e se a psicologia dessa alma de devoto não é, nem precisava ser, sutil, é todavia revelada com suma e inteligente habilidade. Pantoja fala carinhosamente a Electra; há entre eles um diálogo paternal e bondoso da parte dele, risonho e brincalhão da parte dela; ele fá-la sentar junto de si, num banco do jardim em que estão e continuam a conversar como um velho amigo e uma alegre amiguinha na flor da mocidade. A conversação vai deslizando para onde ele insensivelmente a encaminha. Falam da felicidade dela, e ele em uma linguagem velada diz-lhe o que quisera para ela: "uma vida não inquieta e vulgar, mas doce, livre, elevada, amorosa, com um amor eterno e puro".

ELECTRA *(confusa)*

E por que me deseja tudo isso?

PANTOJA

Porque te quero com um amor mais excelso que todos os amores humanos. Far-te-ei compreender melhor a grandeza deste carinho, dizendo-te que, para evitar-te um leve sofrimento, tomaria para mim os mais espantosos que se pudessem imaginar.

Electra pasma da abnegação, e ele pede-lhe considere qual não será a sua dor vendo que lhe não pode evitar uma penazinha, um dissabor. Espanto dela. — "A mim! Um pequeno pesar!" Sim, um pesar, que o aflige tanto mais por ser ela quem lho cause. Ela revolta-se; que não quer saber de pesares; não lhe traga senão alegrias. Bem o quisera ele, mas não pode ser. Ah! ela descobre o que é, quer falar-lhe mal de Máximo, mas declara-lhe que se não canse nisso; que Máximo é o melhor homem do mundo e que ela detesta a quem lhe disser uma palavra contra ele. E Pantoja: — que o deixe falar, não seja tão irritada. Ele não diz mal de ninguém; Máximo é bom, trabalhador, inteligente, que mais ela quer? — Assim, assim, grita-lhe Electra, nadando em contentamento. Pantoja diz-lhe mais que pode amá-lo, que é seu dever amá-lo. Electra, com grande satisfação: "Ah!..." — E amá-lo entranhadamente, porque ele não é culpado, não. "Culpado?", exclama ela alarmada. Ai que ele vai dizer de Máximo alguma maldade. Dele, não. De quem, então? Do pai de Máximo, que eram inimigos, Pantoja e ele. Ela, porém, tinha informações dele, era uma boa pessoa, muito honrado em negócios, um pouco avoado. Disso porém não se lhe dava. Inocente, ela não sabia o que dizia. Lázaro Juste, o pai de Máximo, a sua triste memória ligava-se à de uma pessoa que já não existia... muito cara para ela. E ele repete a sua frase: "Pessoa que não existe, muito cara para ti". Ela o adivinha: "Minha mãe? Minha mãe?" E ele benigno, contrito, compungido: "Chegaram os dias do perdão. Perdoemos". Indignada, rompe ela contra os que conspurcam a memória de sua mãe. Quisera tê-los ao seu alcance para destruí-los, sem deixar deles nem um pedacinho assim.

— Terias de começar, diz-lhe Pantoja, a tua destruição por Lázaro Juste. — "O pai de Máximo!"

— "O primeiro sedutor da desgraçada Eleutéria", e a declaração completa segue-se ainda hesitante, em reticências, comovida, piedosa, mas inteira. Máximo, o seu amado, o seu noivo, era seu irmão.

Electra, que com toda a sua saúde física e espiritual, a sua alegria e sucesso de vida, era sujeita a alucinações provocadas pelas suas vagas reminiscências saudosas da mãe, desvaira: "Estou sonhando... Tudo o que vejo é mentira, ilusão. Mentira estas árvores, esta casa... este céu... Você é uma mentira... você não existe... é um monstro de pesadelo... Acorda, mulher infeliz, acorda" — grita-se a si mesma. Nesta situação do espírito entra no convento, dilacerada ainda entre o amor de Máximo e o horror da sua posição de amá-lo como a um noivo, sendo sua irmã. Do convento, porém, a arrebata aquele, auxiliado por um amigo e uma freira, convencendo-a da mentira de Pantoja. Essa convicção só se faz porém, no seu espírito, quando uma de suas alucinações se objetiva na sombra de sua mãe que desfaz a falsidade daquele homem. E o drama acaba sem mais intervenção dos personagens principais.

Não sei qual será o mérito cênico desta peça. Julgo poder notar-lhe certa imprecisão e obscuridade em um ou outro episódio e, às vezes, como no caso da intervenção de Sor Dorotéia em favor do rapto de Electra do convento, falta do preparo indispensável no teatro. O recurso às manifestações psíquicas extranaturais, à moda dos escandinavos, não me agrada. Sou demasiado realista para cair nelas. Longe de me impressionarem, como aliás farão a uma platéia simples, desfazem em mim a comoção acumulada. O aparecimento da sombra de Eleutéria, a fazer declarações e retificações à filha, mesmo que eu a conceba como a objetivação de um fenômeno de alucinação, afronta profundamente o meu sentimento do real e, como disse, desfaz a minha emoção, em vez de aumentá-la. Se algumas cenas são fracas e alguns desenvolvimentos insuficientes, cenas há realmente belas, e o estilo é simples e mais sóbrio do que se devia esperar de uma peça espanhola. Em suma, *Electra* me parece obra de um escritor e de um artista.

    Como é — e esta é a questão interessante que essa obra suscita à minha curiosidade literária e moral — que esse puro drama literário, simples, sóbrio, honesto, provocou os motins e disputas que à roda dele se levantaram? Não entra nele um padre ou um religioso qualquer, de caráter odioso e que atraia a antipatia da platéia. A única religiosa que nele aparece, rapidamente, é-nos simpática. Nenhuma palavra, nenhum ato nele pode ofender a consciência religiosa. Nele se não repete nenhuma das objurgatórias comuns contra a religião, os padres e os seus feitos. A revolta de Máximo se contém nos termos mais convenientes, sem explodir jamais em declamações ou blasfêmias. A própria tese do drama, se ele tem uma tese, é menos contra a enclausuração em geral que a exposição, perfeitamente no domínio da arte, de um caso particular interessante e original. Um mundano que se converte e se faz um devoto ardente, mas em cuja devoção sincera e profunda se alia misticamente o furor da sua velha paixão pela mulher que se deparou também como ele votando-se de todo a Deus, pensa e quer que a filha desse amor pecaminoso se lhe vote também, para a completa expiação da falta dos dois e glória dos três. Quer nesse tema, quer no seu desenvolvimento, nada há que possa particularmente despertar a ira contra os conventos, as congregações, as tramas clericais contra a civilização moderna e leiga. Não se nomeia nele uma vez sequer o jesuíta.

    Se esta obra, porém, pôde amotinar a Espanha — nos outros países a reação anticlerical que provocou já é um fato de imitação, de sugestão — não foi sem que para isso houvesse motivo.

    O seu efeito ali só se pode, a meu ver, explicar pela situação especial criada pelo catolicismo e ao catolicismo nos países ibéricos. O catolicismo é o velho e duro, e ao cabo odiado, tirano das populações espanholas. Mudaram ali os regimes, liberais, conservadores, reacionários, militares, teocráticos, monárquicos, republicanos, absolutistas, constitucionais, mas permaneceu intangível o clericalismo soez ou cruel, hipócrita ou desfaçado, galã e cortesão, ou lôbrego e sórdido, sabedor ou ignaro, dominando a escola, a choupana, o palácio, o campo e a cidade, sotopondo a sua autoridade, o seu prestígio, não só à da autoridade civil, mas à da mesma Igreja, servindo-a segundo um programa e um ideal seus, profundamente católico, mas estreitamente nacional, da nação dos Felipes e da Inquisição.

O que este domínio, esta influência, esta constante, perene e inevitável ação do clericalismo, com o seu clero bruto e reacionário, com as suas ordens, congregações e mil associaçõos religiosas, num trabalho surdo e tenaz contra o pensamento livre, contra o espírito leigo, contra o regime moderno, acabou por acumular de amargura, de sofrimento, de despeito, de ódio no fundo da alma espanhola, é incalculável. Lá dorme, como no fundo da alma do mais degradado escravo dormem o amor e a esperança da liberdade, e ao primeiro contato de uma voz, de um eco que o desperte, irrompe violento, e às vezes desproporcionado, como no caso da *Electra*, com a causa que lhe provocou a explosão. A história da humanidade demonstra que freqüentemente, sob a aparente tranqüilidade e submissão e resignação das almas ilusoriamente mais conformadas com o seu estado, repousam germes de profundo descontentamento e revolta. Este fato é particularmente próprio aos regimes tirânicos. Na Espanha o catolicismo é uma velha tirania.

A LITERATURA CONTRA A GUERRA

Le calvaire, par Octave Mirbeau, Paris,
1901. — *Les tronçons du glaive*, par Paul et
Victor Margueritte, Paris, 1901.

Ainda quando a atividade do homem era sobretudo militar, quando a literatura, na prática do seu ofício próprio de expressão da sociedade, dizia principalmente de guerras e combates, de feitos e façanhas guerreiras, os poetas que os cantaram, os historiadores que os descreveram, os mais deles também guerreiros, não deixaram jamais de num grito d'alma, revelador da humanidacle latente neles, numa palavra, numa expressão concisa e forte, num epíteto enérgico e significativo, declarar o seu horror da guerra detestável. Homero faz mais de uma vez sentir esse horror com palavras de execração e, mais eloqüentemente, com misturar a sua larga e profunda sensibilidade humana às mais horríveis cenas de morte e destruição.

Assim quando Ifidamas cai às mãos possantes de Agamenon, o poeta lembra comovido e comovendo-nos "que, para acudir aos troianos, ele deixara sua mulher, sua jovem e amada mulher, cuja beleza não tornaria mais a ver". Por honra do homem, desde que a humanidade se começou a desvencilhar nele da animalidade com que primitivamente se confundiu, a guerra, até quando a praticava habitualmente, por uma imperiosa exigência dos seus instintos ou das suas condições sociais, lhe pareceu sempre coisa execrável. Contra ela se revoltariam primeiro o seu instinto de conservação, necessário à existência da espécie, depois o vago sentimento de uma irmandade comum dos homens, que se destroçavam na pugna bélica, e finalmente o despertar das emoções da bondade e piedade humanas com o desenvolvimento das afeições recíprocas ao princípio dos sexos, ao depois dos afetos de sangue, de família, da tribo, da cidade, da nação. Os mais antigos documentos literários, as mais velhas lendas, os mitos mais vetustos recolhidos pelos poetas primitivos, pela maior parte anônimos e coletivos, conservaram-nos a expressão viva desses sentimentos, e com ela o desgosto íntimo, profundo, pelo bárbaro conflito humano que os afrontava a todos. Em todas as épocas ecoa na literatura, indefinido ou preciso, essencial ou secundário, intencional ou involuntário, o horror, profundamente humano, da guerra — da horrenda guerra, como lhe chamou Virgílio.

E nenhum horror humano é mais legítimo. Se o que faz a grandeza e a nobreza da humanidade é o ter por seu próprio esforço, à custa de um lentíssimo e ingente trabalho, emergido da animalidade primordial do homem das cavernas, quase igual à besta a que disputava o abrigo para o seu corpo e a presa para o seu estômago, ou ainda mais longe e mais baixo, de um antropóide ignorado, de um habitador das copas das árvores, das anfractuosidades dos rochedos ou das tocas do chão, até a sua alta cultura atual, até ser o construtor do seu próprio mundo, o modificador do seu planeta, o autor de si mesmo, não se pode conceber que a destruição de si próprio e de sua obra não lhe seja, no fundo de sua alma e consciência, profundamente execranda. A guerra é, ao cabo, a negação dessa obra de humanidade e de solidariedade humana. A noção dessa solidariedade, entrevista, definida e sistematizada pela filosofia grega, e positivada pela filosofia moderna, no mesmo grau de certeza que uma lei física; mais do que isso, o sentimento dela, sempre crescente no coração humano, apesar das guerras, dos conflitos morais, intestinos ou exteriores, e dos particularismos nacionais, encontra na guerra a objeção mais forte, mais brutal e difícil de vencer, à sua completa vitória. Para a execrarmos de todo o nosso ser não precisamos de razões sentimentais, porventura as mais nobres, porque do coração procedem os altos pensamentos. Bastanos a nossa inteligência, a nossa razão prática. A guerra é a negação, o desmentido do nosso progresso, de que tão justamente nos orgulhamos, e ela é também a principal mantenedora, na humanidade, dos instintos de animalidade, cuja eliminação constitui o principal trabalho, o grande esforço da evolução humana. Os pretendidos serviços da guerra à civilização, a expansão dos povos e do comércio, a difusão da cultura, o conhecimento da terra, só são demonstráveis, como a fatalidade, por absurdo. Que a guerra é uma fatalidade é, no seu vazio, ainda o melhor, o único argumento, não por ela, que nenhum sofre, mas de escusa dela. Vencer a fatalidade — e esta é uma das mais alevantadas e generosas concepções do helenismo — é a mais alta e bela tarefa humana. E que é ao cabo o progresso senão a vitória do homem sobre as fatalidades inerentes à sua miséria animal, a natureza aniquiladora e hostil, os deuses malvados e caprichosos, o mesmo homem, que os criou à sua imagem, como eles mau, adverso, inimigo? Salvo os pessimistas profissionais, ninguém mais crê, no mundo do pensamento e no mundo da ação, que seja impossível a vitória humana sobre essa fatalidade, que é a guerra. Os mais precavidos em não errar em prognósticos a que aqueles chamam utopias — como se tudo o que realizou a humanidade não começasse por ser utopia — fazem largo crédito ao tempo. Um fato para muitos séculos. Mas que importa o tempo? A superstição católica deixou no fundo das nossas almas o velho terror do milênio. Pensamos no fim do mundo, e, no nosso antigo e radicado erro antropocêntrico, referindo tudo a nós, imaginamos a vida do nosso planeta e da humanidade apenas mais larga que a nossa vida. Historicamente, a existência da sociedade humana não vai além de sete ou nove mil anos, segundo os cômputos mais generosos. Com aquele preconceito, não nos acode que ela possa ser ainda do dobro, do triplo, do décuplo, quem sabe? Há até uns singulares sábios que se metem a fazer cálculos do fim do mundo, pela extinção do combustível, por outras causas não menos miríficas, e acham na basbaquice universal quem lhes acredite.

Toda a evolução histórica da humanidade se faz pela maior confraternidade e solidariedade humana. A guerra que foi geral, comum, quotidiana, uma empresa e uma profissão, se restringe no espaço e diminui no tempo. Mesmo neste momento de paz armada, de exércitos pemanentes, de nações debaixo de armas, de conflitos internacionais perigosos, não há probabilidade de romper na Europa uma guerra, que por muito menores motivos haveria já rebentado há cinqüenta anos. Um Napoleão, e uma nação que o siga, é absolutamente impossível no nosso tempo. Se os povos, na hipertrofia de um patriotismo condenável e corrompidos por uma falsa educação nacional, ainda se mostram resolvidos à guerra, nenhum, a não ser os apenas semicivilizados ou bárbaros, a suporta mais por muito tempo. Essas guerras que, embora com interrupções, duravam cem, trinta, sete anos, uma luta como a da França contra a Europa de 1792 a 1815, não são mais de sazão. Nenhuma nação civilizada as sofreria, apesar do seu patriotismo, mais ruidoso que verdadeiramente intenso. O exemplo da França em 71, fortemente posto em relevo pelos irmãos Marguerittes no seu novo romance, é propríssimo à demonstração desta verdade. Gambetta pretendendo em 1871 a leva em massa, como em 1792, atrasava de um século, e a França, com gáudio geral da sua população, capitulou, tendo ainda para continuar a luta 222 mil infantes, 20 mil soldados de cavalaria, 34 mil de artilharia, 1.200 canhões montados, munições e viaturas militares em enorme quantidade, afora, nas divisões territoriais, 350 mil homens, 130 mil recrutas da classe de 1870, 443 canhões montados e mais 498 baterias fornecidas pelos departamentos. São algarismos oficiais. Que povo verdadeiramente civilizado, que povo europeu, a não ser talvez o russo e o turco, ofereceria hoje a resistência dos paraguaios, dos cubanos, dos filipinos ou dos bôeres? Que prova mais eloqüente de que a guerra não é senão uma sobrevivência da barbaria que esta incapacidade do civilizado para fazê-la a todo o transe?

Penetra e aprofunda-se nas almas e consciências o instintivo horror da guerra transformado em convicção arrazoada contra ela. Neste resultado tem a literatura, não obstante a haver também, e muito, cantado e exaltado, a sua parte. Glorificando-a embora, nunca lhe esqueceu dizer o sentimento de repulsão que sempre inspirou às almas bem formadas. Jamais a bendisse a ela própria. O assunto, para o seu pleno desenvolvimento, daria um livro, livro não sem interesse, porque nele se autuaria o longo protesto da consciência humana contra o mais deplorável dos espetáculos que o homem dá de si a si mesmo.

É preciso viver de idéias feitas, de preconceitos recebidos e aceitos sem critério nem exame, é preciso não haver feito ou visto a guerra, com espírito de observação e capacidade de psicologia, é preciso não ter lido o que ela de fato é na minuciosidade da história, das memórias, das relações dos seus mesmos profissionais, ou dos que a viram de perto ou de passagem a fizeram, é preciso não ter a capacidade de lhe sentir subjetivamente os horrores, para crer que ela tenha, por si mesma, algum bom efeito moral sobre a personalidade humana. Realmente, a única virtude que ela desenvolve é a coragem, mas principalmente essa espécie de coragem, sobretudo física, que é uma qualidade animal, primitiva e grosseira. De si própria, não é sequer uma virtude; os animais a possuem no mesmo ou em maior grau que o homem, e ela é a qualidade elementar do bandido, do salteador em revolta contra a sociedade. Tem-se visto os piores celerados morrerem com a impávida coragem de mártires ou de soldados. Os que fizeram a guerra e no-la contaram nos ensinaram, entretanto, que nem essa virtude elementar produz a guerra em tanta abundância que lhe devamos reconhecimento por isso. É ainda imenso o que há de covardia nas guerras, mesmo entre os combatentes. Nem todos são Turennes, e o medo, individual e coletivo, até o pânico são fatos vulgaríssimos nos campos de batalha, e nos mais bravos exércitos. A obra que os irmãos Marguerittes consagraram à guerra de sua pátria contra a Alemanha me pareceu eminentemente sincera. Eles declaram no seu prólogo — e a sua declaração a justificam no seu livro — que não quiseram calar nenhuma fraqueza, para melhor cantar todas as glórias. Que de misérias, de infâmias, de covardias, porém, se misturam às grandezas e aos heroísmos dessa epopéia sangrenta! Que de especulações torpes, de ambições vis, de baixas intrigas, de ciúmes, de competências, de cobiças sórdidas se envolvem no fumo das batalhas, nas dobras das bandeiras alçadas com orgulho e defendidas com galhardia, nos gemidos de dor ou de agonia de milhares de feridos e mortos, nas palavras sonoras dos generais, na voz estridente das fanfarras, no verbo eloqüente dos políticos, na prosa vibrante dos publicistas! Ao cabo, quando se sai da leitura desse livro angustioso, que é a história verídica de uma fase da guerra franco-alemã, feita com a exatidão de eruditos e a emoção de poetas, aperta-nos o coração uma comoção de dor, de uma dor envergonhada, pela humanidade que ainda faz e sofre esses males. Essa comoção a quiseram provocar os autores, que a sentiram sem dúvida, e profundamente, também. Declaram-se "felizes se com este quadro doloroso, mas sincero, souberam inspirar o horror da guerra e daqueles que, ultrajando a humanidade, ousarão ainda impô-la aos homens. Horror tanto mais trágico quando a guerra, defesa nacional, faz-se o dever indefectível, sagrado; quando um povo luta pela integridade do seu território, pelo culto e a existência de sua raça".

O forte escritor que é o sr. Octave Mirbeau nunca escreveu talvez páginas mais fortes, de mais sentida e palpitante humanidade, que as referentes a essa mesma guerra, do seu livro *Le calvaire*.

Ele nos diz, na sua língua mais enérgica, mais nervosa, mais impressiva que a dos irmãos Marguerittes, as misérias materiais e morais dessa guerra duplamente odiosa, porque foi preparada de longa mão por um feroz egoísmo nacional e porque foi aceita levianamente por um patriotismo sandeu. Os regimentos, como aquele em que se alistou o herói de sr. Mirbeau, descreve-nos ele próprio, eram: "montões de soldados errantes, de destacamentos sem chefe, de voluntários vagabundos, mal-equipados, mal-alimentados — e, freqüentemente, nem alimentados —, sem coesão, sem disciplina, cada qual só pensando em si, e movidos de um único sentimento de implacável, de feroz egoísmo; este coberto de um boné de polícia, aquele com um lenço enrolado na cabeça, outros com calças de artilharia e blusas de infantaria, lá íamos pelos caminhos, esfarrapados, moídos, ferozes". Não são outras as descrições de Zola na *Débacle* e dos Margueritтes no *Tronçons du glaive*. Somente, Mirbeau é talvez mais áspero, mais corajoso, mais vivo de desenho e de cores no quadro que faz dessa guerra maldita. Incompleto apenas, episódico, como é o seu, há nele o traço firme, quase o entalhe mordente do baixo-relevo, de uma água-forte, à moda de Rembrandt. Ele tem do mestre holandês a força e o realismo. A pretendida grandeza do sofrimento militar, da abdicação da vontade por amor de um alto ideal, aparece-nos em todos esses livros — em alguns dos quais, como no dos irmãos Margueritтes, vibra um patriotismo ardente, um profundo e herdado sentimento de glória militar — bem amesquinhado porquanto se lhe mistura de miséria e vileza. Esse pretenso ideal de fato não existe para o soldado, ele é o rebanho obediente passivamente, pela dura necessidade da situação em que o puseram, pela extinção da sua personalidade na massa em que o misturaram, pelo temor do castigo, bárbaro, cruel, pronto. É um dos mais comoventes episódios do livro dos Margueritтes, a punição de um pobre operário da cidade, soldado voluntário, que por se aquecer ou cozinhar a sua miserável pitança furtou a uns camponeses uma acha de lenha. Quando ele a disputava aos dois avaros campônios, surge o capitão. Fora de si pela resistência e por um pouco de aguardente, o pobre soldado improvisado, que apenas de nome conhecia a disciplina militar, resiste à sua intimação de entregar o pedaço de pau. É preso, julgado e fuzilado, incontinenti. O jovem tenente voluntário Eugenio Real assistiu a tudo isso. Sua consciência soçobrava diante de tais fatos. "Ele sentia um desgosto indizível pela guerra, por essa mó sanguinolenta que tritura todo o sentimento individual, sufoca toda a piedade, toda a fraternidade; pela guerra que incendeia, que viola, que saqueia, que trucida; pela guerra que muda o homem em animal feroz". Mas quem pode conter essa besta-fera que, ao cabo de pouco tempo, é o soldado em guerra? Não há disciplina, castigo, medo que inteiramente retenha os instintos primitivos, da animalidade avoenga que a guerra ressuscitou nele. A pilhagem, os vícios todos, e todas as maldades acabam por dominar e submeter ainda os melhores, e os próprios oficiais, quando as não cometem também, e as praticam igualmente, as consentem ou fingem não as ver. Os franceses poderiam ter em sua escusa que eram soldados novos, um amontoado de gente de toda a espécie, sem disciplina militar e incapaz dela, e demais desmoralizados pela derrota. E os alemães, o mais perfeito exército do mundo, soldados regulares da nação que se preza da mais alta cultura e também do mais sério sentimento religioso? Eles também depredaram, eles também furtaram, eles também assassinaram, violaram, incendiaram. Nada mais feroz que a sua lei terrível fazendo fuzilar imediatamente todo indivíduo que, não pertencendo ao exército regular, entretanto os combatesse. E os europeus na China, e os franceses em Madagascar, e os espanhóis em Cuba, e os ingleses no Transvaal, e os brasileiros em Canudos, que pena há aí que se não arrepie de contar-lhes as malvadezas inenarráveis?[1] Não nos revoltemos: é a guerra. Feita por bárbaros ou feita por civilizados, no íntimo a guerra é sempre a mesma, porque o seu primeiro efeito é barbarizar o civilizado. Os ingênuos que se rebelam contra as crueldades isoladas da guerra, contra a sua atrocidade obrigada, são tão simples como os que se insurgissem contra a dor na doença e na morte, ou contra a ardência no fogo. Arder, queimar são propriedades no fogo. A barbaridade, no seu mais largo sentido, e com ela tudo o que abaixa e degrada o homem, e o resvala à bestidade primitiva, são propriedades da guerra. Mais uma vez, esses escritores franceses o mostraram em livros de não vulgar merecimento literário e humano. De filosofia social oposta, o autor do *Calvaire* e os autores de *Tronçons du glaive* concordam no essencial: o horror da guerra.

É este santo horror que cumpre ensinar à humanidade, em vez de educar perversamente a mocidade na admiração nefasta da guerra e dos seus heróis. Verdadeiramente, os que lhe dão essa educação semeiam ventos para colherem tempestades. Eu não creio que o futuro pertença aos heróis idolatrados por Carlyle ou por Emerson, nem ao super-homem da tresloucada concepção de Nietzsche, mas aos entes verdadeiramente bons e humanos.

Os deuses, a cuja sombra se criaram e prosperaram os heróis, morreram: pode-se anunciar desde já a morte também dos heróis — gente sobre todas maligna e abominável.

---

[1] Sobre Canudos leiam *Os sertões*, por Euclides da Cunha.

OS ÚLTIMOS ANOS DE CHATEAUBRIAND

Mémoires d'outre-tombe. Nouvelle
édition avec une introduction, des notes
et des appendices par Edmond Biré,
tom. VI, Paris, Garnier Frères.

Com este volume concluiu a casa Garnier a publicação desta nova edição da obra, talvez a mais famosa, e, sob certos aspectos, porventura a mais interessante de Chateaubriand. Confiada esta reedição à competente superintendência do minucioso e seguro erudito sr. Edmond Biré, grande sabedor das miudezas, e até das ninharias da história política e literária da França no século findo, ganharam as *Memórias,* pelo que ele lhes ajuntou de notas, comentos e esclarecimentos, como que uma novidade, uma renovação de interesses. Do mesmo passo, as contribuições do sr. Biré facilitaram a mais completa compreensão do texto de Chateaubriand, suas referências e alusões.

O seu novo editor tem por ele a devoção que, reconheço, custa não ter pelo prestigioso escritor. Vai tão longe a respeito dele a sua condescendência, que nos deixa lugar a suspeitar-lhe a imparcialidade. Tudo lhe perdoa e acha sempre razões que o justifiquem. Católico e monarquista como Chateaubriand — eu quase podia dizer, como o seu herói —, não enxerga no último grande campeão do catolicismo e do legitimismo senão excelências, e aceita confiadamente como evangelho as memórias que de si e do seu tempo escreveu o cantor dos *Mártires.* É de ver como o feroz e intratável demolidor das lendas da Revolução e da reputação de Victor Hugo — que aliás ficou de pé e inteira — é todo condescendência e benignidade para Chateaubriand e para os erros, contradições, incoerências da sua obra e da sua vida. Não tira isso, porém, que a sua colaboração nessa edição das *Memórias* não seja preciosa e útil a quem nelas não procura só a magia do pensamento e da língua do extraordinário escritor, mas um documento histórico da mais alta valia.

Dizer hoje de Chateaubriand, ao menos dizer alguma coisa nova e original, é muitíssimo difícil, e não me passa pela mente sequer a intenção disso. Sainte-Beuve quase esgotou o assunto, e os críticos que se lhe seguiram, não só em França, mas em toda a Europa, adversos ou simpáticos ao autor do *Gênio do Cristianismo*, tornaram a tarefa de achar qualquer novidade a dizer dele excessivamente árdua. Entre os mesmos sectários da religião para cujo renascimento, no fim do passado século, ele concorreu mais do que ninguém, não há unidade de parecer a seu respeito. Se nunca ninguém lhe contestou, ou duvidou sequer, do talento, a sua sinceridade, especialmente a sua sinceridade religiosa, foi muitas vezes suspeitada e até negada. Bem recentemente, um candidato ao título de doutor da Sorbonne apresentava como tese para obtê-lo um livro de bom tomo sobre a sinceridade religiosa de Chateaubriand. Assenta em fundamentos bem frágeis a sinceridade que se precisa provar em ponderosos volumes. Eu por mim, conhecendo aliás o que a favor da de Chateaubriand se tem argumentado, pendo sempre para a opinião de Sainte-Beuve: ele foi católico antes de imaginação que de sentimento. Faltava à sua fé aquilo que é o próprio fundamento da sinceridade de uma fé viva, e o seu resguardo contra os impulsos íntimos e as reações externas, a ingenuidade. Às demonstrações da sua fé, de tão peregrina beleza e eloqüência, falta a unção, que é o perfume sutil da crença inteiriça e de coração. O seu espírito liberal casa-se mal com uma igreja, senão com uma religião, que é a maior inimiga do liberalismo. Demais, a sua imensa vaidade, o seu incomensurável orgulho se não conformariam nunca plenamente com os preceitos de obediência, submissão, humildade que os príncipes dessa religião e dessa igreja exigem dos seus crentes e fiéis. Um deles e dos maiores do século, católico emperrado e insolente como todo sujeito seguro da sua fé, Louis Veuillot, escreveu de Chateaubriand essas palavras cruéis, ferozes como quanto saía da sua pena envenenada de raiva de devoto, mas talvez não de todo desarrazoadas: "Chateaubriand ocupou e mereceu um grande lugar, mas, na verdade, não é o meu homem. Não é nem o cristão, nem o fidalgo, nem o escritor, qual eu os amo; é quase o literato, qual os odeio. O homem de postura, o homem de frase, ocupado sempre com a sua postura e com a sua frase, que põe a sua frase na sua postura, que põe a sua postura na sua frase, que toma postura para fazer frases, que faz frases para tomar postura, que se não vê jamais senão em postura, que não fala jamais sem frases. Todo o seu coração e todo o seu espírito estão-lhe no tinteiro com todas as suas frases, e desse tinteiro fez um pedestal para todas as suas posturas. É dos que não sabem desdenhar nenhum pensamento capaz de tomar uma bela cor e de produzir um belo som". E mais adiante, neste mesmo trecho, julgando-lhe as obras: "o *Gênio do Cristianismo* carece de fé; os escritos políticos, de sinceridade".

Da piedade cristã, senão da fé católica, de Veuillot também se duvidou, e é lícito duvidar. Mas de qual dos grandes homens do catolicismo do nosso tempo não se lhe duvidou da pureza, da integridade, ou da sinceridade da sua ortodoxia? Fora dos clérigos, cujas obras ficaram numa honrada mediocridade, aprovadas pelas autoridades eclesiásticas, quase nenhum dos grandes autores católicos do século, um Chateaubriand, um Montalembert, um Lamennais, um Lacordaire, escapou à suspeita de heterodoxia, senão de heresia. Dir-se-ia que há incompatibilidade entre a alta e alumiada inteligência e as doutrinas do catolicismo. Há pelo menos evidente entre a razão e a fé.

Neste último volume das suas *Memórias* nos reconta Chateaubriand os seus últimos anos do meado de 1833 a novembro de 1841. Entrava nos seus setenta e quatro anos, quando escrevia estas linhas finais: "Nada mais me resta que assentar-me à beira da minha cova; depois, descerei corajosamente, com o crucifixo na mão, à eternidade". Daí a sete anos, a 4 de julho de 1848, em meio de uma revolução que lhe seria talvez ao mesmo tempo bem-vinda e odiosa — porque, se depunha os Orléans, restaurava a República —, morreu ele, com as mostras mais evidentes de contrição e de piedade religiosas. Tinha oitenta e um anos. Lá se ia enterrar no seu túmulo solitário do Grand-Bé, por ele mesmo escolhido e delineado anos antes, para naquela solidão, em meio do oceano, dominando o mar, mais impressionar depois de morto as imaginações humanas, que ele por mais de meio século ocupara. A alma devota do bom católico que foi Louis Veuillot não teve por ele depois de morto o perdão que, parece, a sua religião doutrina aos seus fiéis. De Chateaubriand e do seu túmulo escreve ainda ele: "Vi em Saint-Malo o famoso túmulo de Chateaubriand, sobre um rochedo que se avista de todos os pontos do porto. A ênfase desse túmulo pinta o homem, os seus escritos e o seu destino comum. Chateaubriand explorou sua morte como o seu talento; no seu túmulo tomou uma derradeira postura, desse túmulo fez uma derradeira frase; uma frase que se pudesse ouvir em meio do ruído do mar, uma postura que ainda se pudesse ver de longe, na bruma e na posteridade".

Não há como os devotos para saber odiar; mas Veuillot, levemos-lhe em conta, o sabe, como raros deles, e em uma língua magnífica. Ele pode não gostar inteiramente da de Chateaubriand, como não gostava do homem, mas, em que lhe pese, se a sua língua é uma das mais belas da moderna prosa francesa, é que nela passou um hálito da do poderoso escritor. É com essa frase, soberba e desdenhosa, que Chateaubriand não recusaria, que Veuillot se despede do autor do *Gênio do Cristianismo*: "Chateaubriand morreu inteiramente. Sua glória, posta em usufruto, veio extinguir-se neste mar, cujo murmúrio ele quis subornar para transformá-lo em um eterno aplauso".

Tant de fiel entre-t-il dans l'âme des dévots?

Receio, porém, que esse derramamento de bílis do grande jornalista católico o tenha enganado e que Chateaubriand não só não haja de todo morrido, como ele anunciava, mas viva ainda, fortemente, e talvez de uma vida imortal.

Sem exagerar, para a França, e para o mundo que vive espiritualmente da França — e é quase todo o mundo —, Chateaubriand, no domínio da literatura e do sentimento, foi o homem do século, como o foi Napoleão, o seu grande inimigo, sob o aspecto político. Ambos imprimiram a sua marca poderosa ao século, e, em esferas diversas, tudo o que nele se fez, em França e nos países de influência francesa, vem deles. De Chateaubriand vieram o renascimento do sentimento cristão do princípio do século e o romantismo que devia produzir talvez o mais vasto e completo poeta dos nossos tempos, Victor Hugo, e revolucionar, com o sentimento religioso e estético, a arte e a literatura, a vida social e a própria política. Numa obra considerável pela quantidade e volume, brilhante de forma, vibrante, eloqüente, apaixonada, ele, durante meio século, agita a sua pátria e toda a Europa, espalha idéias em profusão, suscita discussões, propaga doutrinas, combate, prega, proclama, edifica, encanta, exaspera, delicia e comove duas gerações. Com a sua quase ingênua vaidade de poeta ou de mulher — e Chateaubriand foi um dos maiores, dos grandes "femininos" —, recorda ele a cada passo das suas *Memórias* os recontros com o seu renome pelos mais escusos cantos da Europa por onde andou. Esta última parte delas está cheia dessas lembranças. Recorda-as com um tom de desdém superior, conta-as fingindo um desprendimento que não sente. Mas a mesma insistência em referi-las está dizendo o secreto prazer que as mais humildes homenagens lhe causam, e como, na sua desgraça de então, o reconhecimento da sua glória — glória sobretudo literária — e a recordação das suas passadas grandezas são um consolo gratíssimo à sua alma ambiciosa de renome, de representação e de fama. "Devo dizer uma coisa", escreve ele, "com toda a reserva da modéstia: o vão ruído de minha vida aumenta à medida que cresce o silêncio real dessa vida. Não posso hoje entrar numa hospedaria, em França ou no estrangeiro, sem que não me veja imediatamente sitiado. Para a velha Itália sou o defensor da religião, para a nova, o defensor da liberdade, para as autoridades, tenho a honra de ser *Sua Ecellenza GIA ambasciatore di Francia* em Verona e Roma. Damas, todas de rara formosura, emprestaram a língua de Angélica e de Aquilão, o Negro à floridense Atala e ao mouro Aben-Hamet. Vejo assim chegarem estudantes, velhos padres de amplos chapéus, mulheres cujas traduções e graças me penhoram, e depois os *mendicanti* muito bem-educados para acreditarem que um ex-embaixador seja tão miserável como suas senhorias". No miserável albergue de uma pobre aldeia austríaca achou ele as aventuras de Atala em ruins gravuras enquadradas ornando as paredes do seu quarto. "A vaidade", declara ele com fingida humildade, "a tudo dá preço; eu ufanava-me diante das minhas obras no fundo da Caríntia, como o cardeal Mazarino diante dos quadros da sua galeria. Tinha vontade de dizer ao meu hospedeiro: — Fui eu que fiz isto". Em Bamberg, vem cumprimentá-lo ao hotel o bibliotecário da cidade, que lhe falou de sua fama, "a primeira do mundo", segundo ele, "o que rejubilava a medula dos meus ossos".

    Recordando com satisfeita complacência esses testemunhos da sua glória, Chateaubriand não mente nem exagera. Nenhuma, senão talvez a de Napoleão, foi maior no seu tempo, porque também ninguém, a não ser esse homem nefasto, teve nele uma ação tamanha. Este reacionário, como hoje diríamos, este monarquista do direito divino, este católico, foi um, e dos mais ilustres, fautores do regime moderno. Intransigente liberal, ele combateu com o mesmo ardor a tirania revolucionária, o despotismo napoleônico, o absolutismo monárquico. A liberdade de imprensa não teve em tempo algum mais convencido, mais esforçado, mais eloqüente defensor. Por isso pôde ser amigo querido do republicano revolucionário Armand Carrel e merecer a antipatia do católico e reacionário Veuillot. Nunca ninguém anunciou com mais energia e em mais belos períodos o advento da democracia do que esse inimigo figadal da democracia. E se ele no julgar os homens e as coisas se enganou bastantes vezes, alguns dos seus juízos são ainda agora os dos historiadores mais bem-informados e conceituados. Deles haverá mesmo definitivos, como talvez o sejam os desse volume sobre Thiers, Talleyrand, La Fayette e outros. Primeiro que ninguém, ele viu as falhas morais e a nulidade do gênio político e a inanidade da obra militar de Napoleão. Terminando as suas *Memórias* com uma revista do estado social e político da França e da Europa, acaba com uma série de considerações filosóficas — sociológicas, diríamos hoje — ao gosto e uso do tempo. Para quem se acha num ponto de vista inteiramente oposto, não parecerão elas nem profundas, nem verdadeiras; mas o vidente que havia neste grande poeta viu mais de uma vez bem no futuro. Este conservador pressentiu a revolução social que tudo anuncia infalível, e que os nossos chamados estadistas contemporâneos continuam a não enxergar. "À medida que a instrução desce às classes inferiores", escreveu ele nessas páginas últimas, "estas descobrem a chaga secreta que corrói a ordem social irreligiosa. A demasiada desproporção das condições e das fortunas pôde ser suportada enquanto permanecia oculta; logo, porém, que tal desproporção foi geralmente percebida, o golpe de morte foi dado. Recomponde, se podeis, as ficções aristocráticas; experimentai persuadir ao pobre, quando ele souber bem ler e não crer mais, quando ele tiver a mesma instrução que vós, experimentai persuadi-lo de que se deve sujeitar a todas as privações, quando seu vizinho possui mil vezes o supérfluo: como último recurso precisareis de matá-lo". Menos a restrição de "irreligiosa", palavras verdadeiras, proféticas e profundas. Já as estamos vendo realizarem-se, e os governantes já estão matando os governados.

Decaído do seu papel político com a queda da monarquia bourbônica em 1830, e de algum modo enfraquecido o seu prestígio espiritual, pela derrota do seu ideal político, triunfo de outras idéias e advento de novas gentes, Chateaubriand, o "cortesão da desgraça", como gostava de chamar-se com legítimo orgulho, empregou os últimos anos de sua vida ainda ao serviço da monarquia, ao seu ver legítima, desapossada pelo neto de Felipe Igualdade, o regicida.

Este volume é cheio de suas embaixadas oficiosas para reconciliar a viúva do duque de Berry, secreta e morganaticamente casada com o conde Lucchesi-Palli, com seu sogro, o rei destronado Carlos X, que com a sua corte de exílio vivia em Praga, ao tempo que sua nora, a mãe desse Henrique V que jamais devia reinar, era prisioneira em Blaye do seu primo, o rei Luís Felipe. Havia em

Chateaubriand o cavaleiro andante, defensor da mulher, vingador de ofensas, endireitador de tortos, como se dizia na nossa velha língua. Ele põe com gentileza e denodo ao serviço da viúva e do órfão do duque de Berry, e da causa da monarquia legítima, os últimos anos que lhe restam a viver. Viaja de Paris para a Áustria, da Áustria para Paris, daqui de novo para a Itália e para a Áustria, em comissão da sua desventurada cliente. As suas viagens valem-nos páginas deliciosas, sobretudo essas sobre a corte de Carlos X no exílio. Se as misérias e desgraças dos exílios reais tocam o sentimento de Chateaubriand, as pequenezas, os ridículos, as mesquinharias morais que os acompanham não escapam à sua inteligência, e ele sabe julgar os reis e os grandes com perspicácia e isenção, quer eles estejam no trono, quer exilados.

Enganou-se, parece-me, Veuillot; não morreu de todo no seu túmulo do Grand-Bé, solitário e espetaculoso na sua rebuscada simplicidade, o grande escritor. Sem ser verdadeiramente um pensador, Chateaubriand soube revestir o seu pensamento de tal prestígio de forma que ele continua a comover-nos e a perturbar-nos. Poeta extraordinário, ele viu no passado e no futuro aspectos cuja realidade ainda hoje nos impressiona, e os descreveu numa língua a cujos encantos não sabemos de todo resistir. E, ao cabo, não obstante os seus defeitos — e quem já houve sem eles? —, em Chateaubriand o homem é grande, apenas menor talvez que o escritor.

TOLSTOI E A SUA DOUTRINA

Les rayons de l'aube, par le Comte Léon Tolstoi, Paris, 1901. Cp. *Mes mémoires, Le salut est en vous, L'esprit chrétien et le patriotisme, Les Évangiles, Qu'est-ce que l'art?, Résurrection, Imitations* do mesmo autor.

    Os recentes, e ainda mal extintos, movimentos revolucionários russos puseram novamente em evidência a singular figura do conde Leon Tolstoi. A igreja oficial russa o excomungou, o governo o ameaçou. Nesse mesmo momento apareceu em Paris a tradução de algumas obras suas menores, pequenos artigos, panfletos, cartas, que juntas dão da sua doutrina um resumo fiel e preciso.
    Para ser perfeitamente compreendido, Tolstoi precisava acaso de ser posto no seu meio e no seu momento. Ele é com efeito a mais alta expressão de certo aspecto de um e de outro. Passados os tempos heróicos do catolicismo, em que os casos, como o de Tolstoi, de desprendimento e devoção a um ideal não foram raros, mal chegamos a compreender, no nosso mundo prático, realista e interesseiro, este homem assombroso. Estudado no seu meio e tempo, já ele não nos pareceria tão excepcional, embora continuasse a ser admirável. Fidalgo de uma velha linhagem de guerreiros, de generais, de estadistas, de diplomatas, conde da mais alta nobreza, pajem do imperador, grande proprietário territorial, escritor glorioso, brilhante militar, Tolstoi despoja-se voluntariamente de todas essas honrarias, prerrogativas, privilégios, para, adotando os trajes,

os costumes, a vida dos campônios russos, viver segundo a sua nova concepção da vida.

Da Rússia no começo do século passado escrevia já quase ao acabar dele um notável historiador francês e simpático àquele país: "O império russo era um conglomerado de povos; só um laço os unia, a submissão ao poder do tzar *autocrata*.... O regime político e social ficara o que o haviam feito Pedro, o Grande e Catarina. Consistia a sociedade em duas classes superpostas: os campônios, em maioria servos da coroa ou da nobreza, sujeitos ao chicote, à capitação, ao recrutamento militar, pagavam impostos ao Estado, foros aos nobres e forneciam os soldados (o serviço militar durava vinte e cinco anos); os nobres proprietários (cerca de cem mil famílias) isentos do chicote, da capitação, do recrutamento, eram sustentados pelos campônios e forneciam os funcionários e os oficiais. Quase não havia lugar para as classes intermediárias. O clero secular (branco), isto é, os *popes*, casado, ignorante, miserável, repulsado das altas funções, nenhum outro papel quase tinha senão celebrar as cerimônias; o clero regular (*negro*), os monges, do qual saíam os bispos e abades, ficava alheio à sociedade. Os mercadores, se bem organizados em corporações e oficialmente reconhecidos como classe, pouco se elevavam acima dos campônios e não tinham nem instrução nem vida política; salvo as residências do governo, não eram as cidades russas mais que enormes aldeias". Dobrado um século, não é talvez muito diversa a situação da sociedade russa presentemente. Os servos foram emancipados não há ainda quarenta anos, as indústrias, as modas, o que podemos chamar os costumes exteriores, e até algumas instituições do Ocidente, penetraram na Rússia. O mesmo pensamento ocidental, ainda no que ele tinha de mais adiantado, de mais radical, de mais revolucionário, no domínio da política, da arte ou da ciência, a invadiu, apesar da sua polícia, suspeitosa, inquisitorial, cruel e onipotente. Os governos russos, desde Alexandre II pelo menos, de meados do século XIX para cá, procuraram, alguns de boa fé e convictamente, europeizar o seu império meio asiático, adotando ou adaptando costumes e instituições ocidentais. Mas ao cabo, quando descemos ao fundo das coisas, sem nos deixar iludir pelas magnificências do seu aspecto exterior, da sua estrutura superficial, o que se vê é um quadro quase nada diferente do que do princípio do século passado desenhava o historiador citado. Esse quadro, em toda a sua realidade forte e dolorosa, é hoje familiar a quantos souberam ler a obra eminentemente sincera da literatura russa desde Gogol, o romancista das *Almas mortas*, até Tolstoi, o poderoso poeta da *Ressurreição*, passando por Puchkin, Turgueniev, Gontcharov, Chernishevski, Dostoievski e outros. Não só não se fundiram inteiramente os elementos desse vasto acúmulo de povos, mas novas gentes, finlandeses, polacos, asiáticos, se lhe vieram agregar, aumentando a sua diversidade. Os servos apenas em 1861 libertados, de fato escravos, e que eram a máxima parte da população russa — da Rússia histórica ao menos, portanto da verdadeira Rússia — dificilmente, imperfeitamente, e só em insignificante proporção, chegaram a formar um terceiro estado, o povo, no sentido latino e ocidental. A instrução, a alta cultura européia, a filosofia e a filosofia social da Europa de oeste, penetrando, sempre desconfiadas e escondendose, ainda mesmo nas universidades, sempre suspeitas ao poder, ainda quando doutrinadas das cátedras oficiais, criaram nessa singular sociedade uma profunda descorrelação entre os sentimentos e os atos, entre as vontades e as possibilidades, entre as opiniões e os desejos. Não menos profunda era por sua vez a desconveniência que criavam entre uma tênue camada culta e progressiva e até revolucionária da população e a massa geral da nação mal saída da servidão da gleba, da escravidão de fato, sem nenhuma educação que os elevasse acima da miserável condição de que, por séculos, vinham. Dois milhões deles eram empregados, no momento da emancipação, no moralmente mais degradante de todos os serviços, o serviço doméstico. O resto, fora do exército, lavrava a terra, praticava algum ofício ou indústria, exercia o pequeno comércio, alugava-se nas cidades por conta dos seus senhores, que tinham sobre eles o direito de vida e de morte, e que lhes não respeitavam mais as mulheres e as filhas do que respeitavam as dos seus negros os nossos fazendeiros ou senhores de engenho brasileiros. As *Reminiscências de um caçador* de Turgueniev são a representação exata e viva, ao dizer dos que melhor conhecem a Rússia, dessa época. E a massa da população russa, não saída da abjeção a que a escravidão por muitas gerações condena um povo, é de fato, mais que nenhuma do Ocidente, serva: serva do seu autocrata, em primeiro lugar, porém mais que tudo serva de uma administração cuja crueza, cujo despotismo, cuja corrupção, cuja mesquinhez de sentimentos e de procedimento os mais simpáticos observadores da Rússia não podem esconder.

Um terror permanente envolve a Rússia e mantém nela a ordem precária, que é a sua. O assassinato político continua a florescer ali, e a vida política é principalmente vivida em conventículos, conspirações, tramas. Toda oposição é um crime. O chicote é ainda um instrumento de justiça, e ainda hoje nenhum russo pode sair do país sem licença do imperador. Tudo é suspeito, vigiado, espionado, até o mesmo imperador. Horroriza ler nas *Memórias* de Kropotkin o que é a polícia russa, a famosa Terceira Sessão. Recorda, para pior, dada a diferença dos tempos, a Veneza do Conselho dos Dez, a Espanha ou Portugal da Inquisição. Por entre essa massa ainda inconsciente da sua força, deprimida pela herança da servidão, serva efetivamente ainda agora, ignara, supersticiosa, aterrorizada, perpassa o baixo clero da Igreja ortodoxa, sórdido, bêbado, ignorante, desmoralizado, embrutecido, como unanimemente o descreveram romancistas, historiadores, publicistas, viajantes a quem devemos notícias da Rússia. E ali esse clero, degradado e sem consideração, é ainda um dos membros do Estado, faz parte dele, é um dos seus instrumentos.

Nessa atmosfera pesada e asfixiante, a revolta natural dos que se agitam em busca de mais ar é, por assim dizer, permanente. E desde as beiras do trono saem vozes dessa revolta. Fidalgos e fidalgas da mais alta linhagem, príncipes, arquiduques e arquiduquesas, damas e cavalheiros da grande burguesia capitalista, têm sido presos, deportados, vergastados ou mortos por as terem soltado ou por simpatizarem com os que as soltam. Os intelectuais são sobretudo suspeitos, e contam-se já por dezenas os professores, poetas, romancistas, publicistas, presos, degradados, açoitados ou supliciados como "liberais" ou "revolucionários".

É no meio dessa sociedade de força e de arbitrário que levanta a sua grande voz, como um profeta em Israel, Leon Tolstoi. Fidalgo de uma linhagem de generais, de estadistas, de diplomatas, conde, grande proprietário territorial, antigo pajem do imperador, como Kropotkin, respeitado sábio, venerando chefe anarquista, ex-oficial do exército, como todo nobre russo, feito agora, por uma ardente, profunda e sincera convicção o apóstolo, voluntariamente despojado de tudo isso, de uma doutrina de bondade, de paz e de amor. Despindo-se da sua antiga grandeza, prerrogativas, privilégios, fortuna; menosprezando hierarquia, honras e posição, não conservando do seu passado de gentil-homem, de brilhante oficial da guerra da Criméia, de cortesão, de mundano, senão a sua pena de escritor, para com ela combater pela sua nova fé, Tolstoi oferece um dos mais altos e nobres exemplos de abnegação pessoal e de completo devotamento a uma causa desinteressada de que se honre em todos os tempos a humanidade. Modernamente, é aliás a gente russa mais talvez que nenhuma outra costumeira de atos semelhantes. Há nela como que uma virgindade de sentimentos, uma capacidade de desprendimento que, servidos pelo seu nativo misticismo e a sua fria coragem feita num longo sofrimento, produzem ali um fervor sectário assombroso no nosso tempo, de espírito prático, burguês e interesseiro. O que a história do niilismo e da agitação liberal na Rússia apresenta de convicções fundas, de sacrifícios pessoais, de devotamentos sublimes e incondicionais, do mais alevantado e puro altruísmo, de intenso amor humano, é admirável e único. São nobres, são fidalgos, são homens e mulheres da melhor sociedade e de grandes fortunas, professores, escritores, sábios, que, arriscando a posição, a liberdade e às vezes a mesma vida, abrem escolas clandestinas, fazem em clubes vigiados a propaganda surda, ocupam-se, escondendo-se, de beneficência e caridade, levam disfarçados a luz, o pão, o amor, a boa-nova aos antros mais lôbregos da ignorância, da miséria, da dor. Entre a mocidade russa, foram numerosos os exemplos de mancebos que, por horror ao regime capitalista, recusaram a aproveitar-se das rendas paternas e foram viver do seu próprio trabalho. O caso do príncipe Nekludov na *Ressurreição* é na Rússia absolutamente verídico. Tolstoi é, como diria Taine, um legítimo produto deste meio e deste momento; ele é uma das mais eminentes manifestações deste aspecto da consciência russa, uma perfeita resultante das forças espirituais que no grande despotismo moscovita impelem um número considerável de espíritos para um ideal de liberdade, de justiça e de amor.

Desde os seus primeiros escritos, preocupado da feição social e humana dos seus temas de romancista, essa tendência de Tolstoi não fez senão desenvolver-se até a completa expansão da sua doutrina geral estética, social, política e religiosa. Estas diferentes designações podiam ser aliás resumidas na única — de religiosa. Como no Auguste Comte dos positivistas ortodoxos, todo o sistema filosófico — e podemos chamar-lhe assim porque é uma concepção do mundo e da vida — de Tolstoi se resume afinal num conceito religioso. A mesma arte não deve ser, ao seu juízo, senão uma expressão do sentimento religioso. Começando naturalmente pelo liberalismo, quiçá pelo racionalismo, e passando pelo socialismo, na sua mais ampla acepção, Tolstoi acabou no anarquismo. Mas ao passo que nos seus amigos, correligionários, consócios de sentimentos, de opiniões, de desejos, a evolução seguiu em geral uma tendência anti ou irreligiosa, nele se fazia cada dia mais religiosa. Nestes tempos de prosa e de realidade o misticismo da raça junto ao próprio do seu espírito elevava-lhe a alma profundamente idealista — apesar do realismo da sua literatura — às esferas da alta poesia religiosa. Da sua aldeia russa, do seio de uma sociedade da qual era o protesto vivo, ele dava ao mundo, respeitoso do seu gênio, da sua consciência, da sua virtude, o espetáculo singular ao mesmo tempo de um poeta como Jó, mas um Jó sem revolta contra Deus, e de um profeta hebraico, uma espécie de Isaías, clamando, há mais de dois mil anos de distância da sua razão própria, pelo reino da justiça. Somente o novo profeta não tinha a violência daqueles seus antepassados espirituais, nem a bruta insolência das palavras e dos gestos com que eles maldiziam de Israel e dos seus reis. As suas, ao contrário, doces e mansas, ainda quando graves, lhe vinham das que a tradição pia atribui ao último daqueles, a Jesus. Deste se fazia o discípulo fiel, o aluno das suas palavras lidas de coração limpo e entendidas segundo o seu sentido literal e comum, mas interpretadas por uma grande alma sequiosa de bondade e de justiça. Assim Tolstoi pode ser com toda a exatidão definido um anarquista cristão; Renan talvez dissesse um daqueles que como Spinoza, como S. Francisco de Assis, como Sakia Muni, tiveram, num certo momento, a mais alta consciência do divino.

Aos cinqüenta anos (Tolstoi nasceu a 28 de agosto de 1828) conta ele no Prefácio dos seus *Evangelhos*, após se haver interrogado a si próprio e aos sábios do seu conhecimento sobre o que era a vida e qual o seu sentido, sem achar resposta que satisfizesse, pôs-se a estudar o cristianismo nas suas fontes. Nelas achou a resposta às necessidades da sua alma. O seu trabalho foi ao mesmo tempo de erudição e de consciência. Estudou os exegetas e fez uma tradução do grego dos quatro Evangelhos.

Desse exame resultou para ele a convicção de que o cristianismo é a única doutrina que dá um sentido à vida. Mas esse cristianismo não é o cristianismo corrente, com as suas crenças no milagre, com a sua aceitação do hebraísmo, com a sua fé na revelação dos livros santos, o cristianismo enfim das igrejas ou seitas chamadas cristãs. É, pura e simplesmente, o conjunto de preceitos claros e de todo compreensíveis pela tradição dos evangelistas atribuídos a Cristo, sem nenhuma sombra de interpretação teológica, sem nenhuma preocupação dogmática ou litúrgica. É Deus adorado em espírito e verdade, segundo a concepção de Cristo. Que Cristo seja ou não Deus, pouco importa a Tolstoi: "O ponto essencial não é provar que Jesus não era Deus, nem sua doutrina divina; não é também provar que Jesus não era católico; o ponto essencial é compreender em que consistia a sua doutrina, que pareceu aos homens tão alta e tão boa, que eles reconheceram e reconhecem ainda como Deus o homem que lhes revelou. E foi precisamente o que experimentei e consegui descobrir, ao menos para o meu uso pessoal." Não há pois em Tolstoi nenhuma teologia, nem mesmo o que um exegeta alemão chamaria uma cristologia. Com a sua forte simplicidade habitual, ensina num dos capítulos desse livro factício, *Les rayons de l'aube*, como se deve ler o Evangelho e em que consiste a sua essência. Ele não admite a revelação desses livros, nem a sua perfeita autenticidade. O que a seus olhos os torna, num certo sentido, divinos é a doutrina que neles achou, que é divina, independentemente da sua origem. Aos que lhe perguntam em que consiste a *sua* doutrina e como ele compreende a doutrina cristã, responde: "Não tenho nenhuma doutrina, e compreendo a doutrina cristã tal qual é ensinada nos Evangelhos". Se escreveu livros sobre ela, foi exclusivamente para mostrar a falsidade das explicações que dela dão os intérpretes dos Evangelhos — o que, seja dito de passagem, importa em ter uma doutrina sobre eles. E dá este conselho prático para os ler e entender, seguindo o seu próprio método: "Quem ler os Evangelhos, sublinhe com lápis azul tudo o que lhe parece absolutamente simples, claro, compreensível, marcando, ao contrário, com lápis vermelho, as palavras de Cristo, para distingui-las das dos evangelistas: releia depois muitas vezes as palavras sublinhadas de vermelho. Quando tiver bem compreendido estas passagens, releia de novo as palavras de Cristo, que a princípio não compreendeu, e que por isso não sublinhará, e marque com um traço vermelho as que afinal entendeu.

"Ficarão, pois, por marcar as palavras de Cristo que inteiramente não compreendeu e as passagens dos autores dos Evangelhos, e que também não entendeu. As passagens marcadas de vermelho darão ao leitor a essência da doutrina do Cristo, dar-lhe-ão o que é necessário a todos e o que Cristo disse de maneira que todos possam compreender.

"As passagens marcadas somente de azul dar-lhe-ão o que os autores dos Evangelhos disseram de incompreensível.

"É possível que homens diversos sublinhem passagens diversas, e que o que é compreensível para um fique incompreensível para outro. É provável, porém, que os pontos essenciais serão unanimemente compreendidos, e que para todos a mesma coisa será completamente compreensível.

"E o que é completamente compreensível para todos constitui a essência da doutrina de Cristo".

A doutrina cristã de Tolstoi, absolutamente isenta de teologia, e até de sobrenatural, a não ser um deísmo transcendente, sem o Deus pessoal dos cristãos comuns, resume-se, portanto, numa moral tirada diretamente dos Evangelhos e constituída pelas passagens deles atribuídas a Cristo e ao alcance do maior número de inteligências. Nem teórica, nem praticamente é Tolstoi ateu, mas há nele mais talvez o "sentimento do divino" do que o deísmo ordinário dos cristãos. O seu Deus pelo menos não é o Javé israelista modificado pelo helenismo no Deus cristão atual, não é o Deus dos exércitos, nem os que imploram os reis, os governadores, os fortes do mundo. Dando um sentido à vida humana, conforme a sua própria concepção, Tolstoi, na sua doutrina e no seu exemplo, consubstanciou o mais forte individualismo com o mais largo socialismo. A reforma que ele quisera operar no mundo não é nem de natureza econômica, nem de natureza política, mas exclusivamente de natureza moral. Moral e religiosa, porque a sua filosofia assenta principalmente sobre um conceito religioso ligando os homens pela mesma concepção do que ele chama o "sentido da vida".

Desprezando as sutilezas metafísicas, o que lhe importa, diz ele: "é a explicação que me dou da vontade de Deus, com o auxílio da minha razão; (no íntimo Tolstoi é um racionalista) isso é o sentido que eu atribuo à minha existência neste mundo".

"Esta existência deve ter um sentido, como devem ter sentido os movimentos de um operário que trabalha em uma oficina. Todos os progressos da vida humana consistem nisso, elevar-se de uma concepção inferior da vida humana a uma concepção superior; da degolação sistemática à superstição dos pedacinhos de pão (o autor alude à comunhão nas igrejas cristãs); da superstição dos pedacinhos de pão ao mito da redenção; do mito da redenção à concepção de uma doutrina cristã moral e social.

"É assim que compreendo o sentido da vida, que é fundar o reino de Deus na terra, isto é, fazer reinar nas relações dos homens, em vez da violência, da crueldade e do ódio, o amor e a fraternidade".

Para alcançar este fim, o meio é "substituir a obediência a apetites egoístas pelo exercício de um devotamento caridoso aos nossos semelhantes"; isto é, o meio é "o nosso aperfeiçoamento moral". E Tolstoi, traduzindo talvez muito livremente o Evangelho, dá como regra à vida a alta lição: "Fazei aos outros tudo o que quereis que vos façam". A forma negativa e restrita desse ensinamento, que se encontra nas versões correntes do Novo Testamento, é certamente mais estreita e mais egoísta, mas não sei se não será mais humana, mais fácil, mais praticável. Mas as exigências morais não devem ser limitadas à possibilidade, devem formar um ideal superior, mesmo inatingível, e é no esforço de alcançá-lo que se há de depurar e elevar o nosso sentimento moral e a nossa moralidade.

O mal para Tolstoi não é Deus, como era para o famoso filósofo do anarquismo, mas as religiões, o Estado, a organização social atual; é este mundo organizado pela violência, vivendo da violência; é o capitalismo, é a propriedade, é a luta que, ao seu parecer, nós mesmos criamos nele. Para vencê-lo e destruí-lo, não aconselha senão a prática rigorosa do cristianismo, conforme o entende, a abstenção de participar de qualquer das funções sociais ou do Estado e a resistência pacífica à violência organizada que constitui a nossa sociedade.

De *Raios da alvorada* faz parte um opúsculo primeiro separadamente publicado, sobre a *Escravidão contemporânea*, um dos mais fortes escritos da propaganda tolstoísta. O grande escritor é um poderoso argumentador, sua lógica absoluta tem freqüentemente a força de uma demonstração geométrica, e os seus processos de argumentação, concreta, viva, animada de uma convicção firme, segura e calorosa, são impressionadores e muitas vezes comoventes. Está claro que é preciso lê-lo despindo-nos quanto possível das noções e preconceitos correntes, regra aliás indispensável para apreciarmos de boa fé toda nova doutrina. No sentido em que tomou a expressão, Tolstoi tem evidentemente razão verificando a existência da escravidão, ou ao menos de uma escravidão na sociedade ocidental contemporânea. Que diferença de fato há na realidade entre um escravo, da antiguidade ou de hoje, ou ao menos de um servo russo de antes da abolição dos servos, há apenas quarenta anos, e um trabalhador manual, um carregador dos caminhos de ferro da Rússia, que pelo miserável salário de 1 rublo (1$300 a 1$800 ao par ou mais ou menos ao par em nossa moeda) é obrigado a trabalhar trinta e seis horas seguidas e devendo, com mais quatro, nesse tempo, carregar ou descarregar 16 toneladas de mercadorias. "Chegam de manhã, trabalham o dia e a noite na descarga, e, quando acaba a noite, recomeçam na mesma manhã a carregar e trabalhar ainda todo o dia. Assim em dois dias dormem uma noite. Consiste o seu trabalho em transportar fardos de cem a cento e sessenta quilos; dois põem a carga às costas dos outros e estes carregam. Em tal serviço ganham menos de 1 rublo por dia, devem alimentar-se e não conhecem nem férias, nem repouso". E quase todo o imenso proletariado europeu vive com pouca diferença nessas condições, ganhando a máxima parte dele salários que mal chegam a mil réis diários, com a obrigação de alimentar-se e aquecer-se. Ora, abstraídas as ficções jurídicas e políticas, verdadeiras ficções para a enorme maioria do trabalhador europeu, é a escravidão de fato. Isso o mostra Tolstoi, não por considerações de humanitário, mas com puras razões de sociólogo e frios argumentos de economista. E depois de o haver mostrado — e os mais conservadores dos sociólogos estão no íntimo com ele — e dito em que consiste esta escravidão, como as leis servem-lhe a causa, como a essência dela está na violência organizada, que para ele, como vimos, é a sociedade atual, o que são os governos e se é possível viver sem eles, como destruí-los, o que deve fazer cada homem, indica onde está a solução.

A sua é a da prática absoluta, sem restrições, da doutrina cristã como ele a concebe e, segundo ele, resumida em S. Mateus, V. 39, 40, 41; S. Lucas, VI, 30, 31; nos Atos dos Apóstolos, II, 44; e ainda S. Mateus, XVI, 2 e 3, XXVI, 52, e de opor à violência da sociedade, à sua mesma existência, a mais completa abstenção: "Não participar, voluntariamente ou por força de nenhum ato do governo, não aceitando as funções de soldado ou de feldmarechal, de ministro, de preceptor, de jurado, de prefeito, de membro do parlamento e, em geral, nenhuma função ligada à violência; não pagar voluntariamente ao governo nenhum imposto direto ou indireto; não aproveitar também do dinheiro proveniente dos impostos, nem como salário, nem como aposentadoria, nem como recompensa, etc.; não se aproveitar igualmente dos estabelecimentos mantidos com os impostos arrancados ao povo pela força.

"O homem que quer fazer não só o seu próprio bem, mas o dos outros, não deve recorrer às violências governamentais, nem para a garantia da propriedade territorial ou outra, nem para garantia da sua segurança e dos seus, mas possuir apenas da terra e dos produtos do trabalho dos outros ou seu o bastante para que os outros homens não tenham que pedir-lhe uma parte do que possui".

Ele condena em absoluto os meios violentos propostos pelos partidos revolucionários para remediar à sociedade atual. Essa solução acha-a "evidentemente impossível". Também as soluções do socialismo legal lhe parecem erradas. "Nem revolução, nem socialismo". Se há um meio para destruir radicalmente todo o maquinismo governamental de sujeição dos povos, esse meio é a recusa ao serviço militar. Tirando aos governos a força, esse meio só por isso os aniquilaria. Ele sabe que violências provocaria aquele que se recusasse ao serviço militar, mas o verdadeiro cristão não deve hesitar em fazê-lo. Há na Rússia hoje uma seita, já numerosa, contando mais de quatro mil sectários, camponeses, operários rurais, homens do povo, animados de uma profunda convicção cristã, vivendo em comum, que se recusam ao serviço militar, ali, como se sabe, obrigatório. São os *dukhobors*, não nascidos certamente das doutrinas de Tolstoi, mas poderosamente animados dela e ao depois encorajados por ele. A luta desses homens simples, honestos, pios, com o governo russo é uma coisa verdadeiramente heróica, desse alto e admirável heroísmo que não é a embriaguez, a raiva, a fúria meio animal dos campos de batalha ou dos motins políticos, mas a mais bela e pura expressão da dignidade do indivíduo. Presos, surrados, desterrados, torturados, perseguidos, os dukhobors permanecem inflexíveis na sua fé e na sua resolução de não fazerem violência a ninguém, e, portanto, de não serem soldados, de não prestarem juramento algum. Muitas vezes a voz de Tolstoi se levantou a favor desses mártires, que ele chama seus "irmãos e irmãs", e a mais de um foi defender no júri, em nome das suas doutrinas. Eles são um exemplo de que essas doutrinas, por mais extravagantes, digamos a palavra, que pareçam à nossa razão, tecida de preconceitos e idéias feitas, podem calar profundamente e se fazerem prática, ato, procedimento em almas numerosas.

Como a guerra, o capitalismo e a propriedade, o patriotismo, não o simples amor da terra e da gente, mas o patriotismo político, o egoísmo coletivo, é odioso a Tolstoi. É ele o fundamento e a causa das violências internacionais, das competências entre governos e povos e o grande pretexto para as desconfianças, os ódios, os conflitos, as guerras, e ainda para a exploração e opressão dos povos pelos seus governantes; é ele que destrói o espírito cristão de confraternidade e amor do próximo.

A guerra, filha do patriotismo e do capitalismo, expressão principal e a mais execrável da violência organizada em que vivemos, lhe é odiosa em si mesma, sempre e em qualquer condição. Não há para ele guerras justas, nem em que um dos contendores tenha só razão ou só culpa. A propósito da guerra do Transvaal, repete mais uma vez a sua condenação geral da guerra e a sua teoria de que é preciso acabar com as causas da guerra, se quisermos acabar com a guerra. "Essas causas são três: a desigual repartição dos bens, isto é, a pilhagem de uns por outros; a existência da ordem militar, isto é, de homens educados e destinados para o assassinato; a mentirosa doutrina religiosa, esse embuste quase sempre consciente no qual se educam à força as jovens gerações. É porque eu penso que é não só inútil mas funesto ver as causas das guerras nos Chamberlains, nos Guilhermes e noutros, ocultando as verdadeiras causas que estão muito mais perto de nós e das quais nós mesmos participamos". E explica e desenvolve o seu pensamento por mais uma página.

Na sua feição geral é essa a doutrina de Tolstoi: profundamente cristã na sua inspiração primordial, bebida diretamente das lições atribuídas a Cristo e entendidas na sua significação literal e comum; largamente humana na sua aplicação prática. Politicamente, ele chega à abolição do Estado pela não-participação dos indivíduos em nenhuma das suas funções; socialmente, ele a alcança pela prática do comunismo absoluto. De um lado, abstenção cívica, de outro, dedicação humana.

Não discutirei o merecimento teórico dessa doutrina. A sua nobre e alta inspiração humana basta, penso eu, para legitimá-la, como uma das muitas generosas tentativas feitas pelo homem para melhorar a vida. Há certamente nela partes cuja verdade foi já sentida ou pressentida bem antes de Tolstoi, ou contemporaneamente com ele. Como de todas as altas criações espirituais humanas, que nunca são inteiramente individuais, a humanidade incorporará alguma coisa desta, e já a sua influência, na Rússia e fora da Rússia, pode ser, sem necessidade de a exagerarmos, apreciada. Nem ela é uma manifestação esporádica da inteligência de Tolstoi ou do sentimento russo ou eslavo, senão que se correlaciona, quer na sua inspiração, quer nos seus propósitos, à tendência geral da reformação social do nosso tempo.

A sua elevação moral é sublime — e por isso mesmo irrealizável; e o homem que a apostoliza, com a ciência de um sábio, a arte de um grande escritor e a forte convicção de um profeta, é seguramente, apesar de excomungado da Igreja e do Estado, um dos mais nobres, dos mais augustos, dos mais veneráveis que a humanidade jamais produziu.

A CIDADE E O CAMPO

A cidade e as serras, por Eça de Queiroz,
Porto, Lello & Irmão, 1901.

É o próprio Zé Fernandes, o segundo personagem da *A cidade e as serras,* quem lembra numa página do livro quão velha é essa revolta dos civilizados contra a cidade e por amor ao campo. Desde gregos e romanos que poetas, vivendo nos regalos da cidade, gozando de todos os confortos da sua civilização, cantam, com fingida nostalgia da vida rural, os encantos da vida campestre. Eça de Queiroz sabia, pois, disso; mas sabia também que é preciso uma peregrina ignorância para supor que há em literatura algum tema novo, algum assunto inédito; e que só passando ao domínio da extravagância seria acaso possível encontrá-lo. E quem sabe se mesmo aí, as mais das vezes a novidade não seria apenas a caricatura disforme de alguma safada antigualha? Eu por isso chego a compreender que sujeitos saturados de literatura passada não suportem os nossos arremedos contemporâneos. Tudo está dito — berram-nos eles arrenegados da nossa obra, que lhes parece mera rapsódia, repetição enfadonha de uma história já lida. Como era fácil ser original ainda aqui alguns séculos atrás! Mas o erudito que assim nos renegasse e a nossa obra se não mostraria inteligente. Realmente a literatura em cada momento da sua existência não pode pretender senão definir, representar, reproduzir, o mais exatamente que puder, o homem e a sociedade do seu tempo, mesmo quando imagina e idealiza o passado. O que ela pode apresentar de novo não são emoções e sensações, velhas como a alma e as paixões humanas, mas novos modos de senti-las, e, sobretudo, de exprimi-las. É somente esta sua feição, relativa ao espaço e ao tempo, determinada, e nisso Taine tinha razão, pelo meio, pelo momento, pelo indivíduo, que já é uma resultante dos dois, que a torna sempre interessante, e, não me arreceio de dizer, sempre nova, ao menos nos seus produtos mais eminentes. Demais, a humanidade não é composta de eruditos que tenham assimilado toda a literatura anterior à nossa, que por isso lhes parece repetição ou paródia. A literatura de cada tempo é primeiro feita para o seu tempo; significa a ele próprio o que ele é, quais os sentimentos que tem, as sensações que experimenta, as comoções que o agitam, o seu estado de espírito, as suas paixões, as suas crenças e opiniões, diz-lhe qual é o seu homem e representa-lhe a sua sociedade. E é na língua do seu tempo que ela fala aos homens do seu tempo, numa língua de que eles não compreendem somente o sentido gramatical e lógico, mas ainda o mais recôndito sentimento nela expresso, e as mínimas e mais fugidias gradações do seu pensamento. Um rabugento ou paradoxal poderia com aparências de razão dizer que as literaturas em cada época vivem da ignorância dos leitores, que acham novidade em coisas mil vezes repetidas. É certo que assim como a grande maioria dos autores pensa inovar quando não faz de fato senão renovar, e mais freqüentemente senão reproduzir, a imensa maioria dos leitores tem por novidade, e como tal interessante, tudo o que é do seu tempo. Insurgir-se contra o que é a mesma condição natural da existência da literatura parece-me irracional. É como se nós, porque as nossas funções fisiológicas não variaram desde que o homem, que digo eu?, o animal superior existe, não as quiséssemos mais exercer. Somente convém sejamos modestos, e não descubramos a nossa ignorância ou a nossa presunção, supondo-nos originalidade ou novidade maior que aquela que podemos ter.

A desse livro de Eça de Queiroz é a única porventura possível às literaturas modernas. Ele exprime o velho sentimento do que há no homem, do instinto da vida natural do campo contra o gosto da vida artificial da cidade, da nostalgia atávica da vida simples primeiro vivida pelos antepassados, do contraste entre a existência calma, singela e livre do serrano, e a vida agitada, complicada, escravizada do cidadão, mil vezes expresso antes dele. Exprime-o, porém, como homem dos derradeiros dias dos século XIX, com a língua, com o estilo, com a sensação e a emoção e ainda com a filosofia, o espírito, o estado d'alma do seu tempo. O seu contraste não é Atenas e a campina grega, Roma e a campanha romana, pela qual suspiravam Horácio e Virgílio; é Paris, a capital da mais requintada civilização contemporânea, e a serra portuguesa, ainda em quase toda a sua bruteza. E é o contraste de tudo, do aparelho material da existência, da instalação da casa, do vestuário, do salão e do refeitório, dos hábitos individuais e dos costumes sociais, das sensações e dos sentimentos, dos gostos e das necessidades, dos corpos e das almas. Há na parte do livro que, através dos olhos e do espírito de um português de lei, descreve a civilização, exagerada por um simbolismo que acompanha todo o livro, um propósito de sátira e de *charge*, necessário ao efeito que o escritor tinha em mira com o seu processo à civilização, que insiste em mostrar-nos mesquinha, ridícula, grotesca, enganadora nos costumes, nas maneiras, nos homens, nas mulheres, nos mesmos inventos que são a sua flor e o seu orgulho.

Neste processo o escritor, acusador, advogado e juiz, decide-se, como era quase infalível, e nesta sentença não há de modo algum originalidade ou sequer novidade, contra ela, contra a sua complicação embaraçosa contra a artificialidade e insinceridade da sua vida social, contra o fingimento da sua vida afetiva, contra a servidão que ela impõe ao indivíduo, contra o tédio final que acaba por criar na alma dos que não forem inteiramente fúteis, contra a mesquinhez de uma vida em que tudo, até os mesmos prazeres, é regulado por um código ridículo, deprimente do caráter, da vontade, da energia, da personalidade, imposto por uma sociedade em que uma falta de bom-tom é mil vezes mais escandalosa que uma falta contra a moral e até contra o código penal.

Este processo à civilização, feito por um escritor de talento e imaginação, com malícia e graça, pode divertir, e até interessar, como revelador de um estado da alma que, embora não seja novo, é talvez mais geral e motivado que em nenhum tempo. E é do tempo, porque não é senão uma transposição para a literatura do processo que as religiões, as filosofias, a economia política e a moral contemporâneas têm feito à civilização, para corrigir os seus inevitáveis defeitos. Seria ocioso discutir o sentido exato a dar a essa palavra e coisa, civilização. A civilização é bem aquilo em que vive o herói de Eça de Queiroz e que Zé Fernandes, o seu patrício das serras e amigo e matalote, nos descreve. Somente, não é só aquilo, e a falha do livro, se o livro não fosse apenas um *factum* do humorismo do autor, e sobretudo — e esse é o seu encanto íntimo — uma revelação da sua fadiga e tédio de intelectual enfastiado da civilização da cidade, seria não a ter visto senão sob um só aspecto.

Esse aspecto, brilhante, sedutor mesmo, na sua exterioridade, deve acabar por ser repugnante, quando contemplado com demora, inteligência e coração. Mas tal aspecto é o produto inevitável da civilização; não direi que a sua flor, ao menos a sua flor natural, desabrochando às únicas forças da seiva da própria planta, mas uma flor de artifício, uma espécie de monstro vegetal, como o conseguem os habilidosos jardineiros japoneses.

Não façamos porém teorias, nem estejamos a filosofar gravemente a propósito desse livro alegre e divertido e inconseqüente, de cujas páginas o poeta que havia em Eça de Queiroz recobriu a sua funda nostalgia dos derradeiros anos. Já disse que este é talvez o seu principal encanto. O autor das mais cruéis sátiras da sociedade portuguesa era um português de temperamento, de alma e coração. Isso ajudou a dar à sua obra o alto relevo que ela tem como documento etnográfico e social. Seus livros, escritos com a ironia retraída e simpática do humorismo inglês, a cintilação viva do espírito parisiense, são intensamente portugueses. A literatura acabaria por ser uma coisa insípida, se nos oferecesse apenas um tipo, uma feição, um aspecto. Expressão da humanidade, para que nos interesse e divirta — e, digam o que quiserem, esta é também uma das suas funções —, é preciso que a represente na múltipla variedade das suas feições.

O que faz que a obra de Eça de Queiroz, ainda quando reflete a influência e até aspectos de obras exóticas, conserve a sua superioridade, e seja ainda assim original, mesmo de uma forte originalidade, é o espírito, o sentimento português que a anima. Eça de Queiroz, como com bem mau gosto lhe exprobaram, não era talvez um patriota, no sentido político, estreito e freqüentemente imoral da expressão; não era como Tomás Ribeiro, Pinheiro Chagas, Bulhão Pato e agora o sr. Fialho de Almeida, um profissional dessa virtude; mas nenhum escritor português teve mais que ele o íntimo, o profundo, o intenso sentimento do seu torrão natal, em nenhum refletiu com mais vigor e relevo a terra portuguesa nos seus variados aspectos e a alma portuguesa nas suas diversas feições. Este amoroso do exotismo, este fino e nervoso artista que sufocava talvez no acanhado e postiço meio nacional, que viveu e escreveu por terras alheias e de alta e refinada cultura, não perdeu jamais esse doce sentimento, e a nostalgia, que é uma idiossincrasia nacional, obrando nele, pôs na sua obra dos últimos anos a nota melancólica, a saudade que se revela já nas páginas da *Ilustre casa de Ramires* e é o próprio fundo deste livro, *A cidade e as serras*.

Este é verdadeiramente, no seu espírito parisiense e na sua graça portuguesa misturados, esta sobrelevando aquele por um propósito do artista, um livro de saudade. Mas Eça de Queiroz, como todo ironista, é um daqueles que não querem ser logrados ainda pelos sentimentos mais puros e mais fundamente experimentados. Ele padece essa moléstia da desilusão, para a qual se podia achar com algum pedantismo um nome grego em fobia: o horror de ser enganado ou de se deixar enganar pela vida e suas aparências ou falsidades. A sua saudade veste-se, pois, para disfarçar-se, de ironia e de facécia, até que, se não podendo mais conter, manifesta-se nas páginas finais, pela boca de Zé Fernandes. É a esta luz, parece-me, que devemos ler esse livro: expressão sincera de uma alma de artista, saciada da civilização da cidade e saudosa da vida simples, sã, desataviada dos seus campos. E quantos outros artistas ou não, plumitivos e implumitivos, não terão, com mais ou menos intensidade, experimentado esta mesma sensação, gostosa e amarga, este enojo das civilizações requintadas, com o anseio de alguma coisa mais calma, mais singela, mais pura, mais sincera, que o fundo romanesco ou sentimental que há em todos nós imagina na vida campesina e serrana, longe das cidades e da sua complicada e tantas vezes compressora civilização.

Eça de Queiroz não gosta de dar solenidade aos personagens em que encarna certos sentimentos gerais, para fazê-los os heróis das suas fábulas. Não a tem o Teodorico da *Relíquia*, não a tem o Gonçalo da *Ilustre casa de Ramires*, e, passando por outros que confirmariam esse asserto, não a tem o Jacinto, deste seu novo e último livro. Novo e último, palavras tristemente sinônimas!

Jacinto é um português nascido em Paris, num palácio, com cento e tantos contos fortes de renda. A existência correu-lhe desde que nasceu sempre fácil e venturosa. Foi um mimoso da fortuna e da vida. "Era servido pelas coisas com docilidade e carinho". Vivia largamente, confortavelmente, e gozava fartamente a vida. Nascido em Paris, criado em Paris, educado em Paris, e tendo da superioridade da civilização de Paris a flor e o fruto, era um supercivilizado, com esta máxima: "o homem só é superiormente feliz quando é superiormente civilizado". E por homem civilizado "entendia aquele que, robustecendo a sua força pensante com todas as noções adquiridas desde Aristóteles, e multiplicando a potência corporal dos seus órgãos com todos os mecanismos inventados desde Teramenes, o criador da roda, se torna um magnífico Adão, quase onipotente, quase onisciente, e apto portanto a recolher dentro de uma sociedade e nos limites do progresso (como ele se comportava em 1875) todos os gozos e todos os proveitos que resultam do Saber e do Poder..." Já vêem que não era um mundano vulgar, um rico janota ordinário, o herói de Eça de Queiroz, espécie de Dom Quixote da civilização, junto a quem o escritor pôs em Zé Fernandes, português também civilizado, de estudos parisienses, mas português de Portugal, uma espécie de Sancho Pança. "Rijo, rico, indiferente ao Estado e ao governo dos homens, nunca teve outra ambição além de compreender bem as idéias gerais; e a sua inteligência, nos anos alegres de escolas e controvérsias, circulava dentro das filosofias mais densas como enguia lustrosa na água limpa de um tanque". E com tudo isto, nada solene, bom rapaz, amigo do prazer e da pilhéria, são, franco, alegre camarada, profundamente penetrado do apreço absoluto da civilização, adorador supersticioso da cidade, abominando o campo. São deliciosas as páginas em que se nos revela a sua idolatria da Civilização e o seu horror da Natureza. Mas a este mesmo supercivilizado, que só a cidade ama, que só a cidade conhece, que só a cidade acha possível e sofre, chega o tédio da cidade, o aborrecimento da civilização, das suas exigências tirânicas, miúdas, ridículas, da artificialidade da sua vida, do perpétuo fingimento dos seus sentimentos sem espontaneidade, da eterna comoção que domina todas as suas relações, sem o gosto do imprevisto ou o sainete da novidade, da sua perene repetição. E assoberbado por esse tédio, que dia a dia o foi ganhando, mas ainda constrangido, vai à terra dos seus pais, a ver as suas propriedades, a reenterrar os ossos dos seus antepassados que um desmoronamento tinha desenterrado, dando ainda ao diabo esta necessidade, fazendo-se acompanhar de dezenas de caixões contendo os apetrechos da civilização, e meio levado por Zé Fernandes. As serras o seduzem, e ele lá fica, simplesmente casado e amoroso, pai de família, satisfeito, no castelo da Grã-Ventura, que era o seu lar, segundo a denominação que lhe pôs o seu fiel Zé Fernandes.

Apesar da amargura íntima que se sente por trechos travar a alma nostálgica do escritor, há na narração dessa história sem drama, ainda interior, que o que nela se passa é antes uma comédia fina e risonha, por vezes uma farsa comovedora, sempre uma viva e saudável alegria. Há nela descrições, paisagens sobretudo, feitas com rara mestria. As anedotas são contadas com singular relevo e graça. A língua do livro é uma das mais perfeitas que escreveu o grande escritor. Observações finas, justas ou paradoxais, não faltam. Mas o livro talvez houvesse ganho em intensidade de efeito se o autor não desse à sua pintura, por sua natureza reduzida, um tão grande quadro.

Processos como este, porém, são caprichos de artistas que ao cabo não poderiam viver sem a civilização, sem a cidade; não de todo vãos, porque enfim nos recordam as suas falhas evidentes, as suas manchas visíveis — e fazem-nos salutarmente rir dos nossos próprios preconceitos.

UM ROMANCE DA HISTÓRIA

L'affaire du collier, d'après de nouveaux documents par Frantz Funck-Brentano, Paris, 1901. Do mesmo: *La mort de la reine* (Les suites de l'affaire du collier), Paris.

Em um dos livros do seu longo romance *Memórias de um médico*, o prodigioso contador de histórias que foi Alexandre Dumas divulgou entre os seus milhões de leitores, com aquela veia inesgotável e deliciosa que encantou algumas gerações, e que ainda agora tem devotos, o caso célebre que para o fim do século XVIII envolveu em um processo de gatunice e em uma infamante intriga amorosa o nome da rainha de França, a desventurada Maria Antonieta. Desse caso refaz agora a história verdadeira, em um livro de pura e escrupulosa erudição, um dos mais conceituados historiógrafos franceses contemporâneos, aproveitado discípulo da ilustre *École des Chartes*, o sr. Frantz Funck-Brentano.

Não me lembra mais o romance de Dumas, lido nos bons tempos em que o *Atlas Delamarche* ou o *Magnum Lexicon* serviam de anteparo e disfarce às leituras proibidas. Sabendo, porém, com que sem-cerimônia o maravilhoso contador tratava a história nos seus romances históricos, e quão prodigamente lhe punha da sua imaginação exuberante e larga fantasia, imagino o que, sob o aspecto da exatidão e da invenção, não será esse livro. O sr. Funck-Brentano, que na história gosta das miudezas, que ama desenterrar dos arquivos, de velhos papéis inéditos, de documentos recônditos, ou raros, a verdade exata sobre os casos mais singulares e misteriosos dos seus bastidores e escaninhos, que não é um romancista imaginoso senão um historiador exato, em lugar do romance de Dumas, dá-nos um volume feito segundo os mais seguros métodos da crítica histórica. E o seu livro não é certamente menos interessante, menos empolgante — e talvez o seja mais — que o romance do genial contador.

A história tem os seus romances, e às vezes mais curiosos e comoventes que os dos mais interessantes romancistas. O caso do colar que uns ricos joalheiros, por intermédio de uma intrigante de grande marca, julgaram ter vendido àquela rainha, e que um príncipe, o cardeal de Rohan, acreditando ingenuamente corresponder a um capricho real, pagou pela extraordinária soma de quase mil contos, é um desses, e dos mais singulares e atraentes. Estou certo de que contado com todo o rigor de um fato histórico, de que cada circunstância é comprovada com documentos e autoridades, ele é mais interessante no livro do sr. Brentano que no romance do velho Dumas.

As anedotas têm na história o seu valor, muitas vezes elas pintam melhor que uma longa dissertação ou um árido documento oficial, um momento, uma época, um caráter, um acontecimento. O caso do colar não é uma simples anedota; é um fato, um *fait divers* da corte de Luís XVI, que, rodeado das circunstâncias mais romanescas, mostra, melhor que dissertações e documentos, os vícios e falhas da realeza nas vésperas da Revolução, e serve também para compreendermos a relativa facilidade com que cedeu ao impulso popular essa instituição, quatorze vezes secular. Os mesmos contemporâneos se não iludiram sobre a importância deste caso de gazetilha: "O processo do colar", disse Mirabeau, "foi o prelúdio da Revolução". Goethe, que se apaixonara pelo negócio, e que, com a sua curiosidade incontentável, o estudara nas suas particularidades, descobriu-lhe as conseqüências: "Este processo", escreveu ele, "abalou as bases do Estado. Destruiu a consideração que o povo tinha pela rainha, e geralmente pelas classes superiores, porque, desgraçadamente, cada um dos atores não fazia senão revelar a corrupção em que se debatiam a corte e as pessoas da mais alta posição". E com Mirabeau repete que "a história do colar é o prefácio imediato da Revolução". Tal é também o parecer de um historiador atual da desventurada rainha de França, o sr. De Nolhac; referindo-se ao negócio do colar, escreveu: "Maria Antonieta estava de antemão descoroada".

Ainda no tempo de Luís XV e da sua famosa amante, a Du Barry, a descarada cortesã que se gabava de ter custado à França 18 milhões de francos, o joalheiro da corte, um judeu alemão,

Böhmer, associado a outro judeu alemão, Bassenge, comprara por toda a Europa os mais belos diamantes que encontrara para fazer um colar que no seu pensamento devia ser adquirido pela todo-poderosa amásia do rei, ou antes por este para ela. Mas o rei morreu, e os dois especuladores ficaram com a jóia, de dificílima colocação, e cujo preço assombrara a própria corte de Espanha, a quem a ofereceram. Em 1774 a ofereceram eles, por um milhão e seiscentas mil libras francesas — hoje mais de três milhões de francos — ao rei Luís XVI para a sua jovem, formosa e amada esposa, Maria Antonieta. Esta, espontaneamente, assombrada do preço, respondeu, recusando: "Nós temos mais necessidade de um navio que de uma jóia".

Um ano depois voltavam os joalheiros com oferecimentos novos; fariam condições vantajosas, dariam prazos, os pagamentos seriam feitos por parcelas, parte em títulos de rendas vitalícias. Nova recusa. Mais tarde, em 1777, Böhmer oferecia de novo o colar à rainha, lançando-se-lhe aos joelhos, implorando-lhe lho comprasse, ou não teria outro remédio que atirar-se ao rio. Para fazer aquela jóia, tinha ele tomado emprestado a soma de oitocentos mil francos, de que pagava juros que o arruinavam. A rainha recusou ainda firmemente, dizendo-lhe que o rei já a quisera presentear com o colar, mas que ela recusara. Que dividisse o colar e o vendesse separadamente e se não deitasse a afogar.

Em todo este negócio o procedimento de Maria Antonieta foi o mais digno e correto possível. Por mal dela porém, perto da corte, quase na corte, abeirando-a e rondando-a, como ave de presa à espreita de restos, vivia uma mulher, um verdadeiro gênio de intriga, que mais parece uma figura inventada de romance que uma criatura real. Para maior realce desta personagem, ela tinha nas veias sangue real; era uma descendente em linha reta, pelos homens, de Henrique II, e, portanto, ainda parenta dos Bourbons e de Luís XVI. A sua vida é de si mesma um romance que ela complicou fazendo o romance do colar da rainha. Seu pai era Jacques de Saint-Rémy, barão de Luze e de Valois, quarto ou quinto neto de Henrique II, o qual de uma Nicole de Savigny tivera Henrique de Saint-Rémy, que a reconheceu e legitimou. Quando nasce o pai desta heroína, Joana de Valois, já a família estava degradada e pobre, vivendo em um castelo de província de violências e latrocínios e do produto das suas terras aos bocados vendidas. O barão de Luze e de Valois, reduzido à última miséria, morreu no hospital, depois de se ter casado com a filha do porteiro do seu castelo. Deixava com a sua viúva um filho e três filhas. Duas destas, pelos anos de 1760, pediam esmola em Paris, onde seu pai falecera, e a mãe se amasiara com um soldado, que lhe batia, assim como nas pequenas. Elas solicitavam aos transeuntes, gritando-lhes: "Uma esmola pelo amor de Deus a duas pobres órfãs do sangue dos Valois" e outras frases semelhantes. Uma rica marquesa, que acertou de passar por elas, compadeceu-se do seu estado, recolheu-as na sua sege, levou-as para a sua casa e, verificando que não mentiam quando se diziam do sangue dos antigos reis de França, pô-las em casas de educação. A mais moça morreu, e o irmão, que se fizera marinheiro, chegou a capitão-de-fragata. A marquesa de Boulainvilliers, que era a sua protetora, lhe obteve uma pensão de oitocentos francos do bolsinho real. Em 1779, tinha Joana vinte e três anos, fugiu do recolhimento onde a marquesa a tinha posto, e foi recolhida por uma fidalga, Mme. de Surmont, em cuja casa conheceu e namorou o conde de La Motte, sujeito lerdo, mas de boa presença e sem escrúpulos. Vaidosa da sua estirpe, a antiga mendiga sonhava arranjar-se em Paris uma alta e brilhante posição. A proteção do cardeal de Rohan, riquíssimo e poderoso, que vivia como um prelado mediciano, em casas magníficas, cercado do maior luxo e grandeza, entre bizarros cavalheiros e formosas damas, caçando ou em festas maravilhosas, ajudou-a a começar a realização deste sonho. Eis o seu retrato, feito pelo sr. Brentano, quando ela conheceu a *Bela Eminência,* como ao cardeal príncipe chamavam os seus contemporâneos: "Mme. de La Motte era uma criatura fina e esbelta, de uma graça viva e ondulante. Cabelos castanhos, desse fino castanho que tem o matiz das avelãs com reflexos mais claros, lhe ondulavam na fronte. Seus olhos eram azuis, cheios de expressão, muito vivos, sob supercílios negros bem-arqueados. A boca, grande, podia parecer o que havia de defeituoso no seu rosto sob o aspecto do desenho; entretanto, era-lhe o encanto pelos finos dentes de completa alvura, mas principalmente pelo sorriso que era encantador". "Seu sorriso ia ao coração", diz um dos seus adoradores. Seria uma perfeição o seu colo, se ela o tivesse maior; porém, como observa Beugnol, "a natureza detivera-se na metade da obra, e essa metade fazia lastimar o resto". O brilho tão puro da sua tez, uma pele branca e fresca, uma fisionomia espirituosa e um ar vivo, tão leve, que vendo-a transportar-se de um ponto para outro parecia que não pesava nada, aumentavam-lhe os encantos. Enfim, tinha a voz doce, insinuante, de um timbre agradável, carinhoso. Em Paris, em Fontainebleau ou em Versalhes, viveu de dádivas do cardeal e de expedientes de toda a sorte. Não havia dinheiro que lhe bastasse, a ela e ao pândego do marido. Puseram casa, receberam, deram festas, caloteando a todo mundo, e comprando fiado aqui para revender ou empenhar acolá. Por mais que fizesse, ela não pôde penetrar na corte, embora houvesse, fingindo um desmaio em presença de Mme. Isabel, irmã do rei, e fazendo-a informar de que recolhida à casa tivera um aborto, conseguido algumas bondades desta princesa. Entre outras o aumento da sua pensão de 800 para 1.500 francos, o que aliás era nada para ela. Por fim a mesma Mme. Isabel a refugou de si, descobrindo nela uma vulgar intrigante. A rainha nunca a viu, não obstante os seus esforços por chegar até à soberana. Ela, entretanto, espalhava por toda a parte que era muito bem recebida na corte, que estava na intimidade das princesas reais e da rainha e partia de Paris para Versalhes anunciando aos seus conhecidos que ia jantar no paço. Jantava, mas era escondida em hospedarias baratas. Propalando-se bem-aceita da corte, como sua parenta que era, a condessa de La Motte apontava a se fazer pagar os seus bons serviços pelos papalvos que ali tivessem pretensões. Era então um recurso das mulheres da sua espécie e também de homens, fidalgos amigos dos poderosos, que faziam o que chamamos hoje advocacia administrativa. O sr. Brentano averiguou dois exemplos de palermas que pagaram os imaginários serviços da descendente dos Valois. A sua audácia chegou ao ponto de se fazer forjicar por um chichisbéu bilhetes e cartinhas da rainha. É com esses bilhetes que meterá o cardeal de Rohan no enredo do colar, talvez, no seu gênero, a mais formidável velhacaria que jamais se viu.

O cardeal, não obstante a sua alta posição, a sua colossal fortuna, o seu parentesco com o mesmo rei e com a mais fidalga nobreza de França, vivia afastado da corte. O rei, por motivos diversos, dos quais um era a má vontade da rainha ao cardeal, lhe havia retirado a sua benevolência, e Maria Antonieta, prevenida contra ele por sua mãe Maria Teresa, perante quem ele fora embaixador da França, não o podia suportar. Essa situação pesava grandemente ao belo e nobre prelado, pouco feito para os exílios, mesmo esplêndidos, da corte. Tudo fazia para se aproximar desta, e para destruir no ânimo da rainha a prevenção que ela tinha contra ele. Príncipe só inferior aos príncipes reais, inteligente, culto, julgando-se apto a exercer no reino o papel de outros cardeais, de um Richelieu ou de um Mazarino, ilusão com que o embalava o célebre Cagliostro, que não daria ele por voltar às boas graças do soberano? Este estado de sua alma conhecia-o Mme. de La Motte, e o seu espírito, fértil em combinações aventurosas, imaginou aproveitar dele em proveito próprio. Rohan era um homem de espírito, mas era também crédulo. A influência que sobre ele exerceu o charlatão Giuseppe Balsamo, ou

Cagliostro, o prova. Acreditou na intimidade da La Motte com a rainha, por aquela comprovada com histórias, anedotas, casos, que ele, vivendo afastado da corte, não podia verificar, e que os seus belos olhos e a sua doce fala lhe tornariam mais verossímeis. Persuadiu-o assim de que, graças a ela, os rigores da rainha cediam. Levou o desplante a mostrar-lhe bilhetes dela, escritos à sua prima, a condessa de Valois, nos quais, de ora em quando, ocorria o nome dele, Rohan. Enfim, a intrigante convenceu o cardeal de que a rainha queria ter dele uma justificação por escrito do seu procedimento como embaixador em Viena e de outras queixas que ela dele tinha. Encantado, Rohan escreveu essa justificação, com infindo cuidado, depois de fazer vinte cópias. O sr. Funck-Brentano não diz, ou sequer deixa perceber, se o cardeal apenas agia como cortesão ambicioso, para quem era suplício não estar nas boas graças da corte, onde com a sua presença poderia ver realizado o seu sonho de poder e grandeza, ou se no seu ardente desejo de reconquistar aquelas boas graças não haveria também um sentimento terno pela rainha. Não me recordo mais do romance de Dumas, mas estou certo de que o romancista fez dele um amoroso da rainha, e com razão. Não o transparece do livro histórico do sr. Brentano, mas não é difícil supor que também o coração entrasse na ambição de Rohan. Mazarino não fora o amante de Ana d'Áustria? Pondo as suas boas relações com a rainha ao serviço da ambição, senão também do amor do cardeal, a condessa de La Motte abria-se uma mina de fácil e fecunda exploração. A obra-prima, porém, da sua habilidade era obter a Rohan uma entrevista da rainha. Está claro que essa entrevista seria um puro fingimento, pois a condessa apenas conhecia a rainha de vista, nunca lhe falara. Nem sei se será ainda lícito crer, depois dos estudos feitos sobre Maria Antonieta, que ela pudesse favorecer algum dos seus vassalos com uma entrevista secreta. Esse prazo dado, cujo anúncio pôs Rohan em êxtase, se devia realizar ao fundo de uma aléia solitária de Versalhes, a alguns passos do castelo, no chamado Bosque de Vênus.

 O conde de La Motte havia conhecido nos jardins do Palais Royal, parada dos desocupados e pelintras da época, uma boa e bonita rapariga, não muito esperta, que dava pelo nome de guerra de Mme. de Signy, e que a condessa, em cuja intimidade ele a introduziu, crismou em baronesa de Olívia. Esta mulher parecia-se assombrosamente com Maria Antonieta e seria talvez essa parecença que despertasse no ânimo da condessa a combinação arrojada por ela imaginada. A Olívia fingiria da rainha no prazo dado do jardim de Versalhes. Para isso foi por ela catequizada, vestida e penteada como a rainha, para tornar a ilusão mais completa. Aliás, a noite e a rapidez da entrevista a tornavam fácil. E a entrevista realizou-se. Olívia, medrosa, imóvel, no lugar indicado, até aonde a acompanharam a condessa, o conde e Réteaux de Villete, o que escrevia as cartas da rainha. Um homem grande, esbelto, apertado em um redingote, sob um vasto manto, com o grande chapéu desabado sobre o rosto, caminha para ela. O conde e a condessa empurram-na pelo braço e somem-se. Só, ela treme como as folhas das árvores; a rosa que tem na mão e que devia dar ao homem cai-lhe no chão. Tem no bolso uma carta, mas não se lembra de a entregar. O homem do manto abaixa-se até ao chão e beija-lhe a fímbria do vestido. A Olívia murmura alguma coisa que o cardeal, não menos comovido que ela, julga ouvir: "Podeis esperar que o passado será esquecido".

Palavras surdas de reconhecimento e de respeito do cardeal, e a entrevista é interrompida por um dos compadres dessa farsa que alarmado anuncia gente. Cada um foge pelo seu lado.

Imagine-se depois disso o estado d'alma do cardeal. Joana de Valois o explorou hábil e grandemente. E aqui surge o negócio do colar. Um amigo dos joalheiros, freqüentador do salão dos La Mottes, acreditando nas relações da condessa com a rainha, da qual ela lhe mostrava cartas, empenha-se com ela para pedir à soberana comprasse aquela jóia. Os joalheiros lha trazem para ver e prometem-lhe uma boa gorjeta, se ela conseguir que a rainha a compre. A fértil trapaceira imagina logo fazer-se pagar a jóia pelo cardeal, e convence-o de que a rainha, ansiada pelo colar, queria comprá-lo às ocultas, pagando em prestações, mas que para este negócio precisava de um intermediário, que por sua situação pudesse garantir aos joalheiros o pagamento. E o cardeal viu uma carta da rainha que, menos o nome dele, dizia isso mesmo. E, para encurtarmos, o negócio fez-se por um milhão e seiscentas mil libras, pagáveis em dois anos, de seis em seis meses, devendo a primeira entrada realizar-se, feita pela rainha, em 1º de agosto de 1785. É escusado repetir que a rainha era estranha a tudo isso, e que o colar veio ter às mãos da Valois, que o desmanchou e entrou a vender as pedras separadamente. Para esse fim o canalha do marido foi a Londres.

O vencimento do prazo do primeiro pagamento traz o desfecho desta comédia cruel. Um dos joalheiros procurando a rainha sabe que ela jamais recebera o colar. Ela obriga-o a apresentar-lhe um memorando do negócio, e comunica-o ao rei. A sua cólera é imensa, como o despeito do rei, e uma e outro cegam os soberanos, que vão dar publicidade a um negócio que melhor valera abafar. No dia da Assunção, o cardeal de Rohan, que viera oficiar em palácio, depois de uma curta entrevista com o rei e a rainha, é preso em vestes pontificais e metido na Bastilha. Na corte os partidos se formam, sendo o mais numeroso o do cardeal. Toda a nobreza se achava ferida nele. O processo confiado ao Parlamento fez escândalo. Paris e a França e toda a Europa ocuparam-se do caso. Um dos conselheiros mais considerados do Parlamento, Fréteau de Saint-Just, gritara, esfregando as mãos, todo contente quando soube do escândalo: "Grande e feliz processo! Um cardeal gatuno, a rainha implicada no negócio de falsificação. Quanta lama no báculo e no cetro! Que triunfo, para as idéias de liberdade! Que importância para o Parlamento!" Este homem contente foi guilhotinado em 1794. Toda a nobreza trabalhando por ele, o cardeal de Rohan foi absolvido, com grande gáudio da fidalguia e do popular. Maria Antonieta sentiu a afronta desta absolvição completa de um homem, um grão-senhor, que acreditara que ela, a rainha de França, lhe daria uma entrevista noturna, e aceitaria dele servir-lhe de endossante na compra clandestina de uma jóia de extraordinário valor. Só o ter acreditado era, perante a sua noção do respeito devido à sua pessoa real, um crime de lesa-majestade, e o Parlamento hostil o absolvia, depois de o ter tratado com singular favor, sem uma recriminação, sem a mínima exprobação sequer! Deste julgamento não só a rainha mas a realeza saía malferida. A publicidade e a completa liberdade dadas aos debates, as expressões que nele se trocaram, só por si mostram que se estava em um período revolucionário, e que a decadência do prestígio real era maior que o faria supor o espaço de pouco mais de um século que mediava entre Luís XIV e Luís XVI.

Os cúmplices da condessa de La Motte foram punidos de diversas maneiras; ela, a descendente dos Valois, foi vergastada seminua e marcada com um ferro em brasa, com a letra V (*voleuse* — ladra) nas espáduas. A brava mulher, ainda em inteiro vigor de beleza, gritava aos carrascos: "É o sangue dos Valois que assim tratais", e a cena do seu suplício foi horrível, pela energia animal com que se debateu nas mãos dos algozes; tanto que a letra infamante lhe foi posta, tais as suas contorções, também no seio, "no seu belo seio", como diz uma testemunha ocular. O marido foi condenado às galés perpétuas.

Daí a pouco veio a revolução que afogou em sangue tudo isso; mas ainda em 1843 os tribunais de França se ocuparam do processo do colar: os herdeiros de Bassenge, que casara com a viúva de Böhmer, contra os legatários do cardeal de Rohan.

E parte daquele sangue foi o da mesma rainha Maria Antonieta.

Em um outro livro, apenas menos interessante e quase tão empolgante como o primeiro, o mesmo investigador de miudezas consideráveis da história nos refere as conseqüências do célebre processo do colar, no qual espíritos como Goethe e Mirabeau não duvidaram enxergar, como vimos, um dos antecedentes, um prelúdio da Revolução.

Meditando em Santa Helena sobre os sucessos daquela época, Napoleão remontava ao processo do colar, e ponderava que dele datava, talvez, a morte da rainha. O sr. Funck-Brentano, que cita a frase do antipático déspota, como que procura no seu novo livro justiticá-la, mostrando, com uma informação minuciosa e segura, como a reação havida em França, a favor dos réus do processo e contra a corte, e especialmente contra a mal-aventurada rainha, a campanha de difamação que se lhe seguiu, envenenando e pervertendo a opinião a seu respeito, foram partes, ao seu parecer consideráveis, no assassínio jurídico da rainha de França. O seu livro, conforme ele declara no seu prefácio, diz "o destino ulterior dos personagens envolvidos naquela intriga" e "por que encadeamento de circunstâncias foi Maria Antonieta levada ao cadafalso".

Pouco sabedor da história e da vida seria quem negasse a influência considerável que fatos secundários, em aparência insignificantes, podem ter nos sucessos mais importantes e principais de uma e de outra. A despeito, porém, de Goethe, de Mirabeau, de Napoleão, do sr. De Nolhac, o mais notável historiador da desventurada rainha, do sr. Funck-Brentano e de outros iguais ou somenos, custa-me a aceitar em toda a sua extensão o seu juízo da influência do caso do colar na morte de Maria Antonieta. Entre as múltiplas causas particulares que apressaram a decomposição da monarquia francesa e provocaram o advento da Revolução, que causas gerais determinavam, foi certamente uma o processo do colar, do qual a corte, isto é, o rei e sua mulher graças às mesquinhas rivalidades da nobreza, ao espírito faccioso dos cortesãos e do Parlamento a que foi entregue o processo, para empregar uma expressão nossa, saíram com a dignidade arranhada. Na corte, nos salões, na rua, não faltava quem acreditasse, ou dissesse acreditar, que a rainha de França, por amor de uma jóia de alto preço, entrasse em baixas intrigas de camarim com uma fidalga desavergonhada e concedesse entrevistas amorosas a um grão-senhor, como era pelo nascimento e pela imensa fortuna o cardeal-arcebispo de Rohan. Dada a situação social e moral da França, o escandaloso processo não podia senão acarretar, como acarretou, sobre o rei e a rainha, um manifesto desprestígio; mas esse processo, como foi feito e julgado, já era uma conseqüência, um sinal dos tempos. Também a reação que a favor da principal vítima dele, a condessa de La Motte Valois, se seguiu, com toda a vasa de infâmia, como jamais se vira igual na história, que essa reação determinou, não é menos um sinal dos tempos e, antes de ser uma causa, foi um efeito. São por demais numerosas e positivas as provas acumuladas pelo sr. Funck-Brentano, para que recusemos crer que essa inaudita campanha de difamação, de calúnia, de torpezas inimagináveis lançadas contra a rainha, não contribuíssem grandemente para desonrá-la, desacreditá-la, infamá-la completamente perante uma opinião que, se não no povo, na nobreza e na alta burguesia não lhe era simpática. Seria a gota d'água que faria transbordar o copo, mas dadas a Revolução e a conquista jacobina, segundo a justa expressão de Taine, a sua morte independia do caso do colar.

Aquele suplício, as vergastadas, a marca a fogo da condessa de La Motte, uma descendente dos Valois, mulher moça, espirituosa e bela, criaram uma corrente de simpatia pela cínica aventureira. O sr. Brentano nos mostra esta reviravolta do sentimento público, que penetrou até à corte, e talvez até à mesma rainha. Ricos e nobres afluíram à prisão onde ela se achava. "De há muito não recebia a Salpêtrière tantas e tão brilhantes visitas: são a marechala de Mouchy, a duquesa de Duras, Mme. de Bourg, cem outras. O duque de Orléans, que dirigia a maçonaria e preparava o seu papel revolucionário, viu logo o partido que podia tirar da aventura, e a duquesa de Orléans tomou a frente deste belo movimento de compaixão". Entre as que nele tiveram parte e visitantes da Salpêtrière, conta-se a formosa e desgraçada princesa de Lamballe, a amiga querida de Maria Antonieta.

Abreviando: esta reação sentimental deu em resultado a evasão da condessa, e a facilidade com que se efetuou fez crer que a própria rainha não fosse estranha a ela.

Em agosto de 1787 a condessa de La Motte reuniu-se ao marido em Londres. O conde havia sido condenado às galés perpétuas, mas tinha conseguido evitar a pena fugindo, e viveu em Londres do produto da venda de um resto de pedras do colar furtado por sua mulher e de outros meios tão honestos. No tempo em que ela se lhe reuniu, a miséria de ambos era grande. Entretanto, a condessa, com o que lhe ficava de beleza, que ainda era bastante, e com a sua grande arte de intrigante, conseguiu achar protetores; o primeiro foi um lorde inglês, que se compadeceu da "lastimável vítima de um erro judiciário", como ela teve artes para lhe fazer crer que era, e deu-lhe uma pensão; e depois Calonne, o antigo superintendente geral das finanças francesas, exilado na Inglaterra, que no processo do colar, por magoar a rainha, trabalhara esforçadamente pela absolvição do cardeal. Calonne foi neste tempo amante da condessa, e esta união vai produzir "a mais monstruosa das colaborações".

Para satisfazer o seu ódio contra a soberana e para ganhar dinheiro, deliberaram explorar o caso do colar que "fizera na Europa, principalmente na Inglaterra, um barulho enorme". Resolveram que a condessa escrevesse as suas memórias, e como ela escrevia horrivelmente, Calonne lhe deu para redator um publicista francês, fugido da França com a mulher de um funcionário, e redator em Londres do *Courrier de l'Europe,* além dele próprio Calonne. "Ao redor de Maria Antonieta crescia a onda da maledicência". "Ouvi", dizem os Goncourts na sua *História* da rainha, "ouvi o cochicho e o murmúrio de um povo, subindo e descendo, descendo e subindo de novo do Mercado a Versalhes, e de Versalhes ao Mercado. Ouvi o populacho, ouvi os carregadores de cadeirinhas, ouvi os cortesãos trazendo a calúnia de Marly, reconduzindo-a em posta a Paris! Ouvi os marqueses ao fogão das comediantes, em casa das Sofias Arnaulds e das Contats, com as cortesãs e cantoras. Interrogai a rua, a antecâmara, os salões, a corte, a própria família real. A calúnia está em toda a parte, até à beira da rainha". Foi nestas circunstâncias que apareceram as memórias da condessa de La Motte.

A corte procurou evitar-lhes a publicação, mas não o pôde, porque a condessa exigia em troco de seu silêncio — que é quase certo não guardaria — a sua reabilitação legal, além de muito dinheiro. Calonne colaborara grandemente nelas, e a rainha teve em mãos um manuscrito, o engodo à chantagem, com os acréscimos e emendas da mão dele.

Nesse acervo de invenções caluniosas, o odioso Fouquier-Tinville achará os argumentos e fatos que a farão condenar pelo tribunal revolucionário. Mas, se os não encontrasse acumulados ali, não custaria à sua imaginação perversa inventar iguais ou outros.

Estabelecido o terror, supliciado o rei, feitas as setembrizadas, bastava a Maria Antonieta, para ser levada ao cadafalso, o ser rainha de França. Por culpas infinitamente menores subiram a ele centenares de pessoas.

Impudentemente se dava de novo nas suas memórias a condessa de La Motte como íntima da rainha. Todos os testemunhos recolhidos nos processos e pela história, inclusive o seu próprio, provam que ela jamais viu a rainha ou foi vista por esta. Às memórias da extraordinária intrigante segue-se uma verdadeira inundação de panfletos vindos de Londres, ou saídos mesmo de Paris, tendo por principais autores ou instigadores os dois La Mottes, marido e mulher, e todos os inimigos da corte e do regime e até, talvez, o governo inglês, e os que naquele momento tinham algum interesse em lançar sobre a França e o seu governo o descrédito. Não são sequer citáveis por inteiro os títulos de muitos desses libelos. Estamos já em 1790. O conde de La Motte foi um dos heróis da tomada da Bastilha, e os chefes revolucionários Robespierre, Marat, Herbert e outros servem-se dele, o co-autor do roubo do colar, o abjetíssimo marido da Valois, e o "concitam a descobrir todo o procedimento da rainha". Mirabeau, que, comprado, já está do lado da realeza, mas que é sincero no seu novo papel, como ao cabo foi em todos que representou, avisa em frases eloqüentes e sentidas à corte da trama dos revolucionários com os La Mottes. Outros homens da Revolução, Lameth, Barnave e alguns mais, avêm-se por seu lado com o joalheiro Bassenge, um dos vendedores do colar, para, mediante o Clube dos Jacobinos e a Assembléia Nacional, obter o pagamento daquela jóia pela nação. Os panfletos, entretanto, continuavam a chover, cobrindo de lama a rainha e a corte. Aliás nesta mesma encontravam eco e leitores caroáveis às suas infâmias. Quando chega o meado do ano de 1792, Maria Antonieta, rainha de França, não era só uma soberana odiada da população desvairada de Paris; era, ao seu juízo, uma mulher inteira e profundamente desmoralizada, uma messalina sem mais sombra de brio e, sem nenhum resto de prestígio ou de força, entregue indefesa a todos os insultos e escárnios. Era ela, inocente, quem pagava todos os excessos do regime da devassidão onipotente da corte de Luís XIII, de Luís XIV, da Regência, de Luís XV, das rainhas amasiadas com ministros, das amantes reais elevadas até ao trono, das barregãs dos reis dominando a França. Nas trágicas e imerecidas catástrofes, como esta de Maria Antonieta, descobrem uns a singular justiça de Deus, castigando nuns os erros de outros, aqueles a fatalidade procedendo cegamente, estes um mero e estúpido acaso. Eu creio que o determinismo histórico as explica suficiente e claramente. Não se amontoam nuvens e eletricidade à toa. A sabedoria popular sintetizou o fato da sua observação secular no adágio: *quem semeia ventos colhe tempestades*. A sementeira de ventos, feita pelo antigo regime nos tempos mais próximos do rebentar da Revolução, foi colossal.

Quando a família real imbele e indefesa viu a multidão desenfreada de todo o respeito e compostura invadir-lhe o palácio em 20 de junho daquele ano, a rainha pôde ler num feixe de varas erguido nas mãos de uns daqueles *canibais*, como lhes chamam os Goncourts, o aviltador cartaz: *Para Maria Antonieta*. E ali, nos seus paços, rodeada da ironia pungente do fausto da mais suntuosa corte da Europa, toucada com o barrete vermelho da República, ouviu, com uma estupenda e corajosa calma, os mais baixos insultos dirigidos ao seu pudor de mulher, aos seus sentimentos de mãe.

A história, tão cheia aliás de páginas atrozes, e que dariam vontade de rasgá-la e maldizê-la àqueles que não vissem nela a evolução para melhor da humanidade, não apresentará muitas, se alguma tem, mais vergonhosas para o homem que esta do longo e cruel suplício de Maria Antonieta e sua morte. Entre os mil preconceitos correntes, partilhados até por sabedores e filósofos, um dos que mais provoca a minha dúvida é o da pretendida maior doçura e benignidade da chamada raça latina. Pergunto-me a mim mesmo e aos anais da humanidade se as outras raças, a germânica, a anglo-saxônia, a celta, e até a eslava, terão no seu ativo alguma coisa mais cruel do que, para não citar milhões de fatos, a morte, com os seus antecedentes e circunstâncias, de Maria Antonieta.

A GENTE DE LÍNGUA INGLESA

O sr. W. T. Stead, sabem-no os leitores, é uma das mais interessantes e mais simpáticas figuras da Inglaterra contemporânea. Como jornalista, no mais nobre significado dessa qualificação, ele certamente não tem superior, e apenas terá rival, não só nos povos da sua língua, mas em todo o mundo, pela sua fenomenal capacidade de trabalho, pela versatilidade das suas aptidões, pela originalidade das suas concepções, pela perspicuidade do seu estilo, pela fecundidade da sua invenção, pela mobilidade e perspicácia do seu engenho, pela universalidade da sua curiosidade e informação, tudo realçado por essa *ingenuity*, britânica, que não sabemos traduzir, e que comporta, numa das gradações dos seus significados, algumas das virtudes mais estimáveis do grande jornalista: a larga generosidade da sua alma, o seu profundo sentimento humano.

Foram justamente estas feições que fizeram do onímodo diretor da *Review of Reviews* uma das forças morais da Inglaterra, um desses "pacíficos" que são a honra da humanidade, um dos mais eloqüentes (de uma eloqüência nova, prática, sua, que nada tem com a eloqüência comum) propagadores do bem nos nossos tempos. Adversário da guerra e de todos os meios violentos e desonestos na luta da vida, inimigo declarado e ardente do imperialismo indígena e do jingoísmo, foi ele na sua pátria talvez o primeiro, certamente um dos primeiros, a manifestar-se contra a guerra aos bôeres, levando a sua manifestação ao ponto de lhes desejar a vitória. Não é, porém, da atraente e singular personalidade do sr. Stead que me quero ocupar. O espaço de que disponho não bastaria para dar ao leitor, que acaso o não conheça bastante, uma idéia exata deste homem que honra o homem. Como jornalista, nenhum, que eu saiba, tem mais idéias do que ele, e não são as idéias do bulevardismo elegante e inconseqüente, como Girardin as tinha cada dia, mais idéias pela maior parte de uma inspiração generosa, e de um valor universal e humano, destacando-se e separando-se das puras utopias por um idealismo prático, como é de regra o do inglês.

Uma das inumeráveis idéias do sr. Stead é constituir como toda a gente de língua inglesa o que ele alternadamente chama "o povo de língua inglesa" ou "a raça de língua inglesa" — *the English-speaking people* ou *race*, e também *the English-speaking world*. Um etnólogo, um sociólogo da escola etnográfica de Spencer, poderia justificadamente opor bons argumentos a uma concepção de unidade política que se baseia no conceito falso da língua. Como outrora Napoleão III erigira o famoso princípio das nacionalidades em teoria política, sobre o qual assentasse a unificação dos povos da mesma estirpe, o sr. Stead quer fazer da unidade da língua a base da união da gente inglesa. Não se lhe dá das diferenças de raça ou de sangue, das divergências de religião, de história, de desenvolvimento; ele une desassombradamente, com a sincera candura dos apóstolos, canadenses, em grande parte franceses, irlandeses, quase totalmente celtas, norte-americanos de todas as procedências, holandeses ou alemães, no mesmo *stock*, segundo a expressão nacional, "a gente de língua inglesa". E a língua, fator de menos importância na constituição de uma nacionalidade, na qual lhe são sobreexcelentes a raça, a história e a vontade comum de uma mesma existência política, toma assim no seu conceito uma importância certamente excessiva. Erraria, creio, quem nisso visse um sofisma consciente ou um cálculo. Podemos acreditar que o sr. Stead é convictamente sincero. No seu patriotismo esclarecido e previdente, ele vê que a expansão, o imenso poder, o vasto domínio de sua pátria terão forçosamente um fim com o mesmo progresso das gentes e nações que dela nasceram, e que, e ninguém o proclama com mais convicção e orgulho que ele, são a sua honra e glória. Ele foi um dos primeiros e mais decididos propugnadores da Confederação da Inglaterra com as suas colônias, como expediente para manter a integridade do império. É um imperialista a seu modo; inimigo dos processos insolentes e violentos do imperialismo jingo, hostil a tudo o que ofenda seu alto ideal de liberdade e irredutível respeito pelos direitos dos povos, quisera, entretanto, agindo pela convicção e com amor, congregar numa união espontânea e livre a Inglaterra e suas colônias, e formar com elas os Estados Unidos ingleses. Mas este seu ideal, sem desaparecer, pois que ele continua a trabalhar com afinco por ele, desenvolveu-se e alargou-se. No que ele pensa hoje é, segundo a sua fórmula, nos Estados Unidos de língua inglesa do mundo, *English-Speaking United States of the World*, convencido, afirma que, se os ingleses não conseguirem "fundir o Império Britânico nos Estados Unidos de língua inglesa do mundo, a desintegração do nosso império e nosso definitivo deslocamento de primado comercial e financeiro é apenas questão de tempo, e provavelmente de muito pouco tempo".

Não tenho a certeza se o inventor da idéia, e da expressão "gente de língua inglesa", foi o sr. Stead. Não só na Inglaterra, mas nos Estados Unidos, é aquela familiar e esta corrente. Se não foi o grande jornalista quem as inventou, ele as fez sua pela extensão de significação e de aplicação que lhes deu, e pela constância, talento e denodo com que por sua realização luta.

Como a quase todos os ingleses de pensamento e ação, porém, mais talvez que a nenhum outro, os Estados Unidos ocupam e preocupam o sr. Stead. A sua vasta, completa e segura informação da grande nação filha da sua convenceu-o de que por ela e com a supremacia dela se fará a salvação da "raça de língua inglesa", mediante a união da qual serão os Estados Unidos capazes de salvar a paz do mundo.

Ele não esconde o ressentimento que tais idéias causam na Inglaterra, mas toma bravamente o seu partido, e aos irosos campeões da Inglaterra e aos ingleses replica que, por isso que os Estados Unidos são o máximo feito da raça inglesa, não há razão para pesarem-se do papel que os americanos estão representando, refazendo o mundo à sua imagem, que, ao fim de contas, é substancialmente a imagem dos ingleses. "Se nos aflige", escreve ele, "à nossa vaidade nacional, consolemo-nos ponderando que os americanos não fazem senão dar a outrem o que de nós receberam. Tudo o que fizerem, lança-se ao crédito da família. É um pai desnaturado o que não exulta com os feitos de seus filhos, ainda quando eles eclipsem as façanhas dos seus antepassados..."

Para mais propagar as suas idéias, e demonstrar com fatos e argumentos a sua teoria, acaba o sr. Stead de publicar mais uma das suas já hoje numerosas brochuras — que em outro formato daria, aliás, um livro volumoso — com o título significativo e apetitoso de *The americanization of the world,* da qual são as citações já feitas. Não é possível quase achar, no gênero, livro mais interessante, mais original e mais sugestivo.

No primeiro capítulo, noticia-nos ele o "mundo de língua inglesa", e propõe a "reunião" dos países e povos que o constituem. Para ele é artigo de fé que o mundo está sendo americanizado — não preciso acrescentar pelos Estados Unidos, que para o inglês, por assim dizer, formam e resumem a América. Mas "a americanização do mundo é, com pouca diferença, a britanização do mundo". Como não lhe parece possa ser contestado que os Estados Unidos alcançaram tal grau de potência e prosperidade a poder reclamar o direito de dirigir as nações de língua inglesa, é sobre a sua presidência que essa reunião se deve fazer. A respeito daquela superioridade os dados estatísticos lhe parecem concludentes. Em 1801 tinham o Reino Unido e os Estados Unidos respectivamente 16 e 6 milhões (eu arredondo os números) de habitantes; um século depois, em 1901, 42 e 77. E não computando senão a população branca do Império Britânico e dos Estados Unidos, os algarismos serão respectivamente, em 1801, 16 milhões para aquele império, e 4 1/2 milhões para a República e em 1901, 55 milhões e 66 milhões. Contando os Estados Unidos, os anglo-saxões dominam o mundo. Com os seus 121 milhões de livres cidadãos brancos (*self-governing white citizens*) governam 353 milhões de asiáticos e africanos. Sob as suas bandeiras trabalha um terço da raça humana. O mar, que cobre três quartas partes da superfície da terra, é seu domínio. Com uma porção de algarismos, mostra o sr. Stead a incomparável superioridade territorial, numérica, econômica, comercial, financeira, marítima, industrial da gente de língua inglesa, comparada com qualquer outra gente do globo. A união da raça anglo-saxônia, união que, no seu pensamento, deve ser a mantenedora da paz no mundo, não lhe parece mais difícil que a das gentes germânicas. "Entre as duas seções da raça de língua inglesa", diz ele, "houve há cem anos uma guerra. Há razões sobejas de recear que a média sustentará que, ao menos de alguma forma, a obra maligna de George III pode ser desfeita. Naturalmente, é de todo ponto impossível, quando fosse desejável, aos americanos voltarem ao seio do Império Britânico. Mas, se é impossível, resta uma outra alternativa. Por que nós da velha estirpe não nos disporemos a retratarmo-nos do erro dos nossos avós, reconhecendo que a hegemonia da raça passou de Westminster a Washington, e propondo federar o Império e a República segundo os termos que após discussão forem assentados como uma base possível da reunião da nossa raça?"

Rir-se-ão da sugestão, como de um sonho, mas o poeta americano Russell Lowell não disse "que as melhores coisas que temos não começaram por ser sonhos"?

Nenhum conhecedor do estado d'alma da Inglaterra a respeito dos Estados Unidos, e do qual a concepção do sr. Stead é um sintoma, motejará dessa aparentemente extravagante proposta. Mas, é um fato averiguado que a Inglaterra não teme ninguém senão aos Estados Unidos, que são a única nação do mundo a cujas boas relações ela sacrificará tudo, até mesmo a honra — a singularíssima e elástica honra das nações. Sobram disso exemplos, dos quais o estupendo caso do *quos ego* americano no conflito anglo-venezuelano não é excepcionalmente considerável. Uma guerra com os Estados Unidos, segundo declarava há seis anos o sr. Balfour, agora um dos mais fortes apoios do sr. Salisbury, e recorda o sr. Stead, traz à mente inglesa "alguma coisa do desnaturado horror da guerra civil". E era o mesmo homem político, em que custe a Chamberlain talvez o mais provável sucessor de lorde Salisbury, que dizia: "Tanto quanto posso falar por meus concidadãos, sinto que o nosso orgulho da raça a que pertencemos é um orgulho que inclui toda a comunidade de língua inglesa no mundo. Temos um patriotismo doméstico como escoceses ou ingleses ou irlandeses, ou o que quiserdes, temos patriotismo como cidadãos do Império Britânico; certamente, porém, temos também, conjuntamente com este, um patriotismo que abrange, nas suas amplas dobras, toda a grande raça, que tanto fez em cada ramo da atividade humana e naquele ramo dessa atividade que produziu as instituições livres e as livres comunidades". E o estadista concluía com o sonho do jornalista.

O patriotismo do sr. Stead é porventura principalmente esse largo patriotismo anglo-saxão, que nele não exclui por forma alguma um ainda mais amplo e generoso sentimento da humanidade e da confraternidade universal. Ele é ao mesmo tempo um dos propugnadores, como o grande poeta cujo centenário se acaba de celebrar, como sociólogos qual Novicov, com filósofos e sonhadores, um dos pregadores dos Estados Unidos da Europa. E entra resolutamente, no seu livro, na indagação das bases da reunião da gente da língua inglesa.

Se as duas grandes nações dessa língua devem reunir-se, parece-lhe óbvio que haverá um sistema que possa ser aceito por todas as comunidades dela disseminadas pelo mundo. Isto aceito, levanta-se a questão se o Império se deve aproximar da República ou a República do Império, e outras correlatas. Não se lhe afigura difícil responder a elas. A principal diferença entre as constituições inglesa e americana é que o chefe de uma é hereditário, e o da outra, eletivo; que os ingleses não têm constituição escrita e os americanos possuem o melhor tipo conhecido de uma constituição escrita. A constituição da raça reunida será escrita, e sendo escrita não poderia deixar de ser moldada, não sobre a constituição inglesa mas sobre a americana. Faz o sr. Stead a observação justa de que todas as comunidades de origem inglesa, unidas ainda à Inglaterra, algumas das quais, como o Canadá e a Austrália, são já verdadeiras nações, constituíram-se mais à semelhança da constituição americana que à da inglesa. Assim, nenhuma delas adotou uma legislatura hereditária, como a da Câmara dos Lordes, uma Igreja oficial, nem a gratuidade das funções legislativas, tendo todas adotado o *home rule* americano. Se os Estados Unidos de língua inglesa devem ter um chefe, este não poderá ser senão eletivo, segundo a moda republicana, porque todas as comunidades dessa língua, com exceção da comunidade mãe, são de direito ou de fato repúblicas. *Commonwealth of Australia* é o nome oficial da Austrália, uma federação à moda dos Estados Unidos. E a monarquia inglesa? "Os próprios americanos seriam os primeiros a opor-se ao desaparecimento da monarquia. A coroa poderia permanecer como um pitoresco símbolo histórico, como uma instituição distintivamente inglesa, tão local, embora muito mais decorativa, como o nevoeiro londrino (*London fog*)".

Acima assentei que a Inglaterra, como é banalmente por todos reconhecido, de nenhuma outra nação que não os Estados Unidos se teme, de nenhuma outra senão deles requesta a amizade, o apoio, ou pelo menos o acordo cordial. Toda opinião que não seja a americana lhe é indiferente. Erraria grosseiramente, penso eu, quem visse neste sentimento pelos próprios ingleses confessado vislumbre de fraqueza e covardia. Ele provém somente do profundo instinto nacional, étnico, poderia dizer, de que um conflito bélico entre os dois países seria talvez irremediavelmente funesto à gente anglo-saxônia. A Inglaterra, dada a sua enorme superioridade naval sobre os Estados Unidos, poderia destroçar a esquadra americana, muitíssimo inferior ainda à sua, aniquilar a sua marinha mercante, assolar os seus portos, causar ao seu comércio, sua maior força, os mais grandes prejuízos. Mas para si e para sua raça — e nós já vimos o que é o seu patriotismo da raça — o seu triunfo seria, para repetir o estafadíssimo símile, uma vitória de Pirro. Do desastre dos Estados Unidos, ou do seu, se fossem eles os vitoriosos, quem aproveitasse não seria o vencedor, mas as grandes nações êmulas ou rivais da gente anglo-saxônia, esfacelada numa guerra de irmãos. E o temeroso espectro desse perigo não acompanha e assusta somente a imaginação inglesa, senão a norte-americana também, não obstante a forte corrente antiinglesa existente nos Estados Unidos, criada principalmente pelo elemento irlandês, ali influente. É ali um dos oráculos daquele sentimento de patriotismo anglo-saxão o mais notável historiador naval do nosso tempo, o célebre comandante Mahan. E o mesmo presidente McKinley foi um deles.

É no fato, para ele incontestável, da americanização do globo que o sr. Stead assenta a necessidade da reunião das gentes da língua inglesa e a possibilidade da sua realização. Em capítulos sucessivos, e todos cheios de idéias e fatos, mostra ele a americanização da Irlanda, principal mantenedora da malevolência americana pela mãe pátria, da África Austral, das Índias Ocidentais, do Canadá e da Terra Nova da Austrália, da mesma Inglaterra e ainda da Europa, literalmente invadidas desde meio século pelos costumes, instituições, excentricidades, hábitos, modas, indústrias, comércio, ricaços e suas herdeiras, artistas de todo gênero americanos. Para se salvar dessa onda invasora, que começa arrastando consigo as comunidades de língua inglesa ainda dependentes da Inglaterra, não se oferece a esta outro recurso senão acompanhá-la, incorporando-se com ela, pena de ser afogada por ela.

Este é o pensamento do sr. Stead e do seu livro. Não sei se a parte mais interessante dele não será aquela que não posso sequer resumir aqui: os detalhes, as informações, os dados estatísticos do gênero diverso em que assenta a demonstração da sua tese. Quanto a discuti-la, deixo ao leitor.

UM RETRATO DE ROSAS

No tomo segundo dos *Anales de la Biblioteca*, de Buenos Aires, publica o sr. Paul Groussac uma mui interessante *Notícia biográfica* do dr. dom Diego Alcorta. Ainda para um escritor de tanto talento e recursos, como é o eminente diretor da Biblioteca Nacional Argentina, a vida desse apagado político e professor de filosofia, homem dos que não têm história, como são os bons, não daria para um trabalho substancial, se o biógrafo não tivesse a arte de a entretecer na trama da história nacional da época em que passou. Essa arte a teve em grau subido o sr. Groussac, e por isso é uma deleitosa leitura a sua notícia sobre aquele honesto cidadão, pois o sr. Groussac, creio, já tive ocasião de o dizer, é, dos que conheço, talvez o único escritor da história política americana que se faça ler com aprazimento.

O dr. dom Diego Alcorta viveu e lecionou, não ouso dizer floresceu, de 1801 a 1842. Tendo vestido a toga viril com a sua formatura em medicina em 1827, foi pouco tempo deputado e o resto da vida professor de ideologia (*sic*) na Universidade de Buenos Aires, num dos mais agitados períodos da agitada história argentina, o do governo de Rivadavia, da luta do unitarismo e do federalismo e da ruinosa ditadura de dom Juan Manuel Rosas, período que ele conseguiu atravessar incólume, apesar dos seus princípios e ligações de política e família, ensinando mansa e dedicamente a sua metafísica. Da sua filosofia o principal mestre é Condillac e depois Cabanis, Locke, Ronet e outros então em voga, que ele mais ou menos repetia. "Afora algumas páginas literalmente vertidas", diz o sr. Groussac falando do curso manuscrito deixado por Alcorta e agora publicado nos *Anales*, "Alcorta não é um simples tradutor, ainda quando adota a doutrina e as proposições do seu mestre (Condillac); é um apreciador inteligente que não abdica de sua independência intelectual, e só aprova depois de ter julgado — podendo de certo modo assemelhar-se a sua posição (guardadas as distâncias) com a de um Laromiguière sul-americano, muito menos elegante e feliz, porém não menos transparente que o francês". Mas, qualquer que seja o merecimento (e será sempre muito relativo) do professor de filosofia argentino, o interesse, ao menos para nós, da *Notícia* do sr. Groussac não está nele, mas no belo estudo que sucintamente faz daquela época e sobretudo no seu vívido perfil de Rosas.

Desde os anos de 30, mostra-o o sr. Groussac, "completos ou embrionários, existem já na Argentina todos os órgãos do despotismo. Assiste-se ao desalojamento crescente da lei sob a ação, insidiosa ou brutal, conforme os casos, de uma única vontade, e esta vontade é a de um caudilho do campo, nobre de nascimento e gaúcho de vocação, que afeta blasonar de rústico para esconder a sua verdadeira rusticidade. Desde o primeiro dia ele se sente onipotente. Apenas pelo seu próprio instinto adquiriu antecipadamente o conhecimento a que hoje chegamos, *a posteriori*, pelo estudo e reflexão; a saber que, não existindo nas sociedades primitivas outra força incontrastável que a resultante dos sentimentos e apetites da multidão, ele, e então só ele, condensa em sua robusta personalidade as energias mais vivazes do seu meio, até ao ponto de aparecer como um símbolo e resumo de todas elas".

E mais adiante:

"Para a alta burguesia portenha, Rosas era o portenho de raça e legítimo descendente da nobreza colonial; para o clero, um católico às direitas, protetor nato da Igreja e inimigo do crioulo descrente de Rivadavia. Os matutos de prol admiravam nele o perfeito estancieiro, assim como os caipiras o perfeito gaúcho. 'Tão homem do campo como o melhor'. Era natural que os ricos se inclinassem perante a sociedade Anchorena, e os proprietários ante o fazendeiro próspero, porém, e ainda mais — rasgo bem humano! — os pobres que recolhiam as escassas migalhas do senhor de Cerrillos [a estância de Rosas] orgulhavam-se com a fortuna do ouro, como os negros com o seu sangue azul. Contribuía também para robustecer a sua influência a surda inveja que cada classe alimentava contra as rivais. Os soldados ignorantes agradeciam a Rosas o seu desprezo do saber, os jornalistas e leguleios celebravam os supostos triunfos das milícias sobre os veteranos e do comandante da Campanha sobre os generais de Ituraingo: por fim, uns e outros juntavam os seus entusiasmos crioulos pelo inimigo dos estrangeiros. O tipo físico do caudilho — fator importantíssimo para a popularidade — era de uma beleza rara (então mais rara que hoje), que seduzia as multidões por seu caráter exótico e a classe urbana pelo selo da raça, que a vida campestre não lograra apagar. Alto, robusto, de tez branca e rosada, com a barba saliente dos voluntários e o lábio reprimido dos hipócritas, Rosas impunha pelo seu aspecto imperioso, ainda antes de exercer o império. Possuía a arrogância inata da postura, o instinto do gesto autoritário, e a pompa teatral; como o relâmpago na nuvem, uma centelha de fereza e crueldade dormia nos seus claros olhos encapotados, estalando bruscamente o raio em arranques terríveis e frenéticos. À musculatura e frieza de entranhas dos grandes felinos, unia a sua flexibilidade astuta e paciência de espreita. Sob a rudeza gaúcha da linguagem e dos ademanes, que atraía a plebe, transparecia fidalga altivez hereditária, que surpreendia os diplomatas europeus; e sobre tudo isso o não sei quê misterioso e fascinador dos predestinados para o bem ou para o mal, que se manifestava na perfeita desenvoltura com que o governante improvisado se desempenhava na mais alta fortuna e, desde o primeiro dia, aceitava como devido tributo a submissão popular".

Além destas causas principais do "imediato inegável prestígio de Rosas", as de sua duração, "apesar de atos brutais que deveriam prontamente destruí-lo ou desacreditá-lo, explicam-se em parte pelo rudimentar desenvolvimento social e as circunstâncias recentes que o tinham retardado. Fora de um círculo privilegiado, a civilização européia era um verniz externo que não penetrara as camadas internas da alma social, fatos numerosos comprovam, mesmo no grupo relativamente superior, e durante a época rivadaviana, a inconsistência da ação educativa e a fragilidade da combinação entre as idéias de empréstimo e os sentimentos próprios". Depois de mostrar como o terreno vinha de longe preparado para aceitar, ou ao menos sofrer, a ditadura de Rosas, e lhe era adequado — por exemplo, que a curta ditadura militar de Lavalle "ministra casos isolados de todos os abusos e delitos oficiais que a ditadura de Rosas praticaria como regime" — completa assim o sr. Groussac o seu retrato do odioso déspota:

"Um gaúcho mau era fundamentalmente Rosas, a despeito do seu badalado avoengo. Não com quem nasces, senão com quem pasces. Algo de surpreendentes teriam as suas habilidades e proezas de gaúcho, se coexistissem com aptidões e maneiras urbanas; mas carecia destas como muitíssimos outros estancieiros que só apreciam as festas do rodeio e da ferra, e se acham deslocados na cidade. Da casa paterna e da escola primária colonial, onde apenas por sua indisciplina brilhara, passou ao Salado para completar a cavalo a sua verdadeira educação. Sabia ler e escrever, o bastante para urdir com seus compadres enredos gaúcho-políticos; tirava contas de compra e venda; com boa letra e péssima ortografia, redigia em papel azulado, marca Both, cartas de negócio cheias de senso prático, e, quando se queria elevar, proclamações de alcaide local, na terceira pessoa. Desde a primeira infância revelou a maldade indômita e a inclinação viciosa que são companheiras freqüentes do vigor físico, *malus puer robustus*. Em prematura idade, rompeu com o primeiro e mais forte vínculo social, que é o da família, e foi desafogar no pampa seus ardores juvenis. Vestia, comia e dormia como o matuto, ficando tão completamente vazado no molde rústico que vinte anos de vida urbana não puderam domesticar, e que em Southampton, para iludir a sua nostalgia de 'gaúcho a pé', precisou construir-se o rancho e o curral de seu primeiro aduar do Salado. Cumpre acrescentar que os seus gostos e sentimentos correspondiam ao seu gênero de vida. Quanto ao mais, as suas paixões brutais e artes hipócritas, sua rudeza de fibras e secura de entranhas, sua afeição a chocarrices grosseiras e ao espetáculo do sangue vertido, humano ou animal, a sua insuperável aversão pela cultura européia, constituíam antes rasgos genéricos que individuais. Era a índole gaúcha na sua selvagem integridade dos princípios do século passado, ou melhor, a natureza bárbara, semelhante a si mesma em qualquer tempo ou lugar onde impere o mesmo grau inferior de civilização. Em toda a parte compõe a gama física elementar os mesmos vícios e qualidades: a ignorância supersticiosa, a indisciplina, o desprezo do trabalho regular, a sede de aventuras e vagabundagem, a mentira, a vaidade pueril, a paixão do combate e do fogo, o amor da liberdade e da libertinagem, a indolência fatalista, o culto do heroísmo e do banditismo, o respeito da hospitalidade, o apego à tradição, e, portanto, o ódio ao estrangeiro... O que precisamente distinguia Rosas dos seus congêneres era a covardia e também a crueldade gratuita, porque o gaúcho, com ter ímpetos sangüinários, não é friamente cruel. E acaso em Rosas, idiossincrasia à parte, a segunda provinha da primeira.

    A falta de valor pessoal, em quem por profissão vivia rodeado de perigos e ciladas, o faria assanhar-se, contra o inimigo caído, em desforra vingativa do medo que este lhe metera. É também tendência das almas vis aborrecer mortalmente o que não podem alcançar, e a inveja secreta explicaria o ódio do analfabeto a Rivadavia, como do miliciano da retaguarda por Lavalle — e talvez por Quiroga —, cujo temerário arrojo lhe parecia uma zombaria direta e um insulto. Quanto ao mais, a covardia, que degrada o soldado, não prejudica sempre o político. Desde o romano Augusto até ao paraguaio Francia, a história está cheia de tiranos pusilânimes que, preservando a sua pele, preservarão o império, prosseguindo entre sustos e temores o seu propósito tenebroso e audaz.

"Em suma: nenhuma anormalidade idiossincrásica (embora algumas adquiridas) naquele bárbaro rude, que desfrutou a saúde e o apetite de um carnívoro, e morreu de congestão aos 84 anos. Nenhum talento superior tampouco, nem sequer o instinto, daquele Ali, paxá de Janina, que surpreendeu o mundo com o seu brutal heroísmo, e foi cantado por Byron e Victor Hugo. Seu êxito foi filho das circunstâncias. Apenas o ajudou com as qualidades ordinárias de atividade e persistência, com que qualquer *pioneer* de país novo alcança a fortuna, acrescentando-lhe a perfídia e a má-fé dos negócios ciganescos. Sua habilidade para enganar a Lavalle e outros homens de lealdade não difere das trapaças de que usam ordinariamente os mestiços com os europeus e os caciques índios com os cristãos. Ao cabo, não fez senão representar na província rica o papel que López e Ibarra desempenhavam nas pobres. A auréola sangrenta, que empresta certa grandeza enganadora à sua figura vulgar de 'gaúcho pícaro', provém somente da maior proporção da sua presa e do número e tamanho dos seus atentados. Como o hipócrita Domiciano, que fazia escrever por outros as suas abomináveis sentenças, este deveu também o seu mais espantoso renome às mortandades havidas em sua fingida ausência, enquanto delegava o governo em dóceis instrumentos, que tiveram de aceitar, castigo tremendo, ser cúmplices do amo para não lhe serem as vítimas".

Por influência e a exemplo de certos eruditos alemães, e também das doutrinas do culto dos chamados grandes homens, pregadas por Carlyle, Emerson, Nietzsche e menores, seus discípulos ou simples macaqueadores, e da sociolatria positivista foi moda, que ainda não passou de todo, a revisão de alguns processos e juízos históricos, menos com o fim de apurar a verdade, fosse ela qual fosse, mas de exculpar e reabilitar memórias e nomes infamados pela tradição e pela história. Também os miseráveis tiranos da América, caudilhos sem capacidade nem coração, raça de bandidos políticos, tiveram os seus advogados. Contra esta perniciosa tendência, que revela menos um alto e respeitável amor à justiça que um eclipse dos nossos sentimentos de liberdade, da dignidade e da bondade humanas, pronuncia-se excelentemente o sr. Groussac, pensando no que na Argentina se quis fazer com Rosas:

"Limpemos a história", escreve ele, "de toda a absurda admiração pelo crime, a pretexto de não sei que maquiavelismo de *snobs*, que pretende atribuir fundos desígnios políticos e propósitos nacionais a bárbaros assassinatos, em que o ódio e a vingança pessoal soíam complicar-se de sórdida cobiça. Tampouco soframos que, graças a um falso determinismo histórico, escapem à merecida condenação os fatores responsáveis de mil excessos que mancharam o nome argentino e ultrajaram a humanidade. O único determinismo aceitável é o que mostra, como nas páginas antecedentes ensaiamos, a sucessão de circunstâncias e a cadeia de erros que, neste meio turbulento e escassamente civilizado, deviam fatalmente trazer o triunfo da barbaria e entregar o poder ao representante mais genuíno e robusto da crioulagem indômita".

Voltando ainda às circunstâncias e "influências malignas que desenvolveram monstruosamente a índole perversa" de Rosas, acrescenta: "De todas elas, nenhuma foi mais intensa e funesta que o comando da campanha, como ele o praticou. É preciso ler no *Arquivo da polícia* o modo por que povoou, durante dez ou doze anos, as suas estâncias do Salado, esvaziando periodicamente os cárceres da província e derramando no seu feudo penitenciário todos os criminosos e vagabundos do país. Sobre essa plebe facinorosa exercitou os seus hábitos de mando e os seus apetites de crueldade; e à desmoralização inevitável que a autoridade absoluta e prematura traz consigo — pois tinha sobre os seus vassalos direito de vida e de morte — ajudou a necessidade do rigor e a escusa corruptora de serem os mais duros castigos os únicos eficazes para domar aquela chusma. Desta experiência *in anima vili* extraiu a sua teoria e prática do governo; não sabia mais, e, como já disse, era lógico que aquele cérebro estreito de gaúcho impulsivo não visse na província mais que uma grande estância, e aquele déspota de faca à cinta tratasse os seus adversários de hoje como os seus presidiários de ontem. Mercê das circunstâncias, à torpeza dos seus inimigos, à cumplicidade do interesse e do medo, o sistema resistiu vinte anos, duração extrema de todo regime pessoal, que só depende do vigor físico e da vontade de um homem. Passado este limite, tinha de sucumbir em Caseros ou alhures, desde que a mão do ditador envelhecido não continuara oprimindo a garganta da República e esta tivesse uma hora para respirar. Tanto é certo que o déspota vive amarrado ao seu despotismo!"

Nós, brasileiros, desgraçadamente podemos hoje compreender e apreciar o que há de profunda verdade neste admirável retrato daquele que foi talvez o protótipo do tirano da América. Também já o tivemos: e o "salvador da pátria" não é mais para nós uma entidade estrangeira. E à sinistra galeria dos Francias, dos López, dos Rosas e de dezenas de outros, podemos juntar um nome que, como aqueles, acha também glorificadores.

QUEM INCENDIOU ROMA?

Todos os meus bondosos leitores, *una voce*, sem hesitar, dirão, seguros, agora sobretudo que o secante *Quo vadis?* lhes refrescou a lembrança talvez apagada da sua história romana: foi Nero.

Não lhes dizia eu outro dia, a propósito de um sujeito da mesma raça moral de Nero, o famigerado Rosas, um gaúcho argentino que teria feito um bom par com Calígula ou Tibério, que no nosso tempo se fizeram ou tentaram não poucas revisões dos processos e sentenças tradicionais ou históricas? Pois o de Nero também foi revisto, e se alguns dos revisores, como Renan, talvez o maior de todos, chegaram, com mais penetração crítica, maior compreensão do personagem e da época, algumas modificações circunstanciais, às mesmas conclusões dos primeiros juízes, outros entenderam reformar-lhes a sentença, ao menos em parte. Pertence a estes o professor italiano Carlo Pascal, cujo opúsculo *O incêndio de Roma e os primeiros cristãos* acabo de ler na tradução francesa da segunda edição italiana. O professor Pascal é um erudito e principalmente um filólogo, no alto e largo sentido desta designação. O seu trabalho é uma obra de erudição pura e não de polêmica ou de anti-religião. Ele nem por um momento nega ou diminui ou atenua a justiça da reputação histórica e tradicional de Nero, para ele, como para todos, um feroz celerado. Parece-lhe somente, afirma-o no seu opúsculo, que não foi ele quem incendiou, ou antes, mandou incendiar Roma, no ano 64, mas sim os cristãos.

Se antes do professor Pascal, como lembra um seu antagonista, outro preclaro sabedor italiano, o professor Vincenzo de Crescenzo, na sua brochura *Nerone incendiario e i primi cristiani*, autores houve, Tillemont, Fabricio, Duruy, Bertolini, Hertzberg, Allard, Maruchi, que duvidaram fosse Nero o mandante do incêndio; se outros, citados pelo mesmo Pascal, Aubé, Schiller, erudito contemporâneo, Herstlet, e alguns mais, negam absolutamente se possa atribuir a Nero esse crime; se dois outros, o alemão Joël e o francês Havet, também nomeados por De Crescenzo, foram mesmo até suspeitar dele os cristãos, nenhum, todavia, como o professor Pascal, os acusou tão terminantemente de serem os seus autores. Sente-se, lendo De Crescenzo, que a tese de Pascal não só lhe parece errada, mas o irrita. Embora o esconda com um justo sentimento de probidade literária, adivinha-se que não é somente o erudito que ela afronta; revolta-se porventura nele também o crente. Sem embargo, ele se mantém no campo da pura erudição, e de pura erudição, geralmente filológica, são as razões que opõe à argumentação, também em grande parte filológica, do professor Pascal.

Pelo opúsculo do professor De Crescenzo ficamos sabendo que o do professor Pascal teve uma grande repercussão no mundo erudito italiano e europeu, provocando naquele discussões numerosas na imprensa especialista e ainda na diária. Nem ele cala que a tese de Pascal encontrou adeptos, entre outros os dois "ilustres arqueólogos", I. Vaglieri e L. Borsari.

Nem o professor Pascal, nem o seu contendor, e creio que nenhum dos que no assunto tomaram partido, trouxeram para a discussão esse fato novo, de que certas legislações fazem condição indispensável à revisão de um processo. Toda a sua argumentação se faz sobre ou em torno dos velhos textos conhecidos. As fontes originais, ou pelo menos as mais antigas, ou mais próximas dos sucessos, que nos restam, são Suetônio, Tácito e o grego Díon Cássio. Destes, o primeiro e o terceiro atribuem a Nero o incêndio; Tácito é hesitante na sua afirmativa, começando a sua narração do caso do incêndio por declarar que "se foi casual ou obra da malícia de Nero", ainda no tempo em que escrevia não era fato certo, "porque uma e outra coisa lemos nas histórias". De sorte que podemos deste trecho de Tácito concluir que, ao tempo em que ele escrevia (primeiros anos do II século), a opinião romana e os cronistas, de cujos subsídios se aproveitou, se dividiam na atribuição da causa do incêndio. O professor Pascal rejeita a hipótese do acaso, de fato pouco admissível, quando se sabe a violência e a simultaneidade com que em partes diversas da cidade irrompeu o fogo, e também que, logo após a extinção do primeiro incêndio, um segundo se manifestou nos jardins de Tigelino, o favorito de Nero, o qual devastou outra parte de Roma.

Depois de haver confutado as razões em que Suetônio e Díon Cássio apóiam a sua atribuição do incêndio a Nero, que são, com efeito, fatos e anedotas sem nenhum valor para assentarmos nela uma convicção histórica, o professor Pascal observa, compendiando as que o levam a não o crer o autor de mais esse crime:

    Que é fora de dúvida que Nero era capaz de todos os crimes, mas, se nisso houvéssemos de fundar a nossa convicção, a questão não existiria. Na criminalidade, porém, há temperamentos e caracteres diferentes, uns audazes até à temeridade, outros embusteiros e disfarçados. Conforme resulta da sua vida, Nero foi insidioso e covarde (rasgo que o sr. Groussac notou em Rosas); desconfiado de tudo e de todos; atento sempre em angariar o favor do povo com festas e liberalidades; tomado, às vezes, de crises convulsivas e, medroso da vingança divina, supersticioso como uma criança. Quando o incêndio rompeu, ele estava em Antium. Se o incêndio foi posto por sua ordem, o seu segredo teve de ser confiado a centenas senão a milhares de pessoas, que, para o lançar, se disseminaram pela vasta área em que foi simultaneamente ateado. Díon Cássio afirma que havia guardas e soldados que o reavivavam, e outras fontes dizem que os incendiários impediam qualquer tentativa de extinção. Mas, quando o imperador voltou e procurou extinguir o incêndio, segundo assegura Tácito, a quem obedeciam os que, dos jardins de Tigelino, fizeram rebentar um novo? E se Nero o ordenou, que vinha ele, o grande medroso, fazer na cidade, quando não podia esperar que tal ordem, que muitos tinham de cumprir, pudesse ficar em segredo? E não só voltou, mas andou ele próprio no meio do povo, sem guardas, a providenciar para a extinção do incêndio e sobre os socorros às vítimas. Por que incendiaria ele Roma, já que a simples razão de sua maldade não é suficiente? Porque desejava destruir-lhe a parte velha e feia, de ruas tortuosas, e edificar uma nova Roma de que fosse chamado o fundador; porque almejava, como um esteta depravado, gozar o espetáculo sem par do incêndio da enorme cidade e, como um vil cabotino, cantá-lo à sua lira, enfim, o fez num acesso de loucura. A primeira razão das ruas tortuosas e irregulares, não se tem em pé. O fogo foi posto às mais nobres e suntuosas porções de Roma; ao contrário, os bairros dos pobres, o sombrio Trastevere, o centro dos cristãos e judeus foram poupados. Para gozar o espetáculo das chamas, ele teria acorrido logo a Roma, que a demora poderia privá-lo da cena, cujo desejo só a loucura explicaria. Mas, de volta a Roma, os seus atos de providência e polícia referidos por Tácito mostram-no em plena posse das suas faculdades. Renan mostrou com boas razões como o seu canto do incêndio de Tróia, durante o de Roma, é uma lenda, e qual a sua origem. E se é evidente que ele se esforçou por apagá-lo e minorar-lhe os efeitos, quem o renovaria nos próprios jardins de Tigelino, o valido de Nero? Nero, que era um amador, de bom gosto ou não, mas decidido, não teria tido o cuidado de fazer previamente salvar as obras-primas que ele admirava e que o incêndio destruiu? Assim, quanto mais se considera — e eu suprimi particularidades — a acusação feita a Nero, tanto mais parece ela incoerente e contraditória.

Reparo ao leitor menos atento que não faço senão resumir as considerações do professor Pascal, receando aliás muito que o meu resumo lhes atenue o alcance. Mas então, continua ele, quem ordenou o incêndio, quais os incendiários, qual seu fim, quem acusou os cristãos, e quem eram estes naquela época?

É pela última que ele começa a sua resposta a estas perguntas. Mostra-nos os cristãos da época neroniana, já uma "imensa multidão" segundo Tácito, preocupados principalmente do conjunto das aspirações e reivindicações messiânicas, da volta do Messias, para exterminar os poderes maléficos da terra. Judeus e cristãos, então ainda meio confundidos em Roma, e ligados pelo seu ódio comum à potência e à religião romanas, ambos esperavam uma renovação humana, à qual ambos *in petto* sacrificavam a cidade e o império. O cristianismo difundiu-se primeiramente e principalmente entre os humildes, os miseráveis, os escravos, "que mais que nunca se mostravam obsidiados pelo desejo de reivindicações e que, havia séculos, rompiam de tempos em tempos em revoltas". Como em todos os movimentos humanos sucede, às idéias novas ajuntava-se o substrato tenebroso da sociedade que só surge nos dias de perturbação e que, impelido por baixas paixões e por ódios muito tempo comprimidos, chega aos piores excessos. Não só nos autores pagãos, porém nos mesmos cristãos encontram-se referências pouco lisonjeiras aos discípulos de Cristo. Numerosos deles não eram exatamente o melhor do povo, ao contrário; e o professor Pascal cita trechos de S. Paulo e de S. Pedro que o mostram.

Entre eles, segundo esses testemunhos, havia uma facção turbulenta. "A maior parte dos membros da Igreja primitiva haverá sido de gente dominada pelo amor do bem e pela caridade fraternal; a turbulência, entretanto, agitava essa massa e a palavra evangélica não conseguia sempre contê-la". Sob Cláudio e em outras ocasiões houve movimentos cristãos de revolta. A profunda animadversão dos cristãos pela ordem de coisas romanas era conhecida dos mesmos romanos; daí o desprezo, a má vontade, a execração, ainda dos melhores dos romanos, contra uma seita, segundo Tácito, convencida de "ódio ao gênero humano", e acusada de dar-se no seu culto às mais hediondas práticas. Era, portanto, recíproco o sentimento que afastava uns de outros, pagãos e cristãos, e estes, que alimentavam a esperança, a fé viva na próxima vinda de Jesus ainda em seus dias, juntavam a esta crença a de que essa vinda seria precedida da destruição da cidade. O próprio S. Paulo, e com ele toda a literatura apostólica do tempo, anunciava, um ano antes do incêndio, que o Senhor estava perto, que alguns dos presentes não morreriam antes de ter visto o Filho do homem vir ao seu reino. Mas à idéia da nova vinda de Cristo juntava-se a do fim do mundo, e a esperança alegórica do fim do mundo pelo fogo é constante na literatura cristã. Ora, a plebe não penetrava no sentido alegórico; fogo para ela era fogo, no seu sentido ordinário e real. Não havia o próprio Cristo dito que ele viera trazer o fogo à terra? Aqueles cristãos, exaltados por esta fé e pelas prédicas cujas alegorias não percebiam, acreditavam-se executores da vingança divina, deviam começar a obra de redenção.

"Nessas consciências excitadas fermentam todas as cóleras e todos os ódios". É neste estado de espírito da massa cristã que, segundo o professor Pascal, teria nascido a idéia do incêndio. Nero era para eles o Anticristo. "Se, pois, a destruição do império, a aniquilação do Anticristo", escreve o professor italiano, "devia ser o começo da justificação divina, é preciso, a meu juízo, uma mui decidida vontade para negar ainda que esses pobres fanáticos, impelidos talvez por excitações malignas, tenham querido acabar com o império e com Roma. O fogo, o fogo devastador, poria fim à abominação e regeneraria a humanidade na inocência. Assim como a potência da luz era precedida pela das trevas e o reino de Deus devia sê-lo pelo do monstro (Nero), assim o fogo divino seria precedido pelo fogo humano, que aniquilaria a própria sede do império". O serem vistos entre os incendiários fâmulos ou soldados do serviço de Nero não prova, sabendo-se que eram numerosos os cristãos nos serviçais do César. Faz também o professor Pascal grande cabedal de que, segundo Tácito, os culpados confessaram o seu crime, e a confissão de alguns cristãos, generalizada, determinou a prisão em massa de outros, pois, segundo a interpretação do mesmo professor, combatida aliás pelo professor De Crescenzo, aqueles foram todos convencidos de odiar o gênero humano, o que arrastava a punição dos seus correligionários, embora não cúmplices ou sequer coniventes no crime.

Repito, não faço senão resumir, com a certeza de lhes diminuir a força que porventura tenham, os argumentos do sr. Carlo Pascal. A cada um deles o seu contraditor opõe outros, de cujo fundamento e valor não me julgo competente para ser juiz. Opondo texto a texto, interpretação a interpretação, razões a razões, ele chega, com mais paixão, já o disse, que o professor Pascal, à convicção contrária à deste: foi Nero o incendiário.

 Ernest Renan, que repele com veemência a hipótese de que pudessem ter sido os cristãos os incendiários, reconhece, entretanto, que eles se rejubilaram com a catástrofe, verifica que eles "desejavam o fim da sociedade e o prediziam", e admite que a "maior parte dos acusados parece terem sido prosélitos observadores dos preceitos e convenções do pacto de Jerusalém". Ao contrário, não admite que "verdadeiros cristãos hajam denunciado seus irmãos", concedendo, porém, que "alguns neófitos apenas iniciados se rendessem à tortura". Para o autor do *Anticristo* os cristãos "sem haver em nada contribuído para a catástrofe... podiam, entretanto, ser tidos, se podemos dizer assim, como incendiários de desejo". Podia-se refletir que, de ser incendiário de desejo a incendiário de fato, pouco iria, dadas as circunstâncias. Mas difícil é pronunciar-se nessa disputa, em que cada advogado traz apenas razões, raciocínios e não provas e documentos. Nero tem contra si a sua péssima e bem-merecida reputação, e os cristãos a seu favor o renome, que a lenda assentou de uma forma quase indestrutível, das suas virtudes primitivas. Ao meu sentir, depois de ouvir com atenção ambas as partes, e consultar outras autoridades, não há razões históricas, fundadas em provas decisivas, para asseverar se foram os cristãos ou Nero quem incendiou Roma. Quem nos diz que, durante o incêndio nove dias, os cristãos mais excitados e fanáticos não o tivessem ajudado? Das razões do professor Pascal de não ser Nero o seu autor, talvez a mais forte, se os textos estão verdadeiramente por ele, é a de ter rebentado novo incêndio nos jardins de Tigelino, quando, com o concurso de Nero, já o primeiro tinha sido extinto em outras partes. Mas que importa, afinal, quem foi que incendiou Roma, ao menos para os que no cristianismo não vêem senão um fato histórico como o maometismo, o feudalismo, o helenismo, ou outro? A reputação da crueldade e celeratez de Nero está tão bem assentada, que esse crime a mais ou a menos não a altera de modo algum. Por outro lado, fossem os cristãos ou uma parte mais exaltada e revolucionária deles os autores do atentado, isso não modificaria em que quer que seja o conceito que a história leiga e imparcial faz das primitivas comunidades cristãs, que, quaisquer que fossem as suas virtudes, e foram grandes e admiráveis, se não compunham somente de santos, e menos importaria ao juízo que ela forma da evolução do cristianismo e dos seus méritos.

Da discussão novamente levantada pelo professor Pascal, o que unicamente de certo resulta é que entre os historiadores e eruditos não se apurou ainda positiva e definitivamente quem incendiou Roma.

NOVO ROMANCISTA PORTUGUÊS

O SR. MALHEIRO DIAS

Paixão de Maria do Céu, por Carlos Malheiro Dias, Lisboa, Tavares Cardoso & Irmão. Do mesmo autor: *O filho das ervas, Os Telles d'Albergaria*.

Há uns bons trinta anos, multiplicavam-se neste Rio de Janeiro umas sociedades literárias — talvez derradeiros rebentos do arcadismo luso-brasileiro — onde moços de gosto ou vocação pelas letras ensaiavam ou exercitavam as capacidades e satisfaziam a necessidade de expansão e publicidade dos que sentem, ou julgam sentir, agitar-se em si o demônio da inspiração. Então, nem os jornais, nem os editores eram tão fáceis, como são hoje, aos jovens com cócegas de literatura, e essas sociedades literárias, com os periódicos obscuros e efêmeros, que algumas publicavam, eram o esgoto quase único das inteligências em gestação prematura, ou encruada. Compunham-nas principalmente estudantes pouco aplicados nas aulas; guarda-livros, mais amorosos do "verso e rima" que da "escrita"; funcionários públicos menos afeiçoados à burocracia que à literatura. Os moços, ainda os rapazes, dominavam; mas havia também homens feitos, estudantes crônicos, *ratés*, talentos gorados. Numa história exaustiva da literatura nacional, concebida na sua estreita comunhão com a sociedade brasileira, quando essa história se escrever, tais sociedades devem merecer um capítulo, ou ao menos uma página.

A forma mais usual da sua atividade eram as teses ou questões propostas por um sócio e por ele e por outros discutidas, com inscrição prévia, para falar pró ou contra, negar ou afirmar, tomar um ou outro partido na proposição, formulada quase invariavelmente em forma interrogativa: Qual é maior, César ou Napoleão?, ou então, Dante ou Camões? Uma dessas teses, que certamente foi mais de uma vez e em mais de uma dessas sociedades discutida, seria: Qual das duas literaturas é mais notável (ou mais importante, ou maior): a francesa ou a portuguesa? E não faltou certamente quem se batesse pela portuguesa. Esteja tranqüilo o leitor, não é meu propósito renovar aqui essa discussão, quando mais não fosse por ser anacrônica. Somente quero concluir que no simples fato de formular a questão, que a todos nos parece impertinente, está o reconhecimento, que esse, sim, se me afigura justo, da importância literária de Portugal. Essa importância, releve-se-me lembrá-lo, mais de uma vez tenho tido, nos meus mofinos estudos da nossa literatura, ocasião de indicar e verificar. Qualquer que seja o valor da literatura portuguesa, Portugal foi um país literário; pode-se afirmar sem receio um dos países literários do mundo. A sua língua foi uma das primeiras a polir-se entre as línguas modernas do Ocidente, e uma das primeiras a servir à expressão literária do seu povo. Se a sua literatura é mais moderna que a francesa, ou apenas contemporânea ou quase contemporânea da italiana ou da espanhola, precedeu entretanto, de muito, as literaturas dos povos germânicos, anglo-saxônios, escandinavos e eslavos. E desde o século XII se manteve ininterruptamente, marcando a sua história de nomes como Fernão Lopes, Gil Vicente, João de Barros, Camões, Sá de Miranda, Ferreira, Antonio Vieira, Garção, Garrett, Herculano, Antero de Quental, Eça de Queiroz, para não citar senão aqueles que seriam grandes em qualquer das literaturas modernas. É a influência dessa longa, gloriosa e assentada tradição literária que, a meu ver, explica a formação da literatura brasileira logo no século do descobrimento, em um meio de todo ponto desfavorável à especulação ou criação literária, para a qual, nas suas primeiras manifestações, não concorreu de modo algum esta nossa natureza, que uma concepção erradíssima julga só por si uma fonte de poesia e enlevo espiritual.

Mesmo no declínio ou estacionamento político de Portugal — país pequeno e pobre na época do máximo florescimento e prestígio único das grandes, ricas e poderosas nações —, esta tradição não se interrompeu ainda, e neste mesmo momento um número não pequeno de homens de talento a continua gloriosamente. Mortos Antero de Quental, Oliveira Martins, Eça de Queiroz, imediatos sucessores da geração romântica, aposentado na glória de um só poema o sr. Tomás Ribeiro, floresce de novo a literatura portuguesa, para só falar nos poetas e romancistas, com os srs. Eugênio de Castro, Alberto de Oliveira, João de Castro, João da Câmara, Abel Botelho, Júlio Dantas, Corrêa de Oliveira, Júlio Brandão, Monsarás, e ainda com os mais antigos, Ramalho Ortigão, Teixeira de Queiroz, Guerra Junqueiro, Fialho de Almeida, Lopes de Mendonça e outros de não menor valor. Entre aqueles podemos pôr o sr. Carlos Malheiro Dias, que acaba de publicar mais um romance: *Paixão de Maria do Céu*.

Sem falar de publicações que ele próprio despreza, pois não as inclui no rol das suas obras, apareceu o sr. Malheiro Dias, há dois para três anos, com um romance de muita emoção e verdade, um singular talento descritivo, uma sentida piedade humana: *O filho das ervas*. Contava esse livro uma história trivial: o filho de boa família, abastado, de alta roda, futuro governante, sob qualquer forma, da sociedade a que pertence, que contrai o que se chama legalmente uma união ilegítima com uma mulher que o ama e se lhe sacrifica, tem dela um filho, ama-a também e ao filho, lá ao seu modo, mas, por não cortar a sua carreira, não embaraçar a sua vida, não escandalizar a sociedade, não arrostar com os preconceitos da sua classe, não desgostar seus pais, que sonham para ele altos destinos e um casamento rico que lhes redoure os brasões meio enxovalhados, abandona a amante e o filho à miséria, à vergonha, à infâmia, à morte. O caso é corriqueiro; nem o sr. Malheiro Dias teria a pretensão de ter inventado uma nova história ou descoberto uma nova mazela humana. Estava justamente o seu merecimento em ter renovado o interesse deste estafado romance da vida real, tantas vezes por nós presenciado ou lido. E o renovado com verdadeiro calor de sentimento, com discreta e sincera eloqüência de coração, em uma língua, embora maculada ainda por alguns senões, forte e expressiva. O seu livro fazia entrar o romance português na grande corrente da arte social e humana, que prevalece neste momento nas grandes literaturas. Trazia a impressão direta dos mestres e diretores dela; Tolstoi e principalmente o Zola da *Fécondité* passaram por ali, e ali deixaram a sua forte pegada: havia, porém, o novo romancista português personalidade bastante para, recebendo a ação ainda mais imediata do seu meio — e em toda a parte grita a dor humana — fazer uma obra pessoal e eminentemente portuguesa, embora largamente humana. Do simples ponto de vista literário, sentia-se no escritor duas influências dessemelhantes, a de Camilo Castello Branco e a de Eça de Queiroz, nenhuma, porém, tão forte que lhe prejudicasse a individualidade nativa.

A piedade real e sincera desse livro não a amortecia ou escondia a ironia do puro artista, o estetismo do segundo, nem a romantizava o sentimentalismo do primeiro. A dor humana, na sua crueza e generalidade, achava nele um intérprete, senão tecnicamente tão completo e superior como aqueles seus antecessores e mestres, porventura mais compenetrado dela.

A este romance seguiu-se no ano seguinte um outro, *Os Telles d'Albergaria*. É a história, dramática e dolorosa, de uma família fidalga portuguesa, no nosso tempo, quando a nobreza, perdendo a sua função própria, de guerreira e governante, perde com ela a sua energia e virtude. Como no primeiro, a emoção do romancista neste segundo livro nos parecia sincera, tendo ele a habilidade de nos fazer compartir dela. Mostrava neste, como naquele, em grau não muito vulgar, o dom da descrição, sabendo dar aos seus quadros, paisagens, naturezas-mortas ou figuras, vida e animação. Sentia-se na sua alma portuguesa a dor e a revolta de ver a sua terra e a sua gente, como disse o grande épico nacional, metidas numa apagada e vil tristeza. João de Albergaria — o seu herói —, fidalgo outrora batalhador e bulhento transformado em filósofo sonhador de uma reforma completa de Portugal, que mudasse também por inteiro a feição atual da nação, é como o símbolo representativo dessas vagas aspirações idealistas que, após uma constante elaboração sentimental e intelectual, não logram fazer-se nem ação nem fato, e morrem com a consciência dolorosa da sua impotência.

Os dois primeiros romances do sr. Malheiro Dias entravam vivamente na vida social portuguesa; mas se a descarnavam ainda, segundo alguns dos processos do naturalismo, havia neles uma preocupação sintética e simbólica de simpatia humana, um socialismo de intenção e sentimento, tomado aquele termo na sua larga acepção de puro interesse pelas questões e sofrimentos sociais, que o distinguiam logo na ficção portuguesa contemporânea.

É um doloroso romance de amor, mais que de amor, de paixão, o novo livro do sr. Malheiro Dias, *Paixão de Maria do Céu*. É a aflitiva história de uma donzela, pura e inocente como o seu nome, doce criatura de ignorância e de ternura, de ingenuidade e confiança, que, apaixonada por um belo oficial francês da invasão de Junot, e por ele enganada, deixa-se levar na esperança falaz de um casamento. Traída, abandonada, reduzida à miséria, ela volta por fim ao solar paterno, onde cega na mesma noite da chegada. Como "em castigo de a ter deixado, nunca mais os seus olhos veriam a linda terra de Portugal"! O drama simples e pungente dessa paixão poderia, sem perder de interesse e intensidade, ser recontado em cem páginas. O contador, porém, seguindo a estética do gênero, quis pô-lo no seu meio e ambiente, dizer as circunstâncias que o produziram, as condições em que se realizou, e a sua ação se estendeu assim pelo quádruplo de páginas, em que revive a época da invasão francesa, com os seus personagens, os seus costumes, todos os seus aspectos, em suma, incluindo a própria paisagem. Revive também a mesma língua, mas essa eu não sei se exatamente com as mesmas feições dos tempos evocados pelo poeta.

    Não é sem méritos, neste como nos seus outros romances, a língua do sr. Malheiro Dias. Se lhe falta ainda a limpidez de uma língua perfeitamente pura, de uma língua clássica, no melhor sentido da palavra, como Goethe a queria, como Renan ou Garrett a praticaram, ou a escreve um Anatole France, ou a escreveu, em muitas páginas, Eça de Queiroz, é já bastante rica, expressiva, pitoresca e colorida para, sobretudo na descrição, distinguir um escritor. O boleio da sua frase é português, sem nenhuma afetação de purismo, nem as fáceis rebuscas quinhentistas, que desnaturam a língua anacronizando-a. No vocabulário, porém, o sr. Malheiro Dias abusa verdadeiramente do arcaísmo, dos termos obsoletos, da gíria provinciana, de tal modo que torna freqüentemente a leitura fastidiosa ao leitor que não quer passar adiante sem inteirar-se da significação exata dos termos em desuso que o autor emprega em profusão, com, para mim, duvidoso bom gosto. E algumas vezes irá a dois e três dicionários, como me aconteceu, sem resultado. E, não contente com isso, o sr. Malheiro Dias emprega esses termos, de todo em todo esquecidos nos velhos vocabulários da língua, em autores obsoletos e totalmente mortos, ou de uso exclusivamente provinciano, desviando-os do seu natural sentido ou com menos precisão e propriedade. Eis aqui um exemplo tomado ao acaso em *Paixão de Maria do Céu:* "um aljubeta de óculos aconapava uns calções..." Aljubeta, que é, segundo Morais, "certa vestidura talar de que antigamente usavam os clérigos" e que C. de Figueiredo dá como diminutivo de aljuba, "vestidura mourisca, talar e sem mangas ou com meias mangas", está naquela frase, por uma figura de retórica, significando um alfaiate remendão. Morais não dá o feio *aconapar*, mas C. de Figueiredo o traz no suplemento como termo da província da Beira, significando "servir mal, remendar grosseiramente". Tem o autor deste formoso romance verdadeira predileção pelo termo *serenin* na acepção de sarau, festa noturna com dança. Ora, com essa acepção não encontrei a palavra nos dicionários, que a definem apenas como "antigo vestuário de senhora, antiga canção portuguesa". E a cada passo, amontoando-se numa só página, às vezes num mesmo parágrafo, turinas (?), bacalarias, lesins (?), lapim (?), abadejos (?), droguete, persevão, mochila (criado), acendalhas, chumieiras, aframengado, alifafes, golpelhas, troquilhas, alcofeta (os dicionários dão "alcoveta"), cachuchos, tairocas e muitos outros que forçarão o leitor a parar para informar-se dos dicionaristas que nem sempre lhe responderão. Como não era tão grande nos precedentes livros esse abuso de arcaísmos ou de termos técnicos provincianos e expressões obsoletas ou desusadas, pode-se talvez atribuí-lo neste ao intuito do romancista de procurar completar a realidade da sua representação da época pelo emprego das expressões antigas e ainda contemporâneas da sua história. Como quer que seja, o processo não me parece legítimo. Muito haveria a dizer, já do ponto de vista propriamente lingüístico e estilístico, já do ponto de vista puramente estético e literário, sobre ele. Não é sem razão que os mesmos gramáticos — gente por via de regra sem nenhum sentimento de medida, de beleza ou de gosto — consideram um vício de linguagem o emprego abusivo do arcaísmo ou do provincialismo, como do neologismo. Também a crítica literária e a estética o podem considerar assim, reconhecendo embora que o uso parcimonioso e discreto de tais formas pode ser, e o é geralmente, além de um meio de renovar a língua e enriquecê-la, um recurso legítimo de estilo. Neste livro do sr. Malheiro Dias há, porém, acho eu, alguma indiscrição e licença no emprego deste recurso, tanto mais quando não é o novo romancista português um purista (ele usa *feeria, massacre* e outros) como o velho Castilho ou Camilo, cuja língua, como quer que seja antiquada na sua síntese e fraseado, comportava, sem nos afrontar a nós, leitores comuns, um certo arcaísmo de vocabulário. Mas, de fato, que ficou na língua corrente, na língua viva, mesmo literária, das suas tentativas de ressurreição de termos e modismos obsoletos?

A época em que se passa a *Paixão de Maria do Céu* se caracterizaria bem, como de fato o está, sem esse expediente. Essa época, a da regência do príncipe d. João, da sua fugida para o Brasil e da invasão e ocupação francesas, soube o sr. Malheiro Dias revivê-la no seu romance, não só no que constitui as suas feições, por assim dizer, materiais, mas no que forma o seu caráter moral. É uma deliciosa figura, representada com verdade e amor, a de Maria do Céu, figura real, apesar da sua idealidade, da amorosa mulher portuguesa, qual a história, a lenda e a poesia da sua terra no-la apresentam na "Menina e moça", na "linda Inês", na religiosa portuguesa, nas apaixonadas de Garrett e ainda de Camilo e de todos os seus poetas e na histórica d. Isabel de Souza Coutinho, frágil menina de 15 anos, cujo amor foi mais forte que a vontade onipotente de Pombal. E como ela traída, abandonada, reduzida à última miséria, à extrema penúria, sofrendo na sua inocência, no seu amor, na sua saudade, nos mais íntimos e caros sentimentos da sua alma boa e pura, ainda ama o seu infame e belo coronel de dragões, e como o chora, lá na sua mansarda onde ele a abandonou! Chega até ela a voz do garoto anunciando desde a rua *Les combats de Ratisbonne! La mort heroïque du colonel de Marmont:*

"Maria do Céu ergueu a cabeça. Os seus negros olhos assombrados fixaram-se, imóveis, em Joaquim Teles. [Era um amoroso português que a amava com a paixão que ela tinha pelo oficial francês.] Durante um momento, ele viu sua face empalidecer gradualmente, os seus lábios descorarem como os de uma agonizante, e bruscamente, numa violência de desamparada, a cabeça cair-lhe, vergar, tombar sobre os joelhos, as mãos exangues procurarem as fontes e todo o corpo, até o esqueleto, vibrar numa convulsão de envenenada, como se até nos seus ossos houvesse dor. E um grito, como essas águas que caminham léguas pelo seio da terra, e vêm rebentar com emanações minerais à superfície, grito que parecia vir rolando de longe, ter atravessado todas as horas do seu amor e todas as horas do seu martírio, onde a sua desgraça e a sua paixão gemiam e soluçavam, feito de lágrimas e beijos, de desmaios e abraços, desatou-se da sua boca, como a própria voz da sua amargura imensa... Maria do Céu, vergada sobre os joelhos, como sobre uma sepultura, desfazia-se em pranto; e Joaquim Teles cismava, ao vê-la assim dobrada ao poder oculto do amor, que tanto pode sobre a fragilidade humana. Essas forças misteriosas e divinas que nos corações das mais pequenas mulheres se desencadeiam, como tempestades em amplos céus, pareciam-lhe o maior milagre da natureza. Quem a houvera visto, rodopiando na vida como uma ave ligeira, taful como uma cômica, nunca pensaria que esse coração fosse capaz de amar com tamanha violência e esse primor melindroso e amaneirado de virgem se abrasaria num incêndio de paixão, deixando pai, família, a sua terra, a sua casa; e que esse amor, através a desgraça, através a miséria, através a decadência, resistindo a todos os ventos do infortúnio, resistindo a todos os frios do abandono, continuasse a arder num inextinguível fogo, redimindo-a do pecado e igualando-a às mártires antigas, que morriam sorrindo à garra dos leões ou beijavam em êxtase as armas dos suplícios. Nela era todo o amor português a consumir-se, vivendo da própria tristeza, alimentando-se do próprio desengano, dulcificando o próprio fel e criando raízes na própria pedra".

É um livro triste o de *Maria do Céu*, como é triste a literatura do sr. Malheiro Dias e como ao cabo é triste a vida, para os que não têm a ventura de a não verem ou de a não perceberem. E essa é talvez a razão da tristeza geral da literatura do nosso tempo. E a que não fosse triste, ou irônica ou pessimista ou desesperada, talvez não fosse senão uma contrafeição dela.

IDÉIAS DE UM POETA

Le Temple enseveli,
par Maurice Maeterlinck.

A justiça, "não a justiça legal ou positiva, simples organização de uma parte da justiça social, porém a justiça imprecisa mas eficaz, intangível mas inevitável, que acompanha e impregna, aprova ou reprova, recompensa ou pune todas as ações da nossa vida"; o mistério, "a consciência do desconhecido em que vivemos", o passado, "cuja força é uma das mais duras que pesam sobre os homens e os curvam para a tristeza", a sorte ou o destino, o futuro, "como a maior parte desses organismos espirituais, incertos, posto que poderosos, que representam as grandes forças a que obedecemos", não existem senão em nós mesmos, no fundo do nosso ser, no âmago do nosso coração, no recesso da nossa alma ou da nossa consciência, no "templo sepultado" que cada um de nós traz em si. Essas forças, "nós as recebemos já feitas dos que nos precederam; e ainda quando desperta a nossa segunda consciência, a que se gaba de nada aceitar de olhos fechados, mesmo quando nos aplicamos a examiná-las, perdemos o nosso tempo a interrogar as que falam alto e não cessam de repetir-se, em vez de indagar se não existem em redor delas outras que nada hajam dito ainda".

Assim, esta grande idéia da justiça, por honra e proveito da humanidade e do universo, cada vez mais crescente no coração e na consciência do homem, é uma criação nossa, como nossa foi a criação do deus ou deuses que adoramos, ou deixamos já de adorar. Os que "não crêem na existência de um Juiz único, onipotente e infalível, que dia e noite inclinado sobre os nossos pensamentos, sentimentos e ações, mantém a justiça neste mundo e a completa no outro", não podem "dizer que haja, nem acima, nem em torno, nem abaixo de nós, nem nesta vida, nem na nossa outra vida, que é a dos nossos filhos, traço de uma justiça intencional. Adaptando-nos, porém, à existência, fomos naturalmente levados a impregnar da nossa moral os princípios de causalidade que mais freqüentemente se nos deparavam, de sorte que existe uma aparência muito suficiente de justiça efetiva recompensando ou punindo a maior parte dos nossos atos conforme eles se aproximam ou se afastam de certas leis necessárias à conservação dos seres". Não obstante, há uma porção de justiça na natureza, ou nós a encontramos nela, mas "não é da natureza que ela deriva, senão de nós somente, que inconscientemente a pomos na natureza, misturando-nos às coisas, animando-as, servindo-nos dela". Há numerosos casos na nossa vida em que procedemos influindo diretamente seres e objetos, "em que os penetramos da nossa personalidade, em que as forças da natureza se tornam instrumentos do nosso pensamento; e quando os nossos pensamentos são injustos, abusam dessas forças, provocam necessariamente represálias e atraem o castigo e a desgraça. A reação moral, porém, não está na natureza; sai dos nossos próprios pensamentos ou dos pensamentos dos outros homens. Não é nas coisas, mas em nós que se acha a justiça das coisas. É o nosso estado moral que modifica o nosso comportamento para com o mundo exterior, e põe-nos em guerra com ele, porque nos achamos em guerra conosco, com as leis essenciais do nosso espírito e do nosso coração. A justiça ou injustiça da nossa intenção não tem influência alguma sobre a atitude da natureza a nosso respeito; mas a tem quase sempre decisiva sobre a nossa atitude respeito à natureza. Nesse caso, como quando se tratava da justiça social, atribuímos ao universo ou a um princípio ininteligível e fatal um papel que somos nós que representamos; e quando dizemos que a justiça, a natureza, os céus ou as coisas nos punem, revoltam-se e vingam-se, na realidade é o homem que pune o homem através das coisas, a natureza humana que se revolta, e a justiça humana que se vinga".

É esse sentimento da justiça que existe em nós, por uma lenta aquisição da espécie, e que derivou do nosso próprio egoísmo, como uma defesa contra o que a nós nos ofendia, que, obrando de modos múltiplos e sutis, governa e domina a nossa vida moral. "Pode um Napoleão dizer-se, nos momentos agitados, que a moral de uma grande vida não pode ser tão simples como a de uma vida comum; que uma vontade ativa e forte tem regalias que não possui uma vontade estagnada e fraca; que tanto mais podemos desprezar certos escrúpulos de consciência quanto não é por ignorância ou fraqueza que os desprezamos, senão porque os olhamos de mais alto que o vulgar dos homens, porque temos um grande e glorioso fim, e que esse passageiro e voluntário desprezo é uma vitória da inteligência e da força, que nenhum perigo há em fazer o mal, quando sabemos que o fazemos, e por que o fazemos". No fundo, a nossa natureza não se deixa enganar por tais raciocínios. "Um ato de injustiça abala sempre a confiança de uma pessoa em si mesma e no seu destino". A história dos chamados grandes homens e heróis, como Napoleão, justificaria plenamente esse asserto. "Nenhum homem gosta de voltar a vista para uma deslealdade, um abuso de confiança, uma vileza, uma crueldade; e tudo o que nós não podemos considerar com um olhar firme, claro, plácido e satisfeito, nos nossos dias que não existem mais, turva e limita o horizonte que forma ao longe os dias que ainda não existem. É contemplando longamente o nosso passado que o nosso olhar adquire a força indispensável para sondar o futuro".

Eu não quisera interromper ou perturbar com reparo algum esta exposição, porém, mesmo por amor de não prejudicar a verdade da doutrina exposta, devo prevenir que ela não considera senão o homem normal ou que, se a entendo bem, só é justa para o homem normal. O amoral — e o vaidoso ou presumido em quem a vaidade e a presunção mataram toda a faculdade de inspeção e exame de si mesmo, e de análise desinteressada e severa dos seus atos, pode entrar na classe dos amorais — esse é quase certo que escape à verdade que nela haja.

Não é porque as coisas são justas, ou porque exista fora de nós "uma justiça irresistível, que é impossível seduzir ou iludir", que um homem como Napoleão, ou cada um de nós, é punido de suas faltas contra a justiça. "É porque o espírito e o caráter do homem, em uma palavra, todo o seu ser moral não pode viver e obrar senão na justiça". Dito isto assim, parece arriscado o conceito, mas desenvolvido e bem compreendido, a história e a nossa mesma experiência mostrarão quanto é legítimo, e não será apenas uma ilusão generosa crer que "todo o nosso organismo moral é feito para viver na justiça, como o nosso organismo físico é feito para viver na atmosfera do nosso globo". Este "admirável desejo de eqüidade", "justiça efetiva sempre incompleta", mas que evidentemente existe no "fundo da vida moral" de cada um de nós, é, porém, "sujeito a todas as ciladas do interesse pessoal, e a todos os maus hábitos de uma sociedade ainda "subumana". A obra do nosso progresso moral seria tornar cada dia mais viva, mais manifesta, mais efetiva, a imagem dessa justiça invisível e incorruptível que vãmente procuramos no céu, no universo e na humanidade, "e que sentimos viver em nós mesmos, de tal forma que dificilmente nos persuadimos de que ela não existe fora de nós".

E o "mistério" que nos envolve e nos comove, não vive ele também sobretudo no nosso íntimo? Na sua lenta evolução ele chegou a uma nova forma da fatalidade, "denominação provisória aplicada à miséria geral e inexplicável do homem". Não lhe exageremos, porém, o papel e valor, nem "imaginemos que contemplamos os homens e os acontecimentos de muito alto e a uma luz definitiva, e que nada há mais a procurar além, porque num dado momento, sentimos profundamente, ao cabo de todas as existências, a força invencível e obscura do destino". Não considerando senão este final, "há necessariamente alguma coisa de fatal e miserável na vida mais feliz e mais triunfante". Não abusemos, porém, destas palavras, nem "por apatia ou amor da tristeza mística" reduzamos o que seria ainda explicável se estudássemos mais o homem e a natureza das coisas. "Não deveríamos invocar o mistério e fecharmo-nos no silêncio obstinado que o acompanha, senão nos momentos em que a sua intervenção é realmente sensível, patente, pessoal, inteligente, moral e indubitável; e esta intervenção, assim circunscrita, é mais rara do que se pensa. Enquanto este mistério se não manifesta, não há motivo de pararmos, de abaixarmos os olhos, de submeter-nos, de calar-nos".

O passado. Entre as idéias assentadas nenhuma o é mais que a nossa concepção do passado. Por ela, nos aparece ele como um poder tão grande e forte como o destino. Na verdade, a sua força é uma das que mais nos constrangem. Entretanto, essa mesma, "tanto como o presente, e muito mais que o futuro, está toda no nosso pensamento, e constantemente na nossa mão". Não são verdadeiros, como todos acreditam, esses nossos dizeres comuns: "O passado é passado", "Nós carregamos o peso do nosso passado", "Nada pode apagar o passado", "O indestrutível, o irreparável, o imutável passado". "O passado está sempre presente; é o passado que carrega o nosso peso; o presente e o futuro ao mínimo sinal da nossa vontade percorrem o passado e nele apagam tudo o que mandamos apagar-lhe; o que é imutável é o presente". E assim podia-se raciocinar de outras nossas vulgares idéias sobre o passado. Nada parece mais paradoxal. Ouça-se, porém, esta explicação:

"O nosso passado depende inteiramente do nosso presente e muda perpetuamente com ele, tomando imediatamente a forma dos vasos nos quais o recolhe o nosso pensamento de hoje. Está contido na nossa memória, e nada mais variável, mais impressionável que essa memória, incessantemente alimentada e trabalhada pelo nosso coração e nossa inteligência, que se fazem menores ou maiores, melhores ou piores, conforme os esforços que fazemos. O que a cada um de nós importa no passado, o que dele nos resta, o que é parte de nós mesmos, não são os atos praticados ou aventuras acontecidas, são as reações morais que neste momento produzem em nós os acontecimentos realizados; é o ser interior que eles contribuíram para afeiçoar; e essas reações que criam o ser íntimo e soberano dependem completamente do modo por que encaramos os sucessos passados. Variam segundo a substância moral que em nós encontram. Ora, a cada degrau que a nossa inteligência e os nossos sentimentos sobem, modifica-se a substância moral do nosso ser; e logo os fatos, mais imutáveis que parecem chumbados na pedra e no bronze, tomam um aspecto inteiramente diverso, deslocam-se e reanimam-se, dão-nos conselhos mais largos e mais animosos, arrastam a memória na sua ascensão, e de um monte de ruínas que apodreciam no escuro refazem uma cidade que se repovoa e sobre a qual se levanta de novo o sol". Não vos convenceu? Ouvi mais: "É arbitrariamente que o homem situa aquém de si um certo número de acontecimentos. Relega-os para o horizonte das suas recordações; e, uma vez ali, imagina que pertencem a um mundo no qual todos os esforços dos homens reunidos não podem mais colher uma flor, nem enxugar uma lágrima. Mas, singular contradição!, embora admitindo que nós não temos mais nenhuma ação neles, estamos persuadidos de que eles influem em nós. A verdade é que não atuam em nós senão enquanto renunciamos a atuar sobre eles. O passado só se afirma para aqueles em quem parou a vida moral. Só a partir desta parada fixa-se ele na sua forma temerosa. Deste ponto em diante há realmente aquém de nós o irreparável, e o peso do que fizemos desce sobre os nossos ombros. Mas enquanto não deixarmos de viver pelo espírito e caráter, está suspenso sobre nossa cabeça; e como aquelas nuvens complacentes que Hamlet mostra a Polônio, espera que o nosso olhar lhe transmita a figura de esperança ou de temor, de inquietação ou de serenidade, que em nós elaboramos".

Todos nós, por mais desabusados que nos julguemos, por hábito ou convicção, cremos, ou, com as nossas palavras e expressões do viver corrente, parecemos crer na existência do que chamamos sorte, destino, felicidade ou infelicidade. Aliás, "o problema da sorte quase não se modificou desde que o homem começou a interrogá-lo". Esse problema está também em nós. "Os nossos pensamentos nos fazem uma felicidade ou uma infelicidade íntima, sobre a qual os incidentes exteriores têm mais ou menos influência". Se a nossa vontade, que os nossos pensamentos alimentam e amparam, consegue afastar um grande número de sucessos, existem todavia outros, contra os quais ela é impotente: "um vasto oceano, onde parece que só o acaso reina como o vento sobre as ondas". "Nenhum pensamento, nenhuma vontade pode impedir uma dessas vagas de surgir inopinadamente, de surpreender-nos, de atordoar-nos, de ferir-nos". A sorte, pois, existe, e para o homem o problema da sorte, chamemos-lhe fatalidade, acaso, sorte, destino, "é um dos mais inquietadores e mais difíceis, entre aqueles que ele precisa resolver para sentir-se o ocupante principal, legítimo, independente e irrevogável desta terra". Oh! não chamemos os deuses para nos explicarem os fenômenos da sorte. "Enquanto eles não se houverem claramente explicado a si mesmos, não terão qualidade para explicar-nos coisa alguma". Também não nos dirão nada "as leis do universo, os desígnios da história, a vontade dos mundos, a justiça das estrelas". Tratando-se de nós, da nossa vida limitada, "é em nós mesmos que se acha a chave do mistério, porque é provável que todo ser traz consigo a melhor solução do problema que ele propõe". É na nossa — "enorme, inesgotável, insondável e divina" — vida inconsciente que devemos buscar a explicação da sorte. Sábio é "não rodearmos a nossa vida de maldições ou de inimigos imaginários, não a assombrar sem suficientes certezas". Sejamos fortes à desgraça, convencendo-nos de que ela vem de nós. Não misturemos forças desconhecidas e hipotéticas, como as citadas, "às nossas pequenas aventuras". Das duas probabilidades, da existência da sorte nessas forças ou em nós mesmos, "o nosso mais estrito dever é adotar a que menos estorva a nossa esperança". Haveria, além disso, dado que fosse inevitável a desgraça, uma altiva consolação na idéia que só de nós emana, e que não somos as vítimas de uma vontade maligna ou os brincos de um inútil acaso. "Enquanto a desgraça não ataca a íntima altivez do homem, este conserva a força de continuar a luta e de cumprir a sua missão essencial, que é viver com todo o ardor de que é capaz, como se a sua vida fosse mais importante que qualquer outra aos destinos da humanidade". "É também mais conforme à vasta lei que faz voltar a nós, um a um, todos os deuses de que enchêramos o mundo".

  Esta é, num resumo que certamente lhe tirou o melhor da sua força e beleza — e que não dispensa de ler o livro, que merece ser lido —, a filosofia de *Temple enseveli*. É a filosofia de um poeta, quase estou em dizer de um grande poeta, que não tem, entretanto, senão um insignificante livro de versos, e cuja língua, admirável pela sua simplicidade e serenidade clássicas, de peregrina beleza, é a prosa. Os poetas, porém, quando de fato o são em todo o valor deste termo, são sempre também filósofos. Se não classificam ciências, se não instituem métodos, se não inventam concepções do mundo, se não verificam ou descobrem leis, se não fundam sistemas, vêem muitas vezes mais fundo na alma dos homens e das coisas, adivinham relações entre elas, e criam símbolos que as representam. Se eles não são os definidores da vida, são porventura melhor que isso, os seus intérpretes, e, portanto, ainda filósofos. O sr. Maurice Maeterlinck é, sem dúvida, um dos poetas dessa espécie, cujos indivíduos se tornam tanto mais raros quanto mais aumenta o gênero. Eu não disse as suas sensações ou visões — não é a forma por que o raciocínio se faz nos poetas? — sobre a matéria e sobre o futuro. Elas concordam com o sentimento geral da filosofia do seu livro. Essa filosofia não é alegre, nem divertida, antes grave como a vida, quase austera como a inspiração íntima de que deriva; mas, viram, é consoladora e forte. Dentro de nós há sepultado um Templo em que pouco a pouco se foram e vão recolhendo as forças que nós divinizamos, os deuses que nós criamos. A mais subida obra humana, se eu não interpreto mal o pensamento do poeta, seria desenterrar esse templo augusto e venerável, onde se esconde o que há de forte e fraco em nós, para que, afinal livre e conscientemente, pudéssemos viver plenamente a nossa vida, porque, segundo uma palavra citada pelo poeta, e que talvez seja sua, "o mais belo emprego da nossa vida é aumentar a conformidade da nossa inteligência com a realidade".

ÉMILE ZOLA

A morte inopinada que levou Zola tirou à França, neste derradeiro período da sua história literária, o último dos seus homens universais. Depois de Hugo e de Dumas, foram-se Taine e Renan, e se não faltavam à grande nação latina nomes por todos os respeitos eminentes, nenhum sem dúvida como o de Zola alcançara contemporaneamente a fama, a universalidade, a glória daqueles.

O caso de Zola na literatura francesa é um dos mais singulares do nosso tempo. Ele é eminentemente um escritor e um homem. Como escritor, tem a consciência da sua função, a paixão da sua arte, o sentimento do seu ofício, uma altiva concepção da sua profissão; ela paira para ele acima de tudo, superior a tudo como a síntese e o resumo da cultura e do pensamento humano. E não há nisso esnobismo ou cabotinismo: é refletido, sincero, sentido. Num momento de polêmica, erguendo a bandeira do naturalismo — como se em arte um estandarte valesse alguma coisa! —, ele, com a maior sinceridade do mundo, escrevia: "A República será naturalista ou perecerá". Essa frase não significava nada, mas indicava a seriedade com que o escritor encarava a função literária, e que esse amigo de Gautier, dos Goncourts, de Flaubert e de outros apóstolos da falha doutrina da "arte pela arte" entendia, sentia, da literatura. Ele podia, como Flaubert, chamar-lhe sacrossanta, mas no seu pensamento ela não seria nunca (como aliás nunca pôde ser a de Flaubert) o desfastio de um esteta, senão a obra de um pensador. Ele nasceu para as letras com a terceira República. Esse despertar foi para toda a França uma rude sacudidela. Dormia-se aos deslumbramentos da Exposição de 67, da aliança inglesa, dos sucessos na Europa desde 55, da mais brilhante corte e sociedade do tempo, e acordava-se com a derrota de Sedan, que Zola descreveria nas páginas épicas da *Débâcle*. Toda uma civilização, toda uma cultura, se afundava debaixo da vaga alemã. Em face do desastre, a literatura dos salões de Compiègne e Saint-Cloud, a literatura dos Mérimées e dos Feuillets, o mesmo doce socialismo de George Sand parecia destoante do momento. Acordava-se com o sentimento do real; havia nas almas um desconsolo do passado, um remorso de terem suportado, e até apoiado, o império, um germe desse pessimismo que é o fator do futuro, porque é o horror do presente. Certo, Zola com os seus *Mistérios de Marselha* e a sua *Teresa Raquin* não é nem um iniciador, nem talvez um precursor. Mas entra já resolutamente no número dos escritores que, chamando-se realistas, depois naturalistas, inspirando-se de Balzac, posto em toda a sua grandeza anos antes por Taine, recebendo a influência das doutrinas científicas e positivistas, pregadas por Ernest Renan, pelo mesmo Taine, por Claude Bernard, dos resultados da erudição histórica, da invasão da sociologia pela biologia, e da arte literária pela psicologia, romperam com o romantismo que se atrasava, para criar a literatura que chamaram da verdade, do fato, do real, a literatura experimental, como no seu ingênuo ardor pela verdade ousou chamar-lhe Zola.

Era uma ilusão, mas a ilusão não prejudicou a sua obra. É o próprio dos escritores geniais que as suas obras são sempre superiores aos seus propósitos e valem mais que as suas doutrinas. E é por isso que a caducidade das doutrinas literárias não toca por modo algum as obras de valor. E ao cabo a arte varia infinitamente menos do que pensam os seus reformadores. Batendo-se contra o romantismo nos seus livros de crítica e artigos de polêmica, Émile Zola permanecia um romântico, e o foi toda a vida. E pode porventura existir um escritor que não seja um puro ironista ou satírico, um poeta, um romancista sem alguma coisa do que nós chamamos romântico? O romantismo era parte do temperamento literário de Zola, com o qual ele lutou tenazmente, que modificou com grande vantagem da sua obra, mas que viria incorporar-se nela com o simbolismo da sua última maneira, nas *Três cidades* e nos *Quatro Evangelhos*. Foi essa combinação do romantismo com o sentimento do real em Zola que, com o seu gênio épico, fez dele o naturalista singular entre Flaubert, os Goncourts, Daudet, Maupassant e menores. A epopéia foi sempre uma forma literária sociológica: todo o *epos* é de sua própria natureza social. A série dos *Rougon-Macquart* trazia desde os seus primeiros livros uma pronunciada feição sociológica. O seu subtítulo de "história natural e social de uma família no segundo Império" podia não valer mais que a denominação de "romance experimental" aplicada às novelas dessa portentosa coleção, e não valia mais; o fato literário, porém, superior a questiúnculas de escolas, a teorias estéticas, a retóricas revolucionárias, é que, desde Shakespeare, desde Balzac, a sociedade humana não se vira representada por uma tão formidável acumulação de personagens de todas as espécies, de cenas tão novas e tão extraordinárias, de idéias, de sensações, de impressões, de sentimentos tão variados, tão diversos, tão vivos, tão objetivamente exatos, tão palpitantes de uma vencedora realidade. Todo um mundo, no seu vasto panorama e nas suas minuciosidades, no seu caráter geral, e nas suas feições particulares, na sua representação material e na sua significação ideal ou simbólica, aparecia ali, sem desfalecimento, sem transigência nem hesitações, clara, leal, francamente. É esse o caráter moral da obra de Zola: que ela é, pelo profundo espírito de verdade com que ele a realizou, uma obra profundamente honesta. O seu gênio épico, isto é, a sua capacidade de animar o inanimado, de agitar e mover as massas, o seu dom de antropomorfismo e de representação, o seu gosto da alegoria e do símbolo, com a sua preocupação, primeiro só de artista, mas logo depois de homem, pela vida em toda a sua complexidade e interesse, e a sua simpatia pela dor humana, acabaram por dar-lhe na literatura francesa, e, excedendo-a, na literatura universal um lugar como só o teve Victor Hugo, e como só o tem neste momento Tolstoi. Foi desses diversos elementos, que todos resultam na epopéia, que se fundiu a sua obra, sobretudo forte e viril.

Obra de fé e de esperança, ela é talvez na literatura contemporânea o mais forte documento da confiança dos homens emancipados no futuro da humanidade, regenerada pela ciência, isto é, pela verdade e pela justiça. Será esta a sua significação no porvir, mostrar como depois da catástrofe de 70 uma geração surgiu crendo fundamente que pela regeneração intelectual haveria dias melhores para a França e para o mundo. O primeiro evangelho desta nova fé, escreveu-o com ardente entusiasmo de moço, muito antes do desastre nacional, mas o guardou ciosamente Ernest Renan. Antes que o *Futuro da Ciência* viesse à luz, Zola começara a publicar os *Rougon-Macquart*, e, como a Fama virgiliana, o seu propósito adquiriu novas forças a cada novo volume. A impassibilidade, a carência de simpatia, a crueza do estilo e da pintura, que lhe reprochavam, pouco a pouco apareciam à sua verdadeira luz, iluminando de um largo clarão de benevolência, de um raio de esperança os antros lôbregos que a sociedade cria aos miseráveis na taberna, na mina, no mercado, no teatro, no mundo.

Podem os críticos puramente literários, os estetas sem inteligência, os literatos que o refugaram da Academia, notar-lhe o estilo pesado, a falta de graça, a carência de finura, a monotonia da composição, o desmesurado da fábrica: são os senões inerentes à sua força. Tudo isso ele resgata com a mais sábia disposição que é talvez possível encontrar na língua francesa. Ninguém tem como ele a ordem, a composição, o método, a clareza de escrita. Seus livros têm 700 páginas, centenas de personagens, de cenas e de episódios, mas tudo neles é ordem, limpidez, inteligência. Que singular força intelectual só este fato não está revelando? Tudo isso submerge ainda nas páginas abundantes de cálida emoção, de divina beleza, de superior eloqüência que espalha profusamente por cada um dos seus romances — e no alto pensamento humano e social que os inspira.

A esta inspiração, que devia ser o remate glorioso da sua obra, Émile Zola foi naturalmente levado pela sua mesma obra de romancista. Ela estava, porém, implícita nas primeiras manifestações do seu gênio literário, e os que se assombraram do seu papel na questão Dreyfus revelavam pouca perspicácia. Se eu me empenhasse em definir o gênio de Zola, creio que me ateria à fórmula, um moderno, um positivista, no sentido geral dessa expressão, que, sem nenhuma crença no sobrenatural, nem nas potências consagradas deste mundo, não espera nada senão da ciência e do esforço humano, emancipado de todo o preconceito social ou religioso. Um personagem de *Roma* faz do *Manual do Bacharelado* uma espécie de *Bíblia* do futuro. Não faltaram críticos que metessem Zola à bulha pela idéia. Não era, entretanto, difícil ver nisso um símbolo, o fácil símbolo da ciência, regeneradora da vida. Foi essa a crença viva, forte, impertérrita, ingênua, pode dizer-se, de Zola. A ela misturou-se uma sentida piedade humana, nascida talvez mais do contato dos miseráveis que ele estudou, que só da influência socialista — na mais larga acepção desta palavra — que nos últimos anos influiu nele. Não há dúvida que neste momento todos os grandes artistas e escritores, por todo o mundo, são socialistas. Todos eles voltam-se para os interesses sociais, representados pelos miseráveis e sofredores, pelo enorme proletariado, vítima dos regimes burgueses. Nunca a arte mostrou um caráter tão social como hoje, e a sua tendência, tudo o anuncia, é fazer-se cada vez mais social — ao menos onde ela vale alguma ciosa, onde não é uma simples macaqueação desvaliosa, mas procede da própria alma nacional.

Na sua terra e no seu tempo, Émile Zola foi o mais nobre representante desta tendência das artes e das letras contemporâneas, e, depois dos grandes poetas humanos, um dos que melhor deram à dor e às aspirações humanas uma expressão imortal e sagrada.

ALEXANDRE DUMAS

Les grands écrivains français. Alexandre Dumas père,
par Hippolyte Parigot, Paris, 1902.

Nem tudo o que sucede em França repercute aqui. Assim, o centenário do nascimento do maravilhoso contador de histórias que divertiu e encantou duas gerações do século XIX, ali celebrado em julho último, nos passou de todo despercebido. Não me lembra que algum jornal se tenha dele ocupado, sequer para noticiá-lo mais longamente. Como quer que seja, há nesse esquecimento uma ingratidão nossa. Todos os brasileiros de mais de quarenta anos, número crescidíssimo dos de mais de trinta, e ainda numerosos dos de menos, devem certamente a Alexandre Dumas, ao velho Dumas, horas deliciosas de prazer, de esquecimento, de diversão, emoções que eu não darei por superiores, mas que tiveram o seu encanto e a sua utilidade. Antes que o gênero de que ele foi o grande clássico houvesse caído na exploração corrente dos folhetins dos jornais populares, com os Ponsons du Terrail, com os Capendus, com os Xavier de Montépins, e a legião que se lhes seguiu, foram os seus romances, riquíssimos de interesse e de ação, de uma imaginação transbordante e de uma veia incomparável, a favorita leitura amena e recreativa, e para muitos o quase único repasto intelectual, de gerações sucessivas no mundo inteiro, pois que em todas as línguas foram traduzidos. Um artista de enorme talento no qual havia alguma coisa de Dumas, Gustave Doré, imaginou uma estátua do divertido contador, seu contemporâneo e amigo. Ao redor do soco onde ela assentava, no desalinho de um *robe de chambre* em que ele escrevia, aglomeravam-se em alto-relevo, em vestuários, atitudes, gestos e feições características, pessoas de ambos os sexos e de todas as classes e castas, a ler-lhe a obra: o fidalgo e o popular, o burguês e o operário, o padre e o militar, o negociante e o marinheiro, a grande dama e a costureira, a religiosa e a cortesã, a senhora e a serva, o burocrata, o advogado, o médico, o industrial, o garoto, o ancião, o mancebo. Essa representação, que não sei se chegou a realizar-se em monumento, era grandemente expressiva. A glória de Dumas, que ninguém lhe disputará, foi ter por meio século (pois começou a escrever em 1820 e morreu em 1870) divertido e deliciado milhões de pessoas de todas as nações e condições com os seus romances, com os seus dramas e comédias, com as suas viagens, com as suas memórias, que não são a parte menos alegre da sua obra, e até com a sua vida de pícaro de gênio, de gigante ingênuo e bom, "uma força da natureza", como não duvidou chamar-lhe Michelet. Outros povos, além do seu, não o esqueceram; não só o jornalismo e a crítica das nações latinas, mas ainda das germânicas e saxônias consagraram-lhe estudos, comemorando a sua memória. Tenho aqui o artigo, excelente e conceituoso, que lhe dedicou na sua seção literária o *Times*. É cheio de vistas originais, revelando a opinião inglesa — e os ingleses foram um dos povos que mais leram Dumas — sobre o prodigioso romancista. Verificando a sua fama universal, nota o escritor inglês que ele é antes o favorito das "massas" literárias que das "classes" literárias, mas observa que "George Sand, sem dúvida, deliciava-se com as suas obras, que R. L. Stevenson (talvez o maior romancista inglês dos últimos tempos) escreveu ditirambos em sua honra, que Thackeray, que começou por zombar dele, acabou admirando amorosamente os *Mosqueteiros*", e acrescenta: "Toda a gente que conservar moço o coração, seja qual for a idade que tiver, é um aliado de George Sand, Stevenson e Thackeray". A seguinte anedota inglesa referida pelo próprio lorde Salisbury, num discurso em uma associação literária, dá razão ao *Times*. Contou o primeiro-ministro inglês que achando-se hospedado em casa do príncipe de Gales, hoje Eduardo VII, foi uma madrugada surpreendido a ler, desde às 4 e meia horas, o seu livro favorito, o *Monte Cristo*. O príncipe quis conhecer o livro que punha fora da cama, a tal hora, um primeiro-ministro. Algumas semanas depois ele disse ao seu hóspede: "*Monte Cristo* fê-lo sair da cama às quatro horas e meia; pois a mim, foi às quatro que esta manhã ele me levantou da minha". O célebre escritor americano, recentemente morto, Bret Harte era um fervoroso admirador de Dumas, a quem confessava dever a sua vocação. E um jornal dos Estados Unidos, redigindo a lista das maiores celebridades do século XIX, punha o romancista a par de Napoleão e difícil será contestar-lhe a verdade da sua notação. Que aqueles exemplos ilustres animem os que receiem confessar o seu gosto por Dumas, com medo do motejo dos refinados.

Por esta mesma ocasião do centenário, um crítico inglês, o sr. Arthur Davidson, publicou sobre *Alexandre Dumas, his life and works* uma poderosa obra em dois volumes, que os jornais críticos ingleses declaram um forte e excelente trabalho. O mesmo ensejo, sem dúvida, determinou a publicação do livro do sr. Hyppolite Parigot. O autor já havia consagrado ao *Drama de Alexandre Dumas* um estudo especial, que o eminente crítico dramático francês sr. Larroumet declara "excelente, tão solidamente documentado como brilhantemente escrito". Esta virtude parece-me relevante neste seu novo livro. Mas Alexandre Dumas pai, na coleção dos grandes escritores franceses, ao lado de Bossuet, de Pascal, de Racine, de Chateaubriand, de Victor Hugo, de Flaubert? É assim: mas certamente não pelos mesmos títulos. Não é a genialidade do seu pensamento, expresso em uma língua literária admirável, que lhe dá direito a esse lugar, mas condições especiais de força na imaginação e na criação dramática, de "virtude", no sentido italiano dessa palavra, no domínio da invenção literária que lhe dão. E com elas a manifesta influência que esse grande contador de histórias exerceu na imaginação, na vida, no teatro, no romance e, portanto, na literatura do seu país e do seu tempo. Lendo o agradável livro do sr. Parigot, que é de um crítico e não de um panegirista, o verificarão os leitores, se disso não estavam ainda convencidos.

A feição principal do gênio literário de Dumas, que indisputavelmente o tinha, e vigoroso, embora desordenado e sem disciplina nem educação, nem regime, a sua qualidade dominante, como lhe chamaria Taine, é a imaginação ativa; por isso ele é essencialmente um gênio dramático, e, literariamente, o seu maior valor é de autor dramático. Sob esse aspecto é um criador, quase um inventor. Um dos críticos mais recentes de Victor Hugo, estudando o teatro em França no romantismo, afirma e mostra que foi o *Henrique III e sua corte* de Alexandre Dumas, representado em Paris em 11 de fevereiro de 1829, o iniciador do novo drama. É o que desenvolvidamente mostra em um capítulo especial o sr. Parigot. Para ele, como para o sr. Larroumet, como em geral para toda a crítica francesa, ele não é só o criador do drama popular, em França, mas "por um rasgo de gênio" criou também, com o *Antony*, o drama moderno. E com Hugo, com Vigny, é um dos três dramaturgos do Romantismo, e pelo senso do teatro, pelo gênio dramático, talvez o maior dos três. Nós o conhecemos aliás muito menos sob este aspecto, que verdadeiramente lhe dá um lugar na literatura francesa, pois até o seu estilo de autor dramático é melhor, mais perfeito que a sua escrita de romancista. Dizendo como tantos outros a sua imperfeição como escritor (não tão completa aliás como parece e se tem repetido), o sr. Larroumet escreve no estudo que lhe consagrou por ocasião do seu centenário: "Ele é difuso, trivial, acaso vulgar... Poeta, ele não é comparado a Victor Hugo sequer o que foi Voltaire comparado a Racine, e romancista, há mais arte numa página da *Crônica de Carlos X* de Mérimée que nos seis volumes da *Rainha Margot*... Ora, de todos os gêneros, o teatro é o que mais dispensa o estilo, mais ainda, o único em que se pode fazer obra literária sem ser um escritor". Explica essa verdade corriqueira da crítica, e mostra como o dom da vida supre no teatro as qualidades propriamente literárias do estilo... "Este dom o possuía Dumas no mais alto ponto, não só no teatro, mas no romance... Tinha-o em tal grau, que não vejo nenhum escritor do teatro, nem o próprio Corneille, que, a esse aspecto, lhe seja comparável... Eis por que Dumas é um grande nome da nossa literatura; não houvesse ele sido senão um romancista, seria apenas o chefe da escola de que Ponson du Terrail [e os que eu citei acima] são as glórias". Mas o sr. Larroumet mostra em seguida como aliás o teatro, obrigando Dumas a restringir-se, forçou-o "a concentrar sua invenção e sua forma". O sr. Parigot não é, talvez, tão rigoroso. Mostra-o, é certo, pela própria natureza do seu temperamento, do seu talento, da sua vida literária, "votado à improvisação". "A arte de escrever quase não existe para ele. Ele escreve tão naturalmente como inventa, e como outros homens respiram ou digerem. Faz isso parte de suas funções vitais... A fecundidade é a condição essencial do seu gênio: cede à sua índole, expõe copiosamente sua bela saúde de espírito. Pensando escrever, ele tabeliona; porém mais freqüentemente acontece-lhe escrever em vez de tabelionar. A natureza arrasta-o. Ele é uma imaginação ao serviço de um temperamento. É a sua força".

"É menos bom quando pretende ser literário. Mas, popular, escreve segundo o livre jogo da sua imaginação e de seus músculos. É simples, é alegre, é vivo. Sem rebusca e fora dos processos da literatura, ele dá a ilusão da vida real... A opinião carneiral que vai repetindo que Dumas não escreve, de boa mente a subscrevo, se querem dizer que o seu talento é uma expansão natural, sem preocupação nem mérito literário, mas não sem escolha de uma língua clara e sã. Observador menos profundo [do que Balzac], escrevia Nisard, Alexandre Dumas conta com mais vivacidade, dialoga com mais veia e naturalidade e escreve uma melhor língua".

Com o drama nacional e o drama moderno, ele é o criador, em França, do romance histórico, ou melhor, como lhe prefere chamar, com razão, o sr. Parigot, do romance da história. Certo, não é um mesquinho mérito ter contribuído para uma literatura qual a francesa com estas três obras de iniciação, embora não o fizesse sob uma forma superior. O desenvolto e genial mulato tomou com a história todas as liberdades, mas é uma opinião erradíssima supor que ele a falsificou ou deturpou, ou que é sempre viciada a visão que, dos personagens, épocas e feitos históricos, nos dá. Se o seu romance da história "não é absolutamente a ressurreição do passado, é pelo menos, uma intuição familiar e viva" — "o seu romance não traiu a história". E antes que a crítica começasse a reconhecê-lo, qual de nós, que o leu, não sentiu, nessas suas maravilhosas invenções da história, uma verdade mais viva que a dos puros historiadores, uma interpretação animada, que toca ao prodígio, como a da *Dama de Monsoreau* e de dois terços dos *Três mosqueteiros*, diz o seu mais recente crítico?

Mas, romancista da história, ou romancista de pura imaginação, é o contador incomparável e prestigioso que no tempo em que o líamos, tempo que pode voltar sempre, e que para muitos se não terá acabado, nos encantou, nos dominou, nos seduziu, e ao qual a nossa imaginação guarda uma reconhecida simpatia. Nossos avós e nossos pais ainda o ouviram através da voz melodramática de João Caetano na *Torre de Nesle*, no *Kean* e não sei se em mais outros dramalhões famosos. A nós, que viemos depois, ele quase só nos divertiu, mas isso longa e intensamente, com os seus heróicos *Três mosqueteiros* e suas miríficas aventuras, com as suas maravilhosas *Memórias de um médico*, com a trágica história do *San Felice*, com os romanescos fastos dos *Moicanos de Paris*, com a estupenda história do *Monte Cristo*, e com mais cem ou duzentos outros livros, que todos não seriam bem dele, mas a que o seu nome, mesmo de empréstimo, ou alugado, prestigiava. E de todos saía um grande e forte hálito de bondade e simpatia, um sopro de alegria franca, ruidosa, sem malícia, que entrava por metade na fascinação do contador. Terminando esta mal alinhavada recordação do adorável contador que tantas vezes adormeceu a nossa dor, embalou a nossa ilusão, excitou a nossa imaginação, divertiu a nossa atenção e curiosidade, repousou a nossa fadiga intelectual, eu sinto, e pesa-me não ter sabido pagar-lhe, em nome dos meus patrícios, um nada sequer da nossa dívida aos seus inefáveis benefícios. Foi com essa pia intenção que a escrevi.

UM CONTO DE ANATOLE FRANCE

Um dia, L. Ælio Lâmia, cavaleiro romano, em estação d'águas em Baia, que era a Petrópolis dos romanos, repousava de uma caminhada pelas colinas que avizinhavam a pitoresca vila, sentado à beira de um caminho sob um terebinto, deixando vagar seus olhares distraídos pela bela paisagem. À sua esquerda estendiam-se lívidos e nus os campos flegreenses até às ruínas de Cumas. À sua direita, o cabo Miseno fincava a sua aguda espora no mar Tirreno. A seus pés, para o Ocidente, seguindo a curva graciosa da praia, a rica Baia ostentava os seus jardins, as suas quintas povoadas de estátuas, os seus pórticos, os seus terraços de mármore, à beira do mar azul onde golfinhos brincavam. Diante dele, do outro lado do golfo, na costa da Campânia, dourada pelo sol já para o ocaso, brilhavam os templos coroados ao longe pelos loureiros do Pausilipo, e nas profundezas do horizonte ria o Vesúvio.
Lâmia sacou de sob a toga um rolo com o *Tratado da natureza*, estendeu-se na relva e pôs-se a ler. Com pouco um escravo avisou-o se arredasse dali para deixar passar uma liteira que subia o angusto carreiro. Dentro dela, que se aproximava aberta, viu Lâmia, recostado em almofadas, um velho de ampla corpulência que, com a testa na mão, olhava com um olhar carregado e soberbo. O nariz aquilino descia-lhe sobre os beiços, que um queixo proeminente e maxilas poderosas comprimiam.
Lâmia teve logo a certeza de conhecer aquela cara. Hesitou um instante em dar-lhe um nome. Mas, de repente, correndo para a liteira com um movimento de surpresa e de contentamento:
— Pôncio Pilatos! gritou, graças aos deuses é-me dado rever-te.
Era com efeito Pôncio Pilatos, o ex-procurador da Judéia, que carregado de desgostos e reumatismos chegava a procurar nas águas, nos ares, na sociedade patrícia, rica e elegante de Baia, di-

versão para o seu espírito, distração para as suas mágoas e alívio para as suas dores. Oh! ele não fora feliz, esse obscuro funcionário romano, a que os autores do credo católico deviam dar uma desagradável imortalidade, introduzindo importunamente nele o seu nome. Os judeus ingovernáveis, gente ao mesmo tempo orgulhosa e vil, que junta uma covardia ignóbil a uma obstinação invencível, causam igualmente o amor e o ódio, com as suas revoltas, com as suas intrigas, as suas delações a César, fizeram-lhe a vida dura. Por outro lado, os seus inimigos e invejosos romanos colaboravam com eles nessa obra de o arruinarem no espírito do imperador, e acabaram por vencer. Vitélio, procônsul da Síria e do qual ele dependia, era o seu principal inimigo, e não obstante a natural solicitude e o sentimento do dever que o levaram a desempenhar as funções públicas, não só com diligência, mas com amor, o ódio o perseguiu sem tréguas. A intriga e a calúnia quebraram-lhe a vida em plena seiva, secando os frutos que ela devia sazonar. Lâmia perguntava-lhe pela revolta dos samaritanos, que ele se preparava para reprimir, quando Lâmia, que fora seu hóspede em Jerusalém durante dez anos, ia deixar a triste cidade. Fora a última causa da sua ruína.

Um homem da plebe, poderoso pela palavra como tantos há na Síria, persuadiu os samaritanos de que se ajuntassem armados no monte Gazim, que ali passa por lugar santo, prometendo-lhes descobrir aos seus olhos os vasos sagrados que um herói epônimo ou antes um deus indigente chamado Moisés acolá havia enterrado. Disso certos, revoltaram-se os samaritanos. Graças a sábias e oportunas medidas de polícia, ele, Pilatos, sufocara a revolta apenas formada, e, para dar um exemplo com poucas vítimas, mandou supliciar os chefes da sedição. Nisso Vitélio, a rogo dos principais samaritanos, que protestavam jamais terem tido o pensamento de desobedecer a César e acusaram Pôncio de ser um provocador, que os obrigara por suas violências àquele extremo, mandou-lhe passasse o governo a Marcelo, criatura sua, e se fosse a Roma justificar perante o imperador. Quando ele se avizinhava da Itália, Tibério morria, e o império passava a Caio. Pôncio pediu-lhe justiça, mas quis a fortuna obstinada contra ele que fosse íntimo amigo e comensal do novo César o judeu Agripa, parcial de Vitélio. O imperador pôs-se do lado do seu caro asiático e nem sequer o ouviu a ele Pôncio, que teve de submeter-se à sua imerecida desgraça. Devorando as lágrimas, nutrindo-se de fel, retirou-se para as suas terras da Sicília, onde haveria morrido de dor se a sua doce Pórcia, sua filha mais velha, que enviuvara, não tivesse vindo consolar-lhe a amargurada velhice. Ali cultivava e vendia trigo, produzira as mais grossas espigas de toda a província. Enfim sua vida estava acabada. O futuro julgaria entre ele e Vitélio. Graças aos deuses, conservara o vigor de espírito: não se lhe enfraquecera a memória. Mas a velhice não vem sem um longo cortejo de dores e enfermidades. A gota o perseguia atrozmente. E Lâmia o encontrava indo procurar nos campos flegreenses um remédio aos seus males. Aquela terra ardente, de onde à noite saem chamas, exala acres vapores de enxofre que, dizem, acalmam as dores e restituem o seu jogo às juntas dos membros. Pelo menos, o afirmam os médicos.

Ælio Lâmia, o amigo e interlocutor que ali inesperadamente se deparara a Pôncio Pilatos, também já não era moço, tinha os seus sessenta e dois anos. Filho de pais ilustres, membro da nobreza romana, estudara filosofia, como os mancebos da sua ordem, naquele tempo, nas escolas de Atenas. Voltando a Roma levou a vida solta dos moços da sua hierarquia. Uma aventura amorosa com a mulher de um personagern consular fê-lo exilar da cidade por Tibério. Ia pelos vinte e quatro anos, e durante dezoito, que durou o seu exílio, percorreu a Síria, a Palestina, a Capadócia, a Armênia, fazendo longas paradas em Antióquia, em Cesaréia, em Jerusalém. Quando, depois da morte de Tibério, Caio subiu ao trono, Lâmia pôde voltar a Roma. Restituíram-lhe até uma parte dos seus bens. A desgraça tornara-o ajuizado.

Evitou quaisquer relações com as mulheres de boa condição, não disputou os cargos públicos, conservou-se afastado das honrarias, e viveu obscuro na sua casa das Esquilias. Pondo-se a escrever o que vira de notável nas suas longínquas viagens, dizia ele que dos seus males passados fazia o divertimento das horas presentes. Foi no meio desses remansosos trabalhos e na assídua meditação dos livros de Epicuro que, com alguma surpresa e pesar, viu chegar a velhice. Também os reumatismos o atormentavam e o levaram a Baia, onde na multidão brilhante que freqüentava a elegante vila ele achava-se só e sem amigo.

Foi para ele uma fortuna o encontro de Pôncio Pilatos, que, como procurador da Judéia, o hospedara e agasalhara em Jerusalém, aonde o levara o seu exílio. Ouvindo Pôncio contar-lhe os seus desgostos e a sua desgraça, Lâmia consolou-o, mas sem deixar perceber uma dúvida de que o ex-procurador não houvesse talvez procedido com os judeus com a necessária brandura.

A este reparo, não obstante feito em toda a amizade, Pôncio exaltou-se.

— Brandura com os judeus! bradou. Não obstante teres vivido entre eles, bem mal conheces esses inimigos do gênero humano.

E defendeu-se contra a dúvida do amigo: o seu espírito se formara, sabia-o Lâmia, nas máximas do divino Augusto. Quando foi nomeado procurador da Judéia, já a majestade da paz romana envolvia a terra. Não se via mais, como no tempo das guerras civis, os procônsules enriquecerem-se com o saque das províncias. Ele, Pilatos, conhecia o seu dever; tinha todo o cuidado de não usar senão de prudência e moderação. Apelava para os deuses, teimara em ser brando. De que lhe serviram esses sentimentos de benevolência, Lâmia o viu quando, no começo do seu governo, rebentou a primeira revolta. Cria não precisar lembrar-lhe as circunstâncias. A guarnição de Cesaréia fora aquartelar em Jerusalém. Os legionários levavam nas suas insígnias as imagens de César. Esse espetáculo ofendeu os habitantes que não reconheciam a divindade do imperador, como se, desde que temos que obedecer, não é mais digno obedecer a um deus que a um homem. Os padres da nação vieram, perante ele, rogar-lhe com uma humildade altiva que mandasse as insígnias para fora da cidade. Ele recusou-se a isso, em respeito da divindade de César e da majestade do império. Então a plebe, juntando-se aos sacerdotes, levantou em roda do pretório súplicas ameaçadoras. Ele tentou dispersar à força aquela multidão insolente. Mas os judeus, insensíveis às pancadas, clamavam-lhe ainda, e alguns mais teimosos, atirando-se ao chão, se deixavam morrer sob as varas. Lâmia presenciou essa humilhação dele. Por ordem de Vitélio, teve de fazer voltar as insígnias a Cesaréia. E o ex-procurador da Judéia jurou ali ao seu amigo, em face dos deuses imortais, que jamais ofendeu, no seu governo, a justiça e as leis. Está velho. Seus inimigos e delatores faleceram. Morrerá sem ser vingado. Quem lhe defenderá a memória?

Consolador, Lâmia respondeu-lhe:

— Sábio é não recear nem esperar do incerto futuro. Que importa o que os homens pensarão de nós? Não temos testemunhas e juízes senão nós mesmos. Conforma-te, Pôncio Pilatos, no testemunho que te dás da tua virtude. Contenta-te com a tua própria estima e dos teus amigos. De resto, não se governam os povos só pela brandura. Esta caridade do gênero humano que a filosofia aconselha tem pouca parte nas ações dos homens públicos.

Mas a tarde caminhava, e, como Pilatos observou a Lâmia, os vapores de enxofre que se exalam dos campos flegreenses têm mais força quando saem da terra ainda aquecida pelos raios do sol, pelo que ele deixava-o, para chegar à sua casa ainda com dia. Mas convidava o amigo, que tão venturosamente se lhe deparava, a ir cear com ele no dia seguinte, e conversariam de novo da Judéia.

Lâmia foi pontual ao prazo dado. Servida sem fausto mas honradamente, apresentava a mesa pratos de prata com papa-figos preparados com mel, tordos, ostras de Lucrino e lampreias da Sicília. Recostados nos dois leitos achegados à mesa, os dois amigos recontaram-se as suas respectivas moléstias, felicitaram-se de se acharem juntos em Baia, gabaram em competência a beleza daquele litoral e a amenidade do seu clima. Lâmia elogiou a graça das cortesãs que passeavam na praia, amontoadas de ouro, e arrastando véus bordados pelos bárbaros. O velho procurador lastimava tal ostentação, que por pedras vãs e teias de aranha tecidas por mãos humanas passava o dinheiro romano aos povos estrangeiros e até aos inimigos do Império. Falaram ainda das grandes obras feitas naquela região, e Pôncio, suspirando, disse como ele também quisera empreender grandes obras de utilidade pública; como recebendo, por mal seu, o governo da Judéia, planejara um aqueduto de duzentos estádios que devia levar a Jerusalém águas abundantes e puras, como tudo calculou e computou, ordenou, previu, regulou, e como, quando se foi iniciar a obra, os habitantes de Jerusalém reunidos em tumulto, alvoroçados, bradaram contra a impiedade, atiraram-se aos operários e lançaram fora as pedras dos alicerces. Concebe-se mais imundos bárbaros? Vitélio entretanto deu-lhes razão, e ele teve ordem de interromper o trabalho.

— É uma grande questão, ponderou Lâmia, saber se devemos fazer a felicidade dos homens contra a sua vontade.

Pôncio ainda deblaterou contra os judeus. Lâmia defendeu-os molemente ou antes explicou, como lhe parecia, o que neles tanto escandalizava e revoltava os sentimentos romanos de Pilatos. Eles eram muito aferrados aos seus costumes antigos. Sem razão, embora, suspeitavam Pilatos de querer abolir a sua lei e mudar os seus hábitos. Pilatos não procedeu sempre de modo a dissipar esta sua desconfiança. Traía perante eles o seu desprezo pelas suas crenças e cerimônias religiosas. É preciso convir que sem se terem, como os romanos, elevado à contemplação das coisas divinas, os judeus celebram mistérios veneráveis por sua antiguidade.

Pôncio Pilatos, dando, desdenhoso, de ombros, retorquiu-lhe que os judeus não tinham um conhecimento exato da natureza dos deuses. Adoram Júpiter, mas sem dar-lhe nome ou imagem. Nem sequer o veneram sob a forma de uma pedra, como fazem certos povos da Ásia. Nada sabem de Apolo, de Netuno, de Marte, de Plutão, nem de nenhuma deusa. E assim a palestra dos dois amigos prolongou-se, versando sempre sobre a Judéia. Lâmia, que era um espírito cético, ou no qual podiam menos os preconceitos romanos de Pilatos, chegou mesmo a imaginar que um dia o Júpiter dos judeus podia vir a Roma, e perseguir nela com o seu ódio ao seu amigo, ainda tão queixoso dele. Por que não? A Ásia e a África já lhes tinham dado bastantes deuses. Não se ergueram em Roma templos em honra de Ísis e da ladradora Anúbis? Encontra-se nas encruzilhadas e nas pedreiras a boa deusa dos sírios, montada num burro. E citava outros fatos. Que Pôncio temesse, pois, ver desembarcar um dia, em Óstia, o Júpiter dos judeus.

Pilatos protestou contra esta possibilidade, com as excelentes razões com que em todos os tempos os conservadores negam o que vai daí a pouco suceder. Por fim vieram a falar na vida um pouco dissoluta que Lâmia levava em Jerusalém, e a uma amistosa repreensão retrospectiva de Pilatos, Lâmia, depois de esvaziar a sua copa de Falerno, respondeu:

— As mulheres da Síria dançam com tanta languidez! Conheci uma judia de Jerusalém que, num cubículo, à luz de uma lampadazinha fumarenta sobre um ruim tapete, dançava levantando os braços para bater as castanholas. Curvados os rins, caída e como arrastada pelos seus pesados cabelos ruivos a cabeça, os olhos afogados em volúpia, ardente e lânguida, ágil, ela houvera feito esmorecer de inveja a própria Cleópatra.

Um dia, essa mulher, cujas danças bárbaras e cujo canto um tantinho rouco, mas todavia doce, e cujo cheiro de incenso, e a meia sonolência em que ela parecia viver, ele amava, e que seguia por toda a parte, desapareceu, e ele não a viu mais. Por muito tempo procurou-a pelas vielas suspeitas e tavernas. Custava mais a desabituar-se dela que do vinho grego. Depois de alguns meses de a ter perdido, soube por acaso que ela se juntara a uns homens e mulheres que seguiam um moço taumaturgo galileu. Ele chamava-se Jesus, e era de Nazaré, e foi crucificado não sabia por que crime. "Tu te lembras desse homem, Pôncio?"

Pôncio Pilatos franziu os sobrolhos e levou a mão à testa como alguém que procura na sua memória. Depois, após alguns momentos de silêncio:

— Jesus? murmurou, Jesus, de Nazaré? Não me lembro.

UM MODERNO TROVADOR PORTUGUÊS

Cantigas, por Antonio Corrêa de Oliveira,
Lisboa, 1902. Do mesmo: *Auto do
fim do dia*,1900; *Alívio de tristes*, 1901.

Escrevendo-me de homens de letras portugueses de hoje, o comovido poeta de *Canaã*, um dos espíritos mais capazes que conheço de compreender e sentir a poesia, sobretudo na sua forma íntima e sinceramente cordial, a poesia simples, e espontânea, humana e vivida, revelou-me a existência do sr. Antonio Corrêa de Oliveira, como um poeta de peregrino merecimento. Eu sei bem como no sr. Graça Aranha um esquisito dom de simpatia, generosa até à prodigalidade, testemunho de sua raríssima bondade de coração e de sua não menos rara superioridade moral, pode turvar-lhe a particular lucidez de espírito, e viciar-lhe o arguto senso crítico. Mas sem recusar-me a aceitar a informação, transbordante de benquerença e entusiasmo, fiquei à espera dos documentos que a confirmassem.
"Corrêa de Oliveira", escrevia-me o meu prezado confrade, "é o que se chama um bardo, da têmpera de João de Deus, um poeta-povo, simples, ignorante, singelo, triste e meigo. Como o povo, é rico de sentimento, e o verso lhe vem pelo canto. Tem 22 anos, solitário, estranho a toda a literatura, bom, sensível, sem capadoçagens de cafés, torturado de saudades da sua aldeia, que deixou há seis meses".
Não desmentiram esse juízo, e outros, não menos amáveis, que os acompanhavam, os três livrinhos de versos que acabo de ler do sr. Antonio Corrêa de Oliveira. Ora graças, encontro enfim uns folhetos de versos, dos quais o mais volumoso apenas excede de

100 páginas, que valem por grossos volumes. Mas o caso, nem por isso, deixa de ser verdadeiramente extraordinário.

Há decididamente no sr. Corrêa de Oliveira, o que é bem raro na poesia contemporânea da nossa língua, uma personalidade singular e distinta. E para o ser, se não me engana a leitura da sua obra, bastou-lhe talvez deixar se desenvolver normalmente, consoante a índole própria do seu engenho, sem o forçar na imitação de novas estéticas, que destoariam do seu temperamento, nem recorrer a novos meios de expressão, outras formas métricas, que aquelas que naturalmente, de inspiração e tradição, se ofereciam ao seu cantar. Ele é eminentemente um espontâneo e um simples. Não nos enganemos, porém; na sua espontaneidade, que é real, como na sua singeleza, igualmente genuína, há um artista senhor dos seus meios, em toda a plenitude deles, ao menos quanto interessa aos seus assuntos e à sua expressão atual. Isso não quer dizer que haja, ou se sinta, a menor rebusca na sua simplicidade. Ao contrário da do sr. Guerra Junqueiro, e de outros imitadores seus portugueses ou brasileiros, na qual não consegue jamais disfarçar-se a rebusca, o trabalho do artista para fazer simples, a simplicidade do sr. Corrêa de Oliveira lhe vem de nascença, é a própria feição nativa do seu gênio. Que ele, consciente da sua índole poética, tenha, entretanto, segundo o seu dever de escritor que publica o que produz, procurado educá-la e aperfeiçoá-la, pode-se admitir sem diminuição da espontaneidade e singeleza do seu engenho. Será o sr. Corrêa de Oliveira tão ignorante como nos diz o sr. Graça Aranha, atribuindo, sem dúvida, a sua encantadora e rara simplicidade à própria simpleza do seu espírito, não-viciada pela erudição? Que ele não é um erudito, um espírito culto, creio-o bem. Mas, na aldeia portuguesa não é raro que os rapazes de talento e boa vontade aprendam o latim com o "senhor abade" e no *Alívio de tristes* citam-se Cícero e Platão. O poeta não é hóspede na história e na geografia, principalmente de sua pátria, cuja literatura antiga, particularmente a poética, a moral e a mística, estou quase certo de que ele leu e meditou toda.

Não é certamente um literato; fora das emoções da sua saudade, da sua vida afetiva, do seu amor da pátria, da sua simpatia piedosa e humana, pouco, nada mesmo, lhe devem interessar as nossas disputas literárias e estéticas, e ainda a literatura em geral, principalmente a literatura com a sua cabotinagem, as suas posturas, a sua artificialidade e insinceridade. Se o verdadeiro poeta fosse aquele que só sentisse e só pudesse exprimir-se cabalmente em verso, o sr. Corrêa de Oliveira seria, como poucos, um verdadeiro poeta, porque a sua linguagem é naturalmente o verso. E é isso que faz dele, não direi um grande poeta, mas um admirável, delicioso e raro poeta, um extraordinário trovador redivivo no Portugal de hoje. Um grande poeta já não se pode ser, e talvez nunca se pôde ser, sem cultura. É fato averiguado pela crítica que os grandes poetas de todos os tempos estavam a par da cultura geral da sua época; Matthew Arnold, que não é só um dos maiores críticos, mas um dos mais consideráveis poetas da Inglaterra contemporânea, onde lhe dão um lugar ao lado dos Tennysons, dos Swinburnes, dos Rossettis, mostrou num dos seus magníficos *Essays in criticism* a função necessária do saber na criação da poesia moderna. "A poesia inglesa do primeiro quartel deste século", escreve ele, "cheia de energia, cheia de força criadora, é falha de saber. Por isso Byron é tão vazio (*empty of matter*), Shelley tão incoerente, e o mesmo Wordsworth, não obstante profundo, ainda falto de perfeição e variedade". O que faz também, ou principalmente, os grandes poetas à maneira de um Goethe ou de um Hugo é a cópia, a abundância, a diversidade da sua obra, provando um grande poder criador, e variadas e ricas faculdades de imaginação e de impressão. Ora, o que aumenta, educa, estimula e valoriza as qualidades nativas do engenho poético é a cultura.

O sr. Corrêa de Oliveira não é, pois, nesse sentido, nem talvez venha jamais a ser, um grande poeta; mas é um admirável trovador, um sentido e encantador intérprete do amor e da saudade, um meigo consolador de tristezas, em suma, independente de qualquer qualificativo, um poeta. O seu último livro, ou antes, livrinho de cento e poucas páginas e pequeníssimo formato, chama-se *Cantigas*, e o título é de todo adequado. Diríeis uma recolta de trovas populares, escolhidas por um poeta de gosto e sentimento da poesia do povo. É verdadeiramente assombroso como o sr. Corrêa de Oliveira assenhoreou essa forma. Não são poucos os poetas que na nossa língua o têm tentado, e alguns com vantagem; mas nenhum, parece-me, com a perfeição, a superioridade, direi a genialidade, do novo trovador português. E se não, ouçam-no:

> Em nome do amor me benzo,
> Faço uma cruz no começo,
> Esta é aquela alegria
> Com que tanto me entristeço...
>
> Meu rosário de cantigas,
> Acabarás bem ou mal?
> Todos os rosários têm
> A sua cruz no final.

Quanto amor, quantas venturas
Me sonegou esta vida!
Vou demandá-la no céu:
Que na terra é causa perdida.

Amei e fui desamado,
Foi o que devia ser:
Não era nobreza dar
Com tenção de receber.

São as quatro primeiras trovas, das quais a última toca, no gênero, ao sublime de sentimento, de delicadeza, de expressão. Todas, porém, têm as características populares, que a imitação dos poetas eruditos não logra jamais alcançar. Todas são bem populares, não só no metro, no ritmo, na maneira, o que, no fim de contas, não é tão difícil de copiar, mas no mais íntimo da inspiração, no mais profundo do sentimento, e naquele jeito do povo de acabar a trova por um conceito, cuja expressão não vem claramente determinada e definida nos seus primeiros versos, embora neles esteja explícita. Ouçamos outras:

Chamaste-me Fala-só,
Oh! que falsa opinião,
Estava a falar contigo,
Falando ao meu coração.

Há corações como as árvores
Que recebem mas não dão
Recebem sol nos seus ramos,
Enchem de sombras o chão...

Já fiz confissões de amor;
Comungar, não comunguei,
Os meus jejuns de alegrias
Quando acabarão, não sei.

Quando tu falas, minha alma
Fica tão silenciosa
Que nela ouvira e sentira
Abrir-se um botão de rosa...

Medir coisas infinitas,
Vai além da natureza...
Com teu palminho de cara
Mede-se toda a beleza.

Bendita seja a tristeza,
Minha alma não a receia;
A tristeza é pra minha alma
Como o azeite pra candeia.

Alma, não venhas aos olhos:
Vida como te hei de eu ver?
Perdida por entre névoas
Que em água se hão de fazer!

Nosso fundo é de tristezas,
Embora a gente o não creia:
A vida corre sobre elas
Como o rio sobre a areia.

Ouço coisas que não ouço,
Vejo coisas que não vejo...
Olhos da minha saudade,
Ouvidos do meu desejo!

Levo uma pena da vida,
Pena deste desamor
A de não levar saudades,
Que é a saudade maior...

Eu quero bem a tristeza,
Que nela me alegro eu,
É de noite, pelas sombras,
Que há mais estrelas no céu...

Às características de espontaneidade e simplicidade junta o sr. Corrêa de Oliveira esta de ser um português, radical e profundamente, com todas as feições e idiossincrasias nacionais, um português sem nada de postiço, de falso, de fingido, de imitado. Desse português tipo, ele tem o catolicismo arcaico e entranhado, o patriotismo ferrenho, a melancolia risonha, a nostalgia, a saudade; quase só não tem, ou de todo não tem, a chalaça. "Português desgraçado", como em mais de um verso se chama, este é triste; quando muito, um doce sorriso de dorida alegria entreabre-lhe uma ou outra vez os lábios. No *Auto do fim do dia*, cenas idealizadas da vida campesina da sua aldeia, onde tinham lugar à farta a alegria e a graçola, tudo é melancólico. Seu catolicismo é bem a velha crença peninsular, cheia de devoções ingênuas e supersticiosas crendices e práticas, a consubstanciação perfeita da doutrina, do culto e do sentimento, sem nenhum exame ou dúvida. Seu patriotismo não é a por vezes irritante e nem sempre honesta virtude política — das virtudes, a única de que se tira proveito —, o egoísmo coletivo conhecido por esse nome, sob o qual especuladores de toda a espécie escondem as suas más ações ou com o qual desculpam os seus baixos apetites. É o profundo e ingênuo amor da terra, o imenso afeto ao torrão natal, que, como a mulher amada, é uma das suas musas, a memória saudosa da sua glória, o orgulho inocente das suas tradições e grandezas, a preferência exclusiva pelas suas belezas e encantos, uma afeição doce, admirativa, carinhosa de filho, o íntimo mas não desesperado sentimento da sua ruína e debilidade presente:

> Quando Deus fez este mundo,
> Dos seis dias que levou
> Foram cinco em Portugal;
> No resto, um só, e sobrou.

> Vou mandar pôr na Cartilha:
> Quando Deus formou Adão,
> Foi de terra portuguesa
> Que fez o seu coração.

> Sou português de nascença,
> Sou triste por simpatia...
> Conheço-te pela rama,
> Raiz de terra sombria.

> Por que é que os portugueses
> Trazem olhos de chorar?
> É porque as ondas são água:
> Deitaram olhos ao mar...

> No céu há uma janelinha,
> Vê-se Portugal por ela:
> Quando Deus se sente triste,
> Vai sentar-se a essa janela...

> Portugal de tanto andar
> É tal qual como um velhinho:
> Deita os seus olhos atrás,
> Não se atreve a mais caminho.
>
> Ai de quem chama dos outros
> Aquilo que chamou seu:
> Ai triste de quem tem sede
> Da água que já bebeu.
>
> Portugal inda menino,
> Cresceu, cresceu, triste sorte!
> Dizem que crescer depressa
> É dar ajudas à morte.
>
> Portugal, um grão de areia,
> Fama de grandes respeitos!
> Olhai um cedro criado
> Num vaso de amores-perfeitos.
>
> Bandeira das Cinco Chagas
> Se caíste, isso que tem?
> Três vezes caiu Jesus
> Pra se erguer como ninguém.

Eu acabaria por transcrever para aqui todas essas deliciosas quadras, todas cheias da poesia natural dos poetas espontâneos, todas cheias de amor, de religião, de adoração da pátria. E todas tristes, porque o sr. Corrêa de Oliveira é essencialmente um poeta triste, um cantor de tristezas. E o é principalmente nos tercetos camonianos, o que para ele vale mais que os dantescos, desse raro poema melancólico *Alívio dos tristes*. São versos biográficos, apenas idealizados, e, para livrá-los do reparo que as confidências pessoais podem provocar, fingidos de cartas a um amigo.

> Aqui eu tomo a pena, aqui escrevo
> Numa hora em que pago com tristeza
> O pouco que à alegria ainda devo.
>
> Bem triste é o meu viver, pois estranheza
> Fora já não haver olhos molhados
> Ao levantar e ao pôr da minha mesa.

Morreu-lhe o pai, e um irmão. Os mais vivem na desventura.

> É aquele sereno bem que me sobrou,
> Minha única alegria, anda previsto
> Que cedo o levará quem os levou...
>
> Pois minha Mãe a vejo, e sempre hei visto,
> Tão ralada de penas e tormentos
> Que até parece mãe de Jesus Cristo...

Descreve ao amigo o seu lar e a sua casa, com a sua "Varanda dos Martírios".

> ...... nome brando
> Que esta varanda tem, das trepadeiras
> Que por ela se vão entrelaçando.

E mais adiante, depois da descrição da paisagem em volta:

> Quantas vezes me deixo aqui ficar,
> Nesta varanda, a ver se passa Aquela
> A quem devo a alegria de chorar!
>
> Aquela doce e singular donzela,
> Por quem me sinto bom só porque choro,
> E pecador me vejo ao lado dela.
>
> Aquela a quem eu amo, e não namoro,
> Pois meus olhos abaixo, quando passa,
> Meu coração descora, e eu descoro...
>
> Toda luz, toda airosa, toda graça,
> Ora é nuvem que o sol para si toma,
> Ora é sol que uma nuvem despedaça.

Depois confessa-se assim:

> Sou fronteiro do Sonho. Irei audaz,
> À peleja por ele: é meu dever
> Lutar para alcançar Amor e Paz!

> É preciso viver, para morrer:
> Fazer-se da tristeza de vencido
> A alegria do dia em que vencer...
>
> Se não é de esforçado e destemido
> Buscar na guerra a morte: pois maior
> É quem lá vai feliz por ter vivido,
>
> Que Deus me ajude ainda a ter valor,
> A defender a vida, e nesta vida
> Alcançar finalmente um grande amor,
>
> Assim eu visse sempre engrandecida,
> Como ora vejo, a minha Fé! porquanto
> Melhor ganhara a Graça apetecida,
>
> Melhor ganhara aquele amor, que é tanto
> Que na terra era o céu, e até no céu
> Era glória e prêmio para um santo!

Como está longe de nós, como é novo na sua ressurreição, não-rebuscada e intencional, mas espontânea e de raiz, esse sentimento em que, numa ardência mística mas humana, bem humana, se misturam o Amor e a Fé! A Amizade ("ainda que avara, foi sempre dos seus dons") louva ele noutra carta:

> Unir dois corações é maravilha,
> Moldando um pelo outro o sentimento,
> Como se amolda a água a uma vasilha...

A sua última "carta" é um grito, que lhe vem certamente do fundo d'alma, de dor e de esperança, de amor e de saudade, de contrição e de confiança; eu quisera poder transladá-lo. O leitor veria como, neste "poeta-povo", a sinceridade e a arte, arte espontânea e superior, a emoção verdadeira e sentida tocando-nos, não nos deixam sequer notar de indiscrição as suas ingênuas e personalíssimas confidências. Também só quando o sentimento e a arte as elevam assim é que não só as suportamos, mas as compreendemos e admiramos.

> Chorei, meu Deus, e amei; sem merecer
> Amor que me acudisse, e levantasse
> Onde a alma, por ele, me pode erguer:

E pobre lutador de olhos altivos,
De coração humilde, soluçando
Com saudades dos mortos, entre os vivos

Caminho entre traições e enganos, quando
Sobre a palma da mão hei amostrado
Coração amoroso, ingênuo e brando.

Mas na hora do fim....
....
....

Quando Deus for minha alma recebendo,
Limpa de toda a mancha ou ruindade,
E do pecado feio, e ódio horrendo

Quero ver-me em virtude, ver-me em Graça
....
....

Pedir por minha Mãe, e pelos Meus
Pra que veja de lá sua alegria
E a minha seja vista lá nos Céus.

Por aquela que fez meu coração
Tão amargo e tão triste que nem sei
Se Deus a abrangerá no seu perdão.

Pela linda Menina que eu amei,
Pra que nela alegrias sejam tantas
Como as lágrimas tristes que chorei.

E pedir mais por todos, cristãmente, pelos bons e os maus, pelos que o amaram ou odiaram,

Tão cegos que invejaram a minha vinda
E a partida feliz não me invejaram!

E com a mesma fé pedir ainda
Por esta pobre terra portuguesa
A mais triste, entre as outras, e a mais linda.

E cheio de uma derradeira e ingênua esperança:

> O' minha triste Pátria estremecida,
> Para alegrias grandes restaurada,
> Para mortais tristezas decaída.
>
> Tu hás de ser ainda resgatada
> Por essas tristes lágrimas de agora,
> Serás bendita ainda, e consolada.
>
> E lá quando raiar a grande Aurora,
> Quando o teu nome for como um trovão,
> Quando tu fores a terra Precursora,
>
> A tua lei for água do Jordão:
> Lá naquele alto Reino lembrarei
> O Reino onde bateu meu coração...
>
> Onde tanto sofri, e tanto amei,
> E vi cruezas feias, e maldades...
> E chorando, e sorrindo, ficarei
>
> Nessa alegria triste das saudades.

Singular e belo destino de Portugal, que no começo do século XX revivam nele, tão sentida e formosamente ditas e tão firmemente cridas, as esperanças de Camões e de Vieira! Longe de mim levar à pura alma do anacrônico e delicioso trovador português, do suave poeta do amor, da pátria e da religião, do melancólico e sentido bardo da tristeza e da saudade, qualquer coisa da minha crítica, da minha descrença, da minha desesperança e rebeldia. Ele comoveu-me fundamente com a sua simplicidade cheia de alta beleza, e a sinceridade ingênua da sua emoção: devo-lhe muito para poder analisá-lo.

O mais que lhe direi é que, sem faltar à fidelidade ao seu engenho natural, sem forçar o seu talento, não insista demasiado, naquele tom popular, nem mesmo na sua bela e natural maneira de hoje: há nisso o perigo de cair na monotonia. O sr. Corrêa de Oliveira tem certamente o talento necessário para, sem esquivar a feição própria da sua índole poética, dar mais variados documentos do seu estro encantador.

OS ESCRITORES FRANCESES A OUTRA LUZ

Vus du dehors, par
Max Nordau, Paris, 1903.

Tal é o nosso hábito, estou quase a dizer o nosso vício, de tudo vermos e julgarmos pelos olhos, isto é, pelos livros franceses, que só porque este novo livro do sr. Max Nordau muda-nos o ponto de vista no considerar um dos aspectos da vida francesa me parece sobremodo interessante e curioso.

Dos escritores alemães contemporâneos é talvez o sr. Max Nordau o que mais conhecemos. Seus livros de crítica literária e científica ou de filosofia e ciência, todos traduzidos em francês, são-nos familiares. Mas o sr. Max Nordau será perfeitamente um alemão? Ele se tem por tal, e, politicamente, o é com toda a certeza. Sê-lo-á tanto moral e socialmente? É duvidoso. Em primeiro lugar, o sr. Max Nordau é judeu. Na minha pena este patronímico não tem vislumbre de significação pejorativa, ou a mais apagada intenção de menosprezo. Judeus e cristãos têm o mesmo valor para mim; somente, penso que em meios como a Alemanha, onde os primeiros se não fundiram, ou ao menos confundiram ainda com os segundos, conforme já na Inglaterra aconteceu, o judeu se diferencia do cristão — e uso destes nomes mais como distintivo etnológico do que como caracterização religiosa — por caracteres morais e espirituais diversos, e conserva a sua personalidade própria, distinta, do puro germano cristão. São exemplos disso ontem Heine, depois Nietzsche, hoje o sr. Max Nordau. Demais, o sr. Max Nordau, não obstante alemão de nascimento, de criação, de cultura, doutor de uma das universidades alemãs, vive há muitos anos em Paris, de toda a vida francesa. Como em Heine, há no jeito do seu espírito alguma coisa, e talvez o principal, senão o melhor, do espírito francês. Por isso os estudos sobre vários tipos vivos ou apenas contemporâneos da literatura francesa, a que, em tradução nesta língua, deu ele o título expressivo de *Vistos de fora*, não podem talvez ser considerados como um exemplo da apreciação alemã dos escritores franceses dos últimos tempos, nem tampouco como uma visão externa, ou melhor, exterior, desses autores. Mas são, em todo caso, feitos de um ponto de vista que não é o francês, ao qual estamos acostumados. Só esta diferença, dado o talento do autor, já de si promete torná-los interessantes. Declarando no seu prefácio que os autores estudados no seu livro são *vistos de fora*, reconhece o sr. Max Nordau que esse ponto de orientação não é necessariamente mais justo que aquele onde se colocam os nacionais. "É porém outro", diz com razão. "Dele descobrem-se novos aspectos. E a multiplicidade dos pontos de observação é uma condição do conhecimento completo".

Com um olhar nem sempre claro, que nublam muitas vezes preconceitos de cientista aplicado a análises literárias, mas em geral agudo e penetrante, e do qual resulta freqüentemente uma visão, nem sempre demonstrativa e incontestável, mas sempre nítida e original, ou pelo menos pessoal, examina sucessivamente o sr. Max Nordau os romancistas, os príncipes dos poetas e os dramaturgos. Falei em preconceitos de cientista: poderia acrescentar de filósofo, que o sr. Nordau subintitula o seu livro de *Ensaio de crítica científica e filosófica*, o que indica ao leitor não se tratar de pura análise literária, psicológica ou sociológica, ou estética, mas de estudos de autores e obras feitos à luz da ciência, principalmente biológica, e da filosofia materialista que, se não me engano, é a do sr. Nordau.

Começa ele por Balzac. Verificando que sobre Balzac já se disse tudo, acha meio de dizer ainda alguma coisa, e essa é o contrário do que já se disse: "Teimam", escreve o sr. Nordau, "em ver nele um realista e a fazê-lo, com Stendhal, um dos pais do naturalismo. Há cinqüenta anos, os críticos o repetem um após outro, e todos o repetem segundo o próprio Balzac, que imaginava ser realmente um observador, um homem de ciência, um naturalista descritivo." E depois de contrastar em duas páginas esta opinião, aceita pelo próprio Taine, "que não passa por um espírito facilmente crédulo ou por um *psitacista*", conclui o sr. Nordau:

"Balzac sempre tirou tudo das profundezas da sua alma, jamais da realidade humana. Ele atravessou a vida como sonâmbulo ou como uma criança inconsciente. Seus sonhos ridículos de fortuna, de que abusaram desavergonhadamente os homens de negócios sem escrúpulos, testemunham-no suficientemente... Vejo em Balzac uma prova monumental de que a observação exterior não tem importância alguma na criação poética..." E depois de desenvolver este conceito paradoxal: "Balzac imaginava haver escrito a história natural de uma certa sociedade, a da monarquia de julho. Afirmou-o, todos lhe acreditaram na palavra, e repetem a história há sessenta anos. Balzac foi severamente injusto consigo mesmo. Amesquinhou-se, e, coisa curiosa, não houve ninguém para defender Balzac contra a injustiça de Balzac. Ele descreveu não tal sociedade, mas a própria humanidade, uma humanidade que não é de lugar ou época alguma, aliás uma humanidade especial, excepcional, nevrótica, cujo tipo perfeito era o mesmo Balzac". O sr. Nordau recusa-se a crer que os personagens da *Comédia humana* sejam os de 1830 a 1848. Talvez então existissem semelhantes, mas são mais freqüentes hoje que então: "Porque Balzac é um precursor e um vidente. Ele assinala o advento de um tipo que se desenvolveu, aumentou infinitamente na seguinte geração. Acha-se nele o início de todas as tendências que se celebram hoje como o modernismo mais excessivo... Ele foi o primeiro budista na Europa, antes de Schopenhauer, antes de Seimet, antes dos teósofos e do sr. Leon de Rosny". E prova-o. "Balzac inventou o tolstoísmo antes de Tolstoi". E mostra-o. "Balzac foi um neocatólico de modo a merecer a aprovação dos srs. M. de Vogüé e Brunetière". E demonstra por miúdo aos balzaquistas o lugar que no seu autor ocupam o ocultismo, a magia, o espiritismo. A própria "literatura suja" liga-se a ele também. E dá os seus argumentos.

    Há dois sujeitos na literatura francesa do nosso tempo que, depois de terem feito um grande ruído em torno de si, de se haverem, com uma insuportável presunção e especial capacidade de reclamo, feito passar por grandes mestres na arte de escrever, criadores dessa coisa teratológica chamada "escrita artista", inventores, como eles próprios se proclamaram, do japonismo e de não sei mais quê, acabaram logo caindo no começo de obscuridade e de repúdio, como não é freqüente na história literária com indivíduos de nomeada, que eles imerecidamente tiveram. São os irmãos Goncourts. Quanto deles, particularmente de Edmond, diz o sr. Max Nordau, me parece justo, sendo que a "ininteligência" dos Goncourts, que ele acentua, foi já reconhecida por mais de um crítico francês. Começa o sr. Nordau por verificar quão pouco sobreviveu Edmond, o mais célebre porque mais viveu, a si mesmo. "Há quanto tempo morreu o derradeiro Goncourt? Apenas há alguns anos. E parece entretanto um nome do século atrasado. *Non omnis moriar!*, bradava triunfantemente o poeta romano. Edmond morreu de todo. Ele deu prova de sabedoria cheia de pressentimento, querendo fundar uma academia. Acaso houvera ela salvo a sua memória. Sem o meio preservador das rendas feitas aos arautos reconhecidos de sua glória, esta soçobraria infalivelmente. E este homem teve, enquanto vivo, uma das mais ruidosas reputações!" Depois de citar numerosos trechos desse monumento de imodéstia grosseira, de vaidade insolente, de falta de senso moral e de incompreensão que é o *Diário* dos Goncourts, (o que não tira que haja nele passagens excelentes de observação e finura de espírito, mas relativamente poucas), conclui o sr. Max Nordau: "Esta alma (de E. de Goncourt), que a si mesma se pintou, é incapaz de um único pensamento (aqui o crítico exagera) excedendo o nível de uma costureira tagarela. O gosto de Edmond de Goncourt é o de uma modista, o seu horizonte literário o de um caixeiro de livraria para leitores dos subúrbios, o seu mundo, os seus livros e tarecos. Não compreende que a humanidade possa ter outras preocupações que a de o ler ou de ler o que sobre ele se escreve. O século é para ele um espelho que reflete unicamente a ele... Os seus livros são o monumento da mais profunda ininteligência de uma época e o modelo mais aterrador de uma literatura que não se origina nem de um espírito que pensa nem de um coração que sente, mas de uma bobagem que se faz de fina".

    O crítico alemão parece-me demasiado severo, e até injusto e acerbo com Maupassant, quando, embora afirmando que não seria razoável recusar-lhe "certas qualidades literárias" e verificando que "ele tem uma visão aguda e luminosa das exterioridades", e vê e exprime com precisão e clareza, assegura que do romancista de *Uma vida* só o atraem, e até só percebe, "os aspectos da vida sexual nas suas mais baixas formas". "A sensualidade puramente animal, de modo algum humanizada, em que arde cada uma das suas histórias, produz sobre os observadores ignorantes e superficiais o efeito de um vigor primitivo e de uma robusta abundância de vida. O psiquiatra, esse, reconhece a manifestação de um erotismo profundamente patológico, que dominou sempre este espírito digno de compaixão". Pode ser que tenha razão na sua diagnose de médico o sr. Max Nordau, e que Maupassant fosse de fato um doente, um alienado, como ele sem rebuço lhe chama.

    Mas o que me parece errado como crítica é negar-lhe humanidade, e, ainda como ciência, supor que um psicopata da espécie de Maupassant não possa ter virtudes de sensibilidade moral ou de piedade humana. A história, especialmente a história literária, desmente a certeza desta opinião estreitamente materialista, e um grande conhecedor desses sentimentos, e que é ao mesmo tempo um atilado crítico, Tolstoi, ao contrário do sr. Max Nordau, os reconheceu em Maupassant. Há, entretanto, no seu estudo sobre este grande e infeliz escritor, algumas belas e justas considerações sobre a arte sensual de nosso tempo. Mas só o fato de ele juntar, como exemplo da sua funesta ação, os três nomes de Maupassant, D'Annunzio e Pierre Louÿs, embora reconhecendo que o primeiro "é incomparavelmente o mais notável dos três", mostra, senão a injustiça total, o exagero, a falta de medida e de eqüidade com que julgou Maupassant. De D'Annunzio diz ele a propósito, não sem razão: "D'Annunzio é o mais insuportável retórico que eu conheço em toda a literatura, um discípulo retardatário de Góngora, cuja fraseologia retorcida e melosa não tem parelha em indigência de idéias, em denguices de tenorino e em falsas posturas de Scapin representando marqueses".

Com alguma coisa talvez do farisaísmo judeu, e do humor alemão, avesso ao espírito latino, mais livre, e até, se quiserem, mais desfaçado que o germânico, menos que este refolhado em escrúpulos de decoro e respeitabilidade que frisam à hipocrisia, o sr. Max Nordau, não obstante todo o seu largo liberalismo espiritual (não direi filosófico porque a sua filosofia é sistemática), assim como detesta o sensualismo de Maupassant, também não pode levar a bem a ironia do sr. Anatole France, a quem evidentemente admira.

Se admira, e até ama, o poeta e encantador escritor do *Lys rouge* ou do *Mannequin d'osier*, não se pode dizer que tenha os mesmos sentimentos pelo sr. Maurice Barrès.

Não é que não o considere e lhe não reconheça o talento; mas o autor dos *Déracinés* não lhe é simpático. "O sr. Maurice Barrès, escreve ele, é uma fisionomia original de escritor. Não se lhe pode contestar a faculdade da expressão graciosa e luminosa, embora o amaneirado e a postura da originalidade, a cujo serviço não põe um vigor correlativo, desluzam freqüentemente os seus livros".

Para ele, o sr. Barrès carece de convicções. "Só há de autêntico nele a vaidade, ou, para dizer mais respeitosamente, a ambição". E mostra a evolução literária do sr. Maurice Barrès seguindo as correntes diversas do gosto do dia.

"Foi sucessivamente um *pschutteux* do decadentismo, do anarquismo, da negação da moral e da lei, do boulangismo, do anti-semitismo e da patriotice".

Nos *Três príncipes* da poesia francesa do dia, ele estuda Verlaine, Mallarmé e Dierx. São magníficas páginas de independência de juízo, sem o mínimo temor de passar por um atrasado, por não comungar beociamente em admirações de encomenda, em que o esnobismo do novo tem a maior parte, como se houvesse neste mundo alguma coisa nova! Reconhece que "Verlaine foi um verdadeiro poeta, que, em horas alciônicas, por mais raras que fossem, deu cantos de uma alta beleza". De resto, julga-o, como já o julgara na *Degenerescência:* "um vagabundo impulsivo e um dipsômano..., um sonhador emotivo, fraco de espírito, lutando dolorosamente contra os seus maus instintos e achando às vezes na sua miséria comovedores acentos de queixa, um místico cuja consciência nublada é percorrida pelas representações de Deus e dos santos, e um tonto cuja linguagem incoerente, as expressões sem sentido e as imagens em moxinifada revelam em seu espírito a ausência de toda idéia nítida". Ao cabo, não lhe reconhece valor real senão em três ou quatro poesias, que, a seu ver, são mais completamente imateriais do que as mais maravilhosas poesias de Goethe.

Se há na história literária contemporânea um caso típico de *humbug,* de mistificação, consciente ou inconsciente, de uns e de esnobismo e paspalhice de outros, é de Stéphane Mallarmé. Aliás o caso é mais fácil de compreender e explicar pela crítica do que o homem que lhe deu motivo. Esse eu nunca o entendi, e rio comigo dos que pretendem tê-lo entendido. O sr. Nordau consagra-lhe páginas decisivas, certamente das melhores, mais bem-pensadas e mais justas do seu livro. É curioso que aqueles "cuja mocidade não os protege contra o amolecimento cerebral", como diz duramente na sua linguagem de clínico o sr. Nordau, depois do místico, popular e claro Verlaine, tenham escolhido para seu príncipe o nebuloso, o oco, o vago Mallarmé, e morto este — e morto para sempre, podem crer — entregassem o cetro ao sr. Leon Dierx, um puro parnasiano. E, de resto, como é ridícula, arqui-ridícula, esta eleição do príncipe dos poetas? Como se o valor literário dependesse de votos ou por eles se pudesse apurar! O mais rude burguês, o filisteu mais bronco, ali o tabemeiro da esquina, diria a tais "estetas" que isso era uma asneira. "Um retórico melodioso e nada mais", chama a este terceiro príncipe o sr. Nordau.

Os dramaturgos franceses, a começar de Dumas Filho, e sobretudo os contemporâneos, são com alguma minúcia examinados e analisados pelo sr. Nordau. Não vê ele a nenhum com a nossa vulgar admiração cândida e insciente. Tem principalmente um prazer maligno em mostrar a ignorância, o desazo daqueles, e são quase todos, que trouxeram para o teatro francês contemporâneo as noções científicas últimas, as questões de hereditariedade psicológica ou mórbida, de raça, de contágios e outras, assim como as questões filosóficas e sociais do dia, das quais nada entendiam. Deve-se reconhecer que, conquanto áspera na sua forma, e maliciosa na sua intenção, esta parte da crítica do sr. Nordau não é infundada, antes pelo contrário. Esquecendo que arte é síntese, que se a arte pode servir-se das noções científicas e filosóficas e das questões sociais, só o deve fazer quando umas e outras tenham chegado a um máximo de generalização que as torne patrimônio de todos e as faça parte do ambiente social, os atuais escritores de teatro pegam delas, e sem as conhecerem senão muito pela rama, sem a capacidade de as sintetizar sob uma forma comovente, e, portanto, estética, as põem em diálogo e as levam ao palco. Daí os disparates que a ciência exata do sr. Nordau lhes descobre, e que não disfarça o gênio de algum Shakespeare ou Molière. Com a própria análise puramente literária da maioria dessas peças, mostra ele o que há nelas de artificial, de maior habilidade que talento, de imitação e falta de originalidade verdadeira, enfim de carência da grande arte. Assegurou Renan que uma das vantagens da crítica é não nos deixar devorar pelos charlatães literários. A obra do sr. Nordau, a passada e esta, apesar dos erros de apreciação, que não é difícil nela verificar, e que derivam do seu sistema crítico, dos seus preconceitos de cientista e de filósofo, acaso também da incompleta ductilidade do seu espírito, a outros muitos dotes não-vulgares junta, em grau subido, esse de contribuir para que não sejamos assoberbados por tais charlatães, que os há mesmo entre os mais celebrados escritores franceses contemporâneos, e para nos fazer ver com outros olhos, e a outra luz, os homens e as coisas da literatura que mais conhecemos e estimamos. Estes dois motivos bastam para nos tornar o novo livro do sr. Nordau interessante e proveitoso.

TERCEIRA SÉRIE
(1905-1908)

Não é a presunção de que valham muito que leva o autor a publicar estes modestos ensaios, dando-lhes a vida menos passageira do livro.

Como constituam, com os seus estudos da literatura brasileira, uma das feições da sua atividade literária, toda ela dirigida a servir, como lhe é possível, à cultura nacional, não há talvez grande impertinência em tirá-los das páginas esquecidas dos jornais e revistas onde primeiro saíram.

Nem a nossa literatura de informação e crítica do pensamento estrangeiro é de tal modo rica que dispense mais uma contribuição, ainda mofina como esta.

A nossa cultura, no sentido em que o autor entende esta expressão, depende seguramente do estudo simultâneo, exato e sincero da intelectualidade nacional e da intelectualidade estrangeira, e do modo por que ambas se combinam aqui num resultado último. Nem cultura alguma jamais se fez, ou poderá fazer-se, senão pela reação de culturas exóticas sobre a cultura indígena. O que é preciso é que em tal reação conserve esta a aptidão de desenvolver-se e haja nela capacidades, não só para se não deixar anular, mas para assimilar as outras e fazê-las conscientemente servir ao seu próprio progresso e constituição.

Na sua insignificância, procuram estes escritos servir a esse propósito.

J. V.

Rio, setembro de 1908.

NOTA

A ortografia deste livro é, com pequenas variantes, a da Academia Brasileira.

Qualquer que seja o mérito da reforma elaborada por esta — e creio lhe não desconhecer os defeitos e imperfeições —, ela é todavia um passo no caminho da simplificação da ortografia da nossa língua. E como a evolução desta clara e incontestavelmente se faz no sentido da simplificação, a exemplo do italiano e do castelhano, esse passo é considerável, utilíssimo e, parece-me, deve ser seguido.

J. V.

MIGUEL DE CERVANTES E *D. QUIXOTE*

O homem antigo, isto é, a sociedade antiga, definiu-se na epopéia. A sua própria tragédia não é senão a epopéia dialogada, numa ação mais rápida e movimentada. O romance, não obstante tentado pelos gregos, iniciadores de tudo, mas criação moderna, é a nossa epopéia, a nossa forma de literariamente nos definirmos e à nossa sociedade.

Nele não exprimimos somente os nossos pensamentos e sentimentos, mas ainda as nossas aspirações e ideais. Herdeiro legítimo da epopéia antiga, o nosso romance é mais largo e mais compreensivo do que ela. Também o homem que define, a sociedade que representa, é mais vasto, mais complexo e também mais completo do que o homem e a sociedade da epopéia clássica. Mas o poeta, o criador da epopéia ou do romance, não é só o artista que sente, descreve, pinta, mas o vate que institui, adivinha e revive nos homens e coisas. Entende o presente, percebe o passado e pressente o futuro. E como a epopéia, ao menos a epopéia clássica, foi a primeira forma da história, dessa necessidade da sua criação tirou ela o seu caráter fundamental, de ser entre todas as formas literárias a mais eminentemente social. Quando a Vida tomou outra direção, e não foi mais, ou não foi principalmente, a atividade guerreira, com as suas empresas ousadas e grandiosas, as suas façanhas maravilhosas, aventuras extraordinárias e feitos sobre-humanos, a atividade humana preexcelente; quando os deuses e semideuses e os heróis cederam o lugar ao homem e a sociedade de hierárquica e aristocrática que era entrou a tornar-se igualitária e democrática, as classes e castas foram desaparecendo e o costume antes da lei começou a igualar a todos, a epopéia, acompanhando a evolução social, foi pouco a pouco evoluindo no romance, a história idealizada da vida burguesa e popular, que substitui a antiga vida patrícia e militar. A epopéia antiga, porém, não acabou de chofre; aliás nada acaba de golpe neste mundo. Entre ela e o romance, que não é senão ela mesma transformada, estão os poemas da cavalaria, as canções de gesta, que cantam uma nova forma de heroísmo, outros heróis, dizem de outra sociedade, e que, transformando-se por sua vez, abandonando o verso pela prosa, que é a forma conveniente à moderna expressão humana, se farão os romances de cavalaria, de que o mais antigo e ilustre exemplo será o do rei Artur, a origem fecundíssima de todo um vastíssimo ciclo de histórias quejandas.

No século XV, talvez antes (a erudição ainda não assentou definitivamente este ponto), o romance de cavalaria aparece na Espanha com o *Amadis de Gaula*, porventura originariamente escrito em português. Nessa época declinava e degradava-se o romance de cavalaria em França e na Inglaterra, onde ricamente florescera nos dois séculos anteriores. É que na Espanha a luta para a expulsão dos mouros, pela conquista e emancipação nacional e pela formação de novas nações nos territórios retomados ao sarraceno infiel, imediatamente seguida das empresas audaciosas e aventureiras das grandes navegações e descobrimentos, mantinha e continuava um período de façanhas épicas, favorável à ficção romanesca, já em via de extinção nos países onde esta se originara. E foi forte, profunda, empolgante, absorvente a impressão que nos povos ibéricos, belicosos, valorosos, ainda em armas, nessa última cruzada, que é a sua luta bravíssima pela sua terra e pela sua religião, e começando outra pelo descobrimento e domínio dos mundos novos, fizeram os romances de cavalaria, originais, traduzidos ou adaptados, que no século XV se multiplicaram na península. Na terra cavaleirosa e marcial do Cid, já preparada pelas cantigas que idealizaram o campeador, que tanto servira aos mouros como aos cristãos, meio cavaleiro, meio bandido, em herói nacional, na terra dos *romanceros*, que foram a epopéia daquela galharda ofensiva ao conquistador, o romance de cavalaria, se não brotou espontâneo, rebentou viçoso, enraizou, cresceu e propagou numa vegetação luxuriante e soberba. E aí, como aliás sucedeu em toda a parte, favorecido demais pelo gênio do povo, foi não só um produto mas um fator da época. Porque, se a cavalaria criou o romance de cavalaria, este, sistematizando os princípios, as tendências, o espírito daquela, os aperfeiçoou e lhes deu a sua teoria. Os heróis idealizados da cavalaria serviram de modelo aos cavaleiros, e todas as línguas chamaram as suas principais qualidades profissionais de virtudes cavalheirescas. Idealizando a cavalaria, a poesia e o romance criaram-lhe obrigações e responsabilidades, que fizeram dela nos tempos rudes da Idade Média o protótipo da gentileza e bizarria para todos os tempos.

Disso dá o mais convincente e pitoresco testemunho o romance *D. Quixote*, especialmente no capítulo VI da primeira parte, a jocosa cena da destruição dos livros do engenhoso fidalgo pelo cura e o barbeiro e mais a criada e a sobrinha do cavaleiro, que à leitura afervorada desses livros de cavalaria lhe atribuíam a maluquice. Mas nem o padre, nem o licenciado, tão iscados estavam os espanhóis da mania da cavalaria, se animaram a destruir todos esses romances. A despeito da disposição da sobrinha de queimá-los todos "sin perdonar a ningun", resolveram poupar alguns com razões judiciosas que dão a medida do apreço em que eram tidos, e do muito que lhes queria e devia o próprio Cervantes. Repare-se que se o íntimo comércio dos livros de cavalaria transforma o pacato fidalgo de um lugarejo da Mancha num doido varrido, dá-lhe ao mesmo tempo todas as excelências ideais de um dos tipos consagrados da cavalaria andante. D. Quixote não é somente um valoroso e bizarro cavaleiro, mas possui todas as virtudes que a cavalaria exigia dos seus modelos: a sobriedade, a castidade, a honestidade, a dedicação ilimitada aos difíceis deveres que lhe impunha a sua profissão. E de tal modo que essas qualidades sobrepujam nele a loucura e o ridículo de seus feitos e ele acaba impondo-se à nossa admiração e à nossa estima, à força de gentilezas raras.

É inumerável o que o romance de cavalaria produziu na Espanha, ainda depois que desaparecida dali essa instituição, a ficção que a representava e idealizava passava a ser um anacronismo. D. Quixote não tinha na sua livraria senão uma parte mínima dessa produção exagerada e extravagante. E eram mais de cem volumes grandes e outros pequenos. Para a época, era enorme. Também ela já não era de cavalarias, o que mais aumentava a descorrelação, afrontosa ao bom senso, entre essa literatura e a sociedade que a produzia e lia. Depois da luta sete vezes secular da expulsão dos mouros e da subseqüente atividade conquistadora, na América, que esfriava já no momento em que Cervantes teria escrito o seu romance, entrava justamente a Espanha num período de calma relativa, de descanso, de nenhum modo propício às cavalarias contadas em livros que continuavam sem motivo uma tradição moribunda.

O forte bom senso de Cervantes, a sua genial intuição crítica, escandalizou-se dessa incongruência e reagiu contra ela, natural e espontaneamente. Eu creio que intenção na arte é coisa muito moderna, quase dos nossos dias, em que a inspiração, o estro, no primitivo e bom sentido destes termos, cedem o passo à vontade, à resolução, ao propósito. Nos grandes criadores, nos grandes inspirados da arte estou certo de que houve sempre um inconsciente, o *deus in nobis,* que os incita e lhes insinua as obras imortais, das quais eles próprios não têm a compreensão perfeita, ou a que lhes dão os vindouros. Mas como a inspiração deriva do meio do poeta, a obra dela resultante se achará em correlação com ele e será, em uma palavra, a expressão da sociedade.

Como tal nenhuma excede ao livro de Cervantes, que sendo, em todas as literaturas, o último romance de cavalaria, matou esse gênero que teimava em sobreviver-se, dando ao mesmo tempo da sua época e sociedade, e do homem seu contemporâneo, e ainda de sua raça, a definição mais exata, mais completa, mais perfeita e, por mais profundamente comovedora, mais bela. Tudo isso, porém, não bastaria à glória imperecível de Cervantes e ao renome imortal de sua obra se, do mesmo passo, lhe não desse o poeta a generalidade humana, a universalidade de sentimentos que fazem dela, na frase excelente de Sainte-Beuve, "o livro da humanidade".

Não quero, não posso, nem devo talvez, procurar esmiuçar o que de profundo e largamente humano há na loucura heróica do cavaleiro de La Mancha e no grosseiro bom senso do sisudo Sancho Pança. E não só nestas duas figuras centrais e proeminentes do romance mas em todo ele. Nele todo revive não a Espanha somente mas a humanidade inteira, em cada classe, em cada ordem de gente, em cada indivíduo, e não só a Espanha do século XVII e a humanidade dessa era, mas a Espanha e a humanidade de todos os tempos.

Miguel de Cervantes Saavedra é bem, pela variedade de suas aptidões, pela versatilidade de sua existência, pela humanidade do seu temperamento, um filho da Renascença, o qual, como quase todos os seus grandes contemporâneos, vive intensamente uma longa vida de cortesão, de poeta, de soldado, de aventureiro e de escritor. Nasceu em Alcalá de Henares, na Castela Nova, em 1547, de uma família de mediana fidalguia e fazenda, originária da Galiza. Há na sua vida de soldado e poeta alguma coisa da do cavaleiro andante, pelo menos da dos heróis dos romances picarescos, que são uma das feições peculiares da literatura espanhola. E o seu *D. Quixote* não seria senão o último e o mais excelente desses romances. Primeiro poeta fecundo e pobre na sua terra natal, depois familiar de um magnata eclesiástico na Itália, em seguida soldado valoroso, e até famoso, de d. João d'Áustria nas guerras da cristandade contra os turcos, durante cinco anos cativo dos mouros em Argel, onde chegou a ter a corda no pescoço para ser enforcado, liberto por fim e novamente soldado espanhol em campanhas ou em guarnições, ao cabo licenciado e ocupando um mofino e sossegado emprego público, Cervantes escreve o seu romance depois dos cinqüenta e cinco anos, cheios de trabalhos diversos, de comoções fortíssimas e de sofrimentos grandes, a que se misturavam sem dúvida as alegrias ruidosas e intensas de uma vida de aventuras, de combates, de amores, que a sua ironia e a sua poesia haveriam freqüentemente embelecido. Na puerícia e juventude recebera ele a educação humanista do tempo, justamente do renascimento do humanismo na Espanha. Essa instrução a desenvolvera e frutificara o seu contato imediato com a Itália, sede da mais refinada cultura da época.

    Conquistado o último reino muçulmano, expulsos definitivamente os mouros, unificada a nação cristã e romana, descoberta a América, começada a importação de suas riquezas, inicia-se o renascimento espanhol, sob a influência do humanismo, importado da Itália e da França, que dará à Espanha do século XVII, o século de Cervantes, a sua principal feição. No seu primeiro quartel, os importantes elementos de cultura reunidos na época anterior entram a frutificar, ajudados pelo influxo benéfico dos reis católicos e pela influência daquelas causas sociais. A velha sociedade visigótico-romano-cristã volta à vida desafogada da opressão muçulmana, após setecentos anos de luta. Fundam-se universidades, entre elas uma, ao depois notabilíssima, na própria terra natal de Cervantes, abrem-se novos "estudos", inauguram-se, reformam-se ou melhoram-se novos ensinos, a imprensa divulga-se, favores reais acoroçoam e protegem a entrada de livros e de mestres estrangeiros e a propagação da instrução nacional, surge enfim uma grande cultura humanista em que não só o latim e o grego, mas também o árabe, o hebraico, a filologia, as ciências morais, a filosofia e até as ciências naturais têm uma larga parte, e com ela grandes eruditos que a criam, a ensinam, a espalham e numerosos estudiosos, que a aprendem. Cervantes foi, certamente, um destes. Não é ainda propriamente o século áureo da literatura espanhola, que será o pleno século XVII, o da publicação de *D. Quixote*, mas o prepara e anuncia. Mas já nesse tempo se realizara, entretanto, a definitiva preponderância do castelhano como língua nacional e literária, o passo mais considerável para a constituição definitiva e a florescência completa da literatura espanhola naquele século, preponderância que o *D. Quixote* viria por uma vez assegurar, dando à literatura nacional a obra que lhe consagrará a língua, ultrapassando-lhe as fronteiras e obrigando ao seu estudo.

El ingenioso hidalgo Don Quijote de la Mancha apareceu em Madri (a primeira parte somente) no princípio do ano de 1605, impresso por Juan de la Costa e editado por Francisco de Robles. A data exata da publicação não se sabe, se bem que alguns eruditos sustentem haver sido na segunda quinzena de janeiro. Isso, porém, pouco importa.

Dera Cervantes à literatura de sua pátria, então na ascensão para o seu apogeu, o seu maior livro. O humanista, feito no grande momento da cultura espanhola, e aperfeiçoado na trato da Itália, o valoroso soldado, o cavaleiro bizarro e pundonoroso, o espanhol que revivera nos livros e na vida toda a marcial alma espanhola dos cruzados do patriotismo e da religião, as gentilezas e bravuras dos descobridores e conquistadores, ele próprio cavaleiro andante e mártir cristão da derradeira campanha contra a pirataria argelina, o homem que passara todas as existências, tudo vira e sofrera, juntaram-se num temperamento de bom humor, de boa vontade, de bom coração, de uma íntima candidez d'alma reunida, excepcional e extraordinariamente, a um delicado e peregrino sentimento das contradições, misérias e ridículos da vida, para escrever esse livro que não é abuso chamar constantemente de imortal, porque sendo o mais eminentemente humano, não é só o mais popular de todos, é acaso um dos poucos, se não o único, que a humanidade lerá até o seu derradeiro dia.

Não atribuamos a Cervantes o pensamento, a intenção de fazer na sua história de engenhoso fidalgo da Mancha o livro da humanidade que lhe saiu. O gênio, quando da ordem de um Ésquilo, de um Shakespeare, de um Cervantes, e antes que a crítica não o tivesse revelado a si mesmo, é uma força da natureza, e, como tal, inconsciente. O que profundamemte distingue, penso eu, a arte antiga, até ainda ao tempo de *D. Quixote,* da arte moderna é a sua espontaneidade, a sua carência de intenção. Com o espírito crítico, que se iniciou na Renascença, entrou a intenção na arte, e deu-lhe também a sua principal diferença da arte antiga, simples síntese representativa do sentimento contemporâneo, sem preocupação de tema ou propósito de tese.

O próprio Cervantes não teve a consciência ou ao menos o sentimento, a intuição do valor da sua obra. Dá testemunho disso o descuido com que foram impressas a primeira e até a segunda edição, nas quais, não obstante publicadas e revistas pelo autor, escaparam erros e equívocos muito grosseiros, confusões de nomes de personagens, tempos e lugares, esquecimentos de fatos e olvido num capítulo do que ficara escrito em outro. Certo uma intenção havia nessa obra, e o mesmo autor a declarou, a de sátira. Mas a sátira só por si, por sua mesma negatividade, não daria essa obra poderosa cujo estado excedeu de muito ao seu escopo. E hoje, que nenhum resto sequer sobrevive da cavalaria andante, que ninguém escreve ou lê romances de cavalaria, nem é, pois, influenciado por eles, e, portanto, a sátira de *D. Quixote* fica sem objeto, ou tem apenas um alcance retrospectivo sem interesse, o que vive nesse livro de uma vida perene e imortal é a sua realização da vida e da natureza humana. Complicadíssima embora no seu arranjo dramático e nas suas mil cenas e peripécias, tem no seu todo, essa a mais romântica das grandes ficções humanas, a simplicidade clássica, que resulta da precisão do desenho e da limpidez da expressão. Pela primeira vez, e quase estou em dizer pela última vez, a prosa espanhola achava a forma simples, direta, desataviada do gongorismo que lhe é inato; a prosa chã, popular, comum sem baixeza, nem vulgaridade, e não sem energia, graça e beleza que convinha à arte literária moderna, no momento em que a sociedade feudal cedia o passo ao mundo burguês. Os velhos romances de cavalaria quase não punham em cena senão os cavaleiros, os fidalgos e as nobres damas. Se alguma exceção faziam, rara era, e ao peão de que se serviam, ou lhe davam um papel miserável e apagado ou o revestiam em pastor, cuja poesia disfarçava a inconveniência do seu estado real. *D. Quixote* rompe esta convenção da pragmática da época; todo o mundo, toda a sociedade espanhola, barões, fidalgos, peões, ladrões, trapeiros, damas nobres, súcios, bodegueiros, clérigos, mulheres do povo, funcionários, soldados, todas as condições e todas as classes entram em cena, e, o que era também novo, cada qual com a sua fisionomia própria e verdadeira, seu caráter, seu feitio, a sua psicologia, como dizemos hoje. E todos concorrendo, da maneira mais harmônica, mais lógica e mais natural, para dar da terra e da sociedade onde passa o romance a representação mais fiel e, esteticamente, mais ideal. O mundo espanhol do tempo está ali tão bem retratado, como nos admiráveis mestres da sua pintura, mas como a sua representação não fica na da simples fisionomia exterior, mas penetra na alma e lhe vai ao fundo, e como a alma varia muito menos que os aspectos exteriores, o romance resulta na definição mais acabada e perfeita do povo espanhol, de toda a raça ibérica, com todas as suas maneiras de ser, todas as suas feições e até idiossincrasias. E por entre essa multidão que vive, se agita, pulula, ri, chora, canta, dança, trabalha, mendiga, labuta, vadia, batalha, ora, impreca, praguejia, ama, goza ou sofre passam, um no seu cavalo magricela, outro no seu burro sendeiro e lerdo, os dois heróis do romance — porque o escudeiro também o é — D. Quixote, o amo, e Sancho Pança. E estes são ainda bem espanhóis, e não simbólicos simplesmente, mas os reais e exatos representantes da gente espanhola, no seu desvario e no seu bom senso, no que tem de mais nobre e no que tem de mais vil. Mas, repare-se bem, são sobretudo homens, o homem, ainda a humanidade na sua dupla feição do bom e do mau, do alto e do baixo, do generoso e do mesquinho, do ideal e do real, do raro e do vulgar.

Podemos deixar de vez a nossa vã disputa do homem anjo ou besta, ente vil ou criatura estimável. Não é exclusivamente nem uma coisa nem outra; é as duas, quase sempre simultaneamente. Ser de si, por sua mesma fisiologia e psicologia, por sua mesma natureza, complexo, mais o complicam ainda o seu meio, a sua educação, as condições, as circunstâncias da sua existência. Tem todos os instintos bons e todos os instintos maus. É capaz de ser a generosidade, a magnanimidade, a coragem, o devotamento ao próximo ou a devoção a um ideal, de ser bom até ao carinho e forte até à heroicidade, enfim de ser D. Quixote, como o é de ser egoísta, interesseiro, mesquinho, covarde, de não sentir outro ideal que não o de viver e deixar-se viver com o menos incômodo possível, em vista de um proveito certo, em suma Sancho Pança. Um é o que há na humanidade de nobre e alevantado; a sua capacidade de elevar-se até o ideal, e escapar por ele às miseráveis contingências da vida, de amá-lo e de sacrificar-lhe, com soberbo e magnífico desinteresse, todas as sugestões do egoísmo e todos os conselhos do bom senso. Outro o que nela há ainda do animal ancestral, de vil, de baixo, de grosseiro, de escravidão aos costumes, ao corriqueiro bom senso, à vulgar comodidade da existência.

E assim o mais realista talvez dos grandes poemas humanos é porventura aquele que melhor exprimiu a capacidade de ideal que no homem há, e com tão profunda e exata ciência da vida, tão claro sentimento da realidade, que o herói protagonista dessa vesânia, só pela vesânia escapa às miseráveis condições egoísticas da existência. Que importa, porém, se em todo caso lhes escapa! Maior ainda é o sacrifício, que é o da sua própria normalidade, se a normalidade é o puro gozo tranqüilo e banal da vida corrente. O essencial era que esse herói fosse apto a se deixar desvairar por um ideal bastante elevado para transformá-lo de pacato modesto fidalgote de província num êmulo dos Amadis e Lancelotes, os protótipos da cavalaria, no que ela teve de mais formoso e galhardo. E mais que, ainda no seu desvario, ele permanecesse homem, e humanos fossem os seus pensamentos e ações. E é este talvez o mais fino traço de D. Quixote, que na sua heróica loucura ele ficou sempre homem. Que importa que a sua Dulcinéia del Toboso não fosse senão uma ruim labrega, se o seu amor a idealizou numa encantadora Isolda ou Angélica e se assim transformada por um amor puro e cavalheiresco é o estímulo dos mais alevantados pensamentos e das mais nobres ações? É a força, o efeito, a influência necessária e benéfica do ideal que em suma exprime esse grandíssimo livro, e sob o império de um instinto superior de nobreza, de cavalheirismo, de um fino sentimento de honra e bondade, talvez já de piedade humana, a intenção da sátira se transmuda no livro feito na mais bela representação da capacidade do homem para o ideal.

    D. Quixote deixa de ser a figura ridícula do pugnacíssimo batalhador dos moinhos de vento, que toma almocreves por cavaleiros e moças de estalagens por fidalgas, e, ao sopro inconsciente do gênio criador do poeta, sabe ser com brio e gentileza o bizarro protetor da fraqueza humilde contra a violência forte, e ficará na vida superior que a arte faz ao mundo como o representante da porção da humanidade capaz de sacrifício, de abnegação, de desinteresse, de amor — o sublime cavaleiro do Ideal.

BOCAGE

No dia 21 deste mês de dezembro de 1905, a cidade de Setúbal, sua terra natal, e todo Portugal, celebram com festas comemorativas o primeiro centenário da morte do poeta Manuel Maria Barbosa du Bocage.

O Brasil, parece, não tomará nesta comemoração a parte, muito considerável, que teve na de Camões há vinte e cinco anos, e se limitará a não deixar passar de todo despercebida esta data, celebrando-a modestamente com alguns discursos e artigos, de fraco alcance. Os próprios portugueses aqui residentes, sempre tão ciosos das glórias pátrias, apenas mui parcamente comungarão com a sua metrópole nas festas bocagianas. Esta diferença em relação aos dois poetas portugueses, Camões e Bocage, é ao cabo justa, e, ainda que talvez inconscientemente, indica uma exata intuição da enorme distância que os separa.

Já foi notado que Camões e Bocage são os únicos dos seus numerosos poetas que o povo português conhece. E não só conhece, mas admira e estima. Poder-se-ia explicar este fato incontestável menos por serem Camões e Bocage os dois poetas portugueses que melhor exprimiram, cada um segundo o seu próprio gênio, o do seu povo, do que por serem os únicos ao redor dos quais se criou uma lenda de sofrimento, de dor e de martírio. Tal lenda devia impressionar profundamente, e de fato impressionou, um povo cuja natureza nostálgica, melancólica, amorosa e terna a pôde gerar. De mais, se Camões foi o grandíloquo cantor das suas façanhas épicas e glórias imorredouras, e deu esplêndida satisfação ao seu legítimo orgulho dos feitos memoráveis de sua nação, num livro em que ela imortalmente se revê embevecida, Bocage foi a expressão mais completa dela no seu período de decadência e o tradutor mais exato e mais fecundo de outras feições nacionais, do que há de voluptuoso, de incasto, de picaresco no temperamento português. Camões é o idealizador do Portugal heróico, grandioso, cavalheiresco e ilustre da Renascença; Bocage, a expressão em síntese poética do Portugal rebaixado e decadente do século XVIII, o Portugal, não dos navegadores e conquistadores, mas dos jesuítas, da inquisição, da fradaria lorpa e devassa, do beatismo estúpido e do absolutismo pulha. A ambos, porém, equiparou-os, ao menos no ingênuo sentimento popular, o sofrimento, as penas de amor, o expatriamento, a miséria da vida vagabunda e penosa. Bocage teve a intuição desta equivalência, que aliás apenas uma vã aparência legitima, quando exclamava:

> Camões, grande Camões, quão semelhante
> Acho teu fado ao meu, quando os cotejo!

E da equipolência dos fados o povo, que não examina, nem distingue, concluiu a dos engenhos, e os confundiu injustamente na sua admiração e estima.

O próprio Bocage, porém, sentiu que essa semelhança era toda exterior, de acidentes da vida, da paridade no infortúnio, aliás muito maior em Camões por muito mais imerecido:

> Modelo meu tu és, mas... ó tristeza!
> Se te imito nos transes da ventura,
> Não te imito nos dons da natureza.

Menos argutos que ele, os povos de língua portugesa irmanaram e confundiram os dois poetas no seu apreço e no seu afeto; pelo menos na sua memória são eles os únicos que vivem.

Bocage, um nome típico, um nome já de si mesmo qualificado e que dispensa epíteto, um nome síntese, um epônimo, nasceu na cidade de Setúbal, à beira do Sado, junto ao Tejo, a 15 de setembro de 1765, de uma família portuguesa misturada de francesa. Seu avô materno, Gillet Le Doux du Bocage, francês de origem e nascimento domiciliado em Portugal, oficial de marinha, chegou ao posto de vice-almirante na armada portuguesa, por vários atos de bizarria, entre outros pelo seu procedimento na repulsa de Duguay-Trouin do Rio de Janeiro, em 1711. Na ascendência de Bocage, quer no ramo português, quer no francês, havia cabedal de letras e poesia. Uma das suas tias maternas teve em França no século XVII um pequeno renome como poetisa. A mãe de Bocage era senhora de inteligência e instrução não comuns no tempo, e o pai, além de provecto jurista, era cultor das letras e da poesia, como tantos becas portugueses.

Muito cedo, como quem herdara aumentado o dom poético existente na família, começou Bocage a versejar. Dos seus oito anos há esta quadra, já reveladora da principal feição do seu estro:

> Fui ver a procissão de S. Francisco
> A quem o vulgo chama da Cidade;
> E, suposto o apertão, foi raridade
> Que, indo eu em carne, não viesse em cisco.

E depois, em trinta e dois anos que viveu mais, trabalhosos, laboriosos mesmo alguns deles, atormentados, dissipados, tristes ou alegres, ocupados ou ociosos, não fez outra coisa senão versos, copiosos versos, em número talvez não igualado por nenhum outro poeta, com uma facilidade extrema e uma prodigalidade de estro ainda mais extraordinária. A causa principal da sua popularidade no seu tempo, e por este herdada à posteridade, foi ser ele por excelência o poeta do povo e para o povo, se não pela sua inspiração que, salvo nas suas poesias fesceninas, não era popular, pela sua vida relaxada, vivida no meio de povo, com os freqüentadores das batotas e tabernas, os tunantes, os fadistas, as mulheres de vida airada, os poetas miseráveis e boêmios como ele, cuja existência levava, de cujos prazeres e penas e até sentimentos participava. Para certa ordem de popularidade, renome e até glória, literária ou outra, ainda hoje são aqueles os melhores arautos.

Uma crítica compassiva, que se poderia acaso desculpar com a caridade cristã, se não fosse manifestamente irreligiosa, tem procurado justificar Bocage, explicando-lhe o mau comportamento e tradicional desregramento de vida pela sociedade em que se formou e desenvolveu o seu caráter. Não se pode rejeitar em absoluto a explicação, mas quando desde verdes anos o vemos vivendo aquela vida, que serviu de fundamento real à sua lenda, comprazendo-se nela, sem procurar reagir contra o seu meio, senão em manifestações de satírico habituado a ele, antes cedendo facilmente ao seu influxo, somos logicamente levados a crer que não havia no seu caráter as energias morais que, sobrepujando as influências deletérias do ambiente social, constituem a virtude. Outro é o exemplo de Camões. Este, como o demonstrou o maior dos seus biógrafos, o alemão Wilhelm Storck, salvou sempre a sua inteireza moral do ambiente perversor em que mais de uma vez foi obrigado a viver. Também ao contrário da de Camões, a obra de Bocage não nos dá nunca a impressão de uma elevação moral do autor que nela se refletisse. O que principalmente falta a essa obra é alma, vida interior, comoção profunda e intensa, reveladora de uma sensibilidade extraordinária. A sua sensibilidade é, ao invés, secundária, por assim dizer física, superficial. Pouquíssimas vezes, em relação ao seu abundante poetar, consegue arrancar-lhe do mais íntimo do seu ser, de onde vem a grande poesia, um grito, uma daquelas interjeições, que na sua simplicidade e energia projetam em nossa alma, como um raio de luz ou uma onda sonora, a emoção do poeta. Filho do arcadismo, de pouco antes dele, e irmão do *filintismo*, seu contemporâneo, o engenho poético de Bocage não achou, nem no ambiente social e espiritual em que se desenvolveu, nem na índole nativa do poeta, nenhuma força que pudesse fazer dele o que foram Sá de Miranda e Camões, no século dos quinhentos, e o que seria Garrett no XIX, um reformador, um criador. O elmanismo, como do seu nome arcádico se chamou o seu estilo poético, sonoro, retumbante, ruidoso, mas vazio, é o filho incestuoso daquele casal. Com enormes, extraordinários dons de metrificador, e versejador descomunal, Bocage foi apenas mais um número na série interminável de poetas portugueses, um continuador, com mais veia e brilho, e menos medida, e compostura, dos melhores dos árcades.

Abandonando as aulas de humanidades que cursava, Bocage, sem audiência dos seus, sentou praça, aos quatorze anos, num batalhão de infantaria de sua terra natal. Ao cabo de dois anos de vida de soldado, passou-se para a marinha, onde se matriculou na recém-criada Academia Real, cujo curso, que compreendia a matemática e a náutica, concluiu, sendo nomeado guarda-marinha para a armada da Índia em 1786, com 21 anos.

Foi nessa viagem para a Índia, com escala pelo Brasil, como ainda então se costumava, que Bocage passou pelo Rio de Janeiro e aqui esteve. Partindo de Lisboa em fevereiro daquele ano, chegou a Goa em meados de abril, de sorte que a sua estada aqui no Rio não teria sido demorada, um mês ou pouco mais, quando muito. Segundo informação do dr. A. J. de Melo Morais (autoridade para mim de pouco peso), registrada por José Feliciano de Castilho na sua *Notícia da vida e obras* de *M. M. Barbosa du Bocage* (Rio de Janeiro, Garnier, 1867, II, 43), teria Bocage residido na rua então das Violas, depois Teófilo Otoni, em quarteirão entre esta rua e a de S. Joaquim, no sítio alcunhado de Ilha Seca, hoje desaparecido com as transformações da cidade. Era por essa época governador-geral do Brasil Luís de Vasconcelos, que tão boa nomeada deixou de si nesta capital, muito caroável às letras, protetor de alguns dos seus cultores aqui, homem inteligente, empreendedor e bom. Como Bocage trouxesse já uma reputação de poeta, e fosse de gênio comunicativo, não lhe custaria relacionar-se com o governador, para o qual porventura traria recomendações e cuja benevolência parece obteve, como se deduz dos poemas em que lhe cantou a benignidade ou que lhe dedicou. Numa sua epístola à Getrúria, mulher amada que lhe ficara em Lisboa, gaba-se ele de ter sido aqui namorado pelas belezas fluminenses:

> Pus finalmente os pés onde murmura
> O plácido *Janeiro*, em cuja areia
> Jazia entre delícias a ternura.
> Ali, como nas margens da Ulisséia,
>
> Prendendo corações brincavam, riam,
> Os filhinhos gentis de Citerêia.
> Mil graças que a vanglória trocariam
> Em vergonhosa inveja tua vista,
> Usurpar-te meus cultos presumiam.

Não há dele outra lembrança na nossa terra, ou dela. A sua vida na Índia portuguesa, quando esta caía em decadência material e moral, foi de desordem e dissipação, que chegaram até a deserção. Se ele repetiu por ali a odisséia de Camões, Goa, Damão e Macau, não foi compondo outros *Lusíadas*, mas principalmente versejando satiricamente, burlescamente, contra tudo e contra todos. Da possessão portuguesa de Macau, tão cheia da melancólica tradição de Camões, eis o que cantou Bocage:

> Um governo sem mando, um bispo tal,
> De freiras virtuosas um covil
> Três conventos de frades, cinco mil
> Naires, chatins, cristãos, que obram mui mal.
>
> Uma Sé, que hoje existe tal e qual
> Com quatorze prelados sem ceitil;
> Muita pobreza, muita mulher vil,
> Cem portugueses, tudo em um curral;
>
> Seis fortes, cem soldados e um tambor.
> Três freguesias, cujo ornato é pau
> C'um Vigário geral sem provedor;

Dois clérigos, e um deles muito mau
Um Senado, que a tudo é Superior
É quanto Portugal tem em Macau.

As sociedades primitivas, incipientes e misturadas, como a da Índia, e outras mais presunçosas mas não menos matutas que conhecemos, não sofrem sem repulsa e ódio os espíritos críticos ou satíricos como Bocage. Também do mesmo passo que os irritava e provocava, se desforrava ele em poemas famosos. Naquelas terras mestiças, de aventureiros, de filhos da fortuna, de adventícios envaidecidos dos feitos heróicos de pretensos avós, e de uma discutível prosápia, criara-se, como também aconteceu no Brasil e denunciou nos seus versos Gregório de Matos, que é o nosso Bocage, um século antes do português, uma fatuidade especial, um gênero de indigenismo, ou nativismo, como dizemos hoje, adverso ao ádvena, principalmente se este se distinguia deles por qualquer feição própria. Bocage, que mal chegado entre eles principiou a malsinar-lhes a raça, a condição ou os costumes, teve de experimentar a sua antipatia. São ecos destas recíprocas malquerenças os sonetos *à enfatuação que predomina em certos naturais* de Goa:

Cala a boca, satírico poeta
Não te metas no rol dos maldizentes;
Não tragas os mestiços entre os dentes;
Restitui ao carcás ervada seta;

Dizes que é má nação, que é casta abjeta,
Tintos de enxertos vis? Irra! Tu mentes;
Vai ver-lhe os seus papéis; são descendentes
Do solar d'Idalcão por linha reta.

Vem d'heróis quais não vem Cartago ou Roma;
De seus avós andantes cavaleiros
A chusma de brasões não cabe em soma:

E (se não mentem certos noveleiros)
A muitos deles concedeu Mafoma
O foro de fidalgos escudeiros.

e mais outros quatro sonetos, com o mesmo endereço e do mesmo jaez, além de outros muitos de idêntico tema, ou em que ele incidentemente aparece.

Em 1790, perdoado da sua deserção, recolhe Bocage a Portugal. Os quatro anos de peregrinação por terras exóticas e estranhas nenhuma influência tiveram na sua índole. É singular como o gênio português neste período de decadência, que começa com o pseudoclassicismo do século XVII e se completa do período arcádico (e quem sabe se a essa época não se pode descobrir os primórdios até desde o período chamado áureo da civilização e das letras portuguesas?), fica alheio aos contatos dos mundos novos que ele descobrira, à influência e estímulo da nova natureza e das novas coisas de que ele fora principal divulgador. Com sobeja razão pondera o sr. Teófilo Braga que "as viagens do Brasil, da Índia e da China, desorientando o espírito de Bocage, não lhe suscitaram o senso da realidade das coisas, que dá ao gênio essa forma particular da razão que sabe achar as relações mais inopinadas dos fatos e deduzir delas uma suprema unidade, que é a síntese poética. Viu novas regiões, mas como um sonâmbulo, os seus versos não receberam desse viver diferente nenhum interesse, dessa natureza nova nenhuma imagem, dessa variedade interminável e impressionante nenhum colorido" (*Bocage*, Porto, Chardron, 1902, 96). Exatíssimo, e só este fato basta para reduzir de muito a fama do talento de Bocage, se o talento não é, como creio, senão a faculdade de descobrir aspectos novos nas coisas, e recusar-lhe o qualificativo de gênio, com que a crítica patriótica ou imponderada tão prodigamente o brindou. Não só ele não criou nada na língua e na literatura portuguesa, senão essa aberração do arcadismo que é o elmanismo, nem deu à sua poesia nenhuma obra realmente distinta e superior, que não o fosse somente por dons naturais e secundários de harmonia e sonoridade, mas não lhe trouxe ao menos uma impressão nova, uma sensação inédita, que seu engenho transformasse e afeiçoasse, das terras estranhas e maravilhosas algumas, daqueles outros climas e outros céus, por onde peregrinou. Puro impulsivo, como o descreve o sr. Teófilo Braga, mas sem sensibilidade estética profunda e delicada, era no íntimo uma natureza por certos aspectos indiferente, incapaz de sofrer certa ordem de reações. Camilo Castello Branco notou coisa semelhante em Camões e nos poetas portugueses da Renascença, relativamente aos sentimentos e afeições de família. Mostraram-se todos alheios e indiferentes a eles. E Filinto Elísio atravessará em Paris a Revolução sem a perceber, o que talvez é uma espécie de apatia maior que a de Bocage insensível aos mundos novos.

 Os quinze anos que passaram desde a volta de Bocage a Lisboa até a sua morte ali, em 1805, foram de desordem, de descompostura de vida, de miséria material e moral e de luta. Talvez por isso mesmo foram também o período da madureza e florescência do seu gênio e da sua maior e mais valiosa produção. Só o seu caráter e o da sua sociedade, a cujo mau influxo não teve ele as energias necessárias para resistir, impediram que essa obra não tivesse de fato a grandeza que lhe empresta a lenda ou uma crítica demasiado complacente. Morto o pai, desfeita a família, dissolvida a casa, sem recursos, nem ocupação que lhos desse, entrou Bocage a viver aquela vida que talvez principalmente o celebrizou, em noitadas festivas, numa desbriada vagabundagem, de favores e dádivas de protetores abastados e benévolos, fidalgos amigos de poetas e da poesia, como um parasita. Nos povos de pouca moralidade do meio dia da Europa, criados na abundância e comodidade dos seus climas generosos e educados na mandriice monástica e no beatério folgazão dos outeiros, das romarias, das peregrinações festivas e até das procissões e círios mais recreativos que piedosos, os indivíduos como Bocage, a cuja vadiação e libertinagem o espírito e os dons poéticos dão relevo e pico, encontram uma condescendência acoroçoadora dos seus vícios e defeitos.

As idéias francesas, como em Portugal eram chamadas as da filosofia do século XVIII, triunfante em França com a Revolução, entravam então a furto no reino, onde as perseguiam e combatiam a polícia suspicaz de Pina Manique, a bruta crueza da Inquisição, já moribunda mas sempre malvada, e a doutrina manhosa e refalsada do jesuitismo. Dessas idéias fora Bocage contaminado, tanto mais facilmente que elas se coadunavam com o seu espírito rebelde a toda a disciplina, os seus fortes instintos de liberdade. Nesta situação achou-se ele, revoltado e satírico de natureza, em conflito com os governantes, com padres e frades, com a autoridade, com as crenças e opiniões comuns, e com os poetas e literatos seus êmulos ou rivais. Contra tudo e todos versejou, metrificou, satirizou, epigramou, tanto mais aplaudido pela corja que o acompanhava quanto mais baixo descia a sua veia inesgotável ou mais alto gritava a sua voz destemperada. Dos frades e dos poetas da Nova Arcádia e outros, como esse triste Aretino português que foi o padre José Agostinho de Macedo, e o brasileiro Caldas, fez ele os principais alvos das suas descomposturas métricas, em que era fertilíssimo, e desta inspiração, como da veia obscena e fescenina, deixou modelos incomparáveis pela energia da frase, perfeição do verso, arrojo e excelência dos tropos e novidade das imagens.

Mas, que ficou dele, o que vive desse poetar de trinta anos, abundante, fácil, copioso até a intemperança? Dele resta um grande nome, até um nome demasiado grande, feito de dois elementos, admiração inconsiderada pelo seu assombroso engenho de versejador e improvisador e de liberal simpatia pela sua miséria e desgraça. Do seu poetar uns quatrocentos sonetos mais eloqüentes que comovidos, retumbantes, sonoros, harmoniosos como talvez nenhuns outros na língua portuguesa, e que são a própria essência da sua alma vibrátil, inconstante, toda à flor dos lábios, e do seu temperamento impulsivo.

O resto da sua obra, como poucas copiosíssima, em que, segundo as classificações do tempo, há de tudo, canções, cançonetas, cantatas, cantigas, décimas, elegias, epicédios, epigramas em barda, epístolas, epitáfios, fábulas, idílios, madrigais, odes, poemas, poesias diversas, quadras, sátiras e até adivinhações, passou de todo; mal completos cem anos, é uma coisa morta e acabada, de que ainda se recolhem trechos nas antologias e se fazem citações nas histórias literárias, mas que ninguém lê nem recorda mais.

Como poeta, a obra superior de Bocage é aquela cuja leitura se não pode confessar, e que anda recolhida no 7º. volume da edição de Inocêncio, único que se esgotou pelo muitíssimo que foi lido. É só nessa que ele é realmente genial.

Entre os seus numerosíssimos sonetos, a crítica escolheu uma dúzia que são, sob o aspecto da forma e da harmonia, dos mais belos da nossa língua, e sobejamente conhecidos. Mas não bastam em todo caso para lhe justificar a reputação de grande poeta.

Bocage é um exemplo frisantíssimo ao conceito, cuja exatidão me parece assentada, da falácia do engenho sem caráter nem virtude, do qual a história da literatura da nossa língua nos fornece outros não menos concludentes testemunhos, como o daquele padre José Agostinho citado, acérrimo inimigo e contendor do "numeroso Elmano".

O MAIOR DOS ROMANOS

Grandeur et décadence de Rome,
par G. Ferrero. Quatrième édition, Paris,
1904-07, 3 vols. in-16, Plon-Nourrit.

Segundo Michelet, foi no começo do século XV, com Lorenzo Valla, o humanista precursor de Erasmo, que se entrou a desconfiar que a história das origens de Roma podia bem não ser histórica. Nessa dúvida da veracidade dos primitivos anais romanos e da narrativa elegante, eloqüente e maravilhosa de Tito Lívio, a Valla sucederam-se Glareano, Scaligero, Justus Lipsius, Perizônio, Louis de Beaufort e, por fim Bayle, o mais conhecido e famoso de todos, já no século XVIII. Outros eruditos e pensadores (e entre estes o maior foi seguramente Vico) sucederam-se. Estes, na segunda metade daquele século e na primeira do XIX, não só reforçaram as razões de duvidar, mas lançaram nova luz sobre a história romana, solapando a legenda que principalmente a constituía, e tornando mais compreensivo o espírito do povo que ela recontava e o caráter dessa história. Enfim veio, dentro do primeiro terço do século passado (1811-1832), Niebuhr. Este é, de fato, o reformador, o novo constituidor da história romana, ao menos para os primórdios e o primeiro período dela, os únicos de que se ocupou na sua grande obra fundamental, publicada naqueles anos.

Não obstante todo esse vasto trabalho de erudição e de crítica, aqui continuamos a estudar e a ensinar a história romana seguindo a Tito Lívio, e ainda há hoje mestres e compêndios que no-la recontam como se todas as lendas da fundação de Roma, Rômulo arrebatado ao céu num carro de fogo, Numa Pompílio inspirado pela ninfa Egéria, e quejandos contos de carochinha fossem tão verdadeiros como o descobrimento do Brasil por Pedro Álvares Cabral.

Mommsen e alguns dos seus antecessores e sucessores, em França, na Alemanha, na Inglaterra e ainda na Itália, seguindo as pegadas de Niebuhr, mas adiantando-as mediante novos estudos e luzes, estas principalmente fornecidas pela epigrafia, pela arqueologia, pela filologia, ciências que se fizeram ou reformaram por esse tempo, recriaram a história romana. Até há pouco a grande *História romana* de Theodor Mommsen, talvez o maior dos modernos historiadores alemães, publicada em 1854-1855 e depois traduzida e vulgarizada em todas as línguas cultas, fazia a lei, como livro exemplar em história de Roma. Parecia impossível que alguém, conhecendo e compreendendo aquela obra, monumento de profunda ciência, de sábia crítica, de superior inteligência e de excelente exposição, se abalançasse a refazê-la e, o que mais é, a reformá-la. Esse alguém, entretanto, apareceu na Itália, é o sr. Guillermo Ferrero, e o livro que lhe deu um renome universal chama-se, com pouca diferença da obra clássica de Montesquieu, *Grandeza e decadenzza di Roma*. Seu livro não é uma história completa, como pretendia ser e quase foi a de Mommsen, e muitas outras, como as de Ihne ou de Drumann em alemão, de Merivale em inglês, a de Duruy em francês, senão a história da parte mais considerável e de um interesse por assim dizer ainda contemporâneo dessa história, os começos, o apogeu e o declínio do império. Toda a parte lendária e incerta da história de Roma, desde a fundação da cidade até que a República se faz conquistadora, ficou fora do seu propósito. Ele começa de fato, com o seu volume *A conquista*, na segunda metade do século V antes de Cristo, pela época das lutas entre as cidades italianas, quando, depois, com a guerra contra Cartago e os seus resultados e domínio da Espanha e de toda a Sicília, o confisco de parte do rico território da Campânia e do Lácio, o enfraquecimento definitivo das populações ainda então não-latinizadas da Itália, principia uma nova história de Roma e do mundo. Tais sucessos apressaram na Itália o advento da era mercantil na antiga sociedade agrícola, aristocrática e guerreira.

A principal novidade da obra do sr. Ferrero é a demonstração de como atuaram no aparecimento dessa fase da história de Roma e no seu desenvolvimento posterior os fatores que transformaram aquela velha sociedade romana dos primeiros séculos da República numa sociedade oligárquica, comercial, de politicantes ávidos, de estadistas cúpidos e de repúblicos venais e desmoralizados. Esta demonstração ele a faz com uma ciência profunda e segura, um raro engenho de historiador e uma alta capacidade, tanto da mais percuciente análise como da mais inteligente síntese.

Não era um nome novo e obscuro o de Ferrero, antes desta história, para qual se preparara por estudos sérios diversos. Duas obras suas, pelo menos, *La Europa giovine* e *Il militarismo*, deram-lhe, há mais de quinze anos, uma legítima notoriedade. Seus estudos de antropologia criminal com o seu sogro Lombroso, e seus estudos isolados de política e jurisprudência aumentaram-lhe uma reputação que a sua história de Roma consagrou plenamente.

Embora de estudo original e de erudição, a sua história da *Grandeza e decadência de Roma* é uma obra viva, em que nos parece assistir, tal é o seu maravilhoso poder de ressurreição, numa língua forte, colorida, mas sem enfeites inúteis, aos sucessos que reconta e tratar com os homens que neles agem.

Demandaria muito espaço, por mais que eu me resumisse, compendiar aqui o assunto dos seus volumes já publicados; procurarei, entretanto, dar, segundo um artigo de revista do próprio sr. Ferrero, um escorço da idéia fundamental da sua obra, aliás acima sucintamente e de passagem indicada. A expansão da conquista do Mediterrâneo pelos romanos, após a segunda guerra púnica, foi seguida de uma transformação lenta mas contínua da Itália. Em vez das aristocracias agrícolas locais, formou-se uma única classe média italiana (a *burguesia italiana*, chamou-lhe o historiador aproximando-a da burguesia contemporânea). Esta classe pouco se interessava pela política, que deixava nas mãos de algumas parcerias. Esta burguesia, cujas origens remontam aos trinta anos seguintes às guerras de Aníbal, cujos progressos são a causa principal da crise na qual desde os Gracos até Sila a potência romana parecia soçobrar, constitui sua fortuna e sua força na idade de César. Foi então que ela introduziu nos seus costumes, até então simples, o luxo do Oriente; ela faz progredir a vida e a cultura, e torna-se a classe dominadora da Itália. A grande política de conquista, que vai de Lúculo a Pompeu e César, acha a razão do seu sucesso nas disposições orgulhosas desta burguesia, à qual fornecia novos capitais e escravos, aumentando o campo de seu comércio e de seu domínio. Os anos que se seguiram à morte de César foram anos de uma espantosa crise, porque, morto este grande homem que tinha o poder de dirigir os acontecimentos, acharam-se os romanos desorientados, aturdidos, à mercê dos sucessos. Foi uma época de verdadeira dissolução universal, um tempestuoso oceano, no qual Cícero e Otávio, Antônio e Cleópatra, outros grandes personagens, e milhares dos anônimos que são os esquecidos obreiros de vida social, lutaram durante os breves anos que foram para a história como séculos, e que resultaram no estabelecimento do império.

A figura que no momento decisivo domina esta transformação é a de Júlio César. É sem dúvida, pela sua ação no seu tempo, pelas qualidades de energia, de talento, de vontade, que para a ter revelou, uma das maiores, das mais atraentes e ainda, sob certos aspectos, das mais simpáticas da história. Mas eu, com o meu natural ceticismo dos grandes homens da espécie cesariana, a minha fundamental incapacidade de idolatria, e, principalmente, com a minha radicada convição do papel secundário dos homens comparado com o dos acontecimentos e circunstâncias que os fazem agir, sempre fiz restrições à grandeza super-humana dessa figura, tal qual, por exemplo, ela aparecia em Mommsen. No livro do ilustre historiador alemão, César é quase um semideus, não só o político clarividente e impecável, o homem sobre forte, virtuoso e bom, que um grupo de celerados ou de sectários de curtas vistas não permitiu realizasse as mais nobres e as mais sábias aspirações que os historiadores têm rivalizado em lhe atribuírem. Os que aceitaram tal e qual o César de Mommsen, esqueceram que o historiador fazia um César à feição dos seus sentimentos de momento. A Alemanha era para ele então como a Roma dos cem anos antes do império, e só a podia salvar a ditadura esclarecida e liberal de um César. O político que havia em Mommsen com os seus ressentimentos pessoais, as suas aspirações e desejos de uma Alemanha forte, unida, com ordem, paz e glória moderna, traiu o historiador, e ele viu César à luz dos seus ressentimentos. O seu César é antes um protótipo do homem providencial que ele almejava para a Alemanha, que o tipo real que ressalta da história, mesmo da feita por ele Mommsen.

O mesmo sentimento levou-o a desfigurar outros tipos, como, por exemplo, Cícero, visto agora a uma luz mais verdadeira e mais justa pelo sr. Ferrero.

O César deste é mais humano, mais real e mais histórico. Sem embargo da sua grande admiração por ele, o historiador italiano não cai na ilusão do alemão e creio penetra mais fundo na psicologia da personagem e mais íntimo na vida da sociedade do seu tempo.

Acompanha-o desde a sua estréia, a sua primeira viagem ao Oriente, no cerco de Mitilene e na corte de Nicomedes, de onde surdiram sobre ele boatos vergonhosos que o historiador nem acredita nem desacredita. Mostra-nos César hesitante e irresoluto entre as diversas facções ou partidos que dividiam Roma, logo endividado e por isso assoldadado pelo milionário Crasso. "O próprio César não pudera, por fim, escapar", escreve o sr. Ferrero, recontando-lhe este momento da vida, quando ele oscila entre Crasso e Pompeu, à desmoralização inerente à política, sobretudo à política democrática de uma época mercantil, e os efeitos não se iam demorar. "O fidalgo que a princípio se ocupara dos negócios públicos com um desinteresse aristocrático ia confundir-se com os politicantes de ínfima classe, e intrigantes, os oportunistas que apenas faziam da política o anteparo de seus infames interesses". Mais de um fato significativo alega o historiador para comprovar o seu asserto, em que o papel de César não é dos mais limpos, e que hoje, nas nossas sociedades, aliás bem pouco escrupulosas, bastariam para desmoralizar um homem público.

A conjuração do ano 66, a agitação popular pela conquista do Egito, as grandes dívidas de César, as desconfianças de venalidades nascidas de sua coligação com Crasso, tinham, segundo o sr. Ferrero, prejudicado muito a César, que por esse tempo se achava completamente desacreditado. Foi então que, rejeitado ou abandonado pelos aristocratas de que vinha, pelos conservadores que iam a Pompeu, pelos ricos, receosos de agitação, César tornou-se demagogo. E com o apoio dos demagogos e o dinheiro de Crasso, que ele despendeu *larga manu,* fez-se eleger, contra concorrentes aristocratas, *pontifex maximus,* no ano 66.

Graças ao mesmo Crasso, ele pode escapar-se aos credores de Roma e na Espanha conquistar ao mesmo tempo louros marciais e se fazer uma fortuna, sem o que nenhuma ambição política legítima era possível em Roma, na roubalheira e na pilhagem.

Quando César disputou pela primeira vez o consulado, de volta da Espanha, apoiado pela demagogia e por Crasso, não sabe o historiador quais eram os seus projetos; acaso pensava desde então na conquista da Pérsia, já premeditada por Lúculo, aconselhada a Pompeu, e que era popular, como um meio de derivar para Roma as imensas riquezas orientais. Foi nesse entrementes que ele, segundo melhor convinha ao seu caráter, posição social e interesse, imaginou, para combater o partido conservador que lhe era hostil, reorganizar o antigo partido democrata, moderado e reformador, com o apoio das altas classes e também das médias, partido que a conjuração de Catilina desfizera.

Para isso era preciso pôr de acordo os chefes mais poderosos de Roma, Crasso, Pompeu e Cícero. Com a sua proverbial habilidade, César conseguiu conciliar os dois primeiros, conciliação que se fez secretamente para não acender mais vivamente a hostilidade de seus inimigos. Destes sucessos, a que apenas é possível aqui aludir, nasceu o que se devia chamar o primeiro triunvirato, que é também o primeiro sindicato político feito desavergonhadamente por três homens públicos para satisfação das suas ambições, nem todas nobres, e para a exploração sistemática e disfarçada da coisa pública.

"Foi justamente nessa ocasião", escreve numa das suas melhores páginas o sr. Ferrero, "que pela primeira vez apareceu em Roma um grande poeta lírico, cujos versos apaixonados e pessoais refletem esta grande crise moral e social da República. Catulo Caio Valério, nascido em 84, de uma rica família de Verona, recebera uma admirável educação literária; aos vinte anos viera a Roma, onde, introduzido por Cornélio Nepos na alta sociedade, fora logo conhecido dos homens célebres, negociantes ricos e grandes damas. Em continuando a comprar livros e a estudar, metera-se numa desenfreada vida galante, gastara sem contar, endividara-se, brigando com o pai muito avaro. Apaixonara-se da muito bela e muito lasciva Clódia, mulher de Metelo Celer. Ao princípio pouco lhe custara esta conquista, porque os transportes frenéticos do ingênuo mancebo devem ter aprazido a Clódia, como uma agradável distração após tantos amores brutais. Mas ao passo que estas relações eram para Clódia apenas um capricho fugitivo, tornaram-se para o poeta uma paixão violenta, ciosa e exclusiva, que com uma mulher tão leviana e caprichosa o obrigou a passar o tempo em disputas e reconciliações, em injúrias e súplicas, em desesperos e resignações. Para consolar-se no meio dos seus tormentos, recorreu Catulo ao seu maravilhoso gênio poético, e em versos de uma sinceridade quase brutal, de uma potência e variedade maravilhosa de ritmos, de motivos e de expressões, traduziu todos os instantes mais frívolos e mais dolorosos de sua vida: os apetites dos sentidos, violentos e súbitos; as doces confidências da amizade; as tristezas cômicas de um homem endividado, a melancolia das partidas para longínquas viagens; o luto de um irmão moço morto na Ásia; as palavras grosseiras das cóleras subitâneas e passageiras; as lembranças fugitivas e enternecidas quando, no meio do tumulto de Roma, ele pensava no seu belo lago de Guarda, azul, solitário e tranqüilo, em sua casinha de Sermião que o esperava como uma velha ama a um filho vagabundo extraviado em um mundo imenso e distante, o amor enfim, o amor violento e cioso, com as suas torturas, e a insolúvel contradição que lhe roía o coração: 'Amo e odeio. Talvez me pergunteis por quê? — Não sei, mas sinto-o e o meu mal me devora'.

A poesia de Catulo, em que os nossos literatos e latinistas não terão visto senão uns belos versos de amor, de uma latinidade um pouco difícil, e de decência antiescolástica, quando muito um tema e divagações retóricas e a pedanterias gramaticais, ajuda-nos, segundo o sr. Ferrero, a explicar o sucesso da revolução política realizada por César no seu consulado. "Acentos tão pessoais e tão apaixonados não eram possíveis senão em uma época em que as classes cultas não tinham outro objetivo que a rebusca dos prazeres mais variados, da riqueza e do amor, do jogo ou da filosofia, e abandonavam os negócios públicos a uma classe de políticos profissionais dos quais a maioria estava sempre ao serviço do partido que parecia mais forte".

É neste momento, admirável e vivamente descrito pelo sr. Ferrero, no capítulo XVIII do seu primeiro volume, que, por efeito da conquista, o luxo, a opulência, o fausto, e com eles a corrupção, atingem em Roma o seu apogeu. "Os antigos denominavam corrupção a todas as mudanças ocasionadas na antiga sociedade italiana, aristocrática, agrícola e guerreira, pelos progressos da conquista, e que são comparáveis às mudanças ocasionadas pelos progressos da indústria na Inglaterra e em França no décimo nono século, na Itália do Norte e na Alemanha depois de 1848, na América de Washington e de Franklin desde a guerra de secessão". Depois de nos descrever em traços de um vigor extraordinário a Roma desse momento com o seu luxo inaudito e o seu vício escancarado, observa o sr. Ferrero:

"César apenas acabara com a revolução política do seu consulado, uma transformação começada há muito tempo, e nesta parte da sua obra ele pode até um certo ponto ser comparado a um moderno chefe dos socialistas ou antes a um *boss* da *Tammany Hall* de Nova York".

E logo: "A política romana se tornara assim uma feira mundial de cargos, de leis, de privilégios, de províncias, de reinos, de ganhos imundos; cheia de intrigas, de fraudes, de traições, de violências; freqüentada não só pelos homens mais perversos e violentos, mas pelas mulheres mais corruptas da época, e da qual um homem que por acaso aí vinha era logo expulso se não se encanalhava com os outros".

César é, em suma, um produto desta sociedade e por mais de um aspecto um seu representante. Apenas ela não o corrompeu tão profundamente que matasse nele a nobre ambição de, reformando-a em seu proveito (o pensamento de César como de todos os grandes dominadores dos homens era profundamente egoístico), reformá-la segundo um ideal, que, não sendo o da antiga virtude romana, correspondia melhor às necessidades do progresso humano. Deixando Roma partiu para a Gália "com a intenção de adquirir por grandes vitórias a admiração daquela classe (os restos da antiga aristocracia romana), junto à qual o haviam por demais desacreditado sua vida desordenada, suas dívidas, sua venalidade, as violências demagógicas dos últimos anos, a revolução radical do consulado".

A parte mais nova e mais interessante da obra do sr. Ferrero é talvez a da guerra da Gália, a qual ele intitulou de *Júlio César*, e que resulta na ditadura e assassinato do conquistador. Ao contrário de todos os historiadores, que até aqui tinham concentrado toda a sua atenção sobre a Gália isolando César no teatro da guerra e separando-o de Roma, o sr. Ferrero preferiu, como ele próprio declara, estudar este grande sucesso colocando-se por assim dizer no centro de Roma e dos seus interesses políticos e financeiros, e procurando descobrir as relações entre as operações militares de César e os sucessos interiores da política romana. Para ele a conquista da Gália se torna uma "guerra colonial começada e dirigida pelo chefe de um partido, com o fim de se servir dela como instrumento de ação sobre a política da Itália".

Mas se esta guerra, pelo seu aspecto e processos, assemelha-se a tantas outras, os seus desenvolvimentos e conseqüências foram tais como nenhuma outra as teve tão importantes. "A guerra da Gália", e é esta ao cabo a tese do sr. Ferrero, "regenerou o mundo antigo, principalmente porque ela precipitou duas grandes crises, que se arrastavam havia um século, perturbando com um medonho mal-estar todos os países entrados na civilização greco-latina: de um lado a crise política da Itália, que devia em um século transformar a própria essência do Estado e da sociedade latina; de outro a crise do decadente mundo céltico". E explica assim o seu pensamento, de que sendo a conquista da Gália que facilitou o advento da civilização moderna, César, autor dessa conquista, é um dos principais fatores desta civilização: "Ao mesmo tempo a conquista destruiu a Gália céltica, que há mais de um século se debatia nas convulsões de uma lenta agonia, e assim tornou passível a latinização da Gália, onde verdadeiramente começou a civilização européia".

Essa conquista é mais uma das muitíssimas provas históricas da parte da sorte ou fortuna nos maiores acontecimentos humanos. Estudando-a minuciosamente, ainda sob o seu aspecto técnico e militar, o sr. Ferrero sustenta que César nela "se aventurou sem nenhum desígnio bem definido, e conhecendo mal o país e seus habitantes". Mas na história, como na ciência, e até na literatura, há erros fecundos, e o primeiro erro de César na Gália resultou num sucesso, que determinou todos os outros. Estes por sua vez determinaram uma nova aliança, o conluio, o conchavo de Lucca, entre

César, Pompeu e Crasso, para a conquista do mundo, que dando a Roma a grandeza suprema lhes desse a eles com o poder ilimitado a riqueza incontável. "O homem (César) que, como cônsul, procurara curar com uma bela lei a corrupção, esta doença crônica das sociedades civis, preparava-se para corromper toda a Itália". Para restituir Ptolomeu ao Egito e este àquele, César pedia, como primeira entrada, dezessete milhões e meio de sestércios, mais de quatro milhões de francos. Como são mesquinhos em comparação os nossos batoteiros políticos de hoje! Atos iguais ou piores do grande homem abundam na vida de César e os reconta o sr. Ferrero, com uma tranqüilidade que menos talvez que o filósofo revê o compatriota de Maquiavel.

Não bastou a conquista e organização da Gália, cuja pacificação e segurança César exagerou, enganando facilmente os romanos (e os seus famosos *Comentários* são, sob esse aspecto, uma obra de má-fé), para assegurar ao vencedor dos gauleses o predomínio incontestado, com que ele sonhava em Roma. Este, apesar da inteligência, das capacidades de político e de administrador, da sedução pessoal, das brilhantes qualidades de César como homem de governo, como homem de guerra ou como simples cidadão, foi de curta duração. Dentro de pouco tempo viu que tinha de recomeçar a aventura das Gálias, uma nova conquista que lhe desse ainda mais lustre ou lhe renovasse o que se ia apagando ao atrito das paixões hostis dos republicanos da velha tradição romana, os Catões, os Brutus, o mesmo Cícero, que ele não conseguira sequer vencer. Voltou-lhe então a antiga idéia da conquista da Pérsia em que até aí se tinham malogrado os esforços de outros generais romanos, como o seu patrono Crasso e o mesmo Pompeu.

Desse propósito, de cuja realização tudo nesse momento esperava para a fortuna política que lhe permitisse realizar seus grandes planos políticos de reforma da República, somente lhe vem de fato um acréscimo da animadversão dos seus inimigos. Estes o acusavam, com razão ou sem ela (é impossível dizer com certeza), de pretender fundar para si um império no Oriente, de parceria com Cleópatra, que ele tivera a impudência de fazer vir do Egito ou pelo menos de receber em Roma, vivendo escandalosamente com ela, e deslocar a capital de Roma para Alexandria ou para Tróia, berço da estirpe romana, restaurada. Ou se se quisesse fazer rei em Roma, de que também o acusavam, ou com os recursos e as armas de Roma procurasse fundar um império à parte e dele dominar a mãe-pátria, César era naquele momento visto por todos os conservadores, por todos os republicanos, por todos os velhos romanos apegados ao regime e às suas tradições como um inimigo, como o inimigo. Não admira pois que Brutus e Cássio, os principais fautores da conjuração contra ele, achassem facilmente numerosos sócios. "Os historiadores modernos", diz o sr. Ferrero, "quase todos se surpreenderam com essa facilidade, e, cheios de admiração, aliás justificada, pelo grande homem que fazia então todos os esforços para reorganizar o Estado, severamente censuraram a obstinação de uns, a traição de outros. Eu ao invés creio que a sua surpresa seria menor e seu julgamento mais moderado se houvessem buscado informar-se da verdadeira situação e do modo por que a poderiam os contemporâneos considerar. Por maior que fosse César, não era possível que os contemporâneos vissem nele, como a muito ingênua posteridade, um herói e um semideus, que cumpria adorar ainda quando ele se enganava e fazia mal. Pequenos motivos pessoais moveram certamente numerosas personagens a tomar parte na conjuração, mas os motivos particulares de cada um foram excitações secundárias, e não a própria razão da conjuração que, assim como a obra de César, não pode ser julgada boa ou condenável pelo simples exame dos motivos pessoais. É necessário compreender a situação e sua fatalidade trágica".

"César foi um dos maiores gênios da história; ao mesmo tempo um sabedor, um artista, um homem de ação, que sabia realizar todas as suas faculdades, em toda a espécie de trabalho, de um modo admirável. Sua imaginação grandiosa e harmoniosa, sua inteligência prodigiosamente lúcida, sua atividade infatigável, sua flexibilidade e sua incansável resistência nervosa teriam feito dele, em qualquer época, um grande homem. Em nossos dias, ele houvera podido ser um grande organizador de indústrias nos Estados Unidos, um grande explorador de terrenos e minas da África Meridional [o sr. Ferrero pensou sem dúvida em Cecil Rhodes], um grande sabedor ou um grande escritor europeu. Na Roma antiga as tradições de sua família e sua ambição o impeliram para a política, isto é, para a mais perigosa prova para um homem de gênio, porque é aquela onde mais freqüentemente acontece que o efeito não corresponda ao esforço, por motivo de circunstâncias impossíveis de prever. Ora, na política romana, pôde César ser um grande general, um grande escritor, um grande personagem, mas não um grande homem de Estado". Tendo três principais grandes desígnios políticos — a reconstituição do partido democrático legalista em 59, a aplicação audaciosa em grande da política de Lúculo (o imperialismo de que este, com a conquista do Ponto, foi o autor) e a regeneração do mundo romano pela conquista da Pérsia — César não realizou nenhum deles. Ao contrário da opinião vulgar, sustentada por Mommsen e seus seguidores, e de que, antes deste, o fundador do positivismo fizera um dos seus dogmas históricos, de que o papel histórico de César foi o de um grande estadista chamado a fazer a ordem no caos de sua época, o novo historiador italiano sustenta que o seu papel histórico foi o de um grande homem de ação, chamado a personificar e a ativar todas as forças revolucionárias da época mercantil em luta com as tradições da velha sociedade agrícola: "a incredulidade religiosa, a indiferença moral, a ausência do sentimento de família, o oportunismo e a indisciplina em política, o desprezo das tradições, o luxo oriental, o militarismo rapace, a especulação, a corrupção, o espírito democrático, o refinamento intelectual, o primeiro afrouxamento da ferocidade bárbara, a paixão da arte e da ciência". O papel de César, demonstra-o o historiador, foi de um destruidor, pois que ele foi o grande homem, a grande força, ao serviço daquele terrível momento histórico de destruição. E como o foi com rara superioridade, daí a sua grandeza. "Vou mais longe", escreve o sr. Ferrero; "afirmo que se César contribuiu mais que todos os seus contemporâneos para a regeneração do mundo antigo, foi porque ele destruiu mais do que os outros e que ele se gastou menos do que os outros naquela terrível política que usaram tantos homens superiores. Rematou, pela sua guerra das Gálias, a queda do velho mundo céltico que agonizava havia um século e que tapava ainda à civilização greco-latina o caminho do continente europeu, onde ela ia buscar as forças para um maravilhoso renascimento. Precipitou para a sua solução, pelas lutas políticas da sua mocidade ou pela guerra civil, a crise das velhas instituições latinas, que também se arrastava desde um século, enchendo a Itália e o império de desordem".

  Assim, ao cabo, a obra de César, como a de quase todos, se não de todos os grandes homens da sua espécie, é uma obra feita acaso a pospelo das suas intenções ou das intenções que nós lhes atribuímos. Mais do que os outros, os grandes homens dessa espécie são de fato o joguete das condições e circunstâncias do seu momento histórico, e, por muito também, criações ulteriores dos preconceitos, com que, ainda malgrado nosso, os estudamos passados séculos.

LETRAS HISPANO-AMERICANAS

La joven literatura hispano-americana. —
Pequena antologia de prosistas e poetas por
Manoel Ugarte, Paris, 1906, Armand Colin,
in-16, XLVII, 390 págs.

    Tive já ocasião de confessar a minha ignorância das literaturas hispano-americanas. Creio que sem injustiça associei nela a generalidade dos meus compatriotas, ainda homens de letras. Disse também que essa ignorância é recíproca, isto é, que os outros hispano-americanos (os outros escrevo porque hispano-americanos também somos nós, pois Portugal é Espanha) igualmente nada sabem das nossas letras. Não chamo ciência delas conhecer alguns nomes soltos, alguns títulos de obras, ou ainda algumas obras, ou ter delas apenas notícia por estudos críticos ou informações bibliográficas de revistas e jornais. Não se conhece uma literatura senão quando, além da sua história, e antes desta, conhecemos-lhe as obras, ao menos as capitais e significativas, de leitura e estudo próprio. O mais é conhecer de uma literatura, que se não leu, como se conhece de um país que não se visitou, pela guia do viajante, conhecimento forçosamente escasso, deficiente e imperfeito, que pode lisonjear a vaidade dos autores assim, apenas de nome, conhecidos, mas não serve de fato à comunicação que é uma função das letras estabelecer entre os homens.
    Não há por que culpar-nos a nós hispano-americanos por essa ignorância recíproca. Além das causas naturais, distâncias imensas, extrema dificuldade de comunicações e preconceitos que nos sepa-

ram, e até desunem, há para esse mútuo ignorarmo-nos sem maior sentimento e vergonha, a intuição, a consciência de que de pouco, no domínio literário ao menos, nos valeria conhecermo-nos. Todas essas nossas literaturas, sabemo-lo ainda sem as conhecer devidamente, são pobres, até paupérrimas, como valor de pensamento ou de expressão. Nenhuma delas poderia impressionar-nos com uma nova forma ou sensação de arte, uma diferente ou sequer notável concepção de vida, um sentimento, ou um pensamento ou uma expressão mais inédita. Em uma palavra, nada haveríamos a aprender delas que valesse a pena de as ler. Ora, o nosso tempo é de aprender, e as tertúlias literárias, como as que houve no México em 1585, em que mais de trezentos poetas se fizeram ouvir em presença de sete bispos e de todos os magnatas do vice-reinado, despejando sobre os circunstantes uma catadupa de rimas, de ritmos, de tropos e imagens certamente roubados à poesia clássica e mal disfarçados com os afeites indígenas, não nos podem mais interessar.

Entretanto há um aspecto dessas literaturas pelo qual nos podem elas tocar, ou sequer merecer a nossa curiosidade. É como expressão estética e sentimental de povos que pela vizinhança no mesmo continente, pela semelhança de origens históricas, de desenvolvimento social, de evolução e hoje até de instituições políticas nos são afins. E mais de povos que, com o natural progresso que irão tendo forçosamente as suas comunicações e recíproco conhecimento, estão destinados, num futuro mais ou menos demorado, a se relacionarem mais estreitamente do que até aqui, a se freqüentarem e tratarem mais de perto, ainda intimamente, mediante o intercâmbio, não só comercial, e a mútua atividade econômica, mas espiritual e literária.

Creio mesmo que, como na Europa, o principal e mais eficiente fator de uma, ainda longínqua, mas certa, consciência continental americana serão menos os ruidosos e dispendiosos congressos políticos, antes fontes de rivalidades e competências nacionais que nascentes de uma sã cordialidade, do que o intercâmbio intelectual, o conhecimento que do espírito, da inteligência, do sentimento, do saber, iremos nós hispano-americanos tendo uns dos outros, a mesma vibração ou emoção de arte posta em nós pelas obras dos nossos irmãos do mesmo continente e, pode dizer-se, da mesma raça. A mais alta, a mais nobre função da obra de arte, e da obra literária com ela, é estabelecer uma comunhão de sentimento e pensamento que, ao menos enquanto dura a comoção por ela causada, cria uma união entre os homens. Repetir, prolongar, demorar, manter essa impressão e essa emoção, de modo a torná-la uma força ativa da unidade espiritual superior dos povos de civilização igual ou conjunta, é a obra, entre todas excelente, da literatura, como a expressão escrita e sincera e comovente do pensar e do sentir de um povo.

Assim não nos podem ser indiferentes ou despiciendas as letras hispano-americanas.

E o sr. Manoel Ugarte, distinto escritor argentino, crítico sabedor e arguto, espírito livre e independente, fez à confraternidade latino-americana um bom serviço coligindo esta antologia de prosadores e poetas hispano-americanos. E como o fez com notável discernimento, qualidade essencial em tal empenho, a sua coletânea, não obstante pequena, como ele próprio o declara em subtítulo, e não abranger senão a mais moderna, quase só a contemporânea, produção literária dos povos da América Latina, é uma contribuição, atendendo ao seu tomo, consideravelmente prestadia.

Há anos, a Academia espanhola fez publicar pelo seu ilustre sócio, o muito erudito sr. M. Menéndez y Pelayo, uma notabilíssima *Antologia de poetas hispano-americanos* (Madri, 1893, e seguintes, in-8º. gr.) cujos quatro ou cinco grossos tomos compreendem, precedidos de magníficos e bem-informados estudos críticos e históricos do sapiente editor, tudo o que de melhor deu a musa hispano-americana, no período colonial e ainda nos subseqüentes à independência, até aquela data, excluídos, por "uma razão evidentíssima de decoro literário", os vivos. O sr. Ugarte, procedendo de conta própria e não por mandato de uma Academia, que tem responsabilidades a respeitar, e querendo, propositadamente, informar da vida literária atual dos hispano-americanos, não tinha que atender àquela razão de decoro literário, justificadíssima no sr. Menéndez y Pelayo. O seu livro, embora pequeno e sem o trabalho de erudição do deste, completa, ao menos para o leitor comum, os grossos tomos daquela excelente *Antologia*.

Sem negar a continuidade histórica do desenvolvimento literário hispano-americano, antes explicitamente o reconhecendo à página XXXVI do seu prefácio, o sr. Ugarte assenta, primeiro, que a geração atual, de cuja obra se fez o vulgarizador neste livro, "está lançando na América do Sul idéias definitivas que se propagarão depois e acabarão por formar a consciência da região"; segundo, que "a aparição do simbolismo e do decadentismo é o acontecimento mais notável e de certo modo mais feliz da história literária da América do Sul", o que quer dizer que o sr. Ugarte de fato abre mão, não obstante aquela sua verificação, de todo o trabalho literário hispano-americano, antes do simbolismo e do decadentismo, como expressão das nacionalidades hispano-americanas. É evidente a contradição do crítico consigo mesmo, devida ao seu *parti pris* de modernismo e aos seus preconceitos de escola ou camaradagem literária. Ele explica assim os dois conceitos, que entendi pôr em evidência da sua crítica. "Um punhado de homens resolutos apoderou-se da vida e apronta-se a dar-lhe rumo. Surgiu uma juventude fundamentalmente emancipada e com personalidade, que entende não continuar o gesto dos antepassados, mas ensaiar o próprio". A aparição do simbolismo e do decadentismo "é o ponto que marca a nossa completa anexação intelectual à Europa. É a verdadeira origem da *nossa* literatura. E se podemos condenar-lhe os excessos, os preciosismos, as aberrações morais, ninguém lhe pode negar a eficácia transformadora, nem desconhecer-lhe a influência, sobre o desenvolvimemto posterior da intelectualidade do continente". E depois, num estilo em que lutam a sobriedade francesa com a intemperança espanhola, propícia ao seu afetado modernismo: "Essas escolas, cujas esquisitas rebuscas e cujas mórbidas delicadezas pareciam estar em contradição com o espírito do país, sacudiram o porvir dentro das almas, despertaram desejos e sensações novas, depuraram o gosto, afastando-o da vulgaridade que até então imperara, fizeram entrever sinuosidades e belezas de estilo e de expressão de que se não haviam suspeitado e abriram um campo vastíssimo à inquietação confusamente criadora que brotava como uma reação do ossário das revoluções".

Não tenho elementos próprios para contestar o que me parece haver de absoluto na asserção do sr. Ugarte de que o aparecimento do simbolismo e do decadentismo é a verdadeira origem da literatura hispano-americana contemporânea. Salvo se ele escrevendo *nuestra* literatura e grifando o possessivo quis indicar a literatura do grupo literário cujo arauto se fez. Ora, isto, a meu ver, seria diminuir a importância que evidentemente quer, com razão, tenha um movimento literário expressivo de uma evolução política, social e cultural da América Latina. E demais discorda do seu justo conceito da página citada do seu prefácio. "Seríamos injustos e ingratos com os nossos predecessores", diz ele aí, "se não reconhecêssemos que, se a nossa literatura de hoje pôde nascer, abrir caminho e impor-se, é porque eles nos prepararam o caminho e nos puseram no limiar de nossa vida consciente todas as suas conquistas realizadas e todas as armas que haviam conseguido forjar". E se confessa, com os seus companheiros, "descendentes deles por ordem cronológica e por filiação intelectual". Que importa que logo se verifiquem "separados de sua obra por outra evolução e por novos ideais?" Esta separação, na ordem espiritual como em qualquer outra da atividade humana, não só não prejudica a noção de progresso ou desenvolvimento, senão que faz parte dela, e é um dos elementos de toda evolução. O contrário chamar-se-ia revolução, se a revolução ao cabo não fosse apenas uma evolução precipitada e desordenada. Ora, não só a parte citada, mas todo o prefácio do sr. Ugarte é inspirado na doutrina do evolucionismo literário. Dando uma notícia, acaso por demais geral, das literaturas hispano-americanas, que ele, com razão considera como uma só, diz-lhes as origens, a influência espanhola, a influência francesa, outras influências, o influxo da época revolucionária sobre elas e os escritores da revolução, a ação da cultura posterior à independência, a imitação romântica e outras tendências, a influência simbolista e o estado atual dessas letras.

Tudo isso está direito, e não há necessidade de conhecermos muito daquelas literaturas para sabermos que nas diversas nações hispano-americanas as coisas deviam se passar assim. Assim passaram aqui no Brasil, onde as condições de raça, de cultura, de colonização, de formação social e política foram, com insignificantes diferenças, as mesmas. Por isso não creio, em que pese o sr. Ugarte, que fosse tão somenos, como do seu prefácio se poderia deduzir, o influxo do romantismo nessas literaturas incipientes, nem que fosse tão considerável, como ele afirma, a ação do simbolismo e do decadentismo nelas. Do mesmo modo não compreendo que veja um fato de autonomia na "nossa completa anexação intelectual à Europa". Sendo o mais largo, o mais profundo, o mais compreensivo movimento não só literário ou estético, mas intelectual do mundo moderno, o romantismo influenciou em toda ordem de fenômenos espirituais, ainda políticos e religiosos, toda a cultura européia, até a mais original e radicada. Não se entende que ele não tenha tido no pensamento ainda amorfo dos hispano-americanos a influência grande que teve em povos de espírito feito, e que teve, em grau incomparável, no Brasil.

Aqui, onde não é demais dizer existe uma literatura que pode rivalizar com as mais ricas da América espanhola, se não as excede, a literatura a que podemos, sem estreitar a compreensão do possessivo, chamar *nossa*, nasceu com o romantismo.

Teimo em dizer que não creio sucedesse diferentemente nas outras nações hispano-americanas. Se o sr. Menéndez y Pelayo, com a sua grande ciência das coisas literárias hispano-americanas, pôde notar a pouca influência do romantismo, ao menos na sua primitiva e nativa forma, no México, "país de enraizadas tradições clássicas, às quais por uma ou outra via volve sempre", não deixou de verificar o seu poderoso influxo, não obstante a sua inadaptação ao nosso meio naquela forma, nas demais nações hispano-americanas.

Da mesma coleta de jovens prosadores e poetas dessas nações feita pelo sr. Ugarte tiro eu conclusão contra o seu asserto da predominante influência do simbolismo na mais nova literatura hispano-americana. *A priori* me parece que um movimento de tão minguados efeitos em seus países de origem e de tão curta existência não poderia influenciar tão profundamente nações distantes, apenas civilizadas e cujo espírito, como o mesmo sr. Ugarte nota, parecia estar (e de fato está) em plena contradição com o dessas escolas. Com exceção de sr. Rubén Darío, que de hispano-americano apenas terá o sangue, o nome, o nascimento, mas que é de fato, como tantos outros dos "hispanos-americanos" transcritos pelo sr. Ugarte, um francês, um espanhol, se não de Paris, dos cenáculos do Quartier Latin, discípulo imediato e imitador complacente de uns poetas que escandalizaram o burguês por pouco tempo e logo desapareceram, sem deixar nenhuma obra destinada a viver, não vejo nesta antologia demonstração do asserto do estimável escritor argentino. É que não foram o simbolismo e o decadentismo, coisas amorfas e incaracterísticas, que emanciparam os poucos escritores americanos, senão o vasto e muito mais profundo movimento espiritual, de libertação dos espíritos na ordem literária, na ordem científica e na ordem social, que se fazia na Europa, na França, principal mestra dos hispano-americanos, desde que o romantismo passou de sentimental e religioso, como foi com Chateaubriand, a humano e revolucionário que foi com Hugo, Quinet, Michelet, e por fim realista e científico, positivista com Comte, Taine, Renan e, em pura literatura, os naturalistas. Porque em todas estas escolas e tendências, salvo no positivismo comtista, havia o princípio essencial do romantismo, o individualismo, com o seu natural corolário, a emancipação das formas artísticas. Simbolismo e decadentismo não foram senão a aberração do mesmo movimemto, e foi sem dúvida este, e não esse desvio, em toda a parte infecundo, que determinou a evolução literária assinalada pelo sr. Ugarte.

Segundo ele, e neste ponto estou que acerta plenamente, são quatro as características das literaturas hispano-americanas no seu estado atual: aperfeiçoamento do estilo, interesse pelas lutas sociais, orientação para a literatura normal e regionalismo inteligente. Eu gostava de poder trasladar para aqui os desenvolvimentos, cheios de inteligência e de bom espírito crítico, de que acompanha cada um destes conceitos o sr. Ugarte e com que os explica e defende. Tenho, porém, de limitar-me na minha exposição. "A terceira das grandes características [e escolho esta por me parecer particularmente interessante] é o culto dos grandes autores, substituído à admiração dos incompletos e dos gorados". E explica, entre parênteses: "(Durante largo tempo a juventude sul-americana, à imitação da francesa, foi hostil a todos os talentos vigorosos que se apoderaram do grande público realizando uma obra vasta e dominadora. Os únicos que mereciam a sua atenção e os seus elogios eram os miniaturistas, os unilaterais, os esquisitos que, para quiçá esconderem a sua falta de concepção geral, refugiavam-se em raridades e em detalhes. O amplo gesto que entra a haver a literatura hispano-americana e o vigor normal que anuncia a sua robustez crescente marcam o fim dos diletantismos e a madureza de uma força que se possui a si mesma e começa a esculpir no mármore.)"

A quarta das características verificadas pelo sr. Ugarte na atual literatura hispano-americana "é a tendência a utilizar como elemento da arte *européia* [é dele o itálico] os assuntos nacionais".

Não precisa, talvez, esforço para compreendermos este conceito e pode-se sem dificuldade descobrir-lhe a justeza do pensamento íntimo, de que a arte americana há de ser ainda condicionada pela arte européia, qual a criaram e fizeram os pais do nosso espírito. Mas na explicação desenvolvida dele, o sr. Ugarte, mostrando o fundo do ideal social que inspira a sua crítica, ideal que segundo ele também impulsionou a jovem literatura da qual é propagandista, divaga mais do que costuma e o assunto pedia. Mas a página é bela e merece ser toda citada; servirá também para exemplificar o estilo dos modernos prosadores hispano-americanos, dos quais o distinto escritor argentino será sem dúvida um dos melhores:

"Muitos escritores sonham em unir ao espírito das diversas peculiaridades modernistas algo dessa estranha e melancólica modalidade de expressão que surge do silêncio de nossas imensas planícies e do rolar espumoso da nossa vida heterogênea. A meu juízo, em arte não cabem nações, senão temperamentos. Sou inimigo das literaturas estreitamente locais, porque os homens de hoje se saúdam por cima das fronteiras e a arte é universal e eterna. Todos os assuntos, porém, nela cabem. E não há razão para que, tendo ao nosso alcance veios inexplorados, perspectivas inexprimidas e caracteres novos, vamos sistematicamente buscar os personagens, nossas paixões e nossos panoramas fora do país, deixando sem voz toda a torrente de vida e de natureza que ferve em torno de nós. O poeta sente-se atraído pelas grandes extensões do pampa, de onde o sol pende da linha do horizonte como uma lanterna rubra, onde o galope do cavalo desperta sombras na planície e onde, enquanto a noite avança como um espectro do desconhecido, parece surgir a voz das raças exterminadas em nome da civilização. A natureza chora melhor que os olhos e uma paisagem faz sofrer mais que uma dor pessoal, porque esta representa um sofrimento limitado e aquela uma angústia infinita. Por isso inspiram os silêncios do pampa uma sensação nova, que os escritores ainda não traduziram completamente. E por isso esse estremecimento da paisagem, assim como costumes típicos e tudo o que há de impressionador na alma e na fisionomia da região, merecem o comentário dos poetas que, sem renunciar à arte universal e sem cair em localismos estreitos, estão tratando de incorporar à literatura comum as modalidades, o ambiente e os tipos de sua terra".

Cito com tanto mais prazer (satisfação que, espero, me não levarão a mal) esta formosa página, quanto foi isto que, essencialmente, eu disse ao insurgir-me contra o critério nacionalista exclusivo na nossa literatura.

Chamando ao período literário (composto necessariamente de outros períodos) que precedeu o atual de período de "imitação direta", chama o sr. Ugarte a este de período de "imitação aplicada", querendo sem dúvida dizer que neste se acentuaram as qualidades que podem dar a uma literatura, forçosamente vassala, pela língua, daquela da qual procede, como a hispano-americana da espanhola, a nossa da portuguesa, tal ou qual autonomia compatível com essa vassalagem. O seu pensamento se explica e esclarece mais adiante neste passo: "Ao conquistar o nosso direito de entrar no concerto das nações ilustradas e de fundir-nos na humanidade pensante, podemos dizer que nos fizemos com a pena uma bandeira. Outros forjaram a nacionalidade geográfica, outros deram-nos nossos limites, outros prestaram forma material ao confuso anelo de viver que trabalhava as antigas colônias; mas a verdadeira pátria moral, a verdadeira mentalidade ativa, a que amalgama, a que se difunde, a que concilia as vontades, essa a criamos nós. Com a matéria-prima do saber, recebida da Europa, conseguimos fabricar produtos que trazem o nosso selo, que situam um país, que revêem uma alma nova. Em uma geração floresceu uma história, e a seiva contida, que trabalhou na obscuridade durante um século, veio rebentar e abrir os seus brotos do porvir no torrão atormentado. Do fervedouro confuso da gestação desprendeu-se a vida triunfante. As incertezas juvenis trocaram-se em passo seguro. O clamor converteu-se em voz. E ninguém pode duvidar que nasceu um país e que vencemos os três obstáculos capitais: ter uma terra livre, uma sociedade organizada e uma intelectualidade ativa".

É belo de arrojo, de coragem juvenil, de cândida e robusta fé de moços, de um galhardo sentimento de força. Se tudo isso corresponde de fato a alguma coisa real, sincera, honesta, e não for apenas a petulância impertinente, a que chamamos espanholada, só este sentimento de bizarra confiança bastará para realizá-lo.

Não se pode julgar um escritor, prosador ou poeta por uma só página, assim não é possível julgar de uma literatura por páginas dispersas dos seus escritores. Nem por isso perdem as antologias toda a sua utilidade e interesse.

Se compiladas com critério são lidas com atenção, por estudo e não só por desfastio, sempre podemos tirar delas alguma noção da literatura cuja flor são. Está naquele caso, já o disse, esta antologia do sr. Ugarte.

A primeira noção, que a simples nomenclatura dos autores que transcreveu nos dá das letras hispano-americanas, é que, quase sem jamais exceder os limites das boas letras, é já considerável na América Latina o número dos que a cultivam. Dei-me ao trabalho de contá-los. São, salvo erro, 106, dos quais 30 pertencem à Argentina, 27 ao Chile, 12 à Venezuela, 10 ao Uruguai, sete ao México, quatro à Colômbia, três à Costa Rica, três a Cuba, dois às Filipinas (?), dois à Nicarágua, dois ao Peru, dois a S. Domingos, um à Guatemala e um a S. Salvador. Essa repartição não me parece corresponder à realidade do fato literário, e admira-me, por exemplo, que o México, o país da mais antiga tradição literária da América, e um dos mais populosos e ainda adiantados dela, fique inferior ao Uruguai ou à Venezuela. Não vejo figurar entre os escritores mexicanos nenhuma página de Federico Gamboa, certamente um dos bons escritores da América espanhola e que, ao menos pela sua literatura, não é um "velho". Também não encontro entre os uruguaios a Carlos Reyles, que esse é a todos os respeitos um "novo" e dos melhores, sem dúvida, da jovem literatura hispano-americana. Não faço, porém, destas lacunas e deficiências, que, não obstante a minha ignorância, me não seria difícil mostrar no seu livro, capítulo de acusação contra o sr. Ugarte. Ainda com elas o seu livro é bom e prestadio, e deu-lhe evidentemente mais trabalho que algumas antologias que conhecemos, onde só colaboraram a tesoura e a cola. Sei que trabalhos destes, parecendo somenos, são difíceis de fazer sem que neles escapem algumas falhas e senões.

Os trechos escolhidos pelo sr. Ugarte, além de versos, são de contos, pequenas novelas, fantasias, crítica, história, crônica. Com uma ou outra exceção, em que de fato se sente a influência do simbolismo ou do decadentismo, a maioria dessas páginas revela, com os influxos já ditos do pensamento livre senão do livre pensamento europeu, e das teorias mais ou menos revolucionárias dele derivadas, a ação imediata do romantismo, que sobrevive na América, e do naturalismo, que nos países hispano-americanos, como no Brasil, se demora e procrastina. A ficção essa é toda ou quase toda na nota e tom do naturalismo francês. Num ou noutro, como Martin C. Aldao, da Argentina, Antonio R. Álvarez, da Venezuela, Ricardo Fernandez Guardia, da Costa Rica, Frederico Gana y Gana, do Chile, à velha melodia francesa se junta o descante pátrio, dando-lhe um falso ar de originalidade. Mas há evidentemente, como nota o sr. Ugarte, mais sobriedade, maior força e maior capacidade de expressão. Na poesia dominam o parnasianismo, em suas várias feições, e ainda, porém menos, o simbolismo, quase sempre de mera cópia, sem inspiração própria, como aqui. O velho Hugo não foi de todo apeado do seu antigo prestígio. Um poema do poeta argentino Leopoldo Lugones (que, parece, é ali um dos de mais fama), *La voz contra la roca*, realmente bonito, é puro Hugo... da América.

Como quer que seja, *A jovem literatura hispano-americana* não deixará, ainda aos que não tenham os entusiasmos continentais do colecionador desta antologia, uma impressão de desalento e desestima. Ao contrário, há nela a revelação, se não de talento pessoal, original e forte, de muita capacidade de assimilação inteligente e fecunda. Com a cultura que há de vir, a fé e a vontade que já há, aquela capacidade e o tempo, é possível fazer uma literatura, deveras notável e até porventura grande.

A NOVA ALEMANHA

La Fondation de l'Empire allemand
(1852-1871), por Ernest Denis, Paris,
Armand Colin, 1906, in-8º gr., VIII-528 págs.

Em novembro de 1847, Radowitz, segundo o sr. Ernest Denis, "político medíocre, mas observador inteligente", escrevia ao rei da Prússia, ao depois o sandeu Frederico Guilherme IV: "Todas as almas estão doentes da nostalgia de uma Alemanha mais unida, poderosa e honrada no exterior; é o pensamento mais popular e mais forte, o único que domina os partidos e ao qual se subordinam todas as diferenças de região, de política e de religião".

No momento da Revolução Francesa ainda a Alemanha, que Mme. de Staël iria pouco depois revelar à Europa, se dividia em 300 ou 400 estados. Napoleão, sem perceber que a sua obra na Alemanha não fazia senão preparar à França a sua mais temível rival, reduziu de muito esse número, e, com vexar brutalmente a nação prussiana e a mesma nação alemã, se de nação alemã se pode então falar, despertou, com o ódio, o sentimento nacional, a que devia fornecer o primeiro núcleo de formação com a sua Confederação do Reno. E assim o detestável déspota acontece ser, inconscientemente, um dos primeiros fatores da hegemonia da Prússia e da unidade alemã. Tanto é certo que os chamados grandes homens, quando não são apenas o joguete das circunstâncias, como sói de comum acontecer, trabalham sempre ao invés das suas intenções e propósitos, que aliás as mais das vezes não têm.

O Congresso de Viena foi para a Alemanha "uma amarga desilusão" mas, como em geral as desilusões, utilíssima. Dela, derivaram os sentimentos, estímulos e apetites que deviam gerar a rivalidade da Prússia e da Áustria e por ela o forte desejo, a vontade irresistível da unidade. Como vimos da asserção formal de Radowitz ao triste sucessor de Frederico II, a unidade era em 1847, na véspera da Revolução de 1848, o pensamento dominante da Alemanha, e nesse momento já a Prússia tinha a consciência de que lhe cabia ser o agente principal da realização de tal pensamento.

Como ele se realizou, desde os antecedentes que mais imediatamente o criaram, é o que nos conta num livro muito estudado e facilmente escrito, num livro cuja principal qualidade é talvez a inteligência penetrante, arguta, completa, das coisas, dos homens, dos acontecimentos, um novo historiador francês, o sr. Ernest Denis, professor de história contemporânea na Universidade de Paris, e, se não nos engana este seu segundo livro, destinado a ser em França um dos mestres da história. É sempre difícil para um francês, não obstante a proverbial largueza e compreensão do espírito nacional, escrever da Alemanha; mais difícil é escrever da unidade alemã realizada afinal à custa da França. Mas dessa empresa saiu-se o sr. Denis, não obstante o seu inteligente desprezo da história pretendida científica, ou talvez por isso mesmo, excelentemente. O seu livro é em todo o rigor do termo um livro sério, imparcial, discreto, um livro de saber, de consciência e de arte. E como a unidade alemã, a formação do império alemão, que a realizou nos únicos termos em que ela podia ser realizada, é, com a constituição da Itália unida, um dos fatos capitais da história moderna, o livro tira do seu mesmo objeto um extraordinário interesse.

Para se não deixar desvairar pelos preconceitos nacionais que, tantas vezes, ainda malgrado nosso, influem e perturbam os nossos juízos, o novo historiador francês começa por assentar que "a unidade germânica era uma necessidade, porque era impossível que uma nação dotada de tão eminentes qualidades e que tais serviços prestara à humanidade se contentasse eternamente do papel humilde e dependente que diplomatas demasiado espertos lhe deram em 1815. Esta unidade ao demais não podia ser feita nem pela Áustria, quase nada alemã, nem pelos príncipes do Sul ou do Centro, gastos e como que envelhecidos pelas condições ridículas em que exerciam sua desleixada atividade. Por um instinto unânime, todos aqueles aos quais o fracionamento prejudicava os interesses ou ofendia o legítimo orgulho voltavam os olhos e as mãos para os Hohenzollerns".

O sr. Denis — o que mo torna particularmente simpático — não pertence à escola dos que resumem a história à biografia dos chamados grandes homens ou heróis. "As biografias", diz ele com razão, pensando nas que se têm feito de Bismarck para o dar como o autor da unidade alemã, "têm um inconveniente capital: exageram a ação dos *heróis* sobre a evolução do mundo, reduzem o destino da humanidade a uma série de acidentes. Eu não creio nos acidentes e quase não creio nos heróis; quero dizer que os acidentes não têm importância se não são a conclusão e sanção de um longo desenvolvimento ulterior, e que os heróis não aparecem e não exercem ação real senão quando as condições gerais os preparam e sustentam". E exemplifica: "Não me figuro bem um Cromwell em França ou um Napoleão I na Inglaterra".

"De 1850 a 1870, o que nos impressiona não é a violência das ambições prussianas, é a inanidade das resistências que elas levantam, a ausência de convicção com que os inimigos mais ardentes de Bismarck o combatem. A Alemanha não quer senão capitular. No seu sonho agitado a Valquíria reclama o seu Siegfried. O mérito de Bismarck foi compreender as condições favoráveis que as circunstâncias ofereciam aos seus desígnios. Abriu velas ao vento. Isso basta à sua glória. Deixou levar-se pela onda. Não que a sua ação fosse nula ou sequer indiferente, mas ele tinha por si o passado e o povo; nada teria feito se não houvera tido por colaboradores — não menos que Moltke e Roon — Hegel e Delbrück, quero dizer as universidades e a burguesia capitalista, a Alemanha que trabalha no gabinete ou no balcão". A Alemanha é, talvez mais que nenhum outro na Europa, e ainda hoje, apesar da extinção histórica e da abolição legal de feudalismo, um país essencialmente conservador, autoritário e, ao menos até 1848, também feudal. Afeiçoada pela férrea disciplina militar do Grande Eleitor e dos seus sucessores imediatos, os duros reis soldados dessa dura raça de Hohenzollern, a Prússia, nação quartel, se jamais a houve que merecesse este nome, tingia toda a Alemanha, ainda em antes de absorvê-la, das suas mesmas cores, de autoridade e disciplina. Profundamente ofendida pela brutalidade de Napoleão e seus franceses, não admira que a Alemanha, que, com o seu Goethe, os recebera como a evangelizadores de um novo e generoso pensamento político e humanitário, se visse levada a reagir às violências e insultos do déspota e seus soldados. E a reação foi contra essa Revolução e suas idéias, de primeiro tão bem aceitas, e de que aqueles eram os filhos espúrios e indignos.

Um momento, o vento de 1848, que soprando desde Paris revolucionou toda a Europa Central, inclusive Berlim e a Prússia, repetindo aí cenas da história francesa, pareceu arrastar a Prússia e a Alemanha na evolução democrática. Mas o seu sentimento de autoridade e disciplina, ajudado da reação anti-revolucionária do segundo quartel do século, não só estorvou esse movimento mas impeliu-as para trás, e desde os anos de 50 a Alemanha entra em franca e bruta reação.

Na Alemanha, é um fato que deixa bem patente o novo historiador da *Fundação do império alemão*, todos os grandes movimentos nacionais modernos tiveram atrás de si uma plêiade dos que chamamos hoje de intelectuais. Nessa terra de erudição e de estudo nunca faltaram às diferentes correntes de opinião e aos que as representavam e dirigiam propagandistas, reclamistas, oráculos ou apóstolos. Quer o despotismo, quer o liberalismo os tiveram, e o jornalismo, as universidades, a imprensa, o teatro foram alternadamente órgãos das diversas tendências, políticas ou sociais, que desde o século XVIII se disputaram o predomínio da opinião pública na Alemanha. Não será exagerado dizer que nenhum grande nome das letras, das ciências, da filosofia, do saber e ainda da arte alemã, nenhum fica estranho à sua história, ao menos ao pensamento determinante da sua evolução política.

Assim a reação que se fez sob Frederico Guilherme IV, rei da Prússia, teve seus doutrinários, do qual o mais notável foi Stahl, judeu convertido ao protestantismo, autor da *Filosofia do direito do ponto de vista da história*, o "teórico incontestado da extrema direita". Nesse triste período da história alemã foram negadas, combatidas, abolidas as modestas aquisições do liberalismo e do regime moderno, suprimidas as liberdades essenciais e necessárias, perseguidos os liberais e democratas por mais anódinas que fossem as suas opiniões, e alguns casos que dele nos conta o sr. Denis se parecem extremamente com os que sucedem nas nossas atuais oligarquias estaduais brasileiras, menos a ladroagem que floresce nestas e da qual, como verifica o historiador francês, se não pode acusar os diversos despotismos alemães daquela desgraçada época. Em Berlim reinava a coligação de espíritos reacionários, burocráticos, afidalgados, partidários do antigo regime e adversários da Revolução e de qualquer forma de governo representativo, a qual, aproveitando da fraqueza do rei e dominando-o, governava por ele. É o que se chamou, à espanhola, de *camarilla*, cujo órgão na imprensa era a *Nova Gazeta Prussiana*, depois ainda mais famosa sob o nome de *Gazeta da Cruz*, em que assiduamente colaborava o futuro príncipe, então apenas um fidalgote, ousado, ambicioso e inteligente, de Bismarck. O forte apoio desta situação era a admirável (admirável do ponto de vista que a organizou) burocracia alemã, esse funcionalismo público constituído, a igual do exército, como uma arma política, pelos primeiros Hohenzollerns, e que acabara por afeiçoar a Prússia, não em um Estado democrático, como pretendia Gervinus, mas num Estado burocrático. Mas, curioso fenômeno!, esta mesma época viu surgir na Alemanha a plêiade única dos seus grandes sabedores, eruditos, historiadores: Ranke, Alexander von Humboldt, Karl Ritter, o criador da geografia moderna, Reaumont, Bunsen, Dummler, Giesebrecht, Waitz, Curtius, Droysen, Mommsen.

Mas enfim essa falsa situação, criada pela burocracia rotineira, pela fidalguia inchada de preconceitos, por ambiciosos políticos e por intelectuais cúpidos e venais, não podia durar muito. "A política ao mesmo tempo hesitante e brutal de ministros tapados e de fidalgotes místicos acabara por reunir no país um grande partido de oposição; o cansaço chegara ao nojo". Essa oposição compreendeu, porém, a inutilidade dos meios revolucionários, já demonstrada em 48, e que, não sendo possível suprimir as dinastias que apesar de suas faltas e negligências conservavam sólidas simpatias, limitou as suas exigências ao possível, e por esse mínimo lutou. O resultado dessa luta foi a derrota dos *junkers* ou fidalgotes, que eivados do carolismo luterano e de preconceitos feudais quiseram fazer voltar a Alemanha à Idade Média. Desta derrota, porém, escapou um destes *junkers* que, "menos rotineiro que os outros, soube cortar do seu programa o que era absolutamente incompatível com o espírito do tempo, e compreendeu que o único meio de dominar os povos é oferecer-lhes as satisfações que cobiçam. Ele achou para sustentá-lo, a par da conivência dos interesses, a cumplicidade dos espíritos que uma lenta evolução igualmente afastava do misticismo revolucionário e das tradições da Idade Média".

Não precisa dizer que este homem, este fidalgote, reacionário mas inteligente, e sobretudo desabusado, era Bismarck.

O efeito mais certo da revolução de 1848 foi a decadência da Áustria no sistema alemão. E foi na Dieta da Federação reunida em Frankfurt que se deram os primeiros combates da luta que, começada então, ou ainda antes, devia terminar dezesseis anos depois em Sadowa.

Cumpre notar que a ação de Bismarck aí, ação consciente, intencional, premeditada, o que não é vulgar nos homens de Estado que raro são mais do que agentes inconscientes das forças sociais, fora previamente preparada pelo "movimento intelectual de 1850", feito principalmente na Prússia, ou sob os seus auspícios ou em proveito seu. E depois de historiar este movimento, pintando com pinceladas magistrais os Anettes, Hülshoff, os Redwitz, os Feuerbachs, os Geibels, os Schopenhauers, os Storms, os Freytags, os Mommsens e os Sybels, poetas, romancistas, pensadores, dramatistas, eruditos, historiadores que expressa ou implicitamente levantaram o espírito nacional alemão e o dirigiram para a mirada unidade, conclui o historiador: "Os escritores e os sabedores tinham tornado possível a unidade germânica; o gênio de Bismarck fez desta possibilidade uma realidade".

É muito sabido, principalmente depois das publicações das memórias e papéis íntimos do Chanceler, e da copiosa literatura a que tais publicações deram lugar, como ele a realizou. O sr. Ernest Denis tem, porém, o mérito, não insignificante, de não se ter deixado ofuscar pela glória do grande homem, nem impressionar demasiado pelo vulto que lhe deram os seus menos avisados panegiristas. Evitando o erro fatal da heroilatria, ele o vê a uma luz mais verdadeira e mais exata, sem que entretanto o faça perder em relevo e vigor. O retrato dele no seu livro é admirável de interpretação psicológica e histórica e, creio também, de parecença. É longo demais para reproduzir aqui e eu não quereria prejudicá-lo, cortando-lhe um só traço. Teria preferido que o historiador, que é um escritor, no-lo houvesse resumido em alguns poucos rasgos da sua pena inteligente e sutil, dando-nos numa pequena água-forte o transunto da sua grande tela. Mas talvez isso lhe fosse mais difícil, e é preciso convir que o sr. Ernest Denis não tem ainda a ciência rara de resumir com intensidade. São disso exemplo iguais retratos de Napoleão III e Guilherme I.

De 1850 a 1864, Bismarck, com os seus auxiliares diretos e indiretos, preparara, com admirável seqüência e constância e jamais desmentida atividade, a crise que, começada no conflito dos ducados de Schleswig e Holstein, continuada na ruptura com a Áustria, de onde saiu Sadowa, resultou auspiciosa e benéfica, como ele queria, na guerra com a França, em 1870.

Estes acontecimentos, os dois últimos, sobretudo, notadamente o último, dão a Bismarck toda a sua significação histórica, se não como o autor, como um dos autores da unidade alemã. Desde 1856, durante o Congresso reunido em Paris após a guerra da Criméia, ele traçava com mão firme, numa memória célebre, o "esplêndido relatório", aquilo que devia ser o programa da sua obra imensa. Vencida e expulsa da Federação a Áustria, em 1866, garantida assim a preponderância da Prússia, faltava rematar essa obra pela formação de um corpo político que fosse o órgão da unidade sonhada, e que desse à Alemanha uma personalidade real.

Contra este pensamento se elevava ainda forte o particularismo germânico, o interesse, o amor-próprio, o egoísmo dos diferentes Estados em que ela se dividia. Entretanto, preparado o instrumento desde as origens da Prússia, o principal do seu crescimento e poderio, o exército que vencera nos ducados e em Sadowa, elevado ao sumo da perfeição pelos Moltkes e Roons, vencidas as veleidades democráticas e parlamentares internas, restava ainda convencer os outros Estados alemães a acompanharem-na na empresa final, de onde devia sair o predomínio incontestado e soberano da Prússia.

Mais uma vez viu-se a importância decisiva do fator econômico na história. À crise de 1850 seguiu-se um verdadeiro renascimento econômico da Alemanha, o qual não data, como se crê geralmente, da guerra de 70 para cá, mas a precedeu e até a facilitou. À antiga sociedade alemã, à antiga Alemanha quase exclusivamente rural, de comércio insignificante, que importava pouco mais que matérias-primas, "substitui-se bruscamente uma vida de atividade intensa, de ambições apressadas e atrevidas, de mudanças rápidas, de combinações longínquas e complexas". Seria como o primeiro sintoma do despertar, ao impulso dos acontecimentos, entre eles as novas tendências espirituais, da nação numa consciência mais segura de si. A conseqüência imediata desta evolução economica foi, estendendo o horizonte, enfraquecer o particularismo local, e substituir-lhe um patriotismo mais largo.

A Prússia então já tinha um Parlamento, e este em fins de 1862 rejeitou os créditos militares pedidos pelo governo, o que obrigou o ministério a demitir-se. Foi dessa crise que Bismarck saiu ministro, quando o rei hesitava e pensava abdicar diante da recusa de todos os seus conselheiros em aceitarem o poder. Bismarck não só o aceitou mas, pondo-se inteiramente nos sentimentos do rei, ainda antes de saber como os havia de realizar, levantou o espírito do monarca e fê-lo abandonar o seu propósito de abdicação. E por este ato de verdadeira audácia, dominando o velho príncipe com sua inteligência e *virtù*, como diria um italiano da Renascença, o grande realista aparece desde então em cena, a toda a luz da rampa, como ministro.

Apesar do seu papel na Dieta de Frankfurt, não viam os liberais alemães e o público "neste fidalgote barulhento e extravagante senão um servidor pronto a tudo da reação feudal". Bismarck, porém, não era homem de antes quebrar que torcer, e sem sacrifício nem das suas ambições, nem dos seus propósitos, ele torceu toda a sua vida, sempre que achou isso necessário à realização daqueles.

Não faltaram na Europa, ainda em França, espíritos avisados para verem que, batida e humilhada a Áustria, e dado o programa conhecido da Prússia, não tardaria a vez de um conflito com o inimigo hereditário, cuja derrota era uma condição da grandeza da Prússia. Só o não viam Napoleão III e a sua camarilha.

Não que Bismarck tivesse já o plano feito de lançar a Alemanha, isto é, a Prússia, onde depois de 1866 o seu prestígio e força eram incontrastáveis, contra a França, e desfazer violentamente os fatos dos tratados de Westfália. Ao contrário, houve um momento em que ele pensou que Napoleão III poderia ajudá-lo no seu propósito de engrandecimento da Prússia, sua principal ambição de estadista, e portanto da unidade alemã, que dela devia decorrer. Nesta combinação aliás se acharia isolado, pois de 1815 a 1870, verifica o sr. Denis, o ódio à França era universal na Alemanha, e o historiador francês compreende as razões desse sentimento.

Bismarck, porém, justamente o contrário de um sentimental, teria prosseguido no seu pensamento, se não fosse a incapacidade do governo de Napoleão.

O procedimento deste nas questões de interesse da Prússia na Alemanha, hesitante, incerto, incongruente, sem utilidade para a França, acabou por alienar-lhe a Prússia e os Estados alemães, já ganhos por esta, e com ela o mais eficiente diretor de sua política. O movimento, o levante, poderia dizer-se, da opinião alemã contra a França principalmente determinou Bismarck. "Então viu no fundo da alma de seu povo; pensou que, se a amizade de Napoleão lhe fora útil, a sua hostilidade lhe podia prestar serviços ainda mais eminentes, e que o melhor cimento da unidade nacional seria o sangue derramado numa cruzada com o inimigo hereditário".

Assim determinado, apenas faltava acertar com um pretexto. Este forneceu-lhe imbecilmente aquele desgraçado governo fazendo com que a história, não obstante verificar mais uma vez, pela pena autorizada deste novo historiador francês, que de fato a guerra tremenda de 1870-71, entre a Alemanha e a França, foi longa e pacientemente premeditada e preparada por aquela, seja obrigada a reconhecer que foi declarada e feita por esta.

A causa ou melhor pretexto todo o mundo sabe: a candidatura do príncipe Leopoldo de Hohenzollern ao trono da Espanha, donde lho ofereceram. Napoleão III, a sua camarilha, a nefasta mulher a quem ele ligara a sua sorte e a da França, não se contentando com a desistência daquele candidato, pretendeu insensatamente que o rei da Prússia, chefe da casa de Hohenzollern, nesta qualidade se comprometesse com a França, de que nunca jamais aquele seu dependente ou outro qualquer aceitaria o trono de Espanha, então numa espécie de almoeda.

O governo e a diplomacia francesa acumulam erros sobre erros, e Bismarck explora, ou, mais justamente, aproveita com perversa, mas grande habilidade, as suas *gaffes*, consideravelmente avultadas pela atitude da imprensa e do povo francês, ruidosamente hostil à Alemanha.

É um drama pungente e empolgante o que se passa naquele momento. Bismarck maneja com uma habilidade de intrigante superior os fios daquela trama. Um momento, com o telegrama do rei da Prússia a Napoleão, telegrama cortês e apto para pôr termo à crise, a guerra pareceu fugir-lhe. É preciso não esquecer que a candidatura de príncipe de Hohenzollern era por muito obra de Bismarck, e não precisava ser ele para saber que a França não a suportaria. À decepção do telegrama do seu rei, Bismarck estoura em recriminações. "De quem a culpa?", inquiria-se ele, e respondia brutal: "Do velho senhor [o rei Guilherme], que não queria com 76 anos arriscar os lauréis. E demais Augusta [a rainha de quem Bismarck foi sempre inimigo e que acusava de simpatias francesas] haveria chorado; e o patrão tem medo das cenas; mas então por que quer fazer tudo sozinho? Pois bem, que trate de tudo; procure um outro ministro que lhe endosse as asneiras!" Um dos rasgos de caráter de Bismarck, qual o mostra em mais de um passo o historiador, é essa exaltação e brutalidade, muitas vezes a frio, como um recurso diplomático ou político. Como que que seja, ele enganou, o grandíssimo burlão, os próprios historiadores, "que acabaram por crer que a 12 [de julho de 1870] a paz estava garantida e que a guerra saíra exclusivamente do despacho do Chanceler, a 13".

Este telegrama ou despacho famoso, de um personagem do séquito real em Ems, que alarmou a França e decidiu da guerra, fez derramar muita tinta, depois de ter feito derramar muito sangue. Deste telegrama, escreve o sr. Denis que, "como enumera muito exatamente os fatos, dele resulta claramente que sobre o ponto essencial a França obteve satisfação: o rei decidiu 'não receber mais o conde de Benedetti" [o embaixador francês] mas apenas comunicar-lhe pelo seu ajudante-de-campo que Sua Majestade recebeu agora do príncipe [Leopoldo] a confirmação da notícia que Benedetti recebera de Paris, e que ele nada mais tinha a dizer-lhe".

A primeira leitura deste despacho que arranjaria tudo consterna Bismarck, lê-o e relê-o, e "sua atenção detém-se no último parágrafo: Sua Majestade confia em V. Ex.ª para saber se não conviria comunicar aos nossos embaixadores e à imprensa as novas exigências de Benedetti e a recusa do rei". O próprio Guilherme lhe oferecia, pois, o meio de denunciar os reservados pensamentos belicosos da França e puni-la de suas arrogâncias. O chanceler pergunta uma última vez a Moltke se o exército está pronto, e o general afirma-lhe que nunca serão as condições mais favoráveis. Está pessoalmente convencido de que cada novo adiamento serviria aos particularistas e que "o melhor meio de nivelar o abismo que a história cavou entre o Norte e o Sul é uma guerra nacional, comum, contra o vizinho que ameaça a Alemanha há séculos". Em alguns minutos, Bismarck abrevia o telegrama, dá à recusa do rei de recomeçar os colóquios uma forma mais seca e mais altiva, suprime as explicações que lhe tiravam todo caráter injurioso, e lê a Moltke e a Roon o documento celebrizado com o nome de telegrama de Ems: "Depois que a notícia da renúncia do príncipe de Hohenzollern foi oficialmente comunicada ao governo francês pelo governo espanhol, o embaixador francês apresentou a S. M. o rei, em Ems, a notificação de o autorizar a telegrafar para Paris que Sua Majestade se obrigava a não mais consentir de futuro na candidatura dos Hohenzollerns. Sobre isto recusou Sua Majestade receber novamente o embaixador francês e lhe mandou dizer pelo seu ajudante-de-campo de serviço que nada mais tinha a comunicar-lhe".

Foi a esta redação que se chamou a falsificação de Bismarck. E como ele mesmo, com a sua desfaçatez de grande homem e para melhor armar à popularidade, se gabasse de haver modificado a redação do despacho a fim de tornar a guerra inevitável, os socialistas alemães o acusaram de haver falsificado aquele telegrama, e a imprensa francesa repetiu à saciedade a acusação. O primeiro historiador francês que contestou a falsificação que o próprio Bismarck se atribuiu foi, se não erro, o sr. Charles Seignobos, na primeira edição do seu livro *Histoire politique de l'Europe contemporaine*.

O sr. Ernest Denis também não acha exato o termo de falsificação. Pensa até que o resumo de Bismarck não só "não era inexato mas que ele estava no seu papel apresentando os acontecimentos à luz que lhe parecia mais vantajosa à sua política".

É talvez levar demasiado longe o realismo e o objetivismo em história, quando é evidente e confessado, e reconhecido pelo historiador, que quando Bismarck suprimiu no despacho as explicações que lhe tiravam "todo caráter injurioso" o fazia de má-fé. Não pode ser um grande estadista quem não for também um psicólogo. Que

Bismarck o era, bastava aquela frase final da sua versão para o mostrar: "Sua Majestade recusou receber novamente o embaixador francês e mandou dizer-lhe que nada mais tinha a comunicar-lhe".

Esta frase foi evidentemente calculada para levantar em Paris o alvoroço que levantou. Mas não é verdade que os fins justificam os meios?

LETRAS ARGENTINAS

Stella, por Cesar Duayen, Biblioteca de *La Nación*,
Buenos Aires, 1905, in-16 (?), 329 págs.
Mecha Iturbe, pelo mesmo, Buenos Aires, Maucci
Hermanos, editores, 1906, in-16, 536 págs.
Alma nativa, por Martiniano Leguizamon, B. Aires,
Arnoldo Moen y Hermano, ed., 1906, in-16, 261 págs.
Anales de la Biblioteca, por P. Groussac, Buenos Aires,
1905, tomo IV, in-8°, 498 págs.

À falta de uma história sistemática, que não conheço, das letras argentinas, creio são ainda os excelentes livros do malogrado García Merou, amador esclarecido da literatura e da cultura americana, *Recuerdos literarios* (Buenos Aires, 1891), *Confidencias literarias* (1894), *Ensayo sobre Echeverría* (1894), além do seu *Juan Bautista Alberdi* (1890), e outros semelhantes escritos, o melhor guia para termos uma idéia da vida espiritual argentina, particularmente da sua feição literária, na segunda metade do século XIX, que é também o período dela que mais nos pode interessar.

Quem lendo esses livros, realmente estimáveis, feitos com amor e sentimento do assunto, não der às suas apreciações intencionalmente benévolas, pois miram à recomendação e propaganda de coisas pátrias, o desconto necessário, talvez seja levado a exagerar o seu valor e crê-la uma literatura feita, contra o que, no seu tempo ao menos, seria a estrita verdade.

Era por muito a literatura de que com tão sincero carinho e ingênuo entusiasmo nos falava o saudoso García Merou (e não lhe estranhemos tais sentimentos, pois os teve igualmente conosco no seu bom e bondoso *El Brasil intelectual)*, uma literatura ainda incipiente, intermitente, de avanços e recuos, heterogênea e feita um pouco artificialmente e de debandada, mais em jornais e efêmeras revistas, em folhetos, em tertúlias, em círculos ou sociedades de letras, do que em livros e principalmente do que em obras. Que esta é a grande falha das literaturas latino-americanas, a falta da obra, que não é a mesma coisa que o livro, do escritor, que não é a mesma coisa que o autor.

Este fato, desnecessário era dizê-lo, não é privativo da Argentina, antes geral e comum a todas as nações hispano-americanas. Eu mesmo tive, mais de uma vez, ocasião de o notar em relação ao Brasil. E é por tanta maneira óbvia a sua explicação, e tem sido tantas vezes dada, que não vejo necessidade de repeti-la.

Mas nesta mesma instabilidade e inconstância da nossa vida literária, argentina, chilena ou brasileira, que não é senão um caso particular da imperfeita homogeneidade das nossas nacionalidades, é manifesta a existência de uma corrente que pode engrossar ou minguar conforme as estações ou os fluxos e refluxos dos mananciais estranhos de onde principalmente se alimenta, ou por outras causas quaisquer; que se estreita e se adelgaça até quase partir-se às vezes, mas que de fato, desde que começou a fluir, nunca mais se interrompeu ou secou. Não será ainda um rio caudaloso, mas é já, apesar de escasso de águas, um rio perene.

Essas literaturas, ou antes, essa literatura (porque se nós lhes analisarmos os últimos elementos e os mais salientes caracteres é quase certo que as acharemos uma só) de língua espanhola ou portuguesa, essa literatura é bem, com os seus mesmos defeitos e falhas e ainda por elas, uma expressão da sociedade de que nasceu, e como esta ainda heterogênea, acaso mesmo amorfa, inconsistente, por muito, incoerente. Se ela é principalmente de imitação, como os seus próprios críticos lhe chamam, é porque essa sociedade também o é; se é superficial, e até vã, é porque o é igualmente a sociedade de que é produto e expressão. Não admiremos que, tomada no seu conjunto, na soma total em que crescido número de parcelas mesquinhas anulam alguma parcela mais avultada, se revele falha de cultura, pobre de idéias, ainda insignificante de sentimento e defeituosa de expressão. Também essa sociedade apenas começa a ser culta e sob a sua delgadíssima côdea de civilização há viva ainda toda uma camada de matérias bárbaras em fusão. Ela também carece de idéias ou só as tem alheias, e se não pode gabar, sem mentir, de as saber exprimir.

Assim como as suas instituições, as suas modas, as suas maneiras, toda a sua atividade política, econômica, espiritual e mundana, todos os aspectos da sua vida civilizada, em suma, são apenas imitações, quiçá macaqueações, mais ou menos jeitosas, mais ou menos canhestras da Europa, a sua intelectualidade, que é apenas um desses aspectos, não é mais que uma cópia, uma reprodução, naturalmente deficiente e falha, como de regra são todas, da vida espiritual européia. Mas o sê-lo não lhe tira, antes lhe dá, o mérito de ser a legítima expressão e, como arte, a definição da sociedade cujo é.

Como a própria nação argentina, ainda sob o regime colonial, passado o período da conquista, foi uma das últimas a formar-se na América, a literatura argentina também demorou-se em constituir-se. Se a sociedade colonial argentina só de fato se fez na segunda metade do século XVIII, as primeiras manifestações intelectuais do Rio da Prata datam apenas dos fins do século XVIII.

Seguindo a regra geral, foi pela poesia que começou a literatura argentina e, conforme a lei que se repete na América, pela imitação próxima da poesia da mãe-pátria ou, através dessa, da que esta imitava também, dos latinos e italianos. Apenas um ou outro poeta, raro, juntava-lhe de vez em quando alguma nota nativista ou ainda patriótica.

A época da Revolução, como genericamente chamam os argentinos aos tempos das suas lutas pela independência, e desta, à qual pouco demorou a seguir-se a constituição da Argentina colonial, favoreceu grandemente, com o elemento de entusiasmo e ardor cívico que criou, o surto dessa poesia. São dessa época os seus primeiros poemas que, pelo do que deles conheço, não valerão mais nem menos que os nossos do século XVII, ou ainda que alguns do nosso século XVIII. Estava, porém, formada a nascente de que ia derivar a corrente das letras argentinas, que influxos e afluxos diversos haviam de engrossar.

Entre esses devem contar-se a fundação de colégios, faculdades, universidades, o estabelecimento do ensino secundário e superior e a ação de homens como Rivadavia, Echeverría, Gutiérrez, Varela, Rivera, Indarte, Cané, Tejedor, Frías, Dominguez primeiro e mais tarde Alcorta, Alberdi, Sarmiento, López, Mitre, todos eles homens ao mesmo tempo de cultura e amorosos dela e homens de ação, de entusiasmo, de vontade de agir e simultaneamente escritores, publicistas, oradores, jornalistas, todos enfim agitadores de idéia e de massas.

Os argentinos podem justamente desvanecer-se daquela geração, de cujos homens Echeverría, um dos melhores dela, pôde escrever com verdade na sua *Ojeada retrospectiva sobre el movimiento intelectual en el Plata*: que "todos, apesar de tudo, fiéis à causa do progresso, combateram sem cessar, sem que nenhuma desgraça ou nenhum contratempo lhes entibiasse o devotamento e a constância, com a pena e a palavra, como os valentes patriotas com o fuzil e a espada".

Quando a prosa entrou a concorrer com a poesia na vida literária argentina, justamente naquele período e com aqueles homens, o que principalmente assinalou essa vida, sinal que ainda é hoje ali o mais saliente dela, foi a comparticipação nela do jornalismo. O jornalismo, o periodismo, como dizem os argentinos, teve sempre na sua vida intelectual muito maior importância e influência que o livro. Este fato poderia acaso explicar a relativa inferioridade da sua literatura. Por maior que seja o caso que façamos do jornalismo, não há dúvida que as mesmas condições do trabalho intelectual a que ele obriga os escritores são desfavoráveis à realização de uma obra literária concebida com estudo e realizada com vagar, duas condições necessárias de excelência. O jornalismo, e não só por suas qualidades de talento e cultura, mas pelo número e importância política dos seus órgãos, pela abundância, variedade e inteligência da sua informação, pela sua ação na vida social e até pela opulência das suas instalações, ficou talvez na Argentina a feição dominante da sua vida intelectual.

Eles tiveram demais sociedades, academias, associações literárias de todo o gênero, umas protegidas pelos governos, outras favorecidas pelos homens mais eminentes da República, e também um grande número de revistas, magazines e ilustrações. A perfeição que desde cedo atingiram em Buenos Aires as artes gráficas, nas quais eles incontestavelmente nos excederam de muito, o bem-feito dessas publicações e dos seus livros, deu aos seus produtos literários uma apresentação que muito os fazia valer. Com efeito, a livraria buenairense, a julgar ao menos pelo aspecto material (e é esse por que, primeiro, julgam todos), ficou muito acima da fluminense e os livros editados por Jacob Peuser, pela imprensa Argos, por Felix Lajouanne e por outros livreiros e impressores argentinos, as obras de Mitre, dos Quesadas, de Merou e as que nomeio no cabeçalho deste artigo são muito superiores, como trabalho tipográfico, às edições dos nossos Garniers e Laemmerts e outros, ainda quando estes as fazem imprimir na Europa, o que absolutamente não fazem os editores argentinos. O livro argentino tem sempre o aspecto de um livro; o nosso, salvo algum impresso no estrangeiro, tem por via de regra o feitio de um relatório, como os faz a nossa Tipografia Nacional.

Ora, como modernamente nenhum produto industrial, e a obra literária é um deles, dispensa a apresentação dos seus aspectos exteriores, leva a literatura argentina sobre a nossa e outras hispano-americanas a vantagem de se oferecer ao leitor numa forma atraente e simpática, que já de si revela uma civilização adiantada.

Nesta olhada, forçosamente de corrida e superficial, pela vida intelectual argentina podem se lhe notar algumas feições porventura úteis ao conhecimento, ainda perfunctório, da sua fisionomia. É uma a freqüência das revistas e sua relativa importância e interesse, ao menos enquanto duram. Geralmente têm, como as nossas, durado pouco, mas algumas delas, como a *Revista de Buenos Aires*, a *Nueva Revista de Buenos Aires* dos Quesadas e, sobre todas, *La Biblioteca*, dirigida pelo homem talvez de maior capacidade intelectual que tem tido a Argentina, Monsieur Paul Groussac, e mais a agora existente, e excelente, *Revista de Derecho y Literatura*, do atual ministro do Exterior argentino e notável publicista, sr. Estanislau Zeballos, não são simples publicações de literatura amena e ligeira, magazines fúteis tão ao sabor do nosso público, mas revistas de cultura e dignos órgãos de uma cultura já estimável e variada, abrangendo com a boa literatura as questões sociais, políticas, históricas, econômicas e públicas, tratadas todas pelo menos com uma notável ciência de composição, aliás comum nos autores argentinos.

É outra dessas feições que ali não são raros os homens de Estado e os homens políticos escritores, colaboradores dessas revistas ou autores de obras consideráveis. Na *Biblioteca* de Mr. Groussac, que apenas durou dois anos, deparam-se-nos escritos de Alberdi, Alsina, Avellaneda, Cané, Cárcano, López, Mansilla, Mitre, Montes de Oca, Pelegrini, Quesada, Romero, Saenz Peña, Sarmiento, De Vedía e Julio Roca, nomes que pertencem todos, com mais ou menos brilho, à história política de sua pátria. Muitos desses homens são autores de livros que não são dos somenos na literatura do seu país. E o nome de Bartolomeu Mitre basta para pôr na vida intelectual argentina um brilho de glória. Quaisquer que sejam as críticas e restrições de apreço que se possam fazer à sua obra, e não as desconheço, ela fica ainda bastante sólida para, com o talento e o saber nela revelados, a sua variedade e um indefeso labor de mais de meio século, fazer justamente desse nome um nome americano, se não universal.

Os estudos da história nacional, de direito público, das questões políticas e constitucionais, da "publicística" como se propôs disséssemos barbaramente aqui, tem numerosos e dignos cultores na República Argentina, e já não são poucos os bons resultados desses estudos. Dinastias literárias como as dos Canés, dos López, dos Quesadas, dos Romeros, dos Larretas, dos Mejías, mantêm ali, com o gosto aristocrático da cultura e do trabalho intelectual, a tradição de uma atividade ao mesmo tempo política e mental. Também não é raro na Argentina saírem os intelectuais daquela aristocracia da riqueza ou do poder, da qual os argentinos, não sem uma ponta de jactância, se não de esnobismo, parecem desvanecerem-se.

Creio que desses diferentes elementos de apreciação, apesar de mesquinhos e falhos, não é de todo impossível concluir alguma coisa. Por exemplo, que a vida intelectual argentina, que teve um Mitre, um Varela, um Alberdi, um Echeverría, um Sarmiento, um Obligado, um Guido Spano, um Vicente López, nomes que todos ultrapassaram as fronteiras da sua nação, e pelo menos em toda a América são conhecidos e prezados, já é bastante considerável para que a estudemos e estimemos como representação de um povo com o qual temos de entreter íntimas e, devemos todos desejar, cordiais relações de toda sorte. E que não é tão inferior como à nossa ignorância ou vaidade poderia parecer a vida literária argentina, prova-o, com esses fatos, o crescido número de livros que hoje ali se publicam, de vários ramos de literatura, a quantidade de escritores que ali há (29 citou o sr. Ugarte na sua *Antologia*, esquecendo talvez outros tantos) e o número de edições que atingem certos livros. Os dois romances, *Stella* e *Mecha Iturbe*, de Cesar Duayen, dos quais vou dizer, têm respectivamente dez e onze edições. Não sei de romance ou outro livro brasileiro, a não ser algum compêndio didático, que tantas tenha tido. E mais nós temos, a crer as nossas patrióticas estatísticas, mais de 20 milhões de habitantes, e os argentinos apenas cinco milhões!

Cesar Duayen, informam-me, é o pseudônimo literário de uma senhora da mais alta sociedade argentina, desse grande mundo que evidentemente ela se compraz em descrever de modo que se faça dele a mais alevantada idéia de uma sociedade refinadamente policiada e ao demais opulenta e larga. É mesmo o senão que mais ressalta da sua obra, talvez um defeito nacional, a estimação exagerada, ingênua e pueril da alta vida indígena, ainda no que ela tem de mais afetado, de mais falso, de mais postiço. As nossas sociedades americanas com o seu mundanismo de pacotilha, *marchandise d'exportation* como dizem os fornecedores franceses, estão reclamando um Molière.

Chama-se de seu nome Emma de la Barra a talentosa senhora que assina os seus livros Cesar Duayen, e é ministra argentina algures. É um formoso e peregrino talento servido, se não por uma imaginação rica, que a sua não o é notavelmente, por uma inspiração generosa, e um fino sentimento de bondade humana, que a leva até a poesia. *Stella,* o seu primeiro livro, é um poema. Tem da poesia o vago, o indefinido, o raro mesmo, da concepção inicial. É um romance cheio de ação e vida, um drama movimentado tendo por centro uma criança de oito anos, condenada por moléstia congênita à quase imobilidade, vivendo a morrer e morrendo com efeito como de um sopro, naquela idade. A vida que lhe faltara para a fazer crescer e desenvolver-se se lhe resumira toda, singularmente intensa, numa fina, aguda, penetrante inteligência precoce, aliada intimamente a uma bondade de anjo. Tem ainda da poesia a elevação romanesca dos sentimentos e caracteres, a idealização dos personagens e dos quadros, e o patético das cenas e emoções, expressamente arranjadas para nos tocar e comover. E ainda, por que não dizê-lo?, a banalidade, infalível aliás, dos meios artísticos de que se serve o poeta.

Este romance saiu primeiro na *Nación,* o grande jornal de Buenos Aires, de uma feição tão literária, em folhetim, em 1905, creio. Da "biblioteca" da *Nación* é *Stella* o 200º. volume. Esta "biblioteca" é uma das pequenas curiosidades da vida literária argentina. Compõe-se já de mais de 200 volumes de boas letras de toda sorte, traduções e originais, argentinos e estrangeiros. Das nossas letras deu a *Inocência* de Taunay, o *Canaã* de Graça Aranha e *Esaú e Jacó* de Machado de Assis, todos muito bem traduzidos pelo insigne escritor argentino sr. Roberto Payró. Este escritor, a quem a literatura brasileira parece tão conhecida e tão simpática, merece algumas palavras de apresentação, toda literária, pois não tenho a honra de ter dele o mais leve conhecimento pessoal. É um poeta, um dramático, um jornalista, um crítico, "quiçá o homem de letras mais completo de quantos possui a Argentina", afirma dele um seu patrício.

Estas edições da *Nación,* de vil preço ou destinadas a prêmios aos assinantes, não são, entretanto, das que fazem honra à livraria argentina, mas são um eficaz meio de espalhar boas letras. *Stella* foi um acontecimento literário na Argentina, e o romance é benemérito da estima que lhe deram. Há sobretudo nele uma frescura de inspiração e uma candura de sentimento que, casando-se habilmente, mas sem rebusca, com a fábula e narrativa do livro, deixam ao leitor uma esquisita e deliciosa sensação de simpatia humana.

Mecha Iturbe, o segundo romance do mesmo autor, com ser mais trabalhado e mirar mais alto, a ser o romance de uma sociedade, espelho da sua vida e civilidade, não tem o singular encanto de *Stella*. Falta-lhe a ingenuidade deste e, mais ainda, a sua sinceridade. Há nele uma afetação de força que trai a mulher escritora, fugindo, mais talvez do que conviria, ao percalço de se mostrar feminil. Pintando uma alta sociedade, fê-lo demasiadamente convicta de que nos apresentava um grande mundo e uma alta vida. Faltou-lhe nessa representação a dose de ironia, ainda mínima, necessária para que o observador não nos seja suspeito de parcialidade... ou de simpleza. O romanesco de *Stella* estava no feitio e no tom de livro; não só não desafinava da feição do poema, mas a completava e ajudava a realizar-lhe o patético. O de *Mecha Iturbe* destoa, a meu ver, do drama naturalista, ou melhor, realista, do romance, e não porque o romanesco haja de ser excluído da ficção moderna mas porque o desta se não funde com a trama, inspiração e composição do romance. A psicologia deste, cuja natureza a exigia, e segura, pois é o retrato de uma mulher e de uma sociedade, é como em geral a psicologia da mulher-autora, elementar, livresca, antes feita com as lições dos Bourgets, Prévosts, e até Ohnets, e outros insignes clássicos da literatura para mulheres, que da observação direta da vida. Mas o que é principalmente falho neste romance, aliás por mais de uma qualidade considerável, notável mesmo, sem embargo desses francos reparos, é o diálogo, artificialíssimo, rebuscado ou precioso todo ele. Entretanto o autor de *Stella* ainda se revela nele, pelas suas qualidades de emoção e sentimento que, não obstante as restrições feitas, conseguem dar-lhe, embora com menos intensidade e sinceridade, o patético que nos comove naquele.

Não é a "sociedade", nem a alta vida argentina, imagem mais ou menos fiel ou cópia mais ou menos servil de outras "sociedades" que ela presume refletir, que reconta, quase eu poderia escrever canta, o sr. Martiniano Leguizamon, mas a terra e a gente que são, ao seu parecer, a "alma nativa" da sua pátria.

Do prefácio, que é uma declaração de fé literária, posto no seu livro pelo sr. Leguizamon, vê-se que na Argentina, como aqui, também se agita a questão do nacionalismo (a que eles lá, parece, preferem chamar de "regionalismo") na arte literária. O sr. Ugarte (prefácio da sua *La joven literatura hispano-americana* aqui noticiada)[1] nos informara de que uma das características do novo movimento nessas literaturas era "a tendência a utilizar como elemento de arte *européia* os assuntos nacionais". Eu não sei até que ponto será permitido considerar o sr. Leguizamon como representante

---

[1] Veja *Letras hispano-americanas*, pág. 469.

desta tendência, no sentido em que a entendi. Como quer que seja, o seu nome não figura na *Antologia* do sr. Ugarte, não obstante ser ele autor de outros livros que, pelos títulos (*Recuerdos de la tierra*, *Calandra*, comédia de costumes campestres, *Montaroz*, romance histórico do ano XX) parecem inspirados da mesma tendência. O autor de *Alma nativa*, livro de contos da vida campesina ou sertaneja, como aqui diríamos, do seu país, é declaradamente pelo nacionalismo. É um respeitável e comovido pressuposto em favor dos costumes e tradições pátrias que se vão que o inspira. "Para quantos", diz ele, "observam com interesse a rápida transformação a que assistimos, em que o perfil, a fisionomia genuína e tão peculiar das coisas de antanho se apagam ou se pervertem substituídos por um novo tipo, não escapará a urgência de salvar os rasgos originais do tipo velho que agoniza". Neste propósito o encorajava o seu grande patrício, o distinto escritor Miguel Cané, criticando-lhe os *Recuerdos de la tierra*: "Com a sensação profunda da nossa terra e o instrumento de expressão já criado, havemos de adquirir a nossa autonomia e independência literária, com o esforço viril adquirimos a nossa independência política e como vamos adquirindo, não sem trabalho e mérito, a industrial". Muito bem, somente me parece que o sr. Leguizamon, com o exagero por assim dizer funcional dos hispanoamericanos, ultrapassa a meta sustentando que a sociedade argentina, cujos hábitos, paixões e idéias têm de refletir a literatura que é a sua expressão, "oferece ao artista uma gama moral e intelectual infinitamente superior àquela de que dispõe o escritor europeu atual". É seguramente de mais, revela porém uma fé, ao menos pela candidez, respeitável, e que, se não desvairar de todo, pode ser uma força eficientíssima na formação definitiva da literatura argentina. Mais simpático é o critério nacionalista do sr. Leguizamon, por ele assim resumido: "O regionalismo a que aspiro com íntimo deleite é o consagrado pela arte [qual ele previamente o definira], o que se nutre com os amores do torrão natal que nos saturou de recônditas ignorâncias e que evoca essas ternas memórias sempre presentes em nosso coração, as que nos trazem alegres rumores dos regozijos tradicionais com o eco das velhas canções que ouvíamos em torno do lume do solar de nossos avós, o que reflete com a sua luz e sua cor as características do ambiente nativo, a que interpreta no livro, na tela e no mármore ou na página musical a poesia espontânea da alma das terras..."

O lirismo destes dizeres, mais reveladores de entusiasmo e poesia que de espírito crítico, não prejudica a obra do artista; como é sincero, dá-lhe justamente as qualidades proeminentes em tal arte, a lhaneza e a sinceridade. Sua língua, talvez por demasiado americana, nos é difícil, mas escapa ao reproche de campanuda e empolada (com o seu estilo ao de rebuscado e gongórico) que quase sempre merecem os escritores hispano-americanos. Ao menos o mereciam, pois com satisfação noto nos que ultimamente tenho lido um considerável progresso para uma língua mais nítida, mais simples, menos eivada dos vícios estilísticos do espanhol.

Os contos de *Alma nativa* são antes quadros, alguns simples esboços, cenas soltas, anedotas, desenhadas ou narradas com simplicidade ou sóbria emoção do que histórias de travado enredo. Alguns são apenas pretexto para a paisagem ou descrição de costumes. Em mais de um mistura-se o elemento histórico ou tradicional, feitos dos tempos da Revolução ou das guerras civis, da caudilhagem, homens desses tempos e os mesmos caudilhos famosos, Urquiza, Lavalle, Rivera. Alguns, deles, *El forastero, El tiro de gracia, La picana,* têm na sua curteza e rapidez de narrativa e ação uma intensidade distinta. Todos, notadamente *De mi tierra,* revêem uma funda e sincera emoção do torrão natal. E nenhuma sensualidade, nenhum erotismo, nada dessa preocupação de lascívia, mórbida já, que é uma das feições mais visíveis dos nossos contistas.

Como *La Biblioteca* nos mostrara, nos seus oito tomos, do que é capaz no domínio das boas letras a inteligência argentina, e a capacidade dos escritores argentinos como escritores de revistas, os *Anales de la Biblioteca,* publicados também sob a esclarecida direção de Mr. Paul Groussac, o eminente diretor da Biblioteca Nacional de Buenos Aires, nos diz com que ciência e seriedade, e até com que luxo, tal é o desta publicação, ali se cura das coisas de erudição pátria.

Começados em 1900, contam já esses *Anales* quatro grossos tomos, in-8º grande, todos de mais de 400 páginas, admiravelmente impressos em papel de preço e belo formato.

Como os, também excelentes, *Anais* da nossa Biblioteca Nacional, contêm estes memórias do maior interesse para a história geral da nação, e ainda para a história e a geografia da América do Sul. E como a ambas, no que diz respeito à Argentina, se ligam a história e a geografia do Brasil, encontram-se já nos quatro volumes dos *Anales* argentinos algumas memórias e monografias do maior interesse para nós. E todas publicadas com o máximo cuidado editorial e tipográfico e acompanhadas de introduções e notas ilustrativas, do eruditíssimo editor, sr. Groussac. O último tomo saído contém justamente partes que muito nos interessam, como o curioso *Diário de Aguirre,* precedido de uma notícia sobre este personagem, ligado a nós pelo que de nós escreveu e pela sua comparticipação nas demarcações dos nossos limites meridionais, e o *Diário de navegação do navio holandês Mundo de Prata*, que viajou pelas costas do Brasil à Argentina de 1598 a 1601, reproduzido com meticuloso cuidado tipográfico e as gravuras do tempo, em holandês e traduzido em espanhol. A introdução de que o precede o sr. Groussac é mais um documento da versatilidade e profundeza do saber do eminente diretor da Biblioteca Nacional de Buenos Aires, e da sua rara capacidade crítica. E como ele não é um erudito sem literatura, antes é também um artista, um escritor de raça e grande talento, é uma delícia ler qualquer dos seus trabalhos de erudição.

Contém ainda este IV tomo um documento interessantíssimo para nós, qual é *o Informe del gobiernador Valdés* sobre as ocorrências havidas no Rio de Janeiro, em tempo do governador Salvador Correia de Sá e Benevides, com um navio suspeito que daqui foi ter a Buenos Aires, com intenções hostis, de forma que esclarece alguns pontos duvidosos ou obscuros de fatos do tempo.

UMA PRINCESA PORTUGUESA

De d. Carolina Michaëlis de Vasconcelos, a ilustre senhora que é hoje um dos mais autorizados sabedores da história literária de Portugal, crítica sabidíssima, romanista emérita, recebi um livro que, embora impresso em 1902, só agora foi publicado, e não é comum: *A infanta d. Maria* (1521-1577) *e as suas damas* (Porto, 1902, in-4? gr., 122 págs.)
    Por pouco lidos que sejamos na história da literatura e da civilização portuguesa, não nos será de todo desconhecida aquela princesa, cujo nome aureolado das graças do talento, da virtude e do saber, "coisas que juntas se acham raramente" na sua posição social e sexo, nobremente se mistura na história da cultura da maior época da sua terra e na dos maiores engenhos de então. Decantada pelos poetas, celebrada pelos eruditos e humanistas, como cultora insigne das letras e protetora generosa dos literatos, além de piedosa e caritativa com todos que da sua bondade precisavam, máxime com os necessitados e desvalidos, infeliz, apesar da sua grandeza e até por causa dela, d. Maria de Portugal ficara entretanto até aqui meio incerta na lenda que lhe envolvia a bela figura senhoril e graciosa. É que não havendo deixado senão escassos e vagos escritos, nem memórias, e tendo sido apenas decantada ou celebrada em versos ou prosas não-biográficas, e o menos duvidoso da sua vida achando-se em documentos diplomáticos pouco lidos, a virtuosa e ilustrada princesa viveu principalmente da fama que desde viva cercou o seu nome, famoso como uma das mais ilustres mulheres da Renascença portuguesa.

Se uma mulher formosa, uma princesa riquíssima, de peregrino engenho e saber, ainda castíssima, se pode consolar de ter malgrado seu ficado solteira, a Sempre-Noiva, e não conhecendo do amor senão os versos dos seus poetas antigos e contemporâneos, e da vida sentimental mais do que lhe diriam os poemas e os moralistas clássicos — pois nem os carinhos paternais teve d. Maria de Portugal — pudera consolar-se a nossa princesa com o seu rifão pátrio: Há males que vêm para bem.

Foi, com efeito, o mal da sua vida que a fez o que foi.

Nasceu do terceiro matrimônio do rei d. Manuel, o Venturoso, aquele em cujo reinado se descobriu o Brasil, com d. Leonor d'Áustria. Antes de um ano ficou d. Maria órfã do pai e foi separada da mãe. Por ordem expressa do imperador Carlos V, seu irmão, saíra esta de Portugal por se evitar o escândalo quase certo do seu casamento com o enteado, d. João III, a quem ela fora prometida antes de casar com o pai deste, que lha tomou, o qüinquagenário d. Manuel.

Desde então começa para a mal-aventurada princesa uma vida de esplêndido cativeiro. O seu meio-irmão, d. João III, o estúpido e feroz introdutor da Inquisição em Portugal, "ruim de condição e inepto", como lhe chama Alexandre Herculano, não a quis nunca deixar casar para não lhe entregar os avultadíssimos bens que pelo contrato nupcial de sua mãe lhe pertenciam. Afora jóias e custosíssimas roupas, o embaixador de Veneza informava à Sua Senhoria que o dote da princesa seria de cerca de um milhão de escudos.

Foram sucessivamente seus noivos ou pretendentes o duque de Orléans, filho mais novo de Francisco I de França, o arquiduque Maximiliano d'Áustria, futuro imperador da Alemanha, Felipe II, rei de Espanha, quando enviuvou da primeira e de outras mulheres, e ainda dois príncipes alemães, ambos irmãos do imperador, a quem um deles, Ferdinando d'Áustria, sucederia. Estes dois propostos por Carlos V, tio da princesa. Desde o desmancho do seu casamento com Felipe II, que afinal se resolveu pela "dura, fria e feia Maria Tudor, rainha da Inglaterra", a infanta consola-se ou, antes, resigna-se. Dotada de "ânimo grande e espírito levantado, de acordo com a sua alta posição, revelando a generosidade própria de nobres caracteres, perdoa tantos e tão repetidos agravos, o desvanecimento das suas mais risonhas esperanças. Sem uma queixa, sem um reparo, com discreta reserva, põe termo a tudo. Renuncia a qualquer enlace (tinha a princesa então 24 anos); resolve ficar solteira e no reino, no meio das suas amigas, dos seus livros e dos seus pobres, entregue doravante às ciências e artes, obras de caridade e cuidados religiosos".

Mas a mãe, d. Leonor, viúva então de Francisco I, não se conforma, quer casar a filha não só por vaidade de mãe, mas por amor dela, para a ter ao pé de si ou, antes, estar ao pé dela, desde que não podia tirá-la de Portugal sem casá-la. D. João III parece ceder e até interessar-se para que a irmã case, sabendo de antemão que esta "enfadada e desiludida, rejeitaria sem a menor hesitação toda e qualquer coroa que lhe oferecessem". E foi o que fez decididamente, rudemente, quando o ruim irmão hipocritamente lhe oferecia os irmãos do imperador, um herdeiro do império, para o marido que ela escolhesse: *"Quando se ofrecian negocios que tratar,* respondeu indignada perante toda a corte, *que parecian buenos, andava V. A. en dilaciones, y de feria en feria, sin querer los concluir, y agora, que no ay ninguno, me sale con eso? Pues aunque fuesse monarca del mundo, no le haré, ni se ha de pensar tal cosa de mi!"*

Não devia acabar ainda essa dolorosa importunação. Felipe II, enviuvando de novo, pedira-lhe a mão pela terceira ou quarta vez, treze anos depois da recusa dos arquiduques austríacos, seus tios. *Nem que fosse com o monarca de todo o mundo!,* reiterou ela, e aquela fortuna que a impedira de casar serviu-lhe para fazer grandes obras pias ou piedosas e animar as artes e letras. Encomendou obras de arte e mandou construir colégios, hospitais, mosteiros, capelas e igrejas.

Desde os 16 anos, a infanta d. Maria tivera casa sua, posta com grande esplendor, como convinha à sua prosápia e opulência. Aí recebeu ela "de preferência visitas de homens doutos em teologia e filosofia, S. Francisco de Borja, o cardeal Alexandrino, frei Luís de Granada, frei Francisco Foreiro, frei Simão Coelho, que lhe dedicavam seus escritos, que "tendiam naturalmente a levantar o seu espírito e robustecer a sua fé". Mas além destes austeros conversadores de virtude, recebia poetas, artistas, cortesãos e donas e donzelas notáveis por sua inteligência e gentileza. Segundo a tradição, foi nos seus salões, nos *Serões da Infanta,* como se ficaram chamando os seus saraus, "que Camões encontrou as suas Tágides e se desenrolaram parte das desgraças e venturas da sua juventude, assim como outros sucessos notórios, alegres e tristes da vida amorosa dos vates palacianos".

Esta tradição, que se fez uma espécie de lenda por todos repetida como história, não é a verdade inteira, que, segundo d. Carolina de Vasconcelos, "fica, como de costume, a meio caminho".

Da sua hiperbolicamente apregoada erudição verificou afinal d. Carolina de Vasconcelos, fundando-se "nos elogios singelos e sinceros que lhe fizeram varões e damas que a conheceram de perto, nas obras notáveis, científicas e amenas que lhe ofereceram e nas poucas amostras do seu estilo cuidado que perduram que "pela leitura reiterada de trechos escolhidos de literatura sacra e profana, antiga e moderna, em línguas mortas e vivas, adquiriu uma fina percepção da arte: respeito pelas letras; noções muito variadas; um pecúlio basto de historietas e ditos clássicos; plena compreensão da língua latina a ponto de entender tanto os discursos recitados pelos oradores como as églogas, comédias e tragédias representadas nos colégios de Coimbra e Évora: facilidade suficiente para responder de improviso a embaixadores ou legados, e para redigir cartas de agradecimento e congratulações a soberanos estrangeiros. Do grego os rudimentos, a fim de perceber a terminologia científica e decifrar e verificar citações do Novo Testamento ou alusões, como as de Homero na *Ilíada* e *Odisséia*". "E francamente", reconhece d. Carolina, "não é pouco. Merecia aplausos. Constituía caso inteiramente novo entre princesas nascidas em Portugal".

Ainda em vida da infanta, no reinado de d. João III, o Piedoso, e da sua devota mulher d. Catarina, Portugal, que tarde entrara no período da Renascença, voltara atrás; ao da *austera, apagada e vil tristeza* de Camões, com o reinado dos estultos e monges, sempre nefasto aos povos, como, com Erasmo, reconhecia também o grande poeta cômico português, Gil Vicente.

Aquelas contrariedades e desgostos e a essa reação, que, como demonstrou Herculano, devia matar no nascedouro a esplêndida civilização que porventura se preparava para Portugal, atribui d. Carolina de Vasconcelos a final inclinação devota, a beataria, diríamos hoje à má parte, da excelsa princesa. "Creio", diz ela, "que o ponto de partida para o endoutrinamento da infanta e seu primeiro norte, francamente liberal, inculcou-lhe um ideal filosófico superior, mas que, posteriormente abalada pelos acontecimentos particulares que aniquilaram as suas aspirações mundanas e coincidiram com a reação jesuítica, a sua mentalidade tomou evolução mais teológica".

Do Renascimento português em toda a sua curta florescência de 1520 a 1550 traça-nos a erudita escritora um quadro sóbrio, como é em geral o seu estilo, que chega a ser seco e apagado, mas exato e sincero. Vemos dele em poucos e breves mas seguros traços como a cultura clássica entrou e se desenvolveu em Portugal, ao menos na corte e nos arredores aristocráticos da corte.

"Quanto à educação feminina, reformistas eminentes como Luis Vives haviam-na classificado como indício seguro da civilização alcançada por um povo. Persuadidos de que só de mulheres instruídas nas artes liberais, iniciadas diretamente no puro gosto da antiguidade, havia de nascer uma geração de entes superiores, de caráter, energia e inteligência privilegiada, exigiam que as humanidades formassem parte integrante também da cultura do sexo frágil".

A esta nova concepção, da qual comparticipava sua mãe, d. Leonor d'Áustria, dama esclarecida e insigne latina, e que desde longe, como dela sempre se achou, incitava a filha ao estudo e até lho dirigia, deveu a jovem órfã de d. Manuel o ter tido desde a primeira infância mestres excelentes, quer nacionais, quer estrangeiros, especialmente encarregados de lhe darem a educação literária que o humanismo preconizava. "Os seus estudos superiores, de latinidades e artes, foram, segundo o louvável costume espanhol, dirigidos por senhoras, certamente para que em contínua convivência familiar ampliasse os seus conhecimentos e aprendesse a conversar não só em latim, mas em francês e castelhano, línguas prediletas das cortes européias...; a mais ilustre entre as suas mestras (Luiza Sigea), capaz de a guiar nesses três campos, viera de Castela, por instigação, salvo erro, de d. Leonor e de seu irmão Carlos V". Esta observação de d. Carolina de Vasconcelos mostra que quando a princesa d. Maria entrava em idade de instruir-se já nas Espanhas havia mestras capazes de lhe ensinarem até as letras clássicas.

Estas mestras, a citada Luiza Sigea, francesa de origem, espanhola de nascimento mas que ficaria portuguesa de adoção, porque em Portugal veio a viver e florescer, Joana Vaz, *admirabilis virgo linguarum quinque perita*, como a define o grande humanista português André de Resende, Angela Sigea, irmã da primeira e musicista insigne, além de boa latina também, Paula Vicente, tangedora, filha do grande Gil, e mais d. Leonor Coutinho e d. Leonor de Noronha, ambas da primeira fidalguia, ambas instruídas e autoras ambas, formaram, com alguns doutos eclesiásticos, o primeiro círculo dos seus instituidores intelectuais. Outras donas e donzelas, "sem pretensões nem ostentações eruditas, pela graça, gentileza, formosura e espírito", constituíram ao redor da princesa uma corte em que renasceu por um momento "o esplendor do reinado manuelino obumbrado pelas tristezas do reinado do piedoso".

Antes porém que o bronco fanatismo deste rei e sua mulher houvessem tido todo o seu efeito, continuavam no paço as festas e serões, a que uma seleta reunião de formosas damas e gentis cavaleiros, namorados, galantes e agudos deu um encanto que ficou na tradição. Essa tradição celebrou mais do que era acertado os *Serões da Infanta*. D. Carolina de Vasconcelos, sem a poder contestar por completo, por falta de informações seguras, prefere crer nos *Serões*

Reais. Serões certamente diversos dos *manuelinos*, cuja pompa e alegria exuberante e cujas graças familiares "ainda nos aparecem no *Cancioneiro* e nos *Autos* de Gil Vicente".

Com as representações de comédias, autos, farsas, recitações de versos, danças, música misturavam-se os chistes, as chalaças, as truanices dos bobos e chocarreiros cujos nomes, com os dos fidalgos poetas, passaram à história. As damas davam motes que os poetas glosavam, com a *tenção* que as proponentes lhes ligavam.

"Um dia, alguma que a sorte havia em qualquer jogo de espírito designado para inspiradora — digamos d. Catarina de Ataíde, proferiu o tema:

>   Olvidé y aborreci.

fitando o amado.

E o Camões, fingindo de repentista, replicava:

> *Ha-se de entender assi:*
> *que desque os di mi cuidado*
> *a quantas huve mirado*
> *Olvidé y aborreci.*

Fingindo, por que a glosa já existia.

D. Carolina cita muitos outros ditos, anedotas, motes e glosas daqueles serões ou dos que os freqüentavam e cujo espírito e veia poética eles incitariam.

Qual era o papel neles da nossa princesa?

"Já sabemos que era pouco expansiva. Receando indiscrições preferia ouvir e calar. Obrigada a pairar intangível nas alturas, aceitava homenagens e galardoava talentos. Compreende-se bem que, mesmo muito nova, desdenhasse entrar em concorrência com as mais damas, a não estar certa de *merecer* a palma. Quando muito faria entrever que, se quisesse, bem poderia ter levado de vencida as curiosas diletantezinhas que se ufanavam de saber rimar e inventar motes, quadras, trovas.

"Uma vez, quando as íntimas a importunavam com pedidos reiterados para que tomasse parte num torneio poético, replicou, com voz melodiosa, mas bastante decidida:

>   Se soubera fazer trovas
>   de que me satisfizera...
>   Inda assim as não fizera

Nem por isso deixaram os coletores de cantares e os cancioneiros de registrar versos seus ou a ela atribuídos. Entre estes cita d. Carolina de Vasconcelos os seguintes, expressivos:

> Já não posso ser contente
> Tenho a esperança perdida
> Ando perdida entre a gente,
> Nem morro, nem tenho vida

Esta copla que bons poetas, espontâneos ou profissionais (o conde de Vimioso, Sá de Menezes, Camões, Diogo Bernardes e outros), parafrasearam não é entretanto certo seja da ilustre e malaventurada infanta, a Sempre-Noiva. Também se lhe atribui esta outra:

> Nem descanso, nem repouso
> Meu mal cada vez sobeja;
> O que a minha alma deseja
> Não posso dizer nem ouso
>
> Assim vivo descontente,
> De assaz dor entristecida,
> Ando perdida entre a gente:
> Nem morro, nem tenho vida.

Os poetas palacianos, porém, se endereçavam versos à infanta, não lhos consagravam, ao menos profanos. Vedava-lho, segundo a nossa autora, a rigorosa etiqueta da corte e a mesma nobre altivez da princesa. Ela contesta a dedicatória de versos, aliás sacros, de Camões a d. Maria.

Falta, infelizmente, não? — na vida desta singular princesa — e até nisso singular — um romance de amor que no-la fizesse mais interessante. A mesma lenda que lhe atribuía a paixão de um fidalgo português, Jorge da Silva, que por amor dela sofreu prisão no Limoeiro longos anos por ordem do rei d. João III, d. Carolina de Vasconcelos, crítica implacável e sabedora segura dessas coisas, no-la desvanece.

"A nossa infanta", conclui ela, "é natural que nova, bela, cheia de espírito e amável, exercesse também certa sedução mundana sobre os moços fidalgos da corte. Um sorriso benévolo, um lampejo de luz nos velhos geralmente serenos, uma suave comoção na voz bem-timbrada, ao pronunciar palavras de agradecimento, seriam de longe em longe a recompensa de ações nobres, feitos cavalheirescos praticados, ou de versos sublimes escritos em sua honra; resposta digna e recatada à admiração submissa, manifestada ora por rubores ou palidez, ora pelo emudecer de uma boca geralmente buliçosa. Galanteios exagerados não podiam, porém, ser do seu agrado. Uma grande reserva, seu justo orgulho de filha e irmã de reis protegiam-na, como couraça impenetrável, contra a paixão dos outros, e os impulsos de próprio coração".

Que resultou de *útil* da vida desta ilustre princesa? Sem ter, apesar da sua rara cultura, nada deixado à literatura que perdurasse, ela deu aos seus contemporâneos "um exemplo luminoso de abnegação e força de alma; inspirou poetas e sábios; instigou a imitá-la as princesas e damas da corte, e aos pósteros deixou valiosíssimas instituições de educação e beneficência, algumas das quais ainda subsistem, embora modificadas". E como em suma o estudo lhe serviu de conforto e consolação às suas penas, "bem-inspirado foi o amor materno que, não podendo torná-la feliz, lhe proporcionou no trabalho intelectual desinteressado um elemento compensador — o melhor, ou antes o único que existe".

À biografia, tão completa corno lhe era possível fazê-la com os melhores materiais para ela existentes, da princesa d. Maria, juntou d. Carolina de Vasconcelos não só notícias sobre algumas de suas mestras e companheiras imediatas, as Sigeas, Joana Vaz, mas uma biografia de Públia Hortência de Castro, a erudita senhora que, embora não tendo pertencido às damas da princesa, e havendo vivido longe de Lisboa, em Évora e Vila Viçosa, "é todavia pelo saber clássico irmã gêmea das que brilhavam no paço real e no da infanta".

A nova monografia da sábia editora de Sá de Miranda e autora de tantas memórias e escritos notabilíssimos da vida espiritual portuguesa antiga resulta num quadro exato, excelente, embora incompleto ainda, como ela é a primeira a reconhecer, de um aspecto dessa vida, qual foi vivida no período, ao cabo triste, em que o fumo das fogueiras da Inquisição e, talvez pior, os ensinamentos jesuíticos iam afogar a promissora Renascença portuguesa.

A LENDA NAPOLEÔNICA

Les Origines de la légende napoléonienne,
par Philippe Gonnard, Paris, s.d. (1907), 384 págs.

No sentido mais comum, a lenda napoleônica é a mesma história desse homem extraordinário e dos seus feitos extraordinários exagerada, falsificada, "arranjada", consoante os instintos profundos do radical militarismo do povo francês e ao sabor das idéias ou sentimentos que, em diversas épocas e circunstâncias, e de vários modos, esse falseamento, simultaneamente propositado e inconsciente, lisonjeava ou servia.

Esta definição, porém, conquanto exata, tem o defeito de não precisar bastante o que se deve rigorosamente, sob o aspecto histórico-político, compreender por lenda napoleônica. Expondo-lhe as origens, num livro que é uma obra de historiador, o sr. Philippe Gonnard começou racionalmente por defini-la com maior precisão e também, sob aquele aspecto, com maior exatidão.

Segundo ele, o que constitui verdadeiramente a lenda napoleônica são os conceitos emitidos e espalhados desde 1815 a 1851 pelos vários historiadores de Napoleão, e principalmente por ele próprio, pela imprensa liberal e bonapartista; e mais ou menos, poder-se-ia acrescentar, por todos os partidos e oposições que, por arreliar os governos ou adular a paixão popular de glória militar e guerreira, se faziam louvaminheiros indiscretos e intemperantes do homem que melhor e mais espetaculosamente a lisonjeava, cujos feitos mais profundamente haviam impressionado a vibrátil imaginação francesa e cujo fim, muito de indústria composto pelo grande cômico e pelos seus contra-regras, mais fortemente a comoveu.

Eis tais conceitos:

Napoleão foi o representante convencido, desinteressado dos princípios de 89.

Napoleão, adepto das idéias liberais, só por necessidade foi ditador.

Napoleão, que desejava a paz, foi perpetuamente constrangido à guerra pela coligação européia.

Napoleão sustentou e proclamou o princípio das nacionalidades.

Há duas razões para que a este conjunto de idéias e a outras quejandas se chame de lenda napoleônica: primeira, freqüentemente (nem sempre) tais noções não são conformes à realidade dos fatos; segunda, expondo-as em Santa Helena, Napoleão, freqüentemente (nem sempre), deformou intencionalmente a verdade para as impor à crença pública.

Essas opiniões, que, segundo o nosso autor, constituem a lenda, tiveram a sua origem — e esta é a tese, com rigor científico exposta e demonstrada, do seu livro — no próprio Napoleão; foi ele o criador da sua própria legenda.

"Os historiadores e a imprensa acharam-nas de antemão expostas nas obras de Santa Helena; foi lá que as receberam, da boca ou da pena do imperador.

"A origem da lenda está nas *Memórias* de Napoleão, por ele ditadas, e nas suas *conversas*, recolhidas pelos seus fiéis. Aí se acham os textos sagrados, comentados pela fé popular".

Independentemente do sr. Gonnard, que limitou a sua tarefa a estudar e expor, segundo um rigoroso método de crítica histórica, as origens da lenda napoleônica, nós veremos como o evangelho de Santa Helena achou facilmente ouvidos para ouvi-lo e bocas para o propagarem.

Não é sem interesse, quando mais não fosse se não como exemplo de um recomendável processo de historiador, dizer como o sr. Gonnard realizou o seu propósito.

Depois de contar resumidamente a instalação de Napoleão em Santa Helena, e de nos dizer as suas intenções e esperanças ali para nos fazer compreender por que ele se ocupou tanto de deixar-nos memórias de si, estuda miudamente o nosso autor toda a elaboração dessa obra, que Napoleão dividiu entre si e os seus companheiros, ou que promoveu ou inspirou.

Com lorde Rosebery, o último e mais bem-informado historiador inglês de Napoleão na sua última fase, o novel historiador francês sustenta que entre os projetos que este acariciou ou imaginou naquela ilha e conjuntura "não figurou jamais o de uma evasão". Se assim é, como parece, que importância se há de dar à invenção, se não me engano de origem pernambucana, do plano de uma fugida de Napoleão para o Brasil?

Mas se ele sequer não pensou em evadir-se (o que, aliás, dado o legítimo rigor da vigilância inglesa lhe seria impossível), não desesperou logo da sua situação. Compreende-se bem o que o seu novo historiador chama a "sua necessidade de esperar", a qual decorria fatalmente da sua própria posição. Em suma ele esperava que agitações e reviravoltas na política européia, que mais do que ninguém contribuíra para perturbar, tornassem-no possível como um fator necessário ao jogo dessa política. Em tal caso esperava ainda na amizade do seu antigo admirador e aliado, o tzar Alexandre, e depois no interesse que por ele poderia porventura manter o seu sogro, o imperador da Áustria. É curioso como o enorme egoísmo deste homem lhe fazia esquecer a animadversão que devia justamente inspirar, e com maioria de razão aqueles, como o tzar, que ele enganou, ou o austríaco, a quem humilhou.

Mas não ocorreram na Europa nem as revoluções populares com que contava, nem as mudanças políticas, como a dos *tories* pelos liberais no governo inglês, nem as simpatias dos dinastas com as quais sem nenhum fundamento calculava. Certo então de ser um homem acabado, suas esperanças se voltaram para o filho. Como em todos os fundadores de impérios, havia nele o instinto dinástico, que não é senão o instinto de propriedade que se gera e desenvolve em todo o roubador pela violência transformado em dono. Desde 1816 calculava o efeito que poderia ter na opinião da Europa o seu "martírio" em Santa Helena, e o proveito que seu filho dele poderia tirar. "Se ele viver, o meu martírio lhe restituirá a coroa". Este pensamento precisa-se no seu espírito e chega à sua forma definitiva. "Se Jesus Cristo não tivesse morrido na cruz, não seria Deus... Meu filho, se eu morrer na cruz e ele viver, me substituirá". E mais: "Meu filho não deve vingar a minha morte, mas aproveitá-la".

Assim o comediante, como lhe chamou excelentemente o papa Pio VII, prepara a sua farsa em Santa Helena, imaginando fazê-la servir ao filho e à sua dinastia. O caso não é de enforcar, porém mais uma vez revela a singular ininteligência histórica e política desse homem, sob outros aspectos genial.

É verdade que, como demonstrou Taine, ele era de outra raça e de outro tempo que aqueles de que fingia ser. E o sr. Ferrero, o ilustre recente historiador da grandeza e decadência de Roma, no seu inestimável livro *Il militarismo*, depois de mostrá-lo uma espécie de Átila deslocado da sua época, tendo com aquele feroz bárbaro todos os pontos de contato e semelhança, demonstra como vinte anos de guerra progressivamente exauriram a inteligência do odioso déspota.

"Para conservar ou para ganhar a popularidade", diz o sr. Gonnard, "Napoleão em Santa Helena contou com dois meios: para o presente, suas conversações e suas obras de polêmica; para o futuro, suas memórias".

Não é nos recursos que emprega para salvar a sua reputação e fazer dela o sustentáculo de seu filho e da sua dinastia que está a sua ininteligência; ao contrário, esses recursos os empregou ele com raro talento de comediante, de cabotino genial que era. Estava no desconhecimento das condições históricas do momento, na incompreensão das circunstâncias políticas. Cego pelo seu doentio orgulho, primeira causa, qual mostra Ferrero, da sua ruína, ele continuava a julgar que a Europa se refaria à medida dos seus desejos, com a mesma docilidade com que a França, reduzida à última exaustação pela Revolução, se refez à sua vontade, então poderosíssima, de general vitorioso. E confiadamemte redigia uma constituição para uso desse pobre rapaz, meio imbecil, que vegetava em Viena, o triste *Aiglon* de Victor Hugo e da sua apagada sombra, o patriota Rostand.

A lenda que devia servir ao advento do segundo Napoleão (e que não foi de todo perdida, pois serviria mais de trinta anos depois ao terceiro, aliás duvidoso, Napoleão), essa ele a preparou não só com amor senão com grande inteligência e pechoso cuidado. Infelizmente sem muito se esconder, de sorte que o historiador das suas origens pôde citar numerosos trechos dos evangelistas deste Cristo trasvestido, e dele próprio, que provam à saciedade a intenção e o propósito de toda a literatura de Santa Helena, o que só por si basta para lhe verificarmos a suspeição. Citando algumas dessas passagens, escreve o sr. Gonnard:

"Aproximando-se este passo daquele em que Napoleão aprecia de que utilidade seu 'martírio' será para seu filho, lendo-se os trechos em que confessa que a sua intransigência com sir Hudson Lowe a determinam principalmente motivos políticos, não nos podemos impedir de pensar, ainda antes de considerar as coisas de perto, que Napoleão pôs muito de seu no seu martírio".

Tal martírio, porém, quando real, não parece devesse comover aos que soubessem que flagelo foi para a humanidade esse pouco interessante mártir. E certamente um dos mais relevantes serviços prestados pela Inglaterra à humanidade foi a guerra sem tréguas que fez a esse anacrônico *condottiero* e a custódia em que por fim o reteve, para que ele não continuasse a sua obra nefasta de retrogradação.

A lenda arranjada em Santa Helena, e propalada em França e na Europa, pelo que ainda restava de bonapartismo no continente, medrou em terreno propício. Como Napoleão dera constituições, imitadas das francesas, aos povos e os libertara dos seus tiranetes, substituindo-os embora por outros, e oprimindo-os ainda mais duramente com vexações políticas e pesadíssimos impostos de dinheiro e sangue, os mesmos povos, incapazes de ver que o conjunto da sua política era retrógrado, e que ele restaurava em França instituições medievais já abolidas pela Revolução (a nobreza, as condecorações, a união da Igreja e do Estado) e aumentava a centralização administrativa e a supremacia do Estado, se puseram a considerá-lo como um representante da Revolução, pela qual todos almejavam. E Victor Hugo, um dos principais fatores da propagação da lenda napoleônica, dará, em 1862, a fórmula dessa ilusão popular, chamando a Napoleão de "Robespierre a cavalo". (*Os miseráveis.*)

A alma francesa, no fundo como nenhuma outra militar e amorosa das coisas da guerra, se não podia conformar com a apagada feição da França das Restaurações. As histórias de Napoleão, quais lhe chegavam de Santa Helena, eram um consolo da sua presente condição de povo, ontem dominador, hoje protegido daquela mesma Europa que ele governara, e ao mesmo tempo uma esperança de renovamento do passado brilho e esplendor. Toda aquela obra de destruição, milhões de vidas e de bens arrancados à nação e sacrificados para satisfazer a insaciável sede de poder e de mando daquele homem singular, e o seu mórbido gosto da guerra, todas as liberdades confiscadas em proveito dele e dos seus, vinte anos de guerra constante, não eram, segundo aquelas histórias, se não o prelúdio necessário do poema de paz e de liberdade que ele se preparava para dar ao seu povo, "o povo francês, que eu tanto amei", como escreveria mais tarde no seu testamento. E os poetas, os Hugos e os Bérangers, os escritores, os Thiers e mil outros, movidos de um singular patriotismo ou antes vaidade nacional, puseram ao serviço dessa lenda o seu estro e a sua pena. E quando mais tarde, oposicionistas do herdeiro dela, combatiam o segundo império, esqueciam que, entre os fautores deste, ocupavam eles um conspícuo lugar, e que Napoleão, o Pequeno era apenas o corolário obrigado, lógico, necessário de Napoleão, o Grande.

Há, porém, uma contraprova dos motivos de ordem histórica e de ordem sentimental que fizeram cair a França no engano da lenda napoleônica. É o que se passou ali, com a mesma lenda, depois do desastre da guerra franco-alemã. Houvera nos derradeiros tempos do segundo império um arrefecimento do culto napoleônico, o primeiro efeito da derrota fora mesmo de horror dessa era e do seu representante; mas depois, na sua ingenuidade patriótica, os franceses julgaram desforçar-se dos alemães, lembrando-lhes ruidosamente que os tinham vencido nas campanhas do começo do século, que eles também tinham entrado em Berlim e lhes tinham ditado a lei. Dessa espécie de revanche teórica renasceu, mais vigorosa do que nunca, a lenda napoleônica, que os patriotas profissionais (classe em França sempre numerosa) serviram com tanto mais dedicação quanto o seu zelo lhes não seria inútil. E o Napoleão que renasceu como pueril desforço à vitória alemã foi menos o Napoleão da lenda, o Napoleão liberal e pacífico, que o guerreiro invencível de Friedland, Iena e Auerstadt, o triunfador da Alemanha, talvez principalmente o humilhador da Prússia. De sorte que não seria porventura errado fazer do maior ou menor alento da lenda napoleônica em França um termômetro da sua prosperidade, máxime em relação à sua situação internacional. E pode-se prever que no dia em que a nação francesa, de todo livre das apreensões criadas pela guerra franco-alemã, e emancipada dos preconceitos do seu patriotismo militar, entrar plenamente no regime de completa liberdade política e espiritual, que um século de revoluções ainda não lhe conseguiu dar, essa lenda funesta se irá pouco a pouco obumbrando, até desaparecer à luz firme e clara da história. Esta verá que ele não foi senão um guerreiro genial, mas anacrônico, um medíocre estadista, natureza ao mesmo tempo amoral e imoral, déspota retrógrado, cuja ação, que teve alguma coisa de maravilhoso, foi ao cabo prejudicial à humanidade, e contrária à evolução desta.

Foi a porção maravilhosa da sua vida, a sua ascensão extraordinária de obscuro oficial a imperador, a sua fama de batalhador incansável e sempre vilorioso, de imperador glorioso e onipotente da Europa, o que tudo compreende e explica o historiador e o filósofo, mas que impressionou, como um fenômeno sobrenatural, a mente popular, que lhe facilitou a criação da lenda e a fez aceitar primeiro pelo povo, depois pelas classes superiores. Àquele bastava a sua glória militar, de um esplendor realmente incomparável, para o comover. A estas impressionaram, além dessa glória imensa, motivos de ordem mais profunda.

Com rara perspicácia e suma inteligência histórica o sr. Ferrero verificou no seu livro citado o inconciliável antagonismo do espírito de Napoleão com o espírito do século XIX, o que aliás já fora feito profundamente por A. Comte, e sistematicamente por H. Taine. Esse antagonismo se revela ainda no fato de ser Napoleão "o fundador do novo cesarismo burguês, ruína das raças latinas, causa primeira da sua inferioridade em respeito às raças germânicas".

E foi a intuição de que a ele "deveu tornar-se a classe dominadora sobre as ruínas do domínio privilegiado da nobreza, que fez da burguesia um dos sustentáculos do bonapartismo, ao menos sob o seu aspecto de culto napoleônico".

Esta pobre humanidade, ou porque é da sua miserável condição ser assim, ou porque assim deixou que a fizessem aos que se inventaram seus diretores, os seus padres, os seus reis, os seus juízes, esta pobre humanidade teve sempre e por toda a parte uma inclinação sandia, uma íntima simpatia malsã, que acaso revêem a sua origem animal, e o homem bruto das cavernas, dela produto, pelos indivíduos extraordinários que, abandando outros, se lhe impunham pela força, pela violência, pela energia ainda bestial. A admiração, mesmo a secreta estima pelo bandido, é um fato sabido, e averiguado em todos os tempos e lugares. Foram desses sentimentos objeto na Itália e alhures muitos bandidos célebres, cuja lenda não interessou e comoveu menos às populações onde exerceram a sua atividade façanhuda e gloriosa que as histórias de certos heróis. Um destes foi o famoso Gasparone, cujo renome é cercado de uma auréola em que a admiração e a simpatia se confundem com o terror. A esse fenômeno de admiração e secreta estima pelos bandidos chamou o sr. Ferrero, do nome daquele, de gasparonismo.

E depois de haver sujeitado Napoleão e a sua história a uma crítica que por ser curta e geral não é menos penetrante e segura, nem menos original, que a de Taine e de verificar o renascimento do culto napoleônico nas classes cultas, conclui:

"O culto napoleônico é o gasparonismo das altas classes. Quase sempre as altas classes se julgam superiores ao povo, não porque sejam menos viciosas que o povo; mas porque podem e sabem sê-lo com satisfação mais refinada. Por que, por exemplo, as classes cultas da Europa lêem com tanta avidez a história das empresas de Napoleão e admiram o conquistador? Pela mesma razão por que o povo lê com prazer a vida de Gasparone e sente no coração uma secreta simpatia pelo bandido. Um dos verdadeiros prazeres intelectuais do homem de qualquer condição é a representação literária da vida de aventura, do mundo solto das leis que tornam tão segura, lenta e regular a nossa existência: necessidade literária que cresce tanto mais quanto mais segura e metódica se torna a nossa vida.

"O homem simples e pouco instruído acha esta vida vivazmente representada na história do bandido que evita os embustes, que prepara as mais audazes surpresas aos senhores e a força pública, nas estradas reais, que joga de audácia em todas as ocasiões e com todos os recursos de uma fortuna e astúcia inexaurível. Um homem mais instruído precisa satisfazer a imaginação com coisas mais finas; e a história napoleônica é o que de mais vivo, de mais próximo de nós, de mais dramático lhe pode oferecer este gênero de literatura".

POEMA DA VIDA

Tentações de São Frei Gil, por Antonio Corrêa de Oliveira, Ferreira e Oliveira, Lisboa, s.d. (1907), 178 págs.

Bizarro desmentido deu às minhas apreensões, no insignificante escrito com que tive o gosto de o apresentar ao público brasileiro, como um insigne "moderno trovador português", o sr. Corrêa de Oliveira, o comovido e mavioso poeta do *Auto do fim de dia*, do *Alívio dos tristes*, das *Cantigas*. Dissera eu em suma que o admirável poeta desses poemas não teria talvez senão o talento, e esse o tinha como ninguém modernamente, de restaurar na poesia da nossa língua a ingênua e íntima inspiração dos puros poetas espontâneos, servida por dons naturais de expressão verdadeiramente singulares. Certo são esses dotes o seu distintivo essencial, a característica do seu peregrino engenho poético, feito de ingenuidade profunda, de nativa tristeza e ingênita espontaneidade e melodia. Mas, como aliás eu lhe desejava então, não o julgando talvez capaz, o sr. Corrêa de Oliveira "sem esquivar a feição própria da sua índole poética" deu-nos depois "mais variados documentos do seu estro encantador".

Começou o desmentido aos meus receios com *Raiz* e *Ara*, com o primeiro principalmente, e acabou-o galhardamente com este poema *Tentações de São Frei Gil*, talvez o mais excelente produto dos últimos tempos da poesia, da arte portuguesa.

Que S. Frei Gil é esse, cujas tentações idealiza o delicioso poeta? Será aquele frei Gil de Santarém, do século XII, que Garrett, chamando-lhe de Fausto português, quisera aproveitar ou ver aproveitado como assunto de poesia; o mesmo ao qual o sr. Téofilo Braga, teimando em ser poeta (e a verdade é que algumas vezes o foi superiormente), consagrou na sua *Alma portuguesa*, um longo, erudito e fastidioso poema? (*Frei Gil de Santarém*, lenda faustiana da Primeira Renascença, Porto, 1905, 376 págs.)

Não nos diz o poeta, e gosto que não no-lo dissesse, como gosto imenso que da lenda, aliás interessante e poética, ele apenas quisesse o nome da personagem, com as suas íntimas caracterizações de santo popular, depois de ter a alma roída pela dúvida e conturbada pelas práticas da ciência meio mística e meio herética do seu tempo. Isto mesmo mais se adivinha ou descobre quando se conhece tal lenda do que se verifica do poema, que não deve nada à erudição, mas tudo exclusivamente à inspiração do poeta e à intuição do artista, cuja alma sensibilíssima a velha história comoveu e cuja comoção se fez sem preocupações eruditas nem plano retórico, em pura emoção artística. Mas a emoção poética, ainda a mais estreme e sublimada das contingências terrenas, é um fato intelectual e social, pois dentre as suas determinações não se podem excluir as influências que pela herança e educação a sociedade exerce, de um modo acaso indefinido, mas não menos certo, sobre a alma do poeta, ou do artista. No poema do sr. Corrêa de Oliveira essa influição é evidente na preocupação das suas próprias dúvidas, anelos, sentimentos de revolta ou de submissão, de esperança ou de desespero, nos mesmos anseios do seu espírito e do seu coração, por um ideal que lhe satisfaça a sede de Amor e Verdade — que tudo atribui ao seu protagonista, se de tal se pode falar num drama em que não há mais ação que a passada na consciência da principal personagem. Quão longe estamos do poeta simples, do singelo trovador, triste mas conformado à vida, sem angústias mentais nem revoltas da alma, daqueles primeiros poemas em que apenas desabrochava toda a fina sensibilidade de sua alma de serrano?

As tentações de S. Frei Gil no poema do sr. Corrêa de Oliveira não são nem as da lenda, nem as tentações clássicas dos hagiógrafos, divulgadas no caso famoso de S. Antão pelo atormentado e caprichoso Flaubert. São a tentação de seu próprio espírito agitado pelas mesmas vozes que do mais íntimo do seu ser se levantam aos influxos de todas as coisas que o cercam e com as quais a sua alma se sente em comunicação imediata. Estamos nelas fora da história, fora do tempo e do espaço, em pleno mundo irreal, em completa subjetividade, em cheio na poesia. Ainda assim, porém — donde a sua estranha beleza — dentro da humanidade, com o que há nela de mais alto em dúvidas, anseios, emoções superiores e ardentes aspirações por excelsos ideais.

E o doce poeta das cantigas da saudade, do amor e da tristeza, o ingênuo trovador das coisas simples e sentidas da sua terra e da sua íntima nostalgia, nos aparece agora como um distinto e sonoroso cantor da velha angústia humana.

No cenário em que adrede o pôs o poeta, a entrada de um vale assombrado de árvores verde-negras, por profundo entardecer de setembro, o santo sente-se tomado de fundas inquietações:

> Ó visagem da terra irmã dos mundos,
> Que espírito profundo te possui?
> Que divino poder endemoninha
> Tua serenidade, teu mistério
> Que perturbas minh'alma e pensamento,
> A minha herdada paz religiosa?
>
> Ante a beleza espiritual e augusta
> Da Terra que parece contemplar-me,
> Eis temerosa, confundida e incerta
> A sina que Deus me deu! e perto ou longe,
> Voz das fontes, dos vales e das serras
> (A queda voz das coisas silenciosas)
> Murmura contra mim.

O suave poeta do cristianismo nos põe em pleno panteísmo. Panteísta é toda a íntima inspiração deste poema, todo o seu sentimento. Não o panteísmo filosófico ou sistemático de Spinoza ou das escolas, mas aquele profundo sentimento da natureza, aquela íntima comunhão com ela e penetração dela que, religiosa ou mística, fez os santos como S. Francisco de Assis, estética fez os poetas como Shelley ou o sr. Corrêa de Oliveira.

Quero imaginar que a situação em que este põe o seu S. Fr. Gil é a mesma em que ele próprio se achou. Religioso como um espanhol, de uma funda religiosidade herdada, que cultivou com simplicidade, em toda a limpeza do seu ingênuo coração de poeta simples, da adorável simplicidade evangélica, veio um dia em que essa natureza, que amada de um amor tão grande se humanizava para ele, lhe falou com vozes até então nunca ouvidas, e vozes alteradoras da sua cândida alma de trovador e do seu ingênuo pensamento de crente.

Perguntam-lhe pelo seu peregrinar, e tendo sido

    Companheiros humildes de outras vidas...

lhe exprobam o desdém e o esquecimento da sua origem comum:

    "Se o mesmo mar nos deu a onda e o ritmo:
    Por que não nos entendes, nem conheces,
    Ó nossa irmã em Deus, se não nos amas?"

Elevado às mais soberbas concepções do pensar moderno pelo seu panteísmo congênito, o poeta chega ao conceito monístico do universo. Peço desculpa de usar aqui de semelhantes expressões escolásticas, acaso descabidas na interpretação de um poema alheio a todo o didaticismo, de um poeta cuja única ciência é o seu próprio estro e sentimento. Apenas as emprego por facilidade do discurso.

    Minha alma é chama; mas é fumo apenas
    O meu disperso pensamento; e ainda
    Sabem a cinza as minhas vãs palavras...
    Em seu mistério essencial, a gênese
    De um pensamento é igual à de uma estrela:
    Filhas da terra, as almas imitando-a,
    Criam conforme a Terra foi criada.

Mas toda a obra da criação e de criação é dolorosa; assim o é a do pensamento que

                  como um fumo,
    Desponta, ondula — é turbilhão de névoas;
    E a névoa já se forma em redondeza,
    Acendendo-se em fogo e vai rolando;
    ....
    A Idéia, concebida em puro espírito,
    Ei-la, enfim! encarnada e corpo vivo
    De palavras e símbolos falantes...
    ....
    Universo, o que és tu? A atividade
    Do imortal e divino Pensamento.

    Os mundos são a Ação: palavras, gestos,
    movimentos do Espírito e do Corpo
    Da vida conceptiva do universo.
    E, no seu grau, harmoniosa e eterna

> Ordem de descendência e de unidade,
> Os Homens, como as Coisas, são as várias
> Ações que se encadeiam num só ritmo
> Gerando-se entre si e sucedendo-se,
> Herdando-se através da própria morte,
> Do tempo e das distâncias — e em que a Terra
> Exprime à luz seus pensamentos de astro...

Ausente de si mesmo, numa incompreensível distância de sua alma, o Santo vê passar a Sombra, o Espectro da Vida universal e caminheira. Essa vida ele a vê como uma Visão, que vem andando para si; e acompanhando-a

> E embebecido nela, eu imagino-me
> A subir para mim de Forma em Forma,
> Desde a primeira nebulosa, às chamas,
> Ao mar, à rocha, à planta, à fera bruta,
> À fera humana e pensativa... E logo
> Eu sinto-a avizinhar-se tanto e tanto
> De mim, que me bafeja e absorve e inunda
> Parece entrar-me pelos olhos da alma
> Enceguecer-me num deslumbramento.

Mas a Visão foge-lhe e ele fica, embaraçado e preso em sua Forma e existência de Indivíduo, enquanto a Vida universal caminha sempre e o abandona.

> Nesta torva saudade dos caminhos
> Por que me trouxe e na ansiedade imensa,
> Desejo vão de acompanhá-la em todo
> O círculo divino da jornada...

Travam-se-lhe na alma os conflitos tremendos das aspirações contraditórias. Dentro dele levanta-se o herdado espírito dos Seres de que vem

> Minha alma, é um cemitério de outras almas

Todas as gerações idas sobrevivem nele e o dominam

> Com a diversa luz das suas almas
> Com as sombras do tempo em que viveram.

> Ei-los em mim, os Mortos! num conflito
> Das mais contrárias almas incoerentes

no íntimo choca-se-lhe a batalha do espírito e da carne

> São jornadas de fé: voar; e logo,
> De rastos, regressar à mesma dúvida

A pugna cessa um momento, quando o Santo reconhece que

> As vidas, tão diversas e contínuas,
> São transitórias formas exprimindo
> A Vida — Essência, a Alma do Universo

Mas ei-lo de novo com a dúvida ou com a ansiosa curiosidade. Se a Palavra das Almas é a Vida, qual é a sua entoação no mundo, seu sentido mais belo e verdadeiro? Como pronunciar essa palavra? Interrogando?

> Pondo diante dela, como um ponto
> Final, a Terra em sua redondeza?
> Ou deixando, no vôo do infinito
> Suspenso o seu sentido e entremostrado
> Nas vagas reticências das estrelas?

É, pois, o sentido da vida que preocupa e atormenta o Santo, e este sentido ele espera que lhe dê a mesma Voz da Tentação que lhe provocou esse anseio. Mas esta um momento se cala.

> Voz do Silêncio, Voz do Proibido
> E da Luta, e do Longe e do Mistério,
> Voz que um dia ouvi, e para sempre
> Perturbou minha paz religiosa
> Como um primeiro beijo enamorado
> Perturba alguma vez o sono místico
> Da ansiosa e ignorante adolescência.

O sentido da Vida? Quem o dirá jamais, quando as mesmas religiões que pretendiam dizê-lo falharam lastimavelmente? Tentam-no mais uma vez a poesia e a arte nos versos inspirados deste poeta obscuro e humilde, e ao menos a sua interpretação tem, na sua mesma simplicidade profunda, o encanto da sinceridade ingênua e da bela confiança dos crentes simples, alheios a todo o dogmatismo. E inebriado desse desejo, o Santo julga-o já satisfeito:

> Como a selva noturna em haustos sôfregos
> Bebe o leitoso alvor que vem pungindo,
> Ao longe, a maternal e rósea e túmida
> E latejante curva da Alvorada:
> Assim, ó Vida! eu quero que a minha alma
>
> Beba em teu seio toda a luz magnífica
> Da bondade, do amor e da beleza...

A Tentação, porém, impele-o para a frente. Ela é a mesma alma humana, a parte da própria alma do Universo, pensamento divino, que em nós se agita tremendamente em dúvidas e anseios. E de dentro do mesmo Santo, embora objetivada pelo poeta, ela, mandando-lhe que marche, lhe anuncia que ao cabo do seu caminho há de encontrar

> Por horizonte, a Natureza aberta;
> Por madrugada, Amor tão alto e lúcido
> Que nunca mais teus olhos anoiteçam...

As primeiras vozes que lhe falam então, quando ele vai continuando a sua via dolorosa, são as vozes do Amor, a Eternidade e o Infinito:

> Vimos de tal mistério e tão obscuro
> Amor, que se diria e nós pensamos
> Que de nós mesmos é que nós nascemos

os Astros:

> Simpatia das almas e dos mundos
> Por outros mundos e por outras almas:
> Eis a eterna atração, o mesmo anseio
> De enamorados olhos que se fitam...

o Ar:

> Em mim circula a Eternidade, e em tudo
> Onde tocar meu hálito divino,

> Harmonioso e perfumado e morno:
> Cada raio de estrela — traspassando-me
> Como uma veia de ouro — me extravasa
> No seio o etéreo sangue do Infinito.

A Treva, ela também feitora de amor, zapear de praguejada dos homens:

> Mas Deus bem sabes como eu sou pacífica!
> E como eu sei amar e quantas Vidas
> Bebem as surdas vidas misteriosas
> Em meus fecundos úberes de sombra.

E assim a Terra, o Mar, o Rio, as Fontes, as Árvores, as Raízes, as Aves, as Feras, enfim todas as coisas da Natureza se fazem para ele a voz da Tentação do Amor.

As Raízes têm destas queixas soberbas:

> Por cada dor sofrida, abre lá cima
> O riso de uma flor que nunca vemos;

Ou:

> Nós somos o profundo sacrifício:
> Um ignorado amor que ninguém ama.

Enganado por essas vozes da Tentação, comovido diante do Amor que se lhe antolha como o sentido da vida, como a mesma Vida, vai o Santo ceder-lhe. Mas a própria Tentação o desengana:

> Alma interrogadora e desejosa:
> Se conheces a luz em sua esplêndida,
> Suprema exaltação, para que anseias
> Arder no fogo material e impuro,
> Manchar-te no seu fumo e suas cinzas?

Não será ainda à Tentação da Morte, apenas uma forma da vida universal, que ele cederá. Por mais que brade

> Do mais profundo do meu ser, ó Morte!
> A minha alma e o meu corpo te desejam...
> Abre-te, cova: restitui-me à Vida.

é obrigado a prosseguir. Falam-lhe então, neste último estádio, as vozes da Vida. Diz-lhe a luz da Madrugada:

       A Vida,
  É combater as sombras e vencê-las,
  É regressar às sombras e de novo
  As tornar a vencer: até que um dia,
  De tanto e tanto repassar seus corpos
  Neles fique a memória da minha alma
  — E algum desejo, algum amor por ela...

A Terra lhe ensina:

  Viver é entregar com alegria
  Meu pacífico corpo às vidas sôfregas
  Que são feras de Amor e me devoram
  Como eu devoro a luz ao Sol divino.

A Água:

  Em toda a boa fonte ou rio, a Vida
  É sentir sedes de matar a sede.

Os Répteis, profunda e belissimamente:

  Viver é rastejar por sobre o lodo
  Negro ventre fecundo, mas possuindo
  Nos recamados e luzentes dorsos
  A origem, a raiz das penas da Ave:
  E, olhando o céu e vendo-o belo e livre
  Alto vôo de asas, ansiar-nos
  Uma saudade, uma tristeza, um íntimo
  Desejo de voar — que em ser desejo
  É já como que um vôo de nossa alma.

Outras vozes falam da Vida, conforme a vivem e a sentem, mas todas com a íntima e satisfeita, mesmo quando angustiosa, consciência dela. Por fim a Sombra de Jesus diz aos Povos, que acabavam de erguer louvores a Buda que lhes ensinara fossem

  Belos e bons em alma e corpo
  Para que sejam bons os vossos filhos

que:

> É no fundo
> Dos vossos corações, das vossas almas
> Que vós trazeis o Deus eterno e justo.

E pregando-lhes a religião do espírito e do coração, reprova e condena as exterioridades sob que a desvirtuaram.

> Aquele íntimo Deus que os homens todos
> Trazem dentro de si e se revela
> Pelo amor, pelo bem, pela verdade
> E pureza bestial das consciências,
> Foi esquecido ou foi desfigurado
> No culto externo e vão de vãs imagens.

Desiludido dos seus próprios ensinamentos viciados, a Sombra de Jesus anuncia que a sua voz de profecia será levantada por Outro,

> Um Profeta terrível e sagrado

que ela vê erguer-se de entre os povos.

A este anúncio de um novo Cristo, trazendo uma nova Era de luz, de amor e de verdade, ao nascer do "Sol esplêndido, iluminando em sua viva e dourada luz de triunfo o céu que parece descer sobre a terra", rende-se o Santo à Tentação da Vida:

> Manhã de maravilha e renascença!
> Também contigo renasceu minha alma.
> E o céu é novo; é nova a Terra; a Vida
> É cheia de beleza e de doçura...

Chegando ao termo desta tentativa de definição do poema de Corrêa de Oliveira, compreendo e justifico a condenação de Goethe da interpretação dos poemas em que um poeta pôs o mais recôndito de si mesmo, os quais melhor sentimos, pela comoção que eles nos causam, que compreendemos analisando-os.

A alma simples do poeta, como a alma simples de Santo em que ele simbolizou o angustioso anseio humano por uma vida mais alta e mais feliz, como a concebe o seu íntimo sentimento cristão:

> O Reinado da paz e da alegria,
> Do amor, da caridade e da justiça,

agitando-se em si mesma, e escutando-se, fala-lhe pelas vozes de todo o universo, que nela ressoam como um diapasão e se repetem como um eco, e que a sua consciência amorosa une e irmana num só todo. A Natureza é uma e o Homem e ele são um. A sua alma é também uma forma transitória da Alma do Universo. Que as almas:

> São ecos, sombras
> Da curva da Harmonia, que se embebe
> Nos íntimos da vida, unificando-a
> Numa só natureza — único Círculo
> Divino, criador e sempiterno

Os Namorados definirão a vida que

> é desejar, antevivendo
> Os beijos que nos hão de dar a Vida

O Lavrador:

> Toda a raiz se afunda pela Terra,
> Mas vem à luz do Sol, tornando-se Árvore:
> A Vida, é cultivá-la a todo o instante,
> Colher seus frutos e gozar-lhe a sombra...

e assim por diante cada um, o Poeta, o Imaginário, o Asceta, o Astrólogo, faz da vida a imagem do seu próprio pensamento, mas na funda essência deste, para todos.

A vida, é encontrar a Forma à vida.

É essa forma derradeira que afinal nos anuncia a Sombra de Jesus, numa síntese sentimental suprema:

> E não há de haver almas — mas apenas
> Uma alma — social unificada
> No mesmo Amor e mesma Simpatia
> Hão de as almas fundir numa só alma:
> Ser imagem de um lago profundíssimo

> (A fusão de infinitas gotas de água)
> Refletindo no seio transparente
> A mesma luz dos astros e vibrando,
> Em toda a sua imensidão sensível,
> Na carícia que roce uma só onda,
> Na aresta em que se fira uma só lágrima
> E também igualmente os homens hão de
> Fundir seus pensamentos os mais íntimos
> Em um só condensado Pensamento.

O fator desta ascensão do Homem para uma concepção, ou antes para um sentimento mais completo e perfeito da Vida, ele o tem em si mesmo, são os mesmos jamais sopitados anseios da sua Alma, Voz da Tentação que nele fala e que desde o glorioso e benemérito Satã bíblico é o nosso instrumento de emancipação e perfeição. Essa voz que leva o Santo do seu puro anseio místico e egoístico pelo sossego e pela devota vida calma e sem luta até à satisfação da vida bem-vivida em plena comunhão com o universo, após o haver salvado das tentações de Amor e da Morte, é

> a voz instintiva da Verdade
> A voz do Pensamento a pouco e pouco
> Erguida sobre a treva e sobre o mundo
> A perguntar à vida o que era a Vida,
> A perguntar à morte o que era a Morte,
> A perguntar à alma o que era a Alma,
> A perguntar também aos próprios deuses
> O que era Deus.
>   Pregando e libertando,
> Pelo Vale profundo e pela Noite
> Trago os homens ao cimo da Montanha
> Para que vejam Deus e a Natureza,
> O amor, a morte, a vida, definirem-se
> Na expressão da Beleza e da Bondade...
> Manhã de redenção e de pureza:
> Algum dia hei de ver-te amanhecida
> Sobre todas as almas do universo.

Tal é esse admirável e comovido poema, qual eu o soube, imperfeitamente sem dúvida, compreender e explanar. Cristão pelo mais íntimo sentimento da sua inspiração, porém cristão do puro cristianismo da dulcíssima lenda evangélica, sem sombra de dogmatismo, piedoso no mais nobre sentido da palavra, ele é humano, demasiado humano, diria o odioso Nietzsche. Da mais bela humanidade, porém, pelos instintos profundos que desde o mais íntimo da alma do poeta, comovida ante a Natureza e a Vida, irromperam numa concepção que é, na essência, a mesma do melhor do pensamento moderno.

ALGUNS ASPECTOS DA MODERNA
EVOLUÇÃO ALEMÃ

L'Allemagne moderne, son évolution,
par Henri Lichtenberger, Bibliothèque de Philosophie
Scientifique, Paris, E. Flammarion, in-18º, 399 págs.

Nada do que é humano é estranho à literatura. Eu poderia, pois, sem exceder a capacidade destas notícias, dizer de todo o excelente livro do sr. Henri Lichtenberger sobre a evolução total, econômica, social, histórica, política e intelectual da Alemanha moderna. Mas o livro, em um pequeno volume, contém tanta coisa, é tão rico de fatos e de idéias, de informações e de observações que, ainda abreviadíssima, a sua recensão nos levaria longe. Prefiro restringir a minha notícia a alguns aspectos mentais dessa evolução, os que justamente mais de perto interessam à literatura.

Estes, como aqueles outros, o sr. H. Lichtenberger, cujo nome está revelando uma origem germânica, no-los define e descreve com segura e reconhecida competência, de um dos franceses mais versados em coisas alemãs, e também com notável inteligência dessas coisas e distinto talento de exposição. O seu livro não é o de um noticiador vulgar, nem somente de um bom sabedor e informador da Alemanha, se não a obra de um ciente conhecedor dos assuntos de que versa, de um pensador e de um escritor.

Estuda ele primeiro a evolução econômica, o desenvolvimento do espírito de empresa, e do capitalismo, os seus efeitos na indústria e na agricultura e no regime social, bem como os resultados gerais dessa evolução; depois a evolução política, expondo e apreciando o problema da unidade e da liberdade alemã, o esforço idealista para ambas, a fundação da unidade, o império alemão e a sua política exterior e interior, e o moderno idealismo político. Acerca dessa tendência por ele verificada na evolução da Alemanha moderna, escreve: "Com razão parece que esta renovação do idealismo pode ser interpretada como um sintoma interessante da evolução geral em que entrou a Alemanha atualmente. Notamos acima como, no domínio dos fatos econômicos, deparavam-se-nos sinais cada vez mais irrecusáveis de uma reação contra a liberdade de empresa e o princípio da concorrência ilimitada. Tendências análogas se manifestam em política entre os representantes esclarecidos do conservantismo, do cristianismo protestante ou católico, da alta cultura científica ou artística. Ao lado do esforço realista para o poder nacional ou mundial afirma-se cada vez com maior evidência o esforço para a cultura nacional e para a paz social. Parece certo que uma importante fração da opinião alemã contemporânea tende hoje para um regime de concorrência limitada apoiando-se em um idealismo de base religiosa e procura resolver a questão social com o concurso do cristianismo moderno e no sentido da ética cristã. Até que ponto prevalecerão tais tendências sobre as soluções mais peremptórias da direita ou da esquerda, sobre o absolutismo autoritário de um lado ou sobre o socialismo democrático de outro? Só o futuro decidirá em que proporção é viável uma transação desse gênero entre o racionalismo imperialista e o instinto religioso e tradicionalista".

O estudo da evolução do pensamento religioso e filosófico, feito com uma rara completa liberdade de pensamento, e admirável objetividade, serve de transição ao sr. Lichtenberger entre a exposição dos aspectos econômico, social e político da evolução econômica e o da sua evolução espiritual, na parte dessa que mais de perto nos interessa.

É um fato para ele o renascimento e progresso do catolicismo na Alemanha no decurso do século XIX. Se mui avisadamente não ousa concluir sobre o futuro do catolicismo na Alemanha, onde ele se apresenta já com duas feições distintas, que se podem tornar rivais e inimigas, o catolicismo político e o catolicismo idealista, de todo o conteúdo do seu livro se pode inferir que em suma a sua opinião é que na Alemanha o futuro pertence ao protestantismo. Este "tem a sua base nas camadas profundas da nação, numa *multidão* que precisa, essencialmente, de uma religião organizada, de uma Igreja com os seus ritos, suas doutrinas, suas cerimônias tradicionais. Quanto ao escol cultivado, este emancipou-se de toda a crença dogmática e vive à margem da Igreja, buscando o seu caminho com inteira independência, aliado a todas as energias idealistas da época na luta contra o ceticismo puro e simples ou contra o realismo autoritário sem aspirações superiores. Nada mais natural que esses elementos disparatados custem algumas vezes a ajustarem-se. Mas o que faz a força do protestantismo é exatamente o fato de que ele une em si estes *dois* elementos. Ele tem mais vigor elementar que o puro idealismo filosófico, pois que mergulha as raízes em uma religião popular e apóia-se em uma Igreja organizada. E avantaja-se às religiões autoritárias porque se expande em uma fé idealista puramente humana, porque é, dizem os seus sequazes, a única religião em que possa hoje viver o individualista moderno e apaixonado da liberdade. Há, pois, fé no futuro, no campo protestante. E contam que o gênio germânico, simultaneamente conservador e progressista, mostrar-se-á bastante flexível e inventivo para perpetuar indefinidamente, sem lhe inflingir mutilação irreparável num ou noutro sentido, uma religião tão bem adaptada às tendências fundamentais da raça". Esta última razão é, a meu ver, de todas a mais forte. Fatos humanos e históricos, as religiões só medram e vingam como as plantas, e todos os organismos, nas latitudes morais que lhes são convinháveis. O protestantismo é tão impossível na Itália ou na Espanha como um bananal no Spitzberg, ou o catolicismo dominando a Alemanha ou a Inglaterra.

Com a tradição religiosa, católica e protestante, defrontou-se, como franco inimigo, durante todo o século passado o livre pensamento alemão, "um materialismo vigoroso, combativo, seguro da solidez das suas doutrinas, e que hoje conta por milhões os seus aderentes". Mas o livre pensamento alemão não é só representado pelo materialismo, hoje vantajosamente contrariado, segundo o sr. Lichtenberger, pelo renascimento do idealismo, mas também pelo positivismo e pelo pessimismo. O positivismo de que aqui se fala não é o comtismo na sua estreiteza científica e dogmática, senão as tendências gerais da ciência moderna, feitas espírito filosófico. O moderno pessimismo alemão teve por principal elaborador, como é sabido, Schopenhauer, ao qual se juntaram Taubert, Bahnsen, Mainlander e notavelmente Hartmann. Um dos seus mais ilustres aderentes, e, como artista, mais eficazes divulgadores, foi Heine, que ao cabo "se inclina para o fatigado niilismo do *Romanceiro* e das *Últimas poesias*".

"Em seus versos vibrantíssimos da mais pungente emoção celebra ele a inevitável derrota de toda a beleza e grandeza e só acha uma aparência de sossego numa religiosidade em que se misturam aos soluços de um infinito desespero os risos de uma áspera e dolorosa ironia. Leopardi, pelos anos de sessenta, é um dos favoritos da nova geração. É porém Richard Wagner principalmente quem aparece como viva encarnação desta nova tendência da alma alemã. Otimista e discípulo de Feuerbach antes de 1848, cruelmente desenganado depois pelo aborto de suas esperanças revolucionárias, ele acha na leitura de Schopenhauer a revelação que o esclarece sobre si mesmo e suas próprias disposições. E desde então a renúncia absoluta, a abdicação do gosto de viver egoísta, a religião do sofrimento e da piedade tornam-se as fontes profundas em que se alimenta sua inspiração. Em *Tristão*, a aspiração desvairada da alma moderna para o nirvana, para a Noite libertadora, para a grande paz da morte, em que se extinguem todas as ilusões dolorosas do Dia, onde acabam todos os vãos tormentos da vida má, achou acentos de uma prodigiosa intensidade, de uma irrecusável sinceridade. E no *Parsifal* cantou Wagner, com um fervor igual às vitórias inefáveis da vontade sobre si mesma, o infinito valor da piedade redentora, a esperança de uma regeneração da humanidade pecadora pela resignação e o ascetismo".

Esta atmosfera espiritual de pessimismo pouco a pouco se foi limpando na Alemanha, com os sucessos militares de 1866 e 1870, "O magnífico surto econômico do país, o advento da grande política imperialista e mundial geram novas disposições. Ao desânimo sucede o alegre esforço para o poder. A exaltação do espírito de empreendimento não permite mais conceber o mundo como sem sentido. A ação parece superior à contemplação. O pessimismo perde pouco a pouco a atualidade". É combatido por todos os otimistas da filosofia, da política e da religião e, o que é mais, "rejeitado, ou melhor, excedido pelos próprios que menos dispostos se mostravam a aceitar as hipóteses consoladoras às interpretações otimistas".

Aqui entra em cena Nietzsche. O sr. H. Lichtenberger é exatamente em França um dos primeiros e principais intérpretes e divulgadores de Nietzsche, ao qual já consagrou mais de um volume, sendo um deles sobre *A filosofia de Nietzsche*. E as páginas que neste seu livro consagra à obra do extravagante (no rigor lexicológico da palavra) pensador alemão e a sua influência na mentalidade de sua pátria são de todo o ponto magníficas.

"Nietzsche estabelece de uma maneira nova o problema do valor da existência. Para Schopenhauer, a vida, não tendo nem valor nem objeto, era uma coisa detestável e ruim. Diante do espetáculo do gosto de viver ele sentia o instintivo horror que certas naturezas delicadas ou medrosas sentem perante as manifestações da vida elementar. Não compreendia de modo algum a impressão de alegre regalo que experimentam outros ao mesmo espetáculo. Nietzsche, ao contrário, aprendeu de Darwin o grande fato da evolução universal. Desde logo vê na noção de uma evolução ascendente do gênero humano uma concepção que lhe permite dizer 'sim' à vida sem por isso crer na existência de um objetivo final. A vida é santa não porque tende para tal ou tal fim mas *em si mesma*, porque cresce, aumenta e amplifica-se. Longe de considerá-la com repulsão como Schopenhauer, amou-a com exaltação alegre e quase mística. Nela viu uma festa magnífica, uma aventura incomparável, um jogo maravilhoso. Na sua imaginação de poeta, a idéia darwinista da evolução transfigurou-se a ponto de se tornar a visão de uma subida indefinida para a potência, que celebrou em toda a sua obra com um tão esplêndido lirismo".

Para ele o pessimismo "era apenas uma doença, um sintoma típico de decadência", e o pessimista é um degenerado, um doente, que deve sarar ou desaparecer, mas não tem o direito de estragar a existência dos sãos, de desmoralizar os potentes, de caluniar a vida. O cristianismo, o movimento democrático, o romantismo wagneriano parecem a Nietzsche outras tantas manifestações desta decadência, deste enfraquecimento da vida.

Foi considerável a influência de Nietzsche sobre o pensamento alemão contemporâneo. Mas até que ponto foi tal influência profunda não pode dizer o nosso autor. "O observador estrangeiro sente entretanto que Nietzsche não poderia passar pelo intérprete típico das aspirações que hoje dominam a Alemanha. Ele é uma exceção brilhante, um 'caso' extraordinário, que se estuda e admira. Espantar-me-ia fosse muito considerável o número dos que vão buscar nele normas de conduta e uma interpretação da vida. Parece-me que ele é ainda ou de novo 'inatual', para servirmo-nos da sua bem conhecida fórmula".

"A Alemanha moderna", diz mais o sr. Lichtenberger, "nada decadente, esta Alemanha um pouco maciça, robusta e disciplinada, com o seu soberbo exército, a sua sólida administração, a sua forte organização do trabalho científico, a sua poderosa atividade industrial e comercial, as suas obras grandiosas de seguro e previdência social — que tem ela com o radicalismo nietzschiano? Nietzsche, que admirava pouco o novo império, dizia dele: 'O poder embrutece'. E a Alemanha nova, por seu lado, pouco caso faz da filosofia do super-homem. Às vezes reprova-o horrorizada ou então despreza nele o 'diletante' que não possui a fundo e particularmente nenhuma ciência especial. Ou também presta-lhe polidamente o tributo de homenagem devida a uma ilustração nacional, mas busca alhures seus inspiradores e guias. Ela desaprova nele a intransigência absoluta com a qual leva as suas idéias às últimas conseqüências da lógica. Vê nisso um excesso romântico com que se podem engraçar alguns ideólogos e literatos, mas muito quimérica e sem futuro".

O resumo das observações do escritor francês sobre esses aspectos da vida alemã é que, "ao cabo, esta Alemanha prática e positiva não parece muito disposta a orientar-se segundo os partidos extremos, nem no domínio da ação [e as últimas eleições para o Reichstag lhe dariam nesse ponto razão], nem no do pensamento". Como o mostrou antes, em política ela "procura as soluções médias, compromissos provisórios entre o princípio monárquico e o princípio democrático, entre o nacionalismo e o imperialismo, entre os interesses dos conservadores agrários e a burguesia industrial, entre os da empresa capitalista e os da massa operária". Por seu próprio temperamento esta Alemanha, parece-lhe, não é "radical". "Tenho a impressão", escreve, "que também no domínio espiritual as soluções extremas como as dadas por Nietzsche lhe parecem pitorescas mas improváveis: ela não as toma muito a sério".

Se é verdade, como verifica o autor de *L'Allemagne moderne*, que nesta se realiza um tenaz esforço para o poder e a riqueza, uma volta ao idealismo, um impulso para a alta cultura, uma vontade de justiça social e de caridade, contra o realismo utilitário da primeira metade do século passado, isto se não faz, parece-lhe, no sentido das idéias de Nietzsche.

Antes preside a este aspecto da evolução mental alemã o espírito de Goethe. "À intransigência radical, à filosofia *agonale* do profeta do super-homem, preferem a tolerância soberana, o belo equilíbrio, intelectual e moral, a maravilhosa posse de si mesmo do sábio de Weimar. É sob o seu patrocínio que eles quereriam pôr a cultura intelectual alemã do futuro. Certo não poderiam achar melhor. Aceitemos-lhe o augúrio. E almejemos também que a Alemanha de amanhã seja, cada vez mais, uma Alemanha 'consoante a Goethe'."

E não é a única vez que o sr. Litchtenberger averigua que é afinal a inspiração de Goethe que atua na última evolução da mente alemã. Também na arte pura, música, artes plásticas, como na poesia e na literatura "espera-se que esta crise dará numa renascença do classicismo científico, numa era de saúde nova, onde desabrochará um tipo de humanidade tão rico, porém mais estável e harmonioso que o da hora presente".

Uma prova de que arte é, ao menos como representação, espelho da vida, social em suma, é o modo por que atuam na concepção que o homem faz, em épocas diversas, da arte, as suas mesmas concepções filosóficas. Assim, segundo o nosso autor, a reação anti-racionalista alemã do fim do século XVIII colocava a arte no cabeçalho da sua tabela de valores. A era que se lhe seguiu, crente no poder soberano da razão, interpretando mecanicamente o universo, fazia apenas da arte um instrumento, e não, como a outra, um fim em si. "O subjetivismo moderno nega essa interpretação mecanista". É de ler toda a demonstração (pág. 320) deste asserto, que se poderia resumir neste outro: "Uma obra-prima não se faz, *nasce*. É um organismo vivo [como se tem abusado dessas falazes identidades biológicas!] posto no mundo pelo gênio em virtude de uma necessidade interior." Como se houvesse "necessidade interior" que não fosse condicionada, determinada pelo meio exterior, pela vida e, até, pela sociedade em que, ao menos fora das civilizações de todo primitivas, se passa a vida... Mas de toda a bela e forte exposição do sr. Lichtenberger sobre "o valor da arte" na Alemanha, só se pode razoavelmente concluir a indecisão, ali como por toda a parte, do problema. Nem admira. Não há possibilidade de uma só estética enquanto se não fizer a unidade mental dos espíritos, e essa me parece inteiramente impossível. Ele verifica, entretanto, que as tendências mais manifestas são por uma arte clássica (sempre à maneira de Goethe) humana, popular mesmo, no sentido de se não alhear do povo e não o alhear de si, "que se não desprendesse da realidade, mas que ao contrário trabalhasse em bem da vida". Mas "ao mesmo tempo que a arte se põe ao serviço da vida, parece esforçar-se para se tornar mais democrática".

As boas letras, como a arte, evolveram na Alemanha do romantismo para o realismo e para o impressionismo, hoje ali a feição dominante nelas. Um grande crítico alemão, Lamprecht, vê a causa da evolução geral para o impressionismo no domínio artístico num desenvolvimento excessivo, no mundo contemporâneo, de todas as feições da sensibilidade. Mas nenhuma das fórmulas estéticas conhecidas como romantismo, realismo e impressionismo conseguiu dominar só na Alemanha. "Os modernos são ao mesmo tempo românticos, realistas e impressionistas". E os maiores são "naturezas problemáticas", impossíveis de classificar. É natural, porém, na Alemanha atual, o movimento para a arte sintética, aplicada à vida, "fazendo da casa moderna inteira uma obra de arte". Este movimento não é senão o termo social, podemos dizer, da concepção da arte sintética, isto é, da reunião e aliança de todas as artes para um objetivo comum, que foi o de Wagner e de outros precursores.

Concluindo o seu sólido estudo da moderna evolução alemã, o sr. Lichtenberger confessa que a sua impressão é de assombro perante o desenvolvimento prodigioso da força alemã no século passado. Do seu estudo resulta igualmente que essa obra foi plenamente consciente, e por isso tanto mais meritória, quer no domínio político, quer no social, quer no mental. Ao cabo é, em todo o rigor do termo, e como gostam de dizer os alemães, uma obra de cultura, extensa e intensa.

É de notar que para revelá-la ou recordá-la à sua pátria, grandemente interessada em conhecer bem a Alemanha, não precisou o escritor francês nem de exagerar-lhe os feitos, sublimando-lhe as excelências, nem de menoscabar os do seu país, e menos ainda de alardear descompostamente um germanismo insolente, como se tem visto fazer algures. Aqui mesmo foi assim que se pretendeu trazer para a nossa cultura, exclusivamente francesa, o gosto dos estudos alemães e despertar a nossa atenção para o pensamento alemão. Infelizmente essa tentativa quase gorou por completo. Em primeiro lugar pela irracionalidade e insolência dos métodos empregados nela, depois porque, salvo um ou outro, raro, os nossos germanistas não sabiam o alemão, e algum se privou logo de o poder aprender gabando-se de que o sabia. Preconizavam a berros a língua, a literatura, a ciência, a filosofia alemãs, mas, como eu e tu, amado leitor, liam o seu alemão, com que nos envergonhavam e confundiam... em francês.

Entretanto o substancioso e discreto livro, de que te não pude dar senão uma fraca idéia, e que te recomendo, acabou de convencer-me que de fato seria de grandíssimo proveito para nós pormo-nos, sem espalhafato, mas séria e conscienciosamente, um pouco que fosse, na escola da Alemanha. Nela aprenderíamos talvez, se não falhasse de todo a capacidade de aprender, esta lição preciosíssima; como pela "vontade de potência", segundo a expressão do maior dos seus poetas últimos, pode uma nação fazer-se grande em todos os ramos da atividade humana.

TOLSTOI CONTRA SHAKESPEARE

Shakespeare, par le comte L. N. Tolstoi,
2e. édition, Paris, Calmann-Lévy (1907).

Um escritor inglês, Ernest Crosby, publicou, não sei quando, num dos inúmeros magazines de sua terra, um artigo sobre "Shakespeare e a classe operária". Como é sabido, na Inglaterra Shakespeare é um prato servido com todos os molhos, em todos os repastos e ocasiões, e do qual é imprescritível dever nacional gostar. Encaram-no e estudam-no sob todas as formas, aspectos e posturas: como poeta, como dramaturgo, como escritor, como médico, como advogado, como marinheiro, quiçá como sapateiro, alfaiate ou *sportsman*. Shakespeare é literalmente uma mania inglesa, para a qual aliás a Alemanha concorreu grandemente com o seu vezo, de duvidoso mérito como método crítico, de esmiuçar, esmerilhar, espremer, virar e revirar um autor que lhe cai no gosto, ou antes nas mãos, até desarticulá-lo peça por peça, membro por membro, como uma criança a um brinco ou o botânico à flor que destrói parte por parte para lhe estudar a estrutura.

Contrariando a opinião do poeta socialista e republicano Browning, que sustentava ser Shakespeare "dos nossos", o sr. Crosby quis demonstrar que, ao contrário, o idolatrado poeta nacional "não tem o gosto pelos tempos modernos, com as suas tendências crescentes para a democracia, que ele desprezava as massas e nenhuma simpatia tinha pela idéia de lhes aumentar a influência ou de lhes melhorar a situação".

Esta demonstração, quero admitir que ele a fez mostrando de passagem outras fraquezas e falhas de Shakespeare na sua noção e interpretação da história da Inglaterra. Nem me é difícil admiti-lo, pois sei que na Inglaterra acontece com Shakespeare o mesmo que com a Bíblia: acha-se nele tudo o que se quer ou procura. A mim, porém sem embargo de um critério estético que se não acomoda da arte pela arte, esta tarefa era escusada e vã, ainda aceitando como sinal do gênio o adiantar-se ao seu tempo e ver longe dele. Argumentações como a do sr. Crosby em casos tais (e o mesmo digo já das de Tolstoi) têm sempre alguma coisa de especioso, de *tendencioso*, que as prejudicam. Com tais processos críticos (nós temos nas nossas letras o caso famoso da *Censura dos Lusíadas* de José Agostinho de Macedo) nenhum monumento literário, ainda o mais eminente, ficaria incólume.

Este artigo do sr. Crosby, que certamente teria passado despercebido ou quase no enorme acervo de estudos shakespearianos de toda a casta e mérito constantemente publicados na Inglaterra, provocou, entretanto, o de Leon Tolstoi, o qual, pela eminência do seu autor na literatura e no pensamento moderno, causou muito maior impressão e teve muito mais repercussão.

Com o artigo do sr. Crosby, o de Tolstoi e mais um longo extrato da obra deste *Que é arte?*, traduzidos estes do russo e aquele do inglês por um dos tradutores ordinários do grande eslavo, o sr. J. W. Bienstock, compôs um editor francês este volume.

Para o lermos, particularmente o artigo de Tolstoi, sem um movimento de repulsa e antipatia pelo que ele afronta e ofende uma opinião desde muito feita ou tradicionalmente insinuada em nós, pela repetição constante, indiscutível, dogmática da sublimidade incomparável de Shakespeare, precisamos fazer em nós tábua rasa, campo limpo, de quanto arraigou em nosso espírito essa convicção ou sentimento. Se não, o estudo de Tolstoi nos parecerá absurdo, irracional, mau, e até odioso. Precisamos ainda, se não para aceitar-lhe a novíssima doutrina sobre Shakespeare, ao menos para lhe compreendermos (e este é o dever elementar do leitor honesto e esclarecido), informarmo-nos do critério crítico do censor, da luz a cujo clarão ele leu, estudou e julgou Shakespeare.

Não é lícito ignorar Tolstoi, sua obra, seu pensamento, sua estética. No meio da confusão, da extravagância, da incoerência, da anarquia enfim, do espírito e do sentimento contemporâneo, que ganhou a ciência, a filosofia, a literatura, a arte, sem falar na política, junta Tolstoi a outros méritos eminentes e peregrinos, que fazem dele uma das mais preclaras e admiráveis figuras da nossa época, o de ser, ao menos depois de certo tempo, um dos raros que têm uma doutrina coerente, um princípio superior diretor do seu sentimento e do seu pensamento, em qualquer domínio mental ou prático em que tenha exercido. É justamente este fato que, ainda com as fraquezas do seu temperamento, o torna talvez a mais augusta figura viva dos nossos dias.

A sua estética, a parte do seu pensamento que agora mais nos interessa, logicamente derivada do seu sentimento religioso e do seu correspondente pensamento filosófico, ele a definiu num livro célebre, *Que é arte?*, do qual fragmentos foram transcritos neste volume. Entre as estéticas mais ou menos incoerentes e até disparatadas que desde Hegel, e ainda antes, têm surgido, a de Tolstoi, qualquer que seja o valor intrínseco que lhe demos, e o apreço em que a tenhamos, é quiçá a única que tem coerência, unidade, lógica. Porque Tolstoi é um espírito terrivelmente lógico, o que é um meio de ser freqüentemente um espírito falso.

Contendor encarniçado da falaciosa teoria da arte pela arte, ou da arte pura realização da beleza, ou da arte divertimento ou jogo em que o homem despende o seu excesso de energia, da arte simples representação, ainda idealizada, mas sem um fim moral ou social, ensina Tolstoi que o objeto da arte é: *Evocar em nós mesmos um sentimento já experimentado, e, o tendo evocado, comunicá-lo a outrem, mediante movimentos, linhas, cores, sons, imagens verbais; transmitir esses sentimentos de modo tal que os outros os experimentem também*. Ou por outra: *A arte é uma forma de atividade humana pela qual um homem transmite consciente e voluntariamente a outro os seus sentimentos mediante certos sinais exteriores e de modo que os outros homens tocados por estes sentimentos os revivam.*

Eu por mim estou pronto a aceitar esta definição, julgando que nenhuma ainda foi dada mais clara, mais precisa, mais completa e mais exata. Sob a condição, porém, de não marcarmos e limitarmos, como faz Tolstoi, a natureza e qualidade dos sentimentos que, segundo ele (e nisto também estou com ele), é função da arte comunicar. Pronto a admitir com ele que "a arte é uma atividade cujo fim (pois me não posso resignar a aceitar a arte órgão sem função) é transmitir aos homens os sentimentos mais nobres e melhores da alma humana", paro de segui-lo quando pretende que esses sentimentos se resumem todos no sentimento religioso, segundo a sua concepção da religião revelada a cada um pela interpretação individual e chã dos Evangelhos. Ainda se ele desse à palavra religião, e ao seu sentimento religioso, a larga e justa significação de conjunto de sentimentos humanos que ligam os homens através do tempo e do espaço, e nos dão o senso íntimo da nossa fraternidade universal, independentemente de qualquer crença no sobrenatural, eu não duvidaria aceitar-lhe a concepção estética, cuja profundeza e elevação me parece incontestável.

Não há dúvida de que na sua definição da arte entra perfeitamente a arte antes que o espírito humano se emancipasse, embora incompletamente, das teologias que o alumiaram e dirigiram até o século XVI e, já menos, ainda depois.

A mais bela arte grega foi de origem e inspiração religiosa, como a primeira arte cristã, mesmo quando o paganismo, como na Renascença, nela influía. Não esqueçamos que Carlyle chamou a este mesmo Shakespeare, a quem Tolstoi nega todo o sentimento religioso, de último representante do espírito católico na Inglaterra, contrapondo-lhe Milton, representante do espírito protestante. Nem se concebe que, sendo a religião já revelação e dogmatismo, já sentimento e emoção íntima, o principal fator do afeiçoamento do espírito humano em todos os tempos e máxime naqueles em que maior foi o seu domínio nele, não se concebe que ela não tenha poderosamente influído no seu sentimento estético e nas suas manifestações. Onde, a meu ver, enfraquece a concepção tolstoiana é no querer que a arte não tenha outras emoções que as da religião qual ele a concebeu e definiu em diversos livros, especialmente nos seus *Evangelhos*.

É esta religião, em suma um anarquismo cristão, uma volta ao espírito evangélico primitivo, segundo ele o deduz da interpretação literal e singela desses escritos, que ele nega a Shakespeare, e, à conta da sua carência neste, carrega iracundo e feroz contra ele, contestando-lhe com rara e alta coragem quanto o mundo inteiro lhe reconheceu até hoje e apoucando-o a proporções apenas medíocres.

Este completo desacordo de Tolstoi com a opinião geral a respeito de Shakespeare "não é", declara ele, e podemos crê-lo pois é um homem de consciência e de verdade, "o resultado de uma impressão acidental ou de um exame superficial da questão, senão de muitas tentativas perseverantes, continuadas durante muitos anos, para fazer concordar a minha opinião com a que se tem de Shakespeare, com a opinião de todas as pessoas instruídas no mundo cristão".

Segundo o seu costume de exame de consciência, refere Tolstoi quanto fez para ter esta opinião, lendo e relendo Shakespeare totalmente no original e em traduções, particularmente na famosa alemã de Schlegel, que lhe foi em especial recomendada, e mais os seus numerosos comentadores e críticos. O resultado desse trabalho todo foi sempre o mesmo, o dissabor, o aborrecimento, o espanto.

"Ainda em antes de escrever este ensaio, eu, velho de 75 anos, desejando mais uma vez conferir a minha opinião, reli Shakespeare inteiro, incluindo as crônicas dos *Henriques*, *Tróilo e Créscida*, a *Tormenta* e *Cimbelina*; reli e experimentei, com maior força, os mesmos sentimentos, salvo o do assombro, substituído por uma convicção firme e inabalável de que esta glória indiscutida de grande e genial escritor de Shakespeare, e que obriga os escritores atuais a imitá-lo e os leitores e os espectadores a procurarem nele qualidades que ele não tem, deformando, para o conseguirem, sua compreensão artística e ética, que esta glória, como toda a mentira, é um grande mal".

Tomando diversos dramas de Shakespeare, a começar pelo *Rei Lear*, Tolstoi os analisa minuciosamente em si mesmos e comparando-os com as fontes de onde provieram. É sabido e tem sido muito repetido e cabalmente comprovado que não há uma só peça de Shakespeare, uma só, cujo assunto e ainda entrecho e idéias e situações fossem de invenção sua. Mostra-lhes as incongruências, os disparates, as falsidades de situações e de caracteres, os erros psicológicos e tudo o que de defeitos e vícios lhes descobre a sua censura em todo o rigor do termo inquisitorial.

O processo, já o disse, parece-me falso, mas, aceito ele, com ou sem a restrição da estética de Tolstoi, os seus resultados — se não nos cega a admiração incondicional, o fetichismo literário — não há remédio senão, ao menos parcialmente, aceitá-los.

Com intencional e, quase estou em dizer, maliciosa insistência, põe Tolstoi de manifesto o despropósito das palavras de certos personagens (como as de Gloster, que deve representar um nobre caráter, falando do filho ilegítimo, ato I, cena I): "a língua enfática, sem caráter, do rei Lear, língua que falam todos os reis de Shakespeare". A desconveniência de tom das conversações com as situações (cena III) e depois de resumir todo o drama, "tão rigorosamente quanto possível", declara-o ainda mais inepto no original que no seu resumo. Analisando-o sob outros aspectos, mais se confirma neste juízo. A primeira objeção que lhe faz é da falsidade das situações em que as personagens são arbitrariamente colocadas, e da sua desnaturalidade. A segunda é que essas personagens, "como todas as de Shakespeare", vivem, pensam, falam e agem em desconformidade com o tempo e o lugar. A ação do *Rei Lear* passa-se oito séculos antes de Cristo e, entretanto, "as personagens se acham em condições que só na Idade Média eram possíveis".

As personagens de Shakespeare, além de postas em "situações trágicas impossíveis, que não decorrem da marcha dos acontecimentos, impróprias dos tempos e lugar, não agem segundo o seu caráter, muito definidos, mas definidos de um modo completamente arbitrário. Essas personagens falam sempre não a sua língua mas a de Shakespeare, imaginosa, artificial, como nunca, nem ninguém falou, a língua shakespeariana, falsa, sentimental, sempre a mesma. Shakespeare não tem absolutamente o sentimento da medida; ora, sem este sentimento nunca houve e não pode haver artista, assim como sem o sentimento do ritmo não pode haver músico; logo Shakespeare não era um artista e suas obras não são obras de arte".

Tal é, em suma, após uma análise esmiuçadora e percuciente da obra de Shakespeare, o juízo final de Tolstoi, que ele ainda corrobora, estudando à luz da sua estética própria, e do seu critério ético, o espírito e a significação moral e social dessa obra.

Muitos dos reparos e críticas de Tolstoi não são, entretanto, novos, e mais de um crítico já os fez. Entre outros H. Taine, cujas observações sobre a forma e maneira shakespearianas não diferem sensivelmente das de Tolstoi, embora a sua opinião sobre o poeta seja precisamente contrária à do grande russo. E se estes dois eminentes espíritos, de pontos de vista estéticos e filosóficos diferentes, concluem diversamente, não discordam notavelmente na apreciação da parte externa da obra de Shakespeare.

Também Taine (*Hist. de la litt. anglaise*, neuvième édition, Paris, Hachette, 1895, II) lhe nota o verso pomposo, sobrecarregado, florente de imagens, o cúmulo de extravagância, de ênfase e de horror, nenhum preparo, nenhuma preocupação ou resguardo, nenhum desenvolvimento ou cuidado para se fazer compreender, um estilo composto de extravagâncias a cada instante cortadas por imagens ainda mais temerárias, idéias apenas indicadas acabadas por outras afastadíssimas delas, nenhuma seqüência visível, um aspecto de incoerência. "Sua faculdade dominante é a imaginação apaixonada, livre de estorvos da razão e da moral. (...) As palavras em Shakespeare são cruas além do que se pode traduzir. Suas personagens chamam as coisas pelos seus nomes sórdidos, e arrastam os seus pensamentos por sobre as imagens exatas do amor físico. (...) As suas personagens são todas da mesma família. Bons ou maus, grosseiros ou delicados, espirituosos ou estúpidos, Shakespeare dá-lhes a todos o mesmo gênero de espírito que é o seu. Ele é imoral. (...) As mulheres de Shakespeare são crianças encantadoras, que sentem com excesso e amam com loucura".

Não seria difícil respirar em Taine mais algumas dessas notações em completo acordo com as censuras de Tolstoi. Mas esses enormes, esses monstruosos senões de Shakespeare, se o vemos com a lente a que nos acostumou a nossa visão da arte clássica, e o avaliamos segundo o padrão da medida por ela criada, qualquer de nós pode por si mesmo verificá-los.

Tomemos, por exemplo, a tragédia de Shakespeare, *O rei Ricardo III*, leiamos a cena segunda do primeiro ato. Numa rua de Londres, Lady Ana, viúva de Eduardo e nora de Henrique VI, acompanhando o féretro deste rei encontra Gloucester, e com este trava-se o diálogo. Leia-se esse amontoado de metáforas, de imprecações, de objurgatórias, de maldições, de insultos, de afrontas, de pragas, numa linguagem brutal de regateira posta na boca da rainha, que a completa escarrando na cara do duque, e note-se a reviravolta repentina, súbita, inconcebível, inaceitável do seu sentimento de ódio feroz em amor e submissão a esse mesmo Gloucester, que ainda há pouco, o que mais a devia exasperar, respondia aos seus apodos e últimas ofensas com ironias, sarcasmos, motejos e pilhérias, algumas mais de arrieiro que de fidalgo. É uma das cenas mais falsas de todo o teatro moderno, mas por um singular dom do gênio, que desconcerta todos os nossos critérios críticos, uma das mais fortes e impressionadoras dele.

Pois a verdade, já verificada por Taine e por todos os críticos de Shakespeare que não se limitaram a admirá-lo *comme une bête*, segundo a ultra-romântica expressão de Hugo, e agora posta mais uma vez de manifesto por Tolstoi, é que cenas tais, diálogos semelhantes, situações idênticas, iguais brutalidades de gestos e de expressões, os mesmos abusos de metáforas e tropos, se nos deparam em todos os seus dramas.

Não ousarei concluir por mim mesmo. Socorro-me por isso de um dos críticos franceses que melhor e mais profundamente conheceram não só Shakespeare mas a literatura inglesa, como todas as grandes literaturas antigas e modernas, o malogrado James Darmesteter. Estudando exaustivamente o *Macbeth* de Shakespeare (*Essais de litt. anglaise*, Paris, 1883, 106), conclui assim um dos seus capítulos o sabidíssimo e inteligente filólogo:

"Não lhes custou aos críticos mostrarem nesta peça muitas incoerências de particulares, contradições, absurdos. De uma feita, é Macbeth que, apenas com o intervalo de uma cena, esquece que venceu e aprisionou o *thane* de Cawdor revoltado e faz dele um fidalgo ainda próspero; é um soldado gravemente ferido que mandado anunciar a vitória chega de Fife, lugar do combate, a Forres, onde está o rei, fazendo 70 milhas através dos Grampians; depois é a duração do drama que, segundo textuais palavras das personagens, seria apenas de uma semana, quando, segundo o bom senso e o próprio desenvolvimento da peça, a ação deve durar anos.

Duvido que espectador algum, ou algum leitor, lendo por amor da emoção dramática, jamais se sentisse afrontado com essas e outras extravagâncias, e suponho que se, nas suas discussões na taberna da Sereia, o sábio Ben Jonson ou outro lhas houvesse reprochado, Shakespeare lhes teria dado razão, acrescentando depois, com o sorriso do gênio: — Mas que tem isso?"

    É o que talvez, sem faltar ao acatamento devido ao gênio e caráter de Tolstoi, se lhe poderia dizer, ao concluir a leitura deste seu libelo contra o excelso poeta: — Que tem isso?

A LITERATURA LATINA NA HISTÓRIA DE ROMA

> *Grandezza e decadenza di Roma*,
> da Guglielmo Ferrero: IV — *La Republica di
> Augusto*; V — *Augusto e il Grande Impero*,
> Milano, Fratelli Treves, 1906-1907, 2 vols.

Já aqui mesmo, escrevendo do maior dos romanos, Júlio César, tive motivo de dizer do insigne historiador e publicista italiano, que agora nos visita, o sr. Guglielmo Ferrero, e de sua grande obra histórica, particularmente na parte referente àquela eminente personagem.

Dessa obra em que, com singular, mas legítima e justificada decisão, ele se abalançou a refazer, com outro pensamento e estilo, e seguramente com maior sentimento, se não inteligência, do assunto, o livro clássico de Mommsen, sem os preconceitos do grande historiador alemão, apareceram depois o IV e V volumes.

Recontam ambos a república de Augusto, o felizardo Otávio, sobrinho e herdeiro de César, e a sua transformação gradual no império, cuja grandeza acabou por incorporar o período ainda republicano de fato e de direito, do seu início.

"Enfim revivia-se! De toda a parte a tremenda procela descobria a atmosfera, fugia, desaparecia no extremo do horizonte; em cima, à direita, à esquerda serenava o céu; imensos rasgões azuis brilhavam, promissores de paz e alegria. Todas, todas as tormentas da revolução, as tiranias triunvirais, a anarquia militar, a rapina dos impostos, tinham acabado; o Senado recomeçava a reunir-se regularmente em sessões; os cônsules, os pretores, os edis, os questores retomavam suas antigas funções; recomeçava nas províncias a sucessão dos governadores escolhidos ou sorteados entre os cônsules e os pretores demissionários. E após tantas discórdias atrozes, após tanto ódio, tantas demolições, tantas destruições achava-se a Itália concorde ao menos em admirar junta e fervidamente Augusto e a antiga Roma".

É desta maneira imaginosa mas precisa e exata como resumo de um momento histórico que o sr. Ferrero, iniciando o seu IV volume da edição italiana, pinta a situação em Roma depois da guerra de Actio, da ruína de Antônio, de passado o perigo imaginário de Cleópatra, da conquista do Egito, da restauração da República, conforme ele as recontou no III. "Os estranhos, quase incríveis acontecimentos dos últimos anos haviam precipitadamente repelido os espíritos para as longínquas fontes da história nacional e os mesquinhos princípios do grande império".

Era um momento ao mesmo tempo de júbilo e contentamento do presente, por todos aqueles resultados alcançados, e de reação e saudade do passado, a cujas virtudes eram eles atribuídos. O homem em que convergiam estas duas correntes de sentimentos à primeira vista contraditórios, mas, na essência, concordantes, era Otávio, o futuro Augusto. Por um singular concurso de circunstâncias felizes jeitosamente aproveitadas, este homem medíocre foi, mediante aqueles acontecimentos, o restaurador da república, e da mesma Roma, ameaçada pela aliança de Antônio e Cleópatra, e perturbada pelas facções internas, ainda vigorosas. Os bens, a tranqüilidade, o ordem, imensos se os compararmos com os males precedentes, que ele restituíra ou parecia restituiria à Itália com os seus imerecidos mas incomparáveis sucessos, agora que até aos espíritos mais firmes dominara o contágio universal de admiração e de adulação, lhe era atribuído. A lógica popular será sempre a do *post hoc, ergo propter hoc*, e a massa não esmiúça, como os historiadores, os motivos e as condições e circunstâncias dos acontecimentos. Tudo aquilo de que a romana se achou de posse depois da derrota de Antônio e Cleópatra, os tesouros trazidos do Egito, satisfações materiais, maior tranqüilidade pública, volta aos antigos costumes e instituições, funcionamento menos desordenado da coisa pública, tudo foi imputado a Augusto.

Desta situação, de que há mais de um exemplo na história, nasceu a sua lenda finamente explanada pelo sr. Ferrero no primeiro capítulo do seu IV volume. E dela, e das circunstâncias que a criaram, ou de que ela mesma foi fator, muito mais que da matreirice que até agora a história lhe tem atribuído, proveio o poder imenso, que esse homem, em suma, de medíocre valor, "esse intelectual egoísta, sem vaidade e sem cobiça, valetudinário incapaz de ação pronta, medroso de agitações súbitas, precocemente velho aos 36 anos, calculista arguto, frio e covarde, vencedor por acaso", reuniu finalmente em suas mãos, mais hábeis, no sentido mesquinho do qualificativo, que fortes. Esta personagem equívoca criou na história, ele o restaurador intencional da República romana, o equívoco do Império romano, que até o sr. Ferrero se datava dele.

Antes da geração de César, que é do primeiro século antes de Cristo, ou do oitavo de Roma, mofina e pobre fora a literatura romana. Seus poetas— e as literaturas nascem pela poesia e os povos principalmente por ela se definem — os Lívios Andrônicos, Pacúvios, Ênios, Plautos e Terêncios, se excetuarmos os dois últimos, nada mais faziam que imitar e repetir, sem nenhum vigor próprio, os gregos. Segundo reconheceria mais tarde Horácio, a Grécia conquistada acabara por submeter espiritualmente o seu vencedor, e as letras latinas, antes de César e Cícero, são um pálido reflexo das gregas. Na reação republicana, segundo o conceito daqueles a que o sr. Ferrero chama de arcaizantes, que quiseram restaurar o velho passado romano de antes da conquista, procuraram os romanos voltar também a estes seus primeiros poetas, os seus clássicos, que, levados por essa reação, "antepunham aos escritores, muito mais ricos e muito mais vivos, da geração de César".

Nos últimos cem anos, de conquistas e lutas civis, os velhos costumes romanos, cuja pureza os reacionários, segundo o seu costume, acaso exageravam para lhes preconizarem a restauração, tinham entrado em dissolução. As circunstâncias impuseram a Augusto mais essa tarefa de reformador dos costumes públicos.

Justamente nesse ensejo aparecia um poeta, "o qual se deleitava em fixar, em metros imitados dos líricos gregos, esses pensamentos e esses sentimentos (de reforma moral) difundidos nas classes cultas; que havia já indicado como causa da potência de Roma a pureza sexual por tanto tempo conservada pelos antepassados nas severas casas romanas; que tinha já proclamado à Itália que se não poderia vencer os Partos enquanto a juventude não fosse submetida a uma nova e mais rigorosa educação".

E agora apregoava que sem reformar os costumes de nada valia restaurar a república.

São uma das novidades e um dos encantos da história do sr. Ferrero o aproveitamento engenhoso e perspicaz da literatura latina, particularmente da sua poesia, na explicação ou compreensão da história romana. Outros o teriam feito antes dele, e, para não ir mais longe, o fez notavelmente Gaston Boissier, mas nenhum com tanta decisão, um sentimento tão justo e exato desta aplicação dos fatos literários à explicação dos aspectos históricos e uma tão atilada e arguta inteligência da sua correlação. Todo o sistema histórico do sr. Ferrero está, se não me engano, nesta sua frase: "rever uma situação com os olhos dos contemporâneos". Ora, não há olhos que mais e melhor vejam que os dos poetas verdadeiramente representativos, que são os únicos geniais.

Eram-no, em graus e de modos diferentes, os poetas deste momento, todos queridos da aristocracia romana, a quem os gregos ensinaram o apreço da inteligência e das letras, como, além de Horácio e Virgílio, Tíbulo e Propércio. Prosadores como Tito Lívio mereciam igual estima, e, na língua que Cícero e César aperfeiçoaram, exprimiam também os sentimentos que então agitavam a alma romana e lhe refletiam as aspirações e paixões. Lastimando a corrupção do tempo, Tito Lívio, confessando-a irremediável, como resultante das mesmas modificações da velha sociedade romana, declara que "mergulhou no estudo do passado, para esquecer as desgraças do presente, tão estragado que não podia mais tolerar nem os males que sofriam nem os remédios capazes de curá-los". *Nec vitia nostra nec remedia pati possumus.*

"Esta frase compendiosa", escreve o sr. Ferrero, "define tão bem a estranha condição daqueles tempos, tão luminosamente explica toda a política de Augusto no primeiro decênio de sua presidência, que eu a considero não como uma reflexão pessoal e toda de Lívio, se não como a síntese feliz de longas discussões sobre o estado de Itália, de Augusto e seus amigos, às quais estaria Lívio presente".

Ao passo que Horácio era, a seu modo, e quanto lhe permitia a sua encantadora desenvoltura intelectual, um reacionário, por cuja boca falavam os admiradores do bom tempo antigo, e cultivava a poesia civil e religiosa, cara aos aristocratas seus amigos, outros, Propércio, Tíbulo, mais desenganados, representavam os que se compraziam na soltura dos costumes, e cultivavam o seu egoísmo cívico.

O "incerto" Augusto tinha enfim conquistado o Egito e posto alguma ordem no Estado romano. "A conquista do Egito não tardou em fazer sentir-se na vida romana, contrabalançando rapidamente a propaganda arcaizante, fomentada pela política de Cleópatra". O comércio do antigo reino dos Ptolomeus com Roma não foi só de ouro e prata, as frotas dali vindas com essas riquezas, que viriam aumentar a dissolução em cuja emenda se empenhava

Augusto, transportavam também usos, costumes e idéias. A arte e artistas alexandrinos, dessa Alexandria que já começava a substituir Atenas como metrópole intelectual do mundo, derramaram-se pela Itália, criando-lhe a suntuosidade que nós erradamente temos sempre atribuído aos romanos e que é de fato oriental, e agravando o conflito entre o Oriente e o Ocidente que, segundo o sr. Ferrero, foi a mola real de toda a história romana desde a conquista de Lúculo e que daria a sua feição proeminente ao império, malgrado seu, estabelecido por Augusto.

O orientalismo, as riquezas facilmente adquiridas, o amor do luxo e de toda a sorte de gozos, a que tinham sido os antigos romanos estranhos, avassalaram a sociedade romana e produziram, com maior dissolução dos costumes, apesar das reformas de Augusto, a última decadência moral da nobreza. "Com efeito", resume o sr. Ferrero, "o amor egoístico, a voluptuosidade estéril, e o prazer contra a natureza, que os antigos romanos haviam varrido da cidade com tanto horror, adquirem então, no meio do arcaísmo em voga, direito pleno de cidadania, penetrando tanto nos costumes como na literatura. Dois ilustres poetas, acariciados, protegidos pelos grandes, Tíbulo, favorito de Messala, Propércio, amigo de Mecenas, criavam definitivamente, de imitação grega e de inspiração pessoal, a poesia erótica romana, isto é, um dos mais ativos dissolventes da antiga sociedade e da velha moral". Esses dois poetas do amor e da volúpia "começam em nome do deus Eros e em verso a propaganda antimilitarista, que será continuada por três séculos, de vários pontos de vista e por inumeráveis escritores — sem exclusão dos cristãos — até entregar o império inerme às hordas bárbaras".

E esta poesia, erótica e licenciosa, dos Tíbulos e Propércios, pornográfica mesmo, como lhe chamaríamos hoje, e pior do que isso, porque a sua refinada sensualidade e beleza lhe davam mais prestígio e a faziam mais cativante, era admirada e seus autores protegidos pelos homens que deviam presidir à restauração dos bons tempos. Mas, como nota o sr. Ferrero, dando até essa contradição por uma das características da época, a contradição era geral, "estava em toda a parte". Dizendo vários aspectos dela, resume-os o sr. Ferrero: "Contradições múltiplas, estranhas, incessantes, mas que se resolvem todas numa contradição mais geral, a contradição das contradições, diante da qual, terminadas as guerras civis, se achava a Itália, que seria por ela dilacerada por todo um século: a contradição entre o princípio latino e o princípio greco-oriental". Esta contradição mostrava-se claramente na intelectualidade romana. "A cultura greco-asiática estorvava a restauração do antigo estado latino, por todos reclamada para salvar o império; mas todos ou quase todos queriam salvar o império, por que não faltassem à Itália os meios de assimilar a cultura greco-asiática". Esta contradição "é a alma do maravilhoso poema nesses anos composto por Horácio, que quase nos deixa, cinzelado em versos de beleza inimitável, o mais profundo documento desta crise decisiva do pensamento e do sentimento romano, que não é todavia senão uma crise que periodicamente se repete na história de toda a civilização geral de Atenas e Roma".

Não lhes parece que, vistas a esta luz nova, as odes do "velho Horácio", com que os nossos mestres carrancas e sempre irritados nos fatigaram a aplicação e mataram o gosto de estudá-las, aparecem também com um novo aspecto, claro, brilhante, atraente, com uma emoção que eles jamais lograram conseguir que nós percebêssemos, porque eles mesmos lhe eram estranhos? E eu não faço senão indicar o que o leitor curioso pode achar no interessante volume do sr. Ferrero, o seu finíssimo estudo das odes de Horácio postas no seu meio e momento, não o puro desenfado de um epicurista e diletante, mas como a mesma expressão da sociedade e do ambiente moral. E tanto mais exata e sincera, que Horácio não era um poeta nacional, com preocupações nacionais, e, salvo o seu talento e poderoso engenho, carecia das qualificações para o ser. "Por temperamento, por inclinação, por ambição ele não era em um poeta nacional, nem um 'poeta cortesão', qual o definiram os que o não entenderam. Filho de um liberto, talvez com sangue oriental nas veias; meridional, nascido na Puglia meio grega onde se falavam ainda as duas línguas, pensador arguto e artista soberano da palavra, para quem a vida não tinha outro objeto que estudar e observar e representar o mundo sensível, compreender e analisar todas as contradições e as leis do mundo ideal, literato filósofo, Horácio não sentia Roma, a sua grandeza, a sua tradição, o seu espírito muito pouco artístico e filosófico, demasiado prático e político". Estupefato pelo movimento de Roma para o passado, se se não comoveu como cidadão romano, compreendeu-o admiravelmente como pensador e lhe admirou a beleza como poeta. Foi a aliança do pensador e do poeta, servida por um momento singular da história romana, agindo sobre ambos e solicitando ambos, que produziu a sua obra imortal. "Um grande engenho, posto em uma condição única de tempo, estas duas condições da obra-prima literária realizavam-se então".

E agora podemos entender plenamente por que todos os inúmeros imitadores de Horácio, e a nossa língua os teve muitíssimos, ficaram tão infinitamente longe do seu modelo, que não era, como eles cuidavam, um puro versejador excelente, senão um poeta que, embora artista, trabalhando cuidadosa e calmamente o seu verso, a sua língua, o seu estilo, experimentava, sofria ou compreendia as comoções e o sentimento do seu tempo.

Se as odes de Horácio, "cuja unidade ideal é formada das contradições das suas partes", são a expressão poética daquele agudo momento da contradição fundamental da vida romana desde as conquistas no Oriente, a *Eneida,* o maravilhoso poema de Virgílio, assinala a renovação religiosa tentada depois do ano de 24 (antes de Cristo) por Augusto. Ou antes, seguida e acompanhada por ela, pois de fato ela correspondia ao renascimento da filosofia moral dos gregos, com as doutrinas pitagóricas e estóicas. Alguma coisa que precedia o cristianismo sem ter com ele nenhuma relação. "E crescia, divulgava-se, reforçava-se de toda a parte, principalmente nas classes médias — entre os senadores e cavalheiros de fortuna modesta, entre os escritores, os mercadores, os libertos, os profissionais —, um largo movimento puritano, que queria, com leis novas e novos castigos, arrancar de Roma todos os vícios importados com a riqueza; o impudor das damas, a condescendência venal dos maridos, o celibato, o luxo, a concussão; um largo movimento que, como um rio, era alimentado por numerosos afluentes correndo de montanhas diversas".

Composto embora de elementos diversos, nem todos puros e sãos, esse movimento tinha, como diz o sr. Ferrero, *una anima de serietà,* um espírito sério. Esta corrente de sentimentos e idéias que tendiam à restauração da grandeza romana pela reforma moral completa da sua vida, e era, portanto, essencialmente, um movimento religioso, seguiu-a um grande poeta, e nela se engolfou, Virgílio. "Admirador da literatura grega, e desejoso ao mesmo tempo de escolher para assunto as maiores preocupações do espírito público, propusera-se Virgílio dar à Itália, em uma grande obra de arte, que simultaneamente fosse a *Ilíada* e a *Odisséia* latina, o poema nacional da sua regeneração moral e religiosa, na forma e na matéria, como outros esforçavam-se para fundir na vida as melhores partes do romanismo e as porções mais puras do helenismo, as crenças populares e as doutrinas filosóficas, a religião e a guerra, a arte e a moral, o espírito de tradição e o sentimento imperial". Tal empresa exigia "um imenso fogo de fantasia [a "fúria grande e sonorosa", do nosso Camões] e um trabalho sobre-humano".

Poeta de inspiração mais larga, mais sublime, e de concepção e execução mais fácil do que Horácio, que "levava meses a limar um minúsculo poema", Virgílio realizou, não sem desfalecimentos e demoras, o poema que devia ser a mais alta expressão do gênio poético latino e das aspirações romanas naquele momento.

E esses dois grandes poetas, tão dissimilantes, são, entretanto, os mais eminentes e cabais representantes literários do estado da alma, ou antes, dos estados da alma romana do seu tempo.

"Horácio", escreve, comparando-os, o sr. Ferrero, "é o espírito poderoso mas solitário, que sai para fora das coisas e se põe à necessária distância para as julgar; que indiferente, e quase estranho, a Roma, à Itália, ao seu passado, ao seu presente, escruta, analisa, fixa os mil fenômenos contraditórios do instante maravilhoso em que refulge o seu gênio. Virgílio é a grande alma comunicativa que com o sentimento, a imaginação, a ciência, a erudição, entra em contato com a vida, recebe-a em si mesmo, inebria-se dela, a descreve, a celebra, a engrandece, a purifica das escórias, funde-lhe os contrários, lhe sublima a matéria e o espírito; que do maravilhoso momento em que o seu gênio refulge ao lado do de Horácio exprimiu e fundiu em uma síntese imperfeita mas grandiosa todas as aspirações contraditórias, frementes na parte mais escolhida, mais culta, mais de bem da Itália. Uma grandiosa amplificação poética das preocupações religiosas, morais e militares renascentes; a voz solene não de um isolado, embora grandíssimo poeta, mas de toda uma época, tal é a *Eneida*".

É esta correlação imediata e constante entre a poesia e as letras latinas e a história romana, qual desde os seus primeiros volumes, a propósito de Cícero e de César, mostrava o sr. Ferrero, que dá à literatura romana, feita manifestamente da imitação, até às vezes quase da cópia, ou paródia, da grega, a sua alta originalidade. A obra do genial historiador italiano me convence mais fundamente de que uma grande literatura é sempre a expressão do seu meio e do seu tempo; que, portanto, a literatura é um fato, uma função social, como, sem presumir-me de original, constantemente tenho sustentado.

O PERIGO AMERICANO

Pan-americanismo, por Oliveira Lima,
Rio de Janeiro, 1907. — Cp. *Pan-americanismo*,
por Arthur Orlando, 1906.

Estudando "o homem como um fenômeno da vida na terra", num dos capítulos preliminares da grande *História do mundo*, de Helmot, edição inglesa, o eminente e genial sabedor alemão Friedrich Ratzel conceitua que "a situação ideal natural para um Estado, pode-se dizer, é a de abranger todo um continente em um sistema político". "É esta", conclui ele, "a mais profunda origem da doutrina Monroe".

Nada há de paradoxal nestes conceitos. Foi aquele natural ideal que em todos os tempos inspirou os fundadores de impérios e ajuntadores de povos e até grandes instituições humanas, como o catolicismo e o mesmo maometismo. A doutrina Monroe é seguramente uma conseqüência lógica, naturalíssima, primeiro da própria situação geográfica dos Estados Unidos, uma grande nação fronteira a dois oceanos, depois da situação histórica e política que essa mesma posição geográfica lhe determinou. Desde que, por esse motivo e pelas virtudes políticas da raça, como querem pensadores americanos (V., entre muitos, *American political ideas*, de John Fiske, Nova York e Londres, 1898) e especialíssimas circunstâncias históricas e sociais em que se fez a colonização inglesa da América do Norte, haviam os Estados Unidos, apenas no primeiro terço do século passado, atingido a situação de prosperidade a que chegaram e que jamais descontinuou, nada mais natural do que, espontânea e até inconscientemente, se sentissem eles chamados ao papel de maior nação do continente, que na sua porção setentrional iam em breve ocupar de um oceano a outro.

Um dos traços mais notáveis da sua história, visível desde os virtuosos tempos da colonização puritana, traço, aliás, comum a todos os colonizadores da América, é o seu desejo de expansão para o interior, neles para o oeste, a dura cobiça das terras vizinhas, a ferro e fogo conquistadas primeiro ao indígena, depois ao europeu que acaso as ocupava ou lhes disputava. Nos americanos agravou-se e exagerou-se essa cupidez nestas primeiras lutas do seu período colonial com índios, franceses, holandeses e espanhóis por amor de terras por onde estendessem a sua colonização, em princípio escassamente confinada no litoral do Atlântico. Um escritor americano e mais professor de direito internacional e diplomacia na Universidade de Colúmbia, o sr. John Bassett Moore, notava com o humor da raça que é de praxe que nas mensagens anuais do presidente ao Congresso o povo americano convencionalmente se distinga pelas suas disposições pacíficas e sua isenção de ambições territoriais. "Todavia", observa o professor americano, "a despeito destas propensões pacíficas, coube-lhe em sorte, desde que forçadamente realizou a sua independência, ter tido quatro guerras estrangeiras... e a maior guerra civil da história e ter adquirido um domínio territorial quase cinco vezes tão grande como o respeitável legado com que começaram a sua carreira nacional (*The territorial expansion of the United States*, na *Harpers Monthly Magazine*, maio, 1905). E a máxima parte deste acréscimo, mostra-o o publicista americano, foi devida à conquista direta, formal ou apenas disfarçada. E a geografia dos americanos, desde o primeiro quartel da sua independência, revia as ambições de expansão territorial e de domínio, a cujos naturais corolários estamos assistindo. Segundo uma vez declarou Madison, depois presidente dos Estados Unidos de 1809 a 1813, para os habitantes de oeste o rio Mississippi era o Hudson, o Delaware, o Potomac e todos os rios navegáveis dos estados do Atlântico reunidos num só rio. E, como o limite natural era o Mississippi, com essa geografia viriam a caber nele terras espanholas, inglesas e francesas.

Sabe-se com que má-fé ou abuso de força os Estados Unidos se foram apoderando de tudo o que ao México herdou, ao norte do Rio Grande e do Colorado, a Espanha, até chegarem ao Pacífico e enfrentarem os dois oceanos. Se a declaração de Monroe é de 1823 e só por meados do século passado se completou a espoliação do México, é positivamente certo afirmar que o pensamento, já imperial, de domínio que essa doutrina continha em potência existia na mente nacional americana. Os sucessos que lhe facilitaram completar a sua expansão na parte do continemte já por eles ocupada, e principalmente a segurança que da sua força lhes veio da guerra de secessão, criou-lhes então a consciência do seu "manifesto destino".

Este "manifesto destino", que alguns americanos patriotas, celebrando a vitória da União, num jantar em Paris declaravam ser a extensão do domínio dos Estados Unidos não só de oceano a oceano mas de pólo a pólo, um dos publicistas americanos mais notáveis dos últimos tempos, historiador e filósofo político, o ilustre John Fiske, o expôs com maior estudo e ponderação no seu livro citado sobre as idéias políticas americanas. Concluindo largas e eruditas considerações sobre o papel histórico da raça, que deliberadamente não quer chamar senão de inglesa, afirma ele que a obra por essa raça começada com a colonização da América do Norte "está destinada a estender-se a todo o país da superfície terrestre que ainda não seja a sede de uma velha civilização, e que se tornará inglês pela língua, pelos costumes políticos e pelas tradições e pela predominância do sangue inglês no povo. Está perto o dia", continua imperturbável o pensador americano, "em que quatro quintos da raça humana traçarão a sua árvore de costado de antepassados ingleses, como dela já a traçam quatro quintos do povo branco dos Estados Unidos. A raça assim espalhada nos dois hemisférios, do nascente ao poente, não falhará na conservação da soberania do mar, e naquela supremacia que ela começou a adquirir quando a Inglaterra primeiro estendeu os braços através do Atlântico até às costas da Virgínia e do Massachusetts". E, mais adiante, terminando novas considerações sobre a supremacia mundial da raça de língua inglesa, particularizando-as aos Estados Unidos: "Eu creio", declara o eminente americano, "que tempo virá em que se realize na terra um tal estado de coisas que seja possível [como os nossos amigos do jantar de Paris] falar dos ESTADOS UNIDOS [é ele quem põe em caixa alta] estendendo-se de pólo a pólo".

Eu por mim piamente acredito que esses tempos não estão muito longe. Tudo na política americana os anuncia próximos. E quando vejo os Estados Unidos romperem com a tradição, muito recomendada pelos veneráveis pais da sua República, de se absterem de quaisquer procedimentos e intervenções exteriores, empenharem-se visível e desfaçadamente, qualquer que fosse o pretexto, em guerras de conquista, como foi a da Espanha, a quem tomaram as Filipinas, Porto Rico e, quase se pode dizer, Cuba, sem falar do que antes já haviam conquistado ao México, introduzirem sob e sub-repticiamente no seu regime político entidades novas, que eles mesmos não sabem como qualificar e incorporar, e meterem no seu organismo republicano e democrático o vírus funestíssimo das instituições militares à européia, e fazerem, como qualquer Alemanha ou Rússia, da posse de uma grande esquadra e de um poderoso exército um ideal de governo, ultrapassando com tudo isso o que o citado professor Moore chama "as barreiras do pensamento político americano" e, tomando uma atitude francamente imperialista, ao lado das monarquias retrógradas da Europa, quando tudo isso vejo e considero, acabo de convencer-me das profecias não só de John Fiske, de Benjamin Kidd e de quase todos os sociólogos norte-americanos, mas dos seus estadistas, os Blaines, os Roots, os Roosevelts, todos ali igualmente capacitados de que "o manifesto destino" da sua grandíssima nação é virtual ou efetivamente avassalar a América. E mais disso me convenço quando vejo que, segundo rigorosos cálculos estatísticos do mesmo John Fiske, no fim do presente século XX "a raça inglesa nos Estados Unidos atingirá, pelo menos, a seiscentos ou setecentos milhões de homens", computando por baixo.

Qual não será, ajuizada pelo que já é, a força, a potência verdadeiramente assombrosa e incontestável desse colosso de 600 ou 700 milhões de braços lá por 1990 e tantos? Primeiro porão o resto do continente sob a preponderância da sua força moral de ainda por muitos anos a única real grande potência mundial da América, depois sob a sua imediata dependência econômica, e finalmente sob a sua plena hegemonia política. Desta se transformar, ao menos para alguns países, em suserania de fato e até de direito não vai mais que um passo.

Este é, indubitavelmente, o futuro da América, ou antes do resto da América ante a grandeza assombrosa e ilimitadamente crescente dos Estados Unidos e dos apetites insaciáveis que tais grandezas em todos os tempos e povos despertaram inevitavelmente.

Não vale, pois, a pena, penso eu, nem negar o perigo, como fazem as almas benditas que o não vêem ou não o querem ver, nem atenuá-lo como lírica e ingenuamente procura fazê-lo o sr. Arthur Orlando, nem até procurar contrastá-lo, como com generosa paixão e alumiado entendimento faz o sr. Oliveira Lima. Ou ainda encaminhá-lo, ao modo de engenheiros a um desmoronamento de terras ou transbordamento de águas, dirigindo-as e canalizando-as de maneira a diminuir-lhes os estragos. E é o que também procuram fazer, com convicções aparentemente diferentes mas no fundo as mesmas, os dois publicistas brasileiros.

Não sei até se, com a certeza que deriva da mesma história da expansão americana, da evolução da sua política de pura e estreitamente nacional mudada em continental e imperialista, da transformação extravagante da doutrina Monroe, em princípio apenas impedimento à reconquista européia agora direito de *controle* sobre as nações americanas, das formais e cínicas (cínicas no sentido inglês) declarações dos seus estadistas sobre a política do continente, não sei, digo, se com a certeza de tudo isso e de ainda mais e também de que os Estados Unidos têm hoje, quer queiram quer não, de exercer na América uma supremacia efetiva, absoluta e indiscutível, vale a pena escrever livros como os dos srs. Oliveira Lima e Arthur Orlando. Pretende um abrir-nos os olhos sobre o perigo do pan-americanismo norte-americano, outro interpretá-lo, com muita ideologia e juvenil entusiasmo, mas duvidosa inteligência do que ele em realidade é, e um bem-aventurado otimismo.

O sr. Oliveira Lima conhece bastante os Estados Unidos, sobre os quais já escreveu um bom livro, para não admirar, como convém ser admirada, essa extraordinária nação, e o seu *Pan-americanismo* não é um livro de animadversão, nem de preconceitos contra ela, senão de quem, estimando-a como merece, julga, e excelentemente, que as nossas relações com ela não devem ir além da "estima cordial que ao Brasil merecem as outras nações do Novo Mundo, com as quais se sente em comunhão de interesses positivos e de ambições morais".

Ao contrário dos seus ilustres comprovincianos, o sr. Arthur Orlando e o sr. Joaquim Nabuco, não tem o sr. Oliveira Lima a "ilusão americana", tão espirituosamente definida e solidamente assinalada pelo malogrado Eduardo Prado. Eu também — *si parva licet...* — não a tenho, e creio tê-lo dito primeiro que Eduardo Prado, num capítulo especial do meu livro *A educação nacional,* em 1891. Desde 1903, num artigo de jornal, *O sr. Drago, o caso de Venezuela e a doutrina de Monroe,* as primeiras páginas do seu livro de hoje, expunha o sr. Oliveira Lima as opiniões que mais tarde, quando se tornou mais agudo o mal pan-americano, sustentou em outros artigos de jornal, os quais constituem o principal do mesmo livro.

O seu conceito essencial, da atitude das nações americanas, particularmente da nossa, perante os Estados Unidos, é no fundo o mesmo que inspirou o admirável discurso do sr. Rio Branco, abrindo a terceira Conferência Pan-Americana aqui reunida, porventura a única manifestação realmente alta e notável dessa reunião. As palavras do sr. Oliveira Lima, acima citadas, da dedicatória do seu livro ao mesmo sr. Rio Branco, por motivo desse discurso, parece lhe compendiam as idéias fundamentais. Não acredito, entretanto, que a digna atitude nessa oração preconizada pelo nosso ministro do Exterior, atitude que é a mesma desde 1903 aconselhada pelo sr. Oliveira Lima, ainda seguida com inteligência, sabedoria e decisão, baste para contrastar o perigo americano. Mas se este pode ser contrastado somente o será por uma política que não faça da amizade americana uma questão nacional, como foi por exemplo, exemplo infelicíssimo, a abolição. O contrário será um crime de lesa-pátria, ou pior, um crassíssimo erro político.

O pan-americanismo, tal como o entendem e querem os Estados Unidos, invenção de Blaine, principal fator do imperialismo americano e pai espiritual de Roosevelt, é, e todo o livro do sr. Oliveira Lima concorre para o demonstrar, a encarnação daquele ideal do "manifesto destino" de uns Estados Unidos estendendo-se de pólo a pólo.

Por uma condição miserável da humanidade, a grandeza desmesurada e gigantesca, a força ainda se impõe aos homens, os sugestiona e domina. Nada mais natural que a colossal República do Norte ache, mesmo entre as nações para as quais é, somente pela sua incomparável grandeza, uma ameaça temerosa, colaboradores e fatores do seu mais íntimo pensamento nacional.

E nada mais forte e irresistível do que tal pensamento quando corresponde a um instinto profundo de raça e mais, segundo o preclaro sabedor alemão, a uma determinação geográfica. É o *fatum* antigo, realizando-se não com as contingências da vontade incerta de deuses caprichosos, mas com a segurança indefectível de leis naturais que se cumprem.

RAÇA E CULTURA — LATINOS E GERMANOS

A estada em nosso país do eminente historiador e publicista italiano sr. Guglielmo Ferrero, e as suas sábias e luminosas conferências aqui feitas, tiveram a virtude de agitar beneficamente a nossa vida intelectual.

O sr. Ferrero é daqueles espíritos aos quais não podemos ser indiferentes. Como historiador, como pensador, como sociólogo — e tudo isso é —, falando ou escrevendo, provoca e levanta contradições, estimula zelos, excita paixões, desafia discussões e respostas. É a marca e o dom dos grandes espíritos, dos que não fazem obra vulgar e banal, que é, com raras exceções, a que agrada e satisfaz a todos.

Na sua primeira conferência, sobre a "Cultura latina no momento atual", levantou o sr. Ferrero, com aquela tranqüilidade e serenidade que são qualidades eminentes do seu temperamento literário, a controvertida questão da raça a propósito das características da latina e da germânica ou anglo-saxônia, comparativamente.

Ou porque o seu pensamento não fosse bem apreendido, ou porque ele próprio não o fizesse assaz perceptível, dando-lhe as gradações necessárias, tirando-lhe o que acaso teria de absoluto com matizá-lo de cambiantes que lhe atenuassem as demasias, o certo é que a sua afirmativa de que a raça anglo-saxônia carece de capacidade de síntese afrontou mais de uma opinião. Contra ele inscreveram-se, num excelente artigo do *País*, o sr. Souza Bandeira, com a autoridade da sua cultura filosófica geral e do seu conhecimento da inteligência germânica, e no *Jornal do Commercio* um compatriota do sr. Ferrero, o universitário italiano dr. Vincenzo Grossi, aqui de passagem. Eu mesmo, sem ter no assunto a competência dos dois, teria tomado à parte o preclaro hóspede, se me não parecesse que bastava entender o seu pensamento com as nuanças que o seu mesmo discurso admitia para lhe aceitar sem repugnância.

Que a raça chamada erradamente, como ninguém desconhece, latina tem no seu gênio mais clareza, mais método, mais simplicidade, maior capacidade de ver as coisas em conjunto ou o conjunto das coisas, maior sentimento da unidade, mais manifesta tendência e maior facilidade de generalizar do que a raça anglo-saxônica ou germânica — mesmo porque essas qualidades são qualidades de cultura e a cultura da raça latina é muito mais antiga e foi muito mais intensa que a da germânica — é um fato que o estudo comparado das duas demonstra. Já o fez Taine, chegando em suma ao mesmo resultado no livro I do 1º tomo da sua *Histoire de la littérature anglaise*, e esta a baseou ele consideravelmente sobre a distinção das duas raças.

Porém, há mais. O próprio fato de tantas gentes, até etnograficamente diversas, que a constituem, terem chegado antes dos germanos a uma tal ou qual unidade espiritual, literária, política, social, é documento de que nelas há uma capacidade de síntese, dando a este termo toda a sua significação científica e filosófica, maior e mais geral do que nas germânicas. Não quer isto, porém, dizer que lhes falte por completo a essas, nem tal se podia sem grave equívoco concluir das palavras do sr. Ferrero.

Numa coisa tem ele plenamente razão: no atribuir aos alemães nomeadamente, e à sua influência, neste ponto ruim, o abuso da especialização; e se atendermos a que ele separou expressamente a Alemanha do século XIX, toda ocupada de análises, de erudição especializada e da ciência particular, da Alemanha do século XVIII, da Alemanha dos Goethes, dos Kants, dos Fichtes, dos Hegels, dos Schlegels, dos Herders, a Alemanha filosófica, idealista, metafísica, generalizadora, e não a Alemanha erudita, realista e materialista, prática, de hoje, creio se não pode deixar de dar-lhe razão. Com essa distinção necessária, explícita aliás ou implícita nas palavras do conferencista, a sua tese é verdadeira.

Mas, embora sendo-o, me parece bem, em prol da sua mesma justeza, limitá-la ainda.

O sr. Ferrero pertence hoje a um número crescido de espíritos que nos povos latinos levantam a bandeira da raça e da cultura latina, e pregam a restauração destas. É uma forma nova desse egoísmo coletivo que em relação à pátria se chama patriotismo, ao torrão natal bairrismo. Conquanto mais largo e amplo, tem os mesmos fundamentos e cria idênticos preconceitos. Na Itália justamente, por motivo do seu último renascimento, esse pensamento é o de grande número dos melhores de seus filhos e tem sido estímulo fecundo de trabalho e esforço intelectual, embora este se tenha consideravelmente abeberado na ciência e cultura alemã. D'Annunzio é, entre outros, o mais eminente representante, na ordem puramente literária, desse sentimento. Mas não só a rejuvenescida e ardente Itália o tem e cultiva, senão todos os outros povos da mesma estirpe, que sentem em si os estímulos do progresso e da proeminência universal: os franceses, em primeiro lugar, como os principais representantes da raça, os espanhóis, os portugueses e os seus descendentes americanos. Em toda parte onde se fala uma língua derivada da latina, e onde o pensamento se fez na cultura latina, erguem-se vozes de reação e revolta contra a demasiadamente apregoada supremacia dos anglo-saxônios. E os mesmos que nesses povos, como Desmoulins em França, num livro aliás medíocre, proclamam tal superioridade, estão certos de que não o fazem sinceramente, se não como o médico exagerando a gravidade do mal para que o enfermo o não descure. Ao cabo o que pretendem é que a sua raça reaja contra a preeminência da outra ou se não deixe enfraquecer na certeza, que eles mesmos lhe inculcam, das suas qualidades.

Este é o fato, mas eu não sei se a superioridade de tal ou tal raça, e especialmente a diferença entre as duas grandes raças da civilização, a latina e a germânica, não é apenas um velho preconceito.

Em primeiro lugar, nada mais difícil de assentar do que essa noção de raça; em segundo, a verdade verdadeira é que, sabem-no todos, não há raça latina. Não há e nunca houve.

Os povos a que hoje damos este nome incerto e impróprio formaram-se todos, com diferenças insignificantes, do cruzamento de italianos ou italiotas, ou de gentes vindas da Itália, com germanos que nos séculos IV a VI invadiram a Europa ocidental, e com os restos dos povos indígenas dos países por eles assenhoreados, e que haviam sobrevivido à conquista romana. Portanto a mistura foi enorme; latinos ou melhor italianos, gregos, quiçá orientais, germanos de várias famílias, celtas idem e por fim na Espanha, na França e Itália meridionais, árabes, bérberes, mouros. A França, nação tipo latina, é por muito germânica, seu mesmo nome o está mostrando, e o seu primeiro afeiçoador, Carlos Magno, não passava de um bárbaro germano.

Que toda esta mistura desse em síntese um composto único, uma raça inteiramente diversa daquela que foi um dos seus principais componentes, é o que se não pode admitir. Tanto mais que entre aquela e outros fatores dessa soma étnica, como o italiota ou o celta, havia a unidade original da estirpe árica, de onde todas provinham. Portanto, etnográfica ou etnologicamente, os povos que na Itália, na Ibéria, nas Gálias se formaram da fusão dos germanos com as populações indígenas estremes ou romanizadas não constituem uma raça, cujas feições biológicas e psicológicas sejam por tal forma distintas da mesma germânica que separem e destaquem inteiramente as duas. Não há, pois, sob o aspecto biológico, único que nos daria um critério exato de raça, raça latina. E essa falaciosa denominação só começa a ter alguma exatidão quando lhe aplicamos um sentido histórico.

Destas mesmas noções, conhecidas de todos, claramente resulta a existência, se não de uma raça, que o vocábulo é impróprio ou abusivo, de gentes latinas, isto é, a que historicamente consideradas podemos com suficiente exação chamar de latinas, ou melhor, de greco-romanas.

Essas gentes, ou, se preferem um singular coletivo, essa gente destaca-se da germânica não como um produto ou uma combinação etnográfica nova e diferente, mas como um resultado de cultura, dando-se a esta palavra todo o seu sentido geral e particular.

Há, com efeito, no seu afeiçoamento todo o processo de cultura que um agrônomo particularizaria nos diferentes estados e denominações de uma lavoura.

E se a raça ou gente germânica, mais do que a latina, conservou estreme a sua prosápia, pureza, em que pese a certos etnógrafos de além-Reno, ainda assim relativa, foi porque ela não foi senão parcialmente romanizada, e por motivos de ordem histórica e geográfica pode conservar-se mais estranha ao efetivo domínio e real influência romana do que a gente dos países acima citados. Nestes uma completa romanização, uma extensa e profunda influência da língua, costumes, usos, e do pensamento e sentimento romano, servida e desenvolvida e assentada pelo inteiro domínio romano, com a sua admirável administração e política de incorporação, havia, pelo menos desde três séculos, preparado um fundo latino, ou antes romano, que, ainda amalgamando-se com o germânico, o sobrelevaria.

Foi graças a isso, e é esta uma das teses históricas mais bem assentadas do sr. Ferrero, que as Gálias, completamente romanizadas, não obstante conquistadas e dominadas por um povo germânico, os francos, puderam não só erigir-se no mais compacto e poderoso dos reinos bárbaros mas, prevalecendo contra estes, salvar de uma inteira ruína a civilização que lhes herdara Roma. E por toda a Europa ocidental romana ou romanizada o mesmo fato, com maior ou menor intensidade, sucedeu. O vencido civilizado suplantou o conquistador bárbaro. *Græcia capta ferum victorem cepit...* é na sua concisão poética a formosa expressão de uma das raras leis bem verificadas da história.

Foi do que essas gentes conquistadas e dominadas pelos germanos e fusionadas com eles conservaram da civilização romana — e foi muitíssimo, a língua com a sua literatura, costumes, usos, instituições e ainda pensamentos e sentimentos — que se constituiu, formou e afeiçoou o seu caráter geral, a sua fisionomia distinta da da gente germânica e lhe mereceu o nome de latina, da sua língua, por assim dizer, oficial.

Se o mesmo fato não passou tão completamente com os germanos foi porque, não tendo sido previamente romanizados, eles puderam conservar mais vivo o seu espírito de raça, e a civilização romana, embora modificando-os bastante, não logrou transformá-los. É mais uma prova de que há na história um fator mais importante do que a raça: a cultura. De fato foi a cultura romana que fez o que nós erradamente chamamos de raça latina, simples produto histórico e não raça no rigoroso sentido da palavra, como foi a mesma cultura que tão profundamente modificou os germanos. Essa cultura, com as circunstâncias históricas em que se realizou, foi sem dúvida bastante para dar às gentes que dela provieram, os povos chamados latinos, uma feição distinta da das gentes germânicas, por outras circunstâncias escapas da romanização que nas Gálias e alhures prepararam o sucesso definitivo da civilização latina.

Por mais distintas, porém, que se nos afigurem as feições gerais dessas duas raças — chamemos-lhes distintamente assim para abreviar o discurso —, não parece legítimo considerá-las como variedades irredutíveis da espécie humana, e exagerar a importância que como tal tenham tido ou continuem a ter na história.

A mesma identidade da sua mais remota origem, na estirpe árica, a mesma cultura greco-romana que ambas receberam e de que continuaram a abeberar-se por séculos, e é ainda hoje o melhor do seu sustento espiritual, não lhes consentiram jamais uma separação tão completa que hajamos de verificar-lhes, sem erro de observação ou abuso de generalização, qualidades específicas por tal modo distintas que se não nos deparem, embora em graus diversos e com diferentes matizes, em ambas.

Se o sr. Ferrero, ou qualquer outro pensador (e não faltará quem o tenha feito), nos dissesse em absoluto que a raça germânica carece da faculdade de síntese, peculiar à latina, cometeria, penso eu, um grave erro. Já lhe mostraram, e já se tem mostrado, como essa raça produziu, quer no domínio da ciência, quer no da arte, da estética ou do pensamento filosófico, toda uma vasta e profunda obra de síntese. Somente o que se pode, creio eu, afirmar é que, contemporaneamente, por motivos que aliás não escaparam ao sagaz historiador, aquela faculdade achou-se nela sobrelevada pelas de análise, pela tendência à particularização, que foi sempre um feitio do seu espírito geral, e pela especialização levada ao excesso, que é apenas uma manifestação daquela tendência. Mas esta mesma viciosa e abusiva especialização, que foi a força do saber alemão nos últimos cem anos, não é exclusiva aos anglo-saxônios. Um grande filósofo, pensador que, julgo, excede modernamente a todos, Auguste Comte, desde meados do século passado a denunciava como um vício detestável e funesto da nossa atividade mental moderna. São aliás óbvias as razões dessa especialização, derivadas da mesma transformação por que passou essa atividade, obrigada a entrar ela também na áspera concorrência da vida moderna.

Como quer que seja, é inegável que os anglo-saxônios mais que os latinos se entregaram à especialização, à divisão e subdivisão ao infinito dos vários ramos do saber humano, ao estudo particularizado e minucioso dos fenômenos de toda a ordem, naturais ou sociais, e, mais que os latinos, abandonaram e até malsinaram a generalização, a concepção amplamente compreensiva das coisas, as grandes sínteses. Nem nos embaraça o exemplo contemporâneo contrário de Herbert Spencer, de Schopenhauer ou de Nietzsche. Em primeiro lugar a síntese spenceriana é a mais analítica que jamais se viu, e para se lhe verificar, não só a fraqueza, mas quanto ainda sacrifica à tendência particularista e especializadora da raça, basta compará-la com a construção incomparavelmente mais sólida, mais homogênea, mais geral de Comte. Depois, Spencer, como Schopenhauer ou Nietzsche, são provada e até declaradamente, os dois últimos pelo menos, espíritos mais latinos que germânicos. E Nietzsche, se lhe houvermos de dar a honra de citá-lo ao lado daqueles três nomes, é, nos tempos mais próximos, o mais convencido e eloqüente arauto da superioridade, sob esses aspectos e outros igualmente espirituais, da raça latina. Ninguém com efeito jamais endeusou, é o termo, a civilização francesa, a cultura francesa, o espírito francês, a arte e a literatura francesa, o pensamento francês, não direi mais, porém tanto, como o germano Nietzsche. É fora de dúvida, e o não desconhecem os mesmos alemães e ingleses de largo espírito, que existe no gênio latino um conjunto de qualidades de síntese, de generalização, de universalização, de ordem, de clareza, de método, de lógica, de medida manifestamente mais notável do que se encontra no gênio germânico, como disse e mostrou o sr. Ferrero na sua primeira conferência.

Nos seus *Parerga e Paralipomena* escreveu o grande alemão Schopenhauer: "O verdadeiro caráter nacional dos alemães é pesado: este peso mostra-se no seu andar, seus atos e gestos, sua língua, sua conversação, suas narrativas, no seu modo de compreender e pensar, mas muito especialmente no seu estilo". E por muitas páginas justifica o seu conceito, analisando miudamente, como bom alemão que era, as feições gerais do estilo germânico.

Verificado aquele acerto das qualidades do gênio latino, concluir daí que tais qualidades faltam por completo ao gênio germânico seria um dislate, e o só o fato de um Goethe ou de um Ruskin, o demonstraria.

Mas não só no domínio espiritual predominam na raça latina tais qualidades, se não ainda, como notou o sr. Ferrero, na vida política, social e econômica dos povos latinos, onde o instinto social, parte do mesmo gênio da raça, predomina sobre o individual, produzindo um maior sentimento de unidade, de centralização política e administrativa e da própria igualdade social, resultante de um individualismo muito menos acentuado que o da raça germânica.

Também a arte desses povos é mais sintética, mais geral e por isso talvez mais banal, menos pessoal, do que a dos povos germânicos. E por que razão essa arte, representada pela francesa, acaba por influir a dos povos germânicos, segundo eles mesmos reconhecem, se não porque ela compreende e sintetiza harmoniosamente o que no gênio de cada povo latino há de mais peculiar e característico? E também, se não porque, como igualmente observou o sr. Ferrero, derivando os germanos a sua cultura da latina, sofrem por esta a mesma influência que afeiçoou a gente da raça latina?

Não são, pois, qualidades particulares de raça, modos biológicos de ser, feições etnográficas, que distinguem e assinalam a raça indevidamente chamada latina, senão a longa cultura, começada meio século antes de Cristo e continuada por longos séculos depois. Parece-me incontestável que as diferenças que distinguem latinos e germanos se vão cada vez mais atenuando e que o resultado último da evolução, do progresso, é o caso de dizer, humano, será a modificação, virtual ao menos, dos povos do Ocidente, numa gente em que seja cada vez mais difícil distinguir as particularidades que hoje ainda a separam em grupos distintos.

Se esses grupos não têm hoje em dia a importância que de comum e talvez por um preconceito histórico, sob o nome de raças, se lhes atribui, fora errado desconhecer-lha totalmente. Mas, se os fatos provam que o critério da raça ainda tem lugar nas nossas cogitações, como o tem no drama do mundo, também autorizam a crer que o trabalho de unidade que o gênero humano prossegue através da história, pela sempre crescente uniformização dos seus sistemas políticos, instituições jurídicas e sociais, regimes administrativos, costumes, usos, uma educação idêntica em todos os países da mesma civilização, os mesmos princípios fundamentais de moral dominando nos povos chamados cristãos, tudo promovido e favorecido pela comunicação também cada vez mais aumentada e conseqüente maior troca de sentimentos e idéias entre eles, tudo autoriza a crer, repito, que a catolicidade sonhada pelo cristianismo romano e apenas parcialmente conseguida por ele será um dia um fato, perante o qual desaparecerão as nossas contendas de raças.

E isso terá sido a obra da cultura, que, generalizando-se e universalizando-se desde a Idade Média, vem paulatina e gradualmente modificando, atenuando e apagando as distinções etnográficas da humanidade.

O primeiro efeito dessa cultura foi, sem dúvida, o de ir, por mais lentamente que se quiser, afeiçoando com os cérebros os espíritos, consoante as feições mentais dos seus portadores, os romanos e também os povos por eles romanizados. O seu veículo foram a língua e a literatura latina, pagã ou já cristã, e por elas principalmente essas feições prevaleceram, até na raça germânica, contra o barbarismo original, embora não o sufocando de todo. Mais tarde esse processo primeiro espontâneo de educação do gênio germânico pelo gênio latino se entrou a efetuar propositadamente como um expediente de domínio e governação, ou civilização, intencional. Foi o caso do humanismo, a cultura greco-latina, na Europa Ocidental, nomeadamente na Alemanha, antes, durante e após a Reforma. E, desde então, por motivos de ordem histórica mais de uma vez explanados, a Alemanha, "cujo impulso de vida fora repelido pelo mundo exterior (em virtude das suas condições políticas e sociais, que a obrigaram a recolher-se em si mesma), devotou-se exclusivamente à filosofia especulativa concernente ao Universo e ao desenvolvimento da cultura interna do homem". E por isso ela foi, ao menos até ao começo do século passado (até a batalha de Iena, 1806, precisam os historiadores do seu pensamento), a nação de pensadores, como lhe chamaram. E o maior, talvez, dos seus espíritos, Goethe, filho legítimo deste renascimento do gênio germânico ao contato do espírito clásssico, grego de intenção mas romano, isto é, latino, pelo profundo amor das coisas romanas e pela influência que nele teve Roma, teria dado ao gênio alemão uma orientação em última análise latina, se os acontecimentos não lhe detivessem ou desviassem a evolução.

São os mesmo historiadores alemães que verificam esta parada ou desvio. Um deles, professor de filosofia na Universidade de Iena, Rudolf Eucken, de quem são as palavras acima transcritas, averiguava há alguns anos numa célebre revista norte-americana: "Os alemães", escrevia em *The Forum*, "não são mais a nação de pensadores que eram nos dias de Schiller e Goethe; a especulação e a contemplação não se pode mais dizer sejam as suas principais características, nem eles hoje se contentam somente com o mundo puramente espiritual". E no mesmo artigo cujo título de si mesmo implica uma dúvida, *Are the Germans a nation of thinkers?*, verificando a existência simultânea de várias feições no gênio alemão, sendo uma das principais o gosto da cultura da vida interior, asseverava que "ao alemão, exigindo largas para o desenvolvimento do indivíduo, é-lhe tão aborrecida quanto intolerável a subordinação a um sistema universal. É isto especialmente evidente a respeito dos graves problemas da vida, que o alemão entende resolver por si mesmo sem confiança servil na simples autoridade e tradição". É toda a explicação psicológica do individualismo germânico, que os acontecimentos do meado do século passado tanto contribuíram para exaltar e que teve as suas principais manifestações espirituais no pessimismo filosófico dos Schopenhauers e dos Hartmanns, no pensamento incerto mas nobre e forte de Nietzsche e literariamente na obra anarquista do norueguês Ibsen e de alguns autores dramáticos alemães, como Hauptmann e Sudermann.

Em suma, esse individualismo, que em política deu o particularismo, é o fundamento da intelectualidade germânica, na qual parece-me inegável predominam a força, sem a finura crítica, as capacidades de análise e investigação paciente e exaustiva dos fenômenos, com o gosto, levado até o abuso, das minudências e particularidades. Estas faculdades, com uma inteligência capaz da máxima aplicação, fizeram dos alemães os primeiros eruditos do mundo, e, na erudição pura ao menos, também os primeiros críticos. Mas este lugar eles não o conquistaram sem prejuízo das suas capacidades de generalização e de síntese e das suas tendências filosóficas. O seu realismo atual, notado por todos os observadores, não é senão a conseqüência dessa perda, se como tal a devemos considerar.

Mas com ele, apesar das objurgatórias dos Schopenhauers e dos Nietzsches, não perdeu o que sempre teve de pesado, nem ganhou as qualidades de clareza, método, ordem, medida que incontestavelmente distinguem a intelectualidade latina. Distinção aliás que todos os dias a cultura irá cada vez mais apagando, e à qual cumpre não dar maior importância.

O TEATRO E A SOCIEDADE FRANCESA CONTEMPORÂNEA

"Posto que seja constante a natureza do belo, não é a literatura sempre a mesma. Ela acompanha a religião e o governo, as revoluções lentas ou bruscas dos costumes, o movimento dos espíritos, suas afeições inconstantes e as suas diversas tendências e assim é *a expressão* acidental da *sociedade*".

Estas palavras, e o grifo que as destaca, são de Royer-Collard, no seu discurso de recepção na Academia Francesa, em 1827. Mas o conceito famoso e justíssimo de que a "literatura é a expressão da sociedade", na sua forma lapidar e absoluta, pertence a De Bonald, o "metafísico da renovação religiosa" em França no princípio do século passado. Royer-Collard, o grande oráculo do doutrinarismo francês e disserto orador da primeira Restauração, naquele discurso apenas o repetiu, imprimindo porém um cunho menos absoluto à sua sentença. Esta alumiou a obra de Villemain, precursor ilustre da historiografia literária francesa posterior. Trinta anos depois, a célebre teoria de Taine do meio, da raça, do momento como condições da obra literária não faria senão analisar e desenvolver o conceito feliz de De Bonald. Tanto é certo que as idéias, e ainda as fórmulas com que as exprimimos, são de toda a gente, e que só os parvos podem supor dizer alguma coisa que antes não tenha sido já dita.

Nada aliás mais concertado com o gênio da literatura francesa do que o ter sido em França formulada aquela sentença. A literatura francesa é como nenhuma outra, salvo talvez a grega, a expressão mesma da sociedade, a mais nacional e a mais social de todas as literaturas.

E é esta a causa essencial da sua primazia.

Depois de se ter formado em França o ideal clássico, do século XV ao XVII, desde que as letras francesas evolveram nacionalizando-se, nunca cessaram de ser estreitamente e exatamente a expressão da sociedade francesa do seu tempo. Sem entrarmos, e seria acaso impertinente, em maiores particularidades, poderíamos afirmar que introduzida no salão, na alcova, no "mundo" francês, primeiro pelas Preciosas (e é essa, como viu Brunetière, a real importância dessas damas) e por elas apresentada nos paços, nos solares, em toda a parte onde havia homens que conversassem, mulheres que os encantassem e ouvissem, nunca mais, desde a sua nacionalização pelo mundanismo cortesão, deixou a literatura de fazer em França parte integrante da sociedade, de ser a mesma sociedade em transcrição literária. E o "salão" que as mulheres francesas, cujos nomes são numerosos e universais, desde o século XVIII criaram, e do qual fizeram uma instituição nacional, foi parte magna na criação e progresso dessa literatura. Em rigor, o que há nela de mais notável e de mais excelente, em qualquer gênero, e sob quaisquer escolas ou tendências literárias, não é na essência e na forma senão uma reprodução do que essa sociedade sentiu, pensou, conversou. Conversou sobre tudo, pois ao menos, pelo que toca ao teatro, a literatura francesa, e é este o segredo do seu vigor, quase não é senão a representação da vida francesa, a reprodução dos diálogos em que fala essa vida. Como, desde que naquele século se constituiu a moderna civilização francesa, jamais houve época em que em França quaisquer movimentos de idéias ou estados do sentimento nacional deixassem de repercutir claramente na sociedade e nos salões, também nenhum, por insignificante que fosse, nunca deixou de refletir-se na literatura, espelho fiel daqueles. É neste sentido que a literatura francesa é, como nenhuma outra, social: em ser a expressão exata da sociedade que a faz, e cujas tendências de espírito, aspirações, sentimentos, idéias, desejos, estado da alma enfim, ela reproduz, na mesma língua e com o mesmo estilo em que essa sociedade o exprime. E é por falar uma língua e empregar um estilo, que não são feitos no gabinete, com dicionários, gramáticas e clássicos, mas no mundo, na vida, na sociedade, por cavalheiros e senhoras de todas as qualidades, mas afinados todos pela mais requintada das civilizações modernas, que a literatura francesa escreve a língua mais perfeita e policiada das literaturas modernas, e tem o ar ao mesmo tempo senhoril e mundano, familiar, urbano e cavalheiro que a distingue, sendo como nenhuma outra estranha ao pedantismo, à ênfase, ao alambicado e a outros vícios de pessoas de má sociedade ou educação.

Em todos os seus ramos serviram-lhe otimamente esses predicados do seu mesmo gênio, derivados e ajudados das condições especialíssimas do meio em que ela se desenvolveu. Mas em nenhum achou ele mais favorável ensejo de se desenvolver e expandir mais consoante às determinações que a fizeram um elemento essencial da vida nacional do que no teatro. Em todos os tempos o teatro francês, ainda quando imitava, copiava ou adaptava os italianos e os espanhóis, foi eminentemente um reflexo da sociedade, do sentimento, do gosto indígena. Embora agindo segundo a tradição clássica, de perto seguida, queria que agissem, as personagens gregas e romanas de Racine, como as mesmas e mais as espanholas de Corneille, ou as muitas estrangeiras de Voltaire, de fato sentem e falam como os senhores do grande século, como franceses. E não é nenhuma presunção da crítica francesa, mas de fato incontestável, que nada há mais profundamente francês na literatura francesa do que o teatro "clássico" de Racine.

Por ter através do tempo e das revoluções, não só políticas mas espirituais, se conservado o teatro francês sempre adstrito à vida francesa, à representação imediata dela, à reprodução não só dos seus atos mas dos seus pensamentos e palavras, pôde ele manter no mundo uma superioridade indiscutível e na mesma sociedade e literatura francesa uma proeminência que, mesmo em França, não falta quem ache exagerada. Não é preciso dizer a um público como o nosso, conhecedor das coisas francesas, o que é ali o teatro, nem a situação que ocupa ou o interesse extraordinário que ali tem sempre despertado. Em meio da temível campanha da Rússia, quando já sentia acumular-se a tormenta que o devia destruir, Napoleão, o prodigioso e genial burocrata, achava tempo para dar novo regulamento ao teatro francês. E em França não é raro ver o Parlamento e o governo ocupados com questões dos teatros oficiais, literatura dramática e cômicos. Ainda agora teve o sr. Briand, ministro a cujo cargo estão os teatros, de responder a interpelações sobre o gênero de literatura que se neles pratica. E toda a imprensa parisiense entrou na discussão com um empenho quase igual ao que simultaneamente punha na questão marroquina. Houve um tempo em que Sarah Bernhardt disputava a primazia da celebridade em França a Pasteur, a Victor Hugo e ao mesmo *grand français* Lesseps. Essa genial cabotina acha agora um editor dos mais consideráveis de Paris que lhe publique as memórias em dois grossos volumes, in-oitavo, que vão certamente ser um grande sucesso de livraria, tal é o gosto, quase mórbido, do francês pelo teatro e quanto ao teatro concerne.

Este gosto, exagerado ao ponto de lhe fazer perder em coisas de teatro o seu nativo sentimento da medida, esta predileção por essas coisas, que nele já frisa ao malsão, não é parte somenos, mas ao contrário importante, na situação excepcional do teatro francês. Esta é única no mundo. Quase todas as nações cultas têm mais ou menos uma literatura dramática, autores de teatro e obras teatrais; nenhuma tem um teatro que, pela quantidade, pela qualidade e especialmente pela repercussão no mundo, se aproxime ainda de longe do francês. Do que se representa em Viena, Berlim, Londres, Petersburgo, Roma, Madri, Nova York, Rio de Janeiro, Lisboa ou Buenos Aires, em todas as capitais e grandes cidades do mundo, a máxima e a melhor parte é — traduzido, imitado, plagiado ou adaptado — francês. E nas mesmas últimas originalidades teatrais escandinavas, germânicas, italianas mais ruidosas, se lhes esmiuçarmos o pensamento e a técnica, encontraremos, como aliás já o demonstrou procedentemente a crítica francesa, influências manifestas do teatro francês e até o mesmo teatro francês com mais violência e menos elegância.

Realmente só em França encontra o teatro um meio por tal forma apaixonado dele, que baste a dar à literatura dramática esse renovo de vida e florescência, esplêndido bastante para iludir como uma forma viva e possante de arte, quando não é mais talvez que o rebento derradeiro, última e dessorada seiva, de uma forma que se morre.

Como quer que seja, esse teatro tem em França, como em nenhuma outra parte, todas as aparências de viver e viçar luxuriosamente. E é sobretudo luxuriosamente que vive e viça.

De 1905 a 1907 representaram-se nos teatros de Paris mais de cem peças novas. Conheço pelo menos três quartas partes delas e as melhores, ou julgadas tais, pois são as que mereceram edições especiais de certos periódicos muito considerados em França.

Eu quisera aplicar a esta escolha de obras dramáticas, dos maiores nomes do atual teatro francês, Lavedan, Donnay, Brieux, Lemaître, Hervieu, Capus, Descaves, Sardou, Hermant, Bernstein, Wolff, H. Bataille, Mirbeau, Margueritte e dezenas de outros, e às suas manifestações de tendências, intuitos, inspirações diversas, o conceito de De Bonald e, por ele concluir, deste teatro para a sociedade que ele exprime. Para o fazer, porém, com a individuação e apuro que um tal estudo requeria, fora preciso ajuntar a um estudo estatístico rigoroso dessas peças em seu enredo e particularidades um processo minucioso e acurado de análise, de modo a separar em categorias distintas as idéias que as inspiraram, os seus tipos representativos, as suas situações culminantes e outras particularidades significativas. Não o podendo fazer, limito-me a dar a minha impressão geral da leitura atenta desse vasto e brilhante teatro.

Dessa impressão a primeira sensação é a de uma arte não só dramática mas literária consumada. É uma arte, como diria o padre Vieira, se ele se dignasse de olhar para essas ninharias, que atingiu "os últimos remates da perfeição". Artifício cênico, ciência do teatro, e das suas exigências, imaginação criadora de ação dramática e de singulares e sempre interessantes situações teatrais, finura de penetração e análise, tento das condições cênicas, arte superior de composição, estilo e língua, e uma dialogação que se diria copiada de um natural excelente, tudo concorre para fazer de cada uma dessas peças, quase sem nenhuma discrepância, obras-primas do gênero. Mas o que há nelas de graça, de espírito, do melhor e do mais fino, de elegante malícia, e até de profunda filosofia da vida dissipada despreocupadamente, levianamente, no correr dos diálogos cintilantes de chiste das conversações comuns é quase assombroso. E a meu ver não o explica só a superioridade intelectual dos escritores franceses, ou somente a sua singular capacidade de autores dramáticos, mas antes o não fazerem eles senão reproduzir a mesma vida, com as suas conversações e diálogos, da mais afinada e refinada sociedade do nosso tempo. Nenhuma outra sociedade com certeza colabora tanto na obra dos seus escritores como a francesa. Não precisamos senão de ler as memórias das suas mulheres famosas, das suas grandes damas e grandes mundanas, para nos certificarmos disso.

Mas se sob este aspecto da arte literária e do artifício teatral o teatro francês contemporâneo parece haver atingido ao sumo da perfeição, e nada ou quase nada deixar a desejar como alimento da nossa curiosidade, pasto dos nossos prazeres comuns e fonte de divertimento, não é lisonjeira para a sociedade que representa a imagem que dela nos dá.

Esse teatro, todo esse teatro, gira incessantemente, monotonamente sobre o amor. "A profanação que se faz do amor na superficial literatura parisiense", escreveu Renan, "é a vergonha do nosso tempo". Essa profanação, cada dia mais exagerada, estou em dizer mais brutal, é uma das feições mais evidentes deste teatro francês. O amor nele não fica mais, não direi nas alturas em que o puseram idealmente Platão, Dante e os grandes poetas idealistas da Renascença, em que o cultivaram e cantaram muitos poetas modernos, mas sequer nos limites da vulgar decência mundana. Outra feição deste teatro é a fidalguia dos seus elementos: a vida que nele se vive é, salvo alguma raríssima exceção, a grande vida da nobreza rica ou da alta e opulenta burguesia. Os escritores franceses de teatro, como o seu Bourget, não fazem a psicologia senão das mulheres de cem mil francos de renda. Da literatura desta singular democracia da Terceira República francesa, o povo quase desapareceu por completo. As personagens destas peças, exceto os lacaios e comparsas indispensáveis, são todas nobres, titulares, generais, homens de partícula aristocrática, burgueses dinheirosos que os macaqueiam, e mulheres pelo conseguinte. As cenas passam-se quase invariavelmente em casas riquíssimas, habitações de grande luxo, castelos, palácios, entre homens rigorosamente trajados segundo o melhor tom mundano e damas idem. Não obstante a realidade desta sociedade, a insistência com que ela ocupa a cena francesa não deixa de acabar por torná-la monótona, pondo nesta um pouco daquela artificialidade que por toda a parte acompanha a alta vida mundana. E da artificialidade do meio resulta a artificialidade dos sentimentos, das idéias, que não excedem jamais a mediania e superficialidade que são condições inseparáveis do mundanismo rico e elegante, da vida que se vive nesse teatro.

Discutindo todos os problemas da vida corrente em que o amor, as relações do homem e da mulher possam ter parte, quase não enfrenta jamais este teatro, senão muito de leve, sem nunca aprofundá-las, as graves questões de ordem social e moral, cuja preocupação inspirou os Ibsens, os Tolstois, os Sudermanns e outros autores de teatro estrangeiros.

O tema principal, predominante deste, é o adultério. Muito mais da metade gira em torno do adultério, e rara será a peça francesa sem adultério em execução ou em projeto. E às vezes em cada uma dois e três. De sorte que, se formos a julgar da sociedade francesa, ou, ao menos, da sociedade francesa deste teatro, por ele, a situação da família nela é a mais miserável possível. Porque não é só o adultério que, segundo esta literatura, ali floresce com a pujança de uma das nossas florestas tropicais; é uma preocupação quase mórbida, roçando à idéia fixa, do amor, como se os dois sexos não se pudessem avistar sem se sentirem violenta e irresistivelmente atraídos para a alcova. As primeiras declarações feitas, às vezes mal acabadas as apresentações, o são já num tom que nem sempre corresponde à famigerada galanteria francesa. E com que facilidade ouvidas, acolhidas e até aceitas! Dir-se-ia que em tal sociedade cortejar uma senhora casada, não só lhe *faire sa cour* mas lhe *faire la cour*, segundo a sutil distinção francesa, é tão simples e honesto como dar-lhe os bons-dias. Desta situação feita à sociedade francesa pelo seu teatro (se não é ela que faz esse teatro) resulta a natural correspondência da facilidade com que os maridos a aceitam, talvez como distinção de raça, de casta ou de meio.

> Ditosa condição, ditosa gente.
> Que não são de ciúmes ofendidos!

E mais de uma dessas peças (V. nomeadamente *Le Bercail*, de Henry Bernstein) é ou faz a apologia da reconciliação conjugal após a ruptura completa e escandalosa do primeiro laço e vários amores da mulher.

A idéia é cristã, sei, e, melhor ainda, é humana; mas, neste teatro que tresanda a literatura, ela é sobretudo literária. Não se lhe sente a emoção empolgante e forte de um Ibsen, cujo inconsciente anarquismo vai ao fundo dos casos em que se exerce a sua arte imperfeita, mas poderosa.

Em *Chacun sa vie*, comédia de Gustave Guiches e P.-B. Gheusi, representada o ano passado com grande sucesso na Commédie Française (o teatro oficial), o infalível adultério somente se não consuma, ou não continua, porque o marido, descobrindo que não ama a mulher, como ela não o ama a ele, convida-a ele próprio, não por ironia ou desforra, mas por "bondade", a abandoná-lo e ir fazer livremente o passeio projetado com o amante a Florença.

Dir-se-ia o teatro de uma sociedade ao cio. E eu, por exemplo, não me animaria a reproduzir aqui, mesmo em francês, alguns trechos da longa cena única do segundo ato do *Le voleur* do já citado sr. Henry Bernstein, representada no teatro Rennaissance, também com grande êxito, em dezembro de 1906. Há neles brutalidades de expressão e de gestos que antes de as ler não julguei fossem permitidas senão na literatura clandestina.

A desse teatro, que toda a crítica do gênero celebra como a expressão do que há de mais excelente no gênio dramático francês, é muito mais imoral, no alto sentido da palavra, do que a do naturalismo, contra o qual essa mesma crítica ou semelhante, em revoltas de pudicícia, aqui há quinze anos deblaterava. Os piores romances de Zola e dos seus discípulos são, ao menos de inspiração e propósito, incomparavelmente mais castos que todo este teatro, e mais fortes do que toda esta literatura de alcova e de lupanar.

Não quero concluir dela, digo-o sem falsa reserva, para a sociedade francesa, apesar de crer, com Royer-Collard, que a literatura (e especialmente a francesa) é a expressão da sociedade. Mas "expressão acidental", disse ele, e cumpre aceitar-lhe a restritiva, e crer que tanto a sociedade francesa deste teatro como ele próprio são um acidente passageiro da vida francesa. Mas outro francês, aliás um dos mestres dessa literatura de alcova, o sr. Marcel Prévost, escreveu que "uma literatura é sempre mais pura que a sociedade que representa".

Contra aquela de que lhes dei ingenuamente a minha impressão, se entra a levantar na mesma França uma reação, que aliás não me parece perto de triunfar. Ao contrário, não descubro ainda nenhum sinal de cansaço nesta literatura. E esse certamente não virá senão quando a sociedade mudando não se comprazer mais nela, o que não parece deva acontecer já.

Para contestar a opinião que tal teatro vai espalhando no mundo da sociedade e especialmente da mulher francesa, o sr. Brieux, autor dos mais consideráveis e fautor dos mais principais desta literatura, teve a idéia, que eu chamarei em francês de *enfantine*, de escrever uma comédia em três atos, representada no Odéon (outro teatro oficial) o ano passado, com o fim de nos provar (a peça naturalmente se endereçava aos estrangeiros) que a mulher francesa... não era a que desse teatro conhecemos. Admira como a um homem de espírito, qual é indubitavelmente o sr. Brieux, não acudisse a puerilidade da sua inspiração.

Conhecendo, como devia conhecer, o teatro francês contemporâneo, não tinha o seu americano Bartlett que desculpar-se nos termos em que o fez com Marthe das suas *gaffes* de estrangeiro que julga todas as francesas fáceis; bastava dizer-lhe que essa opinião lha dera em dezenas de peças admiravelmente escritas, deliciosas de invenção, de espírito e de verve, o teatro francês contemporâneo.

O que vale à boa reputação da sociedade francesa é que o conceito de De Bonald não tem talvez o rigor de uma fórmula matemática e que toda a literatura, ainda a francesa, mesmo exprimindo fielmente uma sociedade, não exprime, em suma, senão certos aspectos, casos, modos e figuras dela.

E, por último, não pode ser tal qual a representa o seu teatro, uma sociedade como a francesa, de um tão singular vigor econômico, social e intelectual.

A UTILIDADE DO MAL

I vantaggi della degenerazione,
de Gina Lombroso, Torino.

Com a profunda, e geralmente segura, intuição das coisas, que é a sua ciência, o povo precedera os sabedores no averiguar que o mal não é somente funesto; antes tem também o seu préstimo, uma função que por benéfica não deixa de ser consoladora. O provérbio: "Há males que vêm para bem" resume o conceito popular da utilidade do mal, e com pequenas variantes se encontra em todas as línguas. No pensamento, e melhor fora talvez dizer no sentimento popular, este conceito pertence antes à filosofia moral do povo que à sua percepção e concepção biológica e social das coisas.

O mal útil, aquele a que ele primeiro se referiu, não seria talvez senão o que derivando dos nossos erros de conduta, dos nossos vícios, no domínio físico ou no domínio moral, nos obrigasse a refletir e considerar e nos aconselhasse a evitá-los, demonstrando-os funestos. Mas o povo não viu certamente apenas esse aspecto da questão, senão ela toda em sua complexidade; e no seu otimismo elementar e confortativo aplicou a sua regra tanto aos casos de ordem moral como aos de ordem física. Explicando-se freqüentemente os seus caiporismos ou as suas doenças, os seus insucessos ou danos, a maior parte dos acidentes desagradáveis da sua vida, ela o consolou deles e moveu-o talvez a evitá-los.

O fatalismo popular — chamemos assim ao seu inconsciente determinismo — adiantou às concepções mais averiguadas da ciência otimista de nossos dias. Mais de uma das noções desta não faz senão comprovar cientificamente os conceitos, as descobertas do saber empírico do povo. É testemunho deste fato, aliás muito conhecido, o livro interessante da sra. Gina Lombroso sobre as *Vantagens da degeneração*.

Este nome de degeneração anda há meio século a nos aterrar. Pô-lo em moda o materialismo filosófico dos últimos tempos de mãos dadas com o pessimismo desesperador que o acompanhou. Tudo se entrou a explicar por esta palavra tomada à biologia, e, como tanta coisa desta, aplicada indistinta e impertinentemente a toda a ordem de fatos. Lembramo-nos sem dúvida ainda do barulho e impressão que fez a obra famosa de Max Nordau que a trazia por título.

Nestes nossos tempos de tanta ciência improvisada e charlatanesca, vícios que lhe vêm do mesmo exagerado prestígio deste nome de ciência, não é de estranhar que tais locubrações, grávidas de imaginações e invencionices mais arrogantes que certas, houvessem impressionado os espíritos sempre dispostos a, nas coisas de saber, preferir o extraordinário, o insólito, o original à humilde e banal verdade. A ponto que em literatura e arte o poder ser considerado um degenerado foi quase um desejado sinal de superioridade. E alguns teriam forçado o mofino talento que Deus lhes deu para por tal passarem. É insondável a profundeza da tolice humana, dizia Flaubert.

Como quer que seja, tirados esses degenerados de fato ou por gosto (e o seu gosto já é prova de depravação intelectual senão de degeneração psicológica), esta noção de degeneração entrando na nossa vida mental a perturbou e nos afligiu.

"Uma das preocupações mais comuns nas classes intelectuais da presente época", verifica a sra. Gina Lombroso, "é a da degeneração da raça, para remédio da qual se tem obtido e se reclamam todos os dias inúmeras leis sociais, que superintendam toda a nossa vida em cada uma das suas ações. O trabalho em si, particularmente o trabalho das mulheres e das crianças, o enxugo dos pântanos, a reconstrução das estradas, seu alargamento, a abertura das cidades; a educação, a instrução e as correções infligidas aos meninos; os nascimentos, as mortes, os casamentos; as comidas e as bebidas de que nos servimos e até o ar que respiramos, tudo, com medo da degeneração, se quisera sujeitar a regulamentos".

A sra. Gina Lombroso é de uma família de intelectuais e sabedores em que o estudo e a ciência não sufocaram, ainda quando especializados, a curiosidade inteligente por todos os aspectos da vida, entendida no seu mais amplo significado, nem o interesse quase piedoso pelas coisas humanas, que em certas almas pode substituir com vantagem a religião que perderam ou que nunca tiveram. Não admira, pois, que apesar dos seus fortes estudos científicos, notadamente no ramo biológico, da sua sólida cultura positiva, e do seu mesmo espírito positivista, a sra. Gina Lombroso não tenha ficado no puro materialismo científico, na superstição fetichista da ciência, que tão lastimavelmente esquece nas suas locubrações os aspectos sociais dos fenômenos, e pretendera tratar a humanidade como *anima vili* de suas experiências e teorias, mais ou menos falazes quase todas.

É justamente dessa "tão temida degeneração, da qual se fala sempre vagamente, cada vez mais como de um espantalho impalpável e ameaçador que de uma coisa precisa e real, da sua essência, das suas conseqüências individuais e sociais, dos danos e das vantagens que dela derivam, para depois ver se essas preocupações e essas leis são úteis ou danosas" de que trata o livro por todos os títulos interessante da sra. Gina Lombroso. Mas a tese geral do seu livro, contrária à opinião vulgar e comum, é que a degeneração, se há degeneração, é um mal que tem a sua necessidade e as suas vantagens, e conseqüentemente que a maior parte das medidas tomadas ou reclamadas contra ele é irracional e até funesta.

Depois de haver verificado, de informações antropológicas e biológicas, a degeneração evidente no homem moderno comparado ao antigo, de certas funções fisiopsicológicas, "que os nossos músculos se fizeram mais flácidos, que diminuiu muito a nossa resistência ao calor, ao frio, à fadiga, ao jejum; que o nosso sistema digestivo se tornou mais delicado e a nossa sensibilidade à dor mais aguda, que estamos muito mais facilmente sujeitos a doenças temporárias, à deformação dos ossos, ao enfraquecimento dos sentidos", a sra. Gina Lombroso pergunta se essa degeneração é um fenômeno novo na raça branca e se é tão perigoso como geralmente o consideram. "Mas, se é tal, como então permitiu à raça em que mais estragos fez, à raça branca, estender tão soberbamente o seu domínio sobre todas as outras?"

Este problema ela o procurou resolver alargando as suas pesquisas "do pequeno mundo humano moderno a todo o mundo animado, às plantas, aos animais, ao homem pré-histórico".

Depois de haver estudado, com alguma particularidade, se bem que de um modo geral, os diferentes fatos de degeneração, e a função desta nas plantas e nos animais, por exemplo a das folhas, a perda da clorofila, dos órgãos reprodutores vegetais, da coloração exterior dos animais, e de sua estrutura interna e externa como dos órgãos de movimento, e a função dessas modificações chamadas de degeneração, conclui a sra. Gina Lombroso que não só não foram elas danosas, mas antes vantajosas, porque necessárias à adaptação ao meio e condições em que deviam viver essas plantas e animais. "Nenhuma linha distinta separa pois nos animais os caracteres progressivos dos regressivos, a degeneração da evolução, confundindo-se ambos nas modificações devidas à adaptação ao ambiente, que nos animais e nas plantas aparece como a única tendência da sua vida".

De nada vale ou serve estranharmos ou lastimarmos, com o nosso irreprimível subjetivismo, as degenerações que averiguamos em torno de nós, "o escopo supremo dos seres (plantas, animais ou homens) é um único: viver e reproduzir-se. Também o único meio para o obter é um só: a adaptação ao meio. Para obtê-lo as plantas, os animais e o próprio homem abandonam todos os aperfeiçoamentos adquiridos precedentemente, quando isso lhes pode ser útil. A seleção, serva humilde da evolução, age indiferentemente para o regresso ou para o progresso, aponta a um único fim: a salvação da espécie".

Isto desde Darwin, senão desde os seus predecessores imediatos, se sabia, e a sra. Gina Lombroso não faz mais que recordá-lo; a sua originalidade é fazer desse critério evolucionista o fundamento da sua demonstração das vantagens dessa tão amaldiçoada degeneração.

A esta luz, a doença e a morte são poderosos instrumentos de que se serve a natureza para introduzir nos seus mais altos reinos, o vegetal e o animal, modificações que a seleção e a herança fixam ou eliminam, conforme são úteis ou nocivas. Não são poucos, e os enumera e explica a autora, os fenômenos patológicos úteis. A saúde, aliás, o equilíbrio instável da vida, não se apóia no sobrepor-se, no elidir-se, no equilibrar-se de um estado patológico com outro, conforme os cem exemplos fornecidos pela patologia auxiliada pela anatomia patológica? Daí resulta a utilidade da doença, ou de doenças que nos premunem de outras mais graves, ou que nos vacinam contra outras, fato aliás até do popular conhecido. A própria fraqueza física é um elemento de defesa para certos organismos e em certas circunstâncias. "Mulher doente mulher para sempre" é a forma proverbial do fato verificado e generalizado pela ciência.

E os próprios degenerados têm uma função social.

No mundo moderno teve o homem de sujeitar o seu cérebro a um trabalho excessivo para não ser vencido e sacrificado na luta da vida. Os esforços sistematicamente feitos para lhe aumentar a potência determinaram anomalias cerebrais. Se em alguns todo o cérebro se desenvolve harmonicamente, dando os raros homens equilibrados de grande engenho, em muitos outros uma parte desenvolve-se mais do que outra, produzindo estranhos desequilíbrios mentais. Justamente nas altas classes, naquelas em que é mais constante o esforço para aumentar a inteligência, aumento imposto pelas necessidades da nossa civilização, são mais freqüentes a degeneração mental, a loucura, o suicídio. Dos estudos de Broca, Hunter e outros, como o eminente sabedor pai da autora, resulta incontestavelmente que o desenvolvimento do cérebro dos loucos é muito superior à média, quase igual ao dos gênios.

Desde a mais alta antiguidade, e as citações de Gina Lombroso mais uma vez o testemunham, a loucura foi considerada com respeito, qual o é ainda entre os selvagens, como uma espécie da mesma manifestação divina que criou os gênios, os videntes, os profetas, os oráculos, as sibilas. A excitação nervosa dos mentalmente degenerados, o desequilíbrio de faculdades que os leva a se apaixonarem mais que os outros homens por idéias, sentimentos e noções menos comuns, faz deles preciosos auxiliares dos homens de gênio, de quem eles se acham por isso mesmo mais perto. E o nosso progresso é por muito devido a essa inesperada colaboração.

No trabalho de difusão e propagação de idéias novas, e de novas aspirações, que transformam o mundo, "bem pouca parte tem a *aurea mediocritas*. Ocupada em gozar e manter unicamente os frutos do passado, ela certamente não quereria ocupar-se, nesta era tão fecunda e tumultuosa, em assimilar todos os novos produtos que com maravilhosa rapidez o engenho humano multiplicou desmarcadamente, e que a facilidade e rapidez das comunicações põem em circulação cada dia de toda a parte e em toda a parte do mundo. São esses desequilibrados, doidos, fanáticos, lunáticos, santos ou gênios que desafiando a impopularidade e as perseguições difundem e divulgam para todos e por toda a parte as novas reformas políticas, os novos produtos industriais, comerciais, artísticos e práticos, que ficariam sepultados onde quer que nasceram, sufocados pelo misoneísmo da maioria tanto mais hostil às inovações e mudanças quanto mais equilibrada é. Somente os desequilibrados, os santos, os loucos ousam ainda praticar as funções altruísticas num século em que os sempre novos prazeres renovando-se cada dia as tornam tão pouco atraentes e a ingratidão universal tão perigosa".

Mais: "Para atingir o ponto da evolução a que chegou hoje o homem civilizado, teve ele de transformar-se; a transformação nem sempre foi evolutiva, senão também regressiva. Como a nave batida das ondas no meio da dura tormenta, teve ele de lançar muita carga ao mar para escapar à voragem; nem sempre lançou às ondas só o lastro inútil, mas também fazendas preciosas, menos preciosas, porém, do que a vida".

Compreendendo a chamada degeneração apenas como uma transformação, freqüentemente vantajosa, a sra. Gina Lombroso, que não é apenas uma grande sabedora dessas questões biológico-antropológicas, senão uma senhora de notável inteligência e altos espíritos, considera de uma maneira não comum nos puros cientistas, quase sempre estranhos aos aspectos sociais e humanos de tais questões, o mérito da regulamentação com que se pretende irracionalmente defender-nos da degeneração não só necessária, fatal, mas vantajosa. "É inútil," diz ela no seu capítulo sobre a *Inutilidade das leis sociais*, "querer impor a todos, pobres e ricos, regras especiais, chamadas higiênicas e sociais, que, teoricamente boas, seguidas na prática até as suas últimas conseqüências empecem o curso natural dos acontecimentos, criam uma série de empecilhos que estorvam todo movimento evolucionista, político, artístico e econômico. É inútil fazer todos os dias novas leis que limitam a iniciativa dos livres cidadãos sob pretexto de lhes proteger a saúde, cristalizando, emprisionando cada instituição pior do que na Idade Média, com esta única diferença que o ideal higiênico social substituiu o ideal religioso; o medo da morte, o medo do duro castigo".

A sra. Gina Lombroso pronuncia-se com uma grande força de convicção e de raciocínio, apoiada nas demonstradas premissas do seu livro, contra a nossa mania moderna de tudo querer regulamentar por amor da saúde, da higiene e da não-degeneração da espécie, como se a perfeição não fosse uma ilusão dos nossos sentidos, cujos limites em vão procura o homem fixar!

O fato é que o mundo mudou e que a esta mudança há de por força corresponder mudança equivalente na forma humana física ou psíquica.

"Um homem forte, atlético, cheio de coragem física, embora intelectualmente pouco capaz, tinha a certeza de fazer fortuna há cem anos. A força corporal tem hoje um valor infinitamente menor, a intelectual infinitamente maior. Os judeus, que em todos os povos são os mais pequenos, disformes e doentes, por toda a parte conquistaram os primeiros lugares. Quanto porém durará isso? Já no campo do intelecto, a procura mudou. A civilização do século passado exigia engenhos fervidos, poetas, artistas, literatos, agora reclama homens técnicos, profundos conhecedores da própria matéria, conscienciosos trabalhadores. Amanhã poderá a civilização exigir ainda artistas, poetas, quiçá degenerados. Vimos como os selvagens os fabricam artificialmente, como os fabricaram os antigos que consideravam gênios aos degenerados. Que podemos nós saber do porvir, com que protesto podemos empenhar-nos em impor regras fixas de seleção, como se se tratasse de um animal condenado sempre ao mesmo destino?"

"Eternamente igual, impassível com o espaço dentro do qual vão os astros continuamente girando na sua mesma estreita órbita, continuamente gira como o mundo terrestre o mundo humano; as suas tendências, as suas virtudes, as suas paixões, as suas dores são uniformemente distribuídas como a terra e o mar na sua superfície. Ora um ponto girando é banhado pelo lúcido raio do sol, ora um outro, um outro, e assim todos, e cada um que se acha no lúcido espaço aquecido, dourado, julga ser a criatura mais perfeita e sublime, e orgulha-se das suas qualidades como de uma conquista sua. Esforçam-se os homens e a natureza por multiplicar os indivíduos dotados daquelas qualidades, esperando assim prenderem para sempre o raio de luz, mas em torno ao sol luzente segue o mundo a sua rota impassível. Os que foram iluminados hoje estarão amanhã no escuro, o mesmo raio de luz inundará outra gente, que essa também se crerá, como a primeira, perfeita e sublime. É o sol que distribui na terra as cores, e, quando o sol não rebrilha, lá se esvaem as nossas sábias descobertas. A história do mundo é a eterna alternativa do surgir, e do trasmontar de povos dotados de qualidades diferentes, umas vezes de suma, outras de mínima importância".

Tal é a bela e forte página com que a sra. Gina Lombroso (hoje Mme. Guglielmo Ferrero) fecha o seu livro, que sendo de uma sabedora, no domínio das ciências biológicas, e ainda no das sociais, é a obra interessante e simpática de uma pensadora feminina que soube ficar mulher, e que poderia talvez definir com este nobre pensamento seu: *La semplicitá é privilegio delle anime nobili che possono essere schiette senza mostrare a nudo un animo basso e vile.*

LETRAS VENEZUELANAS

El hombre de hierro (novelin), por Rufino
Blanco Fombona, Caracas, 1907, in-8º,
338 págs. — *La segunda misión a España
de Don Fermín Toro*, por Angel Cesar Rivas,
Caracas, 1907, in-8º, 106 págs.

 Com mais ou menos viço, mais ou menos perfume, mais ou menos variedade de formas ou de colorido, com mais ou menos diferenças de matizes, viceja em toda parte a flor literária. O seu habitáculo compreende todas as latitudes e longitudes. Até dos frígidos e broncos esquimós exploradores curiosos já trouxeram espécimes de uma literatura oral, de gente que ainda não sabe escrever, mas que na sua bruteza sente e se comove ante a natureza e a vida. Na nossa América a flor literária não tem ainda nem o esquisito e variado das formas, nem a singularidade dos perfumes, nem o esplendor particular ou o peregrino colorido de algumas das flores características da flora indígena. Mas embora incomparavelmente menos notável e distinta do que essas, não é já de todo indigna da nossa estimação. Flor de transplantação, espécies e variedades exóticas aqui apenas aclimadas, o seu defeito é que ainda se lhe sente demasiado a enxertia. Nada obsta, porém, que com mais demorada e intensa cultura, adubos mais crassos, cruzamentos com espécies ou variedades similares da terra, maior influência do solo e do ambiente desta na sua evolução, essa mesma venha um dia a rivalizar, na opulência da floração ou na esquisitice do perfume, e ainda em outros caracteres, com os tipos exóticos de que provém ou com os magníficos exemplares da flora botânica patrícia.

A América foi colonizada exatamente na época do maior florescimento das literaturas mães das suas. O período da colonização aqui é a era de Camões, de Cervantes e de Shakespeare. E conquanto os conquistadores e colonizadores, nos séculos XVI e XVII, do que certamente menos se ocupariam e preocupariam seria de letras e literatura, não era natural que esse aspecto da civilização das suas mães-pátrias ficasse de todo sem nenhuma influência nas colônias.

Tanto não ficou que, relativamente bem cedo, aqui se começou a fazer literatura, e os primeiros poetas americanos, de nascimento ou de residência, entram a aparecer desde o século XVI. Os esforçados e aventurosos conquistadores ibéricos, vilões ou fidalgos, soldados ou mesteirais, padres ou seculares, letrados ou idiotas, gente de toda a condição, e principalmente da pior, conquistando, guerreando, pelejando, entre si ou com o indígena, no meio das guerras, dos alvoroços, dos motins, em plena conquista ou nas lutas civis, ainda assim não deixaram mirrar de todo e morrer a semente de cultura que, mesmo a despeito deles, com eles vinha. Também a borboleta não sabe que leva em si o pólen fecundo de que vão desabrochar novas flores.

Em Venezuela, não obstante ser uma das terras da América mais trabalhadas pelas agitações da conquista e estabelecimento dos espanhóis, e ainda posteriormente pelos alvorotos da independência e infinitas lutas civis que ali, até hoje, a seguiram, não morreu entretanto tal semente. Ali vingou em romancistas, em poetas, em publicistas.

No livro forçosamente escasso e limitado de Manoel Ugarte, *La joven literatura hispano-americana* (Paris, 1906), figuram nada menos de doze escritores venezuelanos de prosa e verso, com excertos que os recomendam mui favoravelmente.[1]

A esses o autor do romance de que me vou ocupar acrescenta os de Cesar Zumeta e Carnevali Monreal; este, segundo a opinião de outro literato venezuelano que cita, "é o primeiro escritor vivo de Venezuela".

São mais dois bons documentos da literatura venezuelana, um romance *El hombre de hierro,* do sr. Rufino Blanco Fombona, e um livro de história diplomática *La segunda misión a España de Don Fermín Toro,* pelo sr. Angel Cesar Rivas.

O primeiro, de pura literatura e escrito por um escritor que é um artista, tem para nós, pela sua mesma generalidade, um maior interesse literário.

---

[1] Veja neste livro *Letras hispano-americanas*, pág. 469.

O sr. Rufino Blanco Fombona, seu autor, é um homem de 34 anos, com uma bagagem literária relativamente considerável (*Cuentos americanos, Mas allá de los horizontes, Pequeña ópera lírica, Cuentos de poeta*) e além de homem de governo é também homem de política. Era não há muito governador do Alto Amazonas venezuelano, e este seu livro foi escrito na prisão, onde, naturalmente, esteve preso por "inimigo da República", segundo a fórmula latino-americana.

É um novelista e contador não só interessante, o que não é pouco, mas aprazível e até delicioso. Seus *Cuentos americanos* foram traduzidos em francês, e não só o noticiário, em toda parte fácil, mas a crítica literária francesa os recebeu com estima e louvor. E sem maior favor, pois ele conta com facilidade, com graça, e à sua simplicidade se mistura um pensamento que, se nem sempre é raro ou distinto, não é nunca trivial, e uma filosofia que põe nas suas historietas maior interesse que o da fantasia que as cria.

Daquele seu segundo livro, que citei entre parênteses, são estas linhas, a propósito do duríssimo domínio da Espanha nos Países Baixos:

"A Espanha naquele tempo era a Força: e a Força, como os gases, tende a expandir-se".

"*Crímenes son del tiempo y no de España*, cantou o poeta; mas os crimes não foram só do tempo, como não foram só de Espanha. Os crimes da Força são da Força mesmo; seu efeito irremediável, fatal. Um terremoto não é bom, nem é mau; é terrível. A guerra é uma forma do poder terrível da natureza. Podem mudar os tempos mas não mudam os estragos das conquistas. Não foi mais cruel a Espanha dos séculos XV e XVI, quando fazia tábua rasa da civilização indígena da América e dizimava a flor dos impérios, do que a Inglaterra de agora metralhando os dervixes, submetendo os ashantis, crucificando os bôeres, bebendo a metade do sangue e das lágrimas vertidas pelos homens do século XIX".

Esse literato, governador de província, é desabusado como um esteta; é um irônico e talvez um cético. Desabusado e irônico, e pessimista (é singular como rebentam viçosas na "jovem América" essas fanadas flores da "caduca Europa"), é este seu romance do *Homem de ferro*. Já o título é uma ironia. Salvo para o seu parvo trabalho do escritório de uma casa comercial, ao qual se dava todo, de corpo e alma, incansavelmente, sempre pronto e disposto, e infatigável, o que lhe mereceu do seu patrão e companheiros aquela alcunha, Crispim Luz, o herói da novela, é o homem mais fraco, mais sem caráter, isto é, sem energia e vontade, que se possa imaginar. Todos se lhe impõem e governam absolutamente. A sua nulidade é completa. Por fim casam-no mais do que ele se casa com uma bonita rapariga, que o aceita sem amor ou sequer estima. Indagando de si mesma por que casara com tal marido pelo qual antes sentia repulsão que afeto, a quem enganara, Maria, sua mulher, deu-se sempre a mesma resposta: "Casei por falta de vontade, por tola e inexperiente, para seguir a corrente; porque Rosália [era uma prima sua, em cuja família ela vivia] se casava, porque era preciso não ficar a vestir santos, ou para ama dos filhos de minha prima; porque desejava arranjar uma posição independente e sair da tutela; porque as mulheres se devem casar; porque Rosália, minha tia Josefa e Adolfo [era o marido da prima] me meteram pelos olhos o Crispim, jurando-me que era um bom partido, principalmente em Caracas onde um noivo é ave rara".

Nessas condições o casamento foi infeliz, e o pobre homem de ferro do escritório comercial vítima da sua fraqueza de caráter e da sua incapacidade de se fazer amado da mulher que o traiu com um pelintra da terra. É verdade que para vir a lamentá-lo e amá-lo, ao marido, depois de morto, só então apreciando o que nele havia de bondade e ternura.

Tal o fundo da novela do sr. Blanco Fombona. Nela agitam-se, e mesmo vivem, tipos diversos, geralmente característicos ou bem-caracterizados. Como das mulheres do seu romance diz avisadamente o autor que "não são *todas* as mulheres de Caracas, porém essas e nada mais", assim se pode dizer que as criaturas da sua imaginação, quase todas mais ou menos ruins, não são todos os seus patrícios, mas esses que descreve somente. A vida e a sociedade venezuelanas parecem nele descritas com exatidão, sinceridade e arte.

Essa vida não difere essencial ou consideravelmente da de outras cidades americanas, nem essa sociedade é notavelmente diferente das outras do continente. É a mistura da estreiteza da vida colonial, de preconceitos nativistas, com empréstimos, adaptações e imitações e ainda arremedos exóticos, resultando tudo nessa incongruência característica das nossas sociedades americanas, meio civilizadas, meio bárbaras, simultaneamente antiquadas e adiantadíssimas. Para que nada falte de nacional no quadro do sr. Fombona, vemos nele um terremoto e uma revolução, e discussões políticas que nos dão, com manifesta justeza, uma impressão geral do estado e sentimento político do país, sem saírem da arte do romancista.

É, em suma, um livro bem-feito, ainda com um resto de naturalismo, no estilo da narração e na crueza de algumas cenas e expressões, escrito numa língua corrente, fácil, expressiva, sem o empolado e amaneirado habituais dos espanhóis.

O sr. Angel Cesar Rivas passa justamente por um dos mais notáveis venezuelanos de hoje, pela elevação da sua inteligência e seriedade de seus estudos jurídicos e diplomáticos. É a informação que tenho de quem, com qualidade para julgar, o conheceu e tratou pessoalmente. O seu livro é um livro modesto e sóbrio, como convinha ao assunto, exposto singela e metodicamente, com arte da qual resulta ao leitor a impressão de ter sido pensado honestamente e escrito com sinceridade. É, para o caso, a melhor recomendação.

As nações americanas, as ibero-americanas ao menos, conhecem quase todas a atitude arrogante contra elas de certas potências européias, com motivo ou pretexto de lesões mais ou menos graves aos direitos dos seus cidadãos domiciliados nessas nações. Se muitas vezes essa atitude é injusta e até desonesta, nos seus móveis e nas suas manifestações, é incontestável que à sua imoralidade e desgoverno devem elas tal menosprezo, nem sempre imerecido e muitas vezes provocado, da sua soberania. Quem quer ser respeitado dá-se ao respeito, é também um princípio exato de conduta para as nações, e nem sempre as nações americanas se têm imposto, como deviam, ao respeito dos estranhos, respeitando-se a si mesmas, e os seus deveres de nações civilizadas ou que por tal querem ser tidas.

As revoluções que pelos fins do decênio de 1850 e princípios de 60 mais uma vez assolaram a Venezuela lhe criaram uma situação crítica perante a sua antiga metrópole, que reclamava dela satisfações aos seus súditos prejudicados por essas desordens. Então, para evitar o rompimento, que o diplomata espanhol em Caracas parecia desejar, e conseguiu levar até ao das relações diplomáticas, resolveu o governo venezuelano enviar ao de Madri um plenipotenciário em missão especial para inteirá-lo das inconveniências do seu delegado e impedir o conflito iminente com a Espanha. Essa missão foi confiada a dom Fermín Toro, homem já experimentado em negociações diplomáticas, mesmo na Espanha, político respeitado e grande orador parlamentar.

É a história desta missão, feita simples e compendiosamente, mas sem prejuízo do estudo e explanação das causas, desenvolvimento e estado dos sucessos, que reconta num estilo claro e naturalmente elegante o sr. Cesar Rivas. Particular como é, essa história não deixa de ser interessante como lição e exemplo de acontecimentos que com tão lastimável freqüência se têm repetido nas repúblicas ibero-americanas, e dos quais nem sempre a sua dignidade nacional ou o seu bom nome saíram ilesos.

Recontando singela e concisamente os fatos, com distinta isenção de ânimo e sem as costumadas e impertinentes ostentações de patriotismo, tão do nosso congênito mau gosto americano, o sr. Rivas faz sobressair com maior evidência a justiça da causa do seu país, a habilidade do diplomata cuja missão historia e o singular mérito desta. Este é ainda aumentado pela circunstância de haver o enviado venezuelano, durante a missão, chegado a achar-se sem caráter oficial algum, dado que os seus legítimos mandantes desapareciam uns após outros, por motivo de súbitas mudanças de governo em sua pátria, determinadas por levantes militares ou revoluções, sucessivamente vitoriosas.

UM IDEAL DE CULTURA
SOBRE UMA PÁGINA DE NIETZSCHE

Não é difícil a quem vence a primeira repugnância da leitura de Nietzsche acabar reconciliando-se com este infeliz e malogrado pensador alemão.

A extravagância da sua filosofia se lhe mostrará mais aparente que real, o seu pensamento, se bem ainda vago e incerto, menos obscuro do que de primeiro se lhe antolhava. Não lho aceitará todavia, senão a benefício de inventário; não lho aceitará talvez jamais como sistema homogêneo de idéias, ou coerente doutrina da vida.

Superficialmente vista, a filosofia de Nietzsche é a filosofia dos amorais e dos imorais. Não que o seu amoralismo, como já lhe chamaram, seja imoral. Ao contrário, resulta em uma transcendente e pura ética. Mas, antes de lá chegar e antes de a compreenderem e poderem praticar, os literatos e estetas, já de natureza minguados do nosso comum senso moral, acham na sua soberba, e realmente profunda, teoria da transmutação dos valores um acoroçoamento e uma justificativa às suas próprias tendências anti-sociais ou anti-humanas. E como estas são comuns nessa classe de gente, é justamente nela que mais penetrou, se bem mal compreendido e até deturpado, o pensamento nietzschiano.

O estudioso que o meditar, esse não verá acaso nele senão a filosofia de um poeta, digamos sem vislumbre de menosprezo ou acinte, de um vesânico, em momentos lucidíssimos, em que a sua imaginação homérica, inquieta e desvairada, projeta clarões intermitentes, de intensidades diversas, mas freqüentemente vivíssimos e luminosos, nos problemas da cultura e da vida. E por pouco que não seja um satisfeito ou não siga devotamente a sábia filosofia do profundíssimo dr. Pangloss, estimará nele uma dessas forças, que quase se podiam dizer da natureza, suscitadas de vez em quando na humanidade, para pela negação e crítica a tirarem da idolatria de si mesma; abalarem-na nos seus fundamentos e despertá-la do seu torpor e contentamento, obrigando-a a utilíssimos exames de consciência.

Conforme já lhe notaram, é da natureza do espírito de Nietzsche exagerar, aumentar mesmo desmarcadamente, as dimensões e proporções às suas idéias e conceitos. É isso nele um processo de estilo, apontando a impressionar mais fortemente o leitor e assim forçá-lo a prestar-lhe maior atenção. Singular feitio em quem, sob aparências ultra-revolucionárias, é, no estilo, um adorador da regra e da medida. Mas, com esse amor, ele próprio se encarrega de pôr as coisas no ponto justo.

O mal é que a uns esse processo aborrece desde logo, e o abandonam aos seus maravilhosos conceitos ou paradoxos, a outros impressiona-os demais. Tomam-no estes ao pé da letra e tudo lhe aceitam, imaginando candidamente uma filosofia nas suas geniais extravagâncias ou paradoxos. Se há alguém que precisa ser lido *cum grano salis* são esses pseudofilósofos, que fazendo tábua rasa de toda a ciência, e até da experiência humana, se propõem dar radicalmente à vida um novo critério e do mundo uma versão inédita e diferente.

Eles mesmos, porém, nos deparam a absurdez dos seus propósitos. Vem a crítica — cuja mais útil tarefa é não nos deixar devorar pelo charlatanismo ou pela impostura, segundo já se conceituou — e mostra que o que parecia à nossa simplicidade ou ignorância originalidades deslumbrantes ou cativantes excentricidades, já fora dito por A ou B, ou afinal é apenas o pensamento de Y ou Z, ampliado, modificado, ou trasvestido. Ou pior, descobre-lhes a vacuidade essencial.

Mas ainda o verificando nem sempre lhe nega a importância, o interesse e até as excelências que possam porventura ter. Sendo da essência da crítica tudo compreender e tudo explicar, lealmente procura entendê-las, estudar-lhes a gênese, as feições, os efeitos.

Uma das idéias mais constantes e mais coerentes do desventurado e valoroso pensador alemão foi a da insuficiência da cultura alemã — no alto e particular sentido que deu a essa expressão. Certo, apesar dos seus repentes e tiradas contra a vida espiritual de sua pátria, não podia Nietzsche desconhecer e contestar o que nela havia de cultura no sentido vulgar, de erudição e instrução forte e sólida. Somente isso não lhe parecia constituir a cultura, na significação peculiar em que a entendeu.

"A cultura é antes de tudo a unidade do estilo artístico em todas as manifestações vitais de um povo" — tal o critério por ele assentado como fundamento à sua filosofia da cultura ou à existência desta. (*Considerations inactuelles*, Paris, 1907, Mercure de France.)

Já se tem dito, mas cumpre repetir: Nietzsche é principalmente, primariamente, e talvez somente, um artista, isto é, um homem em cujo cérebro todas as impressões do mundo exterior, ou todas as intuições da sua inteligência, todas as suas emoções ou sensações, se apresentam e representam como emoções ou sensações estéticas. De uma estesia particular, pessoal, como é tudo nele, fora talvez da realidade objetiva, mas de uma singular força e beleza.

Esta idéia — talvez imprecisa e indefinida para os mesmos que se presumem de nietzschianos — a tirou ele da sua concepção, inexata perante a melhor exigência da civilização grega, das origens da tragédia helênica. Sabe-se como fantasiou uma vida, uma sociedade, uma cultura grega, com bem pouca realidade na história.

Como quer que seja, dessa criação da sua imaginativa formou um conceito de cultura que quisera aplicar a todas as nossas manifestações vitais; seria ela como o resíduo sublimado, a expressão última e sobreexcelente de todos os nossos progressos na ordem espiritual e ainda na ordem social e moral.

Essa "unidade de estilo artístico" que a Grécia de antes de Sócrates haveria realizado, se a realizou, graças a circunstâncias especialíssimas que escaparam a um dos homens mais alheios ao senso histórico que jamais existiram — e tal foi Nietzsche — não a encontra ele na Alemanha em tempo algum; não se lhe depara nem no seu vestuário, nem no seu lar, nem na sua morada, nem nas ruas das suas cidades, nem nos seus armazéns de objetos de arte ou de modas, nem nas suas maneiras, nem nos seus usos e costumes, nem nos seus espetáculos, como não se lhe antolha no conjunto da sua civilização, na sua literatura, na sua arte, na sua ciência.

E Nietzsche, que, como soldado, fizera a guerra franco-alemã de 1870-1871, ri, com o seu ruidoso e forte riso, bem alemão esse, mais o rir do seu antipático Lutero que do seu amado Heine, ri e chanceia da satisfação dos seus patrícios que depois dessa guerra se manifesta em "alegria petulante, em gritos de triunfo" na presunção de possuírem uma cultura superior à francesa. Ao seu parecer, como já era, se bem menos peremptoriamente, ao de Schopenhauer, seu mestre imediato, é a França o mais preclaro exemplo de cultura, como esses filósofos a compreendiam; modernamente a mais legítima herdeira e a mais conspícua representante da cultura grega.

Reiterando a sua definição de cultura, insiste que "em todo caso esta supõe a unidade de estilo", e que até uma cultura ruim e de decadência "não poderia subsistir sem a fusão da variedade de todas as formas na harmonia de um estilo único". "Saber muitas coisas", acrescenta ele, "e ter aprendido muitas coisas, não é, entretanto, nem um meio necessário de atingir à cultura nem um sinal de tal cultura, e casos há em que as duas coisas se combinam perfeitamente com o contrário da cultura, com a barbaria, isto é, a carência de estilo ou a mistura caótica de todos os estilos".

Os que conhecem um pouco o pensamento de Nietzsche perceberão, sem embargo do que lhe possam achar ainda de vago e incongruente, que para ele a cultura não é saber e conhecimento, ciência ou erudição, mas o expoente e o resultado de tudo isso, quando esse resultado se produz do modo superior por ele chamado estilo. Se me perdoam uma comparação banal, a cultura, que ele resume no que seria antes a sua expressão, o estilo, é a flor da cultura, no sentido comum de saber acumulado.

Qualquer que seja a origem desta concepção de Nietzsche, e o valor da base presumidamente histórica em que a assentou, ela me parece não só excelente mas legítima. Em todo caso, pode ser, qual ele intimamente queria, um alto e fecundo estímulo de cultura, um ideal para todo os povos que não pensam apenas no material da vida e em viver somente a hora presente. De cultura, compreendida como expressão geral superior de uma civilização em todos os seus aspectos e modos de ser.

Incontestavelmente a Grécia, a Grécia do século V nomeadamente, teve a fortuna única na história de possuir essa expressão. Em rigor Nietzsche não fez senão exagerá-la ou, antes, idealizá-la, por dar ao seu conceito uma base histórica. Por circunstâncias que jamais se repetiram, houve um momento, bem curto aliás, na Grécia antiga, em que todas as manifestações do seu povo se igualaram num estilo único. Artes, letras, especulação científica ou filosófica, poesia, eloqüência, costumes, hábitos, vida doméstica e vida pública, atividade econômica, idéias, sentimentos, vontades, tudo se afinou por um mesmo diapasão harmonioso, criador dessa eurritmia de que os gregos de então tiveram o privilégio e o segredo.

Será possível que nos nossos tempos, de profunda anarquia e dissonância mental e sentimental, de tão ásperos conflitos de opiniões e vontades e de tão variados e antagônicos motivos de ação, de tão largo e generalizado espírito de crítica, tornando impraticável qualquer síntese espiritual ou harmonia sentimental, será possível, pergunto, que se repita no nosso mundo esse glorioso momento?

Por mais que não creia, não lhe negarei a possibilidade. Bem pouco filosófico será aquele que fizer essa objeção de impossível à marcha obscura e fatal das coisas. Mas ainda como uma aspiração, um simples ideal, uma sublimação, quiçá inacessível, do nosso saber e instrução, cumpre-nos manter e cultivar essa vontade de o atingir, uma das formas da "vontade de poder". A marcha da humanidade se faz em suma pelo alcance sucessivo dessas metas postas como um desafio ao seu invencível desejo de chegar ao termo indefinido de sua carreira desconhecida.

Esta concepção da cultura não é, aliás, original e privativa de Nietzsche. Se não é a geral e vulgar, também não é singular no pensamento germânico. Com gradações de conceito ou de expressão, é comum a Herder, a Goethe, a Schopenhauer, a Emerson, a Carlyle, a Matthew Arnold. O pensamento de Fausto (primeira parte, *A noite*): "O que tu herdaste de teus pais, ganha-o para o possuíres", igualmente citado por Nietzsche e Schopenhauer em apoio do seu conceito de cultura, traduz magnificamente, numa forma profunda na sua simplicidade, tal concepção. É o mesmo de Emerson, opinando que a cultura implica tudo o que dá ao espírito a posse das suas faculdades próprias, ou a que li de um autor inglês mais obscuro, Hamerton, pensando concisa e nobremente que "a cultura habilita-nos a nos exprimirmos a nós mesmos". Nietzsche — é a sua originalidade — ampliou esse conceito da cultura, ordinariamente quase limitado aos seus aspectos intelectuais, a "todas as manifestações vitais de um povo".

A expressão de nós mesmos, como povo e como indivíduos, quando temos alguma coisa a exprimir e sabemos exprimi-la, é em suma a cultura, e não conhecimentos acumulados sem discrição, a ciência ou a erudição apenas ingeridas e mal-assimiladas e que, como uma alimentação indigesta, de fato não nutre e avigora o organismo. Impando com essas vitualhas excessivas, despeja-as o estômago tal qual as recebeu. Mas não falta quem lhe tome o ímpeto e o arroto como sinal de saúde e força.

Desses vômitos de erudição temos aqui, como outro dia notei, um asqueroso exemplo nas citações intemperantes e despropositadas, puro, indiscreto e vaidoso alarde de conhecimentos e leituras, que só aos simples ou parvos pode embair.

Esta vil feição da nossa intelectualidade é um sintoma irrecusável de mau gosto ou de dispepsia mental, sinal evidente de falta de cultura, ainda no sentido vulgar desta expressão, que nesse mesmo não é só o acúmulo de conhecimentos, mas o produto, o expoente deles. E, para que o seja no sentido de Nietzsche, cumpre juntar-lhe os sentimentos de ordem estética que constituem o bom gosto. E, sem esses sentimentos, atrevo-me a dizer, independentemente de Nietzsche, não há instrução, não há saber que faça uma cultura ou que de tal se possa chamar. A cultura no indivíduo é a instrução tornada carne da nossa carne, sangue do nosso sangue, realçada dos dons nativos ou adquiridos, que nos ajudaram a absorvê-la e assimilá-la completamente. Nos povos é o conjunto de qualidades de sentimento, de inteligência, de gosto, que, afinadas pela aplicação e emprego discreto dessas faculdades, acabam por constituir aquela unidade de estilo artístico. Ou, para falar com o sr. Joaquim Nabuco, aquela "perfeição nas medidas sonoras e visuais da expressão, a que se pode chamar estilo". Segundo o nosso patrício, neste ponto concorde com o pensador alemão, só na França alcançou tal estilo, que é a mais alta expressão da cultura, como este a entende.

Não precisa dizer que isso é obra de uma lentíssima elaboração secular, em cada caso favorecida por circunstâncias especialíssimas. Conta-se que um bilionário americano, assombrado da beleza única dos magníficos gramados de um soberbo parque senhorial inglês e querendo reproduzi-los na sua opulenta morada natal, fora inquirir do jardineiro como obtê-los.

— É muito simples, meu senhor, respondeu-lhe o bretão; mande V. Mcê. plantá-los segundo os processos que lhe indicarei, faça-os tratar convenientemente e mondar conforme as regras, em tempos certos, e daí a um ou dois séculos terá V. Mcê. um gramado igual a este.

Nem é novidade que se uma civilização, no sentido vulgar e, por assim dizer externo, da palavra, se pode fazer em tempo relativamente curto por imitação, arremedo ou enxerto, uma cultura, qual a entendem Nietzsche e outros pensadores como ele, é obra de muitos séculos.

Portanto, se pensamos em tê-la um dia, precisamos, primeiro, no-la propormos como um dos nossos ideais nacionais, depois empenharmo-nos sinceramente por alcançá-la. E para o conseguirmos, nós brasileiros, mister se nos faz começarmos já, aproveitando com escolha e discernimento o que nos fornece a nossa própria tradição de cultura, a herança dos nossos avós e o riquíssimo patrimônio humano acumulado. Sobretudo precisamos de, por uma análise crítica rigorosa e por uma escrupulosa escolha, separar o joio do trigo e vencer os velhos e absurdos conceitos e preconceitos que ainda compõem a nossa concepção de cultura.

Não me parece heresia ou paradoxo afirmar que a nossa raça portuguesa carece daquelas capacidades de compreensão clara e expressão simples reveladas pelas gentes destinadas a produzir uma alta civilização ou cultura como a tiveram os gregos, os romanos do século de Augusto, os italianos da Renascença e os franceses do século XVII. Raramente terão os povos mestiços o sentimento do belo, o que há neles é o instinto do pitoresco, com que o fingem e suprem.

Este é principalmente o nosso, e daí a natureza concreta, somente concreta e material do nosso pensar e sentir, da nossa sensação ou da nossa idéia. Uma das feições mais patentes da velha literatura portuguesa, e da nossa até o romantismo, é a sua quase absoluta carência ou extrema deficiência de idéias gerais. É esta a razão principal de ser, como é, desinteressante e insípida. De fato, fora da poesia, onde a profundeza da melancolia amorosa deixou alguns traços inapagáveis, e o poema de Camões ressuscitou no mundo moderno o antigo sentimento épico, essa literatura é uma literatura apagada, absorvida toda pelo particular. Ao menos em prosa, jamais soube ela elevar-se ao geral e universal. E sob o aspecto da expressão viveu sempre da imitação, geralmente canhestra, de moldes dessuetos ou obsoletos, cujo espírito não soube revivescer com os alentos novos de um pensamento novo e mais livre do jugo das tradições. Daí o arcadismo fundamental da literatura, de toda a literatura portuguesa, o arcadismo, aspecto precípuo do culteranismo, que é, como notou Unamuno, uma das formas salientes do casticismo ibérico. Nada mais raro do que encontrar nessa literatura alguém com o dom de se exprimir de um modo simples, natural e ingênuo, que segundo Nietzsche é privilégio do gênio. Mas se um Camões ou um Garrett[1] são exceções a essa regra, não falha ela absolutamente na falta de unidade de estilo artístico que só elevaria as manifestações da intelectualidade portuguesa a uma cultura.

Dessa intelectualidade e dessa defectiva cultura somos nós os herdeiros diretos e necessários, e apesar das nossas revoltas, quase todas ilegítimas e desarrazoadas, contra elas, e da nossa pretensão e presunção, fúteis ambas, de nos havermos delas emancipado, o que de pior há na tradição do casticismo português pesa sobre nós revelando-se justamente nos seus aspectos mais ruins e desprezíveis.

Acusam-nos, e nós mesmos nos acusamos, de imitar e seguir muito de perto e servilmente os franceses. Malsinamo-nos ou jactamo-nos, conforme o sentimento do momento, de vivermos do pensamento e do estilo francês, e de os reproduzirmos.

---

[1] Um Machado de Assis posso acrescentar agora, que ele é morto.

Nada mais falso, se houvermos de verificar na nossa literatura, a mais justa expressão de nós mesmos, o valor dessa asserção corrente. Dos franceses, é incontestável, tomamos, sem cerimônia nem pudor, mas também sem o talento que assimila e transforma, idéias, opiniões e todas as modas com que vestimos a nossa casa, o nosso corpo ou o nosso cérebro. Ficamos, porém, nessa imitação fácil e dos aspectos exteriores da cultura francesa. Nunca lhe penetramos a essência, jamais fomos capazes de apanhar o que é, em suma, a superioridade do estilo francês, em "todas as manifestações vitais" da sua atividade: a simplicidade, a discrição, a medida, a clareza. Irracionalmente arremedamos-lhe a sintaxe, copiamos-lhe o frasear ou pilhamos-lhe o vocabulário, mas ao que é a mesma excelência, universalmente reconhecida, desse estilo, ficamos até hoje alheios.

E se da literatura descermos às outras "manifestações vitais de um povo" e não nos contentarmos com falaciosas aparências ou desajeitadas macaqueações, à nossa vida, à nossa arte, à nossa rua, às nossas casas, à nossa existência social e mundana, a quaisquer manifestações da nossa atividade nacional, mais verificaremos como estamos longe daquele tipo de cultura.

E realizá-lo, penso eu, mas realizá-lo com originalidade, como uma coisa nossa, "ganhando-o para a possuir", devia ser o nosso ideal nacional — se lhes não parece preferível, ou não lhes satisfaz cabalmente, o rastaqüerismo (pelintrice, lhe chamaríamos mais vernaculamente) atual, de presente e feição mais evidente e clara da nossa fisionomia nacional.

TAINE E A REVOLUÇÃO FRANCESA

Taine historien de la Révolution française,
par A. Aulard, Paris, Armand Colin, 1907.

Haverá apenas trinta anos, a história da Revolução francesa, não obstante escrita por Thiers, Quinets, Carlyles, Louis Blancs, Michelets, Sybels e, parcialmente ao menos, pelo escol dos historiadores europeus, estava por fazer. Escrita com saber, com talento, com arte, não o fora ainda segundo as exigências da moderna crítica histórica. Como este fato estupendo, o maior e o mais considerável da história moderna, não pode deixar ninguém indiferente, tão de perto nos toca e interessa a todos, foi impossível historiá-lo com aquele completo acromatismo de visão histórica de que Renan fazia a condição ideal do perfeito historiador.

Um homem que foi pelos seus extraordinários talentos de escritor, no grande sentido desta palavra, um dos maiores do século passado, homem desde a sua primeira mocidade votado aos sistemas, às generalizações, à crítica e à exposição das idéias, Hyppolite Taine, após se haver distinguido e ilustrado na história literária e na crítica, em narrativas de viagens, na estética, na filosofia e até em obras de fantasia e imaginação, celebrizou-se escrevendo — trabalhador sempre apressado na rebusca afanosa de glória literária — na metade do tempo apenas bastante para ler as fontes, uma história da Revolução francesa que no seu pensamento devia ser uma renovação do assunto.

Quando começou a sua obra famosa, *La France contemporaine*, da qual essa história seria a porção capital, era Taine um dos mestres do pensamento contemporâneo. O seu grande talento, a audácia e extrema liberdade do seu pensamento, o tom de segurança e afirmação dos seus ensinos, o engenho com que tirava partido das novas especulações científicas, a arte com que as aplicava à sua crítica ou filosofia, o gênio com que restaurava alguns antigos conceitos dessuetos, tudo, servido por um estilo que nem por difícil e visivelmente trabalhado deixava de ser admirável e singular, concorreu para dar a Taine um raro prestígio e uma enorme ascendência intelectual no seu tempo. Este fato averiguado pelo sr. Aulard para a França, e comum a toda a Europa, teve também lugar no Brasil, onde não foi pequena nem insignificante a ação de Taine nos que nasceram para as letras há mais de um quarto de século, e ainda depois. Com Spencer, Comte e Renan ele foi um dos grandes escritores europeus que mais influenciaram o nosso espírito, ou, pelo menos, mais o abalaram, pois não sei até onde podemos aqui verificar influências profundas e sérias.

Não estou longe de crer que na obra de Taine principalmente nos impressionou o brilho ofuscante dos seus paradoxos e novidades (ou que tais nos pareciam) e generalizações e fórmulas, e a força que lhes emprestava o seu espírito demasiadamente sistemático e fortemente convencido, o tom desabusado das suas afirmativas. O seu livre pensamento e materialismo filosófico justamente nos encontravam no momento propício, e direi auspicioso, da nossa evolução de espiritualismo e ecletismo dos Cousins e Maines de Birans para o moderno pensamento científico e positivista.

Este progresso acompanhou-o aqui um movimento dos espíritos para as idéias liberais e até radicais, não só no pensamento geral, mas em política; um racionalismo que, retrogradando ao primeiro quartel da nossa independência, renovou a discussão da nossa forma de governo e fez ressurgir, pelos anos de 70, a idéia republicana, procurando já encarnar-se num partido.

Nesta situação não podia aqui agradar a *Revolução* de Taine, por demolir um a um os ídolos de um republicanismo sentimental que, sob o aspecto da cultura, assentava principalmente nos romances de Lamartine, de Victor Hugo e até de Dumas pai, ou no lirismo histórico, mas profundo, de Michelet, ou de outros historiadores filhos diletos e apaixonados da Revolução, Thiers, Mignet, Louis Blanc. E essa parte da obra de Taine só aqui achou de fato admiradores entusiastas e incondicionais quando os primeiros anos da República pareceram dever repetir em nosso meio as cenas e os tipos por ele medonhamente descritos nos seus volumes. No Brasil ressuscitou então o nome de jacobino, aplicado aos nossos republicanos mais exaltados, que, aliás, pela maior parte, naqueles romances teriam aprendido o seu republicanismo e copiado os seus heróis.

Em França, e em todo o mundo culto, grande foi a impressão causada por essa obra. Principalmente a receberam com suspeitos louvores e admiração todos os espíritos não só conservadores mas retrógrados, isto é, secretamente sempre medrosos das necessárias conseqüências da Revolução, toda a burguesia, a quem ela principalmente aproveitou, e hoje receosa de que se venha a continuar e refazer contra a sua classe, como é, aliás, fatal. Todos esses, e os temerosos da revolução social que se prepara como complemento ineludível dessa revolução política, receberam com gáudio e consagraram com aplausos descomedidos essa obra. Escrito por um dos príncipes do pensamento contemporâneo, um revolucionário na ordem das idéias, à boa vontade dessa gente parecia esse livro a trombeta de Jericó capaz de derrocar a cidadela da revolução, sempre ameaçadora.

Mas se essa obra — talvez a primeira da reação antiliberal que se iniciou em França pouco depois da terceira República — enganou, com os reacionários de todo o jaez, o grande público dos salões parisienses, que logo se abriram carinhosos e hospitaleiros ao autor, todos unidos em glorificar o livro que os devia livrar da obsessora preocupação da Revolução, não iludiu senão por pouco tempo a crítica esclarecida. Nem era possível que a Europa culta não acabasse por lhe verificar, como história, a presunção e, podemos dizer depois do livro do sr. Aulard, a vacuidade essencial.

Mais de um crítico e até dos mais simpáticos a Taine, a começar pelo grande Sainte-Beuve, mostrou os defeitos radicais e as enormes falhas de erudição, de filosofia e de critério histórico desse livro famoso. A alguns destes cita o sr. Aulard. Esqueceu-lhe, porém, um dos mais eminentes, ou só lhe lembrou parcialmente, Edmond Schérer, que, em dezembro de 1884, no *Temps,* escrevia do último volume da *Revolução* de Taine:

"São sempre os mesmos processos [dos primeiros] o tom de demonstração, o abuso da fórmula, a idéia como a frase feitas numa fôrma, proposições encomendadas a provar uma multidão de fatos miudinhos, a ausência de liberdade, de agilidade, de imprevisto, em uma palavra de todas as qualidades que constituem o encanto. Os escritos do sr. Taine me fazem, malgrado meu, pensar no juízo de Goethe sobre uma obra célebre da nossa literatura contemporânea: boneca de pau e mola de aço... Deu-nos ele uma história da Constituinte, em que a obra legislativa desta assembléia era ignorada; temos hoje uma história da Convenção na qual debalde se procuraria um capítulo, ou apenas um fragmento de capítulo, sobre a defesa nacional. Estas lacunas voluntárias bastam para caracterizar o livro. Falta-lhe imparcialidade porque lhe falta filosofia. O filósofo talvez julgue a Revolução tão rigorosamente como o sr. Taine; terá horror de tanto sangue, desgosto de tanta extravagância, tédio de tanta mediocridade; poderá até ser que duvide do valor dos seus resultados, mas se haverá esforçado por compreender. O sr. Taine não pensou senão em escrever um belo trecho de retórica vituperiosa" (*Études sur la litt. contemporaine*, Paris, Calman-Lévy, 1885, VIII, 73/74.)

Como mais de um crítico, desassombrado da glória acabrunhadora de Taine, e do desmedido prestígio do seu livro, lhe disse, parecia que ele tinha descoberto a Revolução francesa ou se avistado com ela pela primeira vez. O mesmo Schérer, de seu natural sisudo até à austeridade, zomba com razão da "gravidade com que ele refere o que todos sabem, a convicção com que derruba portas de par em par abertas... O escritor entrava em um mundo seu desconhecido, e imaginava que ninguém o conhecera antes. Lia Baruch pela primeira vez, e apressava-se em partilhar com o público as suas impressões de Baruch. Não ouvira jamais falar senão de modo muito geral das sanguinolentas parvoiçadas de sanculotismo, e apressa-se em provar ao mundo que a Revolução francesa não se fez regularmente, mas foi acompanhada de um grande número de rasgos de loucura e atos de malvadez" (*ob. cit.*, VII, 238.) Bastava, entretanto, uma consideração para enfraquecer enormemente o valor desse livro. Não podia ser apenas obra de loucos, bêbados e celerados o fato que destruiu um mundo e constituiu outro, e que mudou radicalmente as condições políticas e ainda sociais e espirituais da vida na terra. Esta consideração, ao alcance do mais mofino critério histórico e de quem menos se presumisse de filósofo, a fizeram muitíssimos pensadores, desde a genial mulher que foi Mme. de Staël até Auguste Comte, antes que se esquecesse de fazê-la Taine. Como o padre Vertot ele tinha o seu cerco de Rodes, isto é, a sua *Revolução*, feita antes ainda de a ter estudado. E este escritor de filosofia e de razão queria persuadir que a Revolução constitui uma série de beberronias, sandices e maldades que descreve com desnecessária, enfadonha e, o que é pior, errada minúcia.

O fato é, por mais atrevido que pareça dizê-lo, que Taine não compreendeu a Revolução francesa, e não a compreendeu, apesar das suas vigorosas e raras capacidades intelectuais, por se ter deixado impressionar demais para um filósofo pelos sucessos da Comuna de Paris, de 1871.

Esse reparo o teria feito quem não tivesse já por Taine uma admiração sem restrições e houvesse verificado na sua obra a exação das censuras dos seus críticos. A *Correspondência* de Taine, começada a publicar em 1892, não fez, para esses, senão confirmar-lhes o reparo. Com efeito, nessa *Correspondência* se acompanha dia por dia o desconcerto de Taine, profundamente abalado no espírito, de essência conservador e burguês, de homem glorioso, satisfeito, equilibrado na vida e contente de viver, bem-acolhido nos salões e festejado pela sociedade, pelos sucessos da Comuna. E não pôde mais ver a revolução senão através da Comuna, e, generalizador temerário, de uma concluiu para outra.

Desde 1879, Renan sentiu esse desvio do seu grande companheiro. Escrevendo a Berthelot de "notre ami Taine", a quem visitava no seu retiro campestre de Annecy, comunica-lhe que ele se entregava demasiado àquele lugar. E, com a sua fina percepção das coisas e perspicácia histórica, observava: "É conselheiro municipal, ligado com a fidalguia [Renan escreve, à inglesa, *gentry*] da terra, e se desvanece disso. Isso o torna incapaz de bem julgar as grandes coisas do passado, que foram muito mais feitas pelo entusiasmo e pela paixão do que pela razão. Ele leu-me parte dos seus *Jacobinos*, quase tudo é em detalhe verdadeiro; mas é a quarta parte da verdade. Mostra que tudo isso foi triste, horrível e vergonhoso; cumpria mostrar ao mesmo tempo que foi grandioso, heróico, sublime. Ah! que história, para quem a soubesse fazer, a começasse aos vinte e cinco anos e fosse simultanemente crítico, artista e filósofo! Era preciso nada dissimular, mostrar o absurdo e o ridículo ao lado do admirável, que o quadro fosse igual à realidade; e ter-se-ia a certeza de haver feito a obra mais surpreendente que jamais houve" (E. Renan et M. Berthelot, *Correspondance*, Paris, 1898, 477.)

Não viu sequer, como lhe lembrava o sr. Joseph Reinach (*Revue Bleue*, 1885, 584), que, se ele pudera escrever todos os seus livros sem ir para a Bastilha, sem ser exilado ou esbordoado, como foram no antigo regime La Chalotais, Rousseau, Voltaire, e outros, devia-o à Revolução. Aliás, o seu gosto dos pequeninos fatos devia ensinar-lhe a tirar dessa diferença alguma conseqüência.

Não o podia porque quando escreveu da Revolução estava literalmente doente da Comuna. A esta igualmente não a soube ele compreender, senão conforme o seu processo sumário, como um levante de bêbados, doidos ou celerados, quando, já o verificam historiadores tampouco revolucionários ou sequer radicais como o sr. Hanotaux (*Histoire de la France contemporaine*, I), foi a reação natural, lógica, necessária, de uma população enganada pelos seus chefes, ludibriada pelos seus dirigentes, burlada pelos seus comandantes militares, miserável, famélica, desgraçada e enervada até o paroxismo da raiva por meses de sofrimento e vãs esperanças, como esteve a população de Paris durante o cerco, e depois tratada pelos seus compatriotas do governo pior do que pelos prussianos.

Aos preconceitos anti-revolucionários (no caso tão nocivos como os revolucionários) que impediram Taine de compreender a Revolução, juntou-se nele o funestíssimo critério de preconceber os acontecimentos antes de os estudar e descrever. Gabriel Monod, seu amigo e admirador, conta que, partindo a primeira vez para a Itália, Taine lhe perguntou se ele tinha uma idéia sobre a civilização italiana e a Itália. À resposta negativa, porque lá não tinha ido ainda, Taine obtemperou-lhe: "Pois faz mal, para não perder tempo, cumpre fazermo-nos uma idéia de que vamos estudar e ver depois se esta idéia é conforme ao que vemos. Respondeu-lhe o sr. Monod que receava ver muito as coisas através da idéia que preconcebidamente se houvesse feito" (Aulard, pág. 11.)

D'Arbois de Jubainville (*Deux manières d'écrire l'histoire*, pág. 67), um dos mestres da história em França, refere que, quando Taine preparava na Biblioteca Nacional a sua obra, dirigia-se aos empregados pedindo-lhes documentos que provassem tais e tais conceitos que levava de antemão feitos. Parece-me que esses informes edificam suficientemente sobre os escrúpulos de Taine como historiador.

As críticas parciais à obra histórica capital de Taine, censurando-lhe a falta de uma idéia geral, mal substituída por generalizações abusivas, a carência de erudição especial, a ausência de método histórico, a insuficiência da informação, as opiniões preconcebidas, os preconceitos burgueses, já o haviam consideravelmente diminuído como historiador; e entre os sabedores de história a sua *Revolução* perdera grandemente do seu primitivo crédito.

Creio que o sr. Aulard deu na sua periclitante reputação de historiador, e naquele seu livro particularmente, o tiro de misericórdia.

Ninguém ignora que o sr. Aulard é hoje a maior autoridade em história da Revolução francesa. Estudando-a há trinta anos, com afinco e capacidade, e a instrução especial que tal estudo exigia, o sr. Aulard introduziu nele os mais recomendados e melhormente prezados processos e métodos de investigação e crítica histórica, baseando-os numa erudição solidíssima e, se não alumiada por um grande talento como o de Taine, servida por uma inteligência de primeira ordem e uma rara probidade científica. E como se não presume de artista e não sacrifique como tanto, e quiçá com tão grande prejuízo seu fez Taine, à glória literária, não disputa posições nem proeminências, nem fama mundana, encerrou-se nos seus estudos com a abnegação e o trabalho de um beneditino.

Professor de história da Revolução francesa na Universidade de Paris, o sr. Aulard, além de numerosas edições críticas dos atos legislativos e administrativos da Revolução, com eruditos prefácios, notas e comentos, alicerce indispensável ao estudo científico da Revolução, publicou uma notável *Histoire politique de la Révolution française* (in-8º, 816 págs, Paris, Colin, 1901, 3 edições) que, sem o brilho, a arte literária e as fosforescências de pensamento e de estilo de Taine, é, no seu gênero, talvez a obra mais perfeita e sólida hoje existente sobre a Revolução. E em mais de seis volumes de *Études et leçons* expôs e discutiu, com seu extraordinário saber do assunto, fatos, episódios, homens, casos, idéias da Revolução, ratificando ou retificando noções correntes, aventando outras, com fatos, documentos, luzes, idéias novas.

A sua influência nesses estudos se faz já sentir no novo critério, mais científico e histórico do que literário e artístico, com que se está estudando depois dele a Revolução em França.

Justamente as qualidades que ele pôs ao serviço dessa história faltavam a Taine. Este escreveu da Revolução não só com manifesta e quase declarada parcialidade mas com ódio e sem nenhum respeito pela verdade.

Para o provar, e o prova até à saciedade, o sr. Aulard toma o livro de Taine e o acompanha quase *pari passu*, verificando-lhe as fontes, as citações, as referências, as informações, achando-o quase sempre em faltas de exação, de fidelidade nas citações e transcrições, inexato no contar e descuidado, apressado e leviano na consulta e estudo das fontes.

É uma inquisição minuciosa, miúda, apertada, pequena talvez, mas cumpre reconhecer que era o único processo crítico aplicável a uma obra que pretendeu fazer "dos pequeninos fatos bem escolhidos, importantes, significativos, amplamente circunstanciados e minuciosamente notados, a matéria de toda a ciência" e, portanto, da história. E como na de Taine o que mais impressionou a todos foi esse acúmulo impertinente de *tout petits faits*, apoiando as proposições preliminares que neles pretendiam assentar, nada mais legítimo e racional do que mostrar, como fez o sr. Aulard, a fantasia, ainda a falsidade, o arbitrário, que presidiu a tão indigesto amontoado de fatozinhos.

Assim refere-se a documentos que, assegura o sr. Aulard, "nunca existiram senão na imaginação de Taine".

Com provas provadas, no rigor jurídico da expressão, e uma documentação cuidadosa e abundante, que seria impossível resumir, o sr. Aulard demonstra que Taine mesmo transcrevendo entre aspas "arranja o estilo ou muda a ordem das frases", cita em falso, mistura sem discernimento fontes boas e más, escolhe sem critério as suas autoridades, trunca traduções, despreza documentos, ou apenas os percorre ou deles se serve no que podem aproveitar à sua tese. Prometendo produzir textos bastante extensos para que o leitor conclua à vontade, Taine "não cumpriu nunca esta promessa, e quando eu digo *nunca* [escreve o sr. Aulard] quero dizer: nem uma só vez". Inventa algarismos e forja estatísticas, para impressionar o leitor com o aparato de uma erudição que não tem.

É triste, é deplorável, esta verificação. Se ela não atinge às qualidades propriamente literárias de Taine, porventura o fundamento mais sólido do seu renome, para os que preferem a verdade a Platão, o historiador, especialmente o historiador da Revolução, sai desse processo desautorizado. Em obras como aquela que escreveu Taine, quiçá em qualquer outra, há alguma coisa que vale mais que o talento, o estilo, as galas e louçanias da forma e ainda do fundo literário — é a probidade intelectual.

A RETÓRICA DE NIETZSCHE

En lisant Nietzsche, par Émile Faguet, Paris. — *Pages choisies de Frédéric Nietzsche* par Henri Albert, Paris — Cp. *Friedrich Nietzsche* par Henri Lichtenberger e *Friedrich Nietzsche* par Eugène de Roberty.

Os rapazes do meu tempo ouviram anunciar, com a insolência das convicções mais de sentimento que de razão, a morte da metafísica. Foi então muito celebrado um deles que, com a petulância da idade e do meio saber, da sua banca de examinando afirmara seguro aos lentes pasmados que "a metafísica morreu!"

Na véspera havia aparecido aqui a filosofia de Comte. E nos moços, que dela tinham ouvido falar, não faltaram apodos ao velho professor carranca que, com benigna e superior ironia, perguntara, entre risonho e escarninho, ao jovem futuro doutor: "Quem foi que a matou, foi o senhor?"

Pois quem tinha razão não eram os que anunciavam a morte da sedutora afilhada, se não filha de Aristóteles, nem os rapazes que ingenuamente o acreditavam, nem o moço que o repetiu com a certeza de quem lhe houvesse assistido ao trespasse ou verificado o óbito. Quem tinha razão era o enfezado velho, o mestre atrasado e caturra, malsinado de tal forma por aquela mocidade por não ter logo crido no que ela, confiadamente, sem maior estudo, repetia.

Não só a metafísica não morreu, mas, depois de um rápido sumiço e decadência, talvez para se refazer em melhores climas da anemia de que, em verdade, enfermara, voltou mais forte, mais louçã, e o que mais é, com os velhos ares da antiga dama e senhora do pensamento humano. E em vez de modesta, humilde, vexada, como partira, altaneira, soberba, falando grosso.

E ainda quando aquela rapaziada, como gatos-pingados que lhe houvessem acompanhado o féretro, a dava por de uma vez enterrada, já ela reflorescia com uma porção de coisas em *ismo*, na França, na Alemanha, na Inglaterra, na Itália e em toda a parte onde se filosofava. Porque, se excetuarmos o comtismo ortodoxo ou a síntese spenceriana — e ainda assim — que são as lucubrações do neokantismo ou do neocriticismo, os diversos sistemas oriundos do evolucionismo, as filosofias de Hamann e Schopenhauer e do próprio Haeckel, tanto quanto ele é um filósofo, senão metafísica?

Em vez da Ciência, da Ciência com maiúscula, da ciência unificada, experimental, positiva, desembaraçada de todas as preocupações das causas finais ou primeiras, restrita ao fato, ao relativo e refugando absolutamente o absoluto, como um momento se esperou, e se teve o direito de esperar, tomar a si fazer a filosofia nova e definitiva, e substituir-se pelos seus resultados gerais à antiga, como a última e assente explicação do universo e da vida, o que se viu foi, sob a influência de causas complexas e múltiplas, toda a especulação filosófica invadida por novos idealismos, novos materialismos, novos fenomenismos, novos espiritualismos e por todas as aberrações e extravagâncias das ontologias mais disparatadas, de que algumas chegaram a ir buscar, confessadamente ou não, às obsoletas metafísicas asiáticas os seus critérios e concepções, e outras resvalaram às insanidades do ocultismo e à abusão do espiritismo disfarçados sob o presunçoso nome de ciência psíquica.

E estava morta a metafísica! Como se pudesse morrer de repente uma maneira de pensar que, sobre ser talvez a mais acomodada à nossa miserável constituição cerebral, não exige outro esforço que o de pôr em movimento os órgãos correspondentes a essa função!

Quando a davam aqui por morta, já Friedrich Nietzsche (1814-1900) afrontava com as suas ousadias o pensamento geral e as concepções positivistas. E Nietzsche seria, sob o aspecto filosófico, a metafísica no que ela possa ter de mais extravagante, mais extraterrestre até, se Stirner não o houvesse precedido. Personagens da imaginação de um Wells, vivendo e pensando inteiramente fora do mundo e da nossa vida, eis como se me apresentam tais filósofos. Confesso que o que para mim há sobretudo de admirável neles é a singular potência (que não sei se não será um sintoma de vesânia) com que romperam todos os laços que ligam o homem ao planeta e à sociedade humana, e se puseram quase materialmente fora do seu ambiente e fora da só realidade que conhecemos.

Desta situação resultou não a obscuridade, que a Nietzsche se não pode em rigor chamar de obscuro, conquanto seja difícil e mesmo nebuloso, mas a incoerência, quero dizer, a desconformidade das suas idéias não só com as nossas mas com as suas próprias, e também as dificuldades de as ligarmos, de as coordenarmos, para no-las explicar a nós mesmos e as explicarmos aos outros, se em vez de cedermos puerilmemte ao só encanto da novidade e do esquisito pretendemos ser observadores honestos dos fatos espirituais do nosso tempo.

Tal explicação tem sido tentada freqüentemente em toda a parte, com mais ou menos êxito, e por comentadores de não pequena capacidade. Não nos assombre esta atenção dada ao "mais brilhante dos escritores alemães contemporâneos", como lhe chama, não talvez sem oculta ironia, um seu ilustre patrício, historiador da filosofia européia.

Nietzsche e as suas idéias ocupam de fato no pensamento contemporâneo, notadamente no pensamento estético, um lugar considerável. Se a filosofia, como um corpo de doutrinas sistemáticas, uma investigação racional e, tanto quanto possível, positiva, isto é, apoiada na observação e na experimentação científicas, não o toma muito a sério, e de fato não o toma, o pensamento comum, a literatura que o exprime, a arte que o resume e sintetiza, estão mais ou menos impregnadas de Nietzsche. E o fato é tanto mais explicável quando Nietzsche, ao cabo, não fez senão reproduzir, certamente renovado e modificado segundo o seu temperamento temerário e exuberante, uma porção de idéias espalhadas antes dele. É uma demonstração do livro do sr. Faguet, crítico cujas principais qualidades são a reconhecida inteligência e a clareza de espírito, a de exposição, que, "com La Rochefoucauld, Goethe e Renan — poderíamos facilmente reconstituí-lo todo. Por um lado, no seu talento, a sua originalidade é belíssima, de fazer inveja; por outro é vulgar de dar vontade de desprezá-lo, no seu excesso, sua arrogância insolente, seu cinismo. Sob este aspecto torna-se ridículo pela sua indiscrição e falta de gosto... Renan ensandecido teria talvez dado nisso, o que não é uma razão para que seja suportável".

Nenhum intérprete de Nietzsche, porém, nem mesmo o inteligentíssimo sr. Faguet, logrou tirar das suas copiosas lucubrações uma filosofia, salvo dando a esta palavra uma significação vaga e lata que, sem abuso, não comporta. É que Nietzsche não é de fato um filósofo, nem tem uma filosofia, no sentido clássico desta expressão, e menos, ao contrário do que superficialmente se julga, uma filosofia original. "O fundo do seu pensamento", afirma o seu novo intérprete, "é que a humanidade existe para criar a beleza". Se é assim, só uma tal concepção diz o que vale a doutrina de Nietzsche como filosofia, ainda como metafísica. "Nietzsche", diz mais o sr. Faguet, "é apenas um Goethe nervoso e superexcitado". Foi mais ou menos a impressão que me deu desde o meu primeiro encontro com ele. Chamei ao seu pensamento de "a filosofia de um poeta". De um grande poeta.

O seu ideal social, porque, confusamente embora, ele tem o seu finalismo, é uma sociedade qual ele, sem nenhum fundamento histórico (e ninguém foi talvez mais do que Nietzsche estranho ao sentimento histórico e às realidades históricas), imaginou seria a grega antes de Sócrates, na sua *Origem da tragédia*. Essa concepção, que nenhum sabedor da vida grega lhe aceita, ao cabo não é senão o preconceito de Rousseau assentando numa volta ao passado, às primitivas sociedades humanas, o seu ideal social.

Nietzsche, ao contrário do seu mestre imediato, Schopenhauer, e do que muitos ainda pensam, não é um pessimista, antes um ardente otimista. Mas um otimista singular, que tem por péssimo e errado quanto existe e se há feito no mundo, exceto aquela Grécia que a sua mente fantasiou. Só se distingue dos pessimistas sistemáticos em crer e ensinar que ao homem, pela sua vontade de poder, será possível transformar todos os valores existentes que — e não é lícito desconhecer a profundeza e alcance deste conceito — somente sustentam quanto faz o nosso mundo e vida atual. Realmente sem uma transformação radical e completa desses valores, como às nossas noções, idéias, sentimentos, crenças, opiniões, chama Nietzsche, não se pode legitimamente esperar uma modificação radical, como a desejam por exemplo as escolas anarquistas, ou de outro ponto de vista, e com outro critério, o mesmo positivismo, da sociedade presente. Odiando, e com singular, eloqüente e belo ardor de ódio, tudo isso, ele "amará apaixonadamente tudo o que é a vida e beleza esplêndida, amará tudo o que deva concorrer à realização na terra da vida intensa e da beleza e terá primeiro desconfiança, depois aversão, depois ódio, depois raiva de tudo o que julgar de molde a estorvar essa realização ou de a demorar".

É com esse idealismo, mais alto talvez do que ninguém jamais o teve, que Nietzsche entra a pregar a sua fé.

Artista, profundamente artista, unicamente artista, morbidamente artista, segundo uma convicção sua e pessoal da arte, ele não compreende o mundo senão como fenômeno estético. Ininteligível como justiça, como moralidade, como bondade, o mundo se torna inteligível como beleza. A glorificação da vida e do amor da vida, de toda a vida, amesquinhada pela nossa civilização após Sócrates (especialmente pelo cristianismo, de quem Nietzsche é um feroz, e até ininteligente, contendor) foi a principal obra do brilhantíssimo escritor alemão.

Para alcançar a desvalorização dos valores de que a humanidade tem vivido até hoje, ainda, em que lhe pese, na época présocrática, ou a sua transformação naqueles que, lhe parece, devem realizar novamente aquele seu ideal, Nietzsche contesta e nega a razão, a religião, a ciência, a moral, e as refuga como falsidades, erros e fontes de erros, causas da degradação humana e mais que tudo estorvos funestos ao advento do super-homem, e daquela humanidade por ele sonhada em que todos os instintos humanos, que só por o serem ele tem por bons, se expandirão livremente em força e beleza.

Estamos em plena e desabrida metafísica, que não pode sequer constituir uma dessas utopias com que se tem engabelado a humanidade, pois, menos que nenhuma outra, é sem apoio no raciocínio, nos fatos, nas noções científicas, na experiência: a pura imaginação, a louca da casa, desvairada nos caminhos da filosofia.

Mas esta metafísica, e nisso está toda a sua importância, não foi sem ação, ao contrário a teve grande, no pensamento e no sentimento hodierno, nas artes e na literatura.

Nem importa que tal influência não passe, em crescidíssimo número de casos, senão do gosto sandeu de extravagâncias de pensamento, da rebusca doentia da originalidade, pelo próprio Nietzsche aliás condenada, de postura e atitude literária ou estética.

Nesses mesmos e por esses mesmos ela se faz e se estende.

Sem perigo, nem mal, porém, porque de qualquer modo o nietzschianismo haverá sido um agente de renovação, um excitante da vontade, do sentimento e da inteligência contemporânea. Além de Nietzsche (e acaso nem ele próprio), ninguém foi ou é sinceramente um nietzschiano convicto, e, principalmente ninguém o é praticamente. Muitas, porém, das suas sensações, imaginações, quiçá idéias, pela sua profunda beleza e não raro agudíssima vista das coisas, se incorporaram no patrimônio mental desta humanidade que ele, no seu "pensamento neroniano", quereria destruir para recriá-la segundo o seu ideal. E não é mau que de vez em quando um gênio como Nietzsche, principalmente se é, como ele, leal e probo, sacuda as nossas convicções mais arraigadas e negue as nossas crenças mais firmes, obrigando-nos a examiná-las de novo e a outra luz que aquela a que nos acostumamos.

As idéias literárias de Nietzsche, que são as que aqui mais nos interessam, não têm sempre, justamente reconhece o sr. Faguet, grande relação com a sua filosofia. A sua obra está cheia de inúmeras considerações estéticas, *livres*, independentes, vindas à aventura da inspiração. São digressões.

Estética e determinadamente era um clássico, "um grego, um helenista, que quisera ser um heleno". Foi nisto grande a influência de Goethe e também um pouco de Renan (o sr. Faguet acredita que com Goethe e Renan, ainda sem Schopenhauer, se refaria todo Nietzsche). Foi wagnerista apaixonado enquanto — com razão, pensa o mesmo crítico — julgou achar em Wagner a tragédia grega. A mesma tendência clássica (tendência apenas, não espírito; não distingue o sr. Faguet, mas parece-me necessário distinguir) explica a sua admiração apaixonada, como era tudo nele, pela literatura francesa dos séculos XVII e XVIII (e mais Montaigne, que é do XVI) na qual julgava ver antes uma herdeira dos gregos que dos romanos. Dessa mesma inclinação deriva o seu gosto pela força muito simples, chã e clara, pela constante união da simplicidade e da força. O artista é para ele um "doente" (porque Nietzsche, nota o seu intérprete, gosta de dar a princípio ao seu pensamento uma forma exagerada e paradoxal, para chamar a atenção, embora depois o ponha no ponto), mas um doente cheio de força ativa e superabundância e que, sem crítica, cria e dá a beleza em uma forma precisa, justa e sã. O artista é excepcional e vive em um estado particular que se pode chamar de doença da superexcitação. Além de velha, essa teoria do artista e da produção artística, generalização sem fundamento na história das artes e dos artistas, e no que sabemos da fisiologia humana, foi cara ao Romantismo. Os "estados psicológicos" do artista e da produção artística, como os concebe Nietzsche, foram uma das feições mais características da estética romântica.

Não é entretanto de todo falsa a sua teoria, somente é, ou me parece, excessiva, ou é antes uma opinião, uma idéia, que uma teoria. Nietzsche aliás não é senão um assombroso, um estupendo emissor de idéias. A maioria delas, brilhantes e iluminadoras como um poderoso clarão; mas se as queremos reunir e sistematizar resultam obscuras, ou confusas, como se da soma das cores resultasse o preto.

Volta ele, porém, ao critério clássico, estabelecendo que o artista deve ser tão impessoal quanto possível. É verdade que para logo afirmar que deve, *por conseguinte*, ser tão pessoal quanto possível. E resolve a contradição assegurando que além da arte pessoal e da arte impessoal há a arte verdadeira. Qual será essa arte verdadeira? A mim me não basta a sua afirmação, e não sei quem a possa estabelecer incontestável.

A impersonalidade do artista está em que ele não entre voluntariamente na sua obra, ou, como ele diz, "que o autor se deve calar quando a sua obra fala". É um pouco aquilo de Victor Hugo, que não é aliás um artista impessoal: "*Ami, cache ta vie et répand ton esprit*". Mas é pessoal justamente porque, não intervindo, a sua personalidade voluntária, sua personalidade sensível, sua personalidade de temperamento enche-lhe a obra.

Tal teoria, sutil sem dúvida, mas porventura verdadeira, se resume afinal na parte do inconsciente na obra de arte. Eu por mim sempre pensei que fora dos tempos modernos a obra de arte, os grandes poemas antigos, a tragédia grega, e ainda o drama shakespeariano, como as eminentes criações das artes plásticas da Renascença, foram por muito inconscientes ou nelas teve parte proeminente a personalidade de temperamento do artista, para falar como Nietzsche.

Este artista do futuro, qual ele o concebe, será uno, simples, muito uno e muito simples; isto é, não confundirá as artes nem meterá na sua coisas estranhas; o poeta não recorrerá à filosofia, o músico não se valerá do drama (como Wagner), nem o pensador se auxiliará da retórica (como fez o próprio Nietzsche, nota o sr. Faguet).

O estilo sobrecarregado em arte, num autor ou numa escola, numa época ou numa civilização, é, proclama ele, um sinal de fraqueza ou de enfraquecimento. A arte simples é sempre a arte no seu apogeu; a arte clássica é sempre simples. "O estilo sobrecarregado na arte", escreveu Nietzsche, "é a conseqüência do enfraquecimento do poder organizador, acompanhado de uma extrema prodigalidade nas intenções e nos meios". Excelentemente! E ninguém imagina o meu prazer de me encontrar neste ponto ao menos (e creio que ainda em outros) com o singular pensador.

Na arte clássica, como ele a entende, sempre simples e una nas suas manifestações, há porém dois gêneros muito diferentes, opostos mas não contrários, "a arte da grande tranqüilidade e arte do grande movimento" (sem dúvida, nota o sr. Faguet, Virgílio e Homero; Goethe e Shakespeare. Goethe aliás fazia do repouso uma das condições da grande arte). Há ainda as "espécies bastardas da arte", uma a "arte gasta e ávida de repouso" ao lado e fora da arte de grande tranqüilidade; outra a "arte agitada" ao lado e fora da arte de grande movimento. Em outras palavras, os exageros e desvios da arte como a compreendia a tendência clássica de Nietzsche.

Tudo isso ao cabo, sobre especioso, resulta numa retórica que por ser nietzschiana não é menos uma retórica.

Renovou-se-me o prazer acima confessado, verificando que para Nietzsche a *arte forte*, como ele lhe chama, é sempre realista.

O estilo, de si mesmo uma arte, indica a medida na qual a arte deve ser realista e *se apropriar* do real. "Assim como o bom escritor em prosa não se serve senão das palavras da conversação, guardando-se, porém, de as empregar todas, do que resulta justamente o estilo escolhido, assim também o bom poeta do futuro não representará senão coisas reais, desprezando completamente todos os objetos vagos e desvalorizados, nos quais mostravam os poetas antigos a sua virtuosidade. Só a realidade, mas não toda a realidade. Isto é, uma realidade seleta".

Francamente não é muito novo, nem raro, nem original. Opiniões e conceitos iguais encontram-se em todos os críticos e corriam até nos compêndios de retórica, quando os havia. Isso não tira, é o essencial, que Nietzsche tenha, como creio, razão. Aliás as banalidades são, talvez, o que há de mais apuradamente verdadeiro na divergência das nossas opiniões, o seu último resíduo, a verdade em trocos miúdos, correndo na mão ainda dos mais pobres de espírito. Aquela arte forte não exclui, porém, a destreza, a delicadeza, que é a liberdade. O escritor mais simples é o mais livre. Exemplo Sterne, que Goethe considerou o espírito mais livre do seu tempo. Naquela *souplesse* na arte de que fala Nietzsche, e que ele define e exemplifica com Sterne em uma página belíssima, entram as graças e a negligência (como se está descobrindo a sua predileção pela arte francesa!) Ambos, porém, sem afetação nem postura, naturais, simples, sem esforço. "*Uma obra que deve produzir uma impressão de saúde* — a citação e o itálico são do sr. Faguet — *deve ser executada no máximo com três quartos de força do autor*". Como na cozinha as comidas de forte gosto acabam por cansar, assim em arte as obras rebuscadas, sobrecarregadas, recheadas. Na obra de arte é preciso haja alguma coisa como o pão, que neutraliza o gosto demasiado pronunciado dos outros alimentos. Um longo repasto só de arte seria impossível.

Nietzsche é pela clareza. Ele adorou a clareza grega e a clareza francesa. A clareza era para ele a lealdade do filósofo, o que não é senão, em outros termos, o velho conceito francês: a clareza é a probidade do escritor. E a nenhum talvez admirou mais Nietzsche que a Voltaire, que é o mais claro de todos. Mas esta clareza não é para ele a vulgaridade de tudo dizer plenamente, chatamente, como se o leitor fora um néscio, de modo a impedir-lhe o gosto de colaborar com o autor, que é um dos encantos da leitura.

Nietzsche, que em arte e literatura é antes um conservador ou melhor um restaurador do antigo, um *laudator temporis acti*, que o revolucionário, quiçá o anarquista, que é em filosofia, sentiu fundamente tudo o que há de vicioso, de fútil, de maligno na moderna profissão literária, qual ela é praticada, das letras e artes feitas profissão e ofício, do artista artesão e mesteiral da sua arte, e quanto contra esta decorre de tal situação. Julgava uma espécie de loucura considerar o estado de escritor como uma profissão e escreveu que o melhor autor seria o que se envergonhasse de ser homem de letras. É um dos seus apontados habituais exageros, e revê aquela concepção do século XVII francês do *honnête homme, celui qui ne se pique de rien*. E mais, aumentando a exageração, quisera se considerassem malfeitores os homens de letras, como meio de nos livrar da inundação dos livros. Horroriza-o o nosso exagero literário moderno: nas nossas obras de hoje, ainda quando escritas simplesmente, as palavras são muito excentricamente *sentidas*.

Sorte fatal de todos os messias, a de se verem seguidos pelos menos dignos e deturpadas as suas doutrinas por apóstolos infiéis, ou sectários a quem elas terão seduzido apenas pelo que podem ter, ou pareçam ter, de novo ou até de extravagante. Nietzsche fez principalmente discípulos literários naqueles que menos possuem as qualificações que ele mais apreciava e recomendava na arte!

O PADRE ANTONIO VIEIRA

> *Obras completas do padre Antonio Vieira,*
> *Sermões*, vol. I, prefaciado e revisto pelo
> rev. padre Gonçalo Alves, Porto, Lello
> e Irmão, 1907, in-8º, LXXV, 317 págs.

Os gramáticos e mestres de gramática e ainda os filólogos dessa nossa baixa filologia indígena, que consiste em catar exemplos nos autores chamados clássicos e lhes descobrir a aplicação ou as excelências e defeitos de linguagem, são os maiores inimigos, os prejudicialíssimos admiradores de tais escritores. São eles que desde nós meninos nos habituam a não ver nos máximos poetas e prosadores de uma língua senão fornecedores de exemplos às suas regrinhas e de textos às suas desprezíveis controvérsias. Tal "provecto" mestre de português haverá para quem os *Lusíadas* serão apenas um texto em que verifique metaplasmas, hipérbatos, adjuntos, verbos transitivos e bitransitivos e objetos diretos esporadicamente preposicionais. Quejandos pedagogos não vêem também em Vieira mais que o purismo exemplar da língua num período em que ela começava já a perder alguma coisa do seu casticismo quinhentista e, ao cabo, uma coleção de exemplos para as suas néscias gramatiquices.

Foi talvez pensando nisso que os Goncourts escreveram a piada célebre de que os clássicos foram inventados para ganha-pão dos professores.

Como certas plantas parasitas acabam por matar a árvore a que se apegam, assim os gramáticos, vivendo dos clássicos, os vão destruindo. Os primeiros para quem morrem, que tanto monta viverem somente nos exemplos de aula e de compêndios, são os seus discípulos, a quem apenas ensinaram a respeitá-los como protótipos de vernaculismo, segundo a maneira estreita por que o entendem em suas aulas e, portanto, a menosprezá-los como escritores que, parece, não têm outro valor.

Talvez a consciência de que foi esse afinal, para o padre Antonio Vieira, o resultado de semelhante ensino nas aulas de português dos dois países que o dão, levasse o diretor literário desta nova edição dos seus *Sermões*, padre também, o padre Gonçalo Alves, a antepor-lhes em "Duas palavras de apresentação" as opiniões, conceitos e juízos que do eminente pregador e escritor se tem feito em Portugal, no Brasil e no estrangeiro. A idéia é pueril, mas revê a dúvida de que, até nos dois povos de língua portuguesa, ainda o padre Antonio Vieira precisa de apresentação e recomendação, mesmo de literatos somenos, como alguns que cita o padre Gonçalo.

Penso dispensava Antonio Vieira tais apresentações e recomendações. Ainda quando seja exato que ele é principalmente, se não apenas, conhecido dos exemplos e excertos das aulas e antologias, gramatical e broncamente comentados, ou simplesmente de nome, o respeito que os não de todo iletrados lhe devem e o que é devido à nossa própria cultura luso-brasileira deveriam ter impedido o padre, seu novo editor, de lhe preceder a obra de tais recomendações, que já se não toleram nem para mofiníssimos autores.

No mesmo espírito, não só de recomendação, e de arrazoado encômio, que seria legítimo, mas também de panegírico, hiperbólico, redigiu o novo editor literário do padre Antonio Vieira a biografia deste, sem aumentar o mesquinho valor dessas páginas com alguma espécie ou noção nova da vida e feitos do seu herói ou de alguma vista original no encará-los e apreciá-los. Não fez mais, se não fez menos, do que abreviar, num pálido epítome, verboso e deficiente, o que fizeram os diferentes biógrafos de Vieira, desde o seu correligionário, o padre André de Barros, até o nosso João Lisboa, e ainda noticiadores mais modernos e somenos.

Não obstante inacabada e sem a última demão do autor, ainda é a obra de João Francisco Lisboa o que de melhor possui a nossa língua sobre o padre Antonio Vieira. E se depois dele alguém pôs a uma luz mais clara o padre, e a alguns momentos e acidentes da sua vida, foi o distinto escritor luso-brasileiro, o sr. João Lúcio de Azevedo, no seu notável livro *Os jesuítas no Grão-Pará* (Lisboa, Tavares Cardoso Irmão, 1901, in-8º., 366 págs.). Muito seria de estimar que o mesmo sr. Lúcio de Azevedo, seguindo o intento que lhe sei, e com as facilidades que tem, desse às nossas letras, no apurado estilo que é o seu, o livro definitivo (quanto um livro o pode ser) sobre o grande jesuíta.

É corrente entre os amigos de Eduardo Prado que este brilhante malogrado escritor pensava em fazer essa obra, e que desistira dela por haver nos seus estudos preparatórios verificado que o padre Antonio Vieira era menor do que a sua reputação ou inferior ao que ele supunha. Fundamentava Eduardo Prado o seu conceito (recordo que apenas repito o ouvido a íntimos seus) em que toda a assombrosa ciência dos textos e da literatura sagrada de Vieira, assim como as suas infinitas alusões e imagens e argumentos deles tirados, e ainda os comentários de que os condimentava, jogando com eles com a variedade e perícia de um consumado malabarista, tudo era de Cornélio A. Lapide. Este sujeito foi um padre jesuíta belga, que floresceu na sua ordem de 1502 a 1637 e deixou dez ou doze obras diversas de comentários às Escrituras sagradas, das quais a primeira é *Commentaria in Sacram Escripturam* (Antuérpia, 1622-23), nas quais coligiu quanto sobre cada passo das Escrituras haviam escrito os padres e doutores da Igreja. Como o fez em ordem metódica e segundo as matérias, os seus diversos volumes, que montam a muitos, eram como um Larousse ou quejando repertório dos pregadores e escritores religiosos que ali, como se diz vulgarmente, encontravam "a papa feita". Ainda hoje uma redução ou epítome dessa obra em francês, do padre Barbier, serve aos pregadores e escritores católicos de principal adjutório da sua erudição das letras sagradas.

Com mão diurna e noturna versaria o padre Vieira essa obra, fonte sempre de muita aparente erudição eclesiástica, como tantas enciclopédias e que tais repertórios o são hoje de muito fingido saber leigo que por aí se pavoneia. Dela tiraria já pronto, se não o melhor, o mais vistoso e impressionador da sua oratória.

O motivo nunca me pareceu suficiente, nem creio o acreditasse tal Eduardo Prado, que o daria apenas como uma saída.

Ele não desconheceria que o que de somenos há em Antonio Vieira é essa feição, essa, em suma vulgar nos homens da sua profissão e estudos, ciência dos textos sagrados e da sua literatura; ciência que nele, como em todos os seus confrades portugueses, nunca foi original e de primeira mão, nem chegou a ser um real e profundo conhecimento do saber e da teologia cristã.

Se é certo que os seus contemporâneos se enganaram com ela, e se com ela ele principalmente os assombrou, foi pela arte singular com que a soube utilizar e realçar, como se não fora o artifício trivial de todos os pregadores. Demais ainda que fosse ela que lhe desse o renome e celebridade contemporânea e posterior, certo não é mais por ela que o podemos nós, julgando-o com outro critério e espírito, estimar. Era como se o houvéssemos de apreciar pelos seus vícios retóricos, os trocadilhos, os equívocos, o jogar de vocábulos e outros, que no seu tempo deliciavam os seus ouvintes, cujo mau gosto lisonjeavam, e tanto concorreram para a sua fama.

Não, hoje os seus títulos à nossa admiração e estima são outros.

Nem ele, aliás, faria grande mistério da fonte onde bebia o essencial de sua erudição sagrada, pois que, uma vez ao menos, no *Sermão de segunda dominga do advento* (pág. 147 desse vol.), a declara, nestas palavras que lhe descobrem o oráculo: "Assim o entenderam sempre padres, pontífices e intérpretes, dos quais, como diligente, sólido e literal abreviador de todos, só porei aqui as palavras do doutíssimo A. Lapide". E lhe fila nove linhas de latim, naturalmente, apesar da sua extraordinária memória, não repetidas do púlpito, mas copiadas de repouso no escrever o sermão. Como é sabido, os sermões de Vieira foram escritos ou reescritos para a publicação. Se isso lhes fazia perder as vantagens da oratória falada, as ressarciam pelo que ganhariam numa composição mais estudada e cuidada. E não é essa a única citação que de A. Lapide faz.

Um dos passos mais extravagantes dos sermões de Vieira é aquele que já Camilo (*Curso de literatura portuguesa*, Lisboa, 1876, p. 105) capitulou de "absurdidade chocarreira", de que foi o diabo, fazendo Eva comer o pomo, o primeiro instituidor da Eucaristia. Ora, esse ruim paradoxo não o inventou Vieira, aliás muito capaz de o inventar, mas o encontrou já feito, nos mesmos termos e desenvolvimentos do seu sermão, em Cornélio A. Lapide. E não seria difícil a um esgravatador dessas ninharias achar-lhe muitos outros plágios, conscientes ou inconscientes, que em nada, aliás, penso eu, diminuem o valor real do grande orador sagrado.

Por ser mais que nenhum gênero literário um gênero fixado por uma retórica rigorosa e predeterminada (e no tempo de Vieira o era absolutamente) e pela rigidez da doutrina, que encerrava o orador num estreito círculo de opiniões e sentimentos, o sermão é, como notou Edmond Schérer a propósito dos de Bossuet, um gênero falso. E o é ao demais por nada ou quase nada deixar à individualidade do orador, forçado por ele a repetir um ensinamento dogmático, que não pode sequer interpretar à sua guisa como não pode variar consideravelmente a sua exposição, e também por ficar de fato estranho à literatura, à qual apenas acidentalmente se incorpora.

Com efeito, as literaturas antigas o desconheceram e nas modernas, formadas simultaneamente com a oratória sagrada, o sermão apenas esporadicamente e, pode dizer-se, artificialmente se lhes incorporou, quando por qualquer motivo, e é o caso de Bossuet, Bourdaloue e Massillon, e seria talvez o de Lutero e dos pregadores protestantes, e é também o de Vieira, esses oradores não foram só sermonistas, mas como repúblicos, filósofos ou agitadores sociais, moralistas e literatos, isto é, homens que levantaram o valor da sua pregação com excelências especiais de forma e arte literária, com a sua influência na sociedade do seu tempo, com os seus serviços à sua cultura e civilização. Nenhum que apenas fosse um orador sagrado, e Portugal os teve muitos e de notável mérito como sabedores da sua parte e magníficos exemplares de boa linguagem, nenhum desses tais se incorporou na literatura de sua pátria, somente como sermonista.

E o mesmo padre Vieira, a despeito das prendas que lhe deram na vida portuguesa do seu tempo e na sua civilização um papel considerável, ele próprio pode, sem deixar grande vácuo, ser excluído da história da sua literatura, em que não teve outra ação que a secundária de manter, numa época de decadência literária, o casticismo da língua. E esta mesma discutível, porque de fato ele não deteve, nem modificou a evolução que levava a língua portuguesa para fora dos seus moldes quinhentistas. Por isso pôde muito bem o sr. Teófilo Braga consagrar vinte volumes à história dessa literatura sem se ocupar especialmente do padre Antonio Vieira, como Taine pôde escrever a da literatura inglesa sem tratar dos inumeráveis pregadores da Inglaterra, cujo sermonário é talvez o mais vasto do mundo. E nada mais fácil do que multiplicar exemplos iguais, confirmativos do meu acerto.

O padre Antonio Vieira teve, porém, na sociedade portuguesa sua contemporânea um papel bastante considerável para que lhe não atribuamos nela uma influência qualquer. Essa entretanto, que eu saiba, ainda não foi cabalmente posta de manifesto. Fazendo-lhe geralmente ainda com demasiada retórica, muita sutileza, mas também grande inteligência, a crítica da obra e a psicologia do autor, o bispo de Vizeu, d. Francisco Alexandre Lobo, não o soube ou não o quis fazer (*Discurso histórico e crítico acerca do padre Antonio Vieira e das suas obras,* Coimbra, 1897). As citações que em abono e encomendação de Vieira fez nesse volume o seu novo editor, segundo um vezo tão nosso, e tão ruim, esgotaram o vocabulário elogiativo da língua, mas não disseram uma palavra que aproveite de tal ação, nem apontaram, provando-o, algum certo resultado dela.

Os oradores, principalmente os sagrados, são como os comediantes, com os quais têm muitos pontos de contato. Impressionam, comovem mesmo um momento os seus ouvintes e passam para sempre. *Verba volant*, e as palavras dos pregadores, ainda quando fixadas pela escrita, as faz voar e esvaecer-se a mesma fatal artificialidade da sua retórica e inspiração.

É incontestável que em dois curtos momentos da sua longa e atormentada existência teve o padre Vieira certa ação e influência, mas de caráter todo político: o primeiro de 1642 a 1652, como conselheiro íntimo e corretor de negócios de d. João IV; o segundo como missionário no Pará-Maranhão, de 1653 a 1661.

Das diferentes tarefas ou missões de que nessas épocas da sua vida foi incumbido ou se incumbiu o padre Vieira, ficaram as mais evidentes provas da sua rara inteligência — que é nele porventura a faculdade mestra — e argúcia, do zelo e dedicação e ainda desinteresse e fervor com que servia as causas a seu cargo. Mas apenas se poderia dizer que as tivesse também deixado da sua capacidade, a não ser teórica.

As suas missões diplomáticas foram antes de um intrigante, de um agente secreto, conforme os empregava ainda a diplomacia do tempo, que de um ministro reconhecido, ou sequer do *honnête courtier* da diplomacia bismarckiana, e foram todas malsucedidas. Nem haveria nele as qualidades para essas funções. Não seria certamente um bom diplomata de uma nação de segunda ordem um homem inteiriço e soberbo do seu valor, como era Vieira, e demais, por temperamento e gosto, argumentador, disputador, filaucioso, pronto ao remoque e ao sarcasmo. Se lhe sobrava inteligência para planejar negociações e tramar intrigas, faltava-lhe a capacidade para as realizar, e assim malograram-se as missões que o seu rei lhe confiou.

Não ignoro o que se pode dizer e o que se tem dito, e o que ele próprio disse, em favor do padre Vieira diplomata. Nenhuma dessas razões, porém, me parece bastante para diminuir a significação dos seus insucessos em tais negócios.

A sua vida de missionário e de chefe de missões na América (não sei onde um conferencista nosso achou outro dia que Vieira houvesse missionado em África), não obstante valer mais do que a conta que dela geralmente se tem, foi talvez mais espetaculosa que eficaz e aproveitada. Como missionário ele não terá talvez a piedosa unção e a ingênua devoção de Anchieta nem ainda o ardor apostólico e as capacidades organizadoras de Nóbrega, com o puro singelo sentimento religioso de ambos. É demasiado intelectual para isso. Mas é para mim fora de dúvida que se entregou às missões com toda a alma e boa vontade, e com o admirável fervor e dedicação que punha em tudo. Porém as mesmas qualidades ou defeitos que o prejudicaram como diplomata foram-lhe estorvo à eficácia do seu papel como missionário. Foram elas que o puseram em conflito com os colonos, governadores e magistrados e até com as outras religiões, cujos ciúmes e ódios acendeu e as quais cometeu o erro de levantar contra si e sua ordem, com o obter para esta o monopólio da direção dos índios.

Não nos deixemos enganar pela vangloriosa facúndia com que Vieira, em cartas famosas e em não menos célebres sermões panegíricos de si mesmo e dos seus companheiros, reconta e enaltece a obra das suas catequeses do Tocantins, dos nheengaíbas ou da Ibiapaba. De fato o resultado das suas lutas pela liberdade dos índios, ou antes por somente os jesuítas se poderem deles aproveitar, "foi", como resume justamente o sr. Lúcio de Azevedo, na sua obra citada, "que duas raças igualmente infelizes (a negra, cujo cativeiro Vieira preconizou, e a indígena) se viram condenadas a trabalhar sob o látego da terceira (a branca), cobiçosa e cruel".

Estudando-se a sociedade do tempo, da metrópole ou da colônia, na qual se exerceu a atividade mental e política de Antonio Vieira, e lendo-se-lhe os sermões cheios de ásperas censuras, cruas exprobações, críticas acerbas a essa sociedade e denúncias terríveis dos seus costumes e clamorosas delações contra os seus governantes, chega-se à convicção da vaidade da obra e ação espiritual e prática do homem que, fazendo do púlpito cátedra de moralista, jornal de publicista e rostro de tribuno, debalde durante perto de meio século, com alta e incansável eloqüência, esbravejou contra os seus vícios e em vão pretendeu edificá-la com lições de virtude ou emendá-la com as perenes ameaças que a sua religião faz aos pecadores.

Mas... tudo é vaidade, até os sermões e o seu ensino. Se os de Vieira, como serem os mais excelentes da nossa língua, não modificaram sensivelmente a sociedade que presumiam emendar, se não se lhes pôde descobrir a influência nessa sociedade, e nem sequer na sua literatura, nem por isso perderam de todo o seu valor e mérito próprio, sem que tenhamos, por espírito de imitação e servilismo intelectual, necessidade de o exagerar.

O que distingue Vieira dos seus muitos confrades da oratória sagrada portuguesa não é, atrevo-me a dizer, nenhuma feição de ordem literária, nem a opulência e esquisitos quilates da sua linguagem, nem o seu estilo, nem a feição especial da sua eloqüência, mas somente a personalidade que ela derivou da do orador, que foi singular. Ele é o mais pessoal dos oradores sagrados portugueses, e a sua individualidade forte, enérgica, distinta, e ao cabo simpática, domina a sua obra ou se exprime intensamente nela, e faz do seu sermão, gênero de si mesmo apagado, uma coisa viva, interessante, às vezes ainda, empolgante. Tal é o vigor da pessoa de Vieira, o seu individualismo (feição aliás bem pouco cristã) e a energia com que ele se põe em cena, e, por entre as fórmulas consagrada pela retórica do gênero, ostenta-se com as suas paixões e juízos, que após dois séculos ainda ele nos impressiona e comove. É a vida, a vida intensa e apaixonada que há nesse jesuíta soberbo e audaz, que lhe vivifica os sermões, ao menos aqueles, e são em grande número, que em todo ou em partes apenas lhe foram pretextos de desabafos, de críticas e de repreensões. No seu estilo há de tudo, e principalmente de tudo o que num estilo lhe pode dar vida, movimento e calor, a cólera, a ironia, o sarcasmo, o apodo, o paradoxo, o arrojo, até ao extravagante, das idéias e conceitos, a insolência, e mais a graça, ainda a finura, a elegância e o capricho no dizer, a novidade e o ressalto da frase. O que talvez não se sinta muito nele é aquela unção e íntima piedade que é a marca das verdadeiras vocações religiosas.

Sob aquele aspecto, Vieira é único na oratória portuguesa e talvez um dos mais singulares entre os oradores católicos. É que ele, como raríssimos, mais do que um pregador, foi um homem.

Não lhe precisamos exagerar os méritos nem, para o levantar, repetir a forçosa e forçada comparação com Bossuet, de todo o ponto disparatada. Nada, a meu ver, os confunde ou aproxima senão o acidente da profissão e do ofício, e o ruim vezo português dessas aproximações artificiais. Nem o Portugal de dom João IV era a França de Luís XIV.

O que há enormemente em Vieira é inteligência, e, com ela, engenho, como então castiçamente se chamava ao conjunto de faculdades intelectuais provadas na realização de uma obra de espírito. Ele é um dos raros clássicos portugueses com imaginação, senão criadora e inventiva, representativa e uma aguda visão material, concreta das coisas. Um dos defeitos da sua emoção religiosa é que ela materializa tudo em imagens e representações concretas com tal liberdade que algumas carecem da gravidade do assunto e afrontam hoje o nosso comum bom gosto.

A obra, porém, mais viva e mais atual de Vieira, aquela em que mais do que nos seus sermões são manifestas as qualidades singulares do seu estilo, são as suas cartas. Menos pelo que referem (e como documento histórico para o Brasil as de Nóbrega e outros jesuítas lhes levam vantagem) que pelo que julgam, observam e, principalmente, refletem, são essas cartas um espelho da sociedade portuguesa do seu tempo. Sendo os seus assuntos muito mais seculares e mundanos, a sua língua muito mais familiar (sem, de fato, o ser nunca) e desartificiosa que a dos sermões, são elas também um documento literário mais humano e geral e, portanto, de maior interesse para nós do que aqueles.

Em outro gênero são documentos da excepcional inteligência do padre Vieira os seus vários papéis ou memórias, como hoje dizemos, sobre negócios de Estado e assuntos políticos, que pela novidade e agudeza das idéias, excelência do estilo e eloqüência das razões fazem dele um dos primeiros, no tempo e no mérito, publicistas portugueses. Tais são o memorial dos seus serviços, a justificação dos seus atos de missionário, os memoriais a favor da gente hebréia apresentados a João IV e ao papa Inocêncio XI. Não era de um espírito vulgar, nem de uma inteligência comum e menos de um caráter pusilânime propugnar, na primeira metade do século XVII em Portugal, que se acabassem com as odiosas e anticristãs distinções entre cristãos velhos e cristãos novos e ainda menos o era pedi-las um padre, levantando a sua voz, contra a opinião e sentimento geral do país, a favor dos judeus. Fê-lo o padre Vieira não só com singular coragem, mas com alevantada sabedoria de razões e, o que lhe não era aliás ordinário, sóbria e comovedora eloqüência, na mais tersa língua que talvez jamais escreveu.

Nem tudo, porém, foram luzes nessa altíssima inteligência. Sabem todos que contra a doutrina da sua religião e prejuízo da pureza desta, e ainda do prestígio próprio e da Ordem cujo era, o padre Vieira, arrastado pela sua imaginativa, deixou-se levar ao iluminismo profético, à astrologia, a absurdas e mórbidas lucubrações, tomando a sério os vaticínios travados do sapateiro Bandarra, a crendice popular do sebastianismo e arquitetando nessa base miserável, como um tolo espiritista ou ocultista hodierno, teorias e conceitos políticos, pretendendo interpretar os profetas hebreus e tirar da sua própria ciência sagrada, toda ela de segunda mão, a mais estúrdia das exegeses.

Salvo o que evidentemente lhe pôs de malícia, não creio se possa asseverar infundada a Inquisição no seu procedimento contra Vieira, que só não se poderia malsinar de herético e de heterodoxo porque as suas audácias, no domínio da teologia e da religião, não passavam de arrojos de orador e de pura retórica.

Melhor talvez do que as ultimamente feitas, a nova edição das obras completas de Vieira, que empreende a acreditada Livraria Chardron, do Porto, não me parece, a julgar por esse primeiro volume, ser ainda a edição que essas obras estão pedindo, e, por todos os títulos, merecem. Do formato e trabalho tipográfico pouco ter-se-ia a dizer, conquanto pudesse este ser menos pobre. Sabe-se, porém, que as grandes edições de mais riqueza ainda não as remunera o nosso público. Mas sem se exigir uma perfeita edição crítica como se fazem alhures, que satisfizessem plenamente os nossos reclamos de eruditos, literatos ou bibliófilos, podia-se desejar uma edição mais cuidada do que esta principia sendo. Prometendo fazer uma edição completa e nítida de todos os sermões de Vieira, dizem os editores que essa edição "será cotejada com a mais rigorosa atenção e cuidado com a edição primitiva de 1685, excedendo-a, porém, na forma estética, etc." Ora, não há nenhuma edição dos *Sermões* de Vieira de 1685. O que há é a grande edição de Lisboa começada por João da Costa, em 1679, e em 14 tomos ou partes, das quais o último saiu póstumo, em 1710. Só o quarto é de 1685. Numa edição que se não quer presumir de erudita e crítica, não se pode fazer carga aos editores por haverem alterado a distribuição da edição primitiva, conforme um critério aliás justificável, nem por não terem respeitado rigorosamente a ortografia desta, modernizando-a. Acreditando que o texto foi em geral revisto com maior cuidado de que em algumas edições ultimamente feitas, ainda assim parece terem escapado nele graves faltas. Tal é a que se nota à página 163, no *Sermão da segunda dominga do advento*, em que faltam muitas palavras ao período que começa: "Muitas vezes a bons princípios...", alterando e adulterando completamente o texto do tomo dado como modelo para esta edição. Não tendo tido vagar para um cotejo cabal, não sei se outros erros escaparam, mas este já basta para indicar que não houve o rigoroso cuidado de revisão que hoje se exige de uma boa edição ainda popular.

APÊNDICE

APPENDICE

HOMENS E COISAS ESTRANGEIRAS*

---
*Seção publicada no livro *Que é literatura? e outros escritos*, do mesmo autor.

SAINTE-BEUVE*

Múltiplas qualificações se deram ao século que acabou, uma delas foi a de século da crítica. Tais denominações têm sempre, em partes quase iguais, alguma coisa de verdadeiro e alguma coisa de falso. Num certo sentido, se pode com igual razão dizer que o século da crítica foi o século XVIII. Preparado pelos Hobbes, pelos Lockes, pelos Bayles, ele é o século da *Enciclopédia* e do *Dicionário filosófico*, de Bolingbroke, de Diderot, de d'Alembert, de Voltaire, de Kant, de Rousseau, de Montesquieu, cuja obra sujeitou a um processo inquisitorial a ciência e a consciência, a história, a sociedade, a religião, os costumes, as instituições, toda a vida humana. Mas essa crítica, desabusada, revolucionária, destruidora, não tem ainda o sistema, o método, a ciência, nem, em alguns dos seus representantes, a consciência e a probidade que devia ter a crítica do século XIX. E não tem, sobretudo, salvo em algum raro deles, o caráter construtor e positivo que distingue a crítica deste século. Neste, com efeito, a crítica religiosa, histórica, literária, estética, filosófica, social, aponta deliberadamente a construir, quer ser um sistema, uma filosofia, uma síntese.

Não se pode negar que, já no século XVIII, essa é a preocupação de alguns espíritos como Lessing, como Winckelmann, como Herder, mas essas exceções não destroem o caráter geral da filosofia e do pensamento do século. E as obras capitais destes são

---

* *Causeries du lundi. Portraits littéraires et Portraits de femmes*, par Sainte-Beuve, extraits par Gustave Lanson, Paris, Garnier Frères, 1900.

justamente do último quartel do século, e no XX, que entra, terão a sua principal influência. Tirando das ciências positivas um método, se não uma filosofia, e além do método, a preocupação científica da verdade e da certeza, e com ela, uma maior e mais completa liberdade de espírito, a crítica do século XIX vivia sobretudo a distinguir-se por uma compreensão mais justa e mais eqüitativa do passado, pela ausência de preconceitos anti-religiosos e políticos, por uma mais larga apreciação da constituição étnica e social dos povos, e, principalmente, pela introdução definitiva nela da noção positiva do relativo e da hipótese fecunda e indispensável da evolução.

Outro caráter da crítica no século XIX é a sua unidade final. Filosófica, científica, estética, literária, histórica, religiosa, social, toda ela não só deriva da mesma concepção, mas se apóia no mesmo conjunto de conhecimentos de que o século foi, nos diferentes domínios da erudição ou da ciência, o principal criador. Nele se constituíram, com efeito, a filologia, a exegese bíblica, a antropologia, a etnologia, a lingüística, a arqueologia pré-histórica, e nele se fez o mais colossal trabalho de investigação sobre as origens históricas, étnicas, religiosas, estéticas, jurídicas, sentimentais, lingüísticas da humanidade. E todo esse enorme labor da erudição e da ciência moderna, trabalho eminentemente crítico, a crítica o incorporou, o assimilou, fazendo-se, por assim dizer, uma com os seus resultados. A própria crítica puramente literária se transformou, apercebida de saber, penetrada dos novos métodos filosóficos, do espírito científico do século e de preocupações sociais.

Em França, e bem pudéramos dizer em todos os países da civilização ocidental, dos quais é de fato a França a grande instituidora espiritual, foi talvez Sainte-Beuve o principal órgão dessa transformação. Sainte-Beuve foi um dos grandes trabalhadores literários de um século que se distingue também dos outros por um enorme trabalho literário, de um século que teve Balzac, Alexandre Dumas pai, Macaulay, Victor Hugo, Walter Scott, Renan e mil outros.

A sua obra impressa é de mais de 50 volumes, e pode-se dizer que trabalhou ininterruptamente, cotidianamente nela, 45 anos, de 1824 a 1869. Ele é de 1804; fez excelentes estudos colegiais, especialmente clássicos. Teve cedo a curiosidade científica e literária, Não o satisfez a filosofia dos Cousins e Damirons, que se ensinava na sua juventude nos liceus franceses. Já em rapaz as suas tendências filosóficas eram antes científicas, anti-religiosas, realistas.

De sete às dez horas da noite seguia com interesse os cursos de fisiologia, de química, de história natural, professados no Ateneu por Magendie, Robiquet e De Blainville, e ouvia ainda, ali mesmo, conferências literárias. Concluídos os seus estudos preparatórios, cursou durante algum tempo a Escola de Medicina.

Com 20 anos entrou no *Globe*, o grande jornal político e literário da época, que Goethe lia assiduamente, e ali começou a sua carreira de escritor, que só terminou com a morte, em 1869.

Poeta, romancista e historiador, Sainte-Beuve foi sobretudo crítico, e a sua obra crítica, imensa, múltipla, variada, teve na literatura do seu tempo uma vasta e profunda influência. Clássico pela sua índole e educação, pelas suas primeiras afinidades literárias com a gente do *Globe*, que estavam ainda com o século XVII e com o pseudoclassicismo, Sainte-Beuve foi, entretanto, uma das primeiras figuras do romantismo e o crítico simpático da literatura romântica, desde Hugo no seu início até Renan e os primeiros naturalistas. Livre pensador em tudo, ele não seria jamais um acólito ou sequer um corifeu jungido à cartilha das escolas. Guardou sempre a independência do seu espírito, a que as suas paixões, as suas animosidades, as suas mesmas invejas e ciúmes literários, que tudo isso teve, prejudicando-lhe muitas vezes o juízo, deram, entretanto, relevo, sainete e graça. E pode dizer-se que, quanto à independência do seu espírito e do seu julgamento, foi ela tão completa em relação aos respeitos humanos quanto no homem cabe a independência. Ele possuiu, em grau eminente e raro, esse amor e respeito da sua arte de escritor e da sua profissão de crítico, que por coisa alguma deste mundo lhe não consentiria dizer senão o que sentia, embora não o dissesse sempre como sentia. O amor das letras nele era um culto respeitoso e severo, praticado num sincero espírito de veneração e de verdade. A literatura, a considerava acima talvez de todas as coisas, o que o levara a considerar a crítica, segundo a sua expressão, como a história natural dos espíritos. A respeito de um outro artista eminente — porque pode-se chamar Sainte-Beuve de artista —, Garrett, conta-se que Herculano, com a sua costumada brutalidade de expressão, dissera de uma feita: "Por cem ou duzentas moedas em um dia de apuro, o Garrett seria capaz de todas as porcarias que quiserem, menos de pôr em um papel a troco de todo o ouro deste mundo uma linha mal-escrita". É contestável a veracidade da anedota, mas ela diz bem o respeito do grande escritor pela sua arte. Esse respeito, no que tocava à crítica, não era menor em Sainte-Beuve. Exprimir um juízo sobre um livro ou um autor era para ele coisa tão grave como para um juiz pronunciar uma sentença. Podia errar, e errou freqüentemente, e pois que era também um apaixonado, deixou-se levar inconscientemente pelos seus rancores e suas malquerenças ou pelos seus preconceitos, mas nunca por condescendência ou maldade. Não fazia favores em crítica. "Cederei em tudo", dizia ele, "menos nas coisas da pena". Recusou-se sempre a escrever sobre livros que lhe não pareciam dignos da sua atenção, e ocupando-se de personagens históricos nos seus *Retratos literários* e *Retratos de mulheres* negou-se sempre a atender às solicitações dos parentes vivos para atenuar as suas apreciações. A Mme. Louise Collet, que lhe pedia um artigo, respondia que lhe consentisse continuar a admirá-la em silêncio, sem o forçar a dizer ao público o momento em que cessava de admirá-la. Escritor quase oficial, como redator literário do *Moniteur*, não só jamais deixou de louvar e encarecer autores hostis ao império, mas esquivou-se sempre de escrever sobre a *História de César*, de Napoleão III. Os Taines, os Renans, os Littrés, os Robins, os Flauberts, e as suas tendências, as suas opiniões, malvistas na corte, tiveram sempre a sua crítica simpática, mas livre. E, quando feito senador pelo império, ele escandalizou toda a parceria da imperatriz, toda a "gente bem-pensante", e o governo que o nomeou, pela nobre independência com que no Senado defendeu a nomeação de Renan para a cadeira de hebraico do Colégio de França, e com ela o homem e o seu pensamento, atacados pelos reacionários. Segundo a sua expressão pitoresca, Sainte-Beuve pertencia à "diocese do livre pensamento", e pondo a sua morte de acordo com a sua vida, foi por disposição sua expressa enterrado civilmente, o que ainda então constituía um escândalo, em um personagem oficial como ele, senador do império, membro da Academia Francesa, comendador da Legião de Honra.

Nem a todos será dado ler hoje a obra copiosa de Sainte-Beuve. É um prazer para os que a leram integral ou parcialmente recordá-la em extratos ou em partes, e para os que a não conhecem ainda relacionarem-se com o grande escritor, ao menos por fragmentos dela. A todos estou que ela deliciará, dando-lhes momentos de intenso prazer intelectual. Sainte-Beuve é um conversador delicioso, um evocador mágico, um criador abundante. Ele considerava o crítico um homem que sabe ler e que ensina os outros a ler, e a crítica, qual a quisera praticar, uma invenção e uma criação perpétua.

Há nos seus *Portraits de femmes*, com efeito, verdadeiras criações; vejam-se, para exemplo nesta coletânea, os de Mme. de Pontivy, Mme. Récamier e de Mme. Du Deffant. Nenhuma nação teve jamais mulheres tão extraordinárias como a francesa. Sem respeito pela cronologia, e desde Joana d'Arc, essas mulheres, superiores pela beleza, pelo valor moral, pela virtude, pela inteligência, pela graça, pelo espírito, pela elegância, pela sedução, pela galanteria, chamam-se Diane de Poitiers, Margarida de Navarra, Mme. de Sevigné, Mme. de Maintenon, Mme. d'Epinay, Mlle. de Lespinasse, Mme. Dacier, Mme. de Montespan, Mme. de La Fayette, Mme. de Montpensier, Mme. de Motteville, Mme. Pompadour, Mme. de Scudéry, Ninon de Lenclos, Mme. Roland, Mme. de Staël, Mme. Recámier, Mme. Ancelot, Mme. de Girardin, para não citar senão as mais famosas. Nenhum outro país possui uma tal e tão formosa galeria, e sabendo-se a história dessas mulheres, da sua ação e influência sobre a sociedade francesa, compreende-se que a literatura, expressão dessa sociedade, fosse, pela graça, pela finura, pela elegância, pelo espírito, pelo seu caráter social, a primeira de todas. De muitas dessas mulheres traçou Sainte-Beuve admiráveis retratos, que ficarão na literatura francesa como telas de mestre. Também de homens, de escritores, de generais, de estadistas, de políticos e pensadores deixou pinturas soberbas de verdade, de relevo e de vida. Não se tinha ainda no começo da vida literária de Sainte-Beuve inventado a psicologia, ao menos a palavra, em literatura. Ele próprio chamava ao seu processo crítico de fisiológico, o estudo do temperamento do escritor ou do personagem retratado. Mas com diverso nome, é já a crítica psicológica que ele faz; como *Volupté*, o seu romance, é um precursor do romance psicológico, que florescerá no começo e no fim do naturalismo.

RUSKIN ESTETA
E REFORMADOR SOCIAL*

Um dos aspectos do século XIX que certamente mais há de impressionar os seus futuros historiadores será o crescido número de programas e projetos de reformas sociais nele inventados, elaborados, expostos, discutidos por também numerosos reformadores da sociedade atual, doutrinadores de uma concepção nova da vida e do estado social. Dizer que a humanidade nunca sentiu tão intimamente o seu mal-estar e a necessidade de mudar e melhorar, de reformar este seu mundo ou de recriar-se um melhor não seria talvez inexato. E não o seria, principalmente, comparando os grandes progressos do bem-estar e da comodidade gerais, da própria liberdade humana, da coletividade e também da personalidade, com situação comum das populações ocidentais nos tempos anteriores. Esses progressos e melhorias, que só paradoxalmente podem ser contestados, não impediriam crescessem e se desenvolvessem, até os extremos revolucionários, em palavras e atos, as queixas, as condenações, as críticas severas e acerbas, as próprias maldições da sociedade presente e com elas as reivindicações de um futuro melhor, as revoltas da inteligência e do sentimento contra a existência atual, as pregações explícita ou implicitamente revolucionárias não só das massas sofredoras, dos homens de ação, mas ainda dos pensadores, dos filósofos, dos poetas, dos artistas. Certo esses foram sempre reformadores sociais. A Verdade, buscada por uns, e

---

* *John Ruskin*, por Frederic Harrison, Londres. V. também p. 179.

a Beleza, procurada por outros, como tantas vezes mostrou Ruskin na sua obra maravilhosa, são dois elementos da vida social perfeita, e portanto, por si mesmas, dois fatores de progresso. Nunca, porém, a Filosofia e a Arte, sínteses, essências, sublimações, flores desse conjunto de noções positivas, concretas, materiais, do mundo e das coisas que é a Ciência, apenas modesta e prestimosa servidora sua, foram tão consciente e tão de propósito reformadoras, nunca tomaram tão determinada e intencionalmente o papel de construtoras de uma sociedade nova, de operárias de uma vida aperfeiçoada. Uma simples lista de nomes, ou elenco de atos, de todos conhe-cidos, dispensaria uma raciocinada demonstração desse fato: Saint-Simon, Auguste Comte, Fourier, H. Spencer, Karl Marx, Le Play, Bakunin, Lassalle, Tolstoi, Nietzsche, Ruskin, e menores, e os seus discípulos, e os seus corifeus, os diretores dos acontecimentos políticos de 1848 em toda a Europa, os seus mártires e as suas vítimas, os chefes dos partidos revolucionários que desde essa data começam a ter na Europa um papel considerável, e com os quais já contam publicistas, historiadores e até homens de Estado, os poetas e artistas eivados do espírito desses partidos, Victor Hugo em França, Swinburne na Inglaterra, o Carducci da primeira fase na Itália, e mil nomes contemporâneos, por toda a parte. Há, certamente, nessa reunião de nomes, de individualidades, de fatos, divergências e até oposições consideráveis de doutrinas e de métodos, mas há entre todos um ponto comum: a condenação da sociedade atual ou pelo menos a convicção da necessidade de reformá-la. Não bastará esse fato por si mesmo para provar à saciedade a falência da nossa organização social, a imperfeição da nossa existência, e, concomitantemente, a necessidade, a urgência de reformas radicais de ordem social, de ordem intelectual, de ordem sentimental que transformem o nosso mundo no mundo melhor, que, desde o mito bíblico do primeiro homem, é a eterna, jamais esquecida, nunca abandonada aspiração humana?

E o que é curioso e profundamente significativo é, como já o notou Nietzsche, que os mesmos que se têm por mais conservadores, os que vivem da sociedade atual e a prezam e defendem, até homens de Estado e políticos, empenhados na sua conservação, inconscientemente arrastados pela força das coisas, ou por essa ainda maior das idéias, servem à obra da destruição dela e ainda da anarquia que a encaminha e prepara. Não vemos um imperador despótico pregar a paz e o desarmamento, com palavras que um socialista firmaria, os estadistas e governantes pactuando e associando-se com partidos revolucionários, os parlamentos mais conservadores, como o inglês e o alemão, cerceando o direito de propriedade, com impor aos patrões obrigações relativas aos salários dos seus operários, ou, reconhecendo a parte e responsabilidade da sociedade na miséria humana, procurando remediá-la ou atenuá-la por meio de leis protetoras dos miseráveis e, ainda, homens de Estado, chefes de ministérios, patrocinando o divórcio, triunfo do individualismo, o golpe de morte na instituição do matrimônio, que eles mesmos dizem o único seguro fundamento desta sua sociedade? E como fora fácil alongar essa lista de incongruências desses pseudoconservadores da sociedade atual, cuja destruição o seu inconsciente anarquismo apressa?

John Ruskin foi um dos maiores desses grandes reformadores do mundo e da vida no século passado. E o foi pelo seu imenso talento, o seu maravilhoso gênio de poeta em prosa, como gosta de chamar-lhe o seu novo biógrafo, o sr. Frederic Harrison, o ardor das suas convicções, a veemência da sua doutrinação, a magia da sua palavra e da sua escrita, além dos peregrinos dotes pessoais de caráter, de comunicação e de bondade — esse raro dom de simpatia, de quantos possam as fadas benfazejas dotar-nos talvez o mais excelente. Concluindo um soberbo retrato moral que dele traça, assim resume o sr. Harrison a impressão geral do seu comércio com Ruskin: "Foi nas relações sociais não só o mais afável e o mais meigo dos amigos, mas um dos entes mais fascinadores e tocantes que eu jamais encontrei. Tratei com Carlyle e Tennyson, com Victor Hugo e Mazzini, com Garibaldi e com Gambetta, com John Bright e com Robert Browning (antes já ele se referira a Gladstone e a Turgueniev como "mestres eminentes de maneiras afáveis") nunca porém, nenhum desses me impressionou com tão vivaz sensação de intensa personalidade, com a inexplicável chama do gênio que parecia espontaneamente manar do coração e do cérebro."

Teve Ruskin uma das mais extraordinárias infâncias e educações que se conhecem. Foi singularmente precoce; com quatro anos lia e escrevia bem e aos sete já fazia versos, que positivamente não são piores que os de alguns vaidosos poetas que por aí andam. Com essa idade apostrofava ele assim uma paisagem escocesa — Ruskin era, de estirpe, escocês — "em um arranco de moralidade wardsworthiana" sobre as analogias das cenas alpestres e a vida humana:

> *Glen, of Glenfarg, thy beautiful rill,*
> *Streaming through thy mountains high,*

> *Onward pressing, onward still*
> *Hardly seeing the blue sky.*
> *Mountains streams, press on your way,*
> *And run into the stream below:*
> *Never stop like idle clay —*
> *Hear the sheep and cattle low.*

(Vale de Glenfarg, o teu lindo regato corre através das tuas altas serras, ora apressado, ora vagaroso, mal avistando o céu azul. As torrentes da montanha atropelam-se nas tuas veredas e precipitam-se no rio embaixo: assim nunca fiques tu parado, como gleba indolente, mas ouças sempre o mugir da ovelha e do gado.)

"Um bebê que pensava e escrevia desse modo aos sete anos", reflete o sr. Harrison, "parecia destinado ou a uma morte prematura ou à imortalidade na terra". Não morreu cedo, antes viveu perto de oitenta e um anos, mas foi toda a vida doente; ganhou, porém, a imortalidade no espírito dos homens, única possível. Apesar dessa rara precocidade de estro, e de ter tido aos vinte anos um prêmio de poesia da universidade de Oxford, Ruskin abandonou cedo a poesia. Acaso o seu próprio gênio lhe revelou que poeta como Shelley, ou Tennyson, ou Arnold — são os termos de comparação escolhidos pelo sr. Harrison — ele não poderia ser. Mas foi, por excelência, como lhe chama este, "o poeta em prosa da Arte e da natureza". Esta ninguém, talvez, jamais a amou tão profunda e intensamente como ele, ninguém, talvez, depois de certos santos poetas, como S. Francisco de Assis, a compreendeu, a penetrou e dela se compenetrou, como ele. "O meu ingênito amor da natureza", escreveu ele, e podemos crê-lo, "foi a raiz de tudo o que fui e a luz de tudo o que aprendi."

A vista das montanhas fazia-o cair em êxtase, e, ainda menino, certas paisagens lhe arrancavam lágrimas. "Não eram para mim", diz ainda ele, "como uma paixão, eram uma paixão". Mais tarde, essa paixão da Natureza ele a transportou para a Vida, que nunca separou dela, como delas nunca separou a Arte, que as realizava. Eu não sei se não se pode dizer que o fundamento, a essência da estética ruskiniana é essa união íntima da Natureza, da Vida e da Arte. São consagrados à natureza os seus primeiros escritos em prosa, como o tinham sido as suas primícias poéticas. Com quinze anos começou a escrever em magazines sobre assuntos de história natural — geologia principalmente — menos aprendida nos livros que resultante das suas próprias observações. E foi essa aguda e inteligente observação da natureza, com a sua precoce cultura do desenho e o seu nativo gênio estético, que fez dele o singular conhecedor de arte, o devotado apóstolo da beleza no mundo contemporâneo. Da natureza, como ele a via, compreendia e amava, o grande intérprete aos seus olhos era o grande paisagista inglês Turner, por amor do qual, ainda sem o conhecer pessoalmente, saiu a campo em uma polêmica, quando ia nos seus dezessete anos. Esse fato e o posterior conhecimento do grande artista determinaram a concepção e a realização da sua primeira grande obra de crítica de arte ou de estética, *Modern painters*, começada aos 23 anos, em 1842 (Ruskin nasceu em Londres, a 8 de fevereiro de 1819), da qual o quinto e último tomo só apareceu em 1860, quando já ele havia publicado duas outras volumosas e consideráveis obras estéticas, *As sete lâmpadas da arquitetura* e *Pedras de Veneza*, além de trabalhos menores.

Não é, porém, o crítico de arte, o esteta, que nos interessa agora, mas o reformador social, o homem que numa obra copiosíssima, versátil, variada, diversa, incoerente, mas sincera, comovida, e, ao cabo, genial, escrita, segundo o sr. Harrison, na mais formosa língua da moderna literatura inglesa, e numa vida toda consagrada à "Admiração, à Esperança, ao Amor", lançou as sementes, das quais muitas certamente fecundarão, de uma vida nova de verdade, de beleza e de bondade. Mas essa segunda parte da sua vida, e talvez a mais bela, pois foi toda de dedicação social, já me vai faltando espaço para, ainda resumidamente, expô-la.

Quem me dera que a minha pálida notícia despertasse para ela a atenção de algum leitor. Foi toda consagrada a bem-fazer, tanto que ao fim de alguns anos os dois mil contos que lhe herdara o pai, Ruskin os havia gasto em pensões e dádivas a homens de letras e artistas, em obras de caridade, em fundações de museus, escolas e instituições de um caráter social, como a célebre Saint George's Guild, onde procurou realizar as suas utopias socialistas, em doações de toda a ordem, de sorte que teve no fim da vida de viver só do produto dos seus livros.

Não se deve buscar coerência, uma doutrina sistemática, como as de Comte ou de Le Play, nesse poeta, reformador social. Tory, por temperamento e educação, qual o mostra o sr. Harrison, e ele próprio se confessa, foi Ruskin por mais de uma doutrina e prática, conforme aquele também o mostra, um revolucionário, quiçá um anarquista. Somente é às vezes um revolucionário às avessas, que pretende reformar a vida restaurando com modificações o passado. Assim a "vida nova", como a quisera Ruskin realizar na sua colônia de Saint George's Guild, "não era", segundo o sr. Harrison, "tanto um progresso sobre o presente como uma ressurreição do passado. Tinha o espírito medieval, mas expurgado da crueldade do feudalismo e da superstição do catolicismo. Não seria nem comunista, nem monástico; pois destinava-se a levar ao máximo desenvolvimento as instituições da propriedade hereditária e da vida de família. Devia mostrar ao mundo a cavalaria sem guerra, a piedade sem Igreja, a nobreza sem fausto nem indolência, e a monarquia sem perversidade ou soberba. O tipo era um feudo de cavaleiro do XIII século na Toscana... algum capitão de volta das cruzadas que se devotasse às boas obras e guiasse os mancebos que o reconhecessem por senhor. Devia ser um sublimado senhorio medieval, inteiramente provido da ordem, conforto e recursos da existência moderna, mas limpo de seus vícios, fraudes, vis maquinismos e hábitos de sordidez".

  Combatendo a economia política oficial e clássica, com o ardor de convicção e a potência de expressão que fizeram dele na ordem das idéias estéticas, sociais e econômicas porventura o mais poderoso agitador do pensamento e do sentimento inglês no século passado, demonstrando a imoralidade fundamental dessa pseudociência, produziu Ruskin uma impressão que não se extinguiu ainda, e que não será perdida para os últimos fins da sua pregação. Porque afinal é de pregador de uma nova doutrina estética que abrange a natureza, a arte e a vida, de uma nova concepção desta e da maneira de a viver, a última parte da longa existência de Ruskin. As suas conferências, as suas brochuras, as suas correspondências aos jornais, as suas cartas, são verdadeiras homilias, a que não faltam nem a unção religiosa, nem a veemência sacerdotal. Somente a sua religião, depurada por completo da estreita fé calvinista em que fora rigorosamente criado, e por muito também de qualquer crença definida no sobrenatural, acabará quase na simples cultura moral do sentimento, de modo a confundir-se, como observa o sr. Harrison, com o que forma a essência, despida de todo o dogmatismo e culto, da religião comtista da Humanidade. No seu grande livro autobiográfico *Praeterita*, dizendo como a sua veneração pela arte católica, das grandes épocas, não o levou ao catolicismo, confessa Ruskin, com a sinceridade que foi uma das feições mais salientes do seu caráter, e uma das forças da sua ação, que "cada dia mais certificava-se de que a única forma constante da religião pura jaz no trabalho útil, no amor fiel e na caridade ilimitada". Cumpre dar a estas palavras o alto e largo sentido humano, em que as tomava Ruskin. De tudo deu ele os mais constantes e nobres exemplos, ensinando por atos e palavras e provando mais uma vez, com o testemunho da sua vida, que a virtude, e até um elevado e profundo sentimento religioso, podem existir sem nenhuma crença positiva, sem nenhum dogma definido, em uma palavra, sem nenhuma religião catalogada. Aos cinqüenta e três anos, Ruskin amou com toda a veemência de sua grande alma afetuosa uma senhora de vinte e dois, de todo o ponto digna dele, inteligência e sentimento capaz de o compreender, a qual o amava também. Era, porém, essa dama aferrada calvinista e recusou a mão de Ruskin porque não queria unir-se desigualmente a um incrédulo. E separaram-se para sempre, sofrendo medonhamente ambos. Sabendo-a no seu leito de morte, Ruskin mandou pedir-lhe licença para ir vê-la ainda uma vez. Ela respondeu-lhe perguntando se ele podia afirmar-lhe que amava mais a Deus do que a ela. Ruskin não o pôde fazer, e ela recusou recebê-lo. "Devemos inclinar-nos até o chão", diz um biógrafo francês de Ruskin, citado pelo sr. Harrison, "perante essas duas almas, bastante fortes para sacrificarem, uma a sua vida, outra a sua felicidade, à absoluta sinceridade. O grande Corneille as teria julgado dignas dos seus heróis."

A vida e a obra de Ruskin produziram já na Inglaterra e alhures copiosa messe de estudos, alguns consideráveis pela sua inteligência, miudeza e extensão. Considerando-lhe a concisão, raros se equipararão talvez ao livro do sr. Frederic Harrison. Este tem a mais o sainete de ser de um dos escritores mais célebres e estimados da Inglaterra atual e o chefe ali do positivismo comtista — o que aliás não o impede de ser um eminente publicista e não menos eminente crítico.

Grande é a admiração, a veneração do ilustre positivista por John Ruskin, mas não lhe vedam de o julgar com toda a independência, apenas temperada por inteligente eqüidade. A sua exposição da obra de Ruskin é um raro modelo de análise sucinta e clara e de síntese perfeita. Não cala jamais as incoerências, as contradições, os erros, as ignorâncias daquele que, como escritor, vê-se, é o que mais preza entre os seus compatriotas. Com discreto critério, nota as aproximações entre Ruskin e Auguste Comte, que aliás Ruskin desconhecia por completo, e ao qual era por instinto hostil. E afinal o seu juízo sobre Ruskin é o da segunda página do seu livro: "O autor de mais de oitenta obras distintas, sob tão variados assuntos, de um montão de poesias, conferências, cartas, e também de tratados substanciais, necessariamente foi antes um estímulo do que uma autoridade, mais uma influência do que um mestre. Como disse um dos seus admiradores estrangeiros — os leitores de Ruskin ficam mais encantados, inspirados, do que convencidos. Ele é um moralista, um evangelista — não um filósofo ou um homem de ciência. Mas a união de uma faculdade literária maravilhosa com estudos enciclopédicos da Natureza e da Arte, ambos iluminados de ardente entusiasmo por tudo o que é moral e social, realizou-se para formar uma das mais fascinadoras personalidades do décimo nono século."

Dessas numerosas e todas, podemos dizer, inspiradas obras de Ruskin, uma das que melhor mostram "o seu entusiasmo por tudo o que é moral e social" é o seu singular livro *Unto this last*, agora traduzido para o francês.

Há aí uma pseudociência, incoerente, oca, sem nenhuma base positiva, nem princípio certo, mas por isso mesmo mais presunçosa de si e impertinente, desumana e imoral, pela covardia com que se põe a serviço da riqueza contra a pobreza, da força contra a fraqueza, pela pusilanimidade servil com que procura justificar a exploração do fraco pelo forte, os abusos do capital, as injustas desigualdades sociais, como ancila e ministra das potências do mundo, das quais a primeira é o dinheiro, o grande ídolo da Economia Política, que é essa pretendida ciência. Construindo teorias, que não têm mais base que as locubrações mórbidas do Espiritismo, inventando leis, cujos fundamentos e grau de certeza correm parelhas com a solidez e exatidão do Ocultismo e outras especulações malsãs, a Economia Política apenas terá servido para manter e justificar com razões especiosas e um vaidoso aparato de ciência (num tempo que este nome de ciência tem um prestígio misterioso e cabalístico "com que se o povo néscio engana"), quanto há de errado, de falso, de mau, de imoral, de vicioso, de anti-humano na organização moderna. Rijos e vigorosos adversários não lhe hão, todavia, faltado, e da própria igreja economista tem saído mais de um dissidente que vem assoalhar cá fora a imbecilidade do dogma, e os riscos recíprocos dos áugures. Na própria comunidade cresce o número dos céticos e aumentam os hereges e renegados, além de que se entibia a fé da maioria, com a variação e multiplicidade das doutrinas, ao mesmo tempo contestadas pelos fatos e combatidas por outras teorias, que também se chamam de economias, com não menor direito, embora com outro critério, inspiração, ideal e método.

Desde Auguste Comte, no meado do século passado, para não remontar mais alto, e os grandes teóricos do socialismo, os

Karl Marx, os Lassalles, os Proudhons, os Bakunins, todos os contemporâneos, até os Kropotkins e os Tolstois, não têm faltado filósofos, pensadores, ainda economistas, para pôr em dúvida, contestar, negar o valor teórico e prático, a legitimidade da Economia Política, mais ou menos oficial, entronizada nas cátedras universitárias, dominante nos conselhos dos governos e nas discussões dos parlamentos, senhora das redações das grandes revistas e dos grandes jornais, conselheira escutada e lisonjeira dos que dominam a terra e na política, na finança, nas igrejas, na indústria exploram a imensa maioria dos homens. O desenvolvimento sempre crescente do socialismo, que será a doutrina política do século XX ou XXI, tão certo como a filosofia social do século XVIII foi a doutrina política do XIX, justifica essas dissidências, ataques e negações, e desmente formal e triunfantemente a fingida solidez da fábrica indigesta começada a construir por Adam Smith, e cuja ruína completa, apenas passado um século, está iminente.

Desses inimigos da Economia Política oficial e clássica, alguns dos quais são verdadeiros gênios, do que talvez se não possa aquela gabar, nenhum mais convencido, mais galhardo e vigoroso, que o grande Ruskin, o pontífice da doutrina a que um dos seus críticos chamou a "religião da Beleza" e do qual se pode dizer sem o mínimo exagero que foi, no domínio estético, moral e social, uma das grandes forças da humanidade no século passado, não só na Inglaterra, sua pátria, mas em todo o mundo culto.

Na sua obra imensa, diversa, majestosa, consagrou ele quatro ensaios aos primeiros princípios da Economia Política, a que deu o título singular como, em geral, são os seus títulos, inspirados no simbolismo da sua estética e em recordações da Bíblia, de *Unto this last*, "até a este último".

A católicos, para quem a Bíblia é um livro quase desconhecido, senão até meio suspeito e perigoso, é preciso dizer que aquelas palavras, que nos parecerão a todos tão pouco apropriadas ao título de um livro, são tiradas da parábola dos trabalhadores mandados trabalhar na vinha, em horas diversas, conforme a conta S. Mateus no capítulo XX do seu Evangelho. Permitem-me recordá-la? Um homem assalariou pela manhã alguns trabalhadores para a sua vinha a um dinheiro por dia. Mais tarde, encontrando outros ociosos na praça por não terem achado emprego, mandou-os para a vinha, dizendo-lhes pagaria o que fosse justo. Repetiu-se esse fato ainda mais tarde. No fim do dia ordenou ao seu mordomo chamasse os trabalhadores e lhes pagasse o jornal, começando pelos últimos e acabando pelos primeiros. A todos, quer aos que foram na primeira, quer aos que foram na undécima hora, foi pago o mesmo salário, de um dinheiro. Havendo aqueles reclamado, o homem respondeu-lhes que com o seu procedimento lhe não fazia agravo; não tinham eles convindo com ele em ganharem um dinheiro? Tomassem, pois, o que lhes pertencia e se fossem; "que eu de mim", disse, "quero dar também a este último tanto como a ti".

É esse espírito de bondade, dominando os negócios, tão contrário à inspiração e às lições da Economia Política, que constitui a essência da doutrina econômica de Ruskin. "Entre as ilusões", escreve ele começando o seu primeiro ensaio, 'sobre as raízes da honra' que, em épocas diversas, ocuparam o espírito das massas, "talvez a mais curiosa — e certamente a menos admissível — é a *soi disant* ciência moderna da economia política, fundada na idéia de que se pode estabelecer um código vantajoso de ação social pondo de lado a influência do sentimento social."

Sinto que não posso, e lastimo o não poder, dar aqui, num curto espaço, uma ligeira idéia sequer do livro de Ruskin e da sua doutrina econômica, cuja compreensão poderia ser sacrificada por uma exposição demasiado resumida. É na massa enorme das suas obras a que ele mais estimava. "Creio", escreveu no seu prefácio de 1862, data da publicação do livro, que "estes *Ensaios* contêm o que eu escrevi de melhor, isto é, de mais verdadeiro, e de mais justamente dito". E no mesmo prefácio: "A idéia mãe, o fim principal deste livro é dar, pela primeira vez, julgo, em bom inglês [e Ruskin foi julgado por um dos mais competentes juízes de sua terra como o primeiro prosador inglês moderno] — o que foi feito incidentemente em bom grego por Platão e Xenofonte, e em bom latim por Cícero e Horácio, uma definição lógica da RIQUEZA..." E mais adiante nas mesmas páginas: "O segundo é mostrar que a aquisição da riqueza só é enfim possível em certas condições morais e sociais, das quais certamente a primeira é a crença na existência da honestidade, e mesmo a possibilidade de praticá-la nos negócios comerciais.

"Sem querer resolver, pois em tal matéria o juízo humano não poderia ser concludente, qual das obras de Deus é ou não é a melhor, podemos entretanto admitir com Pope que um homem de bem é uma das melhores obras de Deus e, de resto, coisa raríssima. Não é, entretanto, obra de milagre ou inacreditável; menos ainda obra *anormal.*

"A honestidade não é um elemento perturbador, que desloque a órbita da Economia Política; pelo contrário, é uma força estável e poderosa, e, se a Economia Política se quiser safar do caos, há de obedecer a esta força e não a outra".

Para Ruskin, "a única riqueza é a vida; a vida com todas as suas aptidões ao amor, à alegria e à admiração." E ainda: "O país mais rico é o que nutre o maior número de entes humanos nobres e felizes: o homem mais rico é o que, tendo aperfeiçoado no mais alto grau as funções da sua própria vida, possui a maior e mais benfazeja influência, por sua pessoa e por seus bens, na vida dos outros homens."

Certamente nunca lemos nos mestres da Economia Política, nem ouvimos dos seus repetidores nas cátedras oficiais, semelhantes doutrinas, e outras que lhe são irmãs, afins ou corolários, como, por exemplo, que "o que se chamou até hoje comércio não é absolutamente comércio (segundo a concepção moral de Ruskin) mas fraude" ou que o salário do trabalhador deve ser fixo, como são as suas necessidades. Justamente o que há de mais estranho e ausente dessa pseudociência é a bondade, a justiça, o amor, que são precisamente as bases da Economia Política de Ruskin.

Não direi que, como ciência, esta valha mais do que aquela, mas o que firmemente creio é que tem ao menos sobre ela a superioridade inestimável de elevar a alma e levantar o coração, fazendo da honradez, da bondade, do amor e da justiça forças sociais de renovação econômica, e não nos dando o sucesso no ganhar dinheiro, a riqueza como o ideal da vida.

NIETZSCHE*

Nietzsche está na moda, porque filosofias e filósofos também têm moda, como as casacas e os vestidos. Como a filosofia de cada um, em regra geral, está, conforme diria um matemático, em função do seu temperamento, podemos crer que, quando uma filosofia ou um filósofo e suas doutrinas estão em moda, é que correspondem à índole do momento, ou, pelo menos, às aspirações e sentimentos, ao estado de alma, de grupos sociais, numerosos e consideráveis. E é, de fato, o que sucede a respeito de Nietzsche. No que se entrou a chamar hodiernamente os intelectuais, há uma porção importante, pela quantidade e pela qualidade, cuja filosofia pessoal é feita de individualismo, de pessimismo, quiçá de egotismo, de um anarquismo mental e sentimental, que tudo quisera destruir, para criar em lugar um mundo novo, onde a expansão do indivíduo encontrasse as máximas possibilidades, livre, enfim, de todos os "preconceitos" sociais, espirituais e morais, que a atrapalham e empecem. Essa porção caminhou resolutamente ao encontro do poeta filósofo de *Assim falou Zaratustra*, aclamou-o o senhor e mestre, adotou a sua doutrina contraditória e vaga, mas ensinada com insólita convicção e eloqüência, nova e brilhante na forma, e que ao mérito intrínseco que acaso tinha juntava o de dizer com o temperamento e de corresponder aos sentimentos desses. Para muitos possuía ela ainda o encanto de lisonjear e satisfazer a sua

---
* *Frédéric Nietzsche*, par Eugène de Roberty, Paris. 1900. Cp. *Les idées sociales de Nietzsche*, par Alfred Fouillée. *Revue des Deux Mondes* de 15 de maio de 1902.

vaidade de literatos, a sua fofice de estetas, que em antes mesmo de ter Nietzsche, nas pegadas de Emerson, de Carlyle, de Renan e de Taine, para não remontar mais alto, inventado o seu pró-homem (se esta palavra traduz bem o *Ubermensch* de sua criação) se sentiam superiores a esta mofina e desprezível humanidade, e almejavam expandir a sua adorada pessoa consoante a desassombrada aspiração da sua vontade. Era uma filosofia para refinados, ou que se têm por tal, que, conforme o seu coração seco, a sua inteligência de egoístas e gozadores, dividia o mundo em senhores e escravos, em fortes e fracos, que fazia da produção dos grandes homens (quais são eles?) o fim único da existência do mundo, que condenava as nossas vulgares concepções da virtude, do bem, do amor, que endeusava, enfim, o egoísmo, a dureza, a crueldade, a violência, e mandava gozar a vida plenamente, sem atender senão ao nosso próprio gosto, e sem respeitar nada do que à quase totalidade da gente parece respeitável, e que outros filósofos, um Kant, um Comte, um Spencer, procuraram demonstrar respeitável.

Foi assim, pelo menos, que o compreenderam não só os que se diziam seus discípulos, mas grande número dos que se lhe opuseram como adversários. Procurando no seu recente livro dar de Nietzsche uma idéia diversa desta, e interpretar a sua filosofia a uma luz diferente daquela em que tem sido vista por uns e por outros, escreve o sr. Roberty que o verdadeiro pensamento de Nietzsche "é a todo o momento traído, já por seus discípulos, já pelos seus adversários". E depois de convir que "o pensamento móbil" de Nietzsche explica tanto as inexatidões da interpretação comum como as da crítica esotérica, da sua obra, repara: "No seu livro sobre Wagner, nos descreve Nietzsche 'aquela pobre mocidade petrificada numa postura de admiração, retendo o fôlego'. São, diz ele, os wagneristas; não compreendem palavra de música [que diria ele dos nossos?] e todavia Wagner reina em suas almas! Esta piada poderia perfeitamente aplicar-se aos mais zelosos entre os modernos discípulos de Nietzsche: quantos deles nada entendem de filosofia, sobretudo da que ensinou o seu venerado mestre!" Como isto é sobretudo verdade nestes Brasis!

Eu não poderia dizer até que ponto é exata a interpretação nova que de Nietzsche nos dá o sr. Roberty, um dos estudiosos e escritores de filosofia mais copiosos e bem-reputados do atual movimento filosófico europeu. Mas ele mesmo não me parece ter — e o confessa — uma grande confiança no seu novo Nietzsche. Ora quando tantos sabedores eminentes de filosofia, críticos argutos, exercem a sua ciência, a sua crítica, os métodos lógicos melhormente provados na indagação de uma obra filosófica, e não chegam senão a divergências essenciais; quando discípulos e adversários dessa obra não logram compreendê-la, segundo o parecer de outros críticos, e os mais simpáticos, como o sr. Roberty; quando, enfim, entre os seus intérpretes, admiradores ou contrários, reina a mais radical contradição na maneira de entendê-la e explicá-la, não temos nós, vulgo ignaro, o direito de logicamente concluir que ela é de si mesma vaga, imprecisa, incoerente, contraditória, vária, inconseqüente, e que, portanto, é justamente o oposto de toda a concepção do mundo e da vida, que mereça o nome de uma filosofia? Parece-me que sim, e o livro do sr. Roberty não logrou desconvencer-se de que Nietzsche não pertence à linhagem, para não sair dos tempos mais próximos, dos Hegels (apesar do que ainda de vago e impreciso se possa achar na filosofia hegeliana), dos Kants, dos Comtes, e dos Spencers, nem mesmo de Schopenhauer, seu mestre imediato. Não direi como Tolstoi — que não é um leigo em filosofia — que a Nietzsche "apenas é um palavreado imoral, grosseiro, enfático e incoerente", mas como disse da primeira vez que tive ocasião de estudar Nietzsche, através do mais considerado dos seus expositores franceses, o sr. Lichtenberger, a sua filosofia é puramente a filosofia de um poeta genial, como é a de Ruskin, por exemplo. Bem razão teve o sr. Renouvier quando, ao mostrar, com a sua alta autoridade filosófica, o filósofo em Victor Hugo, afirmou que na filosofia do poeta não havia talvez mais incoerência que na de filósofos dados por tal. Pensaria o eminente neokantista francês em Nietzsche? É bem possível. Em um curto mas incisivo artigo da *Revue des Deux Mondes*, pôs o sr. Fouillée em evidência aquilo que a qualquer vulgar leitor de Nietzsche salta aos olhos: o vago, o incoerente, o versátil das suas locubrações, e a impossibilidade de fazer delas uma filosofia, senão no mesmo sentido em que falaríamos numa filosofia de Shakespeare, de Goethe ou de Hugo.

Embora considerando o nietzschianismo como "um movimento intelectual que desperta a mais preguiçosa atenção, um fato mental que impressiona e surpreende por seu inegável valor sintomático, uma atitude, nada comum de pensamento em face do mundo", o sr. Roberty acha-o "antes magra ontologia e suntuosa filosofia social" que "uma nova doutrina, poderosa, rica de seiva que ascendesse ao trono vago da filosofia". Conquanto "espíritos prontos ao entusiasmo fácil" se comprazam em esperá-lo, ele, compreendendo "a sua ilusão", não a compartilha.

Não é, pois, como um filósofo sistemático, nem como uma filosofia, que ele estuda Nietzsche e as suas versáteis doutrinas, mas nestas, e é estas que principalmente estuda, enxerga o sr. Roberty uma adição considerável às idéias filosóficas e sociais do século XIX.

Não é minha intenção, e seria impertinente num ligeiro estudo, trazer para aqui a argumentação, talvez demasiado técnica, do novo crítico de Nietzsche. Pareceu-me entretanto — ousarei dizê-lo? — que, pretendendo manter uma posição média e imparcial entre os idólatras e os detratores do autor de *Zaratustra*, o sr. Roberty cedeu mais do que lhe era lícito ao encanto do alto e original poeta, e tomou demasiado a sério as suas às vezes sublimes, mas também às vezes deprimentes divagações ou imaginações. Sobretudo se lhe poderia notar como, à força de querer ver em Nietzsche não o individualista decidido, o egoísta seco, o imoralista cínico, que aliás o tornaram querido dos estetas que ridiculamente já se supunham uns "pró-homens", mas um pensador generosamente otimista e humano, um sociólogo de vistas claras e benfazejas, que apenas vela o seu real amor humano, o seu senso do progresso, a sua aspiração por um mundo e uma humanidade melhores sob o véu enfumaçado do simbolismo, ou sob a nebulosidade ofuscante do seu verbo de poeta, a análise do sr. Roberty se faz demasiado sutil, quiçá especiosa, mais arguciosa e casuística, que honestamente lógica, ou simplesmente penetrante. É o defeito e o perigo das nossas interpretações a todo o transe de pensadores e poetas, nos quais descobrimos as obscuridades e dificuldades, e ocultos sentidos e intenções que, na maioria dos casos, não estariam na sua mente, mas que condizem com o nosso próprio pensar e sentir. Depois de haver sido um positivista-litreísta, o sr. Roberty, passando talvez pelo evolucionismo spenceriano, com o seu agnosticismo, estanceou numa espécie de monismo, em que se pretende original, e que expôs com talento, mas com certa obscuridade e peso de expressão, em várias obras de crítica e doutrina filosófica. Não é de modo algum um positivista, como já o declarou num opúsculo em que dizia por que o não era; mas a impressão da unha poderosa de Comte ficou-lhe marcada no cérebro. Assim, a cada passo do seu exame de Nietzsche, procura ele reduzir as difíceis e vagas próprias doutrinas, ou de outras, cotadas como sistemas filosóficos, e particularmente as do positivismo.

O seu processo geral da exposição e crítica da filosofia de Nietzsche é expor em síntese a opinião mais geral sobre algum aspecto dessa filosofia, examiná-la, e contrariá-la, dizendo-a sua. Assim ao conceito de que "a filosofia de Nietzsche, sobretudo a sua filosofia moral, era um protesto do *Instinto* — e mais particularmente o instinto da potência ou de grandeza — contra a lógica e sua velha preponderância nas coisas humanas —"uma revolta da vida, do mundo orgânico, contra a sociedade, o mundo sobre-orgânico", responde o sr. Roberty que, "se tal fosse o caso, devia-se condenar o pensamento de Nietzsche como infinitamente pobre e medíocre". E procura convencer-nos de que, ao contrário, Nietzsche "é um lógico", e que apesar de ter num dos seus livros gritado raivoso que nada tinha com as refutações, os seus livros são, em vez de "uma pura interjeição, um longo brado de dor e de revolta, da lástima de um nobre espírito ferido pelas duras realidades da vida, uma refutação incessante". E assim por diante.

Nietzsche despreza ou odeia a multidão, como afirmam alguns dos seus críticos, uns para reprová-lo, outros para aplaudi-lo? Não, diz o sr. Roberty, e dá as suas razões: "o que ele quer é a elevação de cada um e de todos, é a aristocratização da multidão"; somente "ele não se impressiona com a contradição aparente que parece existir entre esses dois termos". Também Nietzsche, segundo o nosso autor, "não foi o antidemocrata e o anti-socialista que habitualmente nos pintam. Seu socialismo, porém, como o seu altruísmo, excede o nível estabelecido pela história" — quer dizer, sobrelevam as nossas condições e concepções presentes, apontam a um futuro remotíssimo, a cuja realização esse singular altruísta manda de boa mente e cara alegre sacrificar tudo o que nos parece digno de compaixão — uma compaixão que ele maltrata em violentas diatribes — o miserável, o fraco, o pobre, e com eles o nosso espírito de justiça, a nossa idéia de liberdade, o nosso sentimento de amor e de solidariedade humana. Mas não, nós nos enganamos, e conosco enganam-se os que se dizem discípulos de Nietzsche. O niilismo moral de Nietzsche, como às suas doutrinas morais chamaram, "prova um ardente desejo de moral superior. Salvo talvez Spinoza — que exteriormente se conserva calmo e objetivo — ninguém amou o Bem com tal veemência e detestou o Mal tão fogosamente. Acontece-lhe, em verdade, glorificar em termos magníficos os vaidosos e os maus; longe, porém, de ser arrastado a isso pela fria consideração do interesse do espectador curioso, do amador dos grossos dramas da vida, como acreditaram e disseram os seus discípulos iludidos por sua ironia transcendente, o faz porque do mal imediato que produzirá entre os homens a ação vaidosa e má, espera (e com quanta razão!) a germinação de um Bem novo, desconhecido, muitíssimo superior ao Bem atual". Mal comparado, é um pouco como Nero incendiando

Roma (se foi ele quem a incendiou) para levantar sobre os seus escombros uma nova e muito mais bela cidade.

E o famoso pró-homem, "cujo conceito é o ponto culminante do evangelho moral promulgado por Nietzsche"? Essa teoria "é a um tempo hipótese e símbolo". Como hipótese, acha o sr. Roberty que ela "data de longe" e assemelha-a "à conjectura que excitou o zelo de Condorcet e contribuiu a fundar o socialismo, de um progresso indefinido do gênero humano. E em nota ainda o traz de mais longe, "do homem que vive segundo a razão" de Spinoza. É quase certo que se lhe podia entroncar a genealogia ainda mais remotamente. Modernamente Emerson (de quem não fala o sr. Roberty) e Carlyle são seus progenitores mais imediatos. Decididamente nada há novo debaixo do Sol; já o velho Horácio *(Odi profanum vulgus...)* e o nosso Camões *(O vulgo vil sem nome)*, pró-homens segundo a concepção nietzschiana, tinham pouca estima pelo rebanho humano. Ao símbolo do dito pró-homem acha o sr. Roberty "uma origem mais recente. O advento do *pró-homem* designa a queda irremediável das idéias morais de que se glorifica o *homem* contemporâneo... Nascido da idéia de ilimitada perfectibilidade da natureza humana, assinala o pró-homem a modificação mais urgente que, custe o que custar, se deverá realizar nessa natureza".

Nietzsche é, como filósofo, sobretudo um anarquista, que sonha uma sociedade futura e melhor, e cujo advento, segundo a sua linguagem, depende de uma "transmutação de valores" — isto é, dos fatos morais e sociais em que se baseia a sociedade atual por outros fatos. Daí o aspecto cruel, egoísta, cínico por vezes da sua doutrina, ou melhor, das suas colossais imaginações filosófico-sociais. Já vimos que o seu amor ao Bem é tal, que ele aplaude o Mal que apressasse a realização do Bem. No fundo um otimista, mas um otimista que odeia profundamente o presente, e que por amor do futuro, como o imagina, condena a piedade e o amor, e todas as instituições sociais e concepções morais que o fazem viver. "Pedir à vida que seja bela", escreve o sr. Roberty, acreditando que é o que faz Nietzsche, "é sobretudo pedir-lhe que seja verdadeira e sincera. E tratando-se dessa fração da vida chamada conduta humana, é pedir-lhe ainda que seja justa, porque a justiça é o nome da verdade no domínio social, na esfera estrita das relações que unem os homens entre si."

Não me sinto competência (ou atrevimento, que aqui tão comumente a supre) para dizer se a nova interpretação de Nietzsche do sr. Roberty é verdadeira ou a verdadeira. Mas, sobre cheia de talento e poder filosófico, é a que faz menos antipático, que faz mesmo simpático, o poeta de *Zaratustra*.

UM CRÍTICO DINAMARQUÊS*

Estes dois livros são ambos partes da notável obra do célebre crítico dinamarquês Georg Brandes, certamente um dos monumentos da crítica no século passado, *As grandes correntes da literatura no século XIX*. O primeiro é o volume inicial da versão inglesa dela, feita pelo próprio autor, publicado o ano passado em Londres, e que deve continuar, o segundo é a tradução, primeira que se faz em França, do 5º e penúltimo volume dessa obra considerável.

Georg Brandes é sem dúvida um eminente crítico, como tal considerado na sua pátria, a pequena mas cultíssima Dinamarca, e nos países escandinavos, bem como na Alemanha, em cuja língua publicou, além de outras, a sua obra capital, que é esta, e na Inglaterra, a quem ele deu, em língua inglesa, um dos mais acabados e profundos estudos críticos de Shakespeare. Deste seu livro sobre o grande poeta e dramaturgo diziam respectivamente as duas mais consideráveis revistas críticas inglesas, *The Atheneum* e *The Academy:* "Nenhuma outra obra particular sobre Shakespeare contém tanta coisa e de tanto valor". "É um admirável e exaustivo exame do seu objeto, realizado de acordo com os métodos modernos e à altura da informação moderna".

No Brasil, Georg Brandes é quase desconhecido, pela boa razão que escreveu em línguas aqui também quase desconhecidas como o alemão e o dinamarquês, e que os franceses, sob este aspecto

---

* *The Emigrant literature* by Georg Brandes. Londres. 1901. — *L'École romantique en France*, par G. Brandes. Paris. 1902.

sempre retardatários, só ontem, pode dizer-se, o traduziram, e mui fragmentariamente. Falou dele Tobias Barreto; mas o evidente exagero com que esse escritor preconizava quanto era alemão, mesmo sujeitos medíocres, que formigam numa terra em que a produção de livraria excede a tudo o que possamos conceber, seria motivo para pôr-nos de sobreaviso respeito à eminência do grande crítico escandinavo-germânico. Com efeito Tobias Barreto, conforme o vezo do seu temperamento mais exuberante que ponderado, exagerava, senão o mérito real de Brandes, que é grande, a originalidade do seu critério crítico. A este aspecto, pelo método, Georg Brandes é, confessadamente, e como da leitura destes seus livros ressalta, um discípulo de Taine. Somente ele é mais universal que Taine, e, como filho de um pequeno país, que habitou outros países, e se apropriou de diversas línguas a ponto de as escrever como a própria, mais livre da gloriosa mas pesada e dominadora herança de uma riquíssima tradição literária e política nacional.

E é precisamente o que distingue Brandes, não só de Taine, seu mestre, mas de todos os críticos do seu tempo. Ele não é só um eminente crítico, como Matthew Arnold ou John Morley na Inglaterra, Julian Schmidt na Alemanha, Settembrini ou De Sanctis na Itália, Menéndez y Pelayo na Espanha, sem falar dos franceses, como Sainte-Beuve ou Taine, de nós conhecidíssimos, mas eminentemente um crítico europeu, o que o mesmo é dizer universal, pois, visto do alto, a literatura européia resume, no que ela tem de superior, a expressão literária do mundo. Certo, outros críticos, também notáveis, em França e alhures, ocuparam-se com saber e profundeza das literaturas de vários países do continente; de todos porém se pode dizer que as consideraram sempre do seu ponto de vista nacional, e sobretudo sem a preocupação, que foi a de Brandes, do espírito da cultura, da unidade na variedade da civilização européia. O que ele procura na sua grande obra *As grandes correntes da literatura no século XIX* é, como diz na sua introdução, a psicologia da primeira metade do século mediante o estudo de certos grupos e movimentos principais da literatura européia: "A história literária", pensa ele, "é, na sua mais profunda significação, psicologia, o estudo, a história da alma. Um livro da literatura de uma nação, um romance, um drama, ou uma obra histórica, é uma galeria de retratos de caracteres, um armazém de sentimentos e pensamentos. Quanto mais momentosos os sentimentos, maiores, mais nítidos e largos os pensamentos, e mais notáveis e ao mesmo tempo mais representativos os caracteres, tanto maior é o valor histórico do livro, tanto mais claramente nos revelará o que realmente se passava na mente dos homens em um dado país, em uma dada época." E ainda:

"Considerando sob o aspecto simplesmente estético como uma obra de arte, um livro é um todo que se contém em si mesmo e por si mesmo existe sem nenhuma ligação com o mundo que o rodeia. Encarado, porém, do ponto de vista histórico, um livro, por mais perfeita e completa obra de arte que seja, é somente um pedaço tirado a uma peça de fazenda infinitamente contínua. Esteticamente consideradas suas idéias, o pensamento dominante que o inspirou, o pode satisfatoriamente explicar, sem nenhum conhecimento do seu autor ou do seu meio como um organismo; mas historicamente apreciado, ele supõe, como o efeito supõe a causa, a idiossincrasia do seu autor, que se afirma em todas as suas produções, que entra nas condições que produziram esse livro, e cujo conhecimento é indispensável para o compreendermos. E a idiossincrasia do autor, não a podemos entender sem algum conhecimento das inteligências que influíram no seu desenvolvimento, a atmosfera espiritual que ele respirou.

Não nos pese demasiado nossa ignorância completa do eminente crítico; também a França ainda há pouco quase inteiramente o ignorava. E o sr. Victor Basch, professor da Universidade, quem na introdução posta à frente da tradução do seu discípulo e confrade Tapin da parte da obra de Brandes relativa à escola romântica em França, o declara. Com efeito, além de uma ou outra recomendação de Brunetière, de um artigo de Thorel na *Revue des Deux Mondes*, e de ataques dos srs. Jules Lemaître e Faguet, pouco mais notícia tinham deles os franceses. E esta tradução agora, apenas da quinta parte de uma obra publicada há mais de vinte anos, é de um editor desconhecido, mal impressa na Alemanha ou na Suíça, cheia de *pastéis* como um livro brasileiro.

Georg Brandes nasceu em Copenhague, em 1842. Sua primeira obra, de literatura filosófica, é de 1866. Ao princípio hegeliano, rompeu depois com a escola, sendo, segundo o sr. Basch, seus iniciadores na nova direção do seu pensamento, Auguste Comte, Stuart Mill, Sainte-Beuve, Renan e principalmente Taine. De 68 a 70 publica ele três obras de crítica e estética, a última dedicada a Taine. Deixa a Dinamarca e viaja à Europa, apropriando-se das suas línguas e do seu pensamento; é um liberal, quase um revolucionário, em política um homem de idéias as mais adiantadas. Em 71, faz na universidade de sua terra as suas conferências sobre "as principais correntes literárias do século", que, impressas pouco depois em 6 volumes, são a sua obra capital.

Por elas abriu no seu país a luta contra o espírito conservador, quer em literatura e arte, quer em política, iniciando-o no grande movimento emancipador da ciência, da literatura e da crítica contemporâneas. As suas idéias livres fizeram-no excluir da Universidade. Aceitando o conflito que com ele abriam, publica sucessivamente estudos diversos onde mais afirmava as suas convicções e tendências; acabou, porém, por ir viver no estrangeiro, fixando-se primeiramente em Berlim. Sua primeira obra ali publicada (1881), e em alemão, foi um volume de ensaios sobre escritores alemães, franceses, ingleses e escandinavos. Em 1882, o governo dinamarquês, melhor avisado, chamou-o à Dinamarca e pensionou-o para fazer conferências públicas sobre a literatura universal. A esta renda renunciou ele desde que a sua reputação lhe permitiu viver de sua pena. Depois publicou, já em dinamarquês, já em alemão, língua em que suas obras se acham todas traduzidas ou diretamente escritas, e em inglês, estudos sobre todos os mais notáveis escritores da Europa, alemães, russos, escandinavos, franceses, ingleses, um volume de versos, o seu livro sobre Shakespeare. A sua obra principal sobre as grandes correntes literárias, não obstante o seu volume, chegou já na Alemanha à oitava edição. Não é menor o número das edições das outras obras. O ano passado começou a publicá-la em inglês. O primeiro volume da versão inglesa ocupa-se da literatura dos Emigrados da Revolução ou do Império, Chateaubriand, Senancour, Benjamin Constant, Mme. de Staël, Barante, e da que lhe é afim, a de Rousseau, a do *Werther* de Goethe, e matérias subsidiárias. A literatura francesa nesse momento faz-se fora de França, na Inglaterra, na Alemanha, na Suíça. "Somente nesses lugares", diz ele, "podiam as inteligências independentes da França existir, e é somente pelas inteligências independentes que uma literatura pode ser fundada e desenvolver-se."

No segundo volume — e agora não faço senão resumir a exposição que da grande obra de Brandes faz o sr. Basch — se ocupa ele do "romantismo alemão".

A reação em que, com Chateaubriand, acabou a literatura dos emigrados, ganha terreno e alcança os discípulos do Goethe, terminando, no fim do período, assalariada pela Santa Aliança. Os principais representantes desse período são doentes da sensibilidade: Novalis, Tieck, Friedrich Schlegel, "o gênio impotente, inchado de orgulho e vaidade", Hoffmann, Zacharias Werner, Heinrich von Kleist.

"É a incapacidade de forjar formas concretas, o triunfo da poesia musical, a aspiração doentia para um vago ideal, a "flor azul", a

Stimming Waldeinsnekeit, o subjetivismo intransigente, a fobia da realidade, as rédeas soltas, no claro-escuro físico onde erram as almas, todo o frenesi das paixões, o matrimônio das febres sensuais e das visões místicas e, enfim, lançado sobre todas essas aberrações sensuais e intelectuais, o grande manto negro da superstição ressuscitada." O volume seguinte é a reação "em França", pretendendo apoiar-se numa doutrina filosófica, refugando Rousseau, que fora o principal inspirador da literatura da emigração, como por ele tinham refugado Voltaire. De Bonald, De Maistre, Chateaubriand são os doutrinadores da nova teoria da ordem, do princípio da autoridade, repousando sobre Deus, fonte de todo o poder, renovando a tese de Bossuet.

Os poetas seguem a impulsão idealista e religiosa. Lamartine nas *Meditações,* Hugo nas *Odes* e *Baladas,* Vigny, Lamennais. Mas um despertar se prepara e efetua com os panfletos de Courier e com as novas tendências de Hugo e com a evolução para a filosofia de Vigny. O próprio Chateaubriand entra para a oposição política e faz-se liberal. O "naturalismo na Inglaterra", objeto do 4º volume, acentua a reação liberal na literatura, causa e efeito da reação que se dava na sociedade européia. O naturalismo inglês é uma revolta contra as tradições literárias; revolta que se não tardou em transformar em rebelião contra a reação religiosa e política, a qual se espalha e da qual emanam todas as idéias liberais e todos os atos libertadores que agitam a Europa.

Volta-se ao estudo, ao amor e à compreensão da natureza. É a época de Wordsworth, Coleridge, Southey, Walter Scott, Keats, Moore, Shelley, Byron, poetas da natureza, da liberdade e da vida, ao mesmo tempo que do sentimento. Daí passa o movimento emancipador à França, e se desenvolve no "romantismo francês", assunto do quinto volume, agora traduzido em França, o que constitui, segundo o sr. Basch, a mais completa obra de conjunto existente sobre este período da história da literatura francesa. A vitória do romantismo é também a vitória do liberalismo em filosofia e em política. Coincide com a grande época liberal de 48. "O romantismo em França", diz Brandes, "foi desde o início essencialmente uma guerra de independência..." Todos os grandes, e ainda os menores nomes do romantismo francês, passam nesse livro em estudos dos quais alguns, como os de George Sand e Balzac, são magníficos.

O último volume ocupa-se da "jovem Alemanha". Sob a influência do romantismo francês, produz-se na Alemanha um gênio europeu de primeira ordem, voltado para a realidade, bastardo de Goethe e filho de Byron, Heinrich Heine, além de Ruge, de Börne, de Gutzkow, de Laube.

Não conheço por mim mesmo senão o primeiro e o quinto: o método, com as modificações próprias ao temperamento do autor, é o de Taine: a história literária é para Brandes uma indagação histórico-psicológica. Só valem para ele os escritores representativos, os que são a expressão de sua época, ou que lhe souberam exprimir a alma. A sua obra, e bastam esses dois livros dela para podermos julgar assim, é uma das mais poderosas demonstrações desta verdade, que, parecendo banal, precisa ser repetida: que a literatura é uma expressão da sociedade, e ao mesmo tempo uma alta função social.

VICTOR HUGO*

Não é ainda fora de tempo — se alguma vez o fosse — para falar de Victor Hugo. Mal se passaram dois meses que a França, acompanhada por todo o mundo latino, e por povos de outra estirpe, comemorou com solenidades grandiosas o centenário do seu nascimento. E os ecos dessa comemoração não acabaram ainda de chegar-nos.

Não brilhamos nela pela ausência, porque ninguém deu pela nossa falta. Essa, porém, devemo-lo sentir nós mesmos, foi grande. Literária e socialmente, grande é a nossa dívida ao poeta, que foi, num dado momento, o inspirador da nossa poesia, o apóstolo da nossa democracia, em resumo e incontestavelmente, um dos mestres do nosso pensamento literário e político. As modestas manifestações com que nos associamos à sua comemoração, certo, não estiveram de modo algum em relação com o que lhe devemos nem com a admiração que por ele sentimos.

Segundo a regra geral para todos os gênios, principalmente para aqueles que à pura atividade mental juntam a atividade social, Victor Hugo — Victor Hugo, a quem em três eleições sucessivas a Academia Francesa preferiu Dupaty(?), Mignet, Flourens(!) e Molé(!) e que na quarta entrou apenas com dois votos de maioria sobre Ancelot (!) — foi contestado, amesquinhado, negado, além de conspurcado, insultado, ridicularizado. Não lhe exageremos, porém, o papel

---

* *Victor Hugo, Leçons faites à l'École Normale Supérieure par les élèves...* sous la direction de Ferdinand Brunetière, 2 vol., Paris, 1902.

de vítima. Se lhe não faltaram amarguras, se a luta o não poupou, também lhe não faltaram jamais as animações, os aplausos, as recompensas materiais e morais, devoções fervorosas e entusiasmos ardentes, sobejos para o consolarem das misérias e aflições da vida, e apoiarem-no fortemente na missão literária e social que conscientemente foi a sua. Não obstante ainda atacado, contestado, injuriado, ele morreu em plena glória e, o que devia ser deliciosamente doce à sua alma bondosamente soberba — sentindo-a, e o seu enterro foi uma apoteose. Todavia, a crítica, a sátira, a malevolência, os ódios literários e políticos não despiram de todo as armas. Entre as publicações que o seu centenário originou, destaca-se, pela curiosidade, o livro de um colaborador da "jovem" revista *La Plume*, o sr. Tristan Legay, *Victor Hugo jugé par son siècle*. Nenhum capítulo desse livro será mais interessante que o dos "juízos contraditórios", no qual vemos não só o desacordo em julgar o poeta dos escritores mais célebres seus contemporâneos, uns com os outros, mas o seu mesmo desacordo consigo. Assim Lemaître, que em 1889 escrevia dele:

"Seria impertinente que impusessem à nossa época o nome de um poeta, que é certamente de primeira ordem, mas que representa tão imperfeitamente a tradição do gênio francês e que lhe parece estranho", agora, em fevereiro desse ano, publicava que "Hugo é um mundo; ele é, para a França, todo o século decorrido".

De todos os ataques, o mais rude, o mais forte, o mais bem-preparado, o mais bem-combinado foi o de Biré. Mas também foi o mais ininteligente, e os seus cinco volumes de biografia de Hugo, ao cabo, serviram mais que desserviram, como era o seu fim expresso, à glória do poeta. Com ela uma crítica mais alumiada pôde melhor compreender esse gênio, que foi realmente um mundo e cujas variações não foram senão as do seu tempo e da sua sociedade, dos quais ficou por isso a mais cabal expressão.

Nesses últimos anos sucederam-se numerosas as publicações sobre Victor Hugo, e pode-se afirmar, sem receio de contestação, que as mais valiosas, as mais consideráveis, pelo seu mérito literário e valor crítico, e pela reputação dos seus autores, Brunetière, Mabillon, Erneste Dupuy, Stapfer, Renouvier, são as glorificadoras do poeta, sem aliás saírem da imparcialidade crítica, e até algumas, como talvez as do primeiro, com violência dos sentimentos pessoais íntimos do crítico. Pelo centenário nenhuma voz digna de ser ouvida se ergueu senão para celebrá-lo. Inconteste no sentir popular da França — o que é a única verdadeira, grande e sólida glória, ser o eleito da alma nacional para o seu representante espiritual — o seu renome de primeiro poeta francês, e um dos primeiros de todos os tempos e de todo o mundo, o é também hoje para a crítica e para a intelectualidade francesa. Há pouco tempo, uma das novas revistas francesas, *Ermitage*, abriu, entre duzentos poetas de língua francesa, um concurso para saber qual era o poeta predileto de cada um. Responderam ao seu apelo os nomes mais famosos da nova poesia francesa, e o escrutínio deu este resultado: Victor Hugo, Alfred de Vigny, Paul Verlaine, Baudelaire, Lamartine, Musset, Leconte de Lisle, Mallarmé, Albert Samain. E da leitura desses votos se podia inferir sem esforço que os dados aos outros poetas significavam sobretudo a conformidade de sentimentos com eles, a comunhão no mesmo ideal poético, a identidade da inspiração — muitos dos votantes o declararam expressamente — mas os dados a Victor Hugo significavam manifestamente a admiração refletida pelo mais e mais completo de todos. Não se deve dar mais valor, do que realmente tem, a esses processos jornalísticos de apurar uma opinião; mas eles são ao menos um indício útil, e neste caso apreciável, considerando-se que há alguns anos atrás talvez não fosse o mesmo o resultado.

Quanto é possível datar certos fatos, que por sua natureza escapam ao rigor da cronologia, pode-se talvez dizer que o Centenário — ou antes dos estudos que imediatamente o precederam e acompanharam — data a situação definitiva de Victor Hugo na literatura francesa, e na estima e veneração do mundo. Para ele começou agora a posteridade, que por vezes altera, varia, modifica parcialmente o seu juízo, mas nunca o reforma. Não obstante os incontáveis estudos do último meio século sobre Dante, ou Goethe, ou Shakespeare, ou Racine, a opinião universal não mudou, respeito a nenhum deles; e não creio seja audácia dizer que, ao findar este século XX, sem embargo dos novos estudos que nele se hão de continuar sobre cada um deles, será a mesma que ao acabar do XIX. É o que, me parece, começou a suceder com Victor Hugo, com o centenário do seu nascimento. Para ele já entrou o tempo da crítica objetiva, sem outra preocupação que a da verdade e da justiça, sem mistura alguma, ou com o mínimo de mistura possível, das paixões ou simples sentimentos da atualidade ou do crítico. Das publicações do centenário que li, ou de que dei notícia, a que melhor corrobora esse conceito é o *Victor Hugo* dos alunos da Escola Normal Superior, de Paris.

O que é essa escola célebre, porventura a única no seu gênero no mundo, ninguém o ignora. Se havemos de julgar a árvore pelo fruto, não é demasiado nenhum apreço por esse seminário fecundo a quem a França deve certamente o escol dos seus representantes intelectuais. Com efeito, apenas haverá entre os nomes mais justamente ilustres da França contemporânea algum que dela não tenha saído. Foram seus alunos, para não citar senão os mais célebres, Littré, Fustel de Coulanges, Pasteur, Taine, Prévost-Paradol, Duruy, Ernest Havet, Weiss, Edmond About, Perrot, Maspéro, enfim quase todos os que na alta literatura, na crítica, nas ciências históricas e nas ciências da natureza, têm na França um renome glorioso e merecido. Esse livro mostra mais uma vez a seriedade e a solidez dos estudos ali.

O livro é o resultado do curso de literatura francesa do sr. Brunetière, consagrado no ano de 1900-1901 a Victor Hugo. Consta de vinte e dois capítulos redigidos pelos alunos do 2º ano (os anos de estudo são 3), seção de letras (há uma seção de ciências). Mas não obstante resultado do curso do sr. Brunetière, e necessariamente impregnados da sua doutrina e das suas idéias, cada um desses capítulos é bem do aluno que o redigiu, ao qual o mestre deixou, conforme declara no seu prefácio, plena liberdade de julgamento e de divergir dele. Dessa liberdade eles não usaram grandemente ou pelo menos não abusaram; o método, os princípios de crítica são os do sr. Brunetière, porém em mais de um desses capítulos sente-se já a personalidade do autor, e todos são já notáveis pelo rigor do método crítico, segurança e precisão do saber, perícia e perspicácia da análise.

Qualquer, porém, que seja a originalidade desses estudos — e sente-se que os seus novéis autores procuraram, sem sair do direito caminho da crítica, nem rebusca de novidades, ser originais — da sua comparação com os últimos trabalhos feitos sobre Hugo, e com os numerosos artigos a seu respeito publicados na imprensa diária e literária européia resulta a convicção de que já se fez uma opinião comum, e nos seus pontos essenciais, idêntica, sobre o grande poeta. E apenas dezessete anos depois de sua morte, ele recebe essa consagração universal, que nunca vimos desfeita pela posteridade, apesar das revisões a que têm sido sujeitas muitas delas.

O gênio de Victor Hugo acordou cedo, e ele é um dos poucos exemplos incontestáveis de precocidade fecunda. Foram em geral os gênios precoces. Ainda no colégio, onde por si mesmo aprendeu a técnica poética, da qual devia ser o mestre incomparável, começou o menino Hugo, aos treze ou quatorze anos, a poetar, com aquela abundância que lhe seria característica e também um sinal da sua força. Fez "odes, sátiras, epístolas, poemas, tragédias, elegias, idílios, traduções de Virgílio, de Horácio, de Lucano, de Ausônio, de Marcial, romances, fábulas, epigramas, madrigais, logogrifos, acrósticos, charadas, enigmas, repentes". Aos quatorze anos escreveu uma tragédia em verso. Aos quinze concorreu a um prêmio de poesia da Academia Francesa e obteve menção honrosa. Aos dezessete, novos prêmios acadêmicos reconheceram-lhe o prematuro talento. A ode *Moisés no Nilo*, que ainda hoje podemos admirar como um trecho de magnífica poesia, é dos dezoito anos, e foi uma das suas poesias coroadas nos jogos florais. Mas a só enumeração da sua produção antes dos vinte anos, poemas de todo o gênero, romances *(Bug-Jargal* aos quatorze, e *Han d'Islândia,* aos dezenove), tragédias, crítica, nos levaria longe. A nomenclatura de alguns daqueles gêneros em que ele começou, odes, sátiras (a sátira clássica a Boileau), epístolas, elegias, já está indicado não havia ainda no extemporâneo poeta nenhuma intenção revolucionária, e que ele absolutamente não era, como não foi por bastantes anos ainda, um "novo". Com efeito, Victor Hugo, no primeiro período da sua vida, desde os anos da sua atividade literária colegial, por 1815 a 1818 até 1830, foi um conservador tanto em literatura como em política. Fundando em 1819 — tinha então dezessete anos — um jornal de poesia e letras, denomina-o Victor Hugo *O Conservador Literário*, e nessa folha defendeu em literatura os princípios que Chateaubriand defendia ao mesmo tempo em política no seu *Conservador.* "Mas, diz o autor do estudo sobre 'Os primeiros ensaios literários' do moço Hugo, o sr. Mornet, seria injusto desconhecer as provas da originalidade nascente do poeta", e resumindo o resultado da sua análise desses primeiros ensaios, sintetiza-o neste juízo: "Manejo fácil da língua, movimento e eloqüência da frase, grande habilidade de versificador e posse inteira de todos os processos da poesia pseudoclássica, com todos os defeitos dessa poesia, princípios de crítica tão conservadores como os princípios políticos — ao mesmo tempo atividade literária que leva o poeta a explorar todos os gêneros e a se preocupar com as literaturas estrangeiras, gosto pela encenação pitoresca, as palavras sonoras e as situações materialmente comoventes, qualidades românticas, são a prova de que Victor Hugo não abriu brecha logo no pseudoclassicismo, mas que após se ter feito o mais hábil dos imitadores de Lebrun e de Delille adiantou-se a essa poesia e a renovou. Assim o gênio de Victor Hugo afirma-se desde as obras da sua juventude, não como um gênio revolucionário que se manifesta para opor-se às idéias ambiantes, mas como um gênio que deriva a sua potência do brilho e do relevo que sabe dar ao que buscam e ao que tentam os contemporâneos".

Realmente, todas as qualidades e defeitos característicos do gênio de Hugo acham-se em gérmen, segundo uma lei geral da produção espiritual, nas suas primeiras obras, ainda nas da infância, como também é verdade que Hugo não foi um inventor. Esse livro, que estuda o grande poeta, no seu meio, e indaga, com segura informação e grande vigor cronológico, as diferentes influências e circunstâncias que rodearam e determinaram a evolução do seu gênio, eficazmente mostra como toda a obra de Hugo, lirismo, romance histórico e romance social, teatro, teorias estéticas, políticas ou sociais, tudo, em vez de ser uma criação, uma invenção do seu gênio, mesmo nos limites em que o gênio cria, é apenas uma resultante, um desenvolvimento, às vezes consciente e propositado, outras não, de criações preexistentes, recentes ou caducas, como a ode, a que o seu gênio, a sua fortíssima personalidade deu vida. Dessa noção assente do estudo de Hugo, pretenderam os que lhe eram hostis tirar conclusão contra o seu gênio, para amesquinhá-lo. A esses, porém, responde vitoriosamente o exato conceito do sr. Brunetière no seu posfácio desse livro: "Em literatura, como em arte, as idéias não pertencem àquele que as 'achou' ou as 'inventou', mas àquele que lhes fixou a expressão decisiva, adequada e definitiva". Victor Hugo não foi, com efeito, em gênero literário algum, dos múltiplos que versou, um precursor, mas por "sua imaginação prestigiosa", pelo seu "senso do movimento", por "essa faculdade de sentir profundamente e de cantar num tom só seu as emoções das grandes coletividades", pelo seu "assombroso dom de plasticidade intelectual", pelo seu maravilhoso talento verbal, pela potência da sua visão exterior, e da mais rica imaginação que, talvez, desde Homero, possuiu um poeta, pelo "alto grau de amplidão e universalidade que caracteriza o seu gênio", e pela "espantosa faculdade de transformar em si todo o objeto, de absorver na sua própria personalidade todas as realidades exteriores", com outras que ele teve em grau eminente, ele recriou, por sua conta, o criado, e "eco sonoro posto no centro de tudo", como a si mesmo tão perspicazmente se definiu, foi a voz augusta e fiel do seu país, da sua sociedade e do seu tempo. "Filósofo" ou "pensador" ou "sonhador" *(songeur)*, ou como lhe queiram chamar, já o demonstrou o homem que contemporaneamente tem em França a maior autoridade para fazê-lo, sr. Charles Renouvier, ele o foi, como nenhum outro poeta francês e como só o foram os grandes poetas universais. E o sr.

Menos, verificando num dos melhores estudos desse livro, sobre a inspiração lírica pura em Victor Hugo, que "tudo comove Victor Hugo, no universo cheio de Deus e do homem", e que esta qualidade não se nos depara em nenhum dos poetas franceses contemporâneos, dá numa só frase a justa medida da sua superioridade sobre todos.

Como nenhum outro poeta do seu tempo, Victor Hugo teve, é outra demonstração desse livro, da sua arte a mais alta idéia. "Aos seus olhos o poeta é um ser sublime, como um enviado de Deus na terra para interpretar entre os homens todas as vozes do infinito." Como nenhum outro ele teve o sentimento da sua responsabilidade de poeta perante o seu século, e esse sentimento deu à sua obra a vasta e generosa emoção humana, que no futuro, quando muitos dos seus sonhos forem realidades, o porá muito acima da obra egoística de um Goethe, ou dessa outra obra de árido ceticismo, ou de refinado sentimentalismo, ou de puro diletantismo, ou de rebuscado estetismo, ou mesmo de um vão idealismo, dos maiores poetas do século que foi o seu.

ÍNDICE ONOMÁSTICO

A

About, Edmond – 668
Affonso, Paulino – 246, 247
Agassiz, Jean-Louis Rodolphe – 110
Agostinho, José – *ver* Macedo,
    José Agostinho de
Agostinho, Santo – 139, 274
Agripa, Menênio – 406
Alas, Leopoldo – 246
Alba, duque de (Fernando
    Álvarez de Toledo) – 296
Alberdi, Juan Bautista – 493, 495, 496
Albert, Henri – 38, 611
Alcorta, Diego – 26, 365, 493
Alcott, Bronson – 111
Alembert, Jean Le Rond, dito d' – 635
Aldao, Martin C. – 478
Aldrich, Thomas Bailey – 107
Alencar, José de – 236
Alexandre II – 188, 189, 192, 193, 324
Alexandre, o Grande – 115
Alexandre, tzar (Alexandre I Pavlovitch) – 513
Alexandrino, cardeal – 505
Alexis (filho de Pedro, o Grande) – 197
Ali (paxá de Janina) – 369
Allard – 371
Alsina – 495
Álvarez, Antonio R. – 478
Alves, Gonçalo (padre) – 38, 621, 622
Ana d'Áustria – 348

Ancelot, Jacques – 665
Ancelot, Mme. (Virginie) – 639
Anchieta, José de (padre) – 626
Andrada e Silva, José Bonifácio de – 51
Andrieux – 117
Andrônico, Lívio – 551
Anette – 484
Aníbal – 459
Antão, Santo – 520
Antônio Cândido – *ver* Gonçalves Crespo
Antônio, Marco – 459, 550
Antônio, Tomás – 52
Arc, Joana d' – *ver* Joana d'Arc
Arago, François – 70
Árbitro, Tito Petrônio – *ver* Petrônio
Aretino, Pietro – 454
Ário (heresiarca) – 271
Aristóteles – 284, 339, 611
Arnauld, Sofia – 353
Arnold, Matthew – 413, 599, 644, 660
Ataíde, d. Catarina de – 508
Átila – 513
Aubé – 371
Augusta, rainha – 487
Augusto, Otávio – 368, 408, 459, 549, 550,
    552, 553, 555, 601
Aulard, Alphonse – 38, 603, 604, 605, 608,
    609, 610
Aurélio, Marco – 69, 269, 270, 276
Ausônio – 669

Avellaneda, Nicolas – 495
Azaës – 117
Azevedo, João Lúcio de — 622, 627

B

Bach, Johann Sebastian – 215
Bahnsen – 535
Bakunin, Mikhail – 197, 642, 649
Balfour, Arthur James – 81, 361
Balsamo, Giuseppe – *ver* Cagliostro, conde de
Balzac, Honoré de – 56, 57, 105, 128, 131, 168, 241, 396, 397, 402, 424, 425, 636, 663
Bancroft, George – 71, 108
Bandarra (sapateiro) – 629
Banks, Elizabeth L. – 146, 147
Barante, barão de
 (Prosper Brugière) – 50, 662
Barbier, padre – 623
Barbosa, João Alexandre – 23, 37, 44
Barbosa, Rui – 113
Barnave, Antoine Pierre – 354
Barra, Emma de la – *ver* Duayen, Cesar
Barrès, Maurice – 238, 427
Barreto, Tobias – 236, 660
Barros, André de – 622
Barros, João de – 380
Baruch, profeta – 606
Basch, Victor – 661, 662, 663
Bassenge – 345, 350, 354
Bataille, Henry – 576
Baudelaire, Charles – 11,107, 667
Bayle, Pierre – 457, 635
Beard, dr. – 293
Beaufort, Louis de – 457
Beethoven, Ludwig van – 215
Bellows, Henry – 110
Benedetti, conde de – 487, 488
Benevides – *ver* Sá e Benevides
Béranger, Pierre-Jean de – 123, 515
Bérenger, Henri – 19, 79, 80, 83
Bergeret – 290
Bernard, Claude – 127, 396
Bernardes, Diogo – 509
Bernardes, Manoel – 156
Bernhardt, Sarah – 575
Bernstein, Henry – 576, 579
Berry, duque de (Jean de France) – 320, 321
Berthelot, Marcelin – 127, 607
Bertolini – 371
Beugnot, Jacques Claude – 346
Beyle, Henri – *ver* Stendhal

Bezerra Neto, José Maia – 12
Bienstock, J. W. – 542
Biran, Maine de – *ver* Maine de Biran
Biré, Edmond – 29, 120, 199, 315, 666
Bismarck, Otto von – 481-489
Bittencourt, Edmundo – 13
Björnson, Björnstjerne – 237
Blanc, Charles – 179
Blanc, Louis – 603, 604
Blaine – 36, 252, 560, 562
Bocage, Gillet Le Doux du – 448
Bocage, Manuel Maria Barbosa du – 447-455
Böhmer – 345, 350
Boileau, Nicolas – 669
Boissier, Gaston – 24, 274, 279, 283, 284, 287, 552
Bolingbroke, visconde de
 (Henry Saint John) – 635
Bonaparte – *ver* Napoleão Bonaparte
Bordalo Pinheiro, Rafael – 227
Börne, Ludwig – 664
Borsari, L. – 372
Bossuet, Jacques-Bénigne – 81, 123, 139, 295, 401, 624, 625, 628, 663
Botelho, Abel – 381
Boulainvilliers, marquesa de – 346
Bourbons, os (família) – 345
Bourdaloue, Louis – 625
Bourg, Mme. de – 352
Bourget, Paul – 105, 226, 498, 577
Braga, Teófilo – 453, 520, 625
Brandão, Júlio – 381
Brandes, Georg – 21, 191, 192, 198, 659-664
Brécé, duque de – 58
Brentano – *ver* Funck-Brentano
Briand, Aristide – 575
Brieux, Eugène – 576, 580
Bright, John – 643
Broca, Paul – 585
Browning, Robert – 541, 643
Browns, os – 184
Brunetière, Ferdinand – 80, 81, 83, 114, 199, 261, 425, 574, 661, 666, 668, 670
Brutus, Marcus Junius – 285, 465, 466
Bryant, William Cullen – 71, 107, 114
Bryce, James – 146
Buda (ou Sakia Muni) – 527
Bulhão Pato, Antonio de – 31, 338
Bunsen, Robert – 483
Burgess, Juan N. – 246
Burke, Edmund – 289

Burne-Jones, Edward – 184
Busto, A. Rodrigues del – 246-250, 253
Butler, Samuel – 109
Byron, Lord (George Gordon Noel) – 188, 369, 413, 663, 664

C

Cabanis, Georges – 365
Cabral, Pedro Álvares – 458
Caetano, João – 403
Cagliostro, conde de (Giuseppe Balsamo) – 347, 348
Caio, imperador romano – 406, 407
Caldas, Domingos – 454
Caldeira, Fernando – 228
Calígula – 99, 371
Calmann-Lévy – 42
Calonne, Charles Alexandre de – 353
Câmara, João da – 381
Camilo – *ver* Castello Branco, Camilo
Camões, Luís de – 131, 200, 229, 380, 421, 447-451, 505, 506, 508, 509, 555, 590, 601, 658
Campos, Cláudia de – 19, 101, 104, 105
Candido de Melo e Souza, Antonio – 31
Cané, Miguel – 493, 495, 496, 499
Capendus, os – 399
Capus, Alfred – 576
Cárcano, Ramón J. – 495
Carducci, Giosuè – 642
Carlos V – 296, 504, 507
Carlos X – 180, 320, 321
Carlos Magno – 115, 565
Carlos, o Calvo – 80
Carlota Joaquina, dona – 51
Carlyle, Thomas – 16, 25, 26, 47, 183, 290, 313, 369, 544, 599, 603, 643, 654, 658
Carrel, Armand – 319
Carvalho, Maria Amália Vaz de – 16, 17, 47-51, 53
Cássio, Díon – 372, 373
Cássio Longino, Caio – 466
Castelar y Ripoll, Emilio – 251
Castello, José Aderaldo — 13
Castello Branco, Camilo – 49, 230, 246, 260, 264, 266, 381, 384, 453, 624
Castilho, Antonio Feliciano de – 228, 266, 384
Castilho, José Feliciano de – 450
Castro, Eugênio de – 238, 381
Castro, Inês de – 229
Castro, João de – 19, 259, 260, 261, 265, 266, 381
Castro, Públia Hortência de – 510

Catões, os (Catão, o Censor) – 465
Catarina, dona (de Portugal) – 506
Catarina I (da Rússia) – 197, 324
Catilina, Lúcio Sérgio – 461
Catulo Caio Valério – 214, 462
Celer, Metelo – *ver* Metelo Celer
Cellini, Benvenuto – 233
Cervantes Saavedra, Miguel de – 41, 42, 437, 439-442, 590
César, Júlio – 270, 271, 272, 280, 285, 375, 380, 459, 460, 461, 463-467, 549, 551, 552, 556
Chamberlain, Joseph – 289, 333, 361
Channing, Eduard – 110
Channing, Emerson – 111
Chateaubriand, François René, visconde de – 19, 29, 115, 117-123, 315-321, 401, 474, 662, 663, 669
Chaucer, Geoffrey – 108, 109
Chénier, André – 135
Chernishevsky, Nicolas – 197, 325
Chrestos – *ver* Jesus Cristo
Ciámpoli, Domingos – 207, 208
Cícero (Marco Túlio) – 131, 274, 285, 412, 459, 460, 461, 465, 551, 552, 556, 650
Cid (Rodrigo Díaz de Bivar, dito El) – 438
Clarke, Samuel – 110
Cláudio, imperador romano – 282, 287, 374
Cleópatra – 276, 410, 459, 465, 550, 552
Clódia (mulher de Metelo Celer) – 462
Coelho, frei Simão – 505
Coelho, Latino – *ver* Latino Coelho
Coleridge, Samuel Taylor – 663
Collet, Louise – 638
Comte, Auguste – 19, 63, 64, 65, 68, 70, 81, 117, 162, 183, 256, 327, 474, 516, 568, 604, 606, 611, 642, 645, 647, 648, 654, 655, 656, 661
Condé, Luís II, príncipe de — 284
Condillac, Étienne Bonnot de – 365
Condorcet, marquês de (Marie-Jean-Antoine-Nicolas de Caritat) – 658
Constâncio, imperador romano – 272
Constant, Benjamin — 50, 117, 662
Constantino, o Grande – 270, 271
Contats, as – 353
Cooper, Fenimore – 71
Copée, François – 81
Corneille, Pierre – 402, 575, 647
Corrêa, Raimundo – 222, 236
Corrêa de Oliveira, Antonio – 29, 38, 381, 411, 412, 413, 415, 417, 421, 519, 520, 521, 528
Cortez, Hernán – 296

Costa, João da – 630
Costa, Juan de la – 442
Cottin, Mme. (Sophie Ristaud) – 117
Coulanges, Fustel de – *ver* Fustel
   de Coulanges
Courier, Paul-Louis – 663
Cousin, Victor – 604, 636
Coutinho, d. Isabel de Souza – 49, 384
Coutinho, d. Leonor – 507
Crasso, Licínio – 460, 461, 465
Crescenzo, Vicenzo de – *ver* De Crescenzo
Crespo, Gonçalves – *ver* Gonçalves Crespo
Cristo – *ver* Jesus Cristo
Cromwell, Oliver – 24, 25, 290-298, 481
Crosby, Ernest – 541, 542
Curtius, Ernst – 483

D

Dacier, Mme. (Anne Lefebvre) – 639
d' Alembert – *ver* Alembert
Damiron, Rafael – 636
D'Annunzio, Gabrielle – 20, 93, 211, 213-219,
   237, 427, 565
Dantas, Júlio – 381
Dantas, Rodolfo – 13
Dante – 131, 200, 239, 380, 577, 667
Darío, Rubén – 253, 474
Darmesteter, James – 547
Darwin, Charles – 20, 81, 164, 537, 584
Daudet, Alphonse – 105, 117, 128, 396
Davidson, Arthur – 401
Da Vinci, Leonardo – 214
De Blainville – 637
De Bonald, Louis – 573, 576, 580, 663
De Crescenzo, Vicenzo – 371, 372, 375
De Feletz – 117
De Guerle, Héguin – 24, 279, 283, 284, 287
De Jony – 117
Delassus, cônego – 149
Delbrück – 481
Delille, Jacques – 117, 669
De Maistre, Joseph – 663
Demóstenes – 286
Denis, Ernest – 479-482, 484, 486, 487, 488
De Nolhac, Pierre Girauld – 344, 351
Déroulède, Paul – 81
De Sanctis, Francesco – 660
Descaves, Lucien – 576
Desmoulins, Camille – 565
Deus, João de – 411
De Vedía – 495

De Vogüé, senhor – 163, 425
Dias, Gonçalves – *ver* Gonçalves Dias
Dias, Malheiro – *ver* Malheiro Dias
Díaz, Porfirio – 247, 251
Diderot, Denis – 289, 635
Dierx, Leon – 33, 427, 428
Domiciano, imperador romano – 99, 282, 369
Dominguez – 493
Donnay, Maurice – 576
Doré, Gustave – 399
Dória, Franklin (barão de Loreto) – 107
Dostoievski, Fiodor Mikhailovitch – 163, 191,
   197, 237, 325
Dreyfus, Alfred – 19, 58, 79, 80, 81, 125, 129,
   398
Droysen, Johann Gustav – 483
Drumann – 458
Du Barry, condessa (Jeanne Bécu) – 344
Duayen, Cesar (pseud. de
   Emma de la Barra) – 35, 491, 496, 497
Ducis, Jean-François – 117
Du Deffant, Mme. (Marie de Vichy-
   Chamond) – 638
Duguay-Trouin, René – 448
Dumas, Alexandre – 27, 29, 33, 56, 343, 344,
   348, 395, 399-402, 604, 636
Dumas Filho, Alexandre – 105, 237, 428
Dummler, Ernst Ludwig – 483
Dupaty, Louis Mercier – 665
Dupuy, Erneste – 200, 666
Duras, duquesa de – 352
Duruy, Victor – 24, 279, 283, 284, 285, 371,
   458, 668
Dussault, Joseph – 117

E

Ebers, Georg Moritz – 55
Eça de Queiroz, José Maria – 14, 29, 31, 32,
   227-233, 236, 264, 266, 335-340, 380,
   381, 383
Echeverría – 493, 494, 496
Eduardo VII – 400
Elísio, Filinto (Francisco Manuel do
   Nascimento, dito) – 453
Eliot, George (pseud. de Mary
   Ann Evans) – 163
Elmano Sadino (pseud. arcádico
   de Bocage) – 455
Emelianov – 192
Emerson, Ralph Waldo – 26, 71, 74, 107, 110,
   114, 313, 369, 599, 654, 658
Enea Silvio – *ver* Pio II

Enghien, duque de – 120
Ênio, Quintino – 551
Ennes, Antonio – 300
Epicuro – 407
Épinay, Mme. d' (Louise Tardieu
    d' Esclavelles) – 639
Erasmo (de Roterdã) – 457, 506
Ercilla y Zuñiga, Alonso de – 154
Ésquilo – 200
Esterhazy, Ferdinand Walsin – 58
Eucken, Rudolf – 571
Eurípedes – 286, 299
Eusébio, o Grande (bispo de Nicomédia) – 271
Eutrópio, monge – 272
Everett, Edward – *ver* Hale, Edward Everett

F

Fabricio – 371
Faguet, Émile – 38, 200, 611, 613, 614, 616,
    617, 618, 661
Felipes (soberanos de Espanha) – 305
Felipe II – 504, 505
Felipe Igualdade – *ver* Orléans, duque de
Felipe, cônego – 145
Felton, Cornelius – 110
Fénelon, François – 139
Ferdinando d' Áustria – 504
Ferreira, Antonio – 380
Ferrero, Guglielmo – 37, 457-467, 513, 514,
    516, 517, 549-556, 563, 564, 566-569,
Ferrero, Mme. Guglielmo – *ver* Lombroso, Gina
Feuerbach, Ludwig – 484, 536
Feuillet, Octave – 396
Fialho de Almeida, José Valentim – 31, 338, 381
Fichte, Johann Gottlieb – 564
Figueiredo, Cândido de – 265, 383
Firth, Charles – 290
Fiske, John – 35, 36, 108, 557, 559, 560
Flaubert, Gustave – 11, 55, 95, 105, 117, 118,
    126, 127, 128, 131, 154, 155, 160, 163, 208,
    229, 230, 231, 238, 259, 395, 396, 401, 520,
    582, 638
Flávio Cláudio Juliano – *ver* Juliano, o Apóstata
Flourens, Gustave – 665
Fogazzaro, Antonio – 93, 237
Fombona, Rufino Blanco – 35, 589-592
Fonseca, João Severiano da – 14
Fontanes, Louis de – 117
Fouché, Joseph – 291
Fouquier-Tinville, Antoine Quentin – 353
Fourier, Charles – 642

France, Anatole – 19, 29, 32, 55, 56, 57, 58, 61,
    383, 405, 427
Francia, José Gaspar Rodríguez – 26, 368, 370
Francisco I de França – 504, 505
Francisco de Assis, São – 149, 328, 449, 521,
    644
Francisco de Borja, São – 505
Francisco de Paula, São – 149
Francisco de Sales, São – 141
Franklin, Benjamin – 463
Frederico II – 122, 480
Frederico Guilherme IV
    (rei da Prússia) – 275, 479, 482
Foreiro, frei Francisco – 505
Fouillée, Alfred – 653, 655
Frei Gil, São (Gil Rodrigues
    de Valadares) – 519, 520, 521
Freire de Carvalho, José Liberato – 279, 280
Freytag, Gustav – 484
Frías – 493
Fromentin, Eugène – 179
Funck-Brentano, Frantz – 27, 343, 344, 346,
    347, 348, 351, 352
Fustel de Coulanges, Numa Denis – 668

G

Gable, George W. – 147
Galdós – *ver* Pérez Galdós
Gales, príncipe de – *ver* Eduardo VII
Galileu – 277
Gallus (irmão de Juliano) – 271
Gambetta, Leon – 310, 643
Gamboa, Federico – 153, 155, 160, 235, 239,
    477
Gana y Gana, Frederico – 478
Garção, Pedro Antonio Joaquim Corrêa – 380
Gardiner, Stephen – 290
Garibaldi, Giuseppe – 643
Garnier, irmãos livreiros
    (Garnier Frères) – 120, 494
Garrett, João Batista de Almeida – 53, 151, 197,
    228, 229, 231, 233, 236, 266, 380, 383, 384,
    519, 601, 637
Gasparone – 517
Gautier, Théophile – 127, 179, 238, 395
Geibel, Emmanuel – 484
Genlis, Mme. de (Stéphanie Ducrest de Saint-
    Aubin) – 117
Geoffroy, Julien-Louis – 117
George III – 360
George, Henry – 164, 170

Gervinus, Georg Gottfried – 483
Getrúria – 451
Gheusi, P.-B. – 579
Gibbon, Edward – 81
Giesebrecht, Wilhelm von – 483
Ginzburg, Carlo – 27
Girardin, Émile de – 357
Girardin, Mme. de (Delphine Gay) – 639
Gladstone, William Ewart – 289, 643
Glareano – 457
Goethe, Johann Wolfgang von – 200, 215, 344, 351, 383, 413, 428, 481, 528, 538, 539, 564, 569, 570, 571, 599, 605, 613, 614, 617, 618, 637, 655, 662, 664, 667, 671
Gogol, Nikolai Vassilievitch – 20, 163, 164, 191, 237, 324
Gonçalves Crespo, Antônio Cândido – 228
Gonçalves Dias, Antônio – 236
Góngora y Argote, Luis de – 427
Gonnard, Philippe – 38, 511, 512, 514
Goncourt, Edmond – 426
Goncourts, os (irmãos Edmond e Jules) – 117, 127, 163, 223, 355, 395, 396, 425, 426, 621
Gontcharov, Ivan – 325
Gonzalez de Eslava – 154
Goya, Francisco – 88
Graça Aranha, José Pereira da – 411, 412, 497
Gracos, os (irmãos Tibério e Caio Graco) – 459
Granada, frei Luís de – 505
Gregh, poeta – 226
Grossi, Vincenzo – 563
Groussac, Paul – 26, 35, 365, 366, 367, 369, 373, 491, 495, 500, 501
Guardia, Ricardo Fernandez – 478
Guérin, Eugénie de – 19, 135-142
Guérin, Maurice de – 135-138, 141
Guerra Junqueiro, Abílio Manuel – 381, 412
Guiches, Gustave – 579
Guilherme I – 333, 484, 487, 488
Guilherme II – 100
Guilherme III – 296
Guimaraens, Alphonsus de – 266
Guizot, François – 70, 296
Gutenberg, Johannes – 168
Gutiérrez – 493
Gutzkow, Karl – 664
Guyau, Marie Jean – 200

H

Haeckel, Ernst – 112, 612
Hale, Edward Everett – 107-114
Hamann, Johann Georg – 612
Hamerton – 599
Hanotaux, Gabriel – 607
Harrison, Frederic – 184, 290, 641, 643-647
Harte, Bret – 71, 400
Hartmann, Eduard von – 535, 571
Hauptmann, Carl – 571
Haussaie, Henry – 121
Havet, Ernest – 372, 668
Hawthorne, Nathaniel – 111
Hay – 108
Hegel, Friedrich – 481, 543, 564, 655
Heine, Heinrich – 423, 424, 535, 597, 664
Helmot – 557
Hennequin – 200
Henrique II – 345
Henrique V – 320
Henriqueta Maria, princesa – 293
Herbert, George – 354
Herculano, Alexandre – 55, 131, 208, 228, 236, 261, 264, 266, 380, 504, 506, 637
Herder, Johann Gottfried – 564, 599, 635
Hermant, Abel – 576
Herstlet – 372
Hertzberg – 371
Hervieu, Paul – 576
Higginson, Thomas – 110
Hobbes, Thomas – 635
Hoffmann, Ernst Theodor Amadeus – 662
Hohenzollern, príncipe Leopoldo de – 486, 487, 488
Hohenzollerns, os – 480, 481, 483, 486, 488
Holmes, Oliver Wendell – 107, 110, 112, 114
Holstein, d. Pedro de Souza e – *ver* Palmela
Holstein, duque de – 49
Homero – 131, 139, 180, 259, 286, 307, 506, 617, 670
Horácio – 214, 285, 287, 300, 337, 551-556, 650, 658, 669
Hughes, Thomas – 184
Hugo, Victor – 20, 21, 42, 118, 120, 123, 125, 126, 128, 131, 139, 185, 196, 197, 199, 200-204, 237, 315, 318, 369, 395, 397, 401, 402, 413, 474, 514, 515, 547, 575, 604, 617, 636, 637, 642, 643, 655, 663, 665-671
Hülshoff – 484
Humboldt, Alexander von – 50, 483
Humboldt, Wilhelm von – 50
Hunt, James Henry Leigh – 184
Hunter – 585
Hus, Jan – 126
Huysmans, Joris-Karl – 223

I

Ibarra – 369
Ibsen, Henrik – 237, 578
Indarte – 493
Inocêncio – *ver* Silva, Inocêncio Francisco
Inocêncio XI, papa – 629
Ireland, William Henry – 81
Irving, Washington – 108
Isabel, Mme. (irmã de Luís XVI) – 347
Isaías – 328

J

Jâmblico – 272
Jerônimo, São – 282
Jesus Cristo – 32, 96, 139, 165, 166, 198, 275, 328, 329, 333, 374, 375, 410, 418, 513, 514, 527, 528, 529
Jó – 239, 328
Joana d'Arc – 80, 639
Joana de Valois – *ver* La Motte Valois
João I, dom – 505
João III, o Piedoso, dom – 504, 506, 509
João IV, dom – 628, 629
João VI, dom – 18, 51, 52, 53, 144, 384, 626
João d'Áustria, dom – 440
João, príncipe dom – *ver* João VI, dom
Joaquina, Carlota – *ver* Carlota Joaquina
Joël – 372
Jonson, Ben – 548
José (filho do marquês de Pombal) – *ver* Redinha, conde de
José, dom (rei de Portugal) – 50
Joubert, Joseph – 117
Jubainville, D'Arbois de – 608
Juliano, o Apóstata (Flávio Cláudio Juliano, imperador romano) – 24, 270, 271, 272, 275, 276, 277
Junot – 382

K

Kant, Emmanuel – 564, 635, 654, 655
Karakozov – 195
Keats, John – 663
Kidd, Benjamin – 36, 249, 560
Kippling, Rudyard – 237
Kleist, Heinrich von – 662
Kropotkin, Alexandre – 188
Kropotkin, Piotr – 20, 21, 25, 173, 187-198, 242, 326, 649

L

La Chalotais, Louis René – 607
Lacordaire, Jean-Baptiste-Henri Dominique – 149, 317
Laemmert – 494
La Fayette, marquês de (Marie Joseph Paul Yves Roch Gilbert du Motier) – 320
La Fayette, Mme. (Marie-Madeleine de la Vergne) – 639
La Fontaine, Jean de – 284
La Harpe, Jean François de – 117
Lajouanne, Felix – 494
Lamartine, Alphonse de – 118, 139, 188, 604, 663, 667
Lamballe, princesa de – 352
Lamennais, Félicité Robert de – 138, 149, 317, 663
Lameth – 354
La Motte, conde de – 346, 349, 354
La Motte Valois, condessa de (Joana de Valois) – 345-350, 352, 353, 354
Lamprecht – 539
Lanson, Gustave – 635
La Palice, marechal (Jacques de Chabannes, senhor de) – 145
Lapide, Cornélio A. – 623, 624
La Rochefoucauld, François de – 613
Laromiguière – 117, 366
Larreta – 496
Larroumet – 401, 402
Lassalle, Ferdinand – 20, 164, 642, 649
Latino Coelho, José Maria – 117
Laube, Heinrich – 664
Lavalle, Juan – 367, 368, 369, 500
Lavedan, Henri – 576
Leão X – 214
Leão XIII – 149
Lebrun, Pierre-Antoine – 669
Legay, Tristan – 666
Leguizamon, Martiniano – 35, 491, 498, 499
Leibniz – 139
Lemaître, Jules – 81, 126, 237, 576, 661, 666
Lemercier – 117
Lenclos, Ninon de – 639
León, Ruiz de – 154
Leonor d'Áustria (irmã de Carlos V) – 504, 505, 507
Le Play, Frédéric – 642, 645
Lespinasse, Mlle. de (Julie de) – 639
Lesseps, Ferdinand de – 575
Lessing, Gotthold Ephraim – 635

Lévy-Bruhl – 64
Lichtenberger, Henri – 38, 533-540, 611, 655
Lineu (Carl von Linné) – 163
Linhares, conde de – 52
Lipsius, Justus – 457
Lisboa, João Francisco – 622
Lisle, Leconte de – 135, 667
l'Isle-Adam, Villiers de – 168
Littré, Émile – 638, 668
Lívio, Tito – 457, 552
Lobo, Américo – 107
Lobo, dom Francisco Alexandre (bispo de Vizeu) – 625
Locke, John – 365, 635
Lombroso, Cesare – 162, 459
Lombroso, Gina – 41, 581-587
Longfellow, Henry – 71, 107, 110, 114
Lopes, Fernão – 380
Lopes de Mendonça – 381
López, Francisco Solano – 26, 369, 370
López, Lucio Vicente – 493, 495, 496
Loubet, Émile – 80
Lourenço, o Magnífico – 214
Lowe, Hudson – 514
Lowell, James Russell – 107-114, 360
Louÿs, Pierre – 427
Lucano – 287, 669
Lucas, São – 332
Lucchesi-Palli, conde – 320
Luciano de Samósata – 270
Lucrécio – 214, 274
Lúculo, Lúcio Licínio – 459, 461, 466, 553
Lugones, Leopoldo – 478
Luís XIII – 354
Luís XIV – 94, 122, 296, 350, 354, 628
Luís XV – 344, 354
Luís XVI – 28, 291, 344, 345, 350
Luís XVIII – 120, 121, 291
Luís Felipe, rei de França – 320
Lussac, Gay – 50
Lutero, Martinho – 215, 597, 625
Luze e de Valois, barão de – *ver* Saint-Rémy, Jacques de

M

Mabie, Hamilton W. – 73-76
Mabilleau – 200
Mabillon – 666
Macaulay, Thomas Babington – 290, 636
Macedo, José Agostinho de – 287, 454, 455, 542
Machado de Assis, Joaquim Maria – 57, 107, 236, 497, 601

McKinley, William – 362
Macróbio – 282, 283
Madalena (santa) – 139
Maeterlinck, Maurice – 29, 33, 214, 238, 387, 393
Mafoma (ou Maomé) – 452
Magendie, François – 637
Mahan, comandante – 362
Maine de Biran (François Pierre Gontier, dito) – 117, 604
Mainlander – 535
Maintenon, Mme. de (Françoise d' Aubigné) – 639
Malheiro Dias, Carlos – 29, 379, 381-384, 386
Mallarmé, Stéphane – 33, 427, 428, 667
Manique, Pina – 454
Mansilla – 495
Manuel, o Venturoso, dom – 504, 507
Manzoni – 207
Maquiavel, N. – 289, 465
Marat, Jean-Paul – 354
Marcelo – 406
Marcial – 669
Mardônio (eunuco) – 271
Margarida de Navarra (ou de Angoulême) – 639
Margueritte, Paul – 25, 307, 309, 312
Margueritte, Victor – 25, 307, 309, 312, 576
Maria Antonieta, rainha – 27, 28, 343, 344, 345, 347-355
Maria de Portugal, dona (infanta) – 503-510
Maria Teresa (mãe de Maria Antonieta) – 347
Martins, Oliveira – *ver* Oliveira Martins
Maruchi – 371
Marx, Karl – 20, 164, 642, 649
Mason, Alfred Edward Woodley – 184
Maspéro, Gaston – 668
Massillon, Jean-Baptiste – 625
Mateus, São – 332, 649
Matos, Gregório de – 452
Maupassant, Guy de – 396, 426, 427
Maximiliano d'Áustria (ou Maximiliano I, arquiduque) – 504
Mazarino, cardeal – 319, 348
Mazzini, Giuseppe – 643
Mecenas – 553
Médicis, Maria de – 271
Mejía – 496
Melo Morais, A. J. de – 450
Ménendez y Pelayo, Marcelino – 154, 471, 473, 660
Menipo – 287

Menos, sr. – 671
Merejkovski, Dimitri – 269, 271, 272, 275
Mérimée, Prosper – 255, 299, 396, 402
Merivale, Charles – 458
Merou, García – 491, 494
Messala – 553
Metelo Celer (Quintus Cecilius) – 462
Metternich-Winneburg, Clemens – 51
Michelet, Jules – 80, 118, 208, 400, 457, 474, 603, 604
Mignet, François – 604, 665
Miguel, dom – 17, 49
Millais, John Everett – 184
Mill, Stuart – 19, 63, 64, 65, 68, 70, 180, 661
Milton, John – 108, 109, 200, 544
Minielo (ministro da Polícia) – 197
Mirabeau, marquês de (Victor Riqueti) – 28, 344, 351, 354
Mirbeau, Octave – 19, 24, 25, 85, 86, 89, 90, 307, 311, 312, 576
Mitre – 493-496
Moisés – 406
Molé, Louis Mathieu – 665
Molière (Jean-Baptiste Poquelin, dito) – 123, 130, 139, 188, 230, 300, 429, 496
Moltke – 481, 485, 488
Mommsen, Theodor – 458, 460, 467, 483, 484, 549
Moniz Barreto, Guilherme – 228
Monod, Gabriel – 608
Monreal, Carnevali – 590
Monroe, James – 35, 252, 557, 558, 561
Monsarás, conde de (Antonio de Macedo Papança) – 381
Montaigne, Michel Eyquem de – 616
Montalembert, Marc René, marquês de – 149, 317
Montépin, Xavier de – 399
Montes de Oca – 495
Montespan, Mme. de (Françoise Athénais de Rochechonart) – 639
Montesquieu, Charles de Secondat, barão de – 58, 458, 635
Monteverdi, Claudio – 215
Montpensier, Mme. de (Anne Marie Louise d' Orléans) – 639
Moore, John Bassett – 35, 36, 558
Moore, Thomas – 663
Morais Silva, Antonio de – 383
Morellet, André – 117
Morley, John – 289-297, 660
Mornet – 669

Morris, W. – 184
Motley, John – 108, 112
Motteville, Mme. de (Françoise Bertant de) – 639
Mouchy, marechala de – 352
Mousinho – 17, 49
Muni, Sakia – *ver* Sakia Muni
Musset, Alfred de – 667

N

Nabuco, Joaquim – 247, 253, 561, 600
Napoleão Bonaparte (Napoleão I) – 19, 25, 50, 115-123, 296, 309, 318, 319, 320, 351, 380, 388, 389, 479, 481, 487, 511-517, 575
Napoleão III – 358, 484, 486, 638
Napoleão, o Pequeno (Napoleão II) – 515
Napoleão, o Grande – *ver* Napoleão Bonaparte
Navarra, Margarida de – *ver* Margarida de Navarra
Nazaré, Jesus de – *ver* Jesus Cristo
Nekrassov, Nikolai Alekseievitch – 195
Nelson, almirante (Horace Nelson, duque de Bronte) – 290
Nepos, Cornélio – 462
Nero – 95, 96, 98, 99, 100, 205, 255, 280-283, 285, 287, 371-376, 657
Nicolau I – 187, 188, 196
Nicomedes – 460
Nicomédia, bispo de – *ver* Eusébio, o Grande
Niebuhr – 457, 458
Nietzsche, Friedrich – 26, 38-42, 82, 129, 214, 218, 238, 313, 369, 423, 531, 536, 537, 538, 568, 571, 595-601, 612-619, 642, 653-658
Nisard, Désiré – 402
Nóbrega, Manuel da (padre) – 626, 628
Nolhac – *ver* De Nolhac
Nordau, Max – 29, 33, 162, 423-429, 582
Noronha, d. Leonor de – 507
Novalis, Friedrich – 662
Novicov – 361

O

Obligado – 496
Ohnet, Georges – 498
Oliveira, Alberto de – 222, 266, 381
Oliveira, Corrêa de – *ver* Corrêa de Oliveira
Oliveira Lima, Manuel de – 22, 23, 35, 37, 108, 143-150, 560, 561, 562

Oliveira Martins, Joaquim Pedro de – 16, 17, 18, 47, 48, 49, 51, 53, 380
Olívia, baronesa de (Mme. de Signy) – 348, 349
O'Rell, Max – 113
Orlando, Arthur – 23, 35, 37, 557, 560, 561
Orléans, duque de (Louis Philippe Joseph, dito Philippe Egalité, ou Felipe Igualdade) – 320, 352
Orléans, duque de (filho de Francisco I de França) – 504
Orléans, duquesa de – 352
Orléans, os (família) – 317
Ortigão – *ver* Ramalho Ortigão
Otávio – *ver* Augusto, Otávio
Ovídio – 153, 214

P

Pacúvio, Marco – 551
Palfrey – 112
Palas, o Liberto – 287
Palmela, duque de (d. Pedro de Souza Holstein) – 16, 17, 18, 47-52
Panzacchi, Enrico – 217
Parigot, Hyppolite – 401, 402, 403
Parny – 117
Pascal, Blaise – 123, 276, 401
Pascal, Carlo – 371- 377
Passos, Manuel da Silva – 17, 49
Pasteur, Louis – 575, 668
Paulo, São – 99, 272, 374, 375
Payró, Roberto – 497
Pedro I, dom – 17, 18, 49, 52
Pedro, o Grande (I da Rússia) – 197, 324
Pedro, São – 99, 150, 374
Peirce, Benjamin – 110
Péladan, Sâr – *ver* Sâr Péladan
Pelegrini – 495
Peña, Saenz – 495
Pereda, José Maria de – 240
Pereira, Astrogildo – 23
Pereira, José Mario – 12, 44
Pérez Galdós, Benito – 29, 32, 240, 299, 300
Perizônio – 457
Perovskaya, Sofia – 192
Perrot – 668
Perugino (Pietro Vannucci, dito) – 214
Petrônio (Petronius Arbiter) – 24, 96, 98, 99, 214, 255, 279, 280, 281, 283, 284, 287
Peuser, Jacob – 494
Picard – 117
Pierron, Alexis – 24, 279, 283

Pigault-Lebrun – 117
Pilatos, Pôncio – 32, 405-410
Píndaro – 286
Pinheiro Chagas, João – 31, 228, 338
Pio II (Enea Silvio Piccolomini) – 214
Pio IX – 149, 150
Pio VII – 513
Pissarev, Dimitri – 197
Pixerécourt, Guilbert de – 117
Platão – 107, 139, 201, 269, 272, 286, 412, 577, 610, 650
Plauto – 551
Plínio – 24, 282, 283
Plutarco – 24, 282
Poe, Edgard Allan – 107
Poitiers, Diane de – 639
Policiano, Angelo – 214
Pombal, marquês de (Sebastião José de Carvalho e Melo) – 50, 385
Pompadour, Mme. (Antoinette Poisson) – 639
Pompeu – 459, 461, 465
Ponsons du Terrail, Pierre-Alexis – 399, 402
Pontivy, Mme. de – 638
Pope, Alexander – 109, 650
Prado, Eduardo – 561, 623
Praxíteles – 99
Prescott – 71, 112
Prévost, Marcel – 19, 221, 225, 226, 498, 579
Prévost-Paradol, Lucien Anatole – 668
Propércio – 214, 552, 553
Proudhon, Pierre Joseph – 649
Ptolomeu – 465, 552
Puchkin, Aleksandr Sergueievitch – 191, 325
Pym, John – 293

Q

Queiroz, Eça de – *ver* Eça de Queiroz
Queiroz, Teixeira de – *ver* Teixeira de Queiroz
Quental, Antero de – 380
Quesada – 494, 495, 496
Quinet, Edgar – 474, 603
Quiroga – 368

R

Rabelais, François – 130, 284
Racine, Jean – 94, 284, 401, 402, 575, 667
Radowitz – 479, 480
Ramalho Ortigão, José Duarte – 227, 228, 230, 381
Ranke, Leopold von – 483

Ratzel, Friedrich – 557
Reaumont – 483
Récamier, Mme. (Jeanne Françoise Bernard) – 638, 639
Redinha, conde de – 49
Redwitz – 484
Reinach, Joseph – 607
Rembrandt – 312
Renan, Ernest – 24, 57, 60, 99, 100, 117, 118, 127, 199, 200, 213, 240, 250, 256, 270, 279, 280, 283, 284, 371, 373, 376, 383, 395, 396, 397, 429, 474, 577, 603, 604, 607, 613, 616, 636, 637, 638, 654, 661
Renan, Henriette – 136, 141
Renouvier, Charles – 199, 200, 201, 203, 204, 655, 666, 670
Réteaux de Villete, conde – 349
Reyles, Carlos – 235, 237, 239, 240, 241, 244, 246, 477
Reynolds – 179
Resende, André de – 507
Rhodes, Cecil – 466
Ribeiro, Bernardim – 229
Ribeiro, Tomás – 31, 338, 381
Richelieu, cardeal – 347
Rio Branco, barão do (José Maria da Silva Paranhos Júnior) – 561
Ritter, Karl – 483
Rivadavia, Bernardino – 26, 365, 368, 493
Rivas, Angel Cesar – 35, 589, 590, 593, 594
Rivera – 493, 500
Roberty, Eugène de – 38, 611, 653-658
Robespierre, Maximilien de – 354, 515
Robin – 638
Robiquet – 637
Robles, Francisco de – 442
Roca, Julio – 495
Rochefort, Henri – 81
Rod, Édouard – 226
Rodó, José Enrique – 22, 23, 246, 250, 253
Rodríguez-Monegal, Emir – 23
Rohan, cardeal de – 344, 346, 347, 348, 350, 351
Roland, Mme. (Jeanne Marie ou Manon Phlipon) – 639
Romero – 495, 496
Ronet – 365
Roon – 481, 485, 488
Roosevelt, Theodore – 36, 290, 560, 562
Root – 36, 560
Rosas, Juan Manuel – 24, 26, 255, 365-371, 373

Rosebery, Lord (Archibald Philip Primrose) – 512
Rosny, Leon de – 425
Rosny, os (pseud. dos irmãos Boex, Joseph-Henri e Séraphin-Justin) – 226
Rossetti, Gabriele – 184, 413
Rostand, Edmond – 299, 514
Rousseau, Jean-Jacques – 119, 139, 237, 289, 607, 614, 662, 663
Royer-Collard – 573, 579
Rubens, Petrus Paulus – 271
Ruskin, John – 20, 21, 25, 162, 179-185, 214, 216, 238, 569, 641-651
Ryleev, Kondrati – 188, 197

S

Sá e Benevides, Salvador Correia de – 501
Saavedra, Miguel de Cervantes – *ver* Cervantes Saavedra
Saavedra Guzmán – 154
Sá de Menezes – 509
Sá de Miranda, Francisco de – 380, 450, 510
Sainte-Beuve, Charles Augustin – 117, 136, 139, 316, 605, 635-639, 660, 661
Saint-Évremond, Charles de – 284
Saint-Just, Fréteau de – 350
Saint-Pierre, Bernardin de – 119
Saint-Rémy, Henrique de – 345
Saint-Rémy, Jacques de (barão de Luze e de Valois) – 345
Saint-Simon, Claude Henri, conde de – 642
Sakia Muni (ou Buda) – 328
Saldanha, duque de (João d'Oliveira Daun) – 17, 49
Salisbury, lorde – 361, 400
Salomão – 56
Samain, Albert – 667
Sand, George (Aurore Dupin, dita) – 105, 118, 128, 237, 396, 400, 663
Santarém, frei Gil de – *ver* Frei Gil, São
Santos Nazareth – 227
Sardou, Victorien – 576
Sarmiento, Domingo Faustino – 493, 495, 496
Sâr Péladan – 214
Savigny, Nicole de – 345
Scaligero, Giulio Cesare – 457
Schérer, Edmond – 117, 119, 135, 199, 200, 256, 605, 606, 624
Schiller, Friedrich von – 371, 571
Schlegel, August Wilhelm von – 50, 544
Schlegel, Friedrich – 662

Schlegels, os – 564
Schmidt, Julian – 660
Schopenhauer, Arthur – 240, 425, 484, 535, 536, 537, 568, 569, 571, 597, 599, 612, 614, 616, 655
Schumann, Robert – 262
Scott, Walter – 55, 56, 94, 139, 207, 636, 663
Scudéry, Mme. de (Madeleine de) – 639
Seignobos, Charles – 488
Seimet – 425
Senancour, Étienne Pivert de – 662
Sêneca – 100, 131, 274, 286
Settembrini, Luigi – 660
Sevigné, Mme. de (Marie de Robertin-Chantal) – 639
Shakespeare, William – 42, 94, 108, 109, 130, 139, 180, 194, 200, 230, 239, 253, 300, 397, 429, 442, 541, 542, 544-548, 590, 617, 655, 659, 662, 667
Shelley, Percy Bysshe – 413, 521, 644, 663
Shevchenko – 197
Sienkiewicz, Henryk – 19, 93, 97, 99, 205-210, 237, 279, 280, 282
Sigea, Angela – 507, 510
Sigea, Luiza – 507, 510
Signy, Mme. de – *ver* Olívia, baronesa de
Sila, Lúcio Cornélio – 459
Silva, Inocêncio Francisco – 455
Silva, Jorge da – 509
Silva Carvalho – 17, 49
Sismondi, Simonde de – 50
Smith, Abiel – 110
Smith, Adam – 649
Smith, Goldwin – 113
Sócrates – 270, 285, 286, 597, 614, 615
Sófocles – 299
Southey, Robert – 663
Souza, d. Manuel de – 49
Souza, José Cavalcante de – 13
Souza Bandeira – 563
Souza Holstein, d. Pedro de – *ver* Palmela
Spano, Guido – 496
Sparks, Jared – 112
Spencer, Herbert – 20, 81, 108, 109, 164, 170, 197, 357, 568, 604, 642, 654, 655
Spinoza, Baruch – 328, 521, 657, 658
Staël, Mme. de (Germaine Necker, dita) – 50, 117, 479, 606, 639, 662
Stahl, Friedrich Julius – 482
Stanley, Henry Morton (antes John Rowlands) – 87
Stapfer, Paul – 666

Stead, W. T. – 357-361, 363
Stendhal (Henri Beyle, dito) – 105, 179, 240, 424
Stephens, Jame – 184
Sterne, Laurence – 618
Stevenson, Robert Lewis – 400
Stilita, São – 138
Stirner, Max – 612
Storck, Wilhelm – 449
Storm, Theodor – 484
Stowe, Beecher – 71
Strauss, David – 275
Sudermann, Hermann – 571, 578
Sue, Eugène – 128
Suetônio – 372
Sumner, Charles – 110
Surmont, Mme. de – 346
Swinburne, Algernon Charles – 197, 413, 642
Sybel, Heinrich von – 484, 603

T

Tácito – 24, 96, 131, 279-283, 372-375
Taine, Hyppolite – 16, 47, 116, 117, 127, 131, 179, 256, 327, 336, 352, 395, 396, 401, 424, 474, 513, 516, 517, 546, 547, 564, 573, 603-610, 625, 638, 654, 660, 661, 664
Talleyrand – 320
Tapin – 661
Tarakanova, princesa – 197
Tarde, Gabriel – 162
Targini – 53
Taubert – 535
Taunay, Alfred d' Escragnolle – 497
Taylor, James – 108
Tchertkof – 167
Teixeira de Queiroz – 381
Tejedor – 493
Tennyson, Alfred – 413, 643, 644
Terenciano Mauro (ou Mouro) – 282
Terêncio, Públio – 551
Terrail, Ponsons du – *ver* Ponsons du Terrail
Terramenes – 339
Terrazas, Francisco de – 154
Thackeray, William – 400
Thierry, Augustin – 118
Thiers, Adolphe – 123, 320, 515, 603, 604
Thomas, L. F. – 283
Thoreau, Henry – 111
Thorel – 661
Tibério – 371, 406, 407
Tíbulo – 214, 552, 553

Ticknor, George – 71, 110, 112
Tieck, Ludwig – 662
Tigelino – 281, 287, 372, 373, 374
Tillemont, Sébastien Lenain de – 371
Tolstoi, Leon – 20, 25, 29, 30, 42, 127, 161-174, 178, 183, 192, 194, 198, 201, 207, 219, 237, 323, 324, 326-334, 381, 397, 425, 427, 541-548, 578, 642, 649, 655
Töpffer, Rodolphe – 179
Tudor, Maria – 504
Turenne, visconde de (Henri de la Tour d' Auvergne) – 311
Turgueniev, Ivan Sergueievitch – 163, 191, 193, 237, 325, 643
Turner, William – 181, 645
Turpiliano, Caio Petrônio – *ver* Petrônio
Twain, Mark – 71

U

Ugarte, Manoel – 35, 469, 471-478, 496, 498, 499, 590
Unamuno, Miguel de – 601
Urquiza, Justo José – 500

V

Vaglieri, I. – 372
Valério, Catulo Caio – *ver* Catulo Caio Valério
Valla, Lorenzo – 457
Valois, os (família) – 347, 354
Valois, Joana de – *ver* La Motte Valois
Valois, La Motte – *ver* La Motte Valois
Van Dyck – 279
Varela – 493, 496
Vasconcelos, Carolina Michaëlis de – 38, 503, 505-510
Vasconcelos, Luís de – 450
Vaz, Joana – 507, 510
Vedía – *ver* De Vedía
Vega, Garcilaso de la – 154
Velásquez, Diego – 279
Veríssimo, José – 11-44
Verlaine, Paul – 427, 428, 667
Vertot, padre – 606
Veuillot, Louis – 317, 319, 321
Vicente, Gil – 130, 380, 506, 507, 508
Vicente, Paula – 507
Vico, Giambattista – 457

Vieira, padre Antonio – 38, 380, 421, 577, 621-630
Vigny, Alfred de – 401, 663, 667
Villemain, Abel-François – 573
Vimioso, conde de – 509
Virgílio – 285, 308, 337, 552, 555, 556, 617, 669
Vitélio – 406-408
Vitória, rainha – 290
Vives, Luis – 506
Vizeu, bispo de – *ver* Lobo, dom Francisco Alexandre
Voltaire (François Marie Arouet, dito) – 41, 125, 214, 284, 289, 402, 575, 607, 618, 635, 663

W

Wagner, Richard – 214, 215, 218, 238, 240, 536, 540, 616, 617, 654
Waitz – 483
Walpole, Robert – 289
Washington, George – 296, 463
Webster, Noah – 112
Weiss, Jean-Jacques – 668
Wellington, general (Arthur Wellesley, duque de) – 290
Wells, Herbert G. – 612
Wentrop – 112
Werner, Zacharias – 662
Weyler – 147
Whitman, Walt – 107
Whittier, John Greenleaf – 107
Wieland, Christoph Martin – 215
Winckelmann, Johann Joachim – 179, 635
Wolff, Pierre – 576
Wordsworth, William – 109, 413, 663
Wyzewa, Teodor de – 161, 167, 168

X

Xenofonte – 650

Z

Zaratustra – 218
Zeballos, Estanislau – 495
Zola, Émile – 20, 29, 30, 56, 79, 80, 117, 125-132, 150, 154, 155, 159, 160, 163, 229, 312, 381, 395-398, 579
Zumeta, Cesar – 590

markgraph
Rua Aguiar Moreira, 386 - Bonsucesso
Tel.: (21) 3868-5802   Fax: (21) 270-9656
e-mail: markgraph@domain.com.br
Rio de Janeiro - RJ